기독교문서선교회 (Christian Literature Center: 약칭 CLC)는 1941년 영국 콜체스터에서 켄 아담스에 의해 시작되었으며 국제 본부는 미국 필라델피아에 있습니다.
국제 CLC는 약 650여 명의 선교사들이 59개 나라에서 180개의 서점을 운영하며 이동 도서 차량 40대를 이용하여 문서 보급에 힘쓰고 있으며 이메일 주문을 통해 130여 국으로 책을 공급하고 있는 국제적 문서선교 기관입니다.

추천의 글 1

김 삼 환 목사
명성교회 원로목사

    지난 25년 동안, 역사상 유례없이 많은 무슬림이 예수 그리스도를 구주로 영접했다. 무슬림에게 효과적으로 복음을 전하려면, 마치 의사가 환자를 진찰하듯 그들의 문화적 배경과 종교적 성향을 정확히 진단하고, 성육신적인 태도로 대상자에게 맞는 다양한 방법을 통해 복음을 전하는 것이 중요하다.

    아랍의 대학교, 신학교 그리고 아랍 교회에서 사역한 저자가 자신의 사역 경험과 현장 연구를 바탕으로 집필한 이 책이 무슬림에게 복음을 전하려는 이들에게 실질적인 도움이 되기를 바란다.

추천의 글 2

마크 두리 박사
멜버른신학교, 아서제프리이슬람연구센터 선임 연구원

Dr. Mark Durie
Melbourne School of Theology, and Senior Research Fellow,
Arthur Jeffery Centre for the Study of Islam

공일주 박사의 놀랍도록 폭넓고 깊이 있는 이 책은 무슬림에게 복음을 전하고자 하는 모든 이에게 없어서는 안 될 자료다. 무슬림에게 다가가려면 먼저 그들의 세계관과 신앙을 이해해야 한다. 이 책은 선교의 사명을 위해 저자가 평생 쌓아온 경험과 지혜를 제공한다.

Dr. Il Joo Kong's remarkably comprehensive guide is an indispensable resource for anyone who seeks to take the gospel to Muslims. To reach Muslims we first need to understand their world and their faith. This book makes a lifetime of experience and wisdom available for this great task.

추천의 글 3

팀 그린 박사
생명의말씀 대표, 『와서 나를 따르라』 저자

Dr. Tim Green
Director of Word of Life and Author of *Come Follow Me*

통찰력을 주는 이 책은 여러 가지 면에서 중요한 기여를 하고 있다.

첫째, 기독교 신학, 이슬람학, 선교 역사 그리고 오늘날의 선교 실천이라는 서로 다른 분야를 연결시켜 준다. 그래서 나는 이 책의 다차원적 범위를 높이 평가한다.

둘째, 공일주 박사는 한국, 아랍, 서구 학문을 잇는 가교 역할을 하고 있다. 이것은 매우 이례적이고 중요한 일이며 수십 년 동안 다양한 학술 기관에서 쌓아온 그의 학문적 업적을 바탕으로 하고 있다.

셋째, 이 책은 이론적인 측면에 머물지 않고 무슬림 선교의 기회가 그 어느 때보다 많아진 한국에서도 어떻게 하면 무슬림들에게 지상명령을 수행할 수 있는지를 기독교 독자들에게 잘 안내하고 있다. 이 책을 강력히 추천한다.

This insightful book makes an important contribution in several ways. First, it makes connections between the different fields of Christian theology, Islamic studies, history of missions, and missionary practice today. So I appreciate its multidimensional breadth. Second, Dr. Il Joo Kong makes a bridge between Korean, Arab and Western scholarship. This is unusual and important, and it draws on his scholarly work over several decades in a wide range of academic institutions. Third, this book does not remain at the level of theory, but guides Christian readers on how to fulfil the Great Commission among Muslim people even in Korea, where the opportunities are greater than ever. I warmly recommend this book.

추천의 글 4

돈 리틀 박사
선교신학자, 사역 컨설턴트 겸 릴리아스트로터 대표

Dr. Don Little
Missiologist-at-large for Pioneers
and Director of The Lilias Trotter Center

공일주 박사는 이 책에서 많은 부분을 다루고 있다. 내 경험으로는 그처럼 아랍어를 잘하는 한국인은 거의 없으며 이슬람에 대한 그의 폭넓은 이해는 신뢰할 수 있는 무슬림 자료에서 비롯된 것이 분명하다. 이슬람과 무슬림-기독교 관계의 역사에 대한 탄탄한 학문과 무슬림에 대한 기독교인의 참여에 대한 폭넓은 지식을 한 권에 담은 이 책은 이슬람과 무슬림을 대상으로 한 선교 사역에서 전체적인 훈련 교재로서의 역할을 한 권으로 수행할 수 있다.

이슬람에 대한 기존 지식과 무슬림 사역의 수준에 상관없이 누구나 이 폭넓고 깊이 있는 자료를 주의 깊게 연구함으로써 많은 새로운 통찰력을 발견하고 많은 지혜를 얻을 수 있을 것이다. 하루빨리 영어로 출판되기를 기대한다.

Dr. Il Joo Kong covers a lot of ground in this book. In my experience, few Koreans have mastered Arabic as well as he has, and his broad understanding of Islam is clearly drawn from reliable Muslim sources. Bringing together solid scholarship on Islam and the history of Muslim-Christian relationships and wide familiarity with Christian engagement with Muslims, this book can function as a whole ministry training course on Islam and on mission engagement with Muslims in one volume. Regardless of the level of your existing knowledge of Islam and ministry among Muslims, everyone will find many fresh insights and gain much wisdom through a careful study of this comprehensive resource. I can't wait for it to be published in English.

추천의 글 5

이마드 N. 샤하다 박사
요르단복음주의신학대학교 설립자, 총장

Dr. Imad N. Shehadeh
Founder, President and Professor of Theology,
Jordan Evangelical Theological Seminary

공일주 박사의 저서 『관계에서 공동체로』는 광범위하고 명료하며 유용한 가이드를 제공한다. 이 책은 이슬람 이전의 종교와 일신론, 꾸란의 형성, "이싸"의 신성과 십자가에서의 죽음, 무함마드 등 꾸란의 핵심 내용에 대한 검토로부터 시작한다. 이어서 종교개혁과 르네상스 시대를 거쳐 유럽에서 이슬람과 기독교와의 관계는 물론 이슬람과 기독교 관계의 역사를 설명한다. 그리고 이 책은 전도, 제자양육, 교회 개척의 기회와 도전을 다룬다. 아랍인들에게 구주를 전하고자 하는 사람들에게 이 책을 강력히 추천한다.

Dr. Il Joo Kong's book *Relationship to Community* is comprehensive, clear and provides a helpful guide. The book begins with pre-Islamic religions and Tawḥīd, the formation of the Quran including a survey of some of its critical contents such as on 'Īsā, his deity and death on the cross, and on Muḥammad. The book continues by expounding the history of Muslim-Christian relations, including its relationship with Christianity in Europe through the Reformation and Renaissance periods. The book then transfers to evangelism, discipleship and church-planting, their opportunities and challenges. I highly recommend this book to anyone serious about reaching Arabs for the Savior.

추천의 글 6

조셉 캇삽 목사

시리아·레바논 인질리[1](개신교)공동체 대표
시리아·레바논 자국민 인질리(장로교)총회 사무총장

Rev. Joseph Kassab
President of the Evangelical Community in Syria and Lebanon,
General Secretary, National Evangelical Synod of Syria and Lebanon

중동 지역에서 복음 증거에 깊이 헌신해 온 사람으로서, 나는 이 책이 의미 있는 대화, 제자양육 그리고 교회 개척에 참여하고자 하는 이들에게 통찰력 있는 자료라고 확신한다.

공일주 박사는 역사, 신학 그리고 제자양육에 대한 깊이 있는 탐구를 통해 기독교-이슬람 관계의 복잡성을 조명하는 동시에 전도와 영적 성장에 관한 실질적인 지침도 제시한다.

개인적 차원과 공동체적 차원에서의 변혁에 대한 강조는 믿음과 사랑 그리고 공동체 안에서의 이해를 키우려는 교회의 사명과 깊이 연결되어 있다. 이 책은 무슬림 이웃들과의 소통과 복음 전파 사역에 대해 귀중한 통찰을 제공한다. 진심을 담아 나는 공일주 박사의 『관계에서 공동체로』를 기쁘게 추천한다.

As someone deeply committed to the witness of the Gospel in the Middle East, I find this work to be an insightful resource for those seeking to engage in meaningful dialogue, discipleship, and church planting. Through thoughtful exploration of history, theology, and discipleship, Dr. Il Joo Kong sheds light on the complexities of Christian-Muslim relations while offering practical guidance on outreach and spiritual growth. The emphasis on transformation—both individual and communal—aligns closely with the mission of the Church to foster faith, love, and understanding within our communities. This book provides a valuable perspective on the journey of engaging with our Muslim neighbors and sharing the Gospel. With great appreciation, I recommend Relationship to Community by Dr. Il Joo Kong.

---

1   1800년대 중반 시리아와 레바논에서는 가톨릭도 정교회도 아니라는 의미에서 "인질리"라는 용어를 장로교나 프로테스탄트보다 더 선호했다. 오늘날 "인질리"는 문맥에 따라 "복음주의", "개신교" 또는 "장로교"로 번역된다.

관계에서 공동체로

Relationship to Community
Written by Il Joo Kong
All rights reserved.
Korean Edition Copyright ⓒ 2025 by Christian Literature Center, Seoul, Korea.

관계에서 공동체로

2025년 6월 15일 초판 발행

지 은 이　｜　공일주

편　　집　｜　추미현, 주상욱
디 자 인　｜　소신애
펴 낸 곳　｜　(사)기독교문서선교회
등　　록　｜　제16-25호(1980.1.18.)
주　　소　｜　서울특별시 동대문구 천호대로71길 39
전　　화　｜　02-586-8761~3(본사) 031-942-8761(영업부)
팩　　스　｜　02-523-0131(본사) 031-942-8763(영업부)
이 메 일　｜　clckor@gmail.com
홈페이지　｜　www.clcbook.com
송금계좌　｜　기업은행 073-000308-04-020 (사)기독교문서선교회
일련번호　｜　2025-43

ISBN 978-89-341-2816-8(93230)

이 한국어판 출판권은 (사)기독교문서선교회가 소유합니다.
신저작권법에 의하여 한국 내에서 보호를 받는 저작물이므로 무단 전재와 무단 복제를 금합니다.

CLC 이슬람 시리즈 34

관계에서 공동체로

공일주 지음

CLC

목차

추천의 글

김 삼 환 목사 | 명성교회 원로목사 … 1
마크 두리 박사 | 멜버른신학교, 아서제프리이슬람연구센터 선임 연구원 … 2
팀 그린 박사 | 생명의말씀 대표, 『와서 나를 따르라』 저자 … 3
돈 리틀 박사 | 선교신학자, 사역 컨설턴트 겸 릴리아스트로터 대표 … 4
이마드 N. 샤하다 박사 | 요르단 복음주의신학대학교 설립자, 총장 … 5
조셉 캇삽 목사 | 시리아·레바논 인질리(개신교)공동체 대표 … 6

감사의 글 … 15
머리말 … 17

제1부 이슬람의 신앙과 율법 … 19

제1장 서론 … 22

제2장 이슬람 이전의 종교와 단일신론 … 25
1. 이슬람 종교 이전의 시기 … 25
2. 이브라힘의 종교 … 27
3. 메카와 히자즈 지역의 "알라" … 31
4. 단일신론과 칼람학 … 33
5. 이슬람 이전의 기독교와 유대교 … 48

제3장 꾸란 … 57
1. 꾸란의 개요 … 58
2. 꾸란 독법 … 61
3. 이스라일리야트(주석과 역사 등에서 유대인이 옮긴 이야기) … 66
4. 꾸란 해석과 의미 번역 … 70
5. 꾸란의 이싸 … 87
6. 꾸란과 아랍어 성경에서 어휘 의미 대조와 의미 성분의 차이 … 103

제4장 무함마드   125
    1. 무함마드의 유년 시절   127
    2. 무함마드의 청년 시절   128
    3. 무함마드의 결혼생활   131
    4. 무함마드의 급습과 종교 생활   134
    5. 하디스   139
    6. 꾸란에서의 인간   143

제5장 샤리아   146
    1. 샤리아의 특징   146
    2. 샤리아의 목적   147
    3. 취소(대체)론   150

제6장 수피즘과 민속 이슬람   153
    1. 수피즘   153
    2. 민속 이슬람   159

제7장 이슬람 포교 기관과 포교사   164
    1. 한국 내 이슬람 포교 기관과 포교사   164
    2. 이슬람 국가의 이슬람 포교 기관   169

제8장 결론 및 요약   172
    1. 결론   172
    2. 요약   174

제2부 역사 속에서 기독교인과 무슬림 간의 관계   176

제1장 서론   179

제2장 주요 시대별 무슬림과 기독교인 간의 관계   182
    1. 이슬람 이전 아라비아반도의 기독교   185
    2. 무슬림과 기독교의 첫 만남과 이성적 논박(610-850)   187
    3. 신학적 공방과 교리 논쟁(850-1050)   198
    4. 교착 상태와 세력의 균형(1050-1258)   205

    5. 전쟁과 선교의 모색(1258-1453) — 214
    6. 오스만 제국의 성쇠: 종교개혁, 르네상스와 인문주의(1453-1800) — 223
    7. 식민지 시대와 개신교 선교(1800-1945) — 236
    8. 탈식민과 기독교 소수자의 현실(1945-1980) — 259
    9. 중동의 종교와 사회: 갈등, 변화, 공존(1980-2025) — 263
    10. 국내 무슬림과 다문화 사역 — 285

  제3장 결론 — 292

제3부 무슬림에 대한 전도와 BMB 제자양육과 교회 개척 — 294

제1장 서론 — 297

제2장 21세기 무슬림 전도와 제자양육 — 299
  1. 무슬림과의 소통을 위한 꾸란 연구 — 299
  2. 아랍어 인터넷 콘텐츠와 디지털 미디어 사역 — 301
  3. 구술 문화 — 305

제3장 무슬림에 대한 전도 유형과 상황화 — 307
  1. 전도 유형 — 307
  2. 이슬람권에서 상황화 — 314

제4장 복음, 전도와 제자양육의 정의 — 320
  1. 복음 — 322
  2. 전도와 복음 선포 — 328
  3. 제자와 제자양육의 정의 — 330

제5장 무슬림 전도와 BMB 제자양육의 실제 — 337
  1. 무슬림과의 접촉점과 관계를 맺기 — 338
  2. 전도 이전의 단계에서 장애물 제거와 영적 필요 — 342
  3. 무슬림이 그리스도께로 오는 이유 — 344
  4. 성경의 스토리를 활용한 전도법 — 346
  5. 국내 외국인 유학생과 외국인 근로자에 대한 전도법 — 354
  6. 효과적인 BMB 제자양육의 요인과 제자양육자의 역할 — 357

제6장 제자양육의 역사적 흐름과 영적 성장 386
1. 역사 속에서 제자양육의 흐름 386
2. 제자양육의 목적과 영적 변혁 392

제7장 BMB 제자양육 교재 『와서 나를 따르라』 401
1. 학습 교재 편찬을 위한 설계 401
2. 『와서 나를 따르라』 학습서와 인도자 지침서 407
3. 팀 그린의 "BMB 제자양육에서 하나님과의 동역자" 417

제8장 이슬람 국가와 한국에서 BMB 가정교회와 교회 개척 430
1. 교회와 교회 개척 430
2. 아랍의 BMB 가정교회 432
3. 인도네시아에서 여성 선교사의 교회 개척 438
4. 한국에서 인도네시아인 교회 개척 441

제9장 결론 및 새로운 접근 446
1. 결론 446
2. 새로운 접근 449

나가는 글 453
참고 문헌 457
색인 464

감사의 글

1990년대 우리나라를 방문했던 더들리 우드베리(Dudley Woodberry)와 필 파샬(Phil Parshall) 그리고 콜린 채프먼(Colin Chapman)의 강의는 이슬람과 무슬림에 대한 이해와 선교적 접근에 새로운 시각을 열어 주었습니다. 더들리 우드베리는 성경 말씀을 근거로 한 무슬림 전도법을, 필 파샬은 이슬람 문화적 양식을 반영한 상황화를 그리고 콜린 채프먼은 무슬림과 이슬람에 대한 우리의 태도를 강조했던 것으로 기억합니다. 레바논에서 만난 콜린 채프먼(영국) 박사의 책 『십자가와 초승달』(Cross and Crescent)과 요르단에서 만난 키스 서메이(Keith Summey, 미국) 박사의 학위 논문은 각각 전도와 제자양육의 입문서 역할을 했습니다.

이 책에서는 돈 리틀(Don Little, 캐나다) 박사가 저술한 『무슬림공동체에서 효과적인 제자양육』(Effective Discipling in Muslim Communities)을 참조하였고 책을 쓰는 동안 대럴 L. 보크(Darrell L. Bock, 미국) 교수, 마크 두리(Mark Durie, 호주) 박사와 팀 그린(Tim Green, 영국) 박사와 나눈 개별적인 질의가 큰 도움이 되었습니다.

미국의 8개 주를 비롯해 영국, 프랑스, 독일, 오스트리아, 모로코, 튀니지, 이집트, 수단, 차드, 세네갈, 팔레스타인, 이스라엘, 레바논, 요르단, 이라크, 시리아, 바레인, 카타르, 아랍에미리트, 쿠웨이트, 카자흐스탄, 키르기스스탄, 중국, 말레이시아, 인도네시아 등 여러 나라에서 필자를 강사로 초청해 주신 분들께 깊은 감사를 드립니다.

지나온 길을 되돌아보면 우리의 걸음마다 하나님의 보이지 않는 손길이 함께했음을 고백하게 됩니다. 특히, 그리스도의 마음으로 도움을 주신 분들께 감사를 드립니다. 유학 시절에 도움을 주신 최석균 장로님 그리고 김삼환 목사님, 김하나 목사님, 강석형 목사님, 강범승 목사님, 이재훈 목사님, 김만우 목사님, 임만호 목사님, 정승화 목사님, 김영호 목사님, 장황영 목사님, 정경훈 목사님, 이혁 장로님, 두상달 장로님, 이주완 박사님께 깊은 감사를 드립니다.

본서의 추천사를 써 주신 Don Little 박사, Mark Durie 박사, Imad Shehadeh 총장, Joseph Kassab 목사 그리고 Tim Green 박사께 감사드리며 달라스신학대학교의 Darrell Bock 교수 그리고 좋은 책을 만들어 준 기독교문서선교회(CLC)와 이 책의 교정을 도와주신 분들에게 감사를 드립니다.

לחיים ורעואל

머리말

기독교인과 무슬림이 서로 대화를 나누다 보면 같은 길을 가고 있다고 생각할 수 있지만, 결국 갈림길에 이르게 되어 서로 다른 길을 걷고 있음을 발견하게 된다. 그러므로 무슬림에게 복음을 전하고 BMB를 제자양육하는 과정에서 그의 생각을 열어 성경을 깨닫게 하며(눅 24:45), 그의 생각을 새롭게 함으로써 영적 변혁을 경험하도록 돕는 것(롬 12:2)이 필요하다. 성경에서 말하는 "새롭게 함"이란 "성령을 통해 사람의 생각과 뜻을 새롭게 하는 것"을 의미한다.

이슬람은 무함마드가 인류에게 가져온 율법이며, 알라가 무함마드에게 내려 준(sent down) 종교이다.

제1부에서는 알라, 무함마드, 꾸란과 샤리아 그리고 수피즘과 민속 이슬람에 대해 살펴보고자 하는데 여기서 참고한 문헌은 주로 아랍 무슬림들의 자료이다.

제2부에서는 각 시대별 두 종교의 역사와 선교적 반향(reflection)에 따라 역사 속에서 무슬림의 기독교에 대한 태도와 기독교인의 무슬림에 대한 태도를 규정짓게 한 사건을 다음과 같이 구분했다.

- 이슬람 이전의 기독교(610년 이전)
- 무슬림과 기독교의 첫 만남과 이성적 논박(610-850년)
- 신학적 공방과 교리 논쟁(850-1050년)
- 교착 상태와 세력의 균형(1050-1258년)
- 전쟁과 선교의 모색(1258-1453년)
- 오스만 제국의 성쇠: 종교개혁, 르네상스와 인문주의(1453-1800년)

- 식민지 시대와 개신교 선교(1800-1945년)
- 탈식민과 기독교 소수자의 현실(1945-1980년)
- 중동의 종교와 사회: 갈등, 변화, 공존(1980-2025년)

제3부에서는 복음, 무슬림 전도, BMB 제자양육 그리고 교회 개척을 다루었다. 한국과 이슬람 국가에서 무슬림을 대상으로 하는 전도와 BMB 제자양육을 설명하였다. 또한, 기독교인들의 자료(서구, 한국, 아랍)를 주로 활용했고 국내 무슬림 사역과 팀 그린(Tim Green)의 책 『와서 나를 따르라』 학습서와 인도자 지침서를 소개하였다.

본서의 제목 『관계에서 공동체로』는 복음전도와 BMB 제자양육의 주요 특징을 대변한다. 먼저 주님 안에 거하고(요 15:5), 무슬림들과의 관계를 형성하고 복음을 전하며, 그들이 이슬람공동체를 떠나서 그리스도의 몸(고전 12:27) 안에서 영적 성장을 하도록 돕는 여정을 담고 있다.

포스트모던 사회에서는 전도와 제자양육이 개인의 스토리와 존재의 의미를 존중하는 진정성 있는 관계 안에서 그리고 그리스도 안에서의 새로운 정체성을 형성할 수 있는 공동체 속에서 가장 효과적으로 이루어진다. 본서가 무슬림들을 이해하고 그들에게 다가가 주님의 사랑을 전하고자 하는 이들에게 작은 길잡이가 되기를 바란다.

2025년 3월 5일

제1부
이슬람의 신앙과 율법

"꾸란의 처음 100페이지를 읽는 독자들은 꾸란과 '경전의 백성' 사이의 논쟁이나 논박으로 보이는 많은 내용을 접하게 될 것이다."

(Gordon D. Nickel)

"꾸란을 무슬림과 대화하기 위한 접촉점으로 사용하더라도(물론 아랍어를 모르는 한국인이 꾸란을 일부러 사용할 필요는 없지만) 진리를 말할 때는 반드시 성경 말씀을 인용해야 한다."

(Tim Green)

"한 분 알라에 대한 꾸란의 메시지는 유대-기독교 출처에서 차용된 것이고 상속된 것이 아니며 아랍어 언어 범주 안에서 다시 옷입힌 것이다."

(Mark Durie)

새로운 용어

이슬람 'Islām
- **아랍어 사전**: 이슬람은 무함마드가 이 세상 사람들에게 가져다준 율법이며, 알라가 무함마드에게 보낸 종교이다.
- **이슬람법**: 이슬람은 복종과 이슬람 율법을 표명하며 무함마드가 가져다준 것을 실행하는 것이다.

무슬림 Muslim
- **아랍어 사전**: 무슬림은 무함마드의 메시지가 사실이라고 인정하고 복종을 표명하고 그 메시지를 받아들이는 자이다.
- **이슬람법**: 무슬림은 무함마드에게 내려 준 것을 실행하는 자이다.

하니프 Ḥanīf
- **아랍어 사전**: 하니프는 선에서 악으로 또는 악에서 선으로 기울어짐 또는 구부러진 것이 없이 곧음이란 뜻이다.
- **이슬람 전문용어 사전**: 종교들을 버리고 참 종교로 기울어진 자 또는 이브라힘의 종교에 따라 메카 대사원을 기도 방향으로 받아들인 자이다.

하디스 Ḥadīth
- **아랍어 사전**: 이야기하는 모든 말과 소식이다.
- **하디스학**: 무함마드가 한 모든 말이나 행동이나 그가 동의한 것이다.

순나 Sunnah
- **아랍어 사전**: 길, 방법, 집단이나 특정 지역의 사람들이 따르는 행동, 칭찬받거나 비난받는 전기(일생 동안의 행적)
- **법 이론**: 무함마드의 말이나 행동이나 그가 동의한 것을 전달하는 것이다.
- **하디스 학자**: 무함마드의 말이나 행동이나 그가 동의한 것이나 신체적 특징이나 그가 깨어 있고 잠잘 때의 움직임과 멈춤을 가리킨다.

쉬르크 Shirk
- **아랍어 사전**: 쉬르크는 여러 신을 믿는 것이다.
- **이슬람 전문용어 사전**: 쉬르크는 알라의 소유권이나 속성들이나 그의 일하심 등에서 알라와 동등한 자가 존재한다는 것이다. 무쉬리크는 알라와 함께 다른 것을 예배하는 자이고 무쉬리쿤은 무쉬리크의 복수형이다. 쉬르크의 대조가 되는 말이 타우히드이다.

카피르 kāfir(복수형, kuffār)
- **아랍어 사전**: 알라를 안 믿거나 무함마드를 예언자로 안 믿거나 이슬람 율법(샤리아)를 안 믿는 자, 또는 이 셋 다 모두 안 믿는 자이다.

타우히드 Tawḥīd
- **아랍어 사전**: 타우히드는 알라만을 믿고 알라에게 샤리크(신, 예배 받는 자, 사탄)가 없다는 것을 믿는 것이다.
- **이슬람 전문용어 사전**: 타우히드(단일신론)는 알라가 주님이라는 것으로 알고 그가 한 분이라는 것을 인정하고 그와 동등한 자를 거부하는 것이다. 타우히드는 이슬람의 핵심이고 모든 하늘의 종교들의 핵심이고 아담에서부터 무함마드에게 이르기까지 예언자들과 메신저들이 포교(다아와, da'wah)한 것이다

나쓰라니야 Naṣrānīyyah
- **아랍어 사전**: 나쓰라니야는 알마시흐 이싸의 종교란 뜻이고 나쓰라니(복수형은 나싸라)는 알마시흐의 종교를 따르는 자란 뜻이다. 한국어로 쓰인 책에서는 기독교라고 번역되어 있다.
- **이슬람 전문용어 사전**: 나쓰라니야는 알마시흐 이싸 븐 마르얌의 사람들의 공동체(움마)에 속한 종교이고 나싸라는 알마시흐 이싸 븐 마르얌을 따르는 사람들을 가리킨다.

타프시르 Tafsīr
- **아랍어 사전**: 꾸란의 타프시르는 의미들을 분명히 하고 수사법과 꾸란의 모방 불가능성의 양상을 설명하는 것이고 꾸란 구절이 담고 있는 (꾸란이) 내려온 원인들, 교리, 법과 법령들을 해설한다.
- **이슬람 전문용어 사전**: 타프시르는 학자에 따라 그 정의가 다르다. 가장 유명한 정의 중에 타프시르는 꾸란의 어휘를 발음하는 방법(독법)과 그 의미들(언어학) 그리고 별개의 경우와 결합된 어휘들의 규범들(형태론, 통사론 그리고 수사법의 뜻 바꾸기(bayān)와 꾸미기(badī)와 구문의 상태에서 어휘들이 갖는 의미(본뜻과 본뜻이 아닌 다른 뜻을 갖는 의미)와 그것들을 보완하는 것(꾸란이 내려온 원인, 취소/대체하는 구절, 꾸란이 경고한 사실)을 연구하는 학문이다.

취소/대체론 Naskh
- **아랍어 사전**: 나시크는 취소/대체시키는 것이고 '만수크(Mansūkh)'라는 말은 '취소/대체가 되는 것'을 의미한다.
- **이슬람 전문용어 사전**: 나스크는 '나중에 나온 법적 증거로 샤리아의 법적 지배를 거둬들인 것'을 가리킨다. 나스크는 나중의 법이 첫 법과 모순이 될 경우 첫 법이 완전히 취소/대체된다는 것이다.

라술 Rasūl(Messenger, 메신저)
- **아랍어 사전**: 라술(메신저)은 진리나 거짓 또는 선이나 악이 들어있는 메시지를 휴대한 사람이다. 메시지들을 휴대한 사람인데 메시지를 전달하기 위하여 짧은 여행을 하거나 구두 메시지를 전달하는 자이다.
- **이슬람 전문용어 사전**: 라술은 알라가 보낸 남자로서 새로운 법으로 사람들을 초청하는 자이고 예언자들 중에서 알라가 내려 준 책(경전)을 갖는 자이다.

제1장
서론

610년 무함마드에게 최초의 와히로서 꾸란 96:1-5이 내려왔다. "읽어라! 네 주인의 이름으로 읽어라." 여기서 "읽어라"는 지식을 추구하라는 뜻이라고 주석하기도 한다. 무함마드의 와히(알라가 무함마드에게 알라의 법과 그 밖의 것을 전해준 것)가 시작되었을 때 첫 번째 단어가 "읽어라"였다.

그런데 지식은 알라를 알기 위한 기본이므로 이슬람에서 지식의 추구는 모든 무슬림의 당연한 의무였다. 지식이 있는 사람은 알라를 두려워하고 알라를 사랑할 것이라고 했다. 알라는 믿는 자(무슬림)를 잔나(낙원)로 올려준다고 말한다. 그래서 알라는 그에게 복종하는 자에게 지식의 추구를 명령한다.

"너희가 알지 못하면 '아흘 알디크르'('Ahl al-Dhikr: 유대교인들과 나싸라 또는 와히를 아는 이슬람 학자)에게 물어보라"(꾸란 21:7).

물론, 이슬람 초기에는 무슬림들이 유대교인들이나 나싸라(이 책에서 "나쓰라니가 기독교인인가?"를 보라)에게 물어보았다. 꾸란에서 알라는 무함마드에게 다음과 같이 기도하라고 한다.

"나의 주, 나에게 지식('Ilm)을 더 주세요"(꾸란 20:114).

그렇다면 알라의 지식은 어디에 있을까?

하늘의 보존된 판(Preserved Tablet, 예언자들에게 내려 준 와히의 근원: 첨삭이나 교체, 변화로부터 알라가 보호함)에 있다고 한다. 신의 세계에 있는 것을 천사를 통해 예언자에게 전달해 주었다고 한다. 하늘에 보존된 판에 근거하여 와히가 내려왔다고 한다. 그렇다면 와히는 사람들에게 알려 주기 위하여 천사들을 통해 예언자나 메신저에게 '신의 세계의 것'이 전달되었다는 것이다. 또 다른 이슬람 전문용어 사전의 정의(Muḥammad Mukhtār Jumʻah 2015, 1438)에서 와히는 예언자에게 샤리아의 법령과 그 밖의 것을 알려 주는 것을 가리킨다.

무슬림은 알라가 내려 준 책의 모든 것을 믿어야 하므로 와히를 믿어야 한다. 와히의 천사는 지브릴이다. 꾸란에는 인간 지식의 출처가 오감, 이성, 마음의 직관, 알라가 내려 준 것(와히)이라고 한다. 인간 지식의 출처 중에서 알라가 내려 준 와히가 가장 권위가 있다고 한다. 그렇다면 〈알라의 지식 = 하늘의 보존된 판에 포함된 지식 → 지브릴 천사 → 무함마드 → 와히〉의 순서로 이어진다. 이 세상과 종교에서 예언자 중 가장 높은 단계에는 무함마드가 있고 그는 모든 무슬림의 모델이고 모범이다(Muḥammad Mukhtār Jumʻah 2015, 364).

그렇다면 우리가 이슬람의 뜻을 단순히 "복종"이라고 하는 것으로는 이슬람의 정의가 완전하지 않다는 것을 알 수 있다. 일반적으로 이슬람은 '종교'이고 무슬림은 이슬람 종교를 따르는 '사람'이라고 한다. 전문 용어 사전(Maḥmūd Ḥamdī Zaqzūq 2010, 119)을 보면 이슬람이란 이슬람 이전 예언자들의 메시지들과 구별되는 완전성, 전체성을 갖는 메시지가 담긴 종교를 무함마드에게 보냈다는 것이다.

즉, 알라가 기독교나 유대교와 구별되는 메시지가 담긴 종교를 알라가 무함마드에게 보냈다는 것이다. 아랍어 사전을 보면, 이슬람은 무함마드가 세상 모든 사람에게 가져온 율법(샤리아)이다(Muḥammad Mukhtār Jumʻah 2015, 139). 그러면 이슬람이란 정의에는 알라 – 무함마드 – 종교라는 단어가 들어간다. 무슬림이란 정의에는 무함마드의 '메시지(또는 율법) – 복종 – 사람'이란 말들이 들어간다.

이슬람에서 여섯 가지 믿음(믿음의 기둥)은 알라, 그의 천사들, 그의 경전들, 그의 메신저들, 마지막 날, 운명을 믿는 것이다. 이슬람의 다섯 가지 기둥은 샤하다(신앙 증언), 쌀라(기도), 자카(자선), 싸움(금식), 핫즈(메카 순례)이다.

무함마드는 이슬람 자료에 따르면 문맹이었고 610년 무함마드가 꾸란 구절을 추종자들에게 전달해 준 것은 글이 아닌 입에서 입으로 전하는 구전이었다. 아랍어 글자에 자음의 점이 도입된 것은 708-746년 사이였고 모음 표기가 도입된 것은 알칼릴 븐 아흐마드(718-786년)에 의한 것이었다(공일주 2014, 178). 꾸란의 자음과 모음 표기가 체계적으로 정리된 것은 8세기 중반이었다. 아랍어 꾸란은 무함마드의 입을 통하여 추종자들에게 전해졌으나 무함마드 생존 당시 정확한 아랍어 자모로 모두 기록되지 못했다는 것이 사실(fact)이다.

   아랍어 자음과 모음 표기는 꾸란 독법과 연관되었다. 꾸란은 7개의 아흐루프('Aḥruf)로 내려왔다고 전해지며 이는 다양한 아랍 부족의 방언을 반영한 것 또는 7개 독(경)법으로 내려왔다는 의미이다. 그런데 자이드 븐 사비트(Zayd bn Thābit) 등 무함마드 추종자들이 꾸란을 기록할 때 무함마드가 속한 꾸라이쉬 방언으로만 기록되었다고 한다. 그렇다면 무함마드 생존 시기에 이미 아랍인들이 꾸란을 읽는 방법이 달랐다는 것이다.

제2장

이슬람 이전의 종교와 단일신론

1. 이슬람 종교 이전의 시기

610년 무함마드가 처음 종교적 체험을 했다. 아랍 무슬림들은 무함마드가 중서부 아라비아에서 그의 임무를 시작하기 전 몇 세기 동안의 시기를 자힐리야(Jāhiliyyah)라고 했다. 대체로 자힐리야를 '무지'(Ignorance)라고 번역하는데 좀더 구체적으로 설명하면 알라의 진리에 무지하였던 시기라고 할 수 있다. 이슬람 이전 시기에는 아랍시(poetry)가 크게 발달해 있었다.

아랍어 사전에서 자힐리야는 이슬람 이전의 아랍에 있었던 무지와 진리에서 길을 잃어버린 것이고 우상 숭배와 부족에 대한 최고의 충성과 부족적 단결('Asabiyyah)이 지배하던 시기라고 한다('Aḥmad Mukhtār 'Umar 2008, 414).

이슬람 전문용어 사전에서 '자힐리야'는 이슬람 이전에 알라와 메신저와 샤리아를 모르던 상태를 경멸하는 특성을 가리킨다고 하고 또는 무함마드의 예언이 시작되기 전의 시기나 절대적으로 알라나 무함마드의 예언을 모르거나 샤리아를 지키지 않던(Kufr) 시기라고 한다.

자힐리야의 시기는 역사학자마다 다른데 어떤 이는 아담과 누흐 사이의 시기라고 하고 또는 누흐와 이드리스 사이 또는 무싸와 이싸 사이, 또는 이싸와 무함마드 사이의 시기라고 한다. 이 밖에도 자힐리야는 이슬람 이전 150-200년의 시기라고 하거나 역사 이전의 시기부터 시작하여 7세기 무함마드의 임무(Baʻthah)에서 끝나는 시기라고 했다(Muḥammad Mukhtār Jumʻah 2015, 453-454).

그러나 18세기 무함마드 븐 압둘 와합(와하비 운동은 '와합'이란 이름에서 따 온 것)은 아라비아반도가 꾸란에 근거하지 않는 신앙과 실천을 하는 무슬림들의 삶을 보고 자힐리야 속에 살고 있다고 말했다. 근대주의자 무함마드 압두흐(1905년 사망)와 라쉬드 리다(1935년 사망)는 그들의 꾸란 주석서에서 전통적 가치를 고집하고 쿠프르(kufr)와 미신 그리고 세속적 성향이 그들 사회에서 발견된다고 하면서 이것은 꾸란이 비판하는 이슬람 이전의 자힐리야와 비슷하다고 했다.

자마아테 이슬라미의 창립자 알마우두디(1979년 사망)는 이슬람문화, 도덕성, 이슬람식의 사고와 행동과 역행하는 행동을 자힐리야라고 하면서 이것은 서구와 공산주의 세계에서 발견된다고 했다. 이집트의 사이드 꾸뚭(1966년 사망)은 자힐리야 사회는 모든 삶의 영역에서 알라의 인도를 따르지 않는 사회라고 하였고 알라가 아닌 인간에게 봉사하는 사회이므로 쿠프르와 비인간성과 퇴보가 불가피하다고 했다. 그는 서구와 공산주의 사회뿐만 아니라 세속적인 무슬림 사회 모두가 자힐리야라고 주장했고, 결국 폭력이 없이는 자힐리야를 바꿀 수 없다고 보았다(Jane Dammen McAuliffe 2001, 39).

서구학자들이 쓴 꾸란 사전에서는 근대 이후에 비교적 소수의 무슬림들이 자힐리야에 대한 과거 무슬림들의 생각을 되새겨본다고 말하고 도덕적 및 사회적 현실로서의 자힐리야 개념이 더 많이 확산된 것 같다고 했다. 현대적 용례에서 자힐리야 용어는 옛 이교도 아랍인들의 약점을 가리키지 않고 오늘날 물질주의와 세속적 이데올로기를 가리킬 때 사용한다고 했다.

꾸란에서 자힐리야와 연관된 개념을 살펴보면, 먼저 어떤 제한을 두지 않고 이 단어를 사용하면 쿠프르(알라를 안 믿거나 무함마드의 예언을 안 믿거나 샤리아를 안 믿는 것)의 의미를 포함한다. 즉, 교리, 윤리, 예배, 법규, 행동 그리고 행동과 관련된 모든 율법을 지키지 않는 것이 자힐리야라는 것이다. 일례로 교리에 대한 무지는 쿠프르라는 것이다. 꾸란에서 자힐리야는 이슬람 이전의 일정 기간을 가리키며 다신 숭배와 우상 숭배가 널리 퍼져 있고 참 종교가 없던 시기라고 한다.

그런데 현대에 와서 페이스북과 트위터 등 SNS에서 무슬림 극단주의자들이 현대 무슬림 사회를 자힐리야 사회라고 규정한다. 정치적 이슬람 세력들이 자힐리야를 부정적인 고정 관념을 갖게 하여 어린 무슬림 세대에게 이슬람 이전의 다른 종교(유대교, 기독교 등)에 대한 반감을 심어 주었다. 그리고 실제 역사와 다르게 자힐리야를 우상 숭배적이고 무가치한 것으로 주입시켜서 종교 공동체(움마)에서 국가(다울라)와 시민으로 나아가는 길을 배우지 못하게 했다. 자힐리야(무지의 시대) 대 이슬람이라는 이분법적 사고는 아랍[1] 무슬림에게 역사를 있는 그대로 바라보지 못하게 한 것이다.

2. 이브라힘의 종교

이슬람 이전의 시기 즉 자힐리야에서 유대교, 기독교, 우상 숭배와 구별 된 "하니프"(Ḥanīf)들이 있었다. 하니프의 어휘적 의미는 "선에서 악으로 또는 악에서 선으로 기울어짐 또는 구부러진 것이 없이 곧음"이란 뜻을 가리키고 이슬람 전문용어로서의 의미는 "종교들을 버리고 참 종교(Dīn ḥaqq)로 기울어진 자 또는 이브라힘의 종교에 따라 메카 대사원을 기도 방향으로 받아들인 자"란 뜻이다. 아랍어 사전에서 하니피야는 "단일신론(Tawḥīd)에 바탕을 두고 메신저들이 보낸 법"을 가리킨다.

오늘날 일부 아랍 신문을 보면 이슬람을 "하니피야의 종교"라고 부른다. 이슬람 이전 시대에 하니프는 일부 경우 할례를 행하고 메카 대사원을 순례한 자를 포함한다고 전해지는 자료가 있다. 이런 정의에 따르면 무함

---

[1] 아랍은 출생지가 아라비아반도이고 셈족 태생의 민족(현대 아랍어 사전 2권, 2008, 1477)을 가리키므로 민족이나 인종을 가리키는 말이다. 또 아랍 문화는 시골 문화, 부족 문화, 가문의 문화, 도시민 문화 등을 포함하므로 하나의 아랍 문화는 존재하지 않는다.

마드가 속한 꾸라이쉬 부족은 대체적으로 하니프들이다. 그러나 꾸란에서는 하니프를 이브라힘의 종교와 연관 짓는다.

> 말하라(무함마드야), 알라가 (법으로 정해준 것)은 옳다. 무쉬리크가 아니고 하니프인 이브라힘의 밀라(Millah)를 따르라(꾸란 3:95).

여기서 이브라힘의 밀라는 하니프이고 하니프는 이슬람의 종교라고 해석한다.

꾸란 3:67에서는 "이브라힘은 유대(교)인이 아니고 나쓰라니도 아니고 하니프 무슬림이었고 무쉬리크가 아니었다"고 하여 당시에 유대교, 나쓰라니(Naṣrānī), 하니프가 있었다고 한 것이다. 이 꾸란 구절에서 "그가 하니프 무슬림이었다"고 했다. 꾸란 본문에서는 하니프(명사)가 무슬림(형용사)보다 먼저 나오므로 "알라와 그의 법에 복종하는 하니프"라는 말이다.

이슬람은 무함마드로부터 시작했지만 무함마드가 새로운 종교, 이슬람을 태동시키기 전에 하니프가 아라비아 특히 메카와 히자즈 지역에 존재하고 있었다는 것이다. 하니프의 종교, 즉 이브라힘의 종교를 이슬람이라고 정립시킨 것이다.

우리가 흔히 유대교, 기독교, 이슬람교를 아브라함의 종교들이라고 부르는데 아브라함의 종교는 꾸란 구절에 따르면 유대교와 나쓰라니와 상관이 없고 오직 이슬람과 상관이 있다고 한다는 점에 주목할 필요가 있다. 그러나 일부 오리엔탈리스트는 하니프가 나쓰라니야(이싸의 종교)의 한 부류라고 하거나 또는 아리우스파를 따른다고 했다(Ḥusayn al-'Awdat 1992, 24-25).

이브라힘의 종교를 따르는 자가 아랍인들 중 하니프라는 것이다. 아랍인들은 자힐리야에서 이브라힘의 종교에 대한 것 중에서 메카 순례와 할례를 따라 했다. 꾸란에 나오는 '하니프'라는 단어는 "올바른 진리의 종교에 속한 사람"을 가리키고 대부분의 경우에 이브라힘을 하니프라고 하고 꾸란 3:95에서처럼 이브라힘과 무쉬리쿤 사이를 대조한다.

> 그들이 말했다. 유대인이나 나싸라가 돼라. 너희들이 (올바른 길로) 인도될 것이다. 말하라. (우리는) 무쉬리크(Mushrik)가 아닌 하니프, 이브라힘의 밀라를 (택했다)(꾸란 2:135).

이 구절은 이브라힘의 밀라가 피뜨라(Fiṭrah:천성)와 조화를 이루는 종교라는 것을 의미한다. 피뜨라는 인간이 태어날 때 처음 갖는 천성(Ṣifah ṭabī'iyyah)을 가리킨다. 그런데 인간의 타고난 천성의 종교가 이브라힘의 종교인데 이브라힘의 종교는 그 뒤에 나타난 쉬르크(다신 숭배)와 변질된 '책의 백성'(ahl al-kitāb)의 종교(유대교와 나싸라)와 대조가 된다는 것이다. 이슬람이 이브라힘의 종교를 되살렸을 때 하니프라는 단어가 무슬림을 가리키는 말로 사용되었다(Muḥammad Mukhtār Jum'ah 2015, 577).

다시 말하면 꾸란은 유대교와 나싸라의 종교가 변질되었다고 말한다. 여기서 나싸라는 이싸 알마시흐의 종교를 따르는 자들이란 뜻이고 나쓰라니는 나싸라의 단수형이다. 그리고 밀라는 아랍어 사전에서 종교나 샤리아를 가리키고 예언자들을 통하여 알라가 예배자들에게 법을 제정해 준 것을 가리키거나 하나의 이름 아래에 공통된 교리로 하나가 된 그룹을 가리킨다('Aḥmad Mukhtār 'Umar part. 3, 2008, 2124).

무슬림들의 주장을 정리해 보면 이슬람 이전의 시기에 하니프라는 일신론자들이 살았는데 하니프는 이브라힘의 종교였다. 이브라힘의 종교는 인간의 타고난 본성의 종교인데 무슬림들이 이브라힘의 종교를 되살렸다는 것이다. 꾸란 3:67에서 이브라힘은 유대교인도 아니고 나쓰라니(Naṣrānī)도 아니며, 하니프이자 무슬림(알라와 그의 법에 복종하는 자)이라고 하였다. 따라서 그는 무쉬리크가 아니었다.

그렇다면 무쉬리크는 누구인가?

무쉬리크의 명사형은 쉬르크(Shirk)인데 쉬르크는 이슬람 전문용어의 의미로는 알라의 소유권이나 속성들이나 그의 일하심 등에서 알라와 동등한 자가 존재한다는 것이다. 시아파에서 특정 이맘에게 서원(nadhr)하는 것을 순니파에서는 쉬르크라고 한다. 무쉬리크는 알라와 함께 다른 것을 예배하는 자이고 무쉬리쿤은 무쉬리크의 복수형이다.

쉬르크의 대조가 되는 말이 타우히드인데 아랍어 사전에서 타우히드의 의미를 찾아보면 알라만을 믿고 알라에게 샤리크(신, 예배받는 자, 사탄)가 없다는 것을 믿는 것이다. 타우히드의 이슬람 전문용어적 의미는 "알라가 주인(al-Rabbu)이라는 것으로 알고 그가 한 분이라는 것을 인정하고 그와 동등한 자(파트너)를 거부하는 것"이다. 타우히드는 이슬람의 핵심이고, 모든 '하늘의 종교들'의 핵심이며, 아담에서부터 무함마드에게 이르기까지 예언자들과 메신저들이 포교(다아와)한 것이다(Muḥammad Mukhtār Jum'ah 2015, 432).

이와 동일한 자료에서 타우히드와 하니프의 설명에서 하늘의 종교들과 경전의 백성이란 말을 구별하여 사용한다. 하늘의 종교들이란 신의 종교들이란 뜻인데 그 말은 유대교와 나싸라를 가리키고 결국에는 이슬람이 이 종교들을 완성했다고 주장한다. 꾸란에서 경전(책)의 백성은 하늘에서 내려 준 책을 갖는 유대교와 나싸라를 가리킨다.

이상과 같이 이슬람교, 나싸라, 유대교는 한 분의 신을 믿는 종교라고 하지만 이슬람만이 하니프의 종교라는 것이다. 이것은 무슬림들이 매일 기도하는 말 속에서 이브라힘과 무함마드의 이름을 언급하고 메카 순례에서 이브라힘을 부각시킨다는 점에서 오늘날 무슬림들의 생각을 읽어낼 수 있다. 물론, 이것은 무함마드를 이브라힘과 연계시키고자 하는 무슬림들의 염원이 반영된 것이다.

2022년에 개관한 아부 다비의 이브라힘 가족의 집(Bayt al-'ā'ilah al-'ibrāhimi-yyah)은 알아즈하르의 아흐마드 알따입과 바티칸의 프란치스코 교황 간 종교간 대화에서 비롯되었고 이들은 "인간적 형제됨"('Ikhwah 'Insāniyyah)을 표방하는 문서에 서명했다.

그리고 아랍 에미리트는 이브라힘 가족의 집이란 프로젝트를 시작했다. 유대교 회당, 기독교 교회, 이슬람교의 모스크를 한 단지 안에 건축한 것이다. 그것은 유대교, 기독교, 이슬람교의 공통된 가치들을 지키고 동시에 각 종교가 갖는 독특성(Khuṣūṣiyyah: 다른 것과 구별되는 중요성과 특별한 것)을 보존하고 하늘의 메시지 간의 소통을 위한 다리를 놓자는 것이다.[2]

오늘날 무슬림들도 이브라힘의 가족이란 말로 세 종교를 포함시켰지만, 각기 다른 종교로 인식하고 있다. 그들이 가진 사고방식에 의하면 이슬람은 기독교와 다른 종교이지 이단이 아니다.

---

[2] https://al-ain.com/article/the-abrahamic-family-house-abu-dhabi 2022년 5월 10일 검색.

더군다나 이슬람만이 이브라힘의 종교를 이어받았다는 것은 무슬림의 입장이고 무슬림들은 기독교인들이 예수를 하나님의 아들이라고 믿는 것을 쉬르크라고 한다. 쉬르크는 타우히드와 대조가 되는 단어임에도 기독교를 타우히드 종교라고 말하는 무슬림이 있다면 그것은 대화의 통로를 열자는 의도에서 한 말이다. 그러나 타우히드가 쉬르크와 대조가 되기 때문에 무슬림들이 기독교를 쉬르크라고 말한다. 그래서 오늘날에도 기독교인들에 대해 매우 배타적인 무슬림들을 쉽게 접할 수 있다.

3. 메카와 히자즈 지역의 "알라"

이슬람 이전에 메카와 메디나가 자리한 히자즈 지역은 베두인(유목민)들의 주요 거점 지역이었다. 베두인의 사고방식은 이성적 깨달음보다는 오감을 통한 인지가 더 많았다. 그래서 베두인에 대한 종교적 포교는 오랜 시간이 필요했다. 우상들의 이름들이 알려진 진짜 우상 숭배로부터 시작되어 꾸란이 쉬르크라고 불렀던 외형적 우상 숭배가 있었고 무슬림들은 무싸와 나싸라의 정보가 통합된 실질적인 일신론을 접하였다고 한다(Yūsuf Darrah al-Ḥaddād 1982, 120). 쉬르크는 알라와 함께 다른 대상을 숭배하는 것이다.

꾸란과 하디스를 보면 이슬람 이전에 히자즈 지역에 '알라' 숭배가 있었다. '알라'는 무함마드가 가져다준 꾸란의 신명(신의 이름)이나 이슬람의 신명이 아니고 무함마드가 메신저로 활약하기 전 히자즈에 잘 알려진 신명이었다. 꾸란에서 메카의 무쉬리쿤에게 알라는 하늘과 땅의 창조주라고 했다. 무함마드의 아버지 이름이 '압드 알라'(압둘라)이므로 알라의 숭배는 무함마드가 태어나기 전에 무함마드의 집에서 사용하고 있었다고 볼 수 있다. 꾸란은 '알라'를 단일신으로 사용했고 꾸란이 무쉬리쿤이라고 했던 메카와 히자즈 지역 사람들은 알라뿐만 아니라 천사들을 숭배했다(Yūsuf Darrah al-Ḥaddād 1982, 124).

이슬람 이전에 무쉬리쿤은 알라와 진(Jinn)[3] 사이에 근친관계가 있다고 주장했다. 진들은 (부활의 날에) 불리어 갈 것을 안다(꾸란 37:158). 무쉬리쿤의 일부는 진(Jinn)을 알라의 파트너로 간주했다(꾸란 6:100). 또한, 그들은 알웃자, 마나, 알라트 등의 신들을 알라의 딸들로 간주하였다(꾸란 53:19-20). 그리고 이슬람 이전에 다섯 남신을 숭배했는데 왓드, 수와으, 야구스, 야우끄, 나쓰르(Wadd, Suwāʿ, Yaghūth, Yaʿūq, Naṣr) 등이 있다(꾸란 71; 23).

아랍어 "알라"는 단수형이고 복수형은 없다. 꾸란에서 알라는 99개 가장 아름다운 이름들을 갖는다. 꾸란에 알라라는 단어가 2,700번 나온다. 꾸란의 메카 장에 나오는 알라에 상응하는 신명은 "알라흐만"(al-Raḥmān)이고 57번 나온다. 알라흐만(자비로우신 분)은 무함마드 이후 꾸란이 편집된 이후까지 알라라는 신명 아래에 포함되었다. 더들리 우드베리와 같은 서구 선교학자들은 아랍어 '알라'가 아랍어 '알라하'(Alāhā)에서 유래했다고 주장했다. 그러나 일부 학자는 나바뜨 비문에서 '알라'라는 표현이 별도로 발견되었기 때문에 '알라하'에서 '알라'로 직접적인 음운 변화가 이루어졌다고 단정할 수 없다고 보았다.

이상과 같이 이슬람 이전에 아랍 땅에서 사용되었던 신명들 "랍브(주, 주인), 알사마와트(하늘들), 알라흐만(자비로운 분), 알라, 알라힘(자애로운 분), 랍브 알알라민(모든 피조물의 주인), 랍브 알바이트(카아바의 주인)" 등은 해당 지역에서 신으로 숭배된 신명이었고 이슬람 이전과 꾸란과의 큰 차이는 알라라는 단어였다. 꾸란에서는 알라가 최고의 단일신으로서 여러 신명을 가지고 있었다.

꾸란의 메카 장에서는 두 가지 교리를 확립하고자 했는데 하나는 알라가 한 분이므로 오직 한 분 알라만을 예배하는 것이었고 다른 하나는 내세에 대한 신앙이다. 인간이 부활하면 루흐(Rūḥ: 혼)가 몸으로 되돌아가고 한곳에 모여 질문이 이어지고 알라의 자비(마음이 편함) 또는 몸이나 혼의 심한 고통(무덤과 지옥에서)이 결정된다는 것과 내세에 대한 설명이 있었다.

---

3   진(Jinn)은 꾸란에서 무슬림과 비무슬림으로 나뉘지만 현대 무슬림들은 대체로 진을 악한 비무슬림으로 간주한다. 진은 공중에 날아다니거나 특정 장소(화장실, 묘지, 불결한 곳 등)에 머물거나 이동한다. 이슬람의 진(Jinn)이란 말이 지니(Genies)로 서구에 알려졌다.

꾸란에서도 부활의 날에 무쉬리쿤에게 이런 고통스러운 처벌이 있다고 위협한다(꾸란 28:64). 알라가 아닌 것을 숭배하는 자는 지옥의 연료가 된다고 경고한다(꾸란 21:98). 꾸란은 알라가 원하면 알라가 용서하지만 쉬르크는 용서에서 제외된다고 했다(꾸란 4:48).

그런데 쿠프르(Kufr)는 쉬르크보다 더 일반적이다. 카피르는 이슬람 교리에 포함된 것과 합치되는 믿음으로 알라를 믿지 않는 모든 자이거나 예언자들(무함마드를 포함하여)이 가져다준 종교를 거절한 모든 사람이므로 유대교인과 나싸라가 카피르에 속한다. 유대교와 나싸라는 단일신론(Tawḥīd) 교리에서 벗어났다는 것이다(Muḥammad Mukhtār Jum'ah 2015, 805). 이것이 오늘날 무슬림들의 입장이다.

4. 단일신론과 칼람학

1) 단일신론

타우히드의 언어적인 의미는 "어떤 것이 하나가 됨"이고 전문 용어로서의 타우히드의 개념은 이와 다르다. 무타칼리문(칼람학에 종사하는 자들)이 모두 의도하는 타우히드는 알라가 그가 관련된 모든 것에서 한 분이라는 것을 알고 알라가 자신을 묘사한 모든 것을 받아들이는 것이다.

다시 말하면 타우히드는 다음 두 가지를 포함한다.

① 알라는 파트너(샤리크)가 없는 분이다.
② 이 사실을 믿고 인정한다.

이 두 가지 조건을 믿지 않으면 알라가 한 분이란 것을 믿고 고백하는 사람이 아니다. 무슬림들은 모든 사람은 그들만의 타우히드가 있다고 한다. 무슬림의 타우히드는 꾸란과 순나에 나와 있는 타우히드이고 다른 종교에서 타우히드는 다른 측면을 말하고 있다는 것이다(공일주 2015, 403).

이슬람 학자들은 타우히드(단일신론)를 셋으로 나누는데 여기서는 타우히드 알루부비야와 타우히드 알울루히야를 알아보려고 한다. 타우히드 알루부비야는 알라만이 모든 것의 주인이고 모든 것의 창조주이고 그의 종들을 생존케 하고 생과 사를 주관하는 분이라는 것을 가리킨다. 온 우주에 대한 한 분 주인(그의 뜻대로 그의 피조물에게 행동할 수 있는 자)이 알라라는 것을 믿는 것이다.

타우히드 알울루히야는 예배자에게 알라만을 예배하게 하는 것이 알라의 권리라는 것이다. 예배에서 다른 동반자가 없고 타우히드 알울루히야는 알라 이외에 누구도 예배받을 수가 없다는 것을 말하는 것이다. 알라만이 예배받으므로 피조물 중에 아무도 알라를 예배할 때 알라와 동등한 위치에 둘 수 없다. 알라만이 예배받으시기에 합당하므로 결국에는 알울루히야는 알루부비야와 동의어로 사용된다(공일주 2015, 132).

타우히드는 우쑬 알딘(종교의 원리 또는 종교의 이론적 기초)의 한 가지 원리이고 일므 알칼람(칼람학)의 척추에 해당한다. 교리와 샤리아의 어느 문제도 타우히드의 원리를 떠나서 이야기할 수 없다.

2) 칼람학(변증신학)

(1) 칼람학의 정의

일므 알칼람(칼람학)은 알라의 존재하심과 속성을 입증하는 종교적 교리가 되기도 하고 교리의 원리들과 관련된 문제들이 그것의 주제가 될 수 있다. 알주르자니는 칼람학은 알라의 본질과 속성들 그리고 이슬람법(qānūn)에 따라 시작과 내세(ma'ād)에서 있을 수 있는 조건들과 철학자들의 신적 지식('ilm 'Iāhī)을 가져오는 최종 제약(qayyid 'akhīr)을 연구하는 학문이라고 했다.[4] 이처럼 칼람학이 알라의 본질과 속성을 다루므로 신과 관련된 것을 연구하는 학문 즉 일므 알일라히야트('ilm al-'ilāhiyyāt: 신학)와 연관되는데 칼람학은 이것만 다루는 것이 아니라 철학자들의 신적 지식을 다룬

4　Maḥmūd Ḥamdī Zaqzūq, *Mawsū'ah al-'Aqīdah al-'Islāmiyyah*(Cairo: Wizārah al-'Awqāf, 2010), 868.

다는 것이다.
그런데 아쉬아리파 무슬림들은 칼람학에 대한 세 가지 질문을 하였다.

첫째, 칼람학은 종교적 교리('aqīdah)들만을 변증하는 것인가?
둘째, 칼람학은 순니파의 교리만을 변증하는가?
셋째, 칼람학과 일므 알일라히야트[5](신학) 간의 차이가 무엇인가?

첫째 질문의 답을 말하자면 칼람학의 임무는 적들이 방증을 들이대며 반대하는 것에 대항하여 종교의 원리('usūl al-dīn)를 변증하는 것이다. 둘째 질문의 답은 변증 분야를 정하는데 여러 다른 견해가 있다는 것이다. 알가잘리와 이븐 칼둔은 순니파의 교리를 보존하고 방어하는 것이라고 했다.
셋째 질문의 답을 제시하면 사이드 알딘 알타프타자니는 칼람학은 확실한 증거들에서 온 종교적 교리('aqīdah)들에 대한 학문이라고 했다.[6]

아랍어사전에서 일므 알칼람은 "논쟁을 도입하고 의혹을 물리쳐서 종교적 교리를 입증하는 학문"[7]이라고 한다. 이슬람 철학자 무쓰따파 압드 알라지끄(1885-1947)는 이슬람 칼람학은 목적과 주제에서 종교적 성향을 갖고 있고 칼람 학자들이 칼람학을 철학이라고 부르지 않았으니 이슬람 칼람학은 철학이 아니고 이슬람 사상이라고 했다.

아쉬아리 무슬림들의 칼람학이 교리와 신앙에만 국한되어 있어서 "신조"(creed)로 전락하였고 또 아랍 무슬림의 칼람학은 상대적으로 종교의 윤리적, 사회적, 역사적인 면에 대한 관심이 부족했다. 아랍혁명 이후 아랍 무슬림들에게 가장 많은 인기를 모았던 살라피(salafi: 문자적인 텍스트주의자)들이 칼람 연구를 강하게 반대했고 오늘날 옛 칼람학 논제에 대해 다

---

[5] 일므 알일라히야트는 신과 관련된 것을 연구하는 학문이지만 이와 비슷한 단어 "al-'Ilm al-ilāhī"는 형이상학을 가리킨다.
[6] Maḥmūd Ḥamdī Zaqzūq, *Mawsūʿah al-ʿAqīdah al-ʾIslāmiyyah*, 868-972.
[7] ʾAḥmad Mukhtār ʿUmar, *Muʿjam al-lughah al-ʿArabiyyah al-Muʿāṣirah*, Part 3(Cairo: ʿĀlam al-Kutub, 2008), 1954.

시 관심을 보이기도 했으나 무슬림 연구자들의 관심이 아주 적었다. 그나마 현대에 관심을 가진 주제는 내세의 삶과 예언에 대한 논제였다.

무슬림들은 절대적인 일신론을 주장하고 삼위일체를 거부한다. 모든 무슬림은 신의 본질이 하나 됨에서 일치를 보이지만 이런 본질과 무슬림들과의 관계를 이해할 때 그들의 사상적 흐름에 따라 의견이 다르다.

칼람학에서의 타우히드와 수피들의 타우히드 개념이 다르다. 수피들은 그들의 주님을 사랑하는 자와 사랑받는 자로 규정하는데 이것은 마음속에 생기는 것(wajd)이라는 개념에서 시작한 것이므로 논리적으로 판단하기 어렵다.

칼람학에서 타우히드는 종과 주인과의 관계이다. 일을 맡기는 자와 떠맡는 자 간의 관계이다. 다시 말하면 명령하는 자와 명령을 받는 자와의 관계이다. 그래서 모든 무타칼리문은 자신이 알라의 노예라고 생각한다. 그래서 노예와 주인 간의 관계는 두려움과 기대감이 있다(공일주 2015, 404).

그렇다면 무슬림들은 알라를 어떻게 알 수 있다고 하는가?

첫째, 칼람학파는 이성을 사용하여 알라에 대한 믿음을 논하였다.
둘째, 무슬림 철학자들은 종교적 텍스트를 분석하고 알라를 아는데 논리와 철학을 사용하였다.
셋째, 수피들은 알라를 아는 데 있어서 마음의 체험을 강조한다.
넷째, 현대 무슬림 사상가들은 알라를 아는 데 이성과 마음을 둘 다 이야기한다.

(2) 칼람학의 역사적 변천

칼람학(변증신학)은 7세기에 시작되어 법이론학이나 하디스학[8]보다 먼저 시작되었다. 칼람학은 역사를 거치면서 종교적 교리를 방어하고 변증

---

[8] 하디스학은 리와야 학문과 디라야 학문으로 나뉜다. 하디스학의 리와야는 무함마드의 말이나 행동이나 동의 또는 무함마드의 신체적 특징과 연관된 것을 전수하는 것을 포함하고 또 싸하바(무함마드를 실제로 만났던 무슬림)와 타비운(싸하바를 만났던 무슬림)의 말들과 행동들과 전수된 것 그리고 그 낱말들의 기록과 연관된 학문이다. 하디스학의 디라야는 리와야의 종류, 그것의 법, 전달자의 조건, 전언의 분류, 그 의미들을 끌

하는 성격을 가졌다.

알라의 본질과 속성에 관심을 가졌던 초기 무슬림들은 '철학이 도입된 이후에 꾸란이 영원한가, 창조되었는가?'를 두고 서로 분열되고 말았다. 그때 칼람학파로는 무으타질라파, 아쉬아리파, 마투리디파가 생겨났다.

아랍 무슬림들은 칼람에 대한 관점이 다름에 따라 강조점이 다르고 칼람의 명칭을 달리 불렀다. 무함마드 압두흐처럼 칼람학을 타우히드(일신론)학[9]이라고 불렀던 사람들은 알라가 한 분이라는 것을 이성적 관점에서 확립하려고 했고 칼람을 종교의 원리(우쑬 알딘)라고 한 사람들은 논의의 주제가 이슬람의 근간이 되는 신앙의 조항(신조)과 연관 지었다. 칼람을 교리학(일므 알아끼다: 신앙의 학문)이라고 부른 사람들은 신앙(Faith)을 이성적으로 제시하였다. 그렇다면 칼람학은 일신론, 종교의 원리, 교리학(신앙의 학문)이라고 불리다 보니 아마도 서양학자들이 칼람학을 신학이라고 한 것으로 보인다.

20세기 이전 몇 100년간은 칼람 학을 연구하는 사람들의 숫자가 법과 법이론과 철학에 비해 아주 소수였다. 이슬람력 1세기의 칼람학의 발전과 비교하면 20세기 이전 400년간은 괄목할만한 발전이 없어서 침체기와 같았다.

1960년대 초부터 칼람 연구는 종교와 교리를 방어하는데 더 강력하다는 꾸란의 모방 불가능성('i'jāz)이란 주제로 교체되고 말았다. 19세기 말 이집트의 무함마드 압두흐는 칼람의 타즈디드(Renewal: 과거 유산으로 되돌아가야 하고 동시에 현재의 변화는 시대의 필요에 보조를 맞추자는 것)를 시도했는데 그는 타우히드(단일신론)에 대한 새로운 의미를 제시했다. 1930년대 파키스탄의 무함마드 이끄발은 칼람의 관점 체계를 새롭게 보았다. 그 후 서구의 종교학자와 철학자들의 영향을 받은 이집트의 사상가 하산 하나피는 교리학을 재구성하고 이슬람 해방신학을 세워가자고 했으나 큰 영향력은 없었다.

어내는 것을 알게 하는 학문이다.
9 타우히드는 'uṣūl al-dīn(종교의 원리 또는 종교의 이론적 기초)의 한 가지 원리이고 'ilm al-kalām(변증신학)의 척추에 해당한다.

과거의 칼람학이 교리와 신앙에만 국한되어 있었고 종교의 윤리적, 사회적, 역사적인 면에서 다루지 못했다. 더구나 한발리 파의 사상을 이어받은 살라피들이 칼람 연구에 강한 반대를 보였다. 그간 대부분의 이슬람 대학에서는 칼람 연구가 절멸되어 있었다. 일부는 이슬람 교리에 혼란을 준다고 피했고 일부는 정치적 이슬람주의자들이 칼람 연구를 반대했다. 물론, 1980년대 모로코인 철학자 무함마드 압드 알자비리(1935-2010)와 이집트의 사상가 하산 하나피(1935-2021)에 의해 개혁 프로그램의 맥락에서 관심을 가졌으나 그것은 순수한 학문적 관심에서 비롯된 것은 아니었다.

아랍 세계와 다르게 서구의 대학에서는 칼람 연구가 큰 관심을 보였다. 이슬람 분파의 역사, 칼람학파의 역사에 대한 책들이 영국, 독일, 프랑스에서 발간되었다. 최근에는 튀니지와 모로코에서 인문학과 철학 분야의 연구자들이 칼람 연구를 했다. 그러나 이슬람 법학과 정치적 이슬람주의자들에게까지는 영향을 끼치지 못했다. 현대에 와서 가장 중요한 칼람 연구는 이란의 '새로운 칼람'에 대한 연구이다.

이슬람학에서 역사적으로 가장 많은 발달을 보인 것은 법학과 법 원리(우쑬 알피끄흐)이다. 현대에 와서 옛 칼람학의 논제에 다시 관심을 보였으나 다룰만한 주제가 적었다. 물론, 연구자들의 관심도 적었다. 그중 현대에 와서 관심을 갖는 주제는 내세의 삶과 예언에 대한 논제이다. 내세의 삶에 대한 논의는 꾸란 텍스트에 의존하기 때문에 이성적인 연구보다는 꾸란과 순나의 텍스트를 참조하는 것이 더 많았다. 오늘날에는 내세의 문제가 더 복잡해졌다. 알라의 공의와 지옥의 영원성이 주목받았다. 어느 무슬림이 잠시 불순종했는데 지옥에서 영원토록 지낸다는 것을 두고, 종교가 인간을 부당하게 대하고 있다고 주장하는 무슬림이 생겨나기 시작했다.

그리고 오늘날 예언자들의 신뢰성이 문제가 되고 있다. 무싸와 이싸와 같은 일부 예언자들의 예언을 부인하는 무슬림들이 늘고 있다.

이처럼 현대 아랍 이슬람 세계에서는 이슬람법 연구가 칼람 연구보다 더 인기가 있고 내세에 대한 관심이 이성적인 연구보다는 과거 유산의 텍스트에 의존하였다.

3) 칼람학과 이슬람 철학 간의 관계

아랍 세계에는 알킨디, 알파라비, 이븐 시나와 같이 그리스의 영향을 받은 철학가들이 있었고 철학자이자 신학적 주제에도 영향을 끼친 이븐 시나, 이븐 루쉬드 그리고 논리학을 신학적으로 활용한 알가잘리 그리고 알무으타질라, 알아쉬아리, 알마투리디로 대표 되는 이슬람 칼람학이 있다.

641년 아랍 무슬림들이 알렉산드리아를 점령했는데, 그리스 문화는 알렉산더 대왕 이후부터 이집트, 시리아, 이라크에 번창하고 있었다. 이들 지역에서 아랍인들과 그리스 문화가 만나게 되었다. 그리고 그리스의 철학적 사상과 동양의 종교적 신비적 전통이 만났다. 그리스와 동양의 만남이 만들어낸 산물이 신플라톤주의(Neoplatonism)였다.[10]

신플라톤주의를 시작한 사람은 헬레니즘 철학자 플로티누스(Plotinus, 270년 사망)였고 그의 제자는 두로의 포르피리(Porphyry, 303년)였다. 이런 환경은 아랍 무슬림들의 상상적 사고에 영향을 주었고 시리얀어(syriac)에서 아랍어로 번역된 철학적 텍스트를 보면 이런 주장이 설득력을 갖는다. 플로티누스의 *Enneads* 일부가 포르피리의 주석과 함께 아랍어로 번역되어 *Theology of Aristotle*(아리스토텔레스의 신학)로 알려졌다.[11]

알렉산드리아 이외에도 7-8세기 북부 시리아와 북부 이라크에서 헬라어로 쓰인 문헌들의 언어적, 문법적, 신학적 연구가 번창했다. 시리얀어를 구사하는 학자들이 안디옥, 하란, 에뎃사, 니시빈 등지에서 헬라어로 기록된 신학적 책들을 시리얀어(syriac)로 번역했다. 이들 센터에서 논리적 및 신학적 연구는 시리아와 이라크를 아랍 무슬림들이 정복한 뒤에도 중단 없이 계속됐다. 야곱 파와 네스토리아파 학자 중에는 세베루스(696년경), 에뎃사의 야곱(708년) 그리고 아랍인들의 비숍으로 알려진 게오르기우스(774년)가 있었다. 그러나 시리얀어나 헬라어에서 아랍어로 번역한 것은 8세기에 시작되었다. 시리얀어와 헬라어로 된 철학서를 아랍어로 번역하는

---

10 Majid Fakhry, *A Short Introduction to Islamic Philosophy, Theology and Mysticism*(Oxford: Oneworld, 2005), 6.
11 Majid Fakhry, *A Short Introduction to Islamic Philosophy, Theology and Mysticism*, 7.

번역자들은 객관적인 번역과 올바른 번역이 아니었고 본문을 바꾸거나 저자의 견해를 해석하여 내놓기도 했다.

우마위야 왕자 칼리드 이븐 야지드는 의학, 연금술, 점성술 서적의 아랍어 번역을 후원한 초기 후원자 중 한 명이었다. 그러나 첫 번째 철학서 번역을 살펴보면, 압바시야 조 칼리프 알만쑤르(754-73) 치세 때 아리스토텔레스의 책을 파흘라비어에서 아랍어로 번역한 압둘라 이븐 알무깝파아(757년) 또는 그의 아들 무함마드가 있었다.[12]

더 중요한 것은 플라톤의 책 『티마이오스』(*Timaeus*)와 아리스토텔레스의 『영혼론』(*De Anima*)을 하룬 알라시드(786-809) 치세 때, 야흐야 븐 알비뜨리끄(815년)가 번역했다는 것이다. 하룬의 둘째 아들인 알마으문(813-33)은 철학, 과학, 의학에 대한 헬라어와 외국어책들을 아랍어로 번역하도록 공식 지원했다. 그는 바그다드에 830년 지혜의 집(Bayt al-ḥikmah)을 세워서 도서관과 번역기관으로 사용했다.

압바시야 조 초기에 알킨디(801-867)가 아랍인과 무슬림 중에서 제일 먼저 그리스 철학을 공부했기 때문에 그가 이슬람에서 가장 최초의 철학자로 알려진다. 그래서 그를 이슬람의 첫 번째 철학자 또는 이슬람 철학을 열어준 자(fātiḥ)로 불린다. 하지만, 알킨디는 "이슬람 철학"이라기보다는 그리스 철학을 배우고 번역하는 수준이었다고 봐야 한다.

8세기에 무으타질라파가 와씰 븐 아따(700-748)에 의해 시작되었다. 그는 바쓰라에 가서 하산 알바쓰리에게서 공부한 후 그의 생각이 발전하게 되었는데 그로 인하여 무으타질라파가 시작되었다. 주된 관심사는 "알라의 한 분이심(tawḥīd)"과 신적 정의였다. 무으타질라파는 바쓰라와 바그다드 그룹으로 나뉘었고 바쓰라 그룹은 13세기 몽골 침입 이후 사라졌다.

무으타질라파는 13세기 이후 순니 파에서는 점차 사라져 갔고 그 후 시아파와 예멘의 자이디파에서 영향력을 남겼다. 무으타질라파의 과도한 이성주의를 반대하여 등장한 아부 알하산 알아쉬아리(874-935년경)는 과거 무으타질라파였던 것을 그만두었다. 아쉬아리파는 12세기 후반 이후에 철학자의 개념을 받아들였고 그들 중에는 철학적 신학을 도입한 파크르 알

---

12 Majid Fakhry, *A Short Introduction to Islamic Philosophy, Theology and Mysticism*, 7.

딘 알라지(1150-1210)가 있다.

꾸란의 창조 문제를 두고 알마으문(786-833) 칼리프 시절 무으타질라 학파가 하디스에 전념하는 학자(아흘 알하디스)를 압박하였다. 그런데 당시 무슬림들은 정치적 문제로부터 피하고자 했다. 그러나 아흘 알하디스(법적으로 무함마드의 하디스에 전념하는 무슬림)와 아흘 알라이(유추와 논리적 규칙에 따라 결론을 도출하는 법학자) 간의 갈등이 시작되었다. 나중에는 법학자들과 철학가들이 수피를 거부했다.

압바시야 조(750-1258)의 칼리파들은 조로아스터교에 대항하기 위하여 이성적 전승으로서 그리스 철학의 도움을 받았다. 압바시야 조의 번역 활동 뒤에는 정치적 혹은 이데올로기적 동기가 들어 있었다. 그리고 이성적(intellectual) 대결에서 무슬림들은 그리스 철학을 사용했다. 이슬람 철학은 칼람학, 윤리학, 자연과학을 포함한 다양한 분야에서 연구되었으며, 압바시야조 시대에는 서로 다른 민족과 문화 간의 사상적 조화를 모색하는 역할도 했다.

게다가 9세기 번역 활동은 부분적으로 현안의 긴박한 문제 또는 역사적 상황에서 논란이 되었던 문제에 대한 답을 찾는 데 유용했다. 따라서 아랍의 최초 철학자 알킨디(801-873)는 그리스 철학에서 이런 문제의 답을 주는 부분에 관심을 가졌고 그리스 철학을 체계적으로 연구하는 일에는 소홀히 했다. 그중 하나는 단일신론을 학문적으로 해석하는데 그리스 철학이 기여한 것이다.

무슬림 철학 발달의 첫 단계는 신플라톤주의였다. 알킨디는 신플라톤주의자가 창안한 선택과 절충(tawfīq)의 방식을 따랐다. 그는 무으타질라파의 유산에서 도움을 받은 무으타질라파 무슬림이다. 신플라톤주의자로 유명한 알파라비(873-950)가 40세 때 바그다드에서 철학을 공부하기 전에는 그의 고향에서 판사직을 지냈다. 거기서 아부 비쉬르 마타 븐 유누스의 제자가 되었다. 아부 비쉬르는 네스토리아 기독교인이었고 그리스 책들을 번역하는 기독교인이었는데 그에게서 지혜를 배웠다.[13]

---

13 Maḥmūd Ḥamdī Zaqzūq, *Mawsū'ah al-falsafah al-'Islāmiyyah*(Cairo: Wizārah al-'Awqāf, 2010), 750.

이븐 시나(970-1037)는 의학을 알리 이븐 자인 등 여러 스승에게서 배웠다. 그는 짧은 기간에 두각을 나타냈다. 그는 의학은 어려운 학문이 아니라고 했고 가끔 의학 공부를 스스로 했다. 그가 잘 모를 때는 기독교인 아부 사흘 그리고 아부 만쑤르 븐 알하산 븐 누흐와 상담했다.[14] 아랍 무슬림 철학자들이 기독교인들에게서 도움을 받았다는 이런 기록은 무슬림들의 책에 언급되어 있다.

10세기 이후의 이슬람 사상가는 그리스 헬레니즘(Hellenic)과 관련된 것보다 이슬람적(Islamic)인 종교 철학을 표현한다. 그리고 그리스 철학의 족쇄가 풀린 후에 철학자들은 알가잘리의 공격을 받는다. 그리고 덜 알려진 수많은 철학자들이 등장하고 이븐 타이미야(1263-1328)의 강타를 맞는다. 수피즘뿐만 아니라 종교와 철학 간의 조화를 되찾고자 많은 노력을 했던 철학자는 이븐 토르케(Ibn Torkeh, 1432년 사망)이다. 그는 시아파 학계에서 싸인 알딘(ṣā'in al-dīn)으로 알려진다.

무슬림들 사이에 자유의지와 신적 정의에 대한 논란이 생기자 칼람학에 종사하던 무슬림들(mutakallim)은 철학으로 향하는 일이 많아졌고, 특히 입증 방식에서 논리에 관심을 가졌다. 한참 뒤에 알가잘리(1111년 사망)가 종교적 이유로 철학을 격렬하게 반대했다.

파크르 알딘 알라지(Fakhr al-dīn al-Rāzī) 이후에 이슬람 칼람학은 인식론, 존재론, 개념들의 철학으로 바뀌었다. 철학적 문제가 칼람학 분야로 바뀌었다. 이런 전환에서 논리학이 다리로서 사용되었고 철학자들과 싸웠던 알가잘리는 논리학을 기능적으로 역할을 하게 했다. 그는 칼람 학자들의 논증 방식을 비판했다.[15]

파크르 알딘 알라지(1209년 사망)는 알가잘리가 논리학을 독립된 학문으로 여겼기 때문에 논리학을 학문의 도구로 사용하는 방식을 반대했다. 알가잘리와 대조적으로 알라지는 그의 저술에서 철학적 문제에 더 많은 공간을 제공하여 철학적 문제가 신학과 결합한 철학적 신학(philosophical the-

---

14　Maḥmūd Ḥamdī Zaqzūq, *Mawsū'ah al-falsafah al-'Islāmiyyah*, 101.
15　Mehmet Kalayci, "Dissociation of Theology from Philosophy in the Late Ottoman Period", *Knowledge and Education in Classical Islam: Religious Learning between Continuity and Change*(Brill. 2020), 984.

ology)의 시대를 이끌었다. 이런 접근 방식에 상당한 지지를 얻었는데 특히 후라산과 트란스옥사니아에서 그러했다.

14세기에 말에는 철학과 신학이 철저하게 섞여서 서로 구분이 되지 않았다. 이븐 칼둔은 알라지(1209년 사망) 이후에 신학자들이 철학자들의 저술에 너무 과도하게 몰입하여 철학과 신학이 서로 섞이고 서로 구분하기 어렵게 되었다고 했다. 신학의 문제가 철학의 문제 틀(framework) 속으로 다시 재구성되었고 마침내 둘이 구별할 수 없게 되었다. 그러나 철학적 신학이 아쉬아리파의 독특한 현상이 되지 않았고 특정 교파와 관련되지도 않았다.

오스만 투르크의 셀림 1세(1470-1520)가 정치적 존립을 종식시키면서 주로 전승주의자(traditionalist; 무함마드의 하디스에 전념하는 무슬림) 활동이 지배적인 이집트와 시리아가 오스만 영토에 편입되었다. 이집트와 시리아에서는 철학적 신학이 제한적이었고 교파적 정체성이 신조를 통해 알려졌다.[16] 이집트와 시리아의 교파적 정체성은 순니 사상을 통해 전파되었다.

이때 아쉬아리파가 가장 많은 영향을 받았는데 즉, 아쉬아리파가 시아 사상의 대안으로 이 지역에 소개되었다. 이로써 사상학파는 순니 사상으로 확정되었다. 그리고 아쉬아리파의 신학적 측면이 약화되고 종교적 및 정치적 성향으로 바뀌었다. 이제 이집트와 시리아에서 인식된 아쉬아리 사상은 신학이 아니고 신조(creed)였다.[17]

16세기 후반부터 철학적 신학은 순니파 지역에서 영향력을 잃기 시작했으며 사파위조 시아사상의 지배하에 들어갔다. 이븐 아라비의 와흐다 알우주드(신의 존재가 유일한 실재)와 결합된 철학적 신학은 17세기에 새로운 이론을 추구하는 계기가 되었다. 와흐다 알우주드는 모든 존재가 하나의 실재(ḥaqīqah: reality)에서 비롯된다는 것이다. 인간의 이성으로는 알라와 세상, 진리와 창조 등 두 개의 이름으로 되어 있지만 하나의 실재라는 것이다.

---

16 Mehmet Kalayci, "Dissociation of Theology from Philosophy in the Late Ottoman Period", 990.

17 Mehmet Kalayci, "Dissociation of Theology from Philosophy in the Late Ottoman Period", 991.

알라는 초월해 있고 우주의 창조주이며 그는 예배받아야 하고 그의 종은 그를 필요로 한다. 종은 그를 기쁘게 하기 위하여 그에게 가까이 다가가려고 하고 그렇게 함으로써 그에게 몇 가지 현현이 나타남을 부여받고 또 감각적 세계를 초월하여 감각 너머의 세계(malakūt rūḥī)의 일부를 목격하게 된다.

첫째, 알라와 피조물은 본질적으로 구별된다.
둘째, 인간이 감각적으로 인식하는 모든 존재는 하나의 실재(알라)에서 비롯된다.
셋째, 알라는 초월적이지만 하나의 실재가 피조물에 반영된다.
넷째, 알라의 절대적인 실재를 바라보면 그것을 진리(ḥaqq)라고 부르고 다양한 피조물로 나타난 것을 보면 그것을 창조(khalq)라고 부른다.

그러나 그의 이런 이론 때문에 이븐 아라비는 비판을 받아왔고 많은 이슬람학자의 공격의 대상이 되었으며 일부만 그를 방어했다.

철학적 신학은 물라 싸드라(Molla Sadra, 1641)와 미르 다마드(Mir Damad, 1631)와 같은 페르시아 사상가가 시아 사상, 철학적 수피즘, 철학 사이에 이론을 형성하기 위한 탐구의 기초를 제공했다. 철학적 아쉬아리가 배제된 후에 교리적(doctrinal) 아쉬아리파가 서부 이슬람 지역에서 아쉬아리파를 대표하게 되었다. 이로써 아쉬아리파가 고전적인 신학 형태로 되돌아갔다.[18]

이슬람 철학사를 보면 이븐 알무깝파아(756년 사망)의 사형으로부터 시작하여 알할라즈(922년 사망)의 사형, 알수흐라와르디(1097-1168)의 사형, 이븐 루쉬드(1126-1198)의 망명과 그의 서적들을 불태움 등 많은 주요 철학자들과 사상가들이 고문을 당하거나 처형되었다.

이븐 루쉬드 이후 아랍 세계에서는 철학이 쇠퇴했지만, 페르시아와 인도에서는 철학적 논의가 계속되었다. 이븐 루쉬드는 종교(신앙)와 철학(이성)을 절충시키려 노력했고 철학과 이슬람 신앙이 양립할 수 있다고 했다.

---

[18] Mehmet Kalayci, "Dissociation of Theology from Philosophy in the Late Ottoman Period", 993.

철학과 종교가 충돌하지 않는다는 것이다.

유럽이 문예 부흥에 들어갈 즈음 아랍 세계는 이븐 루쉬드 이후 700년 간 침체기에 들어간다. 이슬람 철학은 이 기간에 아랍 세계에서는 발달하지 못하고 진보가 없었으나 페르시아에서는 이븐 시나의 책들을 읽고 있었다.

보나파르트 나폴레옹이 1798년 이집트와 샴(시리아와 레바논과 요르단과 팔레스타인) 지역에 진입한 것과 더불어 현대 시대가 도래할 때 유럽에 유학을 갔던 아랍인들에 의하여 이슬람 철학이 이집트대학에서 가르쳐지기 시작했다. 물론, 침체기 동안 알가잘리(al-Ghazālī)의 '종교학의 복원'('ihyā' 'ulūm al-dīn)이 나왔고 텍스트를 강조한 이븐 타이미야(1263-1328) 그리고 문명의 성쇠의 원인을 규명한 이븐 칼둔(1332-1406)의 서설(Muqaddimah)이 나왔다.

그 당시 이슬람 국가는 무조건 과거를 답습하고 기존 질서를 유지하는 것만 허용되었고 정치에는 부패가 계속되고 있었다. 이런 환경 속에서 철학이 후퇴하고 통치자들은 종교의식, 혼인과 이혼에 대한 법적 견해만을 다루었다. 그리고 이런 법적 문제를 다룬 학자들을 '울라마'라고 불렀다.

리파아 알따흐따위(1801-1873)는 19세기에 그 당시 이집트인들에게 없었던 열다섯 가지 학문(군사, 해양, 광물, 외교, 의학, 번역 등)을 소개하여 이집트인들을 일깨워 주었다. 이런 학문의 대부분은 알따흐따위 시대와 그 이전 시대에 이슬람 국가에서 사라져 버린 것들이었다.

오늘날 이슬람 철학가들은 알파라비(872-950년)의 학문 분류를 무슬림들이 취했더라면 이슬람 세계는 큰 발전을 했을 것이라고 했다. 만약 그랬더라면 유럽의 문예부흥보다 10년을 앞서서 학문의 발전을 가져왔을 것이라고 무슬림들은 주장한다. 아랍 국가에서 이슬람 철학과 사상은 침체가 계속되고 있었다.

서구라파와 이슬람 세계가 부딪히면서 이슬람 철학이 되돌아왔고 이집트의 총독 무함마드 알리 재위(1805-1848) 시대에는 해외 유학단을 유럽으로 보냈고 그들이 돌아와서 이집트에서 번역이 다시 활발해졌다. 유럽에 간 무슬림들은 유럽의 학문과 사상이 크게 발전한 것을 보았고 무슬림들의 황금기(10-11세기)에 이룩한 것들을 보존하고자 했다. 이는 아랍과 이슬람 유산을 소생시키고 외국어로 된 책을 번역하고 저술하는 일이었다.

이상과 같이 칼람학에서 철학을 배제하고 철학으로부터 독립된 칼람학을 확립시키려는 시도는 오스만 후기에 순니 칼람학의 틀을 점차 좁혀가게 했다. 다른 종교와의 투쟁에서 가장 중요한 기반인 칼람학이 그 역동성과 활동 분야를 상실했다. 그 이후로 칼람학과 철학 간의 관계가 단절되고 아쉬아리파 칼람 학은 신조로 변해버렸다.

이로써 이슬람 종교사상의 고착된 시기를 맞이하고 이로 인하여 근대 서구의 지적 도전에 준비가 안 된 채 서구 문물이 들어올 때 무슬림들은 당황하게 되었다. 결국, 순니 국가에서 타즈디드(tajdīd:과거 유산으로 되돌아가야 하고 동시에 현재의 변화는 시대의 필요에 보조를 맞추자는 것)를 부르짖는 무슬림들이 생겨났다. 이것은 순니 아쉬아리파의 사상적 고착화(crystallization) 때문이었다.[19]

1908년 이집트대학이 설립되었고 문과대학에 고대 철학과 현대 철학과가 생겨서 이슬람 철학 과목이 생겨났다. 카이로대학교의 다르 알울룸 대학에서는 이슬람 철학 전공이 가능했다. 카이로대학교가 이슬람 철학을 전공하는 학과를 설치한 첫 번째 아랍 대학이었는데 일부 오리엔탈리스트(아랍의 유산을 연구한 서구인)들이 철학을 가르쳤고 무쓰따파 압드 알라지끄(1885-1947)가 첫 교과과정으로써 이슬람 철학 연구의 입문을 가르쳤다. 그는 이 과목에서 철학의 시작, 이론과 미래 그리고 법의 원리와의 관계를 다루었고 그를 뒤이어 여러 선구자적인 교수들이 등장하여 이슬람 철학을 아랍 대학에 자리 잡게 했다.[20]

1925년에 이집트에서 이슬람 철학을 부활시키려는 새로운 지적 운동이 출현했다. 종교는 국가가 아니라고 외쳤던 알리 압드 알라지끄('Alī Abdel Rāziq; 1888-1966)와 같은 학자들이 주도했다. 그는 이슬람이 개인적인 도덕의 종교이지 정치 체제(political system)가 아니라고 했다. 이 운동은 모

---

19 Mehmet Kalayci, "Dissociation of Theology from Philosophy in the Late Ottoman Period", 997.
20 공일주, 『이슬람과 IS』, 312.

더니티의 도전과 이슬람 사상을 현대 세계의 요구와 조화시키려는 필요성에 대한 응답이었다. 이집트에서 이슬람 철학의 부흥은 이집트에서 이성적(intellectual)이고 문화적인 삶에 중요한 영향을 미쳤다.

이집트의 아인샴스대학교에서 철학을 가르쳤던 무라드 와흐바(1926-)는 아랍인 이성은 근본주의 이성이라고 진단한다. 그 이유는 이븐 타이미야의 영향인데 이븐 타이미야(1263-1328)가 종교적 텍스트에서 이성의 활성화('iʻmāl al-ʻAql)를 거부하였기 때문이다. 이븐 타이미야는 텍스트는 이성을 필요로 하지 않는다고 단언했다. 이븐 루쉬드는 종교적 텍스트에서 자히르(표면적/우세한. 분명한)의 의미와 이성의 필요 간에 서로 모순(불일치)될 것으로 보이면 바띤(내적/숨은)의 의미를 찾기 위해, 종교적 텍스트에서 이성을 활성화시켜야 한다고 했다.[21] 글자 그대로의 의미(Maʻnā Ḥarfī)에 익숙한 아랍 무슬림들이 바띤의 의미를 허용한다면 IS(이슬람 국가 조직)처럼 극단적인 문자주의적 해석에서 벗어날 수 있다는 것이다.

아랍 이슬람 국가에는 이슬람 철학이 교리를 혼란스럽게 만들고 이슬람 법학과 반대가 된다는 통념이 퍼지면서 아랍의 대학교에 철학과가 있어도 큰 인기가 없었다. 이슬람 철학이 이슬람 칼람학과 교리를 혼란시킬 것이라는 우려를 갖고 있었다. 사우디아라비아는 수십 년간 철학을 학교 교실에서 금지시켜 왔는데 2019년 종교적 교리를 강화시키기 위하여 철학적 사고를 도입하였다. 그리고 철학적 원리를 포함시키고 비판적 사고(critical thinking)를 도입한 고등교육 커리큘럼을 재편성하기로 하였다.[22] 사우디아라비아가 법의 원리 과목에다가 철학적 사고를 도입한 것은 이슬람의 교리를 논리적으로 강화하려는 목적이었다.

---

21 Munā Abū Sanah, *Madkhal ʼilā al-ʻAql al-ʻArabī*(Cairo: al-Hayʼah al-Miṣriyyah al-ʻAmmah lil-kitāb, 2018), 6.
22 https://www.jpost.com/magazine/the-devils-tool-576153 2023년 12월 1일 검색.

5. 이슬람 이전의 기독교와 유대교

1) 유대교

사우디아라비아의 히자즈 지역(메카와 메디나가 위치한 지역)에서 하니프들이 살았다. 꾸란 22:17에서는 "믿는 자들(무슬림들)과 유대교인들과 싸비인(Ṣābi'īn: 스스로 빛을 내는 천체 중 하나〈Najm〉와 태양 주위를 도는 빛을 내는 천체〈Kawkab〉와 천사들을 숭배하는 족속), 나싸라(알마시흐의 종교를 따르는 자들), 마주스(불과 해와 달을 숭배하는 족속), 무쉬리쿤(다신 숭배자들)에 대하여 알라는 부활의 날에 이들 사이를 구별하고 심판하실 것이다"라고 기록되어 있다.

이 꾸란 구절을 보면 7세기 아라비아 땅에는 무슬림, 유대교인, 싸비인, 나싸라, 마주스, 무쉬리쿤이 있었다는 것을 알 수 있다. 이외에도 아라비아반도에는 나무나 돌 등의 우상을 숭배하는 것(Wathan)과 알라가 아닌 우상이나 상을 숭배하는 일(Ṣanam)이 있었다. 또 다른 자료에는 이슬람 이전에 우상 숭배자, 유대교, 하니프, 마주스(조로아스터교), 나싸라가 있었다(Ḥusayn al-Awdat 1992, 21)고 한다.

메카와 메디나가 자리한 히자즈 지역에 유대인들이 살았고 그 남쪽에 있는 나즈란에는 네스토리아파가 우세한 시기가 있었다[23]. 메디나에는 바누 꾸라이자(Banū Qurayẓah), 바누 알나디르(Banū al-Naḍīr), 바누 까이누까아(Banū Qaynuqā') 그리고 이들 주변에 20개 유대인 부족이 살았다(Yūsuf Darrah al-Ḥaddād 1982, 63).

유대인들은 지리적으로 아랍인들과 가까이에서 살았다. 아랍어와 히브리어는 셈족의 언어들이다. 유대화한 아랍인, 팔레스타인에서 이주한 유대인, 서기 70년과 132년 각각 로마의 박해로 이주한 유대인이 있었다(Ḥusayn al-Awdat 1992, 23). 이주한 유대인과 유대화한 아랍인이 함께 살았다. 이들은 개별적으로 현 사우디아라비아의 타이마, 파닥, 카이바르,

---

23 무까틸 븐 술라이만(767년 사망)은 나즈란의 기독교를 야꿉파(Jacobites)라고 했다. 그러나 알따바리는 나즈란의 기독교인을 네스토리아파라고 했다.

와디 알꾸라에 살았고 특히 야스립(메디나)에도 살았다. 유대인들은 예멘에서 힘야르 왕국(380-523)을 세웠고 힘야르의 유대인 왕인 두 누와스(517-525/7 재위)는 나즈란에서 나싸라를 박해한 적이 있다.

유대교는 예멘의 일부 지역을 제외하고는 아라비아반도에서 널리 퍼지지 않았다. 유대인들은 아랍어와 아랍 문화에 영향을 주었고 자한남, 샤이딴, 이블리스와 같은 유대인의 종교적 어휘가 아랍어로 들어왔다. 유대인들은 농업, 면직, 수공예, 무기 생산 등 공업에 종사하였고 아랍인들은 장사와 목축과 농업에 종사했다.

꾸란 구절을 분석해 보면 메디나 그리고 시리아로 가는 길에 자리한 지역에 유대인들이 살고 있었다. 이곳에 살던 유대인들은 유일신론을 전하였고, 아라비아반도에서는 타우라(알라가 무싸에게 내려 준 책)의 일신론을 전파하는데 많은 노력을 했다(Yūsuf Darrah al-Ḥaddād 1982, 34).

무슬림 역사가 아흐마드 아민은 그의 저서 『파즈르 알이슬람』(이슬람의 새벽)에서 "이슬람 이전 수 세기 전에 아라비아반도에는 그리스 문화의 영향을 받은 유대교가 퍼져 있었고 야스립(나중에 메디나로 불림)에서 유대인이 정착촌을 이루고 있었다. 아라비아반도에 거주한 이들은 이주한 유대인이었거나 유대화한 아랍인이었다('Aḥmad 'Amin 2015, 49)고 했다." 그리고 아라비아반도에 유입된 나쓰라니야는 네스토리아파와 야꼽파였다.

네스토리아파는 알히라(현 이라크 땅)에 퍼져 있었고, 야꼽파는 갓산과 샴(시리아와 그 주변) 지역의 나머지 부족 사이에 퍼져 있었다. 아라비아반도에서 나쓰라니야의 가장 중요한 거점은 나즈란이었다('Aḥmad 'Amin 2015, 51). 아라비아반도에 들어오기 전 나쓰라니야는 그리스 문화를 어느 정도 흡수하고 있었다. 기독교의 초기 시대에는 많은 교부가 종교인이 되기 전에 철학자들이었다('Aḥmad 'Amin 2015, 54). 물론, 아랍 무슬림의 이런 자료들이 얼마나 신빙성이 있는지는 앞으로 계속 연구해 봐야 한다.

2) 아랍 무슬림 자료에서 나쓰라니야(알마시호의 종교)

아랍어 나쓰라니야는 "알마시호 이싸의 종교"란 뜻이고 나쓰라니(복수형은 나싸라)는 "알마시호의 종교를 따르는 자"란 뜻이다. 또 다른 사전에 따르면 나쓰라니야는 "알마시흐 이싸 븐 마르얌의 사람들의 공동체(움마)에 속한 종교"이고 나싸라는 "알마시흐 이싸 븐 마르얌을 따르는 사람들"을 가리킨다. 알마시흐의 추종자들을 나싸라라고 한 이유에 대해서는 다음과 같이 여러 견해가 있다.

첫째, 알마시흐의 포교를 지원했던 사람들이므로 나싸라라고 했다.
둘째, 그들 사이에 서로 도왔기 때문에 붙여진 이름이다.
셋째, 그들이 살던 곳이 나씨라(나사렛)였는데 이 마을 이름에서 비롯되었다.

> 그들로부터 이싸가 쿠프르(Kufr)를 느꼈을 때, 그가 말했다.
> "누가 알라를 돕는데, 나와 함께 할 자가 누구냐?"
> 이싸의 돕는 자들이 말했다.
> "우리가 알라를 돕고 알라를 전하는 자이다. 우리는 알라를 믿었고 우리가 알라와 그의 법에 복종하는 자들(Muslimūn)임을 고백한다"(꾸란 3:52).

이 꾸란 구절을 보면 당시 이싸를 따르던 사람들이 한 분의 알라를 믿었다는 것이고 그들이 알라와 그의 법에 복종하는 자(무슬림)였다는 것이다. 이 구절에서 "무슬림"은 단순히 복종하는 자가 아니고 "알라와 그의 샤리아에 복종하는 자"이다.

결국, 무슬림들이 정의한 나싸라는 알마시흐의 다아와(포교)를 따랐던 사람들로서 그의 다아와를 믿고 그를 지원한 사람들이다. 그런데 나싸라는 알마시흐가 알라의 아들이라고 하니 이는 마치 카피르들이 말했던 것과 비슷하다(꾸란 9:30)고 했다(Muḥammad Mukhtār Jumʻah 2015, 1400).

무슬림들은 유대인들이 단일신론(타우히드)을 쉬르크(Shirk)와 타즈시드(Tajsīd: 생각과 감정을 육적인 것과 감각적인 행동으로 전환시키는 것)로 왜곡시켰다고 하고 이싸는 신에 대한 교리를 바르게 고치기 위해서 왔다고 한다. 무슬림들은 이싸 알마시흐의 메시지는 타우히드의 메시지라고 한다. 그러나 이슬람의 타우히드는 삼위일체를 거부하는 "절대적 단일신론"(Wiḥdāniyyah Muṭlaqah)이다.

나쓰라니야 종교의 출처는 타우라와 신구약 성경이라고 한다(Muḥammad Mukhtār Jum'ah 2015, 1400). 그리고 무슬림들은 나쓰라니야의 뒤틀린 교리를 바르게 고치기 위해서 이슬람 종교가 왔다고 주장한다. 무슬림들은 나쓰라니야는 유대교의 뒤틀린 교리를 바로 잡았고 나쓰라니야의 뒤틀린 교리를 이슬람이 바로잡았다는 것이다.

무슬림들이 오늘날 기독교인을 나싸라라고 하는 것은 나싸라가 꾸란에서 삼위일체(4:171)와 예수의 신성(5:72)과 마리아 숭배(5:116)를 따랐기 때문이라고 한다. 꾸란에서 나싸라는 삼위일체와 예수의 신성을 인정하는 사람들을 가리키며 일부 무슬림(살라피 등)은 나싸라를 부정적인 의미로 사용하기도 한다.

아흐마드가 온다고 알마시흐가 예언했다는 꾸란의 기록을 보면 분명히 꾸란에 나타난 이싸는 성경의 예수와 같지 않다. 더구나 꾸란에서 이싸는 하나님의 아들이 아니고 성육신하지 않았고 십자가에 돌아가시지 않았고 종말에 이 땅에 돌아와 십자가를 부수고 이슬람을 믿으라고 한다는 것을 볼 때 이슬람의 이싸는 성경의 예수가 분명히 아니다. 또한, 삼위일체, 그리스도의 신성, 성육신, 십자가를 통한 속죄를 꾸란과 이슬람은 거부한다.

나쓰라니야가 이슬람 이전에 아랍 땅에 널리 퍼져 있었다. 그러나 어느 부족 전체가 나쓰라니야를 믿는 경우는 드물고 부족의 개인들이 믿었으며 지역마다 나쓰라니(알마시흐의 종교를 따르는 자)는 다양했다. 비교적 많이 사는 곳으로는 나즈란, 알히라, 갓산, 샴(시리아와 그 주변 지역) 지역의 목축지, 시리아 북쪽 지역이었고 히자즈 지역에도 나쓰라니가 개별적으로 살았다(Ḥusayn al-Awdat 1992, 31-32).

무함마드가 거주하거나 여행 중 지나가는 히자즈 지역과 나즈드(Najd)는 유목민(베두인)이어서 예멘, 알히라, 갓산 지역보다 정착지가 더 적었다. 아라비아반도의 경계 지역에서는 나쓰라니가 많이 퍼졌다. 히자즈와 나즈드 지역에는 대규모 나쓰라니야 공동체가 존재하지는 않았지만, 일부 개인들이 나쓰라니야 신앙을 따랐다. 물론, 나싸라는 이주와 선교, 노예, 무역 등 세 가지 이유로 이 지역을 왕래하였다. 아라비아반도에는 에비온파(Ebionites), 나씨리파(Nazarenes), 키사이파(Elkesaites) 등 기독교에서 따라야 할 종교적 가르침에서 벗어나서 유대교와 기독교의 교리가 혼합된 것을 보여 주었다(Ḥusayn al-Awdat 1992, 47-48).

후세인 알아우다트는 에비온파가 나쓰라니야를 믿은 유대인들이라고 했다. 그들의 교리가 유대교와 나쓰라니야가 섞여 있고 한 분 하나님을 믿으나 바울의 메시아에 대한 견해를 거부하고 안식일을 반드시 지킨다고 했다. 그중 일부는 메시아가 인간이고 십자가 죽음을 부인하고 십자가에 죽은 자는 알마시흐가 아니라고 했다. 또한, 나씨리파는 메시아의 신성을 인정하고 모세의 율법을 지킨다고 했다. 키사이파는 할례를 행하고 안식일에 예루살렘을 향하여 기도하고 한 분의 하나님을 믿고 내세와 천사를 믿는다(Ḥusayn al-Awdat 1992, 48)고 했다.

무슬림들의 자료에 따르면 나즈드와 히자즈에서는 노예들이 많았는데 일부는 에티오피아에서 왔고 대부분은 비잔틴 제국에서 왔다. 히자즈 사람들과 나즈드 사람들은 인도양과 아라비아 남부 간의 무역 통로가 되는 중요 지역 그리고 이라크와 이집트와 샴 지역 간의 무역 통로를 장악하고 있었다.

서구 기독교인들의 저서를 보면 3세기부터 아랍어 사용 지역에 기독교인들이 존재했다고 한다(Ken Parry et. al. 2001, 37). 4세기쯤에는 시나이반도, 남부 아라비아 해안, 사막 아랍의 동부에 사는 부족민 거주지역, 메소포타미아에 이르기까지 기독교인들이 살았다. 한때 아라비아의 로마 치하의 땅에는 20개의 주교좌가 있었다. 그런데 451년(칼케돈 공의회)부터 6세기 중반까지의 교회 자료에서는 아라비아의 비숍에 대한 이야기가 없었다. 그러나 고고학적 발굴 기록에 따르면 시리아 남부와 요르단에는 지속된 복음화가 있었다고 한다(Ken Parry et.al. 2001, 38).

아랍 기독교인의 자료에 따르면 무함마드가 이슬람을 태동시키기 전, 6세기에 나쓰라니야가 아라비아반도의 여러 곳에 퍼졌는데 그들은 주교좌(Karāsī 'Usqufiyyah)를 갖고 있었다. 니케아 공의회(325)에 아랍 비숍들이 참가했고 칼케돈 공의회(451)에 20명의 아랍 비숍이 참석했다(Yūsuf Darrah al-Ḥaddād 1982, 42). 라틴 및 그리스 교회의 입장에서 보면 칼케돈 공의회는 안디옥과 알렉산드리아의 기독론 전통 간의 화해를 이루었고 기독론 논쟁을 종결시키는 역할을 했다고 보았다. 그러나 동지중해 지역의 관점에서 보면, 칼케돈 공의회는 결코 논쟁을 종식시킨 사건으로 받아들여지지 않았고 오히려 이후 7세기까지 지속된 더욱 심각한 논쟁을 촉발한 원인이 되었다. 그러던 중 7세기에 아랍의 정복이 이루어지면서 당시 형성된 다양한 교회적 입장이 사실상 굳어졌으며 이러한 신학적 입장은 오늘날 중동의 여러 기독교 교회 속에서도 여전히 반영되고 있다.

이슬람이 정복하기 전 아랍 지역에는 칼케돈파(멜키파), 야곱파, 콥트 교회, 네스토리아교회 등이 존재했다. 4세기부터 아랍 부족들에게 점차 퍼져 가던 기독교였지만 이슬람이 발흥하기 이전에 강력한 기독교는 단성론을 따르는 갓산 왕조(Ghassānids)였다. 그리고 300년 동안 페르시아와 전투를 벌인 이라크의 라큼 왕조(Lakhmids)는 시리얀어를 사용하는 기독교인들의 영향을 받았지만 이슬람이 발흥할 때는 네스토리아교회에 속해 있었다.

당시 기독교는 남부 아라비아로 가는 무역로와 연관을 갖고 있었는데 6세기 초 나즈란에는 단성론자 주교가 있었다. 이처럼 이슬람 이전에 아라비아의 변방 지역에는 많은 아랍 기독교인이 살았지만 그리스도의 두 개의 본성, 성육신한 하나의 본성에 대한 이해에서 서로 이견이 있었다. 칼케돈 신앙에 대한 정의는 당시 그리스 신학의 논의 방식에 따라 표현되었으며 그 논쟁의 중심에 있던 핵심 용어는 '본성'(nature), '위격'(hypostasis) 그리고 '인격'(person 또는 prosopon)이었다.

그런데 이러한 용어가 5세기 후반부터 7세기 초반까지 연속적으로 개최한 공의회에서 발표한 여러 신앙 선언문에서 그다지 일반적으로 사용되지 않았다. 심지어 헬라어의 용어(또는 그에 상응하는 시리얀어syriac 단어)가 사용 된 경우에도 당시 교회 리더마다 이를 다르게 이해했다. 그들은 대개 구술(Oral) 문화였고 교회 예전은 헬라어, 팔레스타인의 '기독교 아랍어'(시리얀어)이었다.

메카와 메디나에 기독교인들이 지속적으로 존재했다는 증거는 거의 없지만 그 지역의 일부 아랍 부족들 사이에 기독교인에 대한 많은 전언이 있다. 그리고 시리얀어를 구사하는 공동체에서 온 수도사와 선교사가 가끔 있었다고 한다. 일부 이슬람 전승에 따르면, 무함마드 시대의 메카 카아바에 동정녀와 아들의 그림이 있었다고 전해진다(Ken Parry et.al. 2001, 38).

아르메니아정교회, 콥트정교회, 에티오피아정교회와 함께 시리아정교회는 오리엔탈(oriental)정교회라고 불리는데[24] 이들은 알렉산드리아의 기독론적 전통을 따랐고 칼케돈(451년)의 결정을 받아들이지 않았다. 그리고 앗시리아 동방의 교회(Assyrian Church of the East), 즉 네스토리아파는 에베소 공의회(431년)의 결정 사항을 거절했다. 그런데 멜키파와 함께 마론파는 알렉산드리아와 안디옥 입장 간의 중간을 택할 목적으로 칼케돈의 신조를 받아들였다. 십자군 이후 마론파는 로마 가톨릭과 연합해 버렸다.

이와 같이 서구 기독교인들의 자료에 따르면 무함마드가 살았던 그 당시에는 그리스도의 인성과 신성에 대한 문제로 교회가 나뉘어져 있었다. 그런 상황에서 무함마드가 꾸란에서 언급한 나싸라에게는 지금의 기독교인들의 기독론을 가지고 있지 않았음을 분명히 알 수 있다.

3) 나쓰라니가 기독교인인가?

바울은 갈라디아서 1:17에서 "아라비아"로 갔다고 하지만, 여기서 '아라비아'가 정확히 어디를 가리키는지에 대해 학자들 사이에서 해석이 분분하다. 기독교 자료에 의하면 "아라비아"는 로마 시기에는 다마스쿠스의 남쪽에 있는 나바뜨인들의 왕국을 가리키고, 갈라디아서 1:17에 나오는 아라비아는 시나이 반도를 가리킨다(Frederick William Danker, 127-128)고 했다. 레바논 기독교 학자에 따르면 예수님의 열두 제자 중에 바돌로매가 있었는데 그는 히자즈(메카와 메디나가 있는 지역) 땅으로 갔다고 한다. 이 말은 사도시대 이후에 기독교의 유일신론이 아라비아와 히자즈로 들어갔다(Yūsuf Darrah al-Ḥaddād 1982, 41)는 것이다.

현대 학자들 사이에 일치를 보인 것은 나싸라 단어는 Nazoreans 또는 Nazarenes(유대 기독교인)이라고 하고, 갈릴리 나사렛에서 온 사람을 가리킨다(Sidney H. Griffith 2008, 7)고 했다. 꾸란에 나오는 나싸라는 "알마시흐를 따르는 자들" 또는 "나사렛에서 온 사람들" 또는 "나즈란의 나싸라"라고 정의한다(공일주 2021, 152).

---

24 동방의 교회(네스토리아교회)와 동방정교회(Eastern Orthodox)를 서로 구분한다.

아랍 기독교인들은 자신들을 "마시히윤"이라고 부르는데 살라피 무슬림들이 아랍 기독교인들을 나싸라라고 부를 때 기독교인들은 무슬림이 기독교인을 경멸한다는 것으로 받아들인다(공일주 2021, 152-153).

무함마드 생존 당시 기독교인들이 아랍어를 사용하고 있었으나 당시 아랍어로 번역된 성경 전서는 없었다. 꾸란 9:30에서 "유대인들은 우자이르가 알라의 아들이라고 말했다. 나싸라는 알마시흐가 알라의 아들이라고 말했다. 그것은 그들의 입으로 말한 것이다. 그들은 이전의 카피르의 말과 유사하다. 알라가 그들을 저주했다."[25]

여기서 마지막 구절에서 "그들을"은 알따바리 주석에서 "나싸라"라고 했고 사우디아라비아의 꾸란 학자들이 쓴 『쉬운 주석』에서는 무쉬리쿤이라고 주석하고 어떻게 그들이 진리를 버리고 진리가 아닌 것을 향하느냐고 설명한다(al-Tafsīr al-Muyassar 2012, 191).

맥올리프(Jane Dammen McAuliffe 1991, 287)는 꾸란의 기독교인(Qur'ānic Christians)은 기독교인이라고 스스로 부르는 사람들의 역사적 공동체가 아니고, 또 살아 있는 공동체도 아니었다고 했다. 꾸란의 기독교 개념은 기독교공동체의 현재나 과거의 사회학적 구성(configuration)과 연관성이 거의 없었다고 했다.

그렇다면 나싸라가 오늘날 세계 기독교와 연관이 있는가?

프랑스인 수도사 자끄 조미에(Jacques Jomier, 1914-2008)는 "꾸란이 언급한 기독교인은 예수의 종교라고 가정되는 종교를 실천한 일신교의 기독교인이었다. 그 기독교는 이슬람 교리와 일치하는 교리였던 것으로 보인다"고 했다(Jacques Jomier 2003, 65).

꾸란의 나싸라가 이슬람 교리와 일치하는 사람들이라면 꾸란의 나싸라를 "기독교인들"이라고 말할 수 있을까?

꾸란에는 나싸라에 대해서 말하는 곳이 여러 곳에 있지만, 결코 "기독교인"(Masīḥī)이라고 언급하지 않는다(Sidney H. Griffith 2008, 6). 그 대신

---

[25] https://www.altafsir.com/Tafasir.asp?tMadhNo=1&tTafsirNo=1&tSoraNo=9&tAyahNo=30&tDisplay=yes&Page=3&Size=1&LanguageId=1 (알따바리의 주석), 2022년 5월 11일 검색.

"경전의 백성"이란 일반적인 표현으로 유대인을 포함하는 말로 사용한다. 영국인을 포교할 목적으로 꾸란을 영어로 의미 번역한 압둘 할림(Abdel Haleem)은 꾸란에 나오는 "나싸라"(Naṣārā)를 "기독교인들"이란 말로 번역한다. 한국인을 포교할 목적으로 한국어로 의미 번역한 『성꾸란』에서도 기독교인이라고 번역한다.

결국 꾸란에서 말하고 있는 나싸라가 도대체 우리가 생각하는 기독교인인지 또 이들이 다른 지역의 어느 기독교와 연관되어 있는지에 대한 분명한 답을 꾸란은 주지 않는다(Sidney H. Griffith 2008, 6). 그래서 이 책에서는 꾸란의 나쓰라니(복수형은 나싸라)를 기독교인이라고 번역하지 않고 꾸란 본문대로 "나쓰라니(단수형) 또는 나싸라(복수형)"라고 썼다. 그 이유는 나쓰라니에 대한 의견들이 아래와 같이 너무나 다양하기 때문이다(공일주 2021, 134-153).

(1) 유대 기독교인
(2) 나사렛의 사람
(3) 돕는 자
(4) 시리얀의 특정 교파(네스토리아파)
(5) 알마시흐 이싸 븐 마르얌의 움마(공동체)
(6) 이싸 또는 알마시흐의 종교를 따르는 자
(7) 동방교회들(Eastern Churches)의 교인
(8) 나즈란의 나싸라

이처럼 꾸란에서 나싸라는 위와 같이 다양한 개념으로 전해지고 있어서 꾸란의 나쓰라니(나싸라)는 오늘날 우리가 아는 기독교와는 신학적 차이가 있다. 꾸란에 언급된 나싸라는 삼위일체와 예수의 신성, 예수의 십자가 죽음을 거부하기 때문이다.

제3장
꾸란

꾸란은 무슬림공동체의 경전이고 전 세계 무슬림이 공경하고 무슬림들의 신앙과 생활을 결정하는데 권위를 갖는다. 꾸란은 무슬림 정체성 발달에 중요한 역할을 해 왔고 무슬림들은 꾸란을 알라의 말이라고 믿는다. 또 무슬림들은 알라가 지브릴 천사를 통하여 무함마드에게 내려 준 책이 꾸란이라고 믿고 꾸란을 무함마드가 동료들에게 전하면 그들이 암송하여 나중에 기록하였다. 무슬림들은 아랍어 원문 꾸란이 알라의 말씀을 온전히 보존하고 있으며, 이를 통해 알라의 의도를 이해할 수 있다고 믿는다. 그러나 무함마드 사후에 그의 추종자들이 꾸란을 기록하면서 본래 의미가 완전히 보존되었는지에 대해 의문을 제기하는 학자들이 있다.

꾸란이 구전되어 완전한 텍스트로 보존되었다고 무슬림들이 주장하지만, 초기에는 꾸란이 주로 구전으로 전승되었으며 기록된 형태는 암송을 보조하는 역할을 했다. 또, 3대 칼리프 우스만이 꾸란을 처음으로 집대성했을 때 아랍어 자음 간의 구별점과 모음 부호가 도입되지 않았다(공일주 2014, 169). 무함마드 사후 25년이 지난 뒤에 꾸란의 초기 형태가 완성되었다.

무슬림마다 꾸란을 읽는 방식에서 다른 점이 발견되었던 역사적 사실에서 오늘날 아랍어 꾸란이 알라가 내려 준 꾸란과 동일한 지는 확실히 알 수 없다. 이슬람 초기에 수집된 하디스의 내용과 다르게 기록된 자료의 설명이 꾸란의 형성에 대하여 서로 모순을 보였다. 처음부터 무쓰하프(정경화 이전의 사본)가 존재하여 잘 보존되었다는 무슬림들의 주장을 따르기보다는 무함마드 생애 동안에 일부 꾸란 구절이 적힌 것들이 수집되었고 이슬람 초기 200년 동안 꾸란이 정경화 과정을 거쳤다고 말하는 것이 더 정확하다.

더욱이 가장 오래된 꾸란 사본은 너무 단편적이라서 초기 꾸란이 형태, 크기 및 내용에 있어서 후기 꾸란과 동일하다는 결론을 내리기에는 무리가 있다. 꾸란의 텍스트 자체에는 꾸란의 저자, 전달 또는 편집에 대하여 몇 가지 단서만을 제공하고 있을 뿐이다(Gordon Nickel and Andrew Rippin. 2008, 143).

1. 꾸란의 개요

꾸란은 구두로 내려왔고 글자로 내려오지 않았다. 무함마드가 암기하여 서기에게 내려온 대로 적으라고 하니 서기가 받아썼다. 서기들은 돌, 대추야자잎, 가죽 조각, 동물 어깨뼈의 널따란 뼈, 대추야자 밑동, 낙타 탈 때 쓰는 나무, 짐승의 갈비뼈 등에 기록하였다. 이슬람 이전 시기와 이슬람 초기에 자음의 점이나 모음 표기가 없었다. 아부 알아스와두 알두 알리(603-688년경)가 아랍어 단모음을 점을 사용하여 표기하는 법을 고안하였다.

알칼릴 븐 아흐마드(718-786)는 자음의 점과 모음의 점 간의 구별이 어려워지자 아부 알아스와두가 고안한 모음의 점을 제거하고 /u/모음은 작은 와우(و)를 넣고 /a/모음은 작은 사선을 자음 위에 그리고 /i/모음은 작은 사선을 자음 아래에 넣었다. 따라서 오늘날 무슬림들이 정본이라고 주장하는 꾸란의 초기 형태에는 자음을 구별하는 점이 없었고 모음 간의 차이를 표기하는 작은 사선이나 구별 표시가 없었다.

오늘날 아랍어 꾸란은 114장으로 되어 있고 문단 중심이 아니라 구절로 나뉘어 있고 9장을 제외하고는 모든 장이 "자비롭고 자애로운 알라의 이름으로"(꾸란 27:30)라는 말로 시작한다. 꾸란의 많은 구절이 동일한 각운(각 절의 마지막 글자가 동일한 자음이나 모음)으로 끝나고 구절 수효에 대한 세는 방식이 달라서 무슬림들은 꾸란의 구절을 6,204절 또는 6,236절이라고 한다. 각 절의 구분은 텍스트의 의미에 따른 것이 아니고 각운에 따라 나눴다.

꾸란은 108장을 제외하고 2장부터 114장까지 긴장에서부터 짧은 장으로 배열되었는데 그 배열의 원칙이 뭔지 분명하지 않다. 몇 개의 장은 전체가 일관된 각운 구조를 갖고 더 긴 장에서는 "알라는 전능하고 가장 지혜롭다"(al-'Azīz al-Ḥakīm)라는 구절을 반복한다. 또 29개 장은 아랍어 자음의 독립형이 한 개부터 5개 글자로 시작하는데 아직도 이런 자음들의 의미들을 정확히 밝혀내지 못했다.

꾸란은 10세기 전반부에 모음 표기가 도입되었으며 현재의 편집 순서는 무함마드에게 내려 준 순서와 다르다. 우스만 칼리프 때에는 꾸란을 기록한 아랍어 글자는 15개였고 지금 아랍 무슬림이 사용하는 아랍어 글자는 28개다. 이슬람 초기에는 종교적 명령(Commandments)이 암기되었고 구두로 전승되었다. 교리와 예배와 일상생활과 관련된 종교적 규례는 초기 무슬림들의 기억력에 저장되고 있었다.

이슬람력 25년 아라비아반도의 북서 지역(샴지역: Sha'm) 사람들과 이라크 지역 무슬림들이 아르메니아와 아제르바이잔 원정에 나섰다. 병사들이 꾸란 독법에서 서로 다른 부분이 있다는 것을 알게 되었다. 우스만 칼리프(644-656)에게 이 문제를 보고하자 우스만은 자이드 븐 사비트와 3명의 무슬림에게 꾸란의 최종 수집본을 만들도록 했다. 꾸란이 650년과 656년 사이에 처음으로 책이 되었는데 이것이 곧 우스만본 꾸란이다(Colin Chapman 2007, 86).

무슬림들은 꾸란이 무함마드를 통해 그의 추종자들에게 구두로 내려왔다고 하므로 무슬림들에게 꾸란은 처음부터 암송될 책으로 여겨졌다. 우스만이 정경화한 꾸란과 다른 방식으로 읽는 전승이 존재했다는 기록이 있다. 알따바리 꾸란 주석과 알자마크샤리의 주석에서 이런 차이를 언급한다. 대부분의 꾸란 텍스트의 차이점은 모음과 발음의 차이였다. 그리고 가끔 자음에서도 차이가 있었고 또 수라의 순서에서 가끔 차이가 났다.

텍스트의 차이를 보이는 예로는 3:19에서 알라와 함께한 종교는 이슬람이라고 하고 이 텍스트의 다른 독본에는 알라와 함께한 종교는 하니피야라고 했다. 또 꾸란 21:112에는 /qāla/로 시작되는데, 일부 학자는 이 구절이 /qul/ 이라는 명령형이 더 적합하다고 주장한다(Colin Chapman 2007, 87).

꾸란의 핵심 개념은 타우히드(일신론), 예언자와 메신저(무함마드가 최후의 메신저), 내세에 대한 믿음이다. 꾸란을 법의 원전으로 사용한 이슬람법 학자들은 이슬람법(샤리아)을 완성하였고 하디스 학자들은 무함마드의 예언적 전승을 모았다. 꾸란 해석자들은 나중에 '꾸란학'이라고 불리는 이슈를 포함하여, 꾸란 구절의 의미와 해석을 공부하였다. 언어학자들은 꾸란을 언어적 연구의 근거로 삼았고 꾸란 독경사는 꾸란 독법을 정하였다.

꾸란학은 본래 꾸란이 내려온 원인들, 메카 구절과 메디나 구절, 꾸란 독법, 취소시키는 구절과 취소되는 구절, 꾸란의 모방 불가능성, 해석, 꾸란 구절의 문법적 분석, 현대에 사용되지 않는 어휘 연구 등을 다룬다. 이슬람 초기부터 지금까지 꾸란 해석의 원리는 꾸란학의 하위 분야로 알려졌다.

초기 꾸란 학자들은 무함마드가 메디나로 이주 하기 전 메카에서 받은 꾸란 구절을 메카 꾸란이라고 부르고 무함마드와 그의 추종자들이 메디나로 이주(이슬람에서는 이를 히즈라라고 부른다)하여 받은 꾸란 구절을 메디나 꾸란이라고 불렀다.

(표 1) 메카 장과 메디나 장

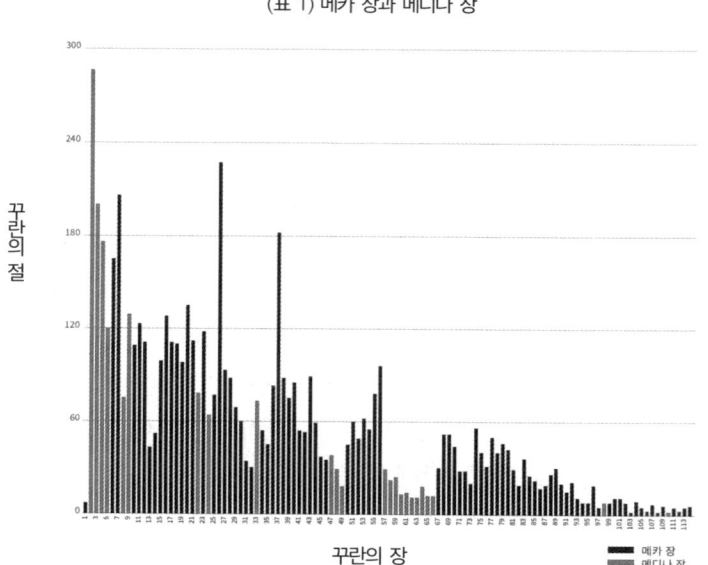

리핀(Andrew Rippin)은 일반적으로 무슬림에게는 역사적 자료에 대한 무슬림의 비평적 숙고가 결여되어 있다고 했다. 나쓰르 아부 자이드는 꾸란은 문학적 텍스트이고 문학적 접근을 통한 분석이 필요하다고 했고 이로 인해 이집트 종교법정에서 카피르로 단죄되어 카이로 대학교 교수직을 그만두어야 했다.

2. 꾸란 독법

1) 꾸란과 독법

꾸란 75:17은 "우리가 그것을 모아야 했고 그것을 읽게 했다"(jam'ahu wa qur'ānahu)고 한다. 이븐 알아시르(1210년 사망)는 꾸란이란 명칭은 이야기들, 지침들, 금지들, 경고들, 권면들을 모아서 서로 연결한 것이란 말에서 온 것이라고 했다. 자이드 알딘 알라지(1261년)는 꾸란이란 명칭은 책을 읽는 것을 가리키고 또한 (뭔가를) 모으거나 연결한 것을 가리킨다고 했다. 따라서 꾸란이란 단어의 어근 q, r, y가 갖는 의미는 "(뭔가를) 연결짓거나 모으는 것"이다.

꾸란이란 용어는 (뭔가를) 함께 모은 내용을 포함하고 또는 서로 연결된 장들(chapters)이다.

그러면 꾸란 독법(qira'āt)은 무엇을 의미하는가?

(1) **아부 하이얀(1344년)**: 꾸란의 낱말들을 발음하는 방법을 연구하는 학문이다.

(2) **바드르 알딘 자르카시(1392년)**: 독법은 그것의 문자들이 기록되거나 그것의 발음에서 꾸란 단어들의 변이형을 다룬다.

(3) **이븐 알자자리(1429년)**: 각 전언자(rāwī)에 따라 꾸란의 단어들의 정확한 발음과 그 변이형과 관련된 학문이다.

(4) **압드 알팟타흐 알끼디(1983년)**: 전언자의 차이를 고려하면서, 꾸란 단어들을 발음하는 방식과 그 변이형과 더불어 유창하게 발음하는 방식의 학문이다.

꾸란 독법사는 세 등급으로 나뉜다. 초급자는 3개의 독법을, 중급자는 4-6개의 독법을, 최고 등급은 10개의 독법을 숙달한 자를 의미한다.
그렇다면 꾸란과 독법의 관계는 무엇인가?
알자히즈(868년 사망)는 꾸란과 독법은 하나의 실체라고 했다. 첫 번째 독법사가 읽은 꾸란은 두 번째 독법사가 읽은 꾸란과 같다는 것이다. 알바낄라니(1012년 사망)는 꾸란과 (꾸란) 독법은 서로 다른 실체라고 했다. 꾸란의 선재를 주장하는 무슬림은 독법들은 창안된 것이고 비판될 수 있다고 했다. 꾸란과 독법은 완전히 서로 다른 것은 아니고 진짜 동일한 것도 아니고 서로 긴밀하게 연관되어 있다는 견해도 있다. 그러나 일반적으로 무슬림들은 독법은 여럿이지만 꾸란은 하나라고 한다.

2) 꾸란 독법의 역사

이슬람 초기 3세대는 꾸란 독법에서 자신들의 스승이 가르쳐준 방식을 충실히 따랐다. 독법은 개인적인 해석이 개입되지 않고 전승된 방식 그대로 전달되었다. 무함마드는 싸하바에게 여러 독법들을 가르쳤고 싸하바는 그들의 학생들에게 가르쳤다. 그러나 여러 명의 스승에게 배운 사람들은 하나의 독법을 선택하거나 스승에게서 배운 여러 독법을 조합하는 경우가 있었다. 이러한 개인적인 선택은 7명의 주요 독법사에게만 국한된 것이 아니었다. 아부 자아파르 알따바리(923년)는 스승들에게서 배운 스물두 가지 독법 중 일부를 개인적으로 선택하여 따랐다.
또한, 알따바리의 제자들 중에는 7명의 독법사를 선정한 이븐 무자히드(936년)가 있었다. 이슬람력 3세기에 접어들면서 꾸란을 가르치는 교사들의 수가 크게 증가했다. 그중에서 7명의 주요 꾸란 독법사를 선정하고 그들의 독법을 문서화함으로써 일곱 가지 공식적인 독법이 정립되었다.

이븐 무자히드는 이슬람력 300년에 7개의 꾸란 독법으로 제한하였으며, 이는 꾸란 독법의 초기 학자(mutaqaddimin)의 시대가 끝났음을 의미한다. 초기 하디스학자의 시대도 끝났다. 이븐 무자히드는 그의 동시대 사람 중에서 7명을 뽑아 그들을 대중화시켰지만, 실제로는 그들보다 더 많은 독법 전통이 있었다. 이븐 무자히드는 우스만 사본이 전해진 다섯 개 주요 도시(메카, 메디나, 바쓰라, 쿠파, 다마스쿠스)에서 7명의 독법사를 선정했다고 전해진다.

그는 아부 아므르('Abu 'Amr)와 야으꿉을 바쓰라에서 후보로 올렸으나 그중에서 아부 아므르를 선택했고 꾸란 독법에 대한 신뢰할 만한 이스나드(전수 계보)가 부족한 야으꿉은 제외시켰다고 했다. 이븐 무자히드는 쿠파에서 아씸(Āṣim), 함자(Hamzah), 키사이(Kisā'ī) 등 세 명의 독법사를 선정했다. 그리고 메카에서 이븐 카시르(Ibn Kathīr), 메디나에서 나피으(Nāfi'), 다마스쿠스에서 이븐 아미르(ibn 'āmir)를 선택했다. 그런데 위와 같은 7명의 독법사보다 덜 공인된 3명은 칼라프(khalaf), 야으꿉(Ya'qūb), 야지드(Yazīd)가 있다. 이 셋을 합치면 10명의 독법사가 된다.

그리고 시대별로 독법사들을 찾아보면 이슬람력 1세기 전반부에 6명이 있었고 이슬람력 1세기 후반부에는 21명이었으며 이슬람력 2세기 전반부에는 27명이 있었다.

꾸란 독법의 역사는 다음과 같이 정리할 수 있다. 무함마드의 동료들은 여러 가지 독법을 무함마드에게서 배웠다. 타비운은 무함마드의 동료들로부터 배웠는데 독법이 서로 달랐다. 나중에 꾸란의 다양한 독법이 독립된 학문으로 정착됐다.

각 독법은 그들의 이맘(아씸, 함자, 키사이 등)의 이름을 따서 그 명칭을 만들었다. 이슬람력 2세기에 학자들은 독법을 모아서 분류했다. 독법 학문에 관련된 모든 자료는 구두로 전수되었다. 독법 분야의 첫 번째 책은 이슬람력 3세기 동안에 쓰였다. 이슬람력 4세기에 일곱 가지 독법이 공인되었다. 이븐 알자자리가 기존의 일곱 가지 독법에다가 세 가지 독법을 추가했다.

꾸란 독법은 크게 두 가지 범주(권위 있는 독법과 권위가 없는 독법)로 구분된다. 권위 있는 독법은 아랍어 문법에 맞고 우스만 본과 일치하여 바른 연결고리를 통해서 전수된 것을 가리킨다. 무슬림들은 이 독법을 반드시 수용해야 한다고 말한다. 그런데 무타와티르 독법은 상당히 많은 사람이 전해 주었으므로 가장 권위 있는 독법이다. 반면에 마쉬후르 독법은 전하는 사람들의 수는 적지만 신뢰할 수 있는 전수로 평가받는다.

오늘날 이집트를 비롯한 동쪽 아랍 국가들은 꾸란을 하프쓰(ḥafṣ)가 전수한 독법으로 읽는다. 하프쓰는 아씸(쿠파)이 시연하는 것을 듣고 따라했다. 튀니지에서 사용되는 무쓰하프는 깔룬(Qālūn, 120-220)이 전수한 독법을 따르며 이는 리비아, 튀니지, 모리타니아 등지에서 널리 사용된다. 깔룬은 나피으(메디나 태생, 70-169AH)가 시연하는 것을 들었다. 모로코의 무쓰하프는 나피으가 시연한 것을 들은 와르쉬(이집트 태생, 110-197)가 전수한 독법에 따른다.

3) 꾸란 독법의 차이

꾸란의 독법의 차이가 생겨난 원인은 다음과 같다.

첫째, 꾸란 독법의 차이는 정치적인 원인이다. 그래서 우스만 칼리프는 하나의 언어(방언)로 통일하고자 했다.
둘째, 꾸란 독법의 차이는 지적인 결과이다. 구술 문화에서 문자 문화로 변화하자 꾸란 텍스트의 기록에서 문제가 생겨났다.
셋째, 글자체 발달에 따른 독법의 차이가 있다. 자음의 구별점, 모음의 추가, 알리프(아랍어 자음 명칭)의 표기법, 함자(아랍어 자음 명칭)의 추가 등으로 독법에서 차이가 났다.
넷째, 권위 있는 독법사의 독법과 예외적인 독법으로 분류되었다.
다섯째, 문법 연구에서 꾸란 독법의 영향이 있었다. 예를 들면, 여러 독법이 여러 문법학파를 만드는 데 기여했다. 바쓰라 학파는 꾸란보다는 아랍시에서 예문을 찾고 유추에 기반하여 문법 규칙을 연구했다. 쿠파 학파는 꾸란 구절을 더 많이 사용했는데 예문을 꾸란 독법에서 찾아서 문법 규칙을 만들었다.

꾸란 독법의 차이로 인한 교리적인 결과와 법의 변화를 살펴보자. 독법의 차이 때문에 기독교인들이 꾸란의 변조를 주장했다. 무슬림 논박가 이븐 하즘은 그의 저서에서 기독교인들은 다음과 같이 말했다고 한다.

> 무슬림들의 무쓰하프 이맘(꾸란 정본)에서 독법이 서로 크게 다르며, 일부는 자음이 추가되었고 일부는 생략되었는데 이런 꾸란을 어떻게 신뢰할 수 있겠는가?

순니파는 시아의 12이맘파가 무쓰하프 이맘에 없는 독법들을 포함시켰다고 비난했다. 순니파가 꾸란을 읽는 방식을 시아파가 인정하지 않았고 순니파는 시아파와 무으타질라파와 카와리즈파의 독법들을 인정하지 않았다(al-Munjī al-'aswad 2017, 265).

4) 독법과 이슬람 교리

이슬람 교리(아끼다)는 꾸란 독법과 견고한 연관을 갖는다. 과거부터 현재까지 기존의 꾸란 독법을 거절하고 새로운 것을 내놓는 비드아(전례가 아닌 것을 새로 들여옴: 주류에서 가지를 낸 이단(heterodox))의 가능성이 있어 왔다. 무슬림들이 보기에는 이들 그룹의 일부는 독법의 정도에서 벗어난 견해들로서 특정한 독법을 창안했다고 보았다. 가령, 초기 무으타질라파 교리를 따르는 한 사람이 꾸란 4:164에서 칼라마 알라후 무싸(kallama Allāhu Mūsā, 알라가 무싸에게 말했다)를 칼라마 알라하 무싸(kallama allāha Mūsā, 무싸가 알라에게 말했다)로 읽었다. 그런데 꾸란 7:142에 나오는 내용(무싸가 왔을 때 그의 주(알라)가 그에게 말했다)을 제시하니 그가 대답을 하지 못했다고 한다(Waleed Edrees, 126).

5) 법과 꾸란 독법

언어적으로 피끄흐(법학)는 뭔가를 알거나 이해하는 것을 말한다. 초기에 피끄흐는 종교와 꾸란과 순나(하디스)의 지식에 대한 깊은 통찰력을 일컬었다. 후기 학자들은 피끄흐를 특정 지식 분야를 가리키는 말로 사용했다. 즉, 상세한 증거로부터 얻은 샤리아의 실질적 판결(practical rulings)에 대한 지식을 말한다.

일반적으로 어느 독법은 좀 더 모호한 것을 설명해 주고 심지어 다른 독법을 취소시킬 수도 있다. 이런 이유 때문에 꾸란 독법은 법적 판결에 지대한 영향력을 준다. 초기 무슬림 법학자들은 서로 차이를 보이는 구절을 조정하는데 의견 차이가 있었고 독법에서 서로 합의하는데 의견을 달리했다. 또 다른 각도에서 보면 꾸란 독법과 피끄흐 간의 관계가 꾸란 전문가들과 법학자 간의 관계와 유사했다. 법학자들이 다르면 독법사가 달라졌다.[1]

3. 이스라일리야트(주석과 역사 등에서 유대인이 옮긴 이야기)

꾸란 해석자들과 순나 학자들이 이스라일리야트라는 단어를 사용했다. 이스라일리야트라는 단어에서 알 수 있듯이 "이스라엘"(유대교)과 관련된 개념을 갖고 있다. 타프시르(해석, 주석) 책과 하디스 책 속에 흘러 들어간 거짓 내용이 이슬람의 핵심을 왜곡하게 하고 무슬림들을 길을 잃어버리게 한다[2]고 했다. 다시 말하면 이스라일리야트는 타프시르와 하디스에 영향을 주었다는 것을 알 수 있다.

이스라일리야트의 사전적 의미는 "주석과 역사 등에서 유대인이 옮긴 이야기"이다. 이스라일리야트는 유대인의 자료에서 온 정보를 가리키는데 이 정보가 꾸란 구절을 해석하는데 사용되었다. 제한된 의미에서 이스라일리야트는 유대인의 종교적인 글과 전설을 담고 있는 이야기와 전승을 가리킨다.

---

[1] 하나피파는 함자의 독법을 싫어하지 않았다. 나피으 독법은 말리키파에서 독보적인 자리를 차지했다. 샤피이는 메카의 이븐 카시르의 독법으로 읽었다. 이맘 아흐마드 븐 한발은 아부 아므르, 아씸 그리고 메디나의 이맘들의 독법을 선호했다.

[2] 'āmāl Muḥammad 'Abd al-Raḥmān Rabī', *Al-'isrā'īliyyāt fī Tafsīr al-ṭabarī*(Cairo: Lajnah 'iḥyā' al-Turāth al-'islāmī, 2015), 6.

일부 자료에서는 모든 비무슬림의 자료가 무슬림 주석가에게 이스라일리야트로 불렸다고 했으나 이스라일리야트라는 용어는 유대교 자료가 지배적인 경우에 사용되었다. 이스라일리야트는 예언자들의 이야기, 창조에서 무함마드 시대까지의 내러티브들, 무싸의 죽음에서 히브리 민족이 가나안 땅에 도착한 시기와 연관된 내러티브 등이 들어 있다. 특히 예언자들의 이야기와 옛 민족들과 관련된 이야기가 들어 있었다. 그러나 꾸란의 이야기는 사건과 국명과 인명의 기록에 대한 세세한 언급이 없고 교훈이 되는 이야기가 삽입되었다.

꾸란 주석가 알따바리가 이스라일리야트를 언급한 내용으로는 피조물의 시작(우주, 아담, 아담 자녀 간의 갈등), 예언자들의 이야기(누흐, 이브라힘, 루뜨, 이스라엘 자손과 연결된 예언자로서 야으꿉, 유수프, 무싸, 다우드, 술라이만) 그리고 아랍인들의 족보 등이다. 알따바리 주석에 나타난 이스라일리야트는 구약 특히 타우라와 예언자들, 유대인의 주석서인 『미드라쉼』(미드라쉬의 복수형) 그리고 올바른 기록의 책(Book of the Correct Record)으로 불리는 『세페르 하야샤르』(sefer hayashar)인데 이 책은 창세기부터 사사기까지 성경 역사를 기록한 미드라쉬이었고 마지막으로 탈무드가 포함되었다.

무슬림들은 유대인의 종교 문화는 타우라(알라가 무싸가 내려 준 책)에 근거하고 나싸라의 종교 문화는 인질(알라가 이싸에게 내려 준 책)에 근거한다고 보았다. 무함마드가 꾸란을 구두로 전할 당시 그가 살던 곳에는 아랍어로 번역된 성경이 없었다.

이슬람 초기 메디나로 이주할 때부터 무슬림들과 섞인 유대인들이 나싸라보다 더 많아서 유대인으로부터 옮겨 온 이야기가 나싸라의 것보다 꾸란에 더 많았다('Aḥmad Abd al-Ghaffār 2017, 23). 이스라일리야트는 많은 유대교 출처와 적은 양의 나싸라 출처에서 가져온 전설과 이야기이다. 무슬림들 사이에 이런 전설을 전한 유대인들은 메디나에서 무슬림들 가까이에 살았다. 이스라일리야트의 출처로는 구약이나 탈무드나 랍비 문학이었고 거기에다가 나싸라의 것과 신화나 전설이 포함되었다('āmāl Muḥammad 'Abd al-Raḥmān Rabī' 2015, 26).

이스라일리야트가 꾸란 해석에 스며든 것은 무함마드를 실제로 만났던 싸하바 시기부터였고 처음에는 이스라일리야트를 꾸란 해석에 사용하는 데 있어서 제약이 있었지만 시간이 지나면서 더 확대되고 발전했다. 그리고 하디스 기록물과 꾸란 해석 기록물이 서로 분리가 된 후에 구전의 연결고리가 생략되자 이스라일리야트가 더욱 많아졌다. 그리고 꾸란 주석에 덧붙여진 신화가 증가하고 이제는 둘을 서로 구분하기 어렵게 되었다 ('āmāl Muḥammad 'Abd al-Raḥmān Rabī' 2015, 28). 현대 꾸란 주석가들은 이스라일리야트를 꾸란 해석에서 배제해야 한다고 강조한다.

이븐 칼둔(Ibn Khaldūn)은 이스라일리야트가 확산된 이유로 두 가지 요인을 지적했다.

첫째, 사회적 요인으로서 당시 아랍인들이 주로 사막에서 유목 생활을 하며 문맹률이 높았다는 것
둘째, 종교적인 것인데 이스라일리야트가 이슬람법령과 연계되지 않았다는 것

일반적으로 이스라일리야트에 대한 무슬림의 태도는 세 가지이다.

첫째, 무슬림들이 유대인에게서 들었던 이야기에 대하여 애매한 태도를 보인다. 꾸란 2:136에서는 "말하라, 우리는 알라를 믿고 우리에게 내려준 것과 이브라힘, 이스마일, 이스학, 야으꿉과 지파들에게 내려 준 것, 무싸에게 준 것과 이싸에게 준 것과 그들의 주님에게서 온 예언자들이 가져다준 것을 믿는다. 우리는 그들 중 어느 하나도 차별하지 않는다. 우리는 알라에게 순종한다"고 했다.
둘째, 유대인과 나싸라의 자료에서 온 정보를 피했다.
셋째, 유대인과 나싸라 자료에서 온 정보를 받아들였다. 무슬림들이 유대교나 나싸라의 경전을 공부하거나 복사하는 것 그리고 그들의 종교적 실천을 배우는 것을 금지했다고 했지만, 이와 반대의 것을 제안한 전승도 있다. 무슬림들은 유대교인과 나싸라가 이야기하는 것을 인용하였다

는 주장이다. 그런데 이슬람으로 개종한 유대인이 이슬람식 개념에 적합하지 않는 유대교 신앙을 견지하면서 그들의 입을 통해 이스라일리야트가 꾸란 해석에 들어오게 되었다. 물론, 이들 숫자는 아주 적었다고 한다.

오늘날 무슬림들이 가장 많이 참조하는 알따바리 주석서를 쓴 이븐 자리르 알따바리(923년 사망)는 이스라일리야트에 대하여 다음과 같이 세 가지 입장을 취했다('āmāl Muḥammad 'Abd al-Raḥmān Rabī' 2015, 144).

첫째, 지지하고 인정하는 태도
둘째, 거부하고 부정하는 태도
셋째, 주저하는 태도

알따바리의 이스라일리야트에 대한 전반적인 성향은 이스라일리야트를 거부하기보다는 이스라일리야트를 인정하고 재가하고 되풀이 사용하였다. 그러나 일부 이스라일리야트에 대해서는 무슬림들이 부정적으로 보았고 거부하기도 했다.

알따바리와 그와 동시대 사람들은 이스라일리야트의 문제와 그것이 이슬람 유산에 끼칠 위험성에 대하여 그의 태도를 분명하게 하지 않았다. 그러다 보니 위에서 말한 세 가지 입장을 동시에 갖고 있었다. 그는 이스라일리야트의 내용을 인정한다고 반복적으로 언급하면서도 제한적으로 일부 이스라일리야트를 부정하기도 하였다. 심지어 적당히 그 내용을 고치기도 했다. 이처럼 그는 거부와 동의를 동시에 가졌기 때문에 이스라일리야트의 사용에서 주저했음을 알 수 있다. 그의 주석을 보면 알라의 책과 순나에 일치하는 것이라고 했다가 몇 줄 지나면 그는 또 다른 생각을 내놓았다.

그러나 현대 무슬림들은 알따바리와 동일한 입장을 취하지 않았다. 아말 무함마드 압드 알라흐만 라비으는 "그의 책 서문에 이스라일리야트의 위험성과 주의가 필요하다 그리고 그것을 인용하는 것을 주의하라"고 쓰여 있다. 그 이유는 이스라일리야트 속에 이슬람을 해롭게 하고 이슬람의 이미지를 왜곡하는 내용이 들어 있기 때문이라고 했다. 아말은 덧붙여서 "꾸란 주석서들을 개정하라"고 주문한다('āmāl Muḥammad 'Abd al-Raḥmān-Rabī' 2015, 382-383). 무슬림들의 생각 속에 들어 있는 개념을 수정하려면 시중에 나와 있는 꾸란 주석서를 개정하라고 한 것이다.

현대에 와서 무슬림들이 자녀들에게 성경을 읽지 못하게 함으로써 오늘날 무슬림들이 10세기 무슬림보다 성경을 더 모른다. 이스라일리야트에는 유대교의 관점으로 꾸란을 해석한 것이 있었기 때문에 오늘날 무슬림들이 이스라일리야트를 버리자고 한 것으로 보인다.

4. 꾸란 해석과 의미 번역

1) 꾸란 해석

아랍어 사전에서 타프시르(Tafsīr, 해석 또는 주석)는 꾸란의 의미를 분명히 하고 수사학의 내용과 꾸란의 모방 불가능성을 밝히고 해당 꾸란 구절이 포함하고 있는 교리와 법과 꾸란이 내려온 원인을 설명하는 것('Aḥmad Mukhtār 'Umar 2008, Part. 3, 1707)이라고 한다. 알자르카쉬(1344-1392)는 타프시르는 무함마드에게 내려 준 알라의 책을 이해하고 그 의미들을 밝히고 법령들과 법을 도출해 내는 학문이라고 한다(Mannā' al-Qaṭṭān 2015, 317). 꾸란 해석학은 알라를 예배하려는 의도를 실현하는 방식에서 꾸란을 독송(tilāwah)하고 꾸란을 이해하고 꾸란에 따라 행하고자 알라의 메시지(khiṭāb)를 이해하고 그 의미들을 밝히고(bayān) 알라의 명령에 순종하고(imtithāl) 그의 의도(maqāṣid)를 깨닫는 것이다.

순니 아쉬아리파에서 꾸란 해석의 여섯 가지 원리는 다음과 같다. 꾸란 해석에서 아래 번호 순서대로 적용하되 앞선 항목에서 바라던 것이 발견되지 않는 경우에 그다음 단계로 진행한다(Maḥmūd Ḥamdī Zaqzūq 2016, 251).

(1) 꾸란: 꾸란에는 한 가지 주제가 여러 구절에 퍼져 있다. 꾸란 해석은 꾸란으로 해석한다.

(2) 예언자의 순나(Sunnah)[3]: 예언자 순나는 꾸란을 설명해 준다. 순나는 무함마드의 말들이나 행동들 그리고 암묵적으로 동의한 것이다.

순나로 꾸란을 해석한다는 말은 꾸란에 나오는 어휘나 문장의 의도를 알 수 없는 것이 무함마드가 설명해 준 내용에 있다는 것이다. 그리고 어떤 조건이나 상황과 상관없는 것으로 보이는 내용이 특정한 조건이나 상황에 묶여서 해석되는 것이다. 또 무한의 사람에게 적용되지 못하고 제한된 사람에게만 적용해야 하는 해석이 있다. 이런 경우 무함마드의 말과 행동을 참조하면 꾸란에서 의문이 생기는 어휘와 설명이 필요한 어휘의 의미를 알 수 있다.

(3) "무함마드를 실제로 만난 무슬림들"(싸하바: ṣaḥābah)의 말들: 와히(Waḥy)를 내려 준 시기에 무함마드의 말을 직접 들었던 싸하바의 말들을 찾아가 본다. 싸하바는 무함마드를 만난 무슬림들이고 이들은 죽을 때에도 무슬림이었다.

(4) 타비운(Tābi'ūn)의 말들: 싸하바와 함께한 사람들(타비운)의 말들이다.

위 네 가지가 전수된 자료이다. 따라서 꾸란을 해석할 때 위 네 가지를 먼저 확인한 뒤 해석자가 바라던 것이 위 네 가지 자료에 없을 때 다음 (5)번 항목을 적용한다.

(5) 꾸란이 내려온 언어(아랍어)로 해석한다. 그런데 언어로 해석하는 것을 전수에 의한 해석 또는 견해(이성)에 의한 해석으로 불린다. 언어로 해석하는 것을 전수에 의한 해석으로 불리는 이유는 꾸란의 본래 의미를 무함마드와 그의 동료들이 가장 잘 이해하고 있다고 믿고 그들의 해석이 가장 신뢰할 만한 것으로 간주되었기 때문이다. 가령, 쌀라라는 단어의 어휘

---

3 법학자, 법이론가, 하디스학 연구자가 각각 순나에 대한 정의가 다르다. 법 이론가들은 법적 증거를 찾는 데 관심을 가졌고 하디스학 연구자들은 무함마드의 말이나 행동이나 그가 암묵적으로 동의한 것을 전달하는 데 관심을 가졌고 법학자들은 법적 규정을 찾는 데 관심을 가졌다.

적 의미가 "기도"라는 의미이지만 그 실제 수행 방식(예배 자세, 시간 등)은 무함마드의 하디스에 의해 전수되었으므로 언어적 의미만으로는 온전한 해석이 어렵다. 그런데 아랍어 단어의 의미를 문맥적으로 재해석하거나 언어적 분석을 통해 새로운 의미를 도출할 경우 이런 해석은 이성에 의한 해석에 해당된다. 특정한 단어나 표현이 시대에 따라 의미가 변할 수 있기 때문이다.

(6) 꾸란을 견해(이성)와 이즈티하드(법학자의 법적 해석이나 법적 판결)로 해석한다.

꾸란 구절의 해석에서 이성적 사고와 개인적 판단을 사용하는 것이 "견해에 의한 해석"이고 법학과 샤리아에서 법적 및 윤리적 결정을 내리는 데 노력하는 것이 "이즈티하드에 의한 해석"이다. 전수에 의한 해석은 전수의 진실성, 추적의 정확성, 전달의 신뢰성 그리고 해석자가 전수에 의한 해석을 할 수 있는 능력을 갖춰야 한다. 그런데 꾸란을 이성에 의하여 해석할 경우에는 그와 관련된 구비 조건을 준수해야 한다.

그러면 해석의 트렌드에 대하여 살펴보자. 이슬람 초기의 무슬림들은 무함마드 사후에 싸하바(한번이라도 무함마드를 실제로 만났던 사람들)가 꾸란의 의미를 밝혔고 정복지로 싸하바가 이주하여 꾸란과 하디스를 가르쳤다. 그러자 특정적인 특징을 갖는 해석학파가 생겨났고 이라크에는 바쓰라, 쿠파, 바그다드 학파가 생겨났다.

해석 분야에서 꾸란 해석을 다루는 여러 트렌드(ittijāhāt: 사상적인 측면)가 등장했던 것이다.

- **전수적 트렌드**: 꾸란, 순나, 싸하바의 말, 타비운(싸하바를 만났던 무슬림들)의 말에 의존한다.
- **언어적 트렌드**: 해석에서 언어와 시와 아랍어 방언에 근거한다.
- **법적 트렌드**: 법령 구절의 해석을 통한 법적 규칙을 드러낸다.
- **암시적 트렌드**: 텍스트가 자히르(샤피이와 말리키파는 우세한 의미를 자히르라고 하고 하나피와 한발리파는 분명한 의미를 자히르라고 함)가 아닌 의미들

이 함축된 것에 관심을 둔다.
- **역사적 트렌드**: 역사의 교훈과 역사를 통해 변하지 않는 규범을 꾸란 구절을 이해하는 바탕으로 삼는다.
- **법원리 트렌드**: 법적 판단과 법의 도출을 통해 유사한 것과 비교가 되는 것을 유추하므로 증거를 법제화하는 것이다.
- **철학적 트렌드**: 개념 형성, 사실 확인, 추론, 귀납, 논증 등 다섯 가지 철학적 방법과 철학에 의지한다.
- **인도적 트렌드**: 꾸란은 인류를 인도해 주는 책이라는 전제에서 인간을 어둠에서 빛으로 이끌어낸다.
- **과학적 트렌드**: 과거와 현재의 학문적 측면에서 인간 혼의 비밀과 우주를 이야기하는 구절에 관심을 갖는다.
- **수사적 트렌드**: 꾸란의 수사법에 나오는 여러 과목(뜻 바꾸기, 상황 따르기, 꾸미기)을 적용한다.
- **문학적 트렌드**: 표현의 아름다움과 설명의 정확함이 드러난다.
- **법적 의도 트렌드**: 해석을 통해 법적 의도를 분명히 한다.

그리고 꾸란 해석자는 다음과 같은 꾸란 해석법의 지침과 절차를 지켜야 한다.

(1) 해석자의 자격 요건을 갖추고 해석자에게 요구되는 학문을 숙지한다.
(2) 해석에서 금지하는 사항을 피한다.
(3) 해석의 안전성을 확보하기 위한 다음과 같은 지침을 반드시 지켜야 한다.

　① 전수에 의한 해석의 출처는 우선 먼저 꾸란 자체에서 의미를 찾고 거기서 못 찾으면 순나를 보고 그다음에 싸하바의 말을 참고하고 그 다음에 타비운의 말을 찾아본다.

② 해석자가 전수에 의한 해석의 출처에서 의미를 찾지 못하면 자신의 이성을 활용한다.
③ 해당 구절의 선행 문장과의 연관성을 살핀다.
④ 해당 구절에 대한 아스밥 알누줄('Asbāb al-Nuzūl; 꾸란이 내려온 원인)을 살핀다.
⑤ 낱말들로부터 시작하여 낱말들이 언어적으로, 형태론적으로 어떤 의미가 있는지 그리고 파생에서의 의미를 찾는다.
⑥ 문장의 구문에서 문법적 및 의미적 상관관계를 살피고 어말의 모음 변화를 확인한다. 그리고 수사적인 의미를 파악하기 위하여 수사법의 세 과목(뜻 바꾸기, 상황 따르기, 꾸미기)을 모두 확인해 본다.
⑦ 다른 의미를 더 보태거나 자체 내용을 줄이지 말고 텍스트가 의도하는 의미를 밝힌다.
⑧ 언어적 규칙과 법적 규칙의 경계 안에서 교리, 법, 수사법 등과 관련된 문제는 논리적인 규칙에 따라 결론을 끌어낸다.

위와 같이 꾸란 해석의 안전성을 확보하기 위한 지침을 살펴보았는데 꾸란 해석에서 해석자가 우선 먼저 피해야 할 내용은 아래와 같다.

첫째, 꾸란 해석과 연관되는 모든 학문을 섭렵하지 않고 꾸란 해석을 하는 것을 피한다.
둘째, 알라만이 알고 있는 무타샤비흐(난해한 낱말)의 해석은 피한다.
셋째, 그릇된 분파가 주도한 해석은 분파의 이념을 꾸란 본래의 의미보다 앞세우므로 그런 해석은 피한다.
넷째, 결정적인 증거가 없는데 알라의 의도가 이렇다고 주장하는 해석은 피한다.
다섯째, 이단적 성향이나 편향된 해석은 피한다.

그리고 꾸란 해석과 주석의 발달 과정을 시대별로 구분하면 다음과 같다.

(1) 꾸란 해석의 태동기
(2) 싸하바의 시기(이슬람력 11년부터 이슬람력 40년)
(3) 타비운의 시기(이슬람력 40년부터 이슬람력 2세기 초까지)
(4) 꾸란 주석의 저술이 전문화된 시기(이슬람력 2세기 초부터 이슬람력 4세기 중반까지)로 이 시기에 나온 주석서로는 이란의 이븐 자리르 알따바리(838-923), 안달루시아의 알꾸르뚜비(1214-1273), 이란의 알자마크샤리(1075-1143) 등이다.
(5) 현대 시기의 주석

> ① **법의 목적에 따른 주석**(maqāṣidī): 샤리아의 목적에 초점을 두고(예: 정의와 자비와 공공이익) 이슬람의 거대 목적에 비추어 꾸란 텍스트를 이해하려고 한다(유수프 알까라다위).
> ② **과학적 주석**: 꾸란에서 과학적인 내용을 계속 찾아서 현대 과학적 발견과 연결 지으려고 한다(자글룰 알낫자르).
> ③ **사회적 및 정치적 주석**: 현대 사회적 정치적 문제에 초점을 둔다(예: 사회적 정의, 인권 등이고 무슬림 형제단, 히즙 알타흐리르 등이 그들의 정치적 사회적 비전을 지원하는 주석을 했다).
> ④ **디지털 주석**(raqmī): 꾸란에 대한 다양한 주석을 제공하는 사이트와 어플(app)이 있다(islamweb, altafasir).
> ⑤ **문학적 및 수사적 주석**: 꾸란의 문학적, 수사적 측면에 집중한다(예: 아민 알쿨리의 텍스트의 언어적 측면).
> ⑥ **여성 주석**(nisāwī): 여성의 관점에서 꾸란을 주석한다(예: 아미나, 와두드의 여성의 권리와 남성과의 평등).
> ⑦ **이성적 주석**: 텍스트의 이성적 이해에 걸맞는 주석이다(무함마드 샤흐루르).

그런데 오늘날 일반 무슬림들은 꾸란을 해석할 때 꾸란 구절을 앞에 두고 어느 한 가지 의미라고 확정할 수 있는 해석적 권한(Interpretative power)을 갖지 못하고 법학자나 꾸란 해석자에게 묻는다. 그 이유 중에는 꾸란 해석자들이 전수에 의한 해석을 중시하고 특히 싸하바, 타비운, 타비우 알 타비인의 해석을 권위 있는 해석으로 받아들이기 때문이다. 또 꾸란 해석에는 고도의 전문화된 지식과 학문들(꾸란학, 아랍어 문법, 꾸란이 내려온 배경, 수사법, 하디스 등)을 섭렵해야 하므로 일반 무슬림들은 꾸란 해석을 하지 못한다.

그러나 전수에 의한 해석은 현대의 복잡한 문제와 새로운 상황에 충분히 답하지 못하는 경우가 많고 이슬람 역사를 거치면서 이즈티하드가 약화되었고 해석자들은 전수에 의한 해석을 되풀이하는 경향이 강해졌다.

현대 무슬림들은 꾸란에 나오는 단어의 현대적 의미와 고전적 의미 간의 차이를 간과하는 경우가 많고 또 꾸란의 특정 구절이 내려온 배경이나 사건을 모르기 때문에 꾸란을 암송한다고 해서 그리고 꾸란을 읽을 수 있다고 해서 꾸란 본문을 잘 이해하고 해석할 수 있는 것은 아니다. 그래서 무슬림들이 스스로 꾸란 해석을 포기하고 꾸란 주석서에 의존하게 된다.

꾸란 해석자의 요건은 『꾸란 해석』(공일주 2021, 46-51)을 참조할 수 있다.

2) 꾸란 주석과 의미 번역

꾸란 읽기의 최고의 목적은 꾸란의 의도를 이해하는 것이다. 무슬림들은 "꾸란을 읽고 해석을 알지 못하는 자는 밤에 책을 가져왔는데 등불이 없는 것과 같다"고 비유했다. 그래서 이야다 이븐 아이윱 알카바이시는 꾸란의 해석이 알라의 의도를 알게 해주므로 꾸란의 의도를 이해하는 것이 행복의 열쇠라고 했다. 꾸란학에서 제일 먼저 관심을 가져야 할 분야는 꾸란 해석 방법이다.

꾸란은 두 가지 목적으로 내려왔다.

첫째, 종교적 교리의 부패를 개혁하고
둘째, 정해진 법으로 인간의 행동을 형성하는 것이다.

첫 번째를 "교리학"('Ilm 'Uṣūl al-Dīn)이라고 하고 두 번째는 샤리아의 법을 다루므로 "법 이론"('Uṣūl al-fiqh)이라고 한다.

꾸란 독법은 다른 꾸란학 분야와 독립적으로 연구할 수 없다. 독법과 관련된 분야는 꾸란 해석, 반복, 취소시키는 구절과 취소되는 구절, 꾸란이 내려온 원인, 메카장과 메디나장 등이 있다.

꾸란 독법은 꾸란 해석의 일부이다. 꾸란의 해석학 분야가 독립된 것은 이슬람력 3세기이다(al-Munjī al-'aswad 2017, 277). 꾸란 해석과 독법이 서로 밀접한 관계가 있어서 독법을 꾸란학의 한 분야로 여겨져 왔다. 꾸란 독법들은 꾸란 해석에 의존했다. 그리고 이슬람 율법의 형성기 후기부터 현대까지 꾸란 해석과 법학(Fiqh)에서 무슬림들의 해석에 사용된 보증 마크는 율법적이고 문자적인(Legalistic-Literalistic) 접근이었다.

꾸란에서 어느 구절이 법적 적용에서 취소가 되느냐를 찾는 나스크(취소/대체)는 꾸란 독법과 궤를 같이 했다. 더구나 독법은 꾸란이 내려온 원인(배경)들('Asbāb al-Nuzūl)을 생각나게 하는 역할을 했다. 독법을 보면 왜 해당 구절이 내려왔는가에 대한 설명이 있었다.

꾸란 독법은 전수 과정에 따라 두 가지로 분류되는데 하나는 권위 있는(ṣaḥīḥ) 독법, 다른 하나는 예외적인 독법이다. 권위 있는 독법은 다수의 의견 일치에 근거하였고 다음과 같은 조건을 충족했다.

첫째, 독법은 아랍어 문법에 맞는 독법이어야 한다.
둘째, 독법은 우스만본과 일치되어야 한다.
셋째, 독법은 전수 과정이 확실하고 무함마드까지 연결되어야 한다.

현대 꾸란 주석은 중세의 꾸란 주석을 되풀이하는 경우가 많다. 현재 꾸란학과 꾸란 주석은 과거 전통에만 의존하고 있고 현대적인 질문에 적절히 대응하지 못하고 있다. 그리고 사회, 정치, 과학, 철학 등과 연관된 현대적인 문제를 꾸란의 맥락에서 조명하는 해석이 부족하다. 꾸란이 현대적인 윤리, 인권, 환경문제에 대해 어떤 메시지를 줄 수 있는지에 대한 논의가 부족하다.

또 꾸란 원문이 7세기 아랍어로 쓰여 있기 때문에 대부분의 무슬림은 의미 번역서에 의존한다. 현대 꾸란 주석가들은 자신들이 중세 특히 황금기 주석의 전통을 잇는 자격 있는 상속자라는 평판을 듣고 싶어 한다. 20세기에는 고전 주석의 해석적 체계의 중요성을 부인하는 개혁의 소리가 있었던 것도 사실이다.

13세기부터 20세기까지 꾸란 주석 역사를 되돌아보면 주석 분야에 관심을 가진 학자들은 주석 학자뿐만 아니라 샤리아법 전공자와 심리학 등 다른 학문의 전공자도 꾸란 주석에 관심을 가졌다. 그리고 알아프가니와 무함마드 압두호에 의한 "개혁"('Iṣlāh) 운동이 있었다. 꾸란 텍스트에 대한 새로운 이해(Qirā'ah Jadīdah)가 등장했지만 보편적이지 않았고 지역과 학자의 배경에 따라 달랐다. 꾸란의 의미와 법령을 찾아서 그 시대의 문제를 해결하고자 했으나 역부족이었다.

오늘날 한국어나 영어로 된 꾸란의 의미 번역서들을 국내에서도 쉽게 볼 수 있는데 무슬림들은 꾸란의 의미 번역은 꾸란이 아니라고 했다. 꾸란에서 의미 번역은 꾸란 원문에서 낱말들의 순서에 얽매이지 않고 또는 원문의 나즘(Naẓm: 문맥의 적합한 관계와 낱말의 상호연결성과 문법적인 구문의 짜임)에 상관없이 다른 언어로 말의 의미를 설명하는 것이다(Mannā' al-Qaṭṭān 2015, 307). 무슬림들에게 의미 번역은 알라의 말이 아니다. 그런데도 한국에서는 대학의 교수들이 한국어로 번역된 꾸란 번역서를 학술논문에 인용하면서 그것을 "꾸란"이라고 표기하는 잘못된 관행이 이어졌다.

꾸란의 의미 번역은 꾸란을 아랍어로 해석하고 나서 이 해석을 아랍어가 아닌 외국어로 번역하는 것이다. 다시 말하면 번역자가 '꾸란 해석'에 대해 잘 알고 있어야 하고 '번역'의 조건과 규정에 맞아야 번역자가 해석한 것을 제대로 외국어로 옮길 수 있다. 의미 번역은 꾸란 원전의 번역이 아니고 아랍어로 된 꾸란의 주석이나 해석을 아랍어가 아닌 외국어로 번역한 것이다. 번역자는 꾸란의 주석을 알아야 하고 꾸란 해석의 체계적인 원리와 규칙을 알아야 하고 해석자의 조건이나 해석의 방식도 알아야 한다. 그리고 꾸란의 의미 번역은 꾸란 주석서들의 여러 의미와 해석 중에서 하나를 선택해야 하므로 공인된 주석을 따른다.

그런데 한국어로 '의미 번역'된 꾸란 모두에 꾸란 해석과 의미 번역의 원칙이 지켜지지 않았고, 번역의 정확성과 전문성, 학문적 진실성과 충실성이 부족했다.

3) 한국어로 '의미 번역'된 꾸란

(1) 최영길의 『의미 번역 꾸란 한국어』

꾸란 75:25에 나오는 yaẓunnu는 '확신하다'의 뜻이지만, 『의미 번역 꾸란 한국어』에서는 '생각하노라'라고 번역했다. 꾸란 75:7에 나오는 bariqa al-baṣaru는 현대 아랍인들이 '시야가 현혹되다'라는 뜻으로 이해하나, 꾸란 구절에서는 '부활의 날의 공포에 놀라서 어리둥절하다 또는 보이는 것이 두려워 눈을 깜박이지 않았다'라는 뜻이다(Abd al-Majid Ibrahim al-Sanid 2012, 20). 반면에 『의미 번역 꾸란 한국어』에서는 '시야는 현혹되고'라고 번역되어 있다.

꾸란 75:18에 나오는 'idhā를 『꾸란 주해』(최영길 2010, 778)에서 "~으면"으로 번역했는데, 아랍어 'idhā는 고전 아랍어에서는 "시간의/습관"을 의미하고 현대 아랍어에서는 "시간의, 가설"을 의미하므로 『꾸란 주해』는 꾸란의 아랍어가 아닌 현대 아랍어의 의미로 번역했다고 할 수 있다. 그리고 각 단락과 이전 단락에서 주어진 정보와의 관계 그리고 전체 꾸란의 담화와 각 단락 간의 관계를 고려하지 않아서 문맥과 상관이 없이 번역된 구절이 많은데 75장에서는 13, 15, 38절 등이 그러하다.

꾸란 해석에서 중요한 일티파트(변환)는 인칭의 변화, 수의 변화, 수신인의 변화, 동사의 시제 변화, 격 표지의 변화 등에서 나타나는데 75:2은 1인칭인데, 『의미 번역 꾸란 한국어』에서 생략되었고 17절은 1인칭 복수인데 3인칭으로 번역하였고 33절은 3인칭인데 생략되었다.

또 『의미 번역 꾸란 한국어』 75장의 "~느뇨?(3절), ~노라(11, 14-15, 21, 25, 30절), ~리라(19, 34절), ~더라(6절)"와 같은 종결 어미를 사용했으나 이런 종결 어미는 모두 "~해라"할 자리에 쓰이는 어미[4]이고 상대편을

---

[4] 국립국어원의 표준국어대사전에서 "~ 노라, ~느뇨?, ~리라, ~더라"는 해라할 자리에 쓰이는 종결 어미라고 했다. https://stdict.korean.go.kr/search/(검색일자: 2020년

아주 낮추는 종결형인데 아랍어 꾸란에는 그런 의미가 포함되어 있지 않다. 그리고 75:34과 35절은 '재앙이 있으리라'고 번역하였는데 압둘 할림은 "더 가까이"(closer)라고 번역하였고(M.A.S. Abdel Haleem 2005, 400) 라시드 사이드 캇삽은 "저주"(woe)라고 번역했으나(Rashid Said Kassab, 1086-1087) 이 단어의 의미는 "더 가깝다"라는 뜻이다.

그래서 꾸란 75장을 꾸란 해석의 원리, 결속성과 담화 표지, 수사법 등을 고려하여 의미 번역한 후 『의미 번역 꾸란 한국어』와 비교해 보니 가장 큰 차이를 보이는 구절은 5, 7, 15, 17, 24, 25, 27, 31, 34, 35절이다. 『의미 번역 꾸란 한국어』의 75장 번역을 압둘라 유수프 알리(Abdullah Yusuf Ali)의 영어 번역[5]과 대조해 보니 5, 11, 14, 15, 17, 25, 26, 31, 33, 34, 35, 36, 38절 등 13개 구절을 제외하고 27개 구절의 의미가 서로 동일하거나 서로 매우 유사하였다.[6]

(2) 김은수의 『하나님의 마지막 성서 꾸란』

꾸란은 하나님의 마지막 성서가 아니다. 김은수는 꾸란 1장, 2장, 19장 그리고 78장부터 114장까지의 꾸란 구절들을 의미 번역했다. 그의 책에서 "한글 번역은 아랍어 원본으로부터 그 어떤 증감도 없어야 한다"고 말하면서 1대1 매칭이라는 원칙을 갖고 "꾸란 직역"이란 항목에 그의 의미 번역을 기록하였다.[7]

우리말에서 "직역"은 단어 하나하나의 의미를 충실하게 번역하는 것을 가리킨다. 아랍어는 어느 단어가 다른 단어들과 어울릴 때 그 단어의 의미가 밝혀지므로 꾸란의 어느 구절에 쓰이느냐에 따라 의미가 달라지기도 한다. 그가 번역한 책의 원본은 아랍어로 된 *al-mukhtaṣar fī tafsīr al-qur'ān al-karīm*인데 이 책은 꾸란 구절들을 간결하게 주석한 책이며

9월 19일).
5 http://www.islam101.com/quran/yusufAli/ (검색 일자: 2020년 12월 25일).
6 공일주, "아랍어의 의미연구와 꾸란의 의미 번역,"「지중해 지역연구」, 제23권 제2호, 2021 참조.
7 김은수, 『하나님의 마지막 성서 꾸란』(서울: 고려대학교 아세아문제연구원, 중동이슬람센터, 2024). 11-12.

'꾸란 연구의 주석 센터'에서 2014/15년에 발간된 것이다.

  김은수는 이 책을 한국어로 번역하여 "요약 주해"라는 제목 아래에 그 번역문을 싣고 있다. 꾸란 해석에서 수사법이 매우 중요한데 김은수의 꾸란 의미 번역에서는 다음과 같이 수사법을 살려서 번역하지 못하였다.

  첫째, 꾸란 105장에는 직유법이 있다. 5절의 번역 "갉아 먹힌 이파리와 같은 것으로 만드셨도다"에는 독자들에게 명료성이나 호소력을 주는 강한 효과를 내지 못한다. 이것을 더 정확하게 의미 번역하면 "먹고 난 잎처럼 만들었다"가 된다.

  둘째, 꾸란 106장에는 반의어 대조, 전치와 후치의 수사법이 있다. 반의어 대조는 106:2에 겨울과 여름이란 단어가 나온다. 서로 반대되는 두 단어가 한 문장에 나와서 대조 효과를 높인다. 겨울과 여름은 꾸라이쉬가 쉬지 않고 무역을 했다는 것을 표현한다. 김은수는 1절을 "꾸라이쉬 부족의 관습을 형성하셨음이라"로 잘못 번역하고 2절도 수사법을 살리지 못하고 "그들의 관습은 겨울과 여름의 장거리 이동이라"고 했다.[8]

  이 구절들의 아랍어 원문은 다음과 같다.

> 꾸라이쉬의 안전을 보호해 주셔서(1절).
> 겨울과 여름의 여행을 안전하게 하셨으니(2절).
> 그러므로 그들은 이 집(카아바)의 주인께 감사하고 예배하라(3절).

  1절과 2절은 알라께 예배하기 전에 알라가 어떤 일을 베풀었는가를 먼저 꺼낸 다음 3절은 "그러므로"(fa)로 시작한다. 이것을 수사법에서는 전치와 후치라고 한다.

  셋째, 107절에서는 간략과 유사음 이의어라는 수사법이 있다. 2절에서 "그 사람은 고아를 거칠게 내몰았던 자"라는 말인데 김은수는 "그는 고아를 내치며"라고 했다. 2절에는 간략의 수사법이 있으므로 주어진 문맥에서 관련 정보를 축약하고 있다. 2절 앞에 조건절(네가 알고 싶다고 하면)이

---

8 김은수, 『하나님의 마지막 성서 꾸란』, 318.

생략되었다. 7절의 yamna'ūna al-mā'ūna는 유사한 음이 있지만, 서로 다른 뜻을 가진 유사음 이의어이다.

그런데 수사법과 상관이 없지만, 6절과 7절에 대한 김은수의 번역은 아랍어 원본에 그 어떤 증감도 없어야 한다고 하면서 군더더기의 말이 무성하다.

> **그들은 실로 사람들에게 (자신의 경배 행위를) 보여 주려는 자들로서, 사소한 일용품조차도 빌려주지 않더라.**[9]

그런데 아랍어 꾸란에서는 6절이 "보여 주려는 자들"이고 7절은 "(빌려줘도 해가 없는) 일상의 필요를 막는다"라고 되어 있다.

넷째, 109장에는 반의어 대조와 문장의 의미 대조라는 수사법이 들어 있다. 2절에서 "너희들이 예배하는 것을 나는 예배하지 않는다"라고 수사법의 강조된 효과를 내기 위해 대조와 차이를 강조하고 있다. 그리고 2-3-4-5절에서 문장들이 의미 대조를 하고 있다. 그래서 4절과 5절에서는 "미래에 예배하지 않을 것이다"라는 말이 나오고 김은수는 이런 수사법을 한국어 의미 번역에서 표현하지 못했다.

다섯째, 110장에는 과장법이라는 수사법이 들어 있다. 3절에 taw-wābān은 회개를 언제나 받아주시는 분이란 뜻이다. 즉, 알라가 여러 번 회개를 받아주신다는 것인데 김은수는 "참회하는 자들을 받아주시는 분"이라고 했다.

여섯째, 111장은 확장된 마자즈, 환유, 은유, 유사음 이의어라는 수사법이 있다. yadā 'abī lahabin에서 "양손"(yadā)은 확장된 마자즈이므로 그 사람 전체 즉 그 자신이라고 해석해야 한다. 그런데 김은수는 그냥 양손이라고 번역했다. 1절의 "아비 라합"은 명시적인 정체성을 드러내지 않고 간접적으로 암시하는 환유이다. lahab은 불이 연기를 내뿜는 것이고 아비 라합이라고 칭한 것은 그를 경멸하고 꾸짖기 위함이다. 4절에서 (무함마드가 가는 길에 나무를 던지려고) 나무를 들고 간 그의 아내가

---

9 김은수, 『하나님의 마지막 성서 꾸란』, 321.

거만하고 부패한 성품이라고 은유적으로 표현한다.

일곱째, 112장에는 산문의 각운(saj')과 유사음 이의어(jinās)라는 수사법이 들어 있는데 각 절의 마지막 단어가 'ahad, ṣamad, yūlad, 'ahad이고 이들 단어들이 모두 /d/로 끝나는 것을 사즈라고 한다. 사즈는 규칙성과 아름다움을 주어서 청중에게 공감을 불러일으킨다.

여덟째, 114장에는 반의어 대조, 확장, 유사음 이의어라는 수사법이 들어있다. 반의어 대조는 6절에 "진(jinnah)과 사람들(nās)로부터"라는 두 단어를 가리킨다. 확장은 114:1-2-3에서 각각 "랍빈 나쓰, 말리킨 나쓰, 일라힌 나쓰"처럼 모두 "나쓰"가 반복되어 인류에게 주의를 불러일으킨다. 유사음 이의어는 5절의 yuwaswisu와 4절의 al-waswās인데 전자는 '유혹하는' 이란 뜻이고 후자는 '사탄'이라는 뜻이다. 김은수는 5절을 '속삭이는'이라고 번역했고 4절은 '숨어드는 자(사탄)'라고 했다.

4) 꾸란 텍스트의 분명한/우세한 의미와 성경에서 통상적 의미

이슬람의 칼람학에서 무으타질라파는 논리적인 논증을 사용하여 이슬람 칼람학에서 철학적 방법론의 발달에 기여했지만 아쉬아리파는 무으타질라파의 이성주의(Rationalism)와 한발리파의 문자주의 사이에서 절충적인 입장을 취했다"(John L. Esposito 2003, 26).

오늘날 대부분의 순니 무슬림은 아쉬아리파를 따른다. 아쉬아리파는 종교적 텍스트에 이성과 꾸란 및 순나 사이의 균형을 추구하며 중용의 길을 제시했다. 순니 아쉬아리파 무슬림들은 꾸란 해석에서 경전에 대한 언어적 분석보다는 구전과 전승을 더 중시한다.

즉, 아쉬아리파 무슬림들은 개인이 직접 꾸란 본문을 연구하는 것보다 기존의 꾸란 주석서와 전통적 해석을 더 중시하는 경향이 있다. 아쉬아리파는 꾸란이 인간 이성이나 언어의 한계를 넘어선 것으로 보았기 때문에 지나친 언어적 분석에 의존하는 것을 경계했다. 아쉬아리파는 싸하바, 타비운, 초기 주석 학자들의 해석을 신뢰하며 전수된 해석을 선호했다.

순니 아쉬아리 무슬림들은 꾸란 해석에서 마자즈(Majāz:원뜻이 아닌 다른 의미)를 일부 인정했지만, 광범위하게 사용하지 않고 자히르(zāhir: 표면적/명백한, 우세한)의 의미를 찾는다. 그리고 자히르를 받아들일 수 없거나 모순이 될 때 문맥과 주석을 통해 적절한 해석을 찾아갔다.

순니 파의 자히르의 개념은 순니 법학파마다 다른데 샤피이파와 말리키 파는 어떤 단어가 두 가지 이상의 의미를 함축할 때 둘 중 하나가 다른 것보다 우세한 의미를 자히르라고 했다. 그런데 오스만 제국의 공식 법학파이었던 하나피파는 타으윌(텍스트의 자히르 의미를 취하지 않는 방식으로 해석하는 것)에 열려 있는 의미를 자히르(분명한) 의미라고 했고(공일주 2021, 13) 한발리 파는 낱말의 분명한 의미를 찾아갔다.

이와 다르게 자히리(또는 자히리야)파는 꾸란과 하디스의 텍스트를 이해하는 데 있어서 자히르(표면적, 외적)만 집중하고 유추나 견해를 거부한다. 자히리파의 대표적인 학자가 스페인의 이븐 하즘이고 그는 성경에 대한 공격적 논박을 했던 것으로 유명하다. 자히리파는 꾸란과 하디스의 자히르(표면적)에만 의존하며 마자즈를 거의 사용하지 않거나 전혀 사용하지 않았다.

가령, 알라의 손이란 말은 그냥 알라의 손이라고 해석했다. 이런 해석은 이성과 추론을 거부하였는데 자히르 의미 이외에 어떠한 논리적 확장도 허용하지 않았다. 아쉬아리파는 마자즈를 제한적으로 허용하며 이성을 보조적 수단으로 활용하고 제한적으로 추론을 허용했으나, 자히리파는 마자즈를 거의 완전히 배제하고 이성의 역할을 철저히 배제하며 추론을 거부하였다.

자히리 파의 이븐 하즘은 텍스트의 알레고리칼 해석을 거부하고 꾸란에 대한 문법적 통사적 해석을 선호했다. 알레고리칼 해석은 글자나 눈에 드러난 것 뒤에 그 구절의 실제(Real) 의미가 있다고 생각한다. 시아파 무슬림들은 단어의 자히르(겉뜻) 아래 숨겨진 의미(Bāṭin)를 탐구하며, 수피들은 암시적 의미('Ishārah)를 중시하였다.

그러나 아랍의 봄 이후 이슬람 세계에서 크게 부각된 살라피들은 문맥(context)보다는 텍스트와 문자적 의미(Naṣṣiyyah Ḥarfiyyah)를 우선시했다. 그런데 살라피와 자히리파의 꾸란 해석 방식에는 약간의 차이가 있다. 살라피들은 문자주의를 부분적으로 적용하며 알라의 초월성(Tanzīh)을 강조한다.

가령 알라의 손이라는 말은 알라의 손이라고 해석하지만, 그 손의 본질과 성격은 인간의 이해를 초월한다고 믿는다. 살라피는 아홀 알하디스(법적으로 무함마드의 하디스에 전념하는 무슬림)를 따랐고 이븐 타이미야의 영향을 크게 받았으며 자히리 파보다는 유연하다. 13세기에 이븐 타이미야는 자히르(표면적)의 의미를 실제 의미(al-Ma'nā al-Ḥaqīqī)라고 가르쳤다. 살라피는 마자즈를 제한적으로 허용하며 이성적 추론을 일부 인정하고 문자주의와 초월성의 조화를 모색했다.

성경 연구에서 "Literal"이라는 말은 단어나 구절이 통상적(normal)이고 구체적(추상적이지 않은)이며 일상적(everyday use)으로 사용되는 것을 의미한다. 어떤 단어, 구절, 문장의 "literal" 의미는 통상적으로 그리고 자연스럽게 표현되는 의미를 뜻한다. 예를 들어, "나무"(tree)는 나무를, "손"(hand)은 손을 의미한다.

성경해석학[10]에서 "Literal interpretation"(단어 그대로 해석)이라는 표현은 단어, 구절, 문장을 이해하는 방법을 가리킨다. 성경 연구에서 종종 '단어 그대로-문법적-역사적-문학적(literary) 해석'이라는 표현을 듣게 되는데, 이는 성경 본문을 해석할 때 이러한 다양한 요소를 함께 고려하는 방식을 의미한다. 이러한 요소들은 텍스트를 이해하는 데 도움을 주며, 가능한 의미의 범위를 결정하고 문맥을 통해 저자가 의도한 의미를 식별하는 데 중요한 역할을 한다. 기독교인의 해석 방법(hermeneutic)은 인간적·신적 저자가 의도한 의미를 밝혀내는 것을 목표로 한다.

Literal translation(가능한 한 원본 텍스트에 가깝게 번역)은 번역 과정에서 사용되는 방법론을 의미한다. 원문의 의미를 가능한 한 그대로 전달하려는 번역이다. 즉, 번역된 단어나 구절이 원어의 표현과 비교적 직접적으로 상응(correspondence)하는지, 아니면 의미를 보다 역동적인(dynamic) 방식으로 전달하는지를 가리킨다. 후자의 경우, 수용자 언어의 관용 표현(idioms)을 사용하여 메시지를 전달하는 자유 번역(free translation)이 된다. 역동적

---

[10] 첫째, 의미인데 텍스트가 의도하는 취지(메시지)가 무엇인가를 고려한다. 둘째, 해석은 그 취지의 어느 범위까지를 오늘날 결정할 수 있는가를 묻는다. 셋째, 상황화인데 그 표준적인 메시지를 가장 잘 전달하는 형식을 찾아 우리의 매일 생활에 구체적인 적용으로 이끈다.

(dynamic) 번역은 독자를 위해 어느 정도 해석적 작업을 수행하지만, 그로 인해 오해를 초래할 수도 있다.

성경이 통상적(normal) 표현이나 비유적(figurative) 표현을 사용할 때, 우리는 항상 단어 그대로 이해한다. 예를 들어, 사무엘하 7장에서는 다윗이 여호와를 위해 '집'(house)을 짓고자 했다고 기록되어 있다. 그러나 하나님께서는 오히려 다윗을 위해 '집'(house)을 세우겠다고 말씀하셨다. 다윗이 의미한 '집'은 예배를 위한 건물을 뜻했지만, 하나님께서 의미한 '집'은 다윗의 왕조(dynasty)였다. 이처럼 '집'이라는 단어는 모두 통상적인 의미로 사용되었으며, 문맥이 그 의미를 결정한다.

또 다른 예로, 시편에서 "나무들이 손뼉을 친다"라는 표현이 나오는데, 우리는 이것이 하나님께서 행하신 일에 대해 나무들이 기뻐하고 환호한다는 비유적(figurative) 표현임을 이해한다. 나무는 실제 손이 없지만, 창조물은 창조주의 활동을 기뻐할 수 있다. 주목할 점은, 수사법에서 나타난 표현에도 literal 즉, 통상적 의미(normal meaning)가 존재한다는 것이다. 즉, 해석자는 항상 단어, 구절, 문장의 통상적(normal) 또는 비유적(figurative) 사용을 통해 본래의 의미를 찾는 것을 목표로 해야 한다.[11]

한편, 목회자가 히브리어와 헬라어를 모른다면 신뢰할 수 있는 번역본을 사용하여 성경을 연구해야 한다. 문법, 문맥, 문학적 장르(literary writing)와 같은 해석 원칙을 적용하여 저자가 의도한 의미를 찾아야 한다. 원어를 아는 것은 저자의 메시지를 더 깊이 이해하는 데 도움이 될 수 있지만, 성경의 메시지를 이해하는 데 필수적인 요소는 아니다. 성경은 그자체가 가장 나은 해석자이다.

즉, 성경의 각 구절은 성경 전체의 빛 아래에서 올바르게 이해될 수 있다. 또한, 성경을 공부하는 사람은 성령의 인도하심을 통해 성경의 의미를 더욱 명확하게 깨달을 수 있다. 따라서 성경을 연구하는 사람은 겸손한

---

11 로마가톨릭교회는 빵과 포도주가 실제 그리스도의 몸(flesh)과 피가 된다고 literal으로 해석했다. 루터는 literal이라고 믿었으나 그렇다고 가톨릭만큼 멀리 가지 않았다. 쯔빙글리는 "이것은 내 몸이니"라는 말은 메타퍼(metaphor)라고 했다. 빵과 포도주가 그리스도의 몸과 피를 대표한다(represent)고 했다. 성찬에서 그리스도는 영적으로 임재하고 육적으로는 임재하지 않는다.

자세로 성경을 배워야 하며, 자신의 사상을 정당화할 구절을 찾으려 하기보다는, 문맥 안에서 단어와 구절이 문맥에 맞는(legitimate) 의미를 통해 성경의 메시지를 발견해야 한다.

성경에는 예언이 단어 그대로 성취된 예(미 5:2; 마 2:6; 사 56:7; 마 21:13)가 있고 또 비유적 의미대로 성취된 예(행 4:11과 벧전 2:7에서 그리스도는 건축자가 버린 돌)가 있다. 그런데 이사야 2:2-3에서 시온과 예루살렘은 영적으로 해석해야 한다. 복음주의 기독교에서는 알레고리칼 해석을 사용하지 않는다.

이상과 같이 성경 해석은 원래 저자가 의도하는 의미를 찾아내는 것이지만 꾸란 해석은 아쉬아리파, 자히리파, 살라피에 따라 꾸란 해석방식이 다르다. 일부 무슬림들은 꾸란의 한 장(Chapter), 한 구절, 한 단어, 심지어 한 글자(Ḥarf)라도 부인하는 자를 카피르(알라의 존재를 부정하는 자)로 간주했다.

5. 꾸란의 이싸

우리말 성경에 나오는 예수는 아랍어 성경에서는 "야쑤아"라고 하고 아랍어 꾸란에서는 "이싸"라고 한다. 꾸란 3:45에는 "그의 이름은 알마시흐 이싸 븐 마르얌"('Ismuhu al-Masīḥ-u 'Īsā bn-u Maryam-a)이라고 한다. 여기서 알마시흐 al-Masīḥ는 본명에 덧붙이는 별호이고 꾸란은 알마시흐를 "기름 부음을 받은 자"라는 의미로 사용하지 않는다. 이싸 'Īsā 는 본명인데 그 단어 뜻은 꾸란에 나오지 않는다. 그리고 마르얌의 아들(bn-u Maryam)이란 말이 그의 이름의 맨 마지막에 나온다. 아랍어 성경에서 마르얌은 모세의 누이이고 또 예수의 어머니 이름이다. 아랍어 성경과 꾸란에서는 마리아와 미리암으로 구분하여 번역하지 않았다.

오늘날 아랍 무슬림들은 누구 아버지의 아들이라고 부르는데 꾸란에는 예수의 아버지인 요셉이 단 한번도 등장하지 않았다. 마가복음 6:3에서 예수를 마리아의 아들이라고 하지만, 꾸란에서는 왜 마르얌의 아들이라고 했는지 이유를 밝히지 않는다. 서구학자들은 '마르얌의 아들'이란 말은 메디나 장에 등장하므로 공격적인 논박을 하려고 마르얌의 아들이라고 했다고 하거나 또는 알라의 아들이 아니라는 것을 함축하는 말이라고 했다.

아랍 무슬림이 저술한 아랍어 사전을 보면 "야쑤아는 알마시흐이고 알마시흐는 이싸의 별호이고 이싸는 알마시흐인데 시각 장애인과 한센병을 고치고 죽은 자를 살리신 분"이라고 풀이한다. 그런데 오늘날 아랍 무슬림들은 꾸란에 나오는 이싸라는 단어를 그대로 사용한다. 오늘날 아랍 기독교인들은 교회 예배에서 야쑤아라고 한다. 꾸란 4:171에서 이싸를 루흐와 칼리마라고 하는 것을 영어로 의미 번역한 꾸란에서는 spirit과 word라고 번역하므로 서구 학계에서는 그 말이 성령과 말씀을 가리키는 것으로 잘못 번역하였다.

꾸란에는 이싸의 죽음과 들어 올림에 대하여 나오지만 "그들에게 그렇게 보였을 뿐이다"라고 하여 십자가 자리를 대신한 다른 사람이 있었다고 설명한다. 꾸란에서 이싸는 하나님의 아들이 아니고 성육신하지 않으시고 십자가에 돌아가시지 않았다. 그러나 이싸의 죽음에 대하여 주류 무슬림들의 해석과 다른 경우도 있다.

하디스에서 이싸는 부활의 날이 오기 전에 이 땅으로 내려와 "거짓의 알마시흐"와 싸워 이기고 이 땅에서 인간을 다스리고 사람들을 이슬람으로 개종시켜서 이슬람 율법을 따르게 한다고 했다. 이싸의 명령에 따라 모든 십자가를 부수며 그때 이싸는 혼인하여 가족을 이룬다. 그의 임무가 끝나면 그는 자연사하여 메디나에 있는 무함마드의 묘 옆에 묻힌다고 한다.

성육신 개념은 이슬람에서 받아들여질 수 없었다. 무슬림들에게 그리스도가 하나님의 아들이라는 말은 하나님이 육신의 자녀를 가졌다는 것으로 이해했다. 이는 꾸란을 기록할 당시 하나님의 아들이란 개념이 무엇인지 무슬림들이 전혀 이해하지 못한 것으로 보인다. "아들"이란 단어를 사용하는 이유는 본질적으로 관계적인(relational) 의미를 갖는다는 말이다. 이는 예수가 하나님과의 관계에서 갖는 독특한 지위를 확인해 주는 것이다. 기독교 전통에서는 예수가 신적 계시를 전달하는 분(bearer)이고 예수가 맡은 독특한 역할을 강조한다.[12]

---

12 Alister McGrath, *Christianity: An Introduction*(West Sussex: Wiley Blackwell,

그런데 오늘날 일부 기독교인은 꾸란의 이싸를 왜 예수라고 번역할까?

첫째, 오늘날 기독교학자 중에는 꾸란과 성경의 공통점이나 유사점에 주목하여 꾸란의 이싸를 예수라고 말한다(Dudley Woodberry, Colin Chapman, Phil Parshall).

둘째, 이싸는 시리얀어(Syriac)[13]에서 예수를 가리키는 /isho/ 또는 /īshō'/에서 비롯된 것이다(John Gilchrist, J. Spencer Trimingham).

오늘날 아랍 무슬림들은 꾸란의 이싸가 정설이고 기독교인들이 말하는 예수(야쑤아)는 기독교인들이 변조시킨 분이라고 한다. 꾸란은 이싸 알마시흐는 하나님의 아들이 아니라고 하고 성육신하지 않았다고 하면서 삼위일체를 부정한다. 예수 그리스도는 살아계신 말씀(Living Word: 요 1:14-18; 14:6-9; 히 1:1-3)이고 성경은 기록된 말씀(Written Word: 딤후 3:15-17; 요 5:39-40)이다.

1) 꾸란의 관점

(1) 성경이 변조되었다.

아랍어 사전에서 타흐리프(Taḥrīf)는 위조, 변화, 의미들의 전환이란 뜻이고 또한 낱말의 변화나 의미를 전환한 것을 포함한 편향된 해석을 가리킨다('Aḥmad Mukhtār 'Umar 2008, 475). 알나하스(Al-Nahhās)는 타흐리프는 자음을 대체함 또는 다른 의미로 해석함이란 뜻이라고 했고 알라지(al-Rāzī)는 변화와 대체라고 했다.

이집트의 꾸란학자들이 주석한 『쉬운 주석』에서 5:13의 "유하리푸나"(yuḥarrifūna)는 "다른 뜻으로 해석하다"라는 뜻이다. 무함마드 하디 마으리파는 꾸란에 사용된 타흐리프는 의미의 곡해라는 뜻이라고 했다

2015), 92.

[13] 시리얀어(Syriac)는 영어 Syriac의 아랍어 발음이다. Syriac은 후기 아람어의 방언이고 특히 에뎃사(Edessa) 지역의 방언이었다(공일주, "성경과 꾸란에 대한 아람어와 시리얀어의 영향", 「아랍어와 아랍 문학」, 제16집 1호, 2012 참조).

(Muḥammad Hādī Ma'rifah, 2007, 23). 다시 말하면 꾸란이 언급하는 "타흐리프"는 해석이 곡해되었다는 것이지 낱말이 대체되었다는 것이 아니었다. 그런데 현대에 와서 대부분의 무슬림은 유대인들이 타우라(토라)를 타흐리프(변조) 했다는 말을 다음 세 가지로 설명했다.

첫째, 유대인의 타흐리프는 어떤 낱말 대신에 다른 낱말을 넣고 어느 문장 대신에 다른 문장을 넣는 '대체'이다.
둘째, 유대인의 타흐리프는 낱말이나 구절을 생략한 것이다.
셋째, 타흐리프는 낱말이나 문장을 첨가한 것이다(Fā'iz Muḥammad Ḥasan Abū Rajā 2016).

다시 말하면 오늘날 무슬림들은 유대인의 타흐리프를 낱말이나 문장을 대체하거나 생략하거나 첨가한 것이라고 주장한다. 그러나 기독교인 꾸란 연구자 고든 니켈은 꾸란 주석의 형성기에 꾸란 해석자들이 '이전의 경전'(구약과 신약)을 몰래 변조(Tampering)한 이야기가 어떻게 발전했는지를 연구하였다. 그리고 꾸란에서 25개 변조에 대한 구절에서 사용된 동사와 표현들이 의미론적으로 어떻게 이해했는지를 고찰했다.

무까틸과 알따바리 주석서에서 변조 구절에 대한 조사와 분석에서 발견한 것은 주석 형성기의 꾸란 해석자들이 처음에는 변조의 꾸란 구절들이 이전의 경전들의 텍스트를 바꾼 것(Corruption)을 의미하는 것은 아니라고 했다. 오히려 이런 구절들을 무함마드와 동시대에 살았던 유대인이 특히 토라와 연관되어 행한 변조의 다양한 행태를 나타내는 말로 해석했다. 이런 구절들은 변조의 행위자와 행동과 현장과 목적이 분명하지 않았다 (Gordon Daniel Nickel 2004, 211).

꾸란 해석자 무까틸(Muqatil)은 꾸란 2:79과 3:78을 유대인이 그들의 경전을 삭제한 후 다시 쓴 것으로 이해했다. 알따바리는 삭제와 첨가를 다른 해석자들의 탓으로 돌렸으며, 자신은 꾸란 3:78에서 '첨가'라는 말을 사용했다(Gordon Daniel Nickel 2004, 215).

무까틸과 알따바리는 꾸란의 단어들로부터 유대인들과 기독교인들이 그들의 경전들을 위조했다(Falsify)는 것으로 이해하지 않았다고 했다(Gordon Daniel Nickel 2004, 215).

(2) 이싸는 하나님의 아들이 아니고 십자가에 돌아가시지 않았다

꾸란에서 이싸는 하나님의 아들이 아닌 인간 피조물이고, 십자가에 못 박히지도 않고 죽지도 않았다고 했다. 꾸란 3:59에서 "알라는 아담을 창조한 것처럼 이싸도 흙으로 창조했다"고 하였는데 알라가 아담을 아버지도 없고 어머니도 없이 창조한 것처럼 이싸를 아버지 없이 창조했다고 주석한다(Al-Tafsīr al-Muyassar 2012, 57).

꾸란 4:157에서는 "그들이 그를(이싸를) 죽이지 않았고 그들이 그를 십자가에 매달지 않았다"고 했다.

꾸란 5:116에서는 "알라가 이싸 븐 마르얌에게 말했다. 네가 사람들에게 '알라를 빼놓고 나와 내 어머니를 두 신으로 삼으라'고 말했니? 그가 말하기를 '당신은 흠이 없으신 분'(Subḥānaka)이다. 내게 말할 권한이 없는 것은 내가 말하지 않았다"라고 했다. 이 구절이 사실이라면 마르얌이 이싸와 동일하게 숭배받았다는 것이다. 그리고 꾸란 9:30에서는 "나싸라는 알마시흐가 알라의 아들이라고 하는데 그것은 그들의 입으로 하는 말이고 …"라고 한다.

이슬람의 전승에 따르면 이싸가 다시 이 땅에 와서 십자가를 다 부수고 돼지를 죽이며 이싸가 이슬람을 전파한다(Sahih Bukhari Vol 3, Book 34, Number 425)고 말한다. 또한, 꾸란의 이싸는 성육신하지 않았으며 인간과 본성이 같다고 했다.

그렇다면 현대 무슬림들의 파트와(법적 질문에 대한 법학자의 답변)에서 이싸는 누구라고 하는가?

첫째, 이싸는 죽었는가? 산 채로 데려갔는가?

꾸란에는 이싸의 마지막에 관한 세 구절이 언급되어 있다. 꾸란 3:52-55; 4:157-158; 5:116-117이다.

꾸란의 3:55과 5:117에 언급된 어휘는 죽음, 잠, 데려감이란 의미가 가능한가?

꾸란 3:55에서 '무타왑피카'(Mutawaffīka)는 "네가 땅으로부터 너를 데려갔을 때"(Rashid Said Kassab 1987, 91) 또는 "너의 죽음의 소식을 알리는"(al-Muntakhab 2014, 96)이란 의미로 해석한 뒤 그 뒤에 "내가 아무에게도 그를 죽이지 못하게 한다"고 부연했다.

그런데 현대 아랍어 사전에서 "투웁피 알샤크쑤"(Tuwuffī al-shakhṣu)는 '그 사람이 죽었다'는 뜻이고 "타왑파 알라후 알샤크싸"(Tawaffā Allāhu al-Shakhṣa)는 "알라가 그 사람을 죽였다. 그의 루흐(혼)를 잡아가다(Qabaḍa rūḥahu) 또는 그를 죽였다"('Aḥmad Mukhtār 'Umar part. 3, 2008, 2475)라는 말이다. 아랍어 '까바다'(Qabaḍa)가 "손가락으로 (사물을) 잡다 또는 (알라가 사람을) 죽이다"의 뜻('Aḥmad Mukhtār 'Umar part. 3, 2008, 1766)을 갖기 때문에 무슬림들이 어느 것을 취하느냐가 관건이었다. 아랍어-영어사전(J. Milton Cowan 1974, 738)에서 "까바다후 알라후"(Qabaḍahu allāhu)와 "까바다 알라후 루하후"(Qabaḍa allāhu Rūḥahu)는 "알라가 그를 죽게 하다"의 뜻이다.

꾸란 5:117에 나오는 "타왑파이타"(Tawaffayta)는 "땅에서 내 정해진 시간이 나에게 완수하게 했을 때"(al-tafsīr al-Muyassar 2012, 127) 그리고 "네가 내 체류의 정해진 시간을 끝나게 했을 때"(Al-Muntakhab 2014, 203)이므로 "네가 나를 죽게 했을 때"라는 말과 같다. "타왑파"(Tawaffā)는 혼이 알라에게 가고 몸으로 다시 돌아오려면 죽임이나 잠이란 과정이 있어야 한다는 것을 알려 준다(Colin Chapman 2007, 213). 결국 꾸란에 나오는 "무타왑피"(Mutawaffī)는 "죽음"의 의미와 "잡아가다"의 의미가 모두 들어 있다.

하지만, 이집트 종교성이 발표한 파트와에서는 위 꾸란 3:55과 5:117에 나오는 위 단어들을 "땅에서 너를 잡아가다"라는 말로 해석했다. 그러나 6:60에 나오는 "야타왑파"(Yatawaffā)는 "잠"을 의미한다고 했다. 즉, 이 세상에서 죽은 다음에 저세상에서 루흐가 몸으로 들어감(바으스)을 의미하기 때문에 잠에서 깨어나는 것을 의미한다.

둘째, 이싸가 죽었는가? 다른 사람이 죽었는가?

"슙비하 라훔"(Shubbiha Lahum, 꾸란 4:157)은 "그들에게 모호하게 보였다"는 뜻이다. 기독교인들은 예수를 실제로 십자가에 못 박았다고 말하지만, 무슬림들은 이싸를 닮은 사람을 죽여서 십자가에 못 박았다고 말한다. 무슬림들은 죽은 자가 이싸인지 이싸가 아닌지에 대해서는 서로 의견이 달랐다.

위 구절의 앞뒤 꾸란 구절을 읽어보면 다음과 같다.

"그들 모두가 그 문제에 의혹이 쌓여 있었다. 그들이 말하는 것은 확신이 아니라 짐작인 것이다. 이싸를 절대로 죽이지 않았다"(al-Muntakhab 2017, 166).

꾸란 주석가들은 이싸와 이싸를 대신하여 죽은 사람이 서로 어떤 유사한 특징이 있고 또 어떻게 닮았는지에 대하여 의견이 달랐다. 꾸란 주석가 알따바리는 유대인들은 이싸와 그의 동료들이 같이 서 있었을 때 이싸를 죽이려고 한 사람은 누가 진짜 이싸인지를 몰랐었다고 주석했다(공일주 2013, 227-229). 알따바리 주석에 따르면 알라가 그들 모두를 이싸와 그 이미지를 닮게 해버린 것이다. 유대인들이 생각하기에는 그들이 죽인 사람은 이싸라고 생각했는데 이싸가 아니었다.

또 다른 주석가들은 이싸의 동료 중 이싸를 닮은 사람을 유대인이 잡아서 그를 죽였다고 했다. 아랍어에서 '슙비하'(Shubbiha)는 "실체를 알아보지 못할 정도로 눈이 멀어 혼동하다"('Aḥmad Mukhtār 'Umar Vol.3, 2008, 1989)라는 뜻이다. '슙비하'는 "(모호하고 닮아 보여서) 구분하지 못했다"는 의미이다. 분명하지 않았다는 것이다.

무슬림들은 이싸가 죽어서 십자가형을 받았다는 것을 믿는 사람은 이슬람에서 떠난 것(al-Fatwā al-'islāmiyyah, 3697)이라고 했다. 그리고 이싸가 살았는지, 죽었는지, 잤는지에 대하여 무슬림 사이에 의견이 분분하다. 만일 그가 살아 있었다면 그 후 살았던 장소는 어디인지 그의 삶의 모습은 어떠한지 꾸란이 정확히 알려 주지 않기 때문에 의견이 서로 달랐던 것이다. 이슬람에서 대부분은 이싸가 알라 곁에 살아있다고 했으나 그 삶이 어떠한지 그에 대한 증거를 찾지 못하였다.

이싸가 이 땅으로 내려온다는 것이 절대적인 증거가 없고 또 자주 여러 사람에 의하여 전해지지 않았다. 꾸란 구절에서도 이싸가 내려온다는 확실한 증거가 없다. 꾸란 4:159과 43:61은 여러 해석을 갖고 이슬람 교리는 확실하고 절대적인 증거가 있어야 하므로 이싸가 내려와 땅으로 돌아온다는 것을 부인하는 자는 이슬람에서 떠난 것이 아니고 카피르로 간주되지 않는다(al-Fatwā al-'Islāmiyyah, 3698). 그러므로 이싸가 내려온다는 것을 부인하는 자를 카피르라고 해서는 안 된다고 했다. 그러나 무슬림들이 기독교인들을 오늘날 카피르라고 칭하는 것은 기독교인들이 예수를 하나님의 아들이라고 믿기 때문이다(꾸란 5:72-73).

2) 무슬림의 주장에 대한 우리의 답변

꾸란에서 이싸에 대하여 언급한 15개 장에서 93개 구절이 있다. 대부분 영어로 의미 번역된 책에서는 꾸란의 이싸를 Jesus와 동일시하고 무슬림들도 꾸란의 이싸가 진짜라고 하면서 영어로는 Jesus라고 번역한다. 이싸에 대한 이슬람의 관점은 꾸란과 하디스에 의존하지만, 사실 역사를 거쳐 오면서 무슬림들이 더 보탠 이야기가 많다.

그렇다면 우리는 무슬림의 주장에 어떻게 답변할까?

(1) 왜 삼위일체 하나님을 믿는가?

꾸란 4:171에서 "너희들은 셋이라고 말하지 마라"라는 말은 있는데 사실 꾸란에는 삼위일체(Tathlīth, Thālūth)라는 말이 없다. 혹시 무슬림이 기독교인에게 성경에는 삼위일체가 없다고 하면 꾸란에 타우히드(단일신론)라는 단어가 안 나온다고 말해 보라.

알따바리 주석에서는 "신들('Arbāb)이 셋"이라고 주석했다. 현대주석자인 이집트 무슬림 알샤으라위는 'thalāthah(셋)'라는 말에 대해 "성부와 성자와 성령이라고 말하는데 이것은 신적 속성이 아니고 부가적인 속성이라고 했."[14] 꾸란 5:73에서는 "알라가 셋 중에서 세 번째라고 말한 사람들은

---

[14] https://www.altafsir.com/Tafasir.asp?tMadhNo=7&tTafsirNo=76&tSoraNo=4&tA-

(알라를) 믿지 않는 자였고 알라 이외에는 신이 없다"라고 한다.

우리의 답변: 우리는 세 신을 믿지 않는다. 우리는 한 분 하나님을 믿는다. 우리가 말하는 성부 성자 성령 하나님은 세 신들이 아니다. 기독교는 유일신 신앙이며 삼위일체라는 말은 성경에 나오지 않으나 삼위일체 교리는 성경에 계시되었다.[15]

무슬림들은 알라가 한 분이고 어떤 인간적 속성도 가지지 않는 완전한 초월자라고 믿기 때문에 하나님이 이 세상으로 오신 성육신을 이해하지 못했다.[16]

요르단복음주의신학대의 총장 이마드 샤하다는 삼위일체를 아래와 같이 설명한다.

> 참되신 하나님은 일체성(oneness)뿐만 아니라 관계성(relationship) 속에서 존재하신다. 이 관계는 하나님의 일체성 안에서 세 인격(persons) 사이에 있는 관계이다. 세 분의 하나님이 존재하는 것이 아니다. 이 인격들은 양태(modes)가 아니고 서로 구별되는 인격들(persons)이다. 이 인격들은 동일한 본질(essence)을 공유하며, 서로를 끊임없이 내재(mutual indwelling)한다.

따라서 참되신 하나님은 다음과 같은 다섯 가지 요소를 함께 포함한다.[17]

① 삼위일체 하나님은 관계 속에서 존재하신다(existed in relationship).
② 삼위일체 하나님은 한 분 하나님이시다(one God).

---

yahNo=171&tDisplay=yes&Page=6&Size=1&LanguageId=1 2022년 5월 17일 검색.
15 Alister McGrath, *Christianity: An Introduction*, 황을호·전의후 옮김, 『한 권으로 읽는 기독교』(서울: 생명의말씀사, 2017), 142.
16 Alister McGrath, 『한 권으로 읽는 기독교』, 148.
17 Imad N. Shehadeh, *God With Us and Without Us,* Volumes One and Two(Cumbria: Langham Global Library, 2020), 83.

③ 삼위일체 하나님은 세 인격이시다(three persons).
④ 삼위일체 하나님은 동등하시다(equality with order).
⑤ 삼위일체 하나님은 서로 내주하신다(mutual indwelling).

한 분 참되신 하나님이 서로 구별되지만 인격들 간의 관계 속에서 존재하신다.

(2) 왜 예수님이 하나님의 아들이라고 말하는가?

무슬림들은 다음과 같은 꾸란 구절에서 알마시흐의 신성을 부인한다.

> 그들(유대인, 나싸라, 무쉬리쿤)이 말했다.
> "알라가 (선택해서) 아들로 삼았다"(꾸란 2:116).
> 알라가 선택해서 아들로 삼은 것은 아니었다(꾸란 19:35).
> 유대인들은 우자이르가 알라의 아들이라고 말했고 나싸라는 알마시흐가 알라의 아들이라고 말했다(꾸란 9:30).

위 구절들은 무함마드가 당시 메카에 살던 사람들이 알라의 딸들, 즉 알라트, 알웃자, 마나 등을 숭배하는 것을 반대하기 위함이었기 때문이지 이싸의 신성을 부인하기 위한 것은 아니라고 한다. 심지어 112장도 유대인 혹은 무쉬리쿤이 질문한 것에 대한 답변이라고 알따바리는 주석했다. 다시 말하면 무함마드가 메카에 살던 무쉬리쿤(다신 숭배자들)을 반대한 것이었다(Colin Chapman 2007, 206). 그 근거가 꾸란 6:101에 있다.

"(그는) 하늘과 땅의 창조주이다. 그에게 배우자가 없었는데 어떻게 그에게 아들이 있었겠느냐?"

그런데 해석에서 논란이 된 꾸란 구절이 있다.

> 알라흐만(al-Raḥmān: 알라)에게 자녀(walad)가 있었다면 나는 그를 예배하는 첫 번째 사람이 되었을 것이다(꾸란 43:81).

이 구절에 대한 『쉬운 주석』(*al-Tafsīr al-Muyassar* 2012, 495)을 보면 "무함마드야, 천사들에게 딸들이 있다고 주장하는 메카의 무쉬리쿤들에게 말하라. 알라흐만에게는 자녀가 없었다. 그러므로 나는 그의 첫 번째 예배자다"라고 설명했다. 그런데 무슬림들이 애호하는 알따바리 주석에서는 이 본문에 대한 해석자들의 견해가 다르다는 말로 시작하여 위 두 가지를 다 소개하고 있다. 이 구절에서 '자녀'에 대한 이야기는 하나님의 아들에 대한 이야기가 아니고 천사들의 딸들에 대한 이야기였다. 상대는 예수가 아닌 메카의 무쉬리쿤이다.

우리의 답변: 우리는 무슬림들이 생각하는 대로 육체적인 의미에서 예수를 하나님의 아들이라고 말하는 것을 거부한다. 예수님도 오해를 불러일으키는 이름들과 타이틀을 피한 예가 성경에 있다. 예를 들면, 구약에는 메시아라는 말이 나오지만 유대인들은 그 말을 왜곡하고 있었다. 예수는 자신을 메시아라고 일컫지 않았다. 유대인들이 메시아를 정치적 또는 군사적 개념을 따르는 것을 알고 이 어휘를 사용하기를 거부한 것이다. 예수는 자신을 '인자'(Son of Man, ibn 'Insān, 단 7:13)라고 부르기를 좋아했고 대제사장이 하나님의 아들 그리스도냐고 물었을 때 예수는 '네가 말하였느니라'(마 26:64)고 답했다. 이는 유대인들이 그 단어를 오해하고 있었기 때문에 마치 예수가 당신들이 이해하고 있는 그런 의미에서의 메시아가 아니라고 한 것이다. 하나님은 완전한 하나님이시고 완전한 인간이시다.

무슬림들은 '하나님의 아들'(Ibn Allāh; 이븐 알라)이란 말을 자녀가 출산 과정을 통하여 아들을 낳는 것으로만 이해하려 한다. 사실 하나님의 아들이란 말은 헬라어 성경에서 단어 그대로 옮긴 것일 뿐 육체에 의한 출생을 의미하지 않는다. 무슬림들은 하나님의 아들이란 말이 타우히드를 거부하는 것이라고 하고 또 쉬르크(다신 숭배)라고 말한다.
그런데 아랍어 수사법에 나오는 마자즈[18](원뜻이 아닌 다른 의미)를 알면 '하나님의 아들'이 마자즈로 사용되었다는 사실을 아랍 무슬림에게 설명

---

18 마자즈(majāz)는 영어로 metaphor라고 번역하는데(Colin Chapman 2007, 209), 대부

할 수 있다. 여기서 '아들'(ibn)은 마자즈의 사용(istikhdām majāzī)이라고 (al-Hādī al-Jaṭlāwī 2008, 50) 무슬림에게 말하라. 아랍인들은 '이븐 알발라드'(Ibn al-Balad)라는 말을 직역하면 "마을의 아들"이란 뜻인데 사실은 "그 지역을 잘 아는 사람"이란 뜻으로 이해한다. 그러므로 아랍인과 대화하는 사람은 그에게 "이븐 알라"(하나님의 아들)는 혈통 관계('Alāqah al-Damm)를 의미하지 않고 권세를 위임한(Tafwīḍ al-Sulṭah) 것을 의미한다고 설명해 준다.

무슬림들이 예수는 왜 하나님의 아들이냐고 물으면 구약에는 인간을 가리키는 "인자"라는 뜻으로 자주 사용했다고 말해준다. 그런데 다니엘 7:13-14에서는 그리스도를 가리키는 "인자"라는 말이 나오는데 이 말은 마가복음 8:31과 요한복음 1:51에도 나온다. 왜 하나님이 이 세상에 오실 수 있었느냐고 무슬림이 물으면 꾸란 20:11-14을 보라고 한다. 그 구절들에서는 "무싸(모세)야! 라고 불렀고, 내가 너의 주('ana Rabbuka)이니 너의 신발을 벗으라"고 했다는 것을 알려 준다.

(3) 왜 예수님이 십자가에 돌아가시었다고 믿는가?

꾸란에서 십자가 죽음은 유대인들의 많은 죄를 열거한 구절에서 찾아볼 수 있다.

분명한 표식이 그들에게 임한 다음에 유대인들이 송아지를 숭배했고(꾸란 4:153), 알라와 맺은 언약을 파기하고 예언자들을 살해했고(꾸란 4:155) 마르얌에 대해 큰 거짓말을 했다(꾸란 4:156). 이런 내용에 이어서 꾸란 4:157이 나온다.

> 그들이 그를 죽이지 않았고 십자가에 매달지 않았는데 우리가 알라의 메신저, 알마시흐 이싸 븐 마르얌을 죽였다고 말했다. 그러나 그들에게 (그렇게) 보였을 뿐이다(꾸란 4:157).

분의 아랍인에게 metaphor는 isti'ārah(은유)라고 한다. 이 책에서 마자즈의 의미는 아랍어 수사법에서 가져온 의미이다.

위 구절에 대한 전통적인 꾸란 해석에서는 이싸가 십자가에 매달기 전에 알라가 그를 하늘로 들어 올려 갔다고 하거나 이싸처럼 보이는 다른 사람을 그 대신에 십자가에 매달았다고 했다. 이것은 이싸가 종말에 이 땅으로 되돌아온다는 무함마드의 말과 연계시킨 해석이었다. 오늘날 많은 무슬림은 종말에 이싸가 돌아와서 이슬람을 참 종교라고 선언하고 나서 무슬림들이 지금 이싸를 믿는 것처럼 유대인과 기독교인들도 이싸를 믿게 될 것이라고 주장한다. 이런 이싸는 성경의 예수가 아니다.

이슬람에서 종말의 큰 징조는 닷잘(dajjāl: 신이라고 자칭하는 자, 거짓과 주술을 행함), 이싸의 재림, 마흐디의 등장 등이 있다. 천사 이스라필이 첫 번 나팔을 불면 바으스(혼이 몸으로 되돌아감)가 일어난다. 두 번째 나팔 소리에 모든 사람이 무덤에서 나와서 부활한다.

사람이 죽으면 바르자크(barzakh: 현세와 내세 사이, 죽음의 순간부터 바으스의 때까지)에 들어가며, 신자는 즐거운 시간을, 불신자는 고통을 받는다. 꾸란 40:11에 따르면, 인간은 두 번 죽고 두 번 살아난다. 죽음 후 문카르와 나키르 천사의 심문을 받은 뒤 다시 부활하여 심판을 받는다. 무슬림은 무덤에서 "알라 이외에 신이 없으며, 무함마드는 알라의 메신저"임을 답해야 한다. 두 명의 천사가 각 인간의 선행과 악행을 기록한 내용을 저울에 달아서 무슬림의 오른손에 놓이면 쉬운 계산이 되지만, 악행하는 자이면 그의 왼손에 장부가 놓인다. 모든 사람은 씨라뜨 다리를 건너야 하며 선행이 악행보다 많은 자는 안전하게 통과하지만, 악한 자들은 떨어져 지옥에 간다.

이슬람에서 잔나는 대추야자와 과실수가 있는 정원으로, 신실한 믿음과 선행에 대한 보상으로 예비된 곳이다. 뭇타낀(Muttaqīn)은 알라에게 순종하고 금지된 것을 피하는 자들로, 그들에게 잔나가 약속되었다(꾸란 13:35). 그러나 여성은 이성과 종교에서 결여되어 잔나에 가는 이들이 적다고 한다. 잔나의 알후르 알아인은 월경과 분비물이 없으며 출산하지 않는다.

잔나는 영원한 집이며 믿음과 선행에 따라 등급이 나뉜다. 지옥은 불순종한 자, 위선자, 카피르를 위해 예비된 곳이고 일곱 개의 문이 있다(꾸란 15:43-44). 잔나에는 여덟 개의 문이 있다고 하고 잔나에는 지킴이가 있다.

지옥의 지킴이가 19명이며 말리크(Mālik)가 그들의 우두머리라고 한다. 지옥은 일곱 층으로 나뉘며, 무슬림 중 알라에게 불순종한 자, 기독교인, 유대인, 싸비인(ṣābi'īn), 조로아스터교인, 다신 숭배자, 위선자의 순서로 배치된다고 한다.

기독교인이 믿는 천국에서는 죄의 처벌과 죄의 능력 그리고 죄의 존재가 최종적으로 제거된다. 믿는 자들의 몸과 영혼이 부활한다. 그리스도인은 지금까지는 단지 부분적으로만 알려졌던 하나님을 완전히 볼 수 있도록 최종적으로 허락된다.

우리의 답변: 예수를 십자가에 돌아가시게 한 것은 우리를 사랑하시고 우리의 모든 죄를 용서하시는 분이심을 보여 주시는 방법이다. 죄의 삯은 사망이다. 모든 인간이 죽어야 하는데 하나님은 예수님에게 죽음을 허락하였다. 그러나 죽음으로부터 예수를 부활시킴으로써 하나님은 죽음의 세력을 단 한번에 무너뜨리셨다.

꾸란 3:55과 5:117에서 "잡아가다"와 "죽었다"라는 두 가지 의미로 해석될 수 있다는 것을 알았다. 꾸란 4:157에서도 십자가 처형이 있었으나, 이 일을 실행한 사람들이 유대인이 아니었다고 한다.

갓난아기 이싸가 요람에서 사람들에게 말하는데 "내가 태어났던 날, 내가 죽는 날, 내가 살아서 부활하는 날"(꾸란 19:33)이 나오고 야흐야에 대하여 "내가 태어났던 날, 내가 죽는 날, 내가 살아서 부활하는 날"(꾸란 19:15)이란 말이 나온다. 이 두 구절은 모든 사람이 죽고 부활한다는 것을 알려 준다.

꾸란 3:55에서 알라가 이싸에게 하는 말 속에서 "부활의 날까지 믿지 않는 자"라는 말이 나오기 전에 "무타왑피카"(Mutawaffīka)라고 했고 5:117에서 "네가 나를 타왑파(Tawaffa)했을 때"라는 말에서 이 두 단어의 의미는 꾸란의 다른 구절을 찾아봐야 한다.

이싸의 십자가 죽음을 부인하는 꾸란의 영향으로 대부분의 무슬림은 이싸가 십자가에서 죽지 않았다고 믿고 있다.

그러나 무슬림들에게 중요한 것은 메시아가 영광에 들어가기 전에 고난을 받아야 한다는 더 깊은 의미를 이해하도록 돕는 것이다. 무슬림들은 용서는 오직 알라의 자비에 달려 있다고 믿고 속죄나 어떠한 희생이 필요 없다고 생각한다. 그러나 예수가 십자가에 죽으심으로 하나님은 모든 악한 것을 악하다고 심판하시는 것과 동시에 주께로 돌아오는 모든 사람에게 그가 용서하시는 사랑과 희생적인 사랑을 보여 주신다.

마치 베드로가 예수님께서 죽으신다(막 8:31-38)는 것을 듣고 처음에는 이해하기 어려웠던 것처럼 무슬림들도 그와 유사한 반응을 보이는 것이라고 생각할 수 있다. 부활 이후에 예수님은 제자들에게 자신의 죽음과 고난이 필요하다는 것을 설명하신다. 그리스도가 이런 고난을 받고 자기의 영광에 들어가야 할 것이 아니냐(눅 24:26)고 하셨다.

왜 하나님이 예수님을 십자가에 돌아가시게 허용했는가를 무슬림이 이해한다면 그가 십자가에 돌아가셔야 한다는 사실을 적극적으로 받아들일 수 있다.

(4) 성경이 변조되지 않았다는 근거는 무엇인가?

꾸란은 꾸란 이전에 계시된 다음 세 가지 경전에 대해 이야기한다.

① 타우라(Tawrah: 무싸에게 내려 준 책), 꾸란 3:93
② 자부르(Zabūr: 다우드에게 내려 준 책), 꾸란 4:163; 17:55; 21:105
③ 인질('injīl: 이싸에게 내려 준 책), 꾸란 5:46

꾸란 4:163; 17:55; 5:46은 우리(알라)가 가져 왔다('ātaynā)라는 동사로 시작하고, 꾸란 3:93은 내려 주었다는 말을 쓰고 있다.

그런데 꾸란은 꾸란 이외의 경전에 대하여 뭐라고 하는가?

첫째, 꾸란에서는 꾸란은 물론 이전의 경전들을 믿어야 한다고 말한다.

> 믿는 자들아. 알라와 그의 메신저와 그 메신저에게 내려 준(Nazzala) 책과 이전에 내려 준('Anzala) 책들을 믿어라(꾸란 4:136).

둘째, 꾸란이 이전의 진리를 확증하므로 무슬림들은 이전의 경전들을 믿어야 한다.

> 우리가 너(무함마드)에게 내려 준 책은 진리이고 그 이전에 내려 준 책이 진실하다는 것을 인정한다(꾸란 35:31).
>
> 우리가 너에게 내려 준 것에 의심이 들면 너보다 먼저 그 책을 읽은 자들에게 물어보라 (꾸란 10:94).

셋째, 이전의 경전들이 변조되었다고 하는 꾸란 구절이 4개 있다.

> 그들(이스라엘 자손) 중 일부는 알라의 단어들을 듣고 나서 그것을 변조한다(꾸란 2:75).
>
> 유대교를 믿는 사람 중에는 단어들의 의미를 변조한다(꾸란 4:46).
>
> 그들은 단어들의 의미들을 변조한다(꾸란 5:13).
>
> (알라가 이미 정해 놓은) 그 단어들의 의미를 변조한다(꾸란 5:41).

위 구절 모두 유대인들이 타우라를 변조한다는 것을 가리킨다.

우리의 답변: 위 구절를 모두 살펴보면 성경의 텍스트(단어 그자체)가 변조되었다는 구절은 없다. 아랍어와 히브리어 단어들이 서로 유사하여 무함마드가 말한 것을 유대인들이 잘못 발음하는 경우가 있었다(꾸란 3:78). 그래서 단어들의 의미를 바꾸는 일이 생겼다. 초기 이슬람 학자들은 꾸란 해석에 있어서 잘못된 해석이 문제가 될 수 있다고 보았다. 그런데 이븐 하즘(994-1064)은 유대인과 기독교인들이 자신들의 성경을 의도적으로 변조하거나 삭제하고 새로운 내용을 삽입했다고 비판했다. 이슬람 초기에는 성경의 변조를 주장할 때 그 변조는 주로 의미의 왜곡(taḥrīf maʿnawī)에 한정되었다. 그런데 이븐 하즘은 성경의 변조를 텍스트 자체의 변조(taḥrīf lafẓī)로 확대시켰다.

공격적인 논박가 이븐 하즘(994-1064)은 변조된 것을 입증하려고 성경 안에서 서로 다르게 표현된 것과 성경과 꾸란 간에 일치하지 않는 부분을 열거하였다. 그렇지만 모든 무슬림이 텍스트가 변조됐다는 이븐 하즘의 주장을 받아들이지는 않았다. 무함마드 압두흐(1849-1905)는 그의 꾸란 주석에서 유대인들이 그들의 경전을 바꾸었다고 생각했지만, 복음서의 텍스트를 권위 있는 것으로 받아들였다(Colin Chapman 2007, 203).

그런데 우리가 무슬림을 만나면 누가 이 경전들을 변조시켰는지 그리고 언제 그랬는지 말해 줄 수 있는지 무슬림에게 물어보라. 만일 무슬림이 무함마드 시기 이전에 성경이 변조되었다고 주장한다면 꾸란이 왜 무함마드에게 내려 준 메시지에서 이전의 경전을 확증하라고 했는지(꾸란 3:3)를 무슬림에게 질문해 볼 수 있다.

만일 성경이 무함마드 이후에 변조되었다고 무슬림이 주장하면 우리의 성경이 근거한 사본이 무함마드가 살던 시기보다 더 수 세기 전에 기록되었다는 것을 무슬림에게 상기시켜 보라. 그리고 무슬림에게 "당신이 성경을 읽어 본 적이 없다면 성경이 변조되었다고 어떻게 말할 수 있는가"를 되물어보라.

6. 꾸란과 아랍어 성경에서 어휘 의미 대조와 의미 성분의 차이

기독교인이 무슬림에게 성경의 메시지를 전달할 때 두 경전에 사용된 동일 어휘가 의미가 다른 경우, 역사와 두 문화의 차이 그리고 기독교와 이슬람의 신학적 차이를 이해하면 성경 텍스트가 의도한 의미를 정확하게 전달할 수 있다.

1) 어휘 의미 대조

꾸란은 7세기의 아랍어이고 오늘날 아랍 무슬림들은 21세기에 살고 있다. 7세기의 아랍어로 쓰인 꾸란을 배운 무슬림들에게 아랍어 성경을 가르치면 그는 이슬람공동체가 사용하는 의미와 개념으로 성경을 이해하려고 한다. 그러나 1,400년 동안 아랍 기독교공동체와 이슬람공동체는 각기 다른 해석 공동체를 만들어 왔기 때문에 아랍어 어휘를 연구할 때는 다음과 같은 사항을 유념한다.

첫째, 아랍어 어휘는 사전적 의미와 전공 분야에서 사용하는 의미가 다른 경우가 많다.
둘째, 꾸란에 나오는 어떤 어휘 중에는 어휘적 의미, 문맥적 의미, 법적 의미, 수사적 의미에서 차이를 보일 수 있다.
셋째, 아랍어 성경과 아랍어 꾸란에 사용된 동일 어휘가 8세기 이후 두 공동체에서 사용되면서 지금은 서로 다른 개념을 갖는 경우가 있다.
넷째, 오늘날 아랍 무슬림에게 아랍어 성경을 가르치려면 신학적 배경과 문화적 맥락을 고려하고 기독교공동체와 이슬람공동체가 성경과 꾸란의 어휘들을 각기 어떻게 사용하고 있는지를 알아야 한다.
다섯째, 꾸란의 아랍어와 현대 무슬림들이 사용하는 문학적 아랍어(Literary Arabic)가 서로 단어가 같아도 서로 다른 의미를 갖는 경우가 있다.

이제 오늘날 아랍 기독교공동체와 이슬람공동체가 동일한 단어를 어떻게 이해하는지 살펴보자.

(1) 타끄와와 경외

2000년대 초반 미국의 시카고에서 열린 기독교인들의 모임에 참석해서 미국인의 강의를 들었는데 그는 아랍어 타끄와(Taqwā)를 piety라고 번역하여 사용했다. 그러나 실제 무슬림들이 사용하는 개념과 꾸란 속의 개념 사이에 차이가 있다는 점을 고려하지 않았다.[19]

---

19 마크 두리는 꾸란에 있는 여덟 가지 성경적 반영 어휘들을 조사했는데 꾸란 구절들의 의미가 성경적인 의미와 다르다는 것을 밝혔다. 마크 두리는 성경 신학의 언어적-신학적 다리가 꾸란의 텍스트 속으로 연결된 것은 아니라고 했다(Mark Durie 2018, 256).

타끄와의 전문적인 의미는 나프스(Nafs: 혼)를 어떤 두려워하는 것으로부터 보호하는 것이고 이때 두려움을 타끄와라고 한다. 그런데 타끄와가 이슬람법적 의미에서는 비난받고 벌을 받아야 하는 악한 행위('ithm: 자신과 다른 사람에게 해를 끼침)로부터 혼을 보호하는 것이고 금지된 것을 그만두는 것이다. 꾸란에서 타끄와는 선한 행동의 근거가 되는 바탕이라고 한다. 순나에서 타끄와는 불순종한 행동을 금하고 순종의 행동을 하는 것을 가리키고 타끄와는 지옥에서 구조받는 수단이라고 한다. 다른 사람과의 관계에서 타끄와를 실현하려면 공평과 선행을 해야 한다.

이슬람 교육에서 타끄와는 알라가 명한 것을 지키고 금한 것을 피하는 것인데 이로써 삶이 올바르게 되고 세상에서 좋은 열매를 거두게 한다. 이런 열매로 무슬림의 삶에서 악행과 수치스러운 행동이 자리할 곳이 없고 내세에서 잔나(Jannah: 낙원)에 갈 사람과 함께 할 수 있게 한다.

신약성경 디모데전서 4:8에서 "하나님을 섬기는 경건의 훈련은 모든 일에 유익하다"고 한다. 이 구절에서 경건에 해당하는 아랍어 성경의 어휘는 타끄와이고 영어 성경에서는 Godliness라고 한다. 기독교인들에게 타끄와는 하나님을 진실되게 공경하여 하나님을 의식한 행동을 하는 것을 가리킨다. 구약에서 경건은 하나님 중심의 삶이고 하나님과 동행하는 삶이지만 목회서신(딤전 4:7-8)과 베드로후서(3:11)에서 경건은 매일 하나님을 공경하는 삶의 방식이다.

성경의 경건에 해당하는 헬라어 단어는 유세베이아(εὐσέβεια)인데 신약의 헬라어-영어 사전(BDAG, 2000)에서 유세베이아는 하나님을 두려워함, 하나님께 두려움을 갖는 존경, 경외, 하나님 중심의 삶이다. 유세베이아는 하나님의 의에 뿌리를 두기 때문에 도덕적이지 않다. 그리고 외적인 예배가 아니고 미덕이나 이상(Ideal)이 아니다. 피조물을 악이라고 생각하는 금욕주의에 대항하여 참된 유세베이아는 믿음에서 비롯되어 하나님을 창조주와 구속주로 공경하는 행동의 패턴들을 포함한다.

따라서 이슬람의 타끄와는 혼을 보호하고 이슬람에서 규정한 선한 행동을 강조하므로 율법적이고 도덕적인데 반하여 성경의 타끄와는 믿음에서 비롯된 하나님 중심의 삶이라고 할 수 있다(공일주 2021, 183-184).

(2) 쌀리흐와 착한

무슬림들이 많이 사용하는 쌀리흐(ṣāliḥ)가 사물에 쓰이느냐 또는 사람에게 쓰이느냐 또는 꾸란의 어느 구절에 사용되느냐에 따라 의미가 다를 수 있다. 아랍어 쌀리흐(ṣāliḥ)는 사물과 같이 쓰이면 Fāsid(부패한, 썩은, 혼란스런, 무효의)의 반대말이고 사람과 같이 쓰이면 "곧고 그의 의무들을 다함, 높은 수준의 도덕"을 가리킨다. 알따바리는 꾸란 3:46에 나오는 쌀리흐는 종교와 좋은 윤리에서 사용한다고 했다.

신약에서 선한 목자와 바나바가 착한 사람(행 11:24)이란 구절에서 '선한'과 '착한'의 아랍어 성경 단어는 쌀리흐다. 헬라어 성경 사전에서 '착한'의 뜻은 높은 수준의 가치와 칭찬받을 만한 좋은 성질을 나타낸다. 그런데 우리말 사전에서 '착하다'란 "언행이나 마음씨가 곱고 상냥하다"이므로 성경 사전의 뜻과는 다소 차이가 있다. 그런데 꾸란 3:46에 이싸가 쌀리흐라고 하는데 그 때는 "그의 의무를 다하는, 또는 나쁜 말과 나쁜 행동을 피하는"이란 의미이다. 영어로 의미 번역한 꾸란에서 쌀리흐를 righteous로 번역한 것을 한국어로 "의로운"이라고 번역한 것은 틀린 번역이다. 성경에서 의롭다함을 받는 것의 의미가 꾸란에 나오는 쌀리흐에는 이런 의미가 없다.

(3) 와히와 계시

기독교인들은 하나님께서 모든 인류에게 하나님의 존재와 성품, 도덕법을 자연과 피조물을 통해 알리시는데 이것을 일반 계시라고 한다. 일반 계시는 자연을 관찰하거나, 역사에서 하나님이 인도하는 영향력을 보거나, 하나님의 존재하심과 그의 법에 대한 내적 의미로 알 수 있다.

특별계시는 예수 그리스도와 특별한 사람들에게 전해진 하나님의 말씀을 가리키는데 성경의 말씀, 구약 예언자들의 말씀, 신약의 사도들의 말씀, 시내산이나 예수님의 세례 때 하신 하나님의 말씀이다.

아랍 기독교인들은 Waḥy(와히)를 영감이라고 했다(성경의 현대 아랍 주석, 2348). 와히는 아랍 무슬림들이 꾸란에서 사용하는 어휘이다. 그런데 이슬람 교리 사전(2010, 1158)에 따르면, 어휘적 의미에서 와히는 가리킴, 남에게 전해주는 모든 것, 마음속에 던져 준 것, 기록, 메시지, 숨은 말 또는 책을 가리킨다. 아흐마드 무크타르 우마르가 저술한 아랍어-아랍어 사전에서 와히는 남이 알도록 그에게 던져 주는 모든 것을 뜻하고, 동사의 의미는 마음속에 뭔가를 '떨어뜨리다', '말하다', '가리키다'의 뜻이다.

　와히의 법적 의미는 (중개자 또는 중개자 없이) 알라가 예언자에게 샤리아(율법)를 알려 주는 것이다. 다시 말하면 와히는 천사들을 통해 신의 세계에 있는 것을 사람들에게 전하라고 예언자나 라술(메신저)에게 내려 준 것이다. 하늘의 보존된 판에 있는 그대로 와히가 내려왔다고 주장한다. 와히의 천사는 지브릴이었다. 꾸란 구절에 사용된 와히는 피조물에 진리의 목적을 전달하기 위하여 예언자와 보냄을 받는 자들에게 내려 준 와히가 있고, 왈리(Waliyy, 수피즘에서 saint라고 번역된 왈리)와 선행을 행한 자에게 와히를 보냈다. 그리고 천사들에게 내려 준 와히, 하늘과 땅에게 내려 준 와히, 일부 곤충들에게 내려 준 와히, 사탄이 타락한 인간에게 전한 와히가 있다. 그리고 꾸란의 와히는 다음 세 가지 형태가 있다.

　첫째, 와히는 마음에 의미를 던져 준다.
　둘째, 알라가 무싸에게 직접 말했다.
　셋째, 지브릴 천사가 예언자 무함마드에게 내려 주었다.

　성경의 계시는 하나님이 자신의 성품이나 도덕법이나 성품(누구신가)을 계시한다(Revealed). 반면에 꾸란의 와히는 하늘에 있는 보존된 판이 지브릴 천사를 통해 무함마드에게 내려온(Sent down) 것이고 알라가 무함마드에게 샤리아를 알려 준 것이다. 따라서 무슬림 배경의 신자에게는 꾸란의 와히와 아랍어 성경의 와히가 그 개념에서 어떤 차이가 나는지를 설명해 줘야 한다.

(4) 루흐 알꾸두스와 지브릴

　무슬림들은 왜 지브릴을 루흐 알꾸두스 또는 알루흐 알아민이라고 할까?

아랍어-아랍어 사전('Aḥmad Mukhtār 'Umar, 1권, 342)에서 지브릴은 알라가 사람들에게 메시지들을 전하기 위하여 알라가 메신저들에게 보낸 와히의 천사라고 한다. 아랍어 성경에서는 루흐를 주로 영이라고 번역하여 사용하지만, 아랍어 꾸란에서는 루흐가 19:17; 26:193; 78:38에서 지브릴의 의미로 쓰인다.

그리고 가끔 꾸란에서 루흐는 인간과 우주에 체계를 만들어 주는 신적 명령이다. 이런 명령은 "있으라" 하면 존재하게 되고 형태가 만들어진다. 꾸란 41:12에 나오는 명령('Amr)과 꾸란 17:85에 나오는 루흐는 동일한 의미를 가리키는데 그것은 법(질서의 원리)과 제도(우주의 규칙)와 형상들(우주 만물을 형성하는 틀) 그리고 알라가 우주 속으로 방출한 것이다(al-falsafah al-Islamiyyah, 588-589).

신플라톤주의에서는 모든 존재의 초월적 원리를 '일자'(the One)라고 하고 일자로부터 첫 번째로 이성(Nous, Intellect)이 유출되어 나오는데 10번째 이성은 '능동이성'이라고 불린다. 능동이성은 신과 연결될 수 있는 역할을 한다. 이슬람 철학자 알파라비(870-950)에게 능동이성은 우주적인 이성('aql kawnī)이므로 인간 이성들의 등급이 아니다. 알파라비는 그것을 알루흐 알아민과 루흐 알꾸두스라고 칭했다. 현대 무슬림들이 이 두 단어를 '지브릴 천사'라고 부른다. 이슬람에서 지브릴 천사는 하늘의 메시지를 무함마드에게 전한 천사이다.

그런데 아랍 기독교인들은 성령을 al-rūḥ al-Qudus(알루흐 알꾸두스)라고 한다. 첫 단어에서 정관사(al)를 제거하면 지브릴 천사가 된다. 다시 말해서 꾸란은 신플라톤주의가 말하는 능동이성을 지브릴 천사라고 하였던 것이다. 알파라비는 그의 행복론에서 인간 이성이 수준을 점차 높여 가면 열 번째 능동이성에 도달한다고 말한다. 그 열 번째 이성은 땅의 세계와 가장 가까운 천계의 중개자(agent)이므로 신적 빛을 보낼 수 있다고 했다. 능동이성은 진리라는 형태의 빛을 인간 이성에게 비추는 역할을 한다고 여겼다.

알라로부터 제1 이성이 유출 방식에 의해 유출된다. 첫 이성은 한 분의 신으로부터 유출된 첫 번째 것이었다. 첫 번째 이성으로부터 이성들이 하향식으로 나와서 열 번째 능동이성에 다다른다. 그 능동이성이 인간 이성과 접속한다. 알파라비의 물질 이성은 인간의 혼에 내재된 인간 이성의 단계 중 하나이고 능동이성은 인간 혼과 동떨어져서 존재하는 비물질적인 실체(substance)라고 했다. 다시 말하면 능동이성을 루흐 알꾸두스(지브릴 천사)라고 알파라비가 말한 것을 무슬림들이 그대로 받아들였으나 아랍 기독교인들은 알루흐 알꾸두스를 성령이라고 불렀다.

기독교인의 알루흐 알꾸두스와 아랍 무슬림의 루흐 알꾸두스는 단어가 비슷하지만, 성령(하나님)과 지브릴 천사(피조물)라는 전혀 다른 의미를 갖는다. 그러므로 무슬림에게 루흐 알꾸두스와 알루흐 알꾸두스가 각각 지브릴 천사와 성령을 가리키고 꾸란에 나오는 루흐 알꾸두스가 성령이 아니라는 사실을 꾸란에서 확인해 보라고 하고 신약에서 성령이란 단어가 나오는 구절들을 읽어보라고 한다.

(5) 칼리마와 로고스

칼리마는 현대 아랍어 사전에서 보면 "한 단어, 어떤 의미를 나타내는 낱말들의 집합, 지식, 설교나 메시지처럼 글짓기한 말, 나싸라의 제2위격, 단 하나의 의미를 나타내는 낱말(명사, 동사, 불변사 등)을 가리키고 '칼리마 알라'는 알라의 샤리아, 알라의 법, 알라의 뜻을 가리킨다('Aḥmad Mukhtār 'Umar 2008, 1955).

꾸란 어휘 사전(1990, 983)에서 칼리마는 문맥이 명확히 해주는 말(꾸란 3:64; 18:5; 23:100; 43:28)이다. '칼리마 민 알라'(Word from Allah)는 '이싸'(꾸란 3:39, 45)를 가리키고 '칼리마 알타끄와'는 타우히드(단일신론)를 가리킨다. 칼리마는 아래와 같이 이슬람 분파에 따라 그 의미가 다르다.[20]

---

20 아래 표는 www.altasir.com에서 여러 주석가의 주석을 우리말로 번역한 것이고 A.H.는 이슬람력(622년이 원년)을 가리킨다.

〈표 2〉 칼리마의 의미

출처	(꾸란 4:171에서) 칼리마(Kalimah)
아랍어 학술원(이집트)의 꾸란어휘사전	이싸
순니의 알피루자바디(817 AH)	알라로부터 창조된 칼리마
순니 수피의 이븐 아라비(638 AH)	알라의 말들 중의 말
순니 수피의 이븐 아지바(1224 AH)	있으라 하니 그의 어머니 자궁에서 잉태되었다.
순니 살라피의 아부 바크르 알자자이리(1921년)	알라의 말인데 있으라 하니 있었다. (알마시흐는 죄가 없다는 뜻)
시아파의 12이맘파의 알따바루시(548 AH)	알라가 있으라고 한 말
자이디파의 알아야깜(9 AH)	아버지 없이 알라의 말씀으로 그를 창조했다.
이바디파의 알하와리(3 AH)	인간이 아닌 자로부터 생긴 사람
현대주석 딴따위(1431 AH)	알라의 말로 창조된 이싸
간편주석 알와지즈 알와히디(468 AH)	있으라 하니 있을 것이라고 그가 말씀하셨다.

이집트 알아즈하르대학교의 마흐무드 알바르슈미는 『인질과 꾸란 사이의 알마시흐』란 책에서 칼리마에 대한 이슬람학자들의 견해를 다음과 같이 네 가지로 정리했다(Maḥmūd Barshūmī 2017, 105-113).

① 칼리마는 창조의 칼리마이다. 칼리마가 창조의 문제와 관련되어 있다(꾸란 36:82). "있으라"라는 말(칼리마)이 창조의 칼리마이다. 모든 것이 창조의 말(칼리마)로 창조되었다.
② 칼리마는 알마시흐이다. 칼리마는 예언자들의 "기쁜 소식"(Bishārah)을 가리키므로 알마시흐와 같다. 알마시흐는 알라의 칼리마로 알려졌다.

③ 알라의 말을 더욱 분명하게 해 주었으므로 그(알마시흐)를 칼리마라고 한다. 그는 알라의 말(Kalām)을 분명하게 드러나게 해 준다. 유대인들이 알라의 말씀을 왜곡했기 때문에 알라의 말씀을 더 분명하게 해준 그를 칼리마라고 불렀다.

④ "칼리마 민후"라는 말에서 칼리마는 알라가 이싸의 어머니에게 했던 말(칼리마)을 가리킨다. "칼리마 민후"는 알라에게서 온 소식이다.

앞서 언급한 이슬람 분파와 마흐무드 알바르슈미의 말을 종합하면 무슬림들에게 칼리마라는 단어가 "창조된 말", "알마시흐"(이싸), "알라가 있으라고 한 말", "알라에게서 온 소식"이란 뜻이다. 칼리마가 "창조된 인간"이라는 것을 분명히 하고 있어서 신성을 나타내지 않는다. 그런데 많은 서구학자와 영어로 의미 번역된 꾸란에서는 "His word"를 예수 그리스도라고 번역한다.

콜린 채프먼은 꾸란 3:45; 4:171; 3:59에 나오는 칼리마를 조사한 뒤 전통적인 무슬림 주석에서 예수가 하나님의 말씀(Word)이라고 했다(Colin Chapman 2007, 322)고 적었다. 그러나 그가 꾸란의 영어 번역본이 아닌 꾸란 주석서들을 참고했었더라면 그의 설명은 달라졌을 것이다. 콜린 채프먼은 "다른 타이틀이 두 공동체에서 서로 다르게 해석된다"(Colin Chapman 2007, 331)고 하였다.

사도 요한은 말씀이 하나님이라고 했다(요 1:1). 요한이 예수를 하나님의 말씀(Word)이라고 했다. 예수로 말미암아 만물이 지은 바 되었다(요 1:3). 꾸란은 이싸가 알라의 말(Word)에 의하여 창조되었다고 했다. 따라서 요한이 예수께 드린 "말씀"(Word)이란 타이틀은 요한이 예수에 대하여 기억한 모든 것에 근거하고 있다는 것을 알 수 있다(Colin Chapman 2007, 336). 예수는 완전한 하나님이고 또 인간의 몸을 입으시고 하나님의 뜻과 생각(mind)과 마음을 그의 삶을 통하여 계시하였다. 요한복음 1:1에서 예수가 말씀이었다는 것은 예수가 하나님의 말씀(Word)이었고 완전한 하나님이었다. 그러나 성경에서 예수는 하나님의 말씀에 의해 창조된 피조물은 아니었다.

2) 의미 성분의 차이

이제 기독교의 용어와 이에 대응하는 이슬람 용어를 대조하고[21] 그 결과를 종합하여 해당 용어의 의미를 성분 분석해 보자. 아랍 기독교인과 아랍 무슬림은 믿음이란 단어를 이만('īmān)이라고 한다.

(1) 기독교의 믿음

영어에서 belief는 (어떤 것이 참되다고) 믿는 것이고 faith는 어떤 것이 참되다고 믿는 것 뿐만 아니라 그 믿음에 따라 행동할 준비가 되어 있는 것이다.[22] 신약 성경에서 "믿는다"는 "(뭔가) 사실이라고 생각하므로 신뢰 받을 만한 가치가 있다는 것"을 가리키는데 로마서 6:8, 마가복음 11:23, 고린도전서 13:7, 데살로니가후서 1:10 등에서 그 예를 찾아볼 수 있다. 또 다른 의미의 "믿는다"는 "완전한 확신으로 자신을 맡기다"(~의 보호 아래에 두다)의 뜻을 갖는다. 즉, 신뢰할 수 있는 사람에게 전적으로 드리겠다는 말이고 사도행전 16:34; 13:12, 디도서 3:8, 마태복음 27:42, 요한복음 8:31, 사도행전 5:14, 로마서 10:14, 에베소서 1:13, 베드로전서 1:8 등에 나온다.

앨리스터 맥그래스는 faith와 belief를 나눠서 설명한다. faith는 일반적으로 관계적으로 이해되고 belief는 일반적으로 인지적으로 또는 개념적으로 이해된다고 한다. 기독교인이 하나님께 믿음(faith)을 갖는다는 것은 하나님을 신뢰하고 그분이 그런 신뢰를 받을 가치가 있다고 믿는 것이다. 그러나 belief는 그 믿음(faith)의 본질을 말로 표현하려는 시도를 나타낸다.[23]

앨리스터 맥그래스는 belief와 faith를 다음과 같이 설명한다.[24]

---

21 공일주, "기독교 구원론 용어와 그에 대응하는 이슬람 용어의 의미 대조", 「아랍과 이슬람 세계」 제11집, 2024년 91-130 참조.
22 Alister McGrath, *Christian Theology: An Introduction*, 김홍기 외 옮김, 『역사 속의 신학』 (서울: 대한기독교서회, 2011), 209.
23 Alister McGrath, *Christianity: An Introduction*, 60.
24 정성욱은 성경에서 말하는 참된 믿음은 인격적인 신뢰라고 한다. 여기서 신뢰는 믿어 주는 것, 그분이 믿을만한 분임을 인정하고 그 분에게 의지하고 의존하는 것을 뜻한다. 구원에 이르게 하는 믿음(saving faith)은 바른 지식과 함께 시작하고 바른 지식에

첫째, 하나님을 믿는다(believe)는 것은 하나님을 신뢰한다는 것이다.
둘째, 하나님을 신뢰한다는 것은 헌신(commitment)으로 이끈다는 것이다. 헌신이란 말은 우리 자신의 전부를 창조주 하나님의 손에 드리겠다는 동의이다.
셋째, 하나님을 믿는다는 것은 하나님의 존재에 대한 사실적 수용을 뛰어넘어서 하나님을 신뢰할 수 있다고 선언하는 것이다.[25]
넷째, 예수의 제자들은 믿음(faith)에서 성장하였다.

그렇다면 기독교인의 믿음은 하나님과 인간 간의 관계적인 믿음이다. 인간은 하나님을 신뢰하고 하나님이 그런 신뢰를 받을 가치가 있다고 믿고 또 하나님께 전적으로 드리겠다고 선언하는 것이다.

기독교인이 아닌 사람들은 믿음을 일종의 신념이나 지적인 동의로 간주한다. 기독교에서 믿음이란 용어는 지적이고도 관계적인 신뢰의 태도를 가리키는데 사용된다.[26]

여기에는 다음과 같은 세 가지 핵심 요소가 있다.

첫째, 믿음은 어떤 것들이 참으로 존재하는 '정황'을 믿는 것과 관련이 있다. 내가 '하나님을 믿는다'라고 말할 때, 그 말의 의미는 내가 하나님이 존재한다고 생각하는 것이다.

둘째, 믿음은 신뢰다. 내가 하나님의 약속을 믿는다고 말할 때 나는 그것들을 신뢰한다고 선언하는 것이다. 루터가 끊임없이 강조했듯이 믿음은 약속하시는 하나님을 신뢰하는 것이다. 그러므로 우리 구원의 시작

기초하여 바른 지식을 향하여 나아간다. 그는 중세 학자 안셀름(Anselm)은 참된 믿음은 이해를 추구하는 믿음(faith seeking understanding)이라는 말을 인용한다. 성경에서 말하는 참된 믿음은 진정한 의미에서의 신앙적 경험과 체험을 낳는다. 우리가 그리스도를 우리의 주님과 구원자로 믿고 의지할 때 그 믿음은 반드시 우리 삶에 구체적인 영향을 미치게 된다(https://kr.christianitydaily.com/articles/106537/20201109/ 2025년 2월 7일 검색).

[25] Alister McGrath, *Christianity: An Introduction*, 61.
[26] Alister McGrath, *Christian Apologetics: An Introduction*, 노종문 옮김, 『변증이란 무엇인가』(서울: 복있는사람, 2024), 89.

은 약속하시는 하나님의 말씀에 매달리는 믿음이다.

셋째, 믿음은 하나님의 약속 안으로 들어가서 그 약속들이 제공하는 것들을 받는 것이다. 약속이 존재하며 그것들을 신뢰할 수 있음을 인식한 후에는 그 약속에 근거해 행동할 필요가 있다. 즉, 약속 안으로 들어가서 약속된 것을 받음으로써 그 혜택을 누리는 것이다.

믿음의 첫 두 단계는 세 번째 단계를 위한 준비 단계이며 세 번째가 없다면 불완전한 것이다.[27]

그런데 루이스 벌코프(Louis Berkhof)는 믿음이 다음 세 가지 요소로 구성되었다고 했다.

① **지적 요소**: 믿음(faith)의 지식이란 하나님이 그의 말씀 속에서 말하신 모든 것 그리고 특히 인간의 심각한 타락과 그리스도 안에 있는 구속을 참(true)이라고 받아들임으로써 진리에 대한 긍정적인 인식을 가리킨다.

② **감정적 요소**: 인간이 믿음으로 그리스도를 영접할 때 믿음의 대상의 실재와 진리에 대한 깊은 확신을 갖고 그 믿음이 그의 삶에서 중요한 필요를 충족시켜 주는 것을 느끼고 엄청난 관심을 의식하는 것이다.[28]

③ **의지적 요소**: 믿음은 단순히 이성의 문제가 아니고 이성과 감정이 결합된 것도 아니고 혼(soul)의 방향을 결정하는 의지의 문제이며 그 대상을 향해 나아가 이것을 전유(appropriate: 자신의 용도로 뭔가를 가져가는 행위)하는 혼의 행위(act)이다.

위에 언급된 것 중에서 세 번째 요소는 그리스도를 구주와 주님으로 인격적인 신뢰를 하는 것이고 죄책감과 불결한 혼을 그리스도께 항복시키고 그리스도를 용서와 영적인 삶의 근원으로 받아들이고 전유하는 것을 포함한다.[29]

---

27 Alister McGrath, 『변증이란 무엇인가』, 90.
28 Louis Berkhof, *Systematic Theology*, 504.
29 Louis Berkhof, *Systematic Theology*, 505.

그러므로 믿음은 생각, 마음, 의지를 포괄하며 이성적인 것만이 아니라 관계적이다.[30] 그래서 기독교의 믿음은 예수 그리스도를 통한 하나님과의 관계이고 그 관계는 구원적인 관계(saving relationship with God)이다.

(2) 이슬람의 이만('īmān)

이슬람에서 믿음은 신뢰와 복종을 분명하게 보여 주는 것이다. 그렇게 되면 알라를 향하게 되고 알라를 경외하고 알라를 신뢰하고 알라께 의존한다. 또 이 믿음의 소유자는 알라의 벌로부터 안전하다[31]고 한다.

아랍어 사전에서 이슬람의 "믿음"('īmān)은 "마음으로 그의 말이 사실이라고 인정한다"는 뜻이다. 꾸란과 하디스에는 알이만 빌라히(al-'īmān bi-llahi)와 알이만 릴라히(al-'īmān li-llahi)로 나눠 설명한다. 알이만 빌라히는 "(알라의 존재가) 사실이라고 인정함 또는 (알라의 존재를) 인정함"이란 뜻이고 알이만 릴라히는 "(알라를) 받아들이고 그에게 순종함"이란 뜻이다. "알라의 존재를 인정하는 것('i'tirāf)이 알라를 받아들이고(qubūl) 순종(tā'ah)하는 것보다 앞서야 한다. 알이만 릴라히는 이슬람과 동의어이다. 이슬람은 알라의 존재를 받아들이고 순종한다는 것이다. 이슬람의 믿음은 구원에 이르게 하는 믿음은 아니다.

알이만 릴라히는 알라를 믿고 그의 존재가 사실이라고 인정한다는 조건을 갖고 순종하고 행하는 것이므로 알이만 릴라히의 반대는 (쿠프르가 없는) 불순종이다. 순니파 무슬림들은 믿음이 순종을 증가시켜주고 불순종을 줄여준다고 말한다. 꾸란과 하디스에서 "믿음"은 알라의 존재가 사실이라고 인정하는 것이므로 그 반대는 쿠프르(Kufr)이다. 오늘날 무슬림들은 기독교인들을 카피르(kāfir)라고 칭하는데 카피르는 알라를 안 믿거나 무함마드를 예언자로 안 믿거나 샤리아를 믿지 않는 자이다.

꾸란과 순나에 나오는 믿음('īmān)은 다음과 같다.

---

30 Alister McGrath, *Christian Apologetics: An Introduction*, 88.
31 Mahmūd Ḥamdī Zaqzūq, *Mawsū'ah al-'Aqīdah al-'Islāmiyyah*, 122.

첫째, 무함마드 이전에 메시지를 받은 사람들의 믿음과 구별되게 무함마드가 그의 믿는 자들에게 가져다준 율법이다. 즉, 무함마드의 움마와 이슬람의 움마(공동체)의 믿음이다.

둘째, 꾸란과 순나에 나오는 믿음은 마음이 신뢰하고('i'tiqād al-qalb) 무함마드가 가져온 종교의 원리('usūl al-dīn)가 맞다고 인정하고 믿는 것이다. 예를 들면, 알라와 그의 천사들과 그의 경전들과 그의 메신저들과 마지막 날과 운명을 믿는 것이다.[32]

셋째, 믿음이란 말이 다른 법적 텍스트에 나오는 경우인데, 이 때 믿음은 알라가 명령한 것과 마음이 믿고 사지로 행한 것과 이슬람의 행위들을 모두 망라한다. 이 정의에 따르면 이슬람에서 믿음은 마음이 신뢰하는 것에만 국한된 것이 아니고 종교가 포함하고 있는 나머지 요구사항도 포함된다.[33]

무슬림들이 믿음을 이야기할 때 알라와 천사들, 경전들, 메신저들과 마지막 날을 마음이 시인하는 것이라고 하고 행함에는 신앙 증언, 기도, 금식, 메카 순례, 자선이 있다. 즉, 의무적인 것은 행하고 금지된 것은 피하는 것이다. 그리고 알라나 무함마드나 샤리아를 믿지 않는 것을 "쿠프르"(kufr)라고 하고 쿠프르를 받아들인 자를 "카피르"(kāfir)라고 한다.

이제 믿음과 행위 간의 관계에 대하여 무슬림 안에서 서로 다른 견해를 살펴보자.

첫째, 무슬림 중에는 행위가 믿음의 원뜻(haqīqah) 안에 포함되어 있다고 생각하는 무슬림들이 있다. 이들은 중죄(예: 쉬르크)를 범한 자는 이미 믿음이 사라진 것이므로 카피르가 되었다고 했다.[34] 이런 경우 쿠프르는 믿음을 부인하므로 이슬람에서 벗어난 것으로 간주한다.

---

32 Mahmūd Ḥamdī Zaqzūq, *Mawsūʻah al-ʻAqīdah al-ʼIslāmiyyah*, 123.
33 Mahmūd Ḥamdī Zaqzūq, *Mawsūʻah al-ʻAqīdah al-ʼIslāmiyyah*, 124.
34 Muḥammad Mukhtār Jumʻah, Khuṭurah al-Fikr al-Takfīrī wa-al-Fatwā bidūn ʻilm ʻala al-Maṣāliḥ al-Waṭaniyyah wa- al-ʻalaqāt al-duwaliyyah(Cairo: Wizārah al-ʼAwqāf, 2014), 14.

둘째, 무으타질라파는 중죄를 저지른 자는 신자도 아니고 카피르도 아니라고 하였다.
셋째, 동서양의 모든 무슬림의 90퍼센트 이상이 아쉬아리파이고 이들은 믿음은 마음으로 시인하는 자이고 행위는 이 믿음에 더하거나 믿음을 줄여주는 것이라고 했고 믿음을 제거하는 것은 아니라고 했다.[35]

그런데 사우디아라비아의 메디나이슬람대학교에 한국 무슬림이 제출한 논문 〈남한에서 이슬람 '다아와'(포교) 그 실태와 장애물과 해결 방안〉(김은수)에는 "한국인 중 쿱파르가 무슬림이 되면"(68쪽) 그리고 "한국인들 쿱파르"(186쪽), "카피르, 쿱파르"(424쪽), "한국인들 쿱파르"(437쪽), "카피라트(카피르의 여성 복수형) 여성들"(436쪽), "한국의 카피르 문화"(390쪽), "추석은 한국인들의 쿱파르 명절"(397쪽), "한국인들 쿱파르"(425쪽)등이 나온다. 이처럼 한국인들을 쿱파르라고 한 것은 잘못된 표현이다.
현대 아랍 무슬림 중에서 일부는 카피르를 "상대가 믿는 것을 나는 안 믿는다"는 개념으로 확대해서 사용하기도 한다. 이처럼 카피르라는 단어가 꾸란에서 사용될 때의 의미, 현대 무슬림이 사용하는 의미, 현대 아랍어 사전에서 풀이한 의미 등 각각 다르다는 것을 알 수 있다.
기독교의 믿음과 이슬람의 이만을 정리하면 이슬람의 '이만'은 예수 그리스도 안에 있는 구속을 참이라고 받아들이고 예수 그리스도를 통한 하나님과의 구원적인 관계가 아니다. 성경에는 예수를 구주로 믿는 믿음이 구원에 이르게 하는 믿음(saving faith)이다. 이슬람에서는 믿음과 행위 간의 관계가 분파에 따라 다르므로 중죄를 저지르면 믿음을 잃어버린다고 생각하는 무슬림과 그렇지 않다고 생각하는 무슬림으로 나뉜다. 무슬림은 이슬람의 움마가 이 땅에서 원래의 영광을 되찾게 노력하므로 이슬람의 믿음은 천성(fiṭrah)적인 문제이지 구원에 이르는 믿음이 아니다.
이슬람에서 믿음의 성분분석은 [+ 알라가 명령한 것과 마음이 믿고 사지로 행한 것과 이슬람의 행위들], [+ 무함마드의 움마], [+ 무함마드가 가

---

35 Muḥammad Mukhtār Jumʻah, Khuṭurah al-Fikr al-Takfīrī wa-al-Fatwā bidūn ʻilm ʻala al-Maṣāliḥ al-Waṭaniyyah wa- al-ʻalaqāt al-duwaliyyah, 15.

져온 종교의 원리가 맞다고 인정함]이고 기독교의 구원에 이르게 하는 믿음은 [+ 구원적인 관계], [+ 그리스도 안에 있는 구속을 참이라고 받아들임], [+ 감정적, 지적, 의지적 요소], [+ 예수 그리스도]이다.

(3) 기독교의 회개

아랍 기독교인과 아랍 무슬림은 회개를 '타우바'(tawbah)라고 한다. 칼빈과 루터는 죄인이 세례를 받을 때 모든 죄(과거, 현재, 미래)가 그리스도의 피로 덮인다고 믿었다. 칼빈에게 회개는 그리스도인 삶 내내 계속되지만 회개는 믿음의 열매라고 했다. 그리고 칼빈은 중생이 없이는 믿음이 올 수 없다고 했다.

루터에게 회개는 믿음의 지점(point)에서 시작되었다. 회개는 그가 저지른 모든 죄에 대한 진정한 슬픔과 모든 악을 포기하는 것을 포함한다. 칼빈처럼 그는 회개는 믿음과 연결되고 회개는 그리스도인에게 평생의 과정이라고 했다. 그는 칼빈과 달리 회심은 생애가 끝날 때까지 불완전하다고 생각했다. 즉, 믿음으로부터 떨어져 나가고 그의 구원을 잃을 수 있다는 것이다.[36]

종교개혁 이후에 회개는 다음 네 가지 방향으로 나아갔다.

① 죄짓는 것을 멈추려는 의지 또는 결단과 그리스도의 주인 되심(lordship)에 대한 헌신이 동반되는 것
② 사고하는 것(thinking)의 변화
③ 통회, 고백, 고해(penance)의 행위
④ 죄로부터 돌이킴

개혁 사상가 사이에는 거듭남이 믿음과 회개보다 앞서야 한다는 기본 입장이 있었다. 믿음과 회개는 회심(conversion)으로 이해된다. 즉, 거듭나지 않은 사람은 믿음을 가질 수 없다. 스트롱(A. H. Strong)은 중생, 회개, 믿음이 동시에 일어나는 사건으로 보았다. 그는 동시에 일어나는 것이 아

---

36 David R. Anderson, *Soteriology*, 89.

니라면 논리적 순서를 따랐다.

언약 신학을 따르는 개혁 신학은 구원의 순서에서 믿음이 회개에 앞선다고 보며, 언약 신학을 따르지 않는 개혁 신학은 회개가 믿음에 앞선다고 한다. 알미니안주의는 믿음 다음에 회심이 온다고 하며, 루터교회는 회개가 믿음에 앞선다고 한다.

회개와 믿음에는 세 가지 요소, 즉 생각(mind)과 감정(emotion), 의지(will)를 가지고 있으며 그 의미는 다음과 같다. [37]

(표 3) 회개와 믿음의 세 가지 요소

	회개	믿음
생각(mind)	죄에 대한 인식	복음에 대한 지식
감정(emotion)	죄에 대한 슬픔	그리스도의 은혜가 충분함을 느낌
의지(will)	죄를 포기함	그리스도를 구주와 주님으로 신뢰하는 것

그러면 성경에서 회개가 믿지 않는 자들에게 나타나는가?

물론, 그렇다. 마태복음 3장에서 요한은 유대 광야에서 유대인들에게 "회개하라"고 외쳤다. 요한의 청취자인 유대인 대부분에게는 믿음보다 회개가 필요했다.

예수 그리스도도 동일한 사역을 했다. 마가복음 1:15에서 회개하고 복음을 믿으라고 한다. 갈릴리 지역에서 유대인들에게 하나님 나라의 복음을 전하고 유대인들에게 회개하고 복음을 믿으라고 하신다. 회개가 이뤄진 다음에 "믿었다"는 것이다. 이들 유대인은 여호와와 언약 관계를 갖고 있었다.

그런데 여호와와 언약 관계가 없는 열방(all nations)들이 있었다. 이들 열방의 개인은 구원받기 위해 "믿어야" 했다(막 16:16). 그러나 회개하라는 부름(call)이 믿으라는 초대보다 앞서 있었을 가능성이 높다. 바울은 사도

---

[37] David R. Anderson, *Soteriology*, 90.

행전 17:30에서 하나님께서 모든 사람에게 회개하라고 명령하셨다고 말한다. 회개하라는 이유는 죽음에서 부활하신 그리스도를 통해 일어날 임박한 심판 때문이다.[38]

회개는 불신자에게 도전하는 것뿐만 아니라 신자들도 회개해야 한다. 요한계시록 2장과 3장에서 일곱 교회 중 다섯 교회가 회개하라는 도전을 받았다. 당시 교회에 있는 대부분의 사람은 신자로 여겨졌을 것이다. 요한계시록 3:19에는 회개하라고 하시고 20절에서는 회개하는 자와 함께 식사했다. 회개하는 자와 함께 식사하는 것은 친교(fellowship)에 해당한다.

누가복음 15:2에 바리새파 사람들이 예수가 죄인들과 음식을 먹는다고 수군거린다. 예수는 회개하지 않는 바리새인보다는 회개한 세리와 죄인과 함께 식사하는 것을 더 편안하게 여긴다.[39] 이처럼 믿는 자도 회개가 필요하다.

칼빈과 루터는 회개라는 의미에서 고해라는 개념을 제거하고자 했다. 그렇게 하는 방법으로는 단어 어근의 의미를 〈meta = 후에, 그 사실 이후에〉, 〈noeo = 생각하다〉라고 풀이하는 것인데 그럴 경우 나중에 뭔가를 생각하고 의견을 바꾼다는 말이 된다. 그러나 요한과 예수는 마태복음 3:2과 4:17에서 "회개하라 천국이 가까이 왔느니라"라고 하였다.

그러면 회개라는 말을 위 개념을 적용하면 '하나님 나라가 가까웠으니 네 생각(mind)을 바꾸라'는 의미이겠는가?

그렇지 않다. 하나님 나라가 가까웠으니 '하나님과 올바른 관계를 맺으라'(get right with God)고 하신다. 다시 말하면 죄를 뉘우치고 그리스도를 믿어서 하나님과의 관계를 회복하라는 것이다.

이상과 같이 불신자는 영생의 선물을 받으려면 그리스도를 "믿어야" 한다. 그가 믿기 전 또는 믿은 후에 회개할 수 있다. 그를 영원히 구원하는 것은 믿음이지만 그에게 믿음을 누리게 허용하는 것은 회개이다. 회개는 믿는 자에게도 필요하다. 회개는 구원의 조건은 아니고 성화의 조건이다.

---

[38] David R. Anderson, *Soteriology*, 91.
[39] David R. Anderson, *Soteriology*, 93.

결론적으로 하나님과 영원한 관계를 맺으려면 그는 오직 한 번만이라도 반드시 그리스도를 '믿어야' 한다. 그러나 하나님과 지속적인 교제를 누리려면 그가 살아가는 동안 중요한 순간에 자신을 돌이켜 하나님께로 돌아가야 한다. 믿는 자에게 회개는 지속적이고 반복적이다.

(4) 이슬람의 타우바(tawbah)

무슬림은 알라가 명한 것은 행하고 알라가 금한 것은 피하여 알라를 기쁘게 하려고 힘쓴다. 그런데 무슬림들이 잊었거나 실수로 불순종하고 샤리아를 범하게 된다. 꾸란 2:286에서는 "우리가 잊었거나 실수한 것('akhṭa'nā)으로 우리를 벌하지 말아 주세요."라고 한다. 그런데 만일 이런 일이 무슬림에게 일어나면 그가 먼저 알라에게 용서를 구하고 회개해야 한다.

단브(dhanb)와 카띠아(khaṭi'ah)와 이슴('ithm)은 현대 아랍 무슬림들에게는 세 단어 모두가 불순종에 해당한다. 불순종은 알라가 진노하는 원인들 중 하나이며 내세에 벌을 받게 되고 이 세상에서 인간의 삶에 영향을 줄 수도 있다. 만일 무슬림이 중죄(kabā'ir: 배교, 간음, 고리대금, 음주, 살인, 고아의 재산을 갈취)를 범하면 그는 회개해야 한다.

회개는 다음 세 가지로 실현된다.[40]

① 불순종을 즉시 벗어 버리고
② 불순종으로 돌아가지 않겠다고 결심하고
③ 그의 마음속에서 의무를 다하지 못했던 것을 후회하고 이런 의무를 다하지 못한 것(taqṣīr)을 알라에게 용서를 구한다.

꾸란에서 단브(dhanb)는 27개 장에서 39번 나오는데 꾸란 26:14; 55:39; 67:11; 91:14; 25:58 등에 나온다. 이들 구절에서 단브는 카띠아(khaṭī'ah)의 뜻에 가깝다. 또 꾸란의 23:3과 5:18; 14:10; 33:71; 46:31; 61:12에

---

40 https://aliftā.jo/fatwa/3484/ 2024년 10월 14일 검색.

서 단브는 아크따으('akhṭā': 고의적이지 않는 단브를 저지르는 것)의 뜻이다.[41] 요르단 무슬림 마나르는 단브는 알라와 인간, 즉 알라와 압드('Abd: 노예, 인간) 사이에서 사용된다고 했다.

쉬르크(shirk: 다신 숭배), 고의적인 살인, 간음, 고아의 재산을 갈취하는 중죄(kabā'ir)는 알라와 무함마드가 경고한 단브이다. 이런 경우 진정성이 있는 회개가 필요한데 그 말은 단브를 즉시 그만두고 불순종을 저지른 것을 깊이 뉘우치고 슬퍼하고 단브로 돌아가지 않기로 결심하라고 한다.

하디스에서는 "내 단브를 용서해 주세요"라고 말함으로써, 단브를 고백하고 회개를 반복하라고 한다. 단브를 저지른 후에는 곧바로 빨리 용서를 구하고 후회한다는 것이다.

그렇다면 단브(dhanb)는 무엇인가?

단브는 알라의 명령을 어기는 행동이고 의도적으로 되풀이하여 저지른 것이다. 단브는 샤리아(sharī'ah: 이슬람 율법)에서 금한 말이나 모든 악한 행동을 포함하고 불순종에 빠지게 한다. 다시 말하면 고의적으로 반복하는 단브는 금지된 것이라는 것을 이미 알았음에도 불순종한 것이다. 무슬림들은 단브 싸기르(작은 단브)와 단브 카비르(큰 단브)로 나눈다. 쿠프르(알라를 믿지 않음)는 큰 단브에 해당된다.

꾸란에서 문맥에 따라 그 의미가 다를 수 있는 단브(dhanb)와 카띠아(khaṭi'ah)와 이슴('ithm)은 현대 아랍 무슬림들에게는 세 단어 모두가 고의적이든 고이적이지 않든 간에 불순종(ma'ṣiyyah)을 범한 것, 잘못(khaṭa')을 행한 것, 금지된 것(muḥarram)을 행한 것을 가리킨다고 했다.

요르단 무슬림 마나르는 이슴은 자신과 다른 사람에게 해를 끼친다고 하고 단브는 다른 사람에게 해를 끼치지 않는다고 하고 카띠아는 다른 사람에게 해를 끼칠 수도 있다고 했다. 그리고 샤리아를 어긴 정도가 가장 심한 것이 이슴이고 가장 적게 어긴 것이 단브라고 했다.

아랍 기독교인들이 자주 사용하는 용어는 카띠야(또는 카띠아)와 단브이고 일반적인 아랍인들은 이들 세 단어 간의 차이가 없다고 한다. 아랍 무

41　Dān 'īd al-Fiṭr, *Ma'nā 'ithm wa Dhanb fī al-Qur'an al-Karīm*(Jakarta: Jāmi'ah Sharīf Hidāyah Allah al-'Islāmiyyah al-Hukūmiyyah), 74-85.

슬림 마흐무드는 카띠아를 설명할 때 요한복음 8장에 나오는 너희 중에 죄 없는 자가 먼저 돌로 치라는 말을 그 예로 사용했다.

결론적으로 아랍 무슬림과 아랍 기독교인들이 단브, 카띠아, 이슴, 마으씨야 간의 차이를 잘 구분하지 못했다. 그리고 아랍어 학자와 꾸란 학자들이 서로 합의가 있어야 하는데 그렇지 못하고 있다. 아랍어 사전에서 나타나는 뜻풀이에서도 네 단어들 간에 서로 구별을 주는 개념을 표현하지 못하고 있다.

단브와 마으씨야(ma'ṣiyyah)와 카띠야와 이슴은 악한 행위(sayyi'āt)에 포함되고 이런 악한 행위는 의도적일 수도 있고 비의도적일 수도 있다. 무슬림들은 어떤 행동이 잘못된 것인 줄 알면서도 행하는 경우가 있다.

무슬림이 회개하고 선한 행위를 하면 악한 행위(sayyi'āt)를 지워준다. 선한 행위(Ḥasanāt)와 악한 행위가 마치 은행 계좌처럼 신용(credit) 점수(point)가 쌓인다. 선한 행위는 상을 받고 악한 행위는 벌을 받는 것이므로 무슬림이 평생 쌓아놓은 선한 행위가 악한 행위보다 더 많으면 잔나(낙원)에 가고 그 반대이면 지옥에 간다. 물론, 그 결과는 이 세상에서 무슬림이 알 수 없다.

무슬림들은 혼(Soul)을 카띠아와 더러움으로부터 깨끗하게 해야 알라가 기뻐하는 혼이 된다(tazkiya al-nafs: 혼의 정화)고 생각한다. 혼이 정화되려면 회개하거나 알라에게 용서를 계속 빌거나 다섯 가지 이슬람 기둥을 실천하거나 디크르(알라라는 단어를 되풀이함)를 해야 한다.

국어대사전에서 "죄"는 "양심이나 도리에 벗어난 행위, 잘못이나 허물로 인하여 벌을 받을 만한 일, 〈기독교〉에서는 하나님의 계명을 거역하고 그의 명령을 따르지 아니하는 인간의 행위, 〈법률〉에 위반되어 처벌을 면하지 못하는 불법 행위를 가리킨다"라고 했다. 그렇다면 아랍어 단브, 카띠아, 이슴은 모두 우리말의 죄에 가까운 개념이다.

그루뎀(Wayne Grudem)은 그의 『조직신학』 책에서 "죄는 행동, 태도 또는 본성(Nature)에서 하나님의 도덕법(moral law of God)을 따르지 않는 것이다. 죄는 여기서 하나님과 그의 도덕법과 관련되어 정의된다. 죄에는 도둑질, 거짓말, 살인과 같은 개인적인 행위뿐만 아니라 하나님께서 우리에게 요구하시는 태도에 반하는 태도들도 포함된다"고 했다. 기독교의 죄의 개

넘과 무슬림이 사용하는 위 세 단어 간의 차이를 찾아보면 이슬람에는 하나님이 인간에게 요구하시는 태도가 없다.

꾸란에서 회개는 용서(꾸란 4:92), 불순종에서 돌이킴(꾸란 66:81), 불순종으로부터 돌아오는 것을 받아들이고 용서하는 것(꾸란 4:17-18)이라고 한다.[42] 이븐 타이미야는 회개는 알라에게 돌아가는 것이고 명령받은 것을 행하고 금지된 것을 행하지 않는 것이라고 했다.[43] 혀로 용서를 구하고 가슴으로 후회하고 사지(육체의 사지)가 어떤 일을 그만두는 것을 회개라고 한다.

기독교의 회개와 이슬람의 타우바를 정리하면 기독교의 회개에는 생각(mind, 죄에 대한 인식), 감정(emotion, 죄에 대한 슬픔), 의지(will, 죄를 포기함)가 들어 있다. 따라서 기독교의 회개가 갖는 의미 성분에는 [+ 죄를 인식], [+ 죄를 포기함], [+ 죄의 용서를 구함], [+ 회개가 지속적임], [+ 하나님과의 친교] 등이다.

현대 무슬림에게 회개는 단브(알라가 명령한 것을 무시하고 금지된 것을 행하는 불순종)를 자백하고 후회하고 단브로 돌아가지 않겠다고 다짐하는 것이다.

단브는 다음과 같이 세 가지를 포함한다.

① 불순종을 즉시 벗어 버린다.
② 불순종으로 돌아가지 않겠다고 결심한다.
③ 그의 마음속에서 의무를 다하지 못했던 것을 후회하는 것이다.

따라서 꾸란에서 회개의 의미 성분에는 [+ 불순종에서 돌이킴], [+ 명령받은 것을 행하고 금지된 것을 행하지 않음], [+ 마음에서 단브를 자백함]이다.

42　Mu'jam *Alfāẓ al-Qur'ān al-Karīm*, Part 1(Cairo: Majma' al-lughah al-'Arabiyyah, 1989), 199.
43　Ibn Taymiyyah, *al-Tawbah*(Cairo: Maktabah al-Turāth al-Islāmī), 15.

제4장
무함마드

무슬림이 저술한 아랍어 사전에서 무함마드는 "마지막 예언자이고 마지막 메신저, 무함마드 븐 압둘라"라고 한다. 무함마드의 포교(다아와 무함마디야)는 예언자 무함마드가 이슬람으로 초대(다아와)한다는 것이다. 무함마드의 샤리아(샤리아 무함마디야) 또는 무함마드의 종교(디야나 무함마디야)는 이슬람 종교라는 뜻이다(ʿAḥmad Mukhtār ʿUmar 2008, 557).

디야나 무함마디야(Diyānah Muḥammadiyyah)는 글자 그대로 번역하면 무함마드의 종교라는 말인데 무슬림은 이것을 "이슬람 종교"(Dīn al-ʾislām)라고 풀이한다. 다시 말하면 무슬림은 오늘날 무함마드의 종교를 이슬람 종교라고 한다.

무슬림에게 무함마드는 예언자이고 메신저이다.

이슬람에서 나비(Nabī, 예언과 관련된)와 라술(Rasūl, 기록된 메시지와 관련된)의 관계는 무엇인가?

첫째, 라술은 알라가 보낸 남자로서 새로운 법으로 사람들을 초청하는 자이고 예언자는 이스라엘 자손의 예언자들처럼 이전의 법(새로운 법이 아닌 것)을 확증하기 위해 알라가 보낸 자이다.

둘째, 라술은 예언자 중에서 알라가 내려 준 책(경전)을 갖고 나비는 그에게 책(경전)이 없는 자이다(공일주 2015, 258).

무슬림들은 무함마드가 마지막 예언자이고 마지막 메신저라고 믿는다. 꾸란에서 다음과 같이 말하고 있다.

믿는 자들아. 알라에게 순종하고 라술(무함마드)에게 복종하라(4:59).

라술(무함마드)에게 복종하는 자(그의 인도를 따르는 자)는 알라에게 복종하고 (그의 명령에 복종한다)(꾸란 4:80).

무함마드야, (사람들에게) 말하라. 너희들이 알라를 진실로 사랑한다면 나를 따르라. 알라가 너희들을 사랑할 것이다. 그리고 너희들의 두눕(dhunūb: Dhanb의 복수)을 용서해 줄 것이다(꾸란 3: 31).

위 구절을 글자 그대로 해석하면 사람들이 알라를 사랑하면 단브를 용서해줄 것이라고 한다. 단브는 알라의 명령을 어기는 행동이고 의도적으로 되풀이하여 저지른 것이다. 그리고 무함마드에게 복종하는 자는 알라에게 복종하는 자라고 한다. 이런 꾸란 구절들을 보면 무함마드가 라술인데 라술이 말하는 메시지의 신뢰성 때문에 무슬림들은 모든 라술에게는 실수나 죄가 발생하지 않도록 막아주는 보호('iṣmah)가 있다고 믿는다.

어떤 사람은 무함마드가 단브를 저지른 자이고 알라에게 불순종한 자라고 주장하는데 만약 무함마드가 실제로 그랬다면 알라가 무함마드를 통하여 사람들을 곧은 길로 인도할 수 없었을 거라고 무슬림들은 주장한다(Ḥaqā'iq al-Islām 2016, 389).

꾸란 48:2에서 "알라가 네 과거의 단브(Dhanb)와 미래의 단브를 용서하기 위해 알라가 너에게 좋은 것을 완성해 주고 바른 길로 인도해 줄거다"라고 한다. 알라의 도움(Naṣr)은 무드닙(단브를 행한 자)을 위한 것이 아니고 알라가 명령한 의무를 지키는 자(ṣāliḥ)를 위한 것이라고 했다. 무슬림들은 '모든 예언자는 단브로부터 보호받고 특히 마지막 예언자는 더욱 그러하다'라고 주장한다.

1. 무함마드의 유년 시절

메카에는 우상들을 놓았던 카아바가 있었고 거기에 이브라힘이 모셔 두었다는 흑석이 있었다. 그들은 돌들이 별(Najm)에서 떨어진 것이라고 생각했다. 카아바 안에는 후발 등 우상들이 많았다. 아랍 부족들이 숭배하는 우상들로는 꾸라이쉬 부족에게 가장 위대한 우상인 알웃자(al-'Ujjā)와 따이프 지역에 사는 사끼프(Thaqīf)족의 우상 알라트(Allāt)와 메디나의 아우스와 카즈라즈(Kazraj)족의 우상인 마나(Manāh)와 그 밖의 많은 우상이 있었다. 무슬림들은 이브라힘과 이스마일이 건설한 알라의 바이트(카아바)를 무쉬리쿤이 우상들의 거처로 만들었다고 주장한다(Muḥammad 'Aḥmad Barāniq 1999, 6).

무함마드의 아버지는 압둘라('Abd Allāh)이고 어머니는 아미나('āminah)였다. 압둘라의 아버지는 압드 알뭇딸립(al-Muṭṭalib)이고 어머니는 파띠마였고 압드 알뭇딸립의 아버지는 하쉼(Hāshim)이었다. 압둘라가 아미나 빈트 와흡과 혼인한 후 어느 날 압둘라가 장사하러 샴(시리아와 그 주변 지역)으로 여행을 떠났다. 그가 돌아오는 길에 쉬려고 메디나에 사는 아버지의 외삼촌들을 찾아갔다. 압둘라는 아프기 시작했고 그와 같이 갔던 사람들이 메카로 돌아와 압둘라가 아프다고 전했다. 압드 알뭇딸립은 그의 큰 아들 알하리스(al-Ḥārith)를 메디나로 보내 압둘라를 데려오라고 했는데 알하리스는 압둘라를 보지 못했다. 압둘라는 이미 죽었고 장사되었다.

이미 임신을 하고 있던 아미나는 아이를 출산했고 시아버지 압드 알뭇딸립에게 손주 무함마드를 보여드렸다. 그는 무함마드를 안고 기뻐했으며 두 눈 사이에 입맞춤을 하고 카아바로 가서 그 주위를 돌고 그를 무함마드라고 작명했다(Muḥammad 'Aḥmad Barāniq 1999, 24). 그를 무함마드라고 이름 지은 것은 알라가 기뻐하시기(Maḥmūd)를 바랐기 때문이다.

그런데 꾸라이쉬족의 관습을 따라 아이에게 젖을 먹이는 여성을 찾아야 했는데 목축업을 하는 바누 사이드(Banū Sa'd)의 유모가 올 때까지 무함마드는 그의 삼촌 아부 라합의 하녀 수와이바(Thuwaybah)에게 보내졌다. 수와이바는 며칠 무함마드에게 젖을 먹였고 바누 사이드의 여성들이 곧바로 그에게 젖을 먹였다. 그리고 할리마 알사으디야(Ḥalīmah al-sa'diyyah)가 무함마드에게 젖을 먹였고 2년이 지나서 그의 친모와 부족에게 돌려보내야 했는데 할리마는 그를 돌려보내고 싶어 하지 않았다. 그래서 친모에게 메카의 공기도 나쁘고 전염병과 질병이 많으니 더 맡겨 달라고 하니 친모가 허락하여 5살이 되는 해에 무함마드가 친모에게 돌아갔다.

그 후 무함마드는 친모의 슬하에 자라났고 할아버지의 돌봄도 받았다. 친모는 무함마드를 메디나로 데리고 가서 그의 할아버지의 외삼촌들을 만나게 했다. 친모는 남편의 에티오피아인 하녀 움무 아이만과 같이 메디나에 갔고 친모는 아들에게 아버지가 돌아가신 집과 그가 묻힌 곳을 보여 주었다. 무함마드는 이때 비로소 자신이 유복자라는 것을 알았다(Muḥammad 'Aḥmad Barāniq 1999, 32).

메디나 방문을 마치고 메카로 돌아오는 길에 어머니 아미나가 병을 얻어 사망하였고 거기서 장사 지냈다. 무함마드는 세상에 홀로 남겨졌다. 그가 너무 많이 우니 움무 아이만이 안아주었고 할아버지도 그를 더 많이 돌봐주었다. 그런데 무함마드가 8세가 되던 해 할아버지 압드 알뭇딸립마저 세상을 떠났다. 무함마드의 슬픔은 친부모를 잃은 슬픔보다 더 컸다. 그는 할아버지의 죽음으로 인해 잃어버림과 빼앗김에 대한 쓴 뿌리(Marārah)를 갖게 되었다(Muḥammad 'Aḥmad Barāniq 1999, 34).

이런 표현은 무슬림이 쓴 책에서 옮긴 것이다. 사실 이슬람의 종교는 무함마드의 종교이고 알라의 종교이다. 무슬림들이 무함마드의 삶을 그대로 본받고자 하므로 꾸란과 하디스를 문자주의적으로 해석하다 보면 일부 무슬림에게 부정적인 영향을 끼칠 수 있다.

2. 무함마드의 청년 시절

무함마드의 할아버지가 세상을 떠난 뒤 아부 딸립은 그의 조카 무함마드에게 후원자가 되었다. 압드 알뭇딸립은 죽기 전에 그의 아들 아부 딸립에게 무함마드를 잘 돌봐달라고 부탁했다. 아부 딸립은 압드 알뭇딸립의 큰아들은 아니었고 재산도 가장 많은 것도 아니었지만 무함마드에 대해 가장 따뜻한 마음을 갖고 있었다. 아부 딸립은 압드 알뭇딸립이 무함마드를 사랑했던 것만큼 무함마드를 사랑했다. 무함마드가 그의 삼촌 아부 딸립의 후원하에 4년이 지났다. 그의 몸도 자라고 이성도 성숙했다. 12세가 되자, 그는 강하고 단단한 몸과 더 많은 것을 수용할 이성('Aql), 번득이는 지력(Dhakā'), 의식이 있는 정신력을 가졌다(Muḥammad 'Aḥmad Barāniq 2002, 4).

아부 딸립은 샴(시리아와 그 주변 지역)에서의 장사를 위해 여름에 여행을 가고 싶을 때 무함마드를 데리고 가는 것을 주저하지 않았다. 무함마드와 함께 무역 대상(Caravan)이 시리아로 떠났다. 그는 여러 마을과 도시를 지나 샴 지역의 부쓰라(Buṣrā)에서 머물렀다. 꾸라이쉬 무역상들이 부쓰라에 오면 이곳에 머물고 낙타들이 거기서 쉬는데 이곳은 바히라(Baḥīrā) 수도사의 암자가 인접해 있었다.

바히라는 무함마드에게 다가가서 알라트와 알웃자에 대하여 물었고 무함마드의 형편에 대해서도 물었다. 바히라는 아부 딸립에게 무함마드가 '큰 일'(Sha'n 'Aẓīm)을 할 사람이라고 했다. 그는 무함마드와 함께 메카로 돌아와서 바히라가 한 말을 생각하곤 했다. 그런데 당시 메카 사람들은 향락과 진리에서 벗어나고 염치가 없고 음주에 빠져 있었다. 반면에 무함마드는 양을 치며 묵상에 전념했다.

어느 날 아부 딸립이 무함마드에게 와서 말했다.

"나는 돈이 없어서 내 평생 어려움이 많았어. 카디자(Khadījah)가 사람들을 고용해서 무역을 하는데 내가 너를 소개해 줄까?"

카디자는 두 번 결혼하고 두 남편이 사망한 후 돈과 재산을 그녀에게 남겨주었는데 그녀는 더 이상 결혼하고 싶어 하지 않았다. 아부 딸립은 카디자에게 무함마드를 고용할 생각이 없느냐고 물었다. 카디자가 허락하자 아부 딸립은 무함마드에게 이건 알라가 네게 주신 기회이다. 이번에 재산을 늘릴 기회가 왔다고 했다.

그래서 무함마드는 샴으로 가는 무역 캐러반에 동행했는데 그때 카디자의 사람인 마이사라(Maysarah)가 함께 했다. 무함마드는 그의 삼촌과 함께

했던 첫 번 여행길을 따라 부쓰라에 도착했다. 마이사라는 마치 무함마드의 사람인 것처럼 일을 아주 잘 처리해 주었다. 무함마드는 지혜롭고 이성적이며 마치 경험자처럼 행동했다(Muḥammad 'Aḥmad Barāniq 2002, 18).

그런데 가까운 수도원의 한 수도사 나스뚜르(Nasṭūr)가 마이사라를 찾아왔다. 카디자를 따라 장사 길에 이곳에 왔던 마이사라를 그가 알고 있었다. 그가 무함마드에 대하여 묻자 마이사라는 무함마드는 진실되고 고결하고 편한 사람이라고 했다(Muḥammad 'Aḥmad Barāniq 2002, 19).

곧 이어서 그가 무함마드를 만났고 그의 민족의 종교에 대하여 물었다. 그 수도사는 무함마드에게 이싸의 종교에 대하여 말해 주었다. 무함마드는 그의 말이 틀린 것도 있고 맞는 것도 있다고 생각했다. 무역 대상은 메카에 도착했고 카디자가 반갑게 그를 맞이했다. 그리고 그가 산 것과 판 것을 상세히 이야기하니 카디자는 기뻐하고 놀라워했다. 그의 말에서 수사법과 문법적 정확성(문법에 맞고 의미가 분명함) 그리고 그의 정직함과 거짓이 없음에 놀랐다(Muḥammad 'Aḥmad Barāniq 2002, 21). 마이사라는 무함마드가 무역에 있어서 정직하고 거짓이 없었다는 것을 카디자에게 전하고 수도사 나스뚜르가 무함마드에 대해 말한 것도 알려 주었다.

카디자는 무함마드의 비즈니스 능력에 놀랐고 이때부터 카디자는 무함마드에 대한 생각을 마음에서 지을 수 없었다. 그에 대한 놀라움과 기쁨이 사랑(Ḥubb)과 존경으로 바뀌었다. 그녀는 무함마드가 정직하고 의무를 잘 수행하는 젊은이라서 그녀의 남편감으로 적합하다는 생각으로 기울어져 갔다. 그래서 그녀의 친한 친구 중에서 나피사(Nafīsah)와 상의하니 나피사가 무함마드를 만나러 갔다. 나피사가 무함마드에게 카디자에 대하여 묻자 그는 카디자의 매너와 결단력을 좋아한다고 말했다(Muḥammad 'Aḥmad Barāniq 2002, 24).

처음에 무함마드는 그녀와 결혼할 생각이 없었다. 그래서 아부 딸립을 찾아가 카디자와의 이야기를 전했다. 아부 딸립은 이 이야기를 듣고 나서 무함마드에게 "너는 돈은 없으나 명예는 있다"고 말해 주었다. 무함마드는 "삼촌, 나는 돈에 욕심이 없어요"라고 했다. 아부 딸립은 무함마드의 삼촌들을 찾아가 이 소식을 전했다. 그들이 카디자의 삼촌과 그녀의 형제를 만나니 이 두 사람이 그들의 요청을 받아들였다. 결혼 날짜가 잡히고 암낙타 20마리를 신부 지참금으로 보냈다. 무함마드와 카디자의 결혼생활은 아름다웠다고 한다. 무함마드는 결혼 전까지 이슬람이라는 새로운 종교를 창시했다는 기록이 없다.

3. 무함마드의 결혼생활

무함마드가 11명의 여성과 혼인한 사실과 양자 자이드(Zayd)의 부인과 혼인한 것 그리고 6세의 아이샤와 혼인한 것을 두고 그가 호색적인 사람으로 알려져 왔다. 이에 대한 답변으로 무슬림들은 무함마드가 25세 이후에 결혼했고, 조혼은 자힐리야 시대의 관습이라고 주장했다.

무함마드가 결혼한 여성 중 아이샤를 제외하고는 모두 처녀가 아니었고 첫 부인이 죽고 난 뒤 그가 이미 50살이 넘었기 때문에 성적 필요 때문에 결혼하지 않았다고 주장하고 아이들을 기르고 늙은 몸을 따뜻하게 해 주는 역할이 더 많았다고 주장한다. 무함마드는 그의 배우자 사이에서 금욕과 정결(taḥārah)한 생활을 했다고 주장한다(Ḥaqāʾiq al-Islām 2016, 353).

무함마드의 첫 부인 카디자(Khadījah bint Khuwaylid)는 두 번 결혼한 여자라서 무함마드와 만날 때는 이미 처녀성을 잃은 여성이라고 강조하고 카디자가 무함마드를 택한 것은 무역상으로서 정직하고 절제된 사람이었기 때문이라고 했다.

카디자가 죽은 뒤 사우다(Sawdah)와 결혼하고 3년 뒤 6살 아이샤를 배우자로 맞이했다. 무함마드가 메디나로 이주한 후 메카에 남아 있던 사우다와 무함마드의 두 딸 파띠마와 움무 쿨숨을 메디나로 데려왔다. 무함마드는 메디나에 도착하여 그의 집과 모스크를 먼저 짓고 있었다. 무함마드가 메카의 카아바를 마지막으로 순례할 때 사우다와 동행했다. 사우다는 무함마드가 그녀와 이혼할까봐 염려되어 그에게 이혼시키지 말아 달라고 했는데 이와 관련된 꾸란 구절은 4:128이다(남편에게서 버림받는 것이 염려되면 둘이 합의하는 것이 잘못된 일은 아니다).

무함마드가 결혼한 세 번째 여성 아이샤('A'ishah bint 'Abī Bakr)는 무슬림 세계에서 가장 유명한 여성으로서 지식에 뛰어난 것으로 알려진다. 무함마드가 예언자로 활동한 뒤 4-5년 지나서 그녀는 메카에서 태어났고 그녀의 아버지는 나중에 1대 칼리프가 된 아부 바크르(67/68세 사망)였다. 무함마드의 하디스 중 2,210개의 하디스를 아이샤가 나중에 전해 준 것으로 유명하다(Muḥammad Fathī Mus'ad 2001, 61).

하프싸 빈트 우마르(Ḥafṣah bint 'Umar)는 밤에 금식하고 기도하는 여성으로 유명했다. 그녀의 아버지는 2대 칼리프 우마르였다. 18세 때 미망인이 된 하프싸가 무함마드와 결혼하고 3대 칼리프 우스만은 무함마드의 딸 움무 쿨숨과 혼인했다. 무함마드 사망 이후 하프싸는 메디나에 머물렀고 그녀에게 무슬림들이 법적 판결에 대하여 묻곤 했다.

아부 바크르 때 꾸란이 모아지기 시작해 그가 죽을 때 그 사본이 우마르에게 전해졌고 우마르가 죽기 전에 하프싸에게 맡겨졌다. 무슬림들이 꾸란 읽기에서 서로 다르자 하프싸에게서 그 사본을 전달받은 우스만은 무쓰하프(정경화 되기 전의 사본)를 만들었고 그 사본을 그녀에게 주었다. 그녀가 죽은 뒤 무쓰하프가 그녀의 동생 압둘라 븐 우마르에게 맡겨졌다.

자이납 빈트 쿠자이마(Zaynab bint Khuzaymah)는 무함마드의 사촌 압둘라 븐 자흐쉬와 결혼했으나 그가 우후드 전투에서 전사하자 알뚜파일과 혼인했다. 그가 죽은 후 알뚜파일의 동생 우바이다와 결혼하고 그가 바드르 전투에서 전사하자 무함마드가 그녀와 결혼했다. 무함마드가 하프싸와 결혼한 후 20일이 지나서 자이납과 혼인했다.

자이납이 죽고 난 뒤 무함마드는 움무 살라마('Ummu Salamah)와 결혼했고 그녀는 아비시니아와 메디나 두 곳으로 이주했다. 그녀는 아부 살라마와 결혼했었고 그녀의 아버지는 꾸라이쉬족에게 잘 알려진 부자였다.

여섯 번째 부인 자이납 빈트 자흐쉬(Zaynab bint Jaḥsh)는 메카의 꾸라이쉬족 안에서 가장 예쁜 여성으로 알려졌다. 그녀는 무함마드의 사촌이고 그녀의 어머니는 압드 알뭇딸립의 딸 우마이마였다. 그런데 자이드가 카디자의 노예였으나 그녀가 무함마드와 결혼한 후 무함마드에게 자이드를 주어 무함마드가 아들로 입양했다.

꾸란 33:37에서 "자이드가 그녀(자이납)와 그의 결혼생활이 종료되었을 때 우리(알라)가 너에게 그녀와 혼인시켰다"고 한다. 자이납은 자이드와 혼인하는 것을 싫어했으나 이 꾸란 구절을 전해 받은 후에 자이납이 결혼을 받아들였다고 한다. 자이납의 잇다(혼인이 허용되지 않고 여성이 기다려야 하는 기간)가 끝난 후 무함마드는 자이드에게 무함마드가 그녀와 결혼하고 싶다고 전해달라고 했다(Muḥammad Fatḥī Musʻad 2001, 132). 무함마드는 법적 책임을 갖는 보호자의 허락 없이 자이납과 결혼했다. 무함마드 이후에는 이런 결혼이 허락되지 않았다.

아홉 번째 부인은 주와이리야 빈트 알하리스(Juwayiriyah bint al-Ḥārith)인데 무함마드와 결혼 전에 그녀의 이름은 바라(Barrah)였다. 바누 알무쓰딸라끄 전투(이슬람력 5/6년)에서 무함마드가 승리한 후 전리품과 여성 포로를 데려왔는데 그중의 한 사람이 바라였고 그녀는 미모가 뛰어났다.

싸피야 빈트 후야이(ṣafiyah bint Huyayy)는 그녀의 아버지 후야이가 유대인의 리더였다. 그녀의 아버지는 바누 알나디르에 속해 있었고 무함마드에 의해 이 부족은 메디나 밖으로 쫓겨났다. 그는 바누 꾸라이자를 이끌고 무함마드에게 대항했다.

무함마드가 메디나로 이주할 때 그녀는 어린 소녀였고 그녀의 아버지와 달리 무함마드의 이슬람을 받아들였다. 그녀는 아름다웠는데 살람이 그녀와 결혼했고 키나나와 재혼했고 키나나가 죽은 후에 카이바르 전투에서 무함마드가 얻은 전리품과 여성 포로들 중에 그녀가 포함되어 있었다.

움무 하비바(ʻUmmu Ḥabībah)의 아버지는 메카의 리더 아부 쑤프얀이였다. 그녀의 남편은 무함마드의 사촌이고 자이납 빈트 알자흐쉬의 남자 형제인 우바이드 알라였다. 무쉬리크(다신 숭배자)이었던 아부 쑤프얀은 그녀의 딸이 이슬람으로 개종하는 것에 놀랐다. 그녀는 남편과 아비시니아로 이주했다. 그곳에서 남편이 기독교로 개종하려는 것을 알았다. 그런데 그녀가 꿈을 꾸었는데 그 꿈을 무함마드와 결혼할 것이라고 해석하고 무함마드와 결혼했다.

마이무나(Maymūnah) 빈트 알하리스는 이슬람으로 개종하기 전 마스우드와 결혼했고 이슬람에 입교한 후 그와 이혼했다. 아부 루흠(Abu Ruhm)

하고 재혼하고 그가 죽자 무함마드와 혼인했다. 꾸란 33:50에 나오는 "무함마드에게 선물로 준 신앙심이 깊은 여성"이 마이무나를 가리킨다고 한다.

마리야(Māriyah bint shamʿūn)는 콥트 여성으로 알렉산드리아 콥트 대주교 마꾸까스(Maquqas)가 무함마드에게 선물로 보낸 여성이다. 이슬람으로 개종한 후 무함마드와 결혼하여 아들 이브라힘을 출산했고, 아들은 18개월 후 사망하였다. 당시 무함마드의 부인들은 메디나의 모스크 옆에 있는 작은 집에서 살았다. 그런데 마리야는 이들 부인들과는 달리 이집트 환경과 유사하게 대추야자 나무가 있는 지역에서 혼자 살았다고 한다.

그런데 최근에 와서 이집트인 학자들이 마리야가 첩이 아니라는 증거를 내세웠다. 우선 아랍어 자리야(Jāriyah)는 반드시 노예 여자를 뜻하지 않고 사회적 지위와 상관없이 젊은 소녀를 가리킨다고 했다. 이슬람 전통에서는 마리야가 무함마드의 부인이 아니고 첩이라고 했다.

2022년 이집트의 샤우끼 울람(공화국 무프티)은 마리야는 노예가 아니고 분명히 무함마드의 부인이었다[1]고 했다. 그는 무함마드가 다른 부인 중의 한 사람으로 묘사했다고 주장하였다. 하자르(Hājar, 하갈)는 혈연관계를 갖는 것이고 마리야는 결혼관계를 갖고 있다고 설명했다. 무함마드는 이상과 같이 11명 또는 12명의 부인과 결혼하여 성관계를 가졌고, 그 외 여러 여성과의 성관계는 없었다고 무슬림들은 전한다.

4. 무함마드의 급습과 종교 생활

1) 박해와 무함마드의 급습

무함마드는 정상적인 가정에서 성장하지 않았다. 그가 태어나기도 전에 아버지 압둘라가 돌아가셨고, 여섯 살 때 어머니 아미나를 잃었다. 이후 할아버지도 세상을 떠나면서 삼촌 아부 딸립의 보살핌을 받게 되었다. 이

---

[1] https://www.mobtada.com/egypt/1163889/ 2025년 2월 2일 검색.

러한 환경에서 고아의 아픔과 가난의 어려움을 겪었다. 어린 시절에는 양을 치는 일을 하였고 이후 무역을 하면서 생활하였다.

그가 사명을 받았다고 하자 메카의 지도층은 그의 메시지가 자신들의 경제적 이익을 해칠 것을 두려워하여 강한 반대를 했고 다양한 박해를 받았다. 메카의 꾸라이쉬족은 새로운 무슬림 개종자들을 부당하게 대했다.

메카의 쿱파르들은 그를 비웃으며 거짓말쟁이, 마법사, 미치광이라고 모욕했다. 꾸라이쉬 부족은 그와 그의 추종자들에게 3년 동안 심각한 굶주림과 고통을 겪게 했다. 쿱파르들은 여러 차례 무함마드를 암살하려 했으며, 가장 심각한 살해 시도는 히즈라(메디나 이주) 전날 밤이었다. 그를 물질적으로 정서적으로 가장 크게 지지해 주었던 아내 카디자가 세상을 떠나자, 그는 깊은 슬픔에 잠겼다. 이런 시련과 박해 속에서 무함마드는 그의 추종자들을 보호할 수 없어서 아비시니아(현 에티오피아)로 보내야 했다. 아비시니아로의 이주는 두 번에 걸쳐 이뤄졌는데 처음에는 10-11명의 사람들이 떠났다. 그들 중에는 4명의 부인이 동반되었다. 이 4명 중에는 우스만의 아내이자 무함마드의 딸 루까이야가 포함되었다.

그런데 메카에서 대량 개종이 있었다는 소문을 듣고 3개월 만에 이들이 메카로 돌아왔다. 그 배경에는 메카의 우상들에 대해서 우호적으로 말했다고 주장하는 구절, 즉 사탄의 구절들(Satanic Verses)이 원인이 되었다. 무함마드가 알나즘 장(53:19-20)을 전하고 있을 때 사탄이 알라트와 알웃자에 대한 언급을 추가했고 이것이 메카의 다신교도들을 기쁘게 했다고 했다. 그들은 무함마드가 자기 신들의 이름을 언급하였고 그 장의 말미에서 무함마드가 엎드리니 다신교도과 무슬림이 그를 따라 엎드렸다고 했다 (Zakaria Bashier 1978, 173).

첫 번째 피란 팀들이 메카로 돌아온 뒤 꾸라이쉬족은 무슬림들이 아비시니아로 피란하는 것을 막고자 했다. 그들은 아비시니아 통치자 네구스(Negus: 아랍어로 al-Najāshī)에게 공적 대표단 두 명을 선물과 함께 보냈다. 그를 설득하여 무슬림이 입국하면 메카로 송환해달라고 부탁했다. 네구스가 그들의 요청을 듣고 나서 당시 아비시니아에 남아 있던 무슬림 자아파르를 불렀다. 그는 자아파르에게 무함마드가 뭘 가르쳤는지 말해 달라고 했다. 자아파르는 마르얌 장을 암송해 주었다(Zakaria Bashier 1978, 167). 네구스가 감동하여 무슬림들을 받아들이기로 하니 두 번째 이주가 이뤄졌다. 이븐 히샴에 의하면 네구스가 이슬람으로 개종했다고 한다.

메카의 무슬림에 대한 증오가 심해지고 박해와 폭력이 공공연하게 자행되었다(Zakaria Bashier 1978, 169). 따라서 무함마드의 꾸란 구절에는 이런 증오, 혐오, 박해, 부당한 대우 등이 그대로 드러나 있다. 그중에 아부 자흘(Abu Jahl)의 이야기가 꾸란에 나오는데 그는 무슬림들에게 공격적이었고 무함마드에게 모욕을 주었다. 그래서 꾸란 96:9에서는 "너는 그가 (어떤 사람을) 막으려 한 일을 보았지"라는 구절에서 무함마드가 기도하는 것을 방해한 아부 자흘에 대한 이야기를 쓰고 있다.

무함마드가 리더로서 이끌던 전투를 가즈와(Ghazwah, 기습)라고 하는데 무함마드의 싸하바(무함마드를 실제로 만났던 무슬림)들은 가즈와의 횟수를 19번 또는 21번 또는 28번 또는 29번이라고 했다. 우후드를 제외하고 모든 가즈와는 무슬림들이 승리했고 8년간 이런 가즈와가 지속되었다. 그 다음 9번의 싸움은 무함마드가 직접 칼을 들고 나가서 싸웠다. 바드르(이슬람력 2년), 우후드(3년), 알칸다끄(5년), 바누 꾸라이자(5년), 바누 알무쓰딸라끄(5년), 카이바르(7년), 메카 정복(8년), 하닌(8년), 알따이프(9년) 전투 등이 있었고 바드르 전투 이전에 여덟 차례 가즈와와 사리야가 있었다.

사리야(Sarīyah)는 무함마드가 직접 참여하지 않는 소규모 군사 원정인데 무함마드의 싸하바 중의 한 사람이 군대를 이끌고 나갔고 무함마드는 불참했다. 가즈와와 사리야의 결과는 이슬람 종교를 전파하고 안보와 치안을 확보하기 위함이었다. 무슬림이 주도권을 갖고 쿠프르를 패퇴시키고 이슬람을 전파하는 것이었다. 유대인의 모략이 드러났고 무슬림들의 군사적 전술이 점차 나아졌다. 이처럼 무슬림들은 가즈와가 이슬람 종교를 확산시키는데 아주 큰 영향력을 주었다고 평가한다.

2) 무함마드의 종교 생활

무함마드는 예언자로서 부름을 받기 전부터 깊은 사색을 중요하게 여겼다. 히라 동굴에서 반복적으로 명상을 수행하였다. 610년 40세 무렵, 꾸란 96:1-5이 내려왔지만, 무함마드는 그 소리의 근원이 무엇인지 그리고 자신이 무엇을 해야 할지 확신하지 못했다. 아내 카디자의 심리적 지원과 그녀의 친척 와라까 이븐 나우팔이 무함마드가 받은 꾸란 구절은 무싸에게 내려 준 타우라와 동일한 것이라고 말해 주었다. 와라까는 이브라힘의 신앙을 따르는 하니프로 알려졌다.

꾸란 구절이 간헐적으로 내려오면서 신앙 증언(샤하다)은 메카 초기 (610-622년)에 확립되었으며, 기도의 횟수는 이슬람력 10년경(620년)에 확정되었다. 금식은 이슬람력 2년(624년), 자선(자카)은 이슬람력 2년(624년), 메카 순례는 이슬람력 9년(630-631년)에 확정되었다.

신앙 증언은 꾸란 3:18; 37:35; 48:29 등에서, 기도는 꾸란 17:78; 11:114; 30:17-18 등에서 언급되었으며, 금식은 꾸란 2:183-185 등에서 의무화되었다. 꾸란 9:60에서 자카의 사용처가 명시되었고 메카 순례는 꾸란 3:97; 22:27-30에서 의무화되었다.

꾸란 96:1-5(al-'alaq, 610년)에 이어서 96:6-19은 무함마드가 카아바에서 기도하는 것을 방해한 아부 자흘(Abu Jahl)에 대한 경고를 담고 있는데 대략 610-611년 사이에 내려왔다고 한다. 꾸란 68장(al-qalam: 610-611년)은 메카인들이 무함마드의 예언자직을 반대하고 그가 미쳤다고 조롱했고 73장(al-muzammil, 610-612년)은 알라가 무함마드에게 기도의 중요성을 강조하고 밤 기도를 명령한다.

꾸란 74장(al-muddaththir, 610-611년)은 사람들에게 공개적으로 포교하라고 무함마드에게 명령한다. 꾸란 74장 이후에 무함마드는 가족(카디자와 알리)과 가까운 사람(아부 바크르, 노예였던 자이드)에게 비공개적으로 이슬람을 전파하였는데 613년 드디어 알싸파(al-ṣafā) 언덕에서 공개적인 포교를 시작한다. 꾸라이쉬 부족의 유지들이 박해하기 시작하고 615년 아비시니아(현 에티오피아)로 일부 신자가 이주를 한다.

615년에는 무함마드를 따르는 집단이 형성되었음을 알 수 있는데, 이는 무함마드를 따르던 일부 사람들이 615년에 1차로 아비시니아로 피란을 갔고, 616년에는 2차로 피란을 갔다.

1차 피란한 명단에는 우스만 븐 압판(3대 칼리프), 루끄야 빈트 무함마드(무함마드의 딸), 자이드 븐 하리사(무함마드가 입양한 아들), 아부 바크르(1대 칼리프), 칼리드 븐 사이드(무함마드의 친구) 등이 들어 있었고 2차 피란한 명단에는 1차 피란 이후 계속 남아 있던 우스만 븐 압판과 무함마드의 딸 루끄야, 자이드 븐 하리사, 알리 븐 아비 딸립(4대 칼리프) 등이 포함되었다. 아비시니아 왕 네구스는 이들 무슬림들을 환영하였고 아비시니아는 무슬림들의 피난처가 되었다. 꾸란 19장(마르얌 장)은 아비시니아 왕 네구스에게 낭독된 것으로 전해진다.

무함마드는 그의 삼촌 아부 딸립과 그의 친족 바누 하쉼 가문의 보호를 받아 이슬람을 전파할 수 있었다. 615년이나 616년부터는 더 이상 무슬림 개종자를 얻지 못했다. 그때까지 100여 명의 추종자들이 있었지만 메카의 주민들이 집단적으로 거부하였기 때문에 무함마드와 함께 하는 것은 고난을 받을 것이 뻔했다. 무함마드 자신이 모욕을 당하고 배척을 당하였기 때문에 그의 메시지가 더 이상 설득력이 없었다. 어떤 사상만으로는 무함마드를 따르기에 부족했고, 권위 있는 지도력이 필요했다.

619년 무함마드는 메카 밖에서 그를 지지해주는 사람들을 필요로 했다. 그때쯤 그의 아내와 삼촌 아부 딸립이 사망했고 그의 친족들의 지지가 약화되었다. 근처 오아시스 알따이프로 가서 자신을 예언자로 받아달라고 촉구했으나 도리어 조롱을 받고 쫓겨났다. 그래서 베두윈 사이에서 지지를 얻고자 했으나 성공하지 못했다.

메디나는 당시 아우스(aws)와 카즈라즈(khazraj) 간의 불화가 끊이지 않았다. 게다가 유대 부족이 살고 있던 메디나에서는 일신교에 호의적이었다. 무함마드 인생에서 결정적인 교착 상태에 빠졌을 때 여러 부족들이 농사지으며 사는 메디나에서 개종자를 얻었다.

621년 1차 알아까바 맹세에 참여한 아스아드 븐 주라라('as'ad bn Zurārah)가 메디나 사람으로서 이슬람을 최초로 받아들였다. 620년 카즈라즈 부족의 6명이 무함마드를 예언자로 받아들였고 621년 아우스 부족과 카즈라즈 부족의 12명이 무함마드에게 복종하기로 맹세했다. 622년 75명의 메디나 대표들이 제2차 알아까바 맹세 즉, 무함마드를 보호하겠다는 맹세를 함으로써 무함마드가 메디나로 올 수 있었다. 이 맹세에 따른 보장에 근거하여 무함마드와 그의 추종자들은 메디나로 떠났다. 이것을 히즈라(이주)라고 하는데 이로써 이슬람공동체가 생겨났고 622년을 이슬람력 원년으로 정하였다. 히즈라는 친족관계에서 공통된 신앙을 기반으로 하는 사회로 전환되었다는 것이고 이교도 사회에서 무슬림 사회로 전환되는 계기가 되었다. 그리하여 무함마드와 그의 메카 추종자들 그리고 메디나의 부족들이 하나의 정치적 공동체를 형성했는데, 그것이 바로 움마(이슬람공동체)였다. 그리고 무함마드의 권력이 강화되는 과정에서, 조약 위반과 갈등 끝에 메디나에서 일부 유대인 부족들이 추방되는 중요한 사건이 발생했다(Ira M. Lapidus 2002, 23). 메디나에서 이슬람을 받아들이는 사람이 점차 증가했다.

5. 하디스

하디스는 아랍어 사전에서 "이야기하는 말과 소식"(Khabar)이라고 한다. 하디스는 역사적인 이야기(꾸란 20:9)나 일반적인 대화(꾸란 66:3)라는 뜻을 갖는다. 하디스학에서 하디스는 "무함마드가 한 모든 말이나 행동이나 동의 또는 무함마드의 신체적 특징"(ṣifah)을 가리킨다. 반면에 이슬람법학자들은 하디스의 개념에서 신체적 특징을 제외시켰다.

하디스에 대한 전문적인 의미는 학자들마다 달랐다.

첫째, 하디스의 정의에 대한 대부분의 견해는 무함마드의 말이나 행동이나 동의하거나 신체적 특징이다. 그리고 싸하바와 타비운에게 속하는 말이나 행동을 가리키고 마르푸으(Marfū')와 마우꾸프(Mawqūf)와 마끄뚜으(Maqtū')를 포함한다.

둘째, 하디스는 무함마드의 말이나 행동이나 동의하거나 신체적 특징을 가리키지만 마르푸으만 해당된다.
셋째, 하디스는 무함마드에게 속하는 말이나 행동이다.

무슬림들은 하디스를 모으려고 여러 지역을 여행했다. 6개의 권위 있는 수집본으로는 알부카리, 무슬림, 알티르미디, 아부 다우드 알시지스타니, 알나사이, 이븐 마자의 수집본이다. 하디스 학자들이 수집한 하디스들 중에서 이맘 알부카리의 하디스가 꾸란 다음으로 가장 정확한 책으로 알려져 있다. 알부카리는 그의 생애 동안 50만개 하디스를 모았으나 되풀이되는 것을 제거하고 그가 정한 정밀한 방식에 따라 골라낸 것이 4천 개 하디스라고 했다.

시아파는 6개 하디스 수집본을 인정하지 않으며 자신들만의 전승을 따른다. 그리고 일부 싸하바만을 유효한 권위로 인정한다. 알리와 파띠마를 통한 무함마드 후손에게서 온 전언들을 완전히 권위 있는 하디스로 인정한다. 순니파의 하디스는 이스나드('Isnād)와 마튼(Matn)으로 되어 있다.

1) 마튼

전문적인 의미로서 마튼은 전달하려는 의도의 기반이 되는 낱말들이다. 마튼에는 누구에게 속하느냐에 따라 다음과 같이 네 가지로 구분된다.

(1) **알꾸두시**(al-Qudusī): 무함마드가 알라에 대하여 전해준 것이다. 그것이 지브릴을 통하여 전달받은 것이거나 와히(알라가 무함마드에게 알라의 법과 그 밖의 것을 내려 준 것)를 통해서 받은 것이다. 알꾸두시는 낱말은 무함마드의 것인데 그 의미는 알라에게서 온 것이다. 다시 말하면 알라에게서 전해 받은 것을 무함마드가 말했다는 것이다.

(2) **마르푸으**: 무함마드에게 속하는 말이나 행동이나 동의하거나 무함마드의 신체적 특징이다. 이때 낱말과 의미는 알라에게서 온 것이다. 또는 의미는 알라에게서 온 것이고 낱말은 무함마드에게서 온 것이다.

(3) **마우꾸프**: 싸하바에게 속하는 말이나 행동이다. 학자들 사이에서는 이것에 대한 의견이 다르다.
(4) **마끄뚜으**: 타비운에게 속하는 것으로서 타비운이 기록한 말이나 행동을 가리킨다.

2) 이스나드와 사나드

이스나드는 하디스의 전달자를 추적하는 것이고 사나드는 마튼을 통하여 알려 주는 것이다. 하디스가 싸히흐(신빙성이 가장 높은)인지 다이프(신빙성이 가장 약한)인지를 확증하려고 마튼을 통해 전해준 것을 사나드라고 말한다. 하디스학 전문가는 사나드와 이스나드를 동일한 말로 사용한다.

무슬림에게 하디스가 얼마나 중요한가는 다음 다섯 가지로 요약할 수 있다(Abu Ameenah Bilal Philips 2007, 15-19).

(1) 무함마드의 말들과 행동들은 주로 알라에게서 온 와히에 근거하므로 꾸란 다음으로 하디스가 무슬림을 인도해 주는 기본적인 출처이다. 하디스는 알라가 무함마드에게 허락한 신적 안내의 출처이다.
(2) 꾸란을 보전하는 것이 오직 단어들이 바뀌는 것을 막는데 그치지 않고 알라가 무함마드에게 꾸란의 의미를 설명하는 것을 믿고 맡겨서 알라가 꾸란의 의미를 보호했다는 것이다.
(3) 무함마드의 기본적인 의무들 중 하나가 그의 백성들이 논쟁 중일 때 재판하는 일이었다. 이런 재판에 대한 내용들이 오늘날 이슬람 국가가 시행하는 법들의 원리로 사용되는 주된 출처가 되었다.
(4) 무함마드는 그의 개인 생활, 성격, 사회적인 대인관계가 와히에 의해 인도함을 받았는데 그것이 종말의 날까지 모든 무슬림의 도덕적 행동의 모범이 된다.
(5) 하디스의 전달, 수집, 비평에 대한 학문은 무함마드 이전에는 알려지지 않았는데 하디스학이 확립된 이후에는 이슬람의 메시지가 잘 보전되었다.

그런데 하디스 수집을 위하여 여러 지역을 여행한 무슬림들이 있었는데 그들을 알무핫디순(al-Muḥaddithūn, 하디스 전문가, 하디스 전언자)이라고 한다. 이들은 여러 지역을 다니며 하디스를 모으고 전달하는 데 힘쓴 무슬림이다.

그러면 다른 학문에 대한 하디스의 영향은 어떠했는지 살펴보자.

① 이슬람 율법

이슬람 율법은 이슬람 종교의 중심에 있다. 칼람학에서 알라의 성품은 알 수 없는 부분이 있지만 무슬림이 행동하는 방법을 알라가 보여 주었다고 믿는다. 이슬람 율법은 무슬림이 따라야 할 법을 말한다. 하디스 간에는 모순들이 많다. 법학파들은 자신들만의 법을 지원해 줄 자신들의 하디스를 인용했다. 하디스는 법 이론('Uṣūl al-Fiqh)에서 다뤄진다.

② 꾸란 해석

꾸란 해석은 꾸란을 해설하는 것이다. 많은 꾸란 해석이 하디스에서 구체화되었다. 무함마드와 그의 싸하바와 그들을 따르던 사람들의 전언이 전달자 계보와 함께 기록되었다.

③ 칼람학

칼람학(변증신학)은 알라와 그의 속성들 그리고 무함마드와 그가 가져다 준 교리에 관심을 갖는다.

④ 수피즘

수피즘은 8-9세기 개인적인 수행을 하다가 11-12세기에 조직화되고 대중적으로 확산되었다. 13세기 몽골 침입 이후 수피즘이 더 강력한 영향력을 갖게 되었다. 이 때 여러 이슬람 지역에는 수피 수행자들의 공동체인 칸까(Khānqah), 작은 규모의 수피 센터와 수행 장소인 자위야(zāwiyah), 처음에 국경 요새였으나 후에는 수피들의 훈련 장소인 리바뜨(ribāṭ) 등이 생겨났다.

수피적 통합에는 10-11세기 니샤푸르를 중심으로 알술라미(1021)와 알꾸샤이리(1074)의 노력이 있었는데 이 둘 다 하디스 학자이고 동시에 샤피이 법의 전문가였다. 이 두 사람이 하디스 연구와 수피즘 사이에 존재하는 관계를 잘 설명해 주었다. 이들은 초기 수피들의 말을 편집하기 위하여 하디스 전승 및 검증 방식을 사용했다(Aiyub Palmer 2020:265). 알술라미는 수피즘이 정통 이슬람 신학과 조화를 이루도록 노력했고 알꾸샤이리는 수피즘과 아쉬아리 신학을 조화시키는데 노력을 했다.

⑤ 시아파

시아파는 무슬림의 순니파처럼 하디스를 꾸란 다음으로 종교적 가르침의 2번째 출처로 삼는다. 꾸란은 하디스의 빛 아래에서 해석되어야 한다는 것이 시아파와 순니파 간의 공통적인 믿음이었다. 무함마드로부터 받은 것은 하디스라고 하고 시아파 이맘들에게서 받은 것은 카바르(khabar)라고 했다('Aḥmad Pakatchi 2020, 281). 시아파에서는 하디스와 카바르를 함께 사용하고 순니파에서는 하디스라는 용어만 사용하며 하디스는 무함마드의 말과 행동과 그가 동의한 것을 가리킨다.

6. 꾸란에서의 인간

꾸란에서는 이 세상에 인간과 진(Jinn)이 산다고 말한다. 인간의 상대가 되는 단어는 진이다. 아랍어로 인간을 "인싼"('Insān)이라고 한다. 인간을 인싼이라고 한 것은 그에게 명령했는데 그가 잊었기 때문이라고 했다(Maḥmūd Ḥamdī Zaqzūq 2016, 770). 아랍어 단어 인간('Insān)과 잊었다(Nasiya)라는 단어에서 두 어근 /n, s/가 공통적으로 포함되어 있어서 그렇게 생각한 것으로 보인다.

우리가 그에게 명령을 내렸는데 그가 잊었다(꾸란 20:115).

꾸란에서 인싼은 20개의 의미가 있는데 그중에는 아담(꾸란 55:14), 아담의 자손(꾸란 50:16) 등이란 말이 나온다.

"인간은 약하게 창조되었다"(꾸란 4:28). 그리고 "알라는 아무것도 모르는 너희들을 너희들의 어머니 뱃속에서 태어나게 했다"(꾸란 16:78).

꾸란에서 인간은 약함과 무지함을 갖는다고 한다. 그런데 약함을 가진 인간이 강하게 활동하고 무지함을 갖는 인간이 모든 이름들을 알았다. 인간은 울며 태어나서 점차적으로 느끼기 시작했고 알라는 인간이 행동할 수 있는 능력을 주었는데 그 능력을 "이성"('Aql)이라고 한다(Maḥmūd Ḥamdī Zaqzūq 2016, 772).

알라는 이 땅을 인간에게 맡기고 이 땅에 사는 구성원들을 압제하지 못하도록 그의 행동과 윤리를 제한하는 율법들과 법들을 주었다. 이런 율법들과 법들이 이성의 안내자였고 양육자였다(Maḥmūd Ḥamdī Zaqzūq 2016, 773). 즉, 이슬람에서 인간은 태어난 후 이성을 알라로부터 받았고 이성의 안내자는 알라가 내려 준 율법이었다.

알라는 인간을 이 땅의 대리자(Khalīfah)로 삼았다. 이런 대리 직분을 가진 인간의 행동을 우리 주변에서 볼 수 있다. 그 예로 아랍인들은 식물의 수분 작용을 통해서 "유수프 아판디"(yūsuf 'Afandī)라는 만다린 오렌지를 만들어냈다. 알라가 인간의 손을 빌려서 이런 과일을 만들어냈다고 한다. 그래서 인간이 신의 돌봄에 둘러싸여 있다는 것이 이상하지 않다고 했다. 신의 돌봄은 인간을 만물 사이에서 그 지위를 높이고 알라는 천사들보다 인간을 우위에 두었다. 알라가 인간에게 특별한 역할과 사명을 주었다는 것이고 그 우월성은 알라의 의도에 따른 것이다.

사람이 책임질 나이에 이르면 인간은 그의 선택과 의지 때문에 길을 안내받는 자와 길을 잃어버리는 자, 순종하는 자와 불순종하는 자 그리고 알라를 믿는 자와 믿지 않는 자로 나뉜다. 꾸란에서 남자와 여자는 알라를 믿는 것('īmān)과 믿지 않는 것(Kufr)의 차이에 따라 나뉜다. 남성과 여성이 공평하다는 것이 중요하므로 무슬림들은 다음과 같은 사항에서는 성에 따른 차이가 없다고 한다.

(1) "알라가 명한 것은 행하고 금한 것은 피하는 것을 행한(ṣāliḥ)" 사람만 잔나(낙원)에 들어간다(꾸란 4:124).
(2) 알라는 의무를 다하는(ṣāliḥ) 사람에게 나은 삶을 살게 한다(꾸란 16:97).
(3) 알라는 의무를 다하는 사람 중에서 더 나은 일을 한 사람을 보상한다 (꾸란 16:97).
(4) 알라는 위선자와 다신 숭배자에게 육체와 혼에 고통을 주는 처벌을 한다.
(5) 알라는 이슬람을 믿는 신자를 회개하게 한다(꾸란 33:73).

인간의 가치에서 차이를 보이는 예가 꾸란에 있는데, 그것은 알라는 남성이냐 여성이냐 상관없이 타끄와(알라를 두려워하고 알라의 뜻에 순종함)의 양에 따라 사람을 차별한다고 했다. 꾸란 49:13에서 "알라 앞에서 가장 귀하게 여김을 받는 자는 너희들 중에서 타끄와가 가장 나은 자"라고 한다.

제5장
샤리아

1. 샤리아의 특징

이슬람의 온전한 개념을 이루는 요소는 교리, 율법, 실천해야 하는 의식, 윤리이다. 교리는 이슬람의 믿음('īmān)이고 율법(Sharī'ah)은 이슬람의 행위이다. '이만'('īmān)은 교리와 동의어이고 이만의 뜻은 '알라의 존재를 사실이라고 시인함, 알라에게 순종함'이다. 무슬림들은 알라의 존재를 사실이라고 시인하는 것(al-'īmān billāhi)이 알라에게 순종하고 행하는 것(al-'īmān lillāhi)보다 앞서야 한다고 말한다. 전자의 반대는 쿠프르(Kufr)이고 후자는 (알라의 존재를 사실이라고 시인한다는 조건에서) 순종하고 행하는 것이다(Muḥammad Mukhtār Jum'ah 2015, 248).

순니 아쉬아리파에서는 무슬림이 순종을 하면 믿음이 증가되고 불순종하면 믿음이 줄어든다고 믿는다. 꾸란과 순나에 언급된 이슬람의 믿음은 알라, 예언자들, 경전들, 메신저들, 마지막 날, 운명을 믿는 것을 가리킨다. 무슬림들은 이싸의 샤리아는 그 법 규정을 인질과 타우라에서 끌어오고 이슬람의 샤리아의 법 규정은 꾸란과 순나와 만장일치와 유추에서 끌어온다고 한다. 이슬람의 샤리아 특징은 아래와 같다.

(1) 샤리아는 원천이 알라이다.
(2) 샤리아는 대체나 변화로부터 보호되어 있다.
(3) 샤리아는 삶의 모든 문제를 망라한다.
(4) 샤리아는 의무, 금지, 기피, 추천, 무방 등에 의하여 인간의 각각의 행동을 규정한다.

(5) 샤리아는 신체적이고 정신적인 측면, 개인과 집단적인 측면 등 모든 측면이 고려된다.
(6) 샤리아는 모든 시대와 장소에 유효하다.

샤리아의 목적은 종교, 혼, 이성, 자손, 재산을 보호하는 것이다. 이라크 쿠파에서는 견해의 학파라고 불리는 이맘 아부 하니파의 법학파가 시작되었다. 메디나에서는 하디스 학파라고 불리는 이맘 말리크가 있었다. 두 학파가 성향은 달랐지만 그 목적은 이슬람 사회생활에서 무슬림들이 꾸란과 순나의 법을 따르도록 한 것이다.

이 두 학파 이후에 이 두 가지를 한데 모은 이맘 알샤피이가 있었다. 그는 생애 전반부 때 이맘 말리크에게서 배웠고 그 뒤 아부 하니파의 제자가 되었다. 그는 이 두 가지 법학파를 결합하여 법 이론('Ilm 'Uṣūl al-Fiqh)을 발전시켰다. 그리고 알샤피이 이후에 이맘 아흐마드 븐 한발이 등장하였고 그는 알샤피이에게서 배웠다.

2. 샤리아의 목적

이슬람이 율법 종교이므로 아랍 이슬람 세계에서 칼람학보다는 이슬람 법학이 더 많이 발전한 것은 당연했다. 무슬림들은 알라가 이슬람 율법(Sharī'ah)을 무함마드에게 내려 주었다고 믿는다. 무슬림은 이슬람법학, 이슬람 율법, 다양한 파트와(fatwā) 그리고 이슬람 율법의 여러 측면에 대해 연구한다. 그런데 대부분의 학자는 부분적인 것과 부차적인 것에 몰두해 있었다. 그러나 현대에 와서 꾸란에 기록된대로 이슬람 형법이 적용되지 않는 경우가 많아졌다. 예를 들어 마약 범죄나 경제 범죄는 국가 형법을 적용하고 샤리아 형벌(예: 손목 절단 등)을 적용하지 않는 경우가 많다.

예를 들면 튀르키예나 인도네시아에서는 샤리아는 종교적 관습에만 일부 적용되고 형사법이나 공공 법률에서 샤리아의 적용을 피하려는 경향이 있다. 이집트나 레바논에서는 콥트 기독교인이나 유대교인 등 비무슬림은 각자의 종교법이 적용되고 형법 문제에서는 샤리아가 적용되지 않는다.

사우디아라비아에서는 샤리아가 강력하게 적용되지만 모로코나 요르단과 같은 국가에서는 세속법이 강화되면서 샤리아의 적용이 제한되기도 한다. 또 국제 인권 협약이나 유엔 인권 선언에 따라 성소수자의 처벌을 완화하거나 샤리아법의 적용을 피하기도 한다.

많은 무슬림이 부분적인 것에만 몰두하다 보니 정작 이슬람 율법의 목표와 전체적인 목적(Maqāṣid)을 망각했다. 그래서 오늘날 무슬림들이 강조하는 것 중의 하나가 "샤리아의 목적"이다. 아랍어 단어 마까씨드(Maqāṣid)는 언어적 의미에서는 '목적, 어떤 특정한 목적을 얻기 위한 계획이나 방법을 추구함'이란 뜻이다.

샤리아는 언어적으로 '길, 순나, 방법, 종교 공동체, 종교'를 가리키고 어원을 찾아가면 샤리아는 '물로 가는 잘 닦아진 길'이란 뜻이다. 전문적인 의미에서 알라의 샤리아는 '사람들이 종교적 지식을 얻고 알라가 맡겨 준 실질적인 법적 판단을 끌어 오기 위하여 사람들에게 보여 준 분명한 길과 출처'를 가리킨다.

이슬람 율법의 마까씨드(목적)는 현세와 내세에 인류가 유익을 얻고, 이슬람 율법이 실현되고 보존되기 위한 목적과 그와 관련된 사항들이다. 그러면 이슬람 율법의 목적을 어떻게 이해할 수 있는가?

이슬람법학자는 종교적 지식을 실천하고 법적 판단을 면밀하게 함으로써 이슬람 율법의 목적을 이해할 수 있다. 이로써 법학자는 법 제정자의 의도인지 또는 그 의미가 법 제정자의 목적들 중 하나가 아닌지를 판단할 수 있다.

이슬람 율법의 가장 높고 보편적인 목적은 세상의 질서가 유지되고 보존되는데 필요불가결한 것이다. 이슬람 율법의 필수적인 가치는 생명 보존, 이성, 종교, 후손(대를 이음), 재물이다. 현대에 와서는 과거에 언급된 생명 보존, 이성, 종교는 동일하게 남아 있지만 과거의 후손과 재물은 각각 인간 존엄성과 소유권으로 바뀌었다.

알라가 인간에게 명령들과 금지 사항들을 정해 놓은 것은 인간 혼(Soul)과 그 속에 있는 이성을 보존하고 알라께 예배(예배는 혼과 이성으로 된 인간을 창조한 주된 목적)하게 하는 것이다. 혼과 이성이 알라께 예배하고 인간

후손이 세대를 이어 가고 이 땅에 이슬람 국가를 세워가는 것이다.

(1) 혼의 보전: 이슬람 율법의 가장 높고 보편적인 목적 중 첫 번째는 생명 보전이다. 알라는 이 땅에서 생존을 계속하게 하고 생존을 확실히 하려고 출산의 수단으로서 혼인을 법으로 제정했다. 그래서 무고한 사람을 죽이는 것을 금지하고 보복을 저지하고 긴급하게 필요한 경우에는 이슬람이 금지한 음식을 허용하였다.

(2) 이성의 보전: 이성의 보전은 두 번째로 중요한 목적이고 술과 마약을 금지함으로써 해악으로부터 인간 이성을 보호한다. 이슬람 율법이 이성에 관심을 둔 것은 타클리프(Taklīf: 도덕적 책임)가 위임되어 있기 때문이다. 이성은 인간과 나머지 피조물 사이를 구별해주므로 알라가 준 가장 큰 은택 중의 하나이다.

(3) 종교의 보전: 종교는 교리들, 예배들, 법령들, 알라와 사람 간 그리고 사람과 사람 간의 관계를 규정하는 법들을 포함한다. 종교의 보전을 확실히 하기 위하여 이슬람 율법은 두 가지 신앙 증언, 의식적인 기도, 자선(Zakah), 금식, 메카 순례를 의무로 규정한다. 또 이슬람 율법은 종교를 보호하고 적으로부터 지키려고 이슬람 포교에 장애가 되는 자와 싸우고 혀와 칼로 알라를 위해 싸우라고 한다.

(4) 자손(현대에서는 인간 존엄성): 이슬람 율법의 보편적인 목적 중 네 번째는 대를 잇도록 혼인을 법으로 제정했다. 혼인은 약속이고 남자와 여자를 결합시키는 끈끈한 유대이다. 알라의 율법은 혼인 이외의 성관계를 금지하였고 혼인한 자가 간음하면 돌로 치는 형벌을 가하라고 했다. 미혼의 간통자는 그런 일을 다시 못하도록 채찍질하라고 했다. 간음했다고 거짓 고소하는 것도 금지했고 이를 어기면 처벌했다.

(5) 재물(현대에서는 소유권): 알라는 매매, 리스(lease), 선물, 임차 등을 허용하여 소유권을 보호하는 법을 제정하였다. 알라는 인간이 일해서 먹고 살라고 하고 소유권을 보호하기 위하여 훔치는 것을 금하고 이를 범하면 손을 자르는 형벌을 부가했다. 그리고 고리 대금업, 재산 횡령, 사기, 배신, 부패, 타인의 재산을 침해하는 행위, 무게를 속이는 행위, 낭비와 사치를 금했다.

이슬람 율법의 목적에 대한 현대 무슬림 중에는 다섯 가지의 순서를 바꾼 경우가 있는데 이것은 해당 무슬림공동체가 당한 상황을 개혁하기 위해서 그렇게 한 것이다. 현대에 와서 인간 존엄성과 소유권이란 말로 바꾼 것은 이슬람 율법의 목적들의 순서가 달라진 것이 아니고 "관점(고려 사항)이 달라서 표현이 달라진 것"이다. 가령, 위 다섯 가지 중에서 종교를 다른 것들보다 앞세운다면 종교의 보전이 나머지 가치들을 전달하는데 종합적인 의미를 주는 것으로 생각했다.

3. 취소(대체)론

나스크(Naskh)는 법학과 해석에서 가장 논란이 많았던 주제이다. 꾸란 구절이 시간이 지나면서 다른 구절로 대체되는 나스크를 대부분의 학자가 받아들였다. 일부 무슬림은 나스크의 적용을 제한하려고 했는데 꾸란 해석이 시간과 상황에 따라 다를 수 있기 때문에 어느 구절이 다른 구절에 의해 취소되기 보다는 특정 맥락과 상황에서 적용되어야 한다고 했다. 그런데 아예 나스크를 받아들이지 않는 무슬림들은 꾸란이 처음부터 완전하고 변화하지 않는 것으로 이해하기 때문이다.

이슬람의 메시지가 아랍인들에게 제시되었을 때 그들의 삶의 방식과 다른 것은 단계별로 소개되었다. 꾸란은 점차적으로 사람들이 변화를 하도록 새로운 규정을 적응할 시간을 주었다. 예를 들면, 꾸란에서 음주와 관련된 세 개의 구절이 있는데 음주는 이슬람 이전에 사회악이었지만 이슬람 이후에도 널리 퍼져 있었다. 세 구절은 단계별로 내려오면서 마침내 무슬림이 취하게 되는 모든 것이 금지되었다.

나스크라는 낱말은 꾸란에 두 번 나오는데 한번은 대체(2:106), 다른 한번은 취소(22:52)라는 개념이다. '나시크'(Nāsikh)는 '취소(대체)시키는 것'이고 '만수크'(Mansūk)라는 말은 '취소(대체)를 당하는 것'을 의미한다.

이슬람 전문용어로 나스크의 의미는 '나중에 나온 법적 증거로 샤리아의 법적 지배를 거둬들이는 것'을 가리킨다. 나스크는 나중의 법이 먼저 내려온 법과 모순이 될 경우 먼저 내려온 법이 완전히 취소(대체)된다는 것이다. 나스크가 발생하려면 정확히 동일한 주제에 대하여 이전의 이슬람법이 반드시 존재하여야 하고 나중에 다른 법에 의하여 취소(대체)된다. 그러므로 나시크와 만수크 사이에는 시간적 간격이 있어야 한다.

그런데 꾸란이 유대교와 나싸라의 경전 이후에 내려왔기 때문에 꾸란이 이 두 개를 취소(대체)한다고 주장한 무슬림들이 있었다. 이로써 많은 무슬림들은 이전의 경전을 읽을 필요가 없다고 생각했다. 왜냐하면 꾸란에 다시 반복되고 있고 또 이전에 잘못된 것을 꾸란이 시정하기 때문이라고 생각했다. 나스크 문제는 교리의 문제가 아니고 법의 문제이고 모든 꾸란 구절이 나스크와 관련된 것이 아니다.

이슬람력 첫 100년 동안에 나스크가 중요한 해석적 도구로 등장하였고 꾸란과 피끄흐(법학) 간의 불일치를 조정하고자 했다. 그러나 이슬람력 2세기와 3세기에는 나스크의 의미가 확대되어 연대기적 순서라는 패턴을 더 이상 따를 수 없었다(David S. Powers 1988, 137).

나스크에 의하여 영향을 받는 법 적용은 다음과 같이 네 가지 범주로 나뉜다.

첫째, 꾸란 구절이 꾸란 구절을 취소(대체)한다
둘째, 꾸란 구절이 순나의 구절을 취소(대체)한다
셋째, 순나 무타와티르(Mutawātir: 집단에서 집단으로 전한 순나, 가장 권위 있는 순나)가 꾸란을 취소(대체)한다
넷째, 순나가 순나를 취소(대체)한다.

그러나 나스크가 일어나는 데에는 다음과 같이 네 가지 조건이 필요하다.

(1) 만수크가 샤리아의 법령(Ḥukm)이어야 한다.
(2) 나스크에 대한 증거는 샤리아에 근거한 증거다.
(3) 만수크의 법령을 중지시켜야 한다.

(4) 나중 증거와 만수크의 법령 사이에는 둘 사이가 하나가 될 수 없어서 서로 모순되는 것이 확실하게 나타나야 한다.

따라서 나스크는 법적 규정이나 특정 조건에 따라 해석될 수 있는 부분에 더 많이 적용되며 다음과 같이 교리적 본질이나 의무적인 종교 행위에는 영향을 미치지 않는다.

① 알라의 본질과 속성 그리고 타우히드와 알라에 대한 믿음
② 알라의 경전과 메신저(무함마드 포함)와 마지막 날과 잔나와 지옥에 관련된 교리 문제
③ 의식적인 기도나 자카나 금식이나 메카 순례와 같은 의무와 관련된 예배의 원칙
④ 예언자의 이야기나 과거 민족과 관련된 이야기
⑤ 윤리와 공적인 에티켓

위와 같이 나스크는 명령과 금지한 사항들 가령, 살인, 불법적인 행위, 도덕적 규범에 적용되지 않는다. 그리고 꾸란의 문학적 측면이나 아랍어의 시적 표현에서는 나스크가 적용되지 않는다. 이처럼 나스크 문제는 교리적 본질이나 신앙의 핵심과 관련이 없고 법적, 규범적 측면에서 발생한다. 따라서 전체 꾸란 구절 중 약 5-10퍼센트에 해당하는 구절이 나스크와 관련이 있다.

현대에 와서는 나스크가 법학자들에게는 논의의 대상이 되지만 일반 무슬림들은 어느 것이 나시크이고 어느 것이 만수크인지 잘 모른다. 법학자들 사이에서도 어느 구절이 나시크인지 만수크인지 의견 차이가 존재한다. 오늘날 법적, 윤리적 문제에 대한 논의는 나스크에 의존하기 보다는 꾸란과 순나의 새로운 해석을 통해 접근하려는 시도가 많다. 환경 문제나 테크놀로지, 인권 문제는 나스크와 관련시키기보다는 새로운 시대에 맞는 해석을 요구하는 이슈로 바뀌었다.

나스크는 꾸란 구절 간의 상호 관계에 대한 해석의 문제이고 더 나은 법적 규정이 이전의 것을 대체하는 개념이다.

제6장
수피즘과 민속 이슬람

1. 수피즘

1) 수피즘의 정의

아랍어 타싸우우프(taṣawwuf)는 일반적으로 인간의 정신적 생활(ḥayāh rūḥiyyah)을 가리킨다. 이것은 모든 시대와 모든 종교에 존재하는 인간적인 천성이고 인류적인 현상이라고 한다. 그러나 하늘의 종교에서는 알라를 향한 직접적인 지향을 가리킨다.

일반적인 타싸우우프의 정의는 "윤리적인 완전함과 내밀한 것을 알고 정신적 행복(saʿādah rūḥiyyah)을 실현하기 위해 인간이 취하는 행동에서의 특정한 방식이고 삶의 철학이다."[1] 수피들은 마음을 깨끗이 하고(tanqiyah al-nafs) 악을 멀리하고 알라에게 가까이 간다고 말하며 그때 알라는 알라에게 있는 마으리파(maʿrifah: 마음에 비추어진 지식)를 인간에게 허락한다고 말한다. 수피가 신적 지식과 인간 혼의 "내적 측면의 진보"에서 높은 등급에 이르면 "알라께 가까워진다"(qurb min allah)고 한다.

수피즘의 정의가 100개 이상인데 각 정의는 수피즘의 여러 측면에서 한 가지 측면을 표현하거나 특정 수피의 특별한 견해를 표현하는 정의이다. 이 정의 중 두드러진 경향은 윤리적 성향, 금욕적 성향, 알라에게 가까이

---

[1] Maḥmūd Ḥamdī Zaqzūq, *Mawsūʿah al-Taṣawwuf al-ʾIslāmī*, 18.

가려고 행하는 것이라고 할 수 있다. 그러면 몇 가지 타싸우우프의 정의를 찾아보자.

(1) 자카리야 알안싸리는 타싸우우프를 "혼을 정화하고 윤리를 바르게 하는 것 그리고 영원한 행복을 얻기 위해 인간이 스스로를 내적·외적으로 바로 세우는 것"이라고 정의했다.
(2) 일부 학자는 "타싸우우프의 본질은 윤리이며 윤리가 더해질수록 타싸우우프가 더욱 충만해진다"고 말했다.
(3) 아부 알하산 알샤딜리는 "타싸우우프는 혼을 훈련하는 것"이라 했다.
(4) 이븐 아지바는 "타싸우우프는 알라 앞에서 어떻게 행동해야 하는지를 배우는 학문이며 마음속의 악을 제거하고 유익한 것으로 채우는 것"이라고 설명했다.

따라서 수피즘은 인간의 영혼을 훈련하고 정화하여 마음을 깨끗하게 하며 궁극적으로 알라와의 만남을 지향하는 학문이라 할 수 있다. 현대의 수피즘은 알라를 찾는 과정에서 인간 윤리에 대한 관심이 더욱 강조되는 경향이 있다.

2) 수피즘을 반대한 무슬림들

이슬람 역사에서 처음으로 수피즘에 적대적인 태도를 보인 분파는 카와리지(Khawārij)파였다. 이슬람력 3세기(9세기)에는 12이맘파와 자이드파가 수피들을 비난했다.

순니파는 처음부터 수피즘을 비판하는 것에 대한 합의가 이루어지지는 않았다. 하지만, 점차적으로 일부 순니 학자들이 수피즘을 비판하기 시작했다. 순니파 중 수피즘을 강하게 공격한 두 개의 그룹 중 하나는 이븐 한발(780-855)과 그의 추종자들이었다. 그는 수피들이 공개적으로 소리를 내어 기도하는 대신에 묵상을 강조하고 혼(soul)이 알라를 추구한다고 주장하는 것을 비판했다. 그는 이러한 수피적 신앙이 율법의 엄격한 준수를 벗어나 자유로운 신앙 행위를 정당화할 위험이 있다고 보았다.

무으타질라(Muʻtazilah)파와 자히리(Zāhirī)파는 "창조주가 피조물과 결합하여 서로 사랑한다"는 수피들의 사상을 터무니없는 주장이라고 비판했다. 이는 수피즘이 신을 인간의 속성과 연결시키는 것(tashbīh)뿐만 아니라 신과 특정 피조물 간의 접속(ḥulūl)을 허용하는 경향이 있었기 때문이었다.

수피즘에 적대적이었던 이븐 자우지, 이븐 타이미야, 이븐 알까임과 같은 순니 학자들은 알가잘리의 도덕적 권위를 존경하면서도 이븐 아라비의 제자들이 주장한 '와흐다 알우주드'(신의 존재가 유일한 실재)를 거부했다. 사우디아라비아의 와하비 창시자인 무함마드 이븐 압드 알와합 역시 수피즘에 대해 편견을 가지고 있었다. 그런데도 현대 수피즘은 순니 이슬람에서 완전히 배척되지 않았다. 오히려 많은 순니 무슬림들은 수피들의 윤리적 삶과 기도 방식을 받아들였다. 대표적인 예로 알가잘리의 『종교학의 되살리기』(ʻiḥyāʼ al-ʻulūm al-dīn)와 같은 책이 있다.

3) 수피즘의 주요 이론

공식 이슬람에서는 알라와 인간의 관계를 명확하게 구별하고 신의 본질과 인간의 본질이 결합하는 것을 거부하였다. 그런데 수피즘의 이론들 중에 잇티하디야는 혼이 신성과 결합하는 이론이고 이쉬라끼야는 혼이 능동적으로 신의 빛을 받아 살아나는 이론이고 우쑬리야는 혼이 신에게 도달하여 무아의 상태에 이르게 된다는 이론이다.

(1) 잇티하디야(ʼittiḥādiyyah, 합일)

이븐 마사라(Ibn Masarra)는 신의 유출 개념을 언급하긴 했으나, 그의 사상이 명확히 잇티하디야(신과의 합일)를 주장했다고 단정하기는 어렵다. 이크완 알싸파(ʼikhwān al-ṣafāʼ)는 혼이 신적 이성으로부터 유출된 것이며 궁극적으로 신과 합일할 수 있다고 보았다. 알파라비(Al-Farabī)는 이슬람 철학자 중 신플라톤주의적 유출설을 가장 체계적으로 발전시킨 인물이다. 그러나 그는 '신과의 합일'을 직접적으로 주장한 것이 아니고 인간의 이성이 '능동이성'(Active Intellect)과 접촉함으로써 완전한 인식에 도달할 수 있다고 설명했다. 신적 이성으로부터 지식을 얻는 과정에 초점을 맞췄다. 이들은 신의 유출(emanation) 개념을 사용하였다.

(2) 이쉬라끼야('ishrāqiyyah, 조명)

수흐라와르디, 할라비, 질다키 그리고 다우와니, 싸드르 알딘 시라지 등은 이쉬라끼야는 혼이 신의 '빛'을 받아들여 살아난다고 설명하며, 능동이성이 그 빛을 매개하여 혼이 신적 인식에 도달한다고 믿었다.

(3) 우쑬리야('uṣuliyyah, 도달)

이븐 시나에서 이븐 뚜파일, 이븐 싸브인에 이르는 우쑬리야는 혼이 신에게 도달하는 과정을 설명한다. 그들은 혼이 알라에게 도달하게 되면 혼은 '무아'의 상태에 이르고 그 상태에서는 아무것도 마음에 두지 않게 된다고 말한다. '무아'란 자아를 초월한 상태를 의미한다. 이들은 혼이 신에게 도달하여 궁극적인 비움의 상태에 이른다고 주장했다.

그런데 알가잘리는 '잇티하디야' 이론을 반박했다. 이븐 시나는 '잇티하디야'를 받아들인 것처럼 보였지만 그의 다른 책인 *'ishārāt*에서는 잇티하디야를 거부하며 신성과 혼 사이의 구별을 강조했다.

(4) 우주디야(신의 존재가 유일한 실재)

수피 이론의 발달은 주로 13세기에 마지막 단계에 이르게 되었다. 그 당시 수피를 반대하는 사람들은 수피들을 와흐다티야(waḥdatiyyah) 혹은 우주디야(Wujūdiyyah, 신의 존재가 유일한 실재)라고 불렀다. 수피들은 '신의 존재가 유일한 실재이며 모든 피조물은 그 실재의 발현'(waḥdah al-Wujūd)이라고 주장했으며 이는 "모든 존재는 결국 알라의 존재 속에서만 실재(reality)할 수 있다"고 한다. 우주디야 이론을 처음으로 체계화한 사람은 이븐 아라비였으며 그는 1240년에 사망했다. 이븐 아라비는 "모든 피조물은 본질적으로 무(없음)이며 창조주의 존재가 핵심"이라고 주장했다. 이 이론은 후에 파르가니와 질리에 의해 수정되어 오늘날까지 많은 수피에게 전해지고 있다.

알할라즈, 알가잘리, 이븐 아라비 세 명의 수피는 이슬람 수피즘에서 주목할 만한 인물들이다. 알할라즈(922년 사망)는 알라를 아는 것을 추구한 수피였다. 그는 "무슬림은 자기 자신을 통해 알라와 합일을 이뤄야 한다"고 무슬림들이 이해했고 이로 인해 카피르로 몰려 처형되었다.

일부 후세 학자들은 수피즘 연구를 통하여 알할라즈가 카피르도 아니고 일원론자(실재가 하나의 본질로 이뤄졌다)도 아니고 범신론자도 아니라고 했다. 그가 생각한 알라와 인간의 결합은 놀라울 정도로 서로 가까이 다가갔지만 둘이 일체화된 것은 아니라고 했다. 알할라즈의 사상은 죽음 후에도 계속 무슬림들에게 영향을 끼쳤다. 많은 수피가 그가 걸었던 길을 따르며 와흐다 알슈후드라고 불리었다. 이는 "무슬림의 마음 안에서 알라를 직접 목격하는 자"(waḥdah al-shuhūd)가 되는 것을 의미한다.

알가잘리는 수피즘을 정통 이슬람 신학 안에 단단하게 접합시키는 공헌을 한 학자이다. 그의 수피 가르침에서는 창조주와 피조물 사이가 본질적으로 분리되었다고 함으로써 일원론과 범신론의 비난을 피할 수 있었다. 수피의 길이 피조물에 대한 알라의 사랑을 알 수 있는 가장 분명한 길을 제시해 준다고 결론을 냈다.

그러나 이븐 아라비(1240년 사망)는 그런 비난을 피할 수 없었다.

수피즘을 반대하는 사람들은 종종 수피들을 훌룰과 잇티하드를 주장한다고 비난했다. 이에 대해 수피들은 "우리가 이러한 주장을 했다는 명확한 증거를 가져오라"고 반박하며, 이러한 비난이 수피즘에 대한 왜곡이라고 주장한다. 사실, 수피들은 자신들에게 씌워진 이러한 거짓된 주장들을 강력히 부인하며, 사람들에게 그러한 잘못된 신념들(즉, 신과 피조물이 하나라는 주장)에 빠지지 않도록 경고해 왔다.

4) 수피는 신과 인간 간의 접속(훌룰)과 신과의 합일(잇티하드)과 상관 없다

한국인 중에는 수피가 알라와의 합일을 추구한다고 잘못 말했다. 서구 학자들은 수피즘을 신과 하나가 된다('ittihād) 또는 신이 특정 피조물 안에 임한다(ḥulūl)고 말한다. 사실 순니 이슬람에서는 합일 또는 잇티하드 또는 훌룰을 모두 거부한다. 이슬람의 잇티하드와 훌룰은 기독교의 연합과 다른 개념이다.

훌룰은 알라가 우주의 모든 부분, 즉 바다와 산과 돌과 나무와 동물과 인간 등에 존재한다고 말한다. 마치 장미수에 장미 향이 녹아든 것과 같다고 설명한다. 수피의 "훌룰"은 신과 인간 사이 또는 신성과 인성 사이의 접속 또는 신이 인간에게 임한다는 것을 의미한다. 이것은 수피들에 따르면 신이 특정 부류의 사람들과 접속한다는 것을 의미하며, 그로 인해 그들은 신성의 일부 속성을 얻게 된다. 그래서 "훌룰"은 인간과 신이 분리되지 않은 하나의 합일로 설명하기도 했다. 이런 경우 "나는 너 안에서 완전히 사라진다"고 여기며 창조주와 피조물 사이의 구별이 사라진다. 이런 주장은 이슬람 움마의 교리('aqā'id)에 어긋나므로 아주 확실한 쿠프르(kufr: 알라를 믿지 않음)라고 한다.[2]

알리 븐 와파('Alī bn wafā')의 말을 인용한 알샤으라니(al-sha'rānī)는 잇티하드라는 말의 뜻은 압드(인간)가 알라(al-Ḥaqq)의 뜻(murād)에 소멸(fanā')되는 것이라고 했다.[3] 수피들이 잇티하드나 훌룰에 연관되어 있다고 함부로 말해서는 안된다. 이집트의 알리 알카띱은 이슬람의 수피즘에 훌룰과 잇티하드가 있다고 말하는 것으로부터 벗어나라고 한다.[4]

알가잘리는 수피즘에서 첫 번째 조건으로 알라만 남기고 마음에서 모든 것을 완전히 깨끗이(Taṭhīr)해야 한다고 말했다. 그 열쇠는 마음이 완전하게 알라를 디크르(dhikr: 반복하는 기도문)하는데 집중해야 하고 마지막으로는

2　Maḥmūd Ḥamdī Zaqzūq, *Mawsū'ah al-Taṣawwuf al-Islāmī*(Cairo: Wizārah al-'awqāf, 2012), 51.
3　Maḥmūd Ḥamdī Zaqzūq, *Mawsū'ah al-Taṣawwuf al-Islāmī*, 55.
4　Maḥmūd Ḥamdī Zaqzūq, *Mawsū'ah al-Taṣawwuf al-Islāmī*, 57.

알라 안에서 자신은 완전히 소멸되어야 한다고 했다.[5] 수피들이 훌룰과 잇티하드와 상관이 없다는 것[6]이다.

수피 학자였던 알가잘리는 수피즘에 대해 다음과 같이 말한다.

> 수피들은 알라에 대한 사랑이나 그분과의 교제(friendship)에 대해 말할 수 있었지만(이것은 꾸란의 주제가 아니다), 알라와 인간이 접속한다고 말할 수 없다. 알라와 하나가 되는 것이 아니라, 알라께 가까이 다가감으로써 하끼까(ḥaqīqah, 진리)에 도달한다. 그러나 그 과정에서도 샤리아(Sharīʻah)의 규정을 벗어나서는 안 된다.[7]

일반적으로 훌룰은 알라가 특정 피조물(예언자 등) 안에 들어간다는 뜻으로 그리고 잇티하드는 알라와 인간이 하나가 된다는 뜻으로 이해하는 것은 순니 이슬람의 타우히드(알라가 한 분이다)와 어긋난다고 본 것이다. 다시 말하면 알라와 인간 간의 차이가 있고 알라가 초월해 있다는 것을 간과한 것으로 본 것이다. 수피들의 이론과 다르게 기독교에서 그리스도와의 연합은 우리가 그리스도 안에 있고 그리스도가 우리 안에 있으며, 우리가 그리스도를 본받고 우리가 그리스도와 함께 있는 것이다.

2. 민속 이슬람

우리말 사전에서 민속은 '민간 생활과 결부된 신앙, 습관, 풍속, 전설, 기술, 전승 문화 따위를 통틀어 이르는 말'이라고 한다. 그런데 아랍 이슬람 세계는 이것과 비슷하게 민속 신앙(muʻtaqad shaʻbī)이란 말을 사용한다. 민속 신앙이 이슬람에서 온 것이 아니라는 점에서 아랍 무슬림들은 민속 이슬람(popular Islam, Folk Islam)이라는 용어를 사용하지 않는다.

5　Maḥmūd Ḥamdī Zaqzūq, *Mawsūʻah al-Taṣawwuf al-Islāmī*, 23.
6　Maḥmūd Ḥamdī Zaqzūq, *Mawsūʻah al-Taṣawwuf al-Islāmī*, 23.
7　Joseph Kenny, *Philosophy of the Muslim World*, 150.

무슬림들은 생활에서 필요한 것을 해결하고자 예언자와 수피의 왈리[8]에게 간청하는 일, 잔을 읽는 것과 운을 점치는 일, 사탄에 씌인 자를 치유하는 일, 부적과 흑주술, 무덤이 있는 모스크에서의 기도, 장례와 무덤 방문, 까린(사람의 모사품: 사람의 눈에 보이지 않음) 등을 '이슬람과 아다트'('adāt)라는 항목에 포함시킨다.

　아랍어 '아다트'(관습)는 "사람이 생각이 없이 행할 정도로 사람들에게 익숙하여 반복적으로 행하는 모든 것"을 가리킨다. "아다트 샤아비야"(민간 관습)는 비공식적이고 전통적인 행동 양식이다.

　20세기 초 윈프레드(Winfred)는 이집트의 각 마을에 그 지역 주술사가 존재하며 악령(evil spirits)을 쫓아내고 흑주술(black magic)을 사용하고 부적을 팔기도 했다고 저술했다. 이집트 무슬림들이 이슬람의 큰 명절이 되면 죽은 자의 무덤에 암탉의 알을 숨겨서 죽은 자의 루흐(혼)를 끌어들이려는 무슬림도 있었다. 물론, 임신을 원하는 무슬림 여성들이 무덤 주위를 세 번 돌기도 한다. 무슬림들이 매년 순례를 가는 메카의 흑석도 이런 주술의 연장이라고 볼 수 있는데 이슬람 세계의 여러 지역에서 다양한 형태의 주술적 관행이 존재한다. 이슬람의 주술은 특정한 능력을 빌려오는 것이다.

　이집트인들에게 축귀(zār) 의식이 전해 내려오고 있고 진(jinn)에 억눌린 사람에게서 축귀한다는 구실로 매질을 하여 사람이 죽기도 했다. 꾸란 113:4에서는 주술에 사용되는 매듭을 언급하고 5절에는 시기하는 것의 해악을 언급하고 있어서 주술과 시기들의 해악이 있었다는 것이다.

　이슬람이 금하는데도 불구하고 현대 무슬림들에게서 자주 볼 수 있는 이런 마법은 사실이 아닌 것을 눈으로 보는 환영(sha'wadhah), 별과 숫자로 조합한 주문(talāsim), 흰 종이에 빨간 글씨가 적힌 부적('ahjibah), 상대를 해롭게 하고 나쁜 일이 일어나게 하는 흑주술(ta'āwīdh), 목걸이나 팔찌 등에 뭔가 기록한 액막이(tamā'im) 등이 있다.

　점성가들과 주문은 알라가 아닌 것에 의존하므로 이슬람의 교리를 부패하게 하고 무슬림에게 해를 주는 것이라고 말한다. 주문은 시기로부터 보호를 받고 질병이 낫고 먹을 것을 얻고 사랑을 받는 것을 기대한다.

---

[8] 왈리(waliyy)는 알라에게 가까이 있는 자이고 알라에게 순종을 계속하는 자이다.

그런데 기대되는 결과가 금방 안 나와도 절대로 주문의 능력을 의심하지 않는다.

이슬람법에서는 마법(siḥr), 환영(sha'wadhah), 주문(ṭalāsim)을 금지 목록에 포함시켰다. 이 모두가 알라가 아닌 다른 것에 의지하고 신앙적 교리를 부패시킨다고 보았다. 그러나 꾸란 구절을 주문으로 사용하는 루끄야(ruqya)는 타우히드(단일신론)와 모순되지 않아서 이슬람에서 허용되었다. 일부 수피들이 아랍어가 아닌 말과 이해되지 않는 말로 쓴 루끄야는 순니 무슬림들이 쉬르크(shirk: 다신 숭배)를 조장한다고 하면서 이를 금지했다. 이슬람에서 진(jinn)을 쫓는 방법은 꾸란 구절을 소리 내어 암송하라고 한다.

더구나 무슬림들이 사우디아라비아의 메카 순례 중에 사탄을 상징하는 돌기둥에 돌을 던지면 사탄을 물리칠 수 있다는 믿음은 자연의 물체가 혼(soul)을 갖는다고 여기는 것에서 시작되었다. 메카 대사원을 덮은 천(kiswah)에 손을 대면 복(barakah)이 있다고 믿고 사우디아라비아의 정부가 그 천을 매년 바꾸는데 그 천 조각을 잘라서 무슬림 가정에 귀히 간직하는 것도 구복 신앙의 한 가지다.

오늘날 이집트에서는 주술(siḥr)과 사실이 아닌 것을 눈으로 보는 환영(sha'wadhah), 병을 치료할 수 있다고 사람들에게 거짓된 생각을 주는 다잘(dajal) 그리고 사기꾼들이 이집트인들의 재산을 탕진하게 한다. 환영은 감각의 착오로 사실이 아닌 것이 사실로 보이는 환각 현상이다.

닷자알(야바위꾼)은 늦은 혼인이나 임신이 빨리 안 되는 여성을 거짓으로 속여서 돈을 갈취하는 야바위와 비슷하다. 닷자알이 병을 낫게 해 준다고 속이거나 사회적 문제와 고질병을 치료할 수 있다고 하고 진(jinn)을 통제하는 초자연적 능력이 있다고 사람들을 오도한 자들이라서 경찰에 붙잡히기도 했다.

이집트인들은 미래를 알고 보이지 않는 세계를 알고 싶어 하고 또 사라진 사람이나 신령과 대화하는 와시뜨(wasīṭ)를 찾아간다. 2017년 이집트 형사 문제 연구소가 발표하기를 이집트인들이 보이지 않는 세계를 알려주고 주술을 풀어주고 진의 문제를 해결해주는 댓가로 1년에 천만 파운드를 쓴다고 했다. 이집트 시골에는 사람들의 행동을 통제하는 274개의 미신이 있다고 한다.

아랍 세계에서 샤으와다를 시행하는 자(dajjāl, 닷자알; 야바위꾼)가 25만 명이 있다고 했고 이집트에는 국민 240명마다 한 명의 닷자알이 있다고 했다. 이집트에는 20만 명이 혼을 불러옴을 통해 병을 치료받았다고 한다. 그런데 지금도 닷자알과 샤으와다(sha'wadhah: 환영)에 의존하는 사람들이 많고 정신과나 전문가에게 의존하기보다 이 둘을 더 선호한다고 했다.[9] 이집트의 다르 알살람, 알바사틴, 카프르 알세이크, 기자 지역에 유명한 닷자알이 있다고 한다.

수단에서도 주술과 시샘과 흉안을 막기 위해 다섯 손가락 모양의 장식품을 벽에 걸어둔다고 한다. 이집트에는 정신적 치료를 위한 루끄야 센터가 있는데 그 센터 건물에 딸린 장소에서 다잘, 샤우와다, 나씁(naṣb: 속임수)이 이뤄진다고 했다. 그렇게 하면 가족 문제를 해결하고, 조혼을 서두르게 할 수 있고, 고질병을 낫게 하고 주술을 풀어주고 불임과 결혼을 빨리 가능하게 해 준다고 뀐다.[10]

이집트의 주술 수단은 다음과 같이 보호 수단과 재해 수단으로 나뉜다.[11]

첫째, 보호 수단으로서 부적(ḥijāb)은 빨간 잉크나 초록 잉크로 쓴 종이다. 종이를 접어서 빨간 가죽 속에 넣어서 목걸이로 달고 다니거나 부적을 옷 밑에 두기도 한다. 부적은 질병을 보호하거나 시기하는 눈으로부터 보호를 받는다. 애증(ḥubb wa karāhiyyah)은 결혼 뒤에 생기는 문제가 술법을 부리는 일 때문이라고 한다. 부인이 미신을 믿으면 재빨리 주술사에게 달려가 남편의 머리 밑 베개에 부적을 넣고 남편의 사랑이 다시 돌아오기를 기다린다. 타흐위따(taḥwīṭah)는 인간에게 재해를 주는 술법을 부리는 일로부터 보호하는 것이다.

---

9   요르단에서는 무슬림들이 손금보기, 별자리 운세, 조개 껍질을 던져서 점치기, 자신의 이름과 어머니 이름으로 과거를 알아보기, 잔으로 점치기 등이 있다.
10   https://www.noonpost.org/content/13353
11   Samū'īl Rizfī 'Ibrāhīm, *Saykūlūjiyyah al-Khirāfah, al-Siḥr wa al-Ḥasad*(Cairo: San Mark, 2009), 57-63.

무슬림들에게는 이슬람이 허용하는 루끄야가 있는데 그것은 환자가 꾸란 구절 하나를 주문으로 외우거나 알라의 이름이나 속성의 하나를 주문으로 외우는 것이다. 질병이나 해악을 당한 자에게 치료를 위해 주문으로 읽어 주는 것이다.

둘째, 재해 수단으로서 '술법을 부리는 일'은 주술사가 인간에게서 손수건이나 옷자락이나 머리 술을 획득한다. 보복은 적을 표현한 양초 조각상을 만들어 주술사가 불에 넣는다. 그게 녹아서 없어져 갈수록 상대에게 영향력이 커진다. 점쟁이는 주술사가 잃어버린 것을 찾아주기도 한다. 주술사는 7-8세 되는 어린이를 택한 후 어떤 사람이 보이느냐 묻고 그 인상착의를 주술사에게 이야기해 보라고 한다. 그리고 가족들에게 누군지 맞춰보라고 주문한다. 이집트에서 주술은 치료를 긴급히 필요로 하는 사람에게 그리고 신을 예배해야 하는 종교적 필요를 느끼는 사람에게도 주술이 확산되어 있다.

제7장

이슬람 포교 기관과 포교사

세계의 무슬림은 다양하다. 이슬람 종교를 자신의 사회적 위신으로 여기는 무슬림, 자신의 이익을 추구하는 경제적인 무슬림, 종교적 텍스트에서 이성의 사용을 금지하거나 막아버린 근본주의 무슬림, 이슬람 종교를 정치적 이데올로기로 사용하는 정치적 무슬림, 자신의 신념을 무장투쟁과 폭력을 통해 실현하려는 전투적인 무슬림, 이슬람 신앙과 실천을 철저히 따르지 않는 문화적인 무슬림, 극단적인 사상을 갖는 극단주의 무슬림, 맹목적으로 따라가는 무슬림, 윤리적인 완전함과 내밀한 것(알라의 명령과 금지의 정신)을 알고 정신적 행복을 실현하고자 하는 수피 무슬림, 전통과 현대적 사고의 조화를 추구하는 모더니스트 무슬림, 국가와 종교를 구분하는 세속적인 무슬림, 학문적 접근을 하는 지적인 무슬림, 전통을 재해석하고 현대사회와 조화를 찾는 개혁주의 무슬림, 지역적 관습을 통해 이슬람을 실천하는 민속무슬림, 남과 화평하게 지내려는 무슬림, 한 가지 유형으로 분류하기 어려운 복합적 정체성을 가진 무슬림 그리고 무신론자 등이 있다. 이처럼 무슬림의 정체성과 신앙 실천 방식은 매우 다양하며, 단일한 틀로 규정하기 어렵다.

1. 한국 내 이슬람 포교 기관과 포교사

무슬림 포교사들이 전 세계에 이슬람 메시지를 전파하고 있다. 그런데 꾸란과 하디스가 말하는 이슬람(이상적인 이슬람: Ideal Islam)과 오늘날 이슬람 국가에서 만나는 무슬림들의 이슬람(현실적인 이슬람: Actual Islam)이 다르다. 2016년 아흐마드 압드 랍비히는 "이제 이슬람은 현대의 무슬림과 동떨어진 것 같다. 이슬람이 무슬림에게 낯설다"고 했다.

이와 비슷한 문제의식을 한국에서도 찾아볼 수 있다. 일부 한국 무슬림들은 한국에서 이슬람(이상적인 이슬람)이 바르게 전해지지 않았다고 주장하며, 많은 사람이 올바른 이슬람을 알지 못한 채 왜곡된 이미지만을 접하고 있다고 지적한다. 이슬람 세계가 한국의 이슬람 포교에 관심이 적다고도 했다. 오늘날 한국에서 이슬람을 포교하는 단체는 모스크와 이슬람센터, 이슬람학교(수피 무슬림들의 꾸란 암송 튀르키예학교)가 있다고 했다.

이슬람 포교에 직간접으로 도움을 주는 곳은 서울 주재 이슬람 국가 대사관들과 무슬림세계연맹이고 이슬람 국가의 대사관들은 모스크와 학교 건립에 재정 지원을 하고 이슬람 포교와 무슬림들에게 도움이 되는 각종 기물을 헌납하고 상담과 자문을 제공한다고 했다. 가령, 카타르 대사관의 재정 지원으로 한국에 거주하는 무슬림공동체가 2004년 이슬람 공동묘지를 매입했다.

무슬림세계연맹은 세계 이슬람 기구이고 메카에 본부를 두고 있고 이슬람 포교를 하기 위하여 모스크 건립과 관리, 포교 활동을 지원하고 있다. 한국에서 순니 무슬림이 보기에 순니 이슬람 포교의 장애물은 시아, 수피, 바하이라고 했다. 한국에서 순니 무슬림들이 시아 무슬림들과 갈등 관계를 가진 바 있었고 수피 무슬림들이 자신들을 순니라고 하면서 순니 무슬림과 다른 교리를 갖는다고 한다.

한국 내 수피즘은 파키스탄 무슬림의 수피 운동이 하나가 있고 튀르키예 수피 운동이 3개라고 한다. 그들이 순니파라고 하는데 김은수는 수피들에게 알라가 순니파를 보호하고 그들에게 진리(순니 이슬람)를 보여 주기를 원한다고 했다. 그는 또 한국의 바하이가 이슬람 포교의 길에 위험하다고 하면서 바하이를 간과해서는 안 된다[1]고 했다. 그는 순니파 무슬림으

---

1   Kīm Wun Sū, al-Daʻwah al-Islāmiyyah fi kūriya al-Janūbiyyah: wāqiʻuha wa muʻawwiqātuhā wa-subul ʻilājihā(al-Jāmiʻah al-’Islāmiyyah bil-Madīnah al-Munawwarah, 2018), 334.

로서 시아파, 수피, 바하이를 길을 잃은 분파라고 하였다.

이태원의 레인보우학교가 튀르키예 무슬림 페툴라 귤렌의 추종자들이 운영한다(2007년)고 하면서 페툴라 귤렌 집단의 활동은 올바른 이슬람의 가르침에서 벗어난다[2]고 했다. 한국인 무슬림 대다수가 순니파의 방식을 따르고 있고 서울 중앙 사원의 책임자들은 모두 살라프 쌀리흐(권위 있는 선조)의 방식을 준수하고 있다[3]고 했다.

한국 순니파 무슬림들은 시아파 무슬림 그리고 수피 무슬림을 "길을 잃게 하는"(firaq ḍālah) 분파라고 칭했다. 시아 무슬림과 수피 무슬림의 포교를 듣는 한국 무슬림 일부와 한국인 비무슬림들이 이런 분파들의 말을 진리라고 생각할 수 있다고 우려를 표명한다. 김은수는 세 명의 한국인 순니 무슬림이 순니파를 버리고 시아파로 간 것을 두고 알라가 그들을 진리(Haqq)로 돌아오게 해달라고 했다.[4] 그는 시아파, 수피즘, 바하이를 진리라고 보지 않았다.

한국 무슬림의 포교 장애물로는 학자와 포교사와 이슬람 지식을 추구하는 자가 부족하고 또 재정적 여력이 부족하며 한국 무슬림들에게 종교적 권위자가 없다는 점을 들었다.[5] 그는 무슬림 관련 포교의 장애물을 해결하는 방안으로서 한국 무슬림 새신자를 돌보고 이슬람 국가로 유학을 보내기 전과 유학을 보낸 후에 학생 지도에 관심을 갖자고 했다. 그리고 한국인 무슬림 교육을 위한 이슬람 학교를 설립하고 이슬람 와끄프(종교와 자선을 목적으로 기부하는 토지, 건물, 헌금) 설립과 회계 감독을 임명하고 한국인 무슬림과 외국인 무슬림이 이슬람 포교에서 서로 협력해야 한다고 했다.

한국에서 비무슬림 한국인을 겨냥한 포교의 장애물을 해결하는 방안으로서 한국 사회와 한국인의 특성에 맞는 포교 방법, 한국 무슬림에 의한 이슬람 서적 번역과 저술 활동, 이슬람 변증과 전파를 위한 웹 사이트, 이슬람에 대한 잘못된 정보를 시정하기 위해 감시하는 무슬림 협회 발족, 직

---

2 Kīm Wun Sū, al-Daʿwah al-Islāmiyyah fi Kūriya al-Janūbiyyah, 324.
3 Kīm Wun Sū, al-Daʿwah al-Islāmiyyah fi Kūriya al-Janūbiyyah, 306.
4 Kīm Wun Sū, al-Daʿwah al-Islāmiyyah fi Kūriya al-Janūbiyyah, 318.
5 Kīm Wun Sū, al-Daʿwah al-Islāmiyyah fi Kūriya al-Janūbiyyah, 337.

접적인 포교 프로그램들을 제시했다.[6]

김은수는 한국 내 이슬람 포교에는 8명의 한국인 무슬림들이 있다고 하면서, 이맘으로서는 이주화와 이종억이고 대학교수로는 최영길, 이희수, 손주영이라고 하고, 포교에만 전념하는 한국 무슬림으로는 올라, 오스만 박, 파띠마를 뽑았다.[7]

사우디아라비아의 메디나이슬람대학교 또는 동 대학교 비아랍인을 위한 아랍어교육원을 졸업한 한국인들 중에서 상당수가 한국에서 가장 활발한 포교사들이 되었다. 그중에는 하미드 최영길(꾸란을 한국어로 의미 번역), 압둘라흐만 이주화(이태원 중앙사원 이맘), 야세르 이종억(부산사원 前 이맘),[8] 카람 김은수(고려대 아세아문화연구원, 중동이슬람센터) 등이 있다.

김은수는 한국에서 이슬람이 전파되는 통로로서 대학교 교수, 모스크의 이맘, 이슬람센터, 인터넷, 이슬람 도서, 아랍어 학습 등이라고 했다. 그는 지금까지 한국에서 한국어로 번역된 꾸란의 의미 번역서는 세 권인데, 그중에 제일 나은 것은 최영길의 의미 번역이라고 했다(김은수 2017/18, 427). 그런데 최영길 의미 번역에도 언어적, 교리적으로 많은 오류가 있다고 하면서 최영길의 의미 번역[9]에서 가장 큰 교리적 오류는 알라가 이싸에 대하여 말한 것에 대한 한국어 번역이라고 했다(김은수 2017/18, 327).

---

[6] 1983년 남한에서 이슬람 포교를 활성화하기 위하여 "남한의 외국 무슬림 연합회"를 발족하고자 했으나 결실을 보지 못하고 국내 21개 이슬람 국가 대사들이 중심이 된 자문위원회가 설치됐다.

[7] Kīm Wun Sū, al-Daʻwah al-Islāmiyyah fi Kūriya al-Janūbiyyah, 337.

[8] 1961년에 설립된 사우디아라비아의 메디나 이슬람대학교 또는 동 대학교 비아랍인을 위한 아랍어교육원을 졸업한 한국인으로는 우마르 이광수(샤리아대학, 1993), 압둘라흐만 이주화(포교와 종교 이론 대학, 1986-1994), 술딴 정은 교육원과 대학을 졸업하고 (2003-2011), 자아파르 정은 2012년에 샤리아대학을 졸업했다. 카람 김은수는 2007년 메디아에 가서 동 교육원과 동 대학교에서 공부했는데 샤리아대학을 2013년에 졸업했다(김은수, 261).

[9] 2023년 꾸란의 한국어 의미 번역을 포함한 이슬람 관련 책들을 한국어로 번역하고 이슬람 책들과 한국인에게 이슬람 문화에 대한 지식을 전한 공로로 그는 사우디아라비아 파이쌀 왕의 상을 받았다. 수상의 근거 중 하나는 그의 번역의 양질과 정확성과 명확성(quality, accuracy and clarity)이라고 했다(https://kingfaisalprize.org/professor-choi-young-kil-hamed/ 2024년 12월 31일 검색).

전통적인 살라피는 극도의 문자주의적으로 해석하는데 김은수는 꾸란에 나오는 이싸의 종교를 따르는 자 또는 나사렛 사람을 의미하는[10] 나쓰라니(복수형은 나싸라)라는 단어를 사용하고 있다. 김은수는 그의 논문에서 기독교인을 "마시히"라고 하지 않고 나쓰라니(복수형은 나싸라)라고 하였고 다른 사람을 나쓰라니야(이싸 알마시호의 종교)로 만드는 사람을 무낫씨르(munaṣṣir)라고 하고 그런 일을 탄씨르(Tanṣīr)라고 했다.[11]

2019년 12월 31일자 이집트 신문「알마쓰리 알야움」에는 "살라피들의 파트와(현대의 법적 문제에 대한 법학자의 의견)에는 기독교인의 명절에 무슬림이 인사하는 것을 하람(금지)이라고 하고 이집트 살라피 야세르 부르하미는 크리스마스 날 쿱파르에게 무슬림이 인사를 하는 것은 하람이라고 했다."[12] 김은수는 그의 석사학위 논문에서 "한국인들 중 쿱파르가 무슬림이 되면"(68쪽) 그리고 "한국인들 쿱파르"(186쪽), "한국인들 쿱파르"(437쪽) 등 여러 번 쿱파르라는 단어를 한국인들을 지칭할 때 사용했다,

그런데 살라피 포럼에서 유대교인과 나싸라가 쿱파르인가라는 질문에 이슬람 학자는 "꾸란과 순나와 이즈마아(만장일치)[13]에 의하면 유대인과 나싸라는 쿱파르"라고 답변했다.[14] 그런데 누구를 카피르라고 단정(Ta'īn)하는 것은 매우 조심해야 한다고 이집트 대이맘 아흐마드 알따입은 말한다. "이슬람 국가"(IS) 조직은 무슬림들 중에서도 중죄(kabīrah)를 저지른 자를 카피르라고 했으나 순니파 대이맘 아흐마드 알따입은 IS를 쿱파르라고 할 수 없다고 했다.[15] 그러므로 쿱파르라는 단어보다는 비무슬림들(ghayr

---

10   공일주,『꾸란 해석』(서울: CLC, 2021), 152.
11   이 논문의 368쪽의 각주 (1)에서는 "수라 11:3이 아니라 11:43로 바로 고치라"라고 했으나 공일주의 책 『코란의 의미를 찾아』(예영커뮤니케이션, 2009)의 158쪽 첫 줄에는 분명히 "수라 11:43"이라고 기록되어 있다. 김은수의 논문이 사실(fact)에서 벗어난 것이다.
12   https://www.almasryalyoum.com/news/details/1457141 2024년 8월 27일 검색.
13   무즈타히드는 꾸란 해석의 체계를 따르고 이슬람의 근본적인 출처들(꾸란과 순나)에 직접 가서 법체계를 세우고 기본적이고 일반적인 원리들을 세우는 자다(공일주. 이슬람 사상에서 타즈디드의 함의와 개념, 15). 무즈타히드는 구체적인 증거에서 직접 법을 끌어내는 법학자이다.
14   https://ketabonline.com/ar/books/105214/read?part=1&page=1&index=29 62625 2024년 9월 11일 검색.
15   https://www.alarabiya.net/arab-and-world/egypt/2015/12/02/ 2024년 7월 19일 검색.

Muslimīn) 또는 타종교인('atbā' al-diyānāt al-'ukhrā)이라고 했어야 했다.

이집트에서 쿠파르(kuffār)에 대한 언론 인터뷰에서 대이맘 아흐마드 알따입은 "서구인들은 제대로 올바른 이슬람의 메시지를 들은 사람들이 아니므로 서구인들은 아홀 알파트라(ahl al-fatrah: 이슬람 포교를 받지 않은 사람들)이고 쿠파르는 아니라"고[16] 했다. 대이맘 아흐마드 알따입이 서구인들을 쿠파르가 아니라고 한 것은 무슬림들의 "타크피르"(takfīr)문화를 염려했기 때문이다.

2. 이슬람 국가의 이슬람 포교 기관

사우디아라비아의 다음과 같은 기관들은 이슬람 포교를 목적으로 공식 및 비공식 활동을 한다.

(1) 사우디아라비아 정부 부처(이슬람 업무와 포교와 안내 부서): 사우디아라비아 내 종교 관련 업무를 관장하는 정부 부처이고 국제적으로 개종 활동(모스크 건축, 종교학교 개설, 종교학자들과 포교사들의 강의 투어를 조직함)을 위한 돈과 꾸란 보급과 인력을 보내는 일을 한다.

(2) 무슬림세계연맹(MWL, 1962): 무슬림 단결을 증진시키고 글로벌하게 이슬람 확산을 촉진하는 기구이다. 이슬람 포교와 교육, 이슬람 관련 연구와 학술 활동, 전 세계 이슬람 단체와 협력, 꾸란과 이슬람 서적 보급, 인도적 지원과 구호 활동을 한다. 현재는 사우디아라비아의 종교적 헤게모니를 증진시키는 통로가 되고 있다. 2016년 무슬림세계연맹의 사무총장으로 임명된 무함마드 알이싸는 종교간의 대화를 강조하였고 서구에 거주하는 무슬림이 체류 국가의 법을 준수하도록 권장하였다.[17]

---

16 https://www.youm7.com/2016/6/20/6/story/ 2023년 3월 21일 검색.
17 엄익란, "사우디 개방개혁 정책과 탈 와하비즘 가능성 연구", 「한국 이슬람학회 논총」, vol.34, no.3, 2024, 20.

(3) 메디나이슬람대학교(IUM, 1961): 1961년에 세워진 고등교육기관이고 사우디아라비아 왕국의 종교적 설립 정신과 긴밀하게 관련되어 있고 외국 학생들에게 장학금을 주어서 사우디아라비아 왕국의 글로벌 포교 정신 안에서 중요한 역할을 한다. 그리고 종교 학자와 포교사로 훈련시키고 와히비 사상을 전파하는 직접적인 창구 역할을 한다.

아랍의 봄은 와히비 사상이 강화되는 계기가 되었다.[18] 사우디 아라비아의 왕세자 무함마드 븐 살만이 2016년 사우디아라비아 비전 2030 공표와 2017년 온건 이슬람 정책 선언 이후에 사우디아라비아가 와하비 사상과 거리 두기를 하고 있다[19]고 했다. 그러나 무함마드 븐 살만의 개방 개혁 조치들은 탈와하비 사상을 의미하지 않는다.[20]

이밖에 사우디아라비아의 고등 교육기관으로서 움무알꾸라대학교, 이맘무함마드븐사우드대학교가 와하비 장학금의 중요한 센터들이 되고 있다.[21] 오일달러보다 메디나이슬람대학교의 졸업생들이 사우디아라비아 영향력의 주요 통로가 되고 있다.[22]

이집트에서 살라피들이 비무슬림의 명절에 명절 축하 인사를 금했다. 그러나 알아즈하르와 다르 알이프타는 이런 축하 인사를 법적으로 할랄(Ḥalāl shar'ān)이라고 했다.[23]

사우디아라비아 이외에 한국에서 활발하게 활동하는 이슬람 국가의 대사관으로는 튀르키예, 이란, 인도네시아, 말레이시아 등이 있다. 이들 대사관은 한국 내 이슬람 포교를 위해 다양한 직·간접적인 활동을 매년 시행하고 있으며 주요 활동은 다음과 같다.

---

18 엄익란, "사우디 개방개혁 정책과 탈 와하비즘 가능성 연구", 16.
19 엄익란, "사우디 개방개혁 정책과 탈 와하비즘 가능성 연구", 3.
20 엄익란, "사우디 개방개혁 정책과 탈 와하비즘 가능성 연구", 20.
21 Peter Mandaville, *Wahhabism and the World*(Oxford University Press. 2022), 15.
22 Peter Mandaville, *Wahhabism and the World*, 307.
23 https://www.youm7.com/story/2019/12/30/ 2024년 8월 26일 검색.

① **문화 교류 프로그램**: 이슬람 문화와 전통을 소개하는 전시회, 영화제, 음악회 등을 개최하여 한국인들에게 이슬람 문화를 알리고 이해를 증진시킨다.

② **교육 지원 및 장학금 제공**: 한국 학생들에게 이슬람권 대학교로 유학할 기회를 제공하고 장학금을 지원하며 이슬람 문화와 언어를 배우도록 장려한다.

③ **이슬람 행사 주최**: 라마단과 같은 이슬람 주요 명절 기간에 행사를 주최하여 한국 사회에 이슬람의 전통과 관습을 소개한다.

④ **출판물 및 자료 배포**: 이슬람에 대한 책자, 영상자료 등을 제작하여 배포함으로써 이슬람에 대한 이해를 높이고 오해를 해소하려고 노력한다.

⑤ **학술 세미나 및 강연 개최**: 이슬람 학자들을 초청하여 세미나와 강연을 개최하고 한국의 학계와 교류를 증진시킨다.

⑥ **지역 사회와의 교류**: 지역 사회와 협력하여 자선 활동이나 봉사 활동을 진행함으로써 이슬람의 긍정적인 이미지를 도모하고 지역 주민들과의 유대감을 강화한다.

제8장
결론 및 요약

1. 결론

  제1부에서는 무함마드와 그가 하늘로부터 받았다는 꾸란, 알라가 무함마드에게 내려 주었다는 이슬람 율법(샤리아) 그리고 알라를 믿지 않거나 무함마드를 믿지 않거나 샤리아를 믿지 않는 카피르 그리고 알라 이외의 것을 예배하는 무쉬리크 등 핵심 용어들(알라, 무함마드, 꾸란, 샤리아)을 중심으로 이슬람을 이야기한다.

  무슬림 배경의 신자(BMB)는 무함마드의 삶에 투영된 율법과 무함마드의 말과 행동을 따르지 않도록 해야 한다. 그런데 무슬림들은 배교의 형법을 두려워하고 또 하디스에서 "종교를 바꾼 자를 죽이라"는 말 때문에 자신이 회심한 사실을 가족과 이웃에게 금방 말하지 못한다. 그래서 무슬림이 그리스도를 주님과 구주로 믿어도 알라-무함마드-꾸란을 믿었던 것에서 금방 벗어나지 못한다.

1) 알라(Allāh)

  무슬림에게 알라는 절대적인 존재이다. 회심자가 그동안 믿어온 신 개념 전체를 재정립해야 한다. 기독교의 삼위일체는 무슬림들의 단일신론(Tawḥīd)과 충돌한다.

2) 무함마드(Muḥammad)

무함마드는 이슬람에서 최후의 예언자로 간주되며 그의 삶과 가르침은 무슬림들의 삶에 큰 영향을 미친다. 무함마드를 버린다는 것은 이슬람 사회에서 배교(riddah)로 간주된다. 배교는 이슬람을 믿은 다음에 쿠프르(kufr)로 돌아가는 것을 가리킨다. 쿠프르는 알라를 안 믿거나 무함마드를 예언자로 안 믿거나 샤리아를 안 지키는 것이다.

3) 꾸란(Qur'ān)

꾸란은 무슬림들에게 알라의 말씀으로 여겨지며 절대적인 권위를 갖는다. 꾸란을 버리는 것은 신앙의 근본 토대를 흔드는 일이다.

4) 샤리아(Sharī'ah)

샤리아는 무슬림들의 삶의 방식 전체를 지배하는 규범이다. 회심할 경우 샤리아를 따르던 삶의 습관을 포기하면 사회적 소속감을 잃어버리는 것이고 또한 공동체 내에서 '비무슬림'으로 분류된다.

알라와 무함마드와 꾸란은 이슬람 종교의 정체성의 핵심사항이다. 무슬림은 이 셋을 버릴 수 없고 그중 어느 하나를 우선적으로 버릴 수도 없다. 어느 무슬림은 알라보다는 무함마드가 더 중요하다고 말하기도 한다. 따라서 무함마드가 예언자임을 부정하고 이슬람을 떠날 경우 그 무슬림은 가족과 공동체의 강한 반발(사회적, 법적 위험)을 받을 가능성이 크다.

물론 무슬림이 샤리아의 어느 부분에 태만할 수 있을지 모르지만 이슬람 사회에서 이슬람을 부정하고 알라와 무함마드와 꾸란을 공개적으로 부인하기 어렵다. 그래서 그가 박해와 살해당함을 피하려고 그의 새로운 믿음을 숨기기도 한다.

2. 요약

무슬림이 기독교로 회심하면 신념의 변화뿐만 아니라 세계관, 정체성, 공동체 의식과 깊이 연관된다.

첫째, 꾸란이 신의 말씀이다
무슬림들은 꾸란을 알라의 말씀이라고 믿는다. 따라서 복음을 받아들이려면,
- ☑ 꾸란이 신의 절대적인 말씀이 아님을 확신한다.
- ☑ 성경이 하나님의 말씀으로서 권위를 갖는다.
- ⇨ 접근 방법: 아랍어 꾸란을 잘 안다면 꾸란이 무슬림과의 대화 시작점을 제공할 수 있지만 진리를 말할 때는 꾸란을 사용하지 않고 성경 구절을 전한다.

둘째, 무함마드가 최후의 예언자이다.
이슬람에서는 무함마드를 인류에게 보낸 마지막 예언자로 믿고 이싸는 인간 예언자라고 한다.
- ☑ 예수님이 단순한 예언자가 아니라 하나님의 아들이며 구세주이시다.
- ☑ 무함마드가 최종 예언자가 아니다.
- ☑ 예수님이 구약의 예언을 성취한 메시아이시다.
- ⇨ 접근 방법: 예수님이 단순한 예언자가 아니라 메시아라고 성경이 확인시켜 준다.

셋째, 이슬람은 율법적 체계이다
이슬람은 삶의 모든 영역을 규율하는 율법(샤리아) 종교이다. 그러나 기독교에서는 하나님의 은혜로 믿음을 통해 구원받는다.
- ☑ 구원이 율법 준수를 통해 얻어지는 것이 아니라 예수를 구주로 믿음으로 은혜로 가능하다.

☑ 교회공동체가 BMB 회심자들에게 실제적인 도움과 영적인 필요를 채워 준다.
⇨ 접근 방법: 바울이 갈라디아서에서 율법과 은혜의 관계를 설명한 부분을 활용한다.

넷째, 무슬림에게 공동체 의식과 형제애가 있다.
이슬람 사회에서는 움마(Ummah: 공동체)가 무슬림들에게 강한 유대감을 형성한다.
☑ 교회공동체가 이슬람공동체보다 더 강한 영적, 사회적 유대감을 주는가?
☑ 영적 필요뿐만 아니라 정서적 및 경제적 필요도 채워줄 수 있는 공동체인가?
⇨ 접근 방법: 초대 교회의 공동체적 특징(행 2:42-47)을 배우고 무슬림 회심자들이 교회공동체에서 소속감을 느끼고 그를 진정한 형제와 자매로 맞이한다.

다섯째, 이슬람은 삼위일체가 아닌 단일신론을 갖는다.
이슬람에서는 알라를 절대적 단일신으로 이해하고 삼위일체를 거부한다.
☑ 이슬람의 알라와 성경의 하나님이 다른 속성을 갖는다.
☑ 삼위일체 하나님은 세 위격(성부, 성자, 성령)은 구별되나 결코 분리될 수 없는 영원히 하나의 통일체로 존재하시는 한 분 하나님이심을 이해한다.
☑ 이슬람에서는 알라의 본질은 인간이 모른다고 하고 알라의 속성과 알라의 아흔아홉 가지 아름다운 이름으로 알라를 알 수 있다고 한다.
⇨ 접근 방법: 이슬람의 알라에는 인간과 유사한 속성이 없다고 하는데 기독교에서 하나님의 속성에는 공유적 속성과 비공유적 속성으로 구분된다.

제2부

역사 속에서 기독교인과 무슬림 간의 관계

"유대인, 기독교인, 무슬림의 경전(scripture)은 텍스트적으로 서로 밀접하게 연관되어 있지 않다. 이는 성경에서 인용된 부분이 꾸란에 거의 없기 때문이다."

(Sidney H. Griffith)

"유대교인, 기독교인, 무슬림이 그들 믿음의 신적인 주체에 대해서는 동의하지만, 신의 속성에 대해서는 서로 의견이 다르다."

(Imad Shehadeh)

"기독교인들의 성육신과 삼위일체 교리는 무슬림들에 의해 종종 신성모독과 삼신론으로 비난받는 대표적인 예이다."

(Jane Dammen McAuliffe)

새로운 용어

움마 'Ummah
- **아랍어 사전**: 움마는 어느 한 국가에 살고 있는 사람들의 그룹이고, 언어, 종교, 혈연과 같은 요소와 더불어 공통된 생활에 대한 열망을 갖고 그들과 연합하는 그룹이다.
- **이슬람 전문용어 사전**: 사람들의 모임이고 그들 대부분이 하나의 뿌리를 가지고 하나의 유산과 공동이익과 하나의 염원이 모아지거나 종교나 시간이나 장소가 하나로 모아지는 것을 가리킨다.

타흐리프 Taḥrīf (변조)
- **아랍어 사전**: 타흐리프는 (말을) 왜곡하고 바꾸고 그것의 원래 의미를 버리는 것이다. 또는 타흐리프는 글자(ḥarf)를 바꾸거나 낱말의 의미를 바꾸는 것이다. (예) 유대교인들이 타우라(알라가 무싸에게 내려 준 책)의 의미들을 바꾸었고 그것과 유사한 것으로 대체했다. 무함마드 무르타다 알자비디는 타흐리프를 변화와 대체라고 했다.
- **이슬람 법학 사전**: 전언이나 텍스트(리와야)에서 낱말이 바뀌는 것이다.
- **꾸란의 타흐리프**: 무슬림들은 꾸란의 타흐리프에 대해 첨가(모음들과 어말 모음, 자음들, 한 단어와 그 이상)나 감소가 없다고 주장한다.

딤미 Dhimmī
- **아랍어 사전**: 딤미는 딤마(Dhimmah)에 연고를 둔 명사형이다. 딤미는 경전의 사람들 중에서 무슬림과 계약을 한 사람인데, 종교, 재산, 여성의 명예를 안전하게 해주는 계약을 가리킨다. 아흘 알딤마는 나싸라와 유대교인 중에서 무슬림과 계약을 한 사람들을 가리킨다.
- **이슬람 전문용어 사전**: 이맘으로부터의 계약 또는 그를 대신하는 사람이 인두세를 지불하고 이슬람의 법을 지키는 대신에 그의 생명(nafs)과 재산(māl)을 지켜주는 것이다.

지하드 Jihād
- **아랍어 사전**: 지하드는 말과 행동에서 최대한 노력을 기울이는 것 또는 종교와 조국을 방어하기 위해 싸우는 것을 의미한다.
- **이슬람 법학 사전**: 지하드는 알라의 대의를 위하여 군사적 행동에서 온갖 노력을 다함 또는 이슬람을 전하는 것을 막는 자와 싸우는 것이다. 이런 경우 직접적인 참여와 간접적인 참여 둘로 나뉘는데 직접적인 참여는 실제 군사적 행동에 동참하는 것이고 간접적인 참여는 군대에 식량을 지원하거나 재정 지원 또는 지하드에 대한 찬성의 의사 표현 등이 포함된다. 현대 학자들은 지하드를 다음 세 가지로 나눈다. 사탄에 대한 내적 투쟁, 알라가 명령한 의무를 완수하기 위한 외적 투쟁, 이슬람을 위해 알라의 적들을 대항한 지하드 등이다. 오늘날 소수의 무슬림들은 무기를 사용하는 지하드를 선호한다.

아흘 알키탑 'Ahl al-Kitāb
- **아랍어 사전**: 순니 무슬림에게 아흘 알키탑은 하늘에서 내려온 책을 갖고 있는 유대교인과 나싸라를 가리킨다. 시아 무슬림에게는 아흘 알키탑이 유대교인, 나싸라, 조로아스터교인을 가리킨다.

밀라 Millah
- **아랍어 사전**: 밀라는 율법이나 종교란 뜻이고 또, 하나의 이름 아래에 공통된 교리로 연합된 그룹이다.
- **이슬람 전문용어 사전**: 종교 또는 교리
- **오스만 제국**: 밀레트(millet)는 (비무슬림의) 자치적인 종교 공동체를 가리킨다.

살라피 Salafī
- **아랍어 사전**: 살라피는 법적 판단에서 꾸란과 순나만을 조회하고 이 밖의 자료는 무시하는 자이다.
- **현대 정치**: 살라피는 절대적인 진리를 소유하고 있다고 여겨지는 무함마드의 동료(무함마드를 직접 만났던 무슬림: 싸하바)와 이들 동료들을 만났던 무슬림들(타비운)을 맹목적으로 따르는 자이다.

타즈디드 Tajdīd
- **어휘적 의미**: 창작, 새롭게 함, 쇄신, (대선을) 다시 치름, 활기를 다시 찾음, 갱신.
- **꾸란 주석**: 알라 말씀의 의미들을 새롭게 해석하여 무슬림의 삶에 꾸란의 법규들을 적용하고 무슬림을 인도하고 그의 윤리가 되게 하고 모든 변조(taḥrīf)를 거부하는 것이다.
- **이슬람 사상**: 타즈디드는 과거 유산으로 되돌아가야 하고 동시에 현재 변화하는 시대의 필요에 보조를 맞추는 것이다.

제1장

서론

　무슬림 군대는 비잔틴 제국(330-1453)과 이슬람 초기부터 전쟁을 했다. 636년 야르묵 전투에서 무슬림 군대가 비잔틴 군대를 격파했고 이후부터 중동에 있는 비잔틴 제국의 땅이 이슬람 지배 하에 들어갔다.

　8-10세기 무슬림 군대와 비잔틴 군대 간의 전투가 중동과 북아프리카에서 지속되었다. 11세기 초에는 셀주크 투르크가 비잔틴 제국의 일부 영토를 침입하였고 이를 막아내기 위하여 비잔틴 제국은 군사적 대응(십자군 전쟁)을 요구하게 되었다. 십자군 전쟁은 종교적인 요인은 물론 정치적, 경제적 요인 등 복합적인 요인과 동기에서 비롯되었다.

　12세기 후반부터 비잔틴 제국은 서서히 쇠퇴하였고 1453년 오스만 제국이 콘스탄티노플을 함락시키면서 800년간의 전쟁(7세기초-15세기 중반)이 끝났다. 중동에서 십자군 전쟁은 주로 가톨릭교회가 이끈 군사적 원정이었다. 그 목표는 예루살렘을 비롯한 성지를 무슬림에게서 되찾는 것이었다. 그래서 가톨릭은 이슬람 세력과 충돌하였고 동방정교회와도 갈등(특히 4차 십자군)을 빚었다.

　대략 640년대부터 15세기까지 이슬람의 확장은 주로 비잔틴(4세기-15세기) 제국의 영토인 시리아, 팔레스타인, 이집트 등지에서 이루어졌고 무슬림들은 꾸란을 새로운 정복지로 가져왔다. 아랍 무슬림들은 나싸라(이싸를 믿는 자들)에 대한 메시지가 꾸란에 있다고 주장하였으며 점진적으로 기독교인들이 이슬람으로 개종했다.

　일반적으로 무슬림들은 이싸가 십자가에 못 박혀 죽었으며 죽음에서 부활했다는 것을 부인한다. 무슬림들은 처음에는 성경의 해석이 바뀌었다고 했다가 나중에는 기독교인들이 글자를 변조시켰다고 주장했다.

이슬람 사회에서 유대교와 기독교는 딤미(Dhimmī, 비무슬림 보호민)로서 매년 인두세(Jizya)를 내야 했으며 이를 통해 교회 안에서 신앙과 예배의 자유를 유지할 수 있었다. 그러나 시간이 흐르면서 경제적인 부담을 피하고 이슬람 사회에서 더 나은 사회적인 지위를 얻기 위해 이슬람으로 개종하는 기독교인들이 증가했다.

이슬람 초기 기독교인들은 이슬람에 대해 변증하면서 기독교 신앙을 무슬림들의 비판으로부터 보호하려 했다. 이는 단순한 신학적 논쟁이 아니라 기독교 공동체 내부에서 신자들이 이슬람으로 개종하는 것을 막고 신앙을 강화하기 위한 목회적 목적도 포함되었다. 하지만, 13세기 말부터 중동 지역에서 정교회와 가톨릭 교인들은 점차 소수(minority)로 전락하기 시작했다. 특히, 몽골 제국과 십자군 전쟁 이후 이슬람 사회에서 기독교의 입지는 더욱 약화되었다.

16세기부터 20세기까지 유럽과 북미의 제국주의적 확장은 기독교 문명과 이슬람 문명의 관계를 재편했다. 20세기 중반까지 이슬람을 국교로 가진 국가들은 문화적·사회적·정치적 권력이 전체 이슬람 역사에서 가장 낮은 수준으로 쇠퇴했다. 서구 사회에서는 이러한 쇠퇴가 지속될 것이라고 생각했고 일부 학자는 이슬람이 모더니티(modernity)에 적응하지 못하고 사라질 것이라고 전망했다. 아놀드 토인비(Arnold J. Toynbee)와 같은 서구의 정치·사회·종교 분석가들은 이슬람이 시대적 도전에 대응할 능력이 없으며, 결국 세계 무대에서 점차 영향력을 잃을 것이라고 말했다.

그러나 20세기 후반과 21세기에는 다양한 형태의 이슬람 운동이 세계 무대에 등장했다. 중동에서는 서구식 교육을 받은 정치 엘리트들이 식민 세력으로부터 독립을 쟁취하며 국가의 자치권을 획득했다. 이러한 과정에서 과거 유산으로 되돌아가고 동시에 변화하는 시대의 필요에 보조를 맞추려는 움직임이 나타났고 이를 대표하는 것이 타즈디드(Tajdīd: 과거 유산으로 되돌아가야 하고 동시에 현재의 변화는 시대의 필요에 보조를 맞추자는 것)이다. 이 운동은 제2차 세계대전 이전부터 존재했지만 지난 500년 동안 "종교적 타즈디드"가 성공한 적은 없었다. 결국, 이슬람의 종교개혁은 완성되지 못했지만 타즈디드는 이슬람의 정체성을 강화하려는 기제로 작용했다.

타즈디드의 방향성은 크게 두 갈래로 나뉜다. 자유주의적 사상가들(Liberalist)은 현대적 상황을 중시하며 시대적 가치 체계에 맞춰 이슬람을 해석하려 했다. 반면에 살라피(Salafī)들은 이슬람의 원래 모습을 복원하려 하며 텍스트 중심적 접근을 강조했다. 이들은 초기 이슬람공동체의 신앙과 관습으로 돌아가야 한다고 주장했다.

하지만 현대 무슬림 학자들은 시대가 흐르면서 타즈디드 앞에 장애물이 놓여 있다는 점을 인식했다. 특히, 종교적 사상이 경직되면서 이즈티하드(Ijtihād, 법적 질문에 대한 법학자의 법적 해석)가 중단되었고 이로 인해 이슬람 신학의 발전이 정체되었다. 이와 함께 사회·문화적 후퇴가 동반되면서 개혁이 어려워졌다. 이러한 경직성과 후퇴는 근본주의적 성향을 강화시키는 계기가 되었다. 아랍 근본주의는 종교적 텍스트에서 이성의 사용을 제한하거나 금지하는 방향으로 나아갔다. 대표적으로 이집트 철학자 무라드 와흐바(Murad Wahbah)는 "13세기부터 지금까지 아랍 이슬람 세계는 지적·문화적 후퇴의 시기를 겪고 있다"고 분석했다.

그러나 최근 일부 이슬람 국가들은 이러한 문제를 해결하기 위해 변화를 시도하고 있다. 예를 들어 2020년 사우디아라비아는 철학 교육을 교과 과정에 포함하려는 시도를 하였다. 이는 이슬람 세계가 더 이상 고립되지 않고 다른 문명과 소통하려는 움직임의 일환이었다.

이러한 변화는 종교계, 교육계, 언론이 함께 노력해서 무슬림을 올바른 사상으로 인도하는 것이 필요한데 거기에는 종교적 정체성을 유지하려는 이슬람 사회 내부의 주무드(jumūd: 과거의 이즈티하드와 과거의 견해에 머물러 있는 것)가 버티고 있다.

딤미 제도는 19세기부터 20세기 초까지 이슬람 국가에서 점차적으로 폐지되었다. 오스만 제국은 1839년 칙령과 1856년 칙령을 통해 딤미 제도를 폐지했으나 실제 사회적인 차별은 남아 있었다. 이집트에서는 1855년 인두세를 폐지하면서 공식적으로 딤미 제도를 없앴고 이란에서 딤미 제도는 팔레비 왕조 이후 점진적으로 사라졌다. 시리아, 레바논, 이라크, 요르단, 이집트 등은 20세기 초와 중반에 서구식 법 체계를 도입하면서 딤미 제도를 완전히 폐지했다.

제2장

주요 시대별 무슬림과 기독교인 간의 관계

무슬림과 기독교 간의 관계를 살펴보기 위해 다음 네 가지 요인에 따라 시대적 구분을 한다.

첫째, 누가 정치적, 군사적 주도권을 가졌는가?
우마위야 왕조와 압바시야 왕조 시기에는 기독교인들은 딤미(피보호민)로 살아가야 했다. 십자군 전쟁(1096-1291) 시기에는 이슬람과 가톨릭 간의 갈등이 격화되었다. 오스만 제국(1517-1918) 시대에는 정교회와 가톨릭 소수자들이 이슬람 정권으로부터 일정한 보호를 받았지만 서구의 개입이 증가하면서 그들이 정치적인 도구가 되었다.

둘째, 기독교와 이슬람의 신학적 논쟁이 주로 어떤 방식으로 이뤄졌는가?
이슬람과 기독교는 신학적 논쟁과 상호 변증의 역사를 가졌다. 7-10세기에는 꾸란이 나싸라에 대하여 말하는 방식에 대하여 기독교와의 논쟁이 있었고 꾸란의 해석에 대응하여 변증을 했다.

10-11세기에는 기독교와 압바시야 왕조와 파띠마 왕조 간의 신학적 공방이 있었고 12-13세기에는 가톨릭(서방교회)과 알무와히둔 조와 아이읍 조와 맘룩조의 무슬림들 사이에 신학 논쟁이 활발해졌다. 13세기에는 몽골의 침입과 십자군 전쟁이 주요 이슈였다. 압바시야 왕조의 알가잘리는 바그다드에서 활동하면서 동방정교회와 네스토리아파의 교리를 비판하며 적극적인 신학 논쟁을 벌였다. 19세기부터 현재까지는 서구의 선교활동

과 이슬람의 다아와(포교)가 경쟁적으로 이뤄지면서 변증의 방식이 신학적 논쟁에서 정치 및 사회적 논쟁으로 이동했다.

셋째, 서구 기독교 국가가 중동에 개입하면서 중동 교회는 어떻게 반응했는가?

19세기 식민지 시대(1800-1945)에는 프랑스, 영국, 러시아 등이 중동을 식민지화하면서 중동의 교회공동체는 서구 국가들의 지원을 받거나 이슬람 사회에서 배척을 당하였다. 냉전과 탈식민지 시대(1945-1990)에는 아랍 민족주의와 반서구 정서가 강해지면서 서구와 연계된 교회공동체는 더욱 어려운 상황에 놓였다. 20세기 후반(1990-현재)부터 이슬람주의가 확산되면서 교회공동체가 점점 더 소외되고 교인들이 서구로 이민하는 물결이 강해졌다.

넷째, 이슬람 정권과 이슬람 사회가 기독교인을 보호하는가, 차별하는가, 적극적으로 박해하는가?

7-9세기에는 이슬람 정권은 유대교인과 기독교인들을 딤미(피보호민)라고 했고 그들에게 인두세를 부과했고 무슬림들이 내는 자카(자선)보다 인두세가 더 무거웠다. 11-15세기의 셀주크와 맘룩 시대에는 기독교인들에 대한 사회적 제한이 강화되었고 십자군 전쟁 이후 교회에 대한 의심과 탄압이 증가했다. 16-19세기의 오스만 제국 시기에는 교회공동체는 밀레트 제도하에서 종교적 자치를 했지만 여전히 무슬림들보다 낮은 사회적 지위를 가졌다. 20세기 후반부터 이슬람주의와 근본주의의 등장으로 무슬림들은 교회를 박해하였다.

그런데 이슬람 역사를 중심으로 이슬람 세계의 정치와 사회 변화가 교회에 어떤 영향을 주었는지를 살펴보면 다음과 같은 시대 구분이 가능하다.

(1) 초기 이슬람과 정통 칼리프와 우마위야 왕조 (622-750)
  ① 무함마드 시대(622-632) 및 정통 칼리프 시대(632-661)
  ② 우마위야 왕조(661-750)와 초기 기독교-이슬람 관계 (다마스쿠스의 기독교인 역할 등)

(2) 압바시야 왕조(750-1258)
    ① 압바시야 왕조 초반(750-850): 번역 운동과 신학적 논쟁
    ② 압바시야 왕조 중반(850-1050): 무슬림과 기독교인의 논쟁 심화
    ③ 셀주크 시대(1050-1258): 십자군 전쟁 이전까지의 관계

(3) 몽골, 티무르 침략과 오스만 제국 부상(1258-1517)
    ① 몽골 침입과 바그다드 함락(1258)
    ② 맘룩 시대(1250-1517)와 기독교-이슬람 관계 변화

(4) 오스만 제국의 전성기와 쇠퇴기(1517-1800)
    ① 오스만 제국 치하의 교회공동체 (밀레트 제도 등)
    ② 서구 기독교 선교사들의 활동 증가

(5) 서구 식민지 시대(1800-1945)
    ① 1919년 이집트에서 영국 식민 지배 반대
    ② 1920년대 시리아와 이라크 독립운동
    ③ 1930-40년대 아랍 민족주의

(6) 현대 이슬람 세계(1945-현재)
    ① 독립과 민족 국가 형성(1945-1967)
    ② 아랍주의와 이슬람주의(1967-1990)
    ③ 세계화와 기독교-이슬람 관계 변화(1990-2010)
    ④ 아랍의 봄 이후 혼란(2010-현재)

그런데 중동 이슬람 역사에서 무슬림의 기독교인에 대한 태도와 기독교인의 무슬림에 대한 태도를 규정하는 사상적 배경을 형성한 사건들을 중심으로 아랍 역사를 시대 구분하면 다음과 같다.

(1) 무슬림과 기독교의 첫 만남과 이성적 논박(610-850)
(2) 신학적 공방(850-1050)
(3) 교착 상태와 세력의 균형(1050-1258)
(4) 전쟁과 선교의 모색(1258-1453)
(5) 오스만 제국의 성쇠: 종교 개혁, 르네상스와 인문주의(1453-1800)
(6) 식민지 시대와 개신교 선교(1800-1945)
(7) 탈식민과 기독교 소수자의 현실(1945-1980)
(8) 중동의 종교와 사회: 갈등, 변화, 공존(1980-2025)

1. 이슬람 이전 아라비아반도의 기독교

사도행전 2:1-11을 보면 오순절날 예루살렘에 모인 사람 중에 아랍인이 있었다. 이들 아랍인들은 유대교에 입교한 자들이었거나 아랍 종족 중에서 하나님을 경외하고 회심한 사람들이었을 것이다. 그런데 사도행전에서 누가(Luke)가 이들이 고향으로 돌아간 뒤에 무엇을 했는지 기록하지 않았다. 고린도후서 11:32에 "다메섹에서 아레다 왕의 고관이 나를 잡으려고 다메섹 성을 지켰으나"라는 말을 통해서, 바울이 회심한 다음에 다마스쿠스에 갔을 때 당시 그 도시는 아레타(Aretas: 아레다)[1] 하에 있었다.

갈라디아서 1:17에서 "아라비아로 갔다가 다시 다메섹으로 돌아갔노라"고 했는데 이 말씀을 고려하면 바울이 회심한 이후에 아라비아로 갔음을 알 수 있다. 그런데 바울이 말한 "아라비아"는 오늘날 아라비아반도가 아니다. 성경에 기록된 아라비아의 위치에 대한 대체적인 견해는 그가 하우란(다메섹 남부에서부터 요르단의 자르까강에 이르는 지역)과 다메섹 동쪽의 주

---

[1] 아레타(Aretas IV)는 주전 9년부터 주후 40년까지 다스렸다. 아레타는 아랍 종족이었고 나바뜨인(Nabat)도 다스렸다. 그는 페트라를 수도로 삼고, 시리아 남부, 요르단, 이스라엘의 네게브, 시나이 반도, 이집트의 동부 사막 지역 일부와 사우디 아라비아의 북서 지역을 다스렸다. 헤롯 안티파스(Antipas)는 아레타의 딸과 혼인한 후 이혼한 적이 있었다.

변 지역에 갔다[2]는 것이다. 소수의 사람들은 시나이 반도로 갔다고 하는데 이런 경우 모세와 연관지어 설명한다.

그런데 바울이 아라비아로 가서 얼마 동안 영적 묵상에 깊이 빠져 있었는지 또는 이 지역의 아랍인들에게 복음을 전하였는지에 대해서는 분명한 기록이 없다. 어떤 교부들은 바울이 복음을 전하기 시작했으나 그의 전도를 그들이 받아들이지 않았고 그가 침묵했기 때문에 사도행전에서 이 부분에 대한 설명이 없다고 말한다(Georges Chahata Anawati 2014, 58).

그렇다면 기독교가 아라비아반도에 언제 전해졌을까?

기독교가 존재했다는 것은 분명한데 언제 그리고 어떻게 전파되었는지는 자세히 알 수 없다. 사도행전 8:1에서 "예루살렘에 있는 교회에 큰 박해가 있어 사도 외에는 다 유대와 사마리아 모든 땅으로 흩어지니라"라고 하였으므로 예루살렘에 살던 헬라어를 말하는 유대인들이 먼저 박해를 받아 사마리아로 갔고(John F. Walvoord and Roy B. Zuck 1984, 372), 그 흩어진 사람들이 두루 다니며 복음을 전했고(행 8:5) 빌립이 전도를 하였다(행 8:5-13).

사마리아는 북쪽으로는 갈릴리까지 그리고 동쪽으로는 요단강까지이다. 그런데 갈릴리 북쪽의 골란고원이 현 시리아 땅이었던 적이 있고 요단강의 폭이 넓지 않는 곳이 있으므로 쉽게 요단강 동편에 있는 요르단에도 복음이 전해졌다.

200년대 중반에는 시리아의 남부에 자리한 부쓰라 지역과 사해 바다 남쪽의 이두매 지역에 기독교인 집단들이 살았다(Georges Chahata Anawati 2014, 60). 주전 2세기에 나바뜨에 속했던 부쓰라 지역에는 5세기가 되자 기독교가 지배적인 종교였고 무함마드가 부쓰라(Buṣrā)를 지나갔다고 한다.

알히자즈(al-Ḥijāz) 지역의 맨 북쪽에 위치한 에일랏(현 이스라엘 땅이고 이와 경계를 이루고 있는 아까바는 요르단 땅)은 기독교 도시였다. 사우디아라비아 북서부의 두마 알잔달에 비숍이 있었고 요르단 남부의 마안(Maʻān)에도 로마 치하에 기독교인들이 살았다. 현 사우디아라비아의 타이마에는

---

2   George Shehatah Qanawati, *Al-Masīḥiyyah wa-al-Ḥaḍārah al-ʻArabiyyah*, 58.

아랍 기독교인 따이 부족이 살았고 또 비숍이 머물렀으며 타북에도 이슬람이 정복하기 이전에 기독교인들이 살고 있었다. 와디 알꾸라(Wādī al-Qurā)에는 처음에는 유대인들이 살았다가 기독교인들이 살았다.

야스립(Yathrib: 이슬람 정복 이후 '메디나'로 지명이 변경됨)에는 세 유대 부족(꾸라이자, 바누 알나디르, 바누 알까이누까아)이 살았고 이들 주변에도 20여 개 유대인 부족이 살았다. 이슬람이 정복하기 전, 메카의 카아바(Ka'bah: 검은색 천으로 덮인 육방체 건물)의 벽에는 예언자들과 천사들의 그림이 그려져 있었고 그중에 이싸와 그의 어머니의 그림도 있었다(Georges Chahata Anawati 2014, 84-85). 아라비아 남부의 힘야르 왕국은 일찍부터 유대교의 영향을 받았고 예루살렘이 디도(Titus)에 의해 파괴되었다.

2. 무슬림과 기독교의 첫 만남과 이성적 논박(610-850)

632년 무함마드가 서거한 후 정통 칼리프 시대(632-661)가 시작되었다. 무슬림 군대는 635년 다마스쿠스를 공격하여 636년 야르묵(현 요르단) 전투에서 비잔틴군을 격파한 뒤, 637년 다마스쿠스의 항복을 받아냈다. 638년에는 예루살렘을 정복하였고, 642년에는 이집트의 알렉산드리아를 함락시켰다. 636년부터 650년경까지 메소포타미아와 페르시아 전역을 정복하였으며, 647년에는 북아프리카의 이프리키야(오늘날 튀니지)로 첫 원정을 감행했다. 661년 우마위야조(661-750)가 다마스쿠스에서 수립되었으며 756년에는 후기 우마위야 왕조가 스페인에서 독립적인 통치를 시작하였다.

이 시기에는 무슬림들이 나싸라와 다양한 방식으로 접촉한 기록들이 남아 있다. 당시 기독교인은 헬라어, 시리얀어, 콥트어 그리고 점차적으로 아랍어를 사용하게 되었으며, 특히 학자들은 의학, 물리, 천문학, 철학 등에서 중요한 역할을 했다. 이슬람 정복 초기에 많은 아랍 무슬림은 문맹이었으나 우마위야 조와 압바시야조를 거치면서 학문과 교육이 발전하였다.

4대 칼리프(아부 바크르, 우마르, 우스만, 알리) 시대에는 이슬람이 정복한 땅이 확장되면서 나싸라와의 접촉이 점차 증가했다. 우마위야조에서도 지적 교류가 활발하지 않았지만 행정이 점차 발전되고 있었다(J.M. Gaudeul 2000, 25). 이 시기에 번역 활동은 활발해갔지만 본격적인 번역 활동은 9세기 압바시야 조 때였다. 칼람학은 8세기 후반부터 본격적으로 발전하기 시작했다.

1) 무함마드와 기독교

기독교는 이슬람 태동 전에 일찍이 아라비아반도의 남부까지 전파되었다. 그래서 나즈란(Najrān, 당시 예멘 땅)에도 교회들이 있었다. 메카에는 유대인과 나싸라(이싸를 믿는 사람들)가 드물었다. 메디나에서는 유대교인들이 무함마드[3]가 이스라엘의 예언자가 아니고 구약의 가르침과 다르다고 그를 예언자로 받아들이지 않았다. 메디나의 유대교인은 아랍인이었지만 유대교로 개종한 사람들이었다. 메디나에서 유대교인은 무슬림들에 의해 추방되었다.

그러면 꾸란에서는 무함마드에 대하여 뭐라고 하는가?

> 우리의 주여. 그들(자손)에게 라술(메신저)를 보내주세요(꾸란 2:129).

무슬림들은 꾸란 2:129에서 라술은 무함마드라고 했고 이것은 이브라힘의 기도에 대한 알라의 응답이라고 했다.

525년 아비시니아(에티오피아)의 나자시(Najāshī: Negus, 614-631 재위)가 비잔틴의 도움을 받아 군대를 예멘으로 보냈다. 아비시니아가 나즈란을

---

[3] 무슬림들은 무함마드라는 단어의 어근이 /ḥ,m,d/이고 아흐마드도 어근이 /ḥ,m,d/이므로 두 단어가 한 사람이라고 주장한다. 이 두 단어의 어근이 만든 동사는 ḥamida인데 그 뜻은 (사물을) 만족스러워 하다, (사람을) 칭송하다, (알라의) 은혜에 감사하다 등의 뜻을 갖는다. 따라서 무함마드는 "칭송받는 자"라는 뜻이고 아흐마드는 "더욱 칭송하는"이란 뜻이다. 사실, 무함마드와 아흐마드는 동일 인물인지 분명하지 않고 또 성경에도 무함마드나 아흐마드라는 말이 안 나온다.

575년까지 다스렸다. 무슬림 역사가에 따르면 542년 오리엔탈(oriental) 정교회에 속하는 악숨 왕국의 아부라하('abraha: 군대 장관)가 메카를 점유하려고 했다. 무함마드 생애 동안에 아라비아 남부에는 기독교 정착촌들이 많았다(Georges Chahata Anawati 2014, 87-89). 그런데 무함마드가 메카를 정복한 다음에 나즈란에 서한을 보내서 알라를 믿으라고 하자, 나즈란의 네스토리아 공동체가 대표단을 꾸려 메디나로 갔다. 무함마드가 대표단에게 성경의 예수와 다른 주장을 내 놓았고 무함마드는 알라가 꾸란 3:61-64을 주었다고 했다.

꾸란 3:61에 대한 꾸란 주석은 아래와 같다.

> **(알라가) 무함마드야. 이싸 븐 마르얌에 대하여 너와 논쟁하는 사람들에게 말하라. 너희들의 아들들과 우리의 아들들, 우리의 여성들과 너희들의 여성들, 우리 자신들과 너희들 자신들이 오게 하라. 그리고 그들 말에서 거짓말 하는 자들에게 알라가 벌과 저주를 내리도록 우리가 간구하자**(al-Tafsīr al-Muyassar 2012, 57).

무함마드가 나즈란의 네스토리아 교인들과 예수의 신성과 삼위일체에 대하여 논쟁을 한 후에 논쟁이 해결되지 않자 무함마드는 상대방이 거짓이면 "신의 저주가 내리도록 기원하자"(Mubāhalah)고 제안한다. 나즈란의 대표단은 '무바할라'(Mubāhalah)를 받아들이지 않았고 무함마드에게 조공을 바치기로 631년 조약을 맺었다. 나즈란의 네스토리아 교인들 중 일부는 이슬람으로 개종했고 그 후 우마르 칼리프(634-644)는 나즈란의 교인들이 무함마드와 합의한 내용을 안 지켰다고 그들을 메소포타미아(현 이라크)로 추방시켰다(Georges Chahata Anawati 2014, 89).

6세기 중반 알히라(al-Hīrah, 현 이라크 지역)의 라큼 왕조에서 왕자의 측근들이 네스토리아파로 개종하기 시작했다(Ghada Osman 2001, 137).[4] 그런데 비잔틴의 핍박에 못 이겨 나즈란으로 피난 왔던 오리엔탈 기독교 교인들은 오랫동안 단성론을 믿었으나 8세기 말에는 나즈란의 교인들이 동

---

4   현 쿠웨이트의 파일라카하스(Faylakahas) 지역에 네스토리아파 기독교인이 살았다는 증거가 나왔다(공일주 2017, 80).

방의 교회(Church of the East: 네스토리아파)에 속하였다.

이슬람이 확장되면서 다르 알이슬람(무슬림 국가, 이슬람이 정치적으로 사회적으로 지배하는 지역) 안에 사는 유대교인과 나싸라는 딤미(Dhimmī)라고 불렸다. 그러나 정복된 지역에서 이슬람으로 개종한 사람들이 조금씩 늘어가자 무슬림들은 무슬림공동체 안으로 들어오는 개종자들에 대하여 관심을 표명하거나 그들을 의심하거나 불신하기도 하였다. 무슬림들에게 타 종교에 대한 관심은 이슬람으로 개종한 사람들을 통하여 더욱 활성화되었다. 심지어 다른 종교의 요소 중 긍정적인 것이 있더라도 그것이 이슬람과 부합되면 '이슬람적(Islamic)'이라고 간주했다(공일주 2012, 248).

그런데 무함마드가 메디나에서 첫 번 전투를 벌인지 26년이 지나서 그의 아랍인 추종자들은 아라비아와 이집트를 점령한 뒤 더 많은 약탈을 위해 서쪽으로 진격했다. 647년에 만 명의 베두인 기병과 그만큼의 보병이 현재의 튀니지에 당도했다. 스베이틀라(Sbeitla)에서 그들은 약한 비잔틴 군대의 저항에 부딪혔으나 금방 제압했다. 13년간 전리품을 모아서 660년 아라비아로 돌아갔고 670년 우끄바(Oqba)의 지휘하에 다시 서쪽으로 진격했다. 698년 아랍 무슬림들은 북아프리카의 수도 카르타고를 점령했다. 내륙으로 100킬로미터 떨어진 카이라완에 무장된 첫 번째 야영지가 세워졌다. 마그립(북아프리카의 서부지역)에서는 아랍의 정복으로 교회 지도자들의 탈출이 이어졌고 많은 비숍과 수도사들이 유럽으로 피신했다.

693년 이후 아랍인에 대한 아마지그(베르베르 인)의 저항은 끝났다. 무슬림 정복자의 요구에 복종하지 않겠다는 사람들은 산속으로 들어갔고 그 이후로 그 땅에 머물렀다. 7-8세기 북아프리카에 유입된 아랍인 정착민은 귀족 가문의 남성이었고 문화 수준이 높았다. 그들은 자신의 교리를 잘 교육받았고 꾸란의 언어와 고전 아랍어를 구사했다. 그들은 식민지 개척자라기 보다는 모험가이고 전사들이었다. 그들은 대부분 여성이 없이 북아프리카로 와서 아마지그 여성을 아내로 맞이하였다.

여러 세대가 지나면서 아랍의 혈통은 상당히 희석되고 문화적으로는 아랍인이었지만 인종적으로는 아마지그(Amazigh)였다(Robin Daniel 1993: 412). 아마지그 족장들의 아들들은 종종 아랍 군주에 의해 입양되어 인질로 그들의 집에서 양육되었다. 영향력이 있는 아랍인들은 아마지그 어느 한 부족 전체를 입양하였고 그들이 영향력 있는 아랍인의 이름을 사용할 권리를 가졌다. 이런 관습은 그들에게 위신을 세워 주고 무역의 기회를 넓혀주었으나 아마지그의 아랍화에 실질적으로 기여했다.

8세기초 스페인을 점령한 무슬림 무리가 거의 전적으로 아마지그로 구성되었고 그들을 강력한 아랍 사령관이 이끌고 있었다는 것은 잘 알려진 사실이다(Robin Daniel 1993: 413). 400년이 지나서 아랍인들의 대규모 침입이 일어났다. 11세기에 힐랄리(Hillali) 베두인 부족들이 가축을 데리고 육로로 도착하였고 내지 평야 지역에 퍼지기 시작했다. 바누 힐랄과 바누 술라임과 같은 무슬림들은 가뭄과 기근을 피해 이 지역으로 이동했다. 그럼에도 기독교 공동체는 1100년까지 그 지역에 남아 있었고 비숍은 11세기까지 남아 있었다.

2) 아랍 기독교인의 이성적 논박

우마위야 조(661-750)에 와서 기독교와 이슬람 간의 주요 논점이 형성되었다. 무슬림들은 삼위일체, 이싸의 십자가 죽음 그리고 그리스도의 신성과 성육신을 거부하였다.

꾸란에서 이싸에 대한 구절들을 살펴보자.

> '인간이 나를 만지지도 않았는데 내가 어떻게 아이를 갖나요'라고 그녀가 말했다(꾸란 19:20).
> 타우라가 진실하다고 확인하고 너희에게 금지했던 것의 일부를 너희들에게 합법적이 되게 하고(꾸란 3:50).
> 알라가 이싸를 알라에게 들어 올리었다(꾸란 3:55).

위 꾸란 구절은 타우라(알라가 무싸에게 내려 준 책)와 이싸에 대한 내용이다. 이 두 가지, 즉 경전과 이싸에 대한 문제가 양측에게 오랫동안 논란의 주제가 되어왔다. 그런데 무슬림들이 생각하는 꾸란의 중요성 만큼 성경이 기독교인에게 갖는 중요성과 동일하지 않았다. 이슬람에서는 알라의 말씀이 책이 되었으나(inlibration) 기독교에서는 하나님이 성육신(incarnation)하셨다. 따라서 계시의 네 가지 측면, 즉 계시의 성격(무엇이 계시되었는지), 계시의 방법(어떻게 계시되었는지), 계시의 전달(어떻게 전달되었는지), 계시의 메시지(계시가 무엇에 관한 것인지)를 확인해 봐야 한다.

> 알라는 알마시흐 이븐 마르얌이라고 하는 자는 알라를 믿지 않는 자였다(꾸란 5:17).
>
> 그들이 그를 죽이지 않았고 십자가에 매달지 않았다(꾸란 4:157).
>
> 알마시흐 븐 마르얌은 메신저일 뿐이다(꾸란 5:75).
>
> 유대교인과 나싸라를 협력자로 삼지 마라. 그들은 서로에게 협력자이다(꾸란 5:51).

위 꾸란 구절대로 모두 받아들인다면 무슬림은 나싸라와 유대인과 친구가 되지 않는다. 유대인은 유대인끼리 서로 협력하고 나싸라도 그렇다는 것이다. 이 두 그룹이 무슬림에게 적대적이라고 사우디아라비아 꾸란 주석이 말하고 있다(Al-Tafsir al-Muyassar 2012, 117). 그런데 무슬림들은 오늘날 기독교인의 신구약은 무싸와 이싸가 가져다준 실제 경전을 위조(Falsification)한 것이라고 주장했다.

시리아의 우마위야 왕조 시대 왈리드 1세(재위 705-715) 칼리프의 궁정에서 일했던 만쑤르 이븐 사르준(Mansur ibn Sarjun, 675-753)은 헬라어를 사용하는 시리아 출신의 기독교 가문에서 태어났다. 후에 그는 수도원 생활을 하며 다마스쿠스의 요한(John of Damascus, 675-749)이라는 이름으로 더 잘 알려졌다. 비잔틴 황제 레오 3세(재위 717-741)가 성상 숭배(icon veneration)를 금지하자 그는 이에 반대하며 적극적으로 저항한 인물이었다. 그는 이슬람을 기독교의 이단(heresy)으로 규정했으며 일부 한국 기독교인들도 과거에 이슬람을 기독교의 이단으로 보려는 시각을 가진 바 있다.

다마스쿠스의 요한은 그의 저서 『이슬람에 대한 반박』(*Refutation of Islam*, 혹은 *De Haeresibus*)에서 "이스마엘 자손들의 이단"이라는 표현을 사용하며 이슬람을 기독교의 이단으로 설명하였다. 또한, 『기독교인과 사라센인 간의 논쟁』(*Dialogue Between a Christian and a Saracen*)은 기독교와 이슬람 간의 신학적 차이를 논하는 중요한 저술로 평가된다. 그는 특히 이슬람에서 말하는 알마시흐(성경의 메시아라는 개념과 다름)에 대한 가르침에 관심을 가졌으며 기독교 신학적 관점에서 이슬람을 분석하였다. 시리아에서 이슬람과 기독교의 만남은 이슬람 신학과 변증학(apologetics)의 발전에 강력한 동기가 되었다.

네스토리아 총대주교 디모데 1세(728-823)와 압바시야 조 칼리프 알마흐디(755-785년 재위) 간의 토론이 있었다. 9세기 초반 기독교인 철학자 알킨디는 삼위일체와 기독교의 신성을 옹호하였고 무슬림 알하쉬미는 이슬람이 기독교를 대체한다고 했다.

아랍어로 하는 기독교 신학은 9세기 세 명의 학자(멜키파 가톨릭의 아부 꾸라, 네스토리아파의 암마르 알바쓰리, 야콥파의 아부 라이따)에게서 볼 수 있다. 다마스쿠스의 요한(675-753)의 제자라고 스스로 생각한 멜키파의 아부 꾸라(740-825)는 야콥파와 네스토리아파 신학자들과 토론을 벌였다. 그 당시 칼리프 알마으문이 이슬람으로 개종하지 않는 자를 죽인다는 위협이 있었음에도 불구하고 829년 알마으문 칼리프와의 논쟁은 유명하다. 아부 꾸라(Abu Qurrah, 740-820)의 책들은 대부분 헬라어로 쓰였고 일부만 아랍어로 쓰였는데 무슬림 변증학자들에게 잘 알려져 있었다(공일주 2003, 176). 그는 다마스쿠스의 요한이 시작한 무슬림과의 대화를 공격적 논박으로 이끌어 갔다(J.M. Gaudeul 2000, 33).

기독교가 참 종교라는 전제에서 아부 꾸라는 무슬림 칼람학자와 종교에 대한 토론을 했다. 그는 다마스쿠스의 요한과 다르게 이슬람에 대한 지식을 변증 자료로 사용하여 이슬람이 잘못됐다고 입증했다. 몇 세기 동안 무슬림들이 기독교를 논박하는데 아부 꾸라의 말을 인용하였다. 무으타질라파가 그의 영향을 받은 것으로 보인다. 아부 꾸라는 무슬림이 틀렸다는 것을 입증하여 상대를 확신시키려는데 목적을 두었다. 그가 무슬림에게 "그걸 입증하라"고 한 것처럼 이런 이성적 접근을 무슬림들도 그에게 요구한 것으로 보인다. 그의 책들은 무슬림 무타칼리문(Mutakallimūn, 칼람학에 종사하는 자들) 사이에 잘 알려져 있었다(공일주 2003, 176).

아부 꾸라의 토론 파트너였던 야콥파의 하비브 븐 키드마 아부 라이따(Abu Rā'iṭah al-tikrītī, 830년경 사망)는 삼위일체, 성육신 그리고 기독교가 참이라는 것에 대한 글을 남겼다. 압바시야조 때에는 이슬람으로 개종한 기독교인들은 무슬림들과 동등하게 무슬림공동체로 들어갈 수 있다고 하여 이슬람으로 개종하려는 유혹이 많아졌다. 그러나 아부 라이따는 전형적인 꾸란 스타일로 글을 써서 무슬림 변증학자들과 유사한 문체로 글을 남겼다. 그는 무슬림을 대놓고 지적하지 않고 "우리와 다른 사람들" 또는 "남쪽을 향하여 기도하는 사람들"이라고 무슬림을 지칭했다.

네스토리아파의 암마르 알바쓰리('Ammār al-Baṣrī, 840년 사망)는 『질문과 대답의 책』과 『증명의 책』을 남겼다. 그는 『증명의 책』에서 삼위일체에 대해 하나님은 한 분이라고 하면서 하나님의 속성들 중에 "말씀하심"과 "살아계심"이 있는데 그 분에게 생명(ḥayāh)과 칼리마가 있고 생명은 "성령"이고 칼리마는 "아들"이라고 했다. 그는 성경과 꾸란에 있는 하나님과 알라의 속성으로서 살아계심(ḥayy)과 말씀하심(Nāṭiq)이 각각 생명과 칼리마를 가리킨다고 했다(공일주 2016, 327).

암마르 알바쓰리는 신학적 성찰을 위한 주제를 아랍어 어휘와 문체를 활용하여 저술하였다. 그는 기독교 교리와 신학적 개념을 아랍어로 표현하는 과정에서 "기독교 아랍어"(Christian Arabic) 전통이 형성되는 데 기여하였다. 그러나 후세대에 이르러 이러한 발전이 반드시 더 나은 소통을 이끄는 결과로 이어지지는 않았다. 오히려 기독교 아랍인과 무슬림 아랍인 사이에 신학적, 개념적 차이가 뚜렷해지면서 불화가 발생하기도 했다. 이슬람의 언어인 아랍어가 공통된 의사소통의 수단이었음에도 양측이 사용하는 신학적 개념과 언어적 해석이 점차 분화되면서 서로 다른 두 개의 신학적 언어 체계가 형성되었다(J.M. Gaudeul 2000, 39).

아부 꾸라(Abū Qurra), 아부 라이따(Abū Ra'īṭa), 암마르 알바쓰리('Ammār al-Baṣrī)는 삼위일체를 설명하는 데 있어 전통적인 기독교 변증 방식에 의존하였다. 그들은 성경적 증거와 삼위일체적 유비(analogy) 같은 전통적 논증 방법을 사용하며, 기독교의 신 개념을 전달하는 데 가장 적절하다고 여긴 용어들을 고수했다. 그러나 그들의 신학적 변증에서 가장 독창적인 요소는 무슬림들의 신 개념과 단일신(tawḥīd) 개념을 고려하여 발전시킨 다양한 '속성 변증'(attribute-apology)이었다.

악카드(Martin Accad)는 하나님의 속성이 성경과 꾸란에서 나타나는 방식과, 기독교와 무슬림 신학자들이 이해하고 해석한 방식에 거의 차이를 발견하지 못했다고 했다.[5]

3) 소결론

기독교가 아라비아반도에 뿌리를 내리기 전에 새로운 종교가 등장했다. 당시 아랍인들은 우상을 숭배하였고 아랍인은 신들 중에서 최고의 신으로서 "알라"가 존재함을 인정하고 있었다. 610년 메카의 바누 꾸라이쉬(꾸라이쉬 자손)의 한 사람인 무함마드가 알라로부터 뭔가를 내려받았다는 내용을 친족들에게 이야기하고 있었다. 오늘날 무슬림들은 유대교인과 기독교인들이 타우라(알라가 무싸에게 내려 준 책)와 인질(알라가 이싸에게 내려 준 책)을 변조시켰기 때문에 알라가 무함마드를 세상으로 보내서 아랍어로 참 종교 이슬람을 전하였다고 주장한다.

무함마드가 설파한 절대적인 단일신론(타우히드)은 기독교의 삼위일체(꾸란 4:171; 5:73,116)와 그리스도의 신성(꾸란 5:17, 72; 4:31)을 부인하고, 하나님의 아들이심(꾸란 4:171; 9:30; 18:4-5; 19:35)과 십자가의 죽음(꾸란 4:156-157)을 거부하였다(Gerard Troupeau 2005, 459). 꾸란 5:51에서 "유대교인과 나싸라를 돕는 자(동맹)로 삼지 말라"(4:144 참조)고 하는데, 이 구절은 메디나 장에 속하므로 당시 유대인들과 관계가 나빴던 시기 이후에 나즈란의 동방의 교회(네스토리아파)의 대표들과 갈등이 생긴 후에 이 꾸란 구절을 무함마드가 무슬림들에게 말한 것으로 보인다. 반면에 꾸란 5:82는 "무슬림의 가장 우정어린 친구들은 나싸라"라고 하고 가장 적대적인 사람들은 유대인과 다신 숭배자(Mushrik)라고 한다.

이처럼 꾸란에는 나싸라에 대하여 우호적인 구절과 적대적인 구절이 있다. 그런데 오늘날 꾸란을 문자주의적으로 받아들이는 살라피들은 아랍의 기독교인들을 '나싸라'라고 부른다. 그 이유는 꾸란의 용어를 그대로 따

---

5   Martin Accad, *Sacred Misinterpretation*(Grand Rapids: William B. Eerdmans Publishing Company, 2019), 222.

르겠다는 의도라고 한다. 오늘날 살라피들은 기독교를 우호적으로 받아들이지 않는다. 그래서 살라피 무슬림들은 꾸란 1:7에 나오는 "길을 잃은 자"를 기독교인이라고 주석한다. 그리고 유대인도 아니고 기독교인의 길이 아닌 "곧은 길"(이슬람)로 인도해 달라고 하루에 17번(새벽기도에 2번, 정오기도에 4번, 오후기도에 4번, 저녁기도에 3번, 밤기도에 4번) 이 구절을 암송한다. 따라서 우리가 만나는 무슬림들 중에 살라피 무슬림인지를 확인해 보고 이들의 반기독교적인 언행에 유의해야 한다.

어떤 무슬림 자료에 따르면 무함마드가 아라비아 남부의 나즈란(Najran)에서 온 동방의 교회(네스토리아파) 대표단과 만났다고 전해진다. 나즈란의 교회공동체는 비잔틴 제국의 박해를 피해 이주한 네스토리아파(Nestorian) 신자들로 구성되어 있었다. 무함마드는 나즈란 대표단과 대화하는 과정에서 이싸에 대한 견해 차이가 있음을 인식하게 되었다. 이에 그는 거짓을 말하는 자에게 알라의 저주가 내리도록 기도하는 '무바할라'(Mubāhalah, 꾸란 3:61)를 제안했다. 그러나 나즈란의 대표단은 이를 거부하였다.

결국 무함마드는 나즈란 주민들과 협약을 맺었다. 이 협약에 따라 그들의 종교적 자유, 개인의 안전, 재산 소유권이 보장되었으며 이에 대한 대가로 일정한 조공이 부과되었다. 이 협약은 이슬람 시대 초기 딤미(Dhimmi, 이슬람 통치하의 비무슬림 보호민) 제도의 선례가 되었다. 이후 이슬람의 확장이 진행되면서 일부 기독교공동체는 무슬림 정복자들에게 강압이 아닌 평화적인 방식으로 항복하거나 조약을 체결하는 사례가 발생하기도 했다(Gerard Troupeau 2005, 460).

나즈란에서 합의한 조항이 후대 기독교인들과 무슬림 간의 관계를 규제하였다. 칼리프 우마르 규정(우마르 조건: Shurūṭ 'Umariyyah)에서 볼 수 있듯이 기독교 종교의 실천과 장소를 제한하는 일이 증가되었다. 우마르 규정에는 비무슬림에게 의상, 머리 모양, 예배, 교회들과 회당의 건축과 보수 등에 대한 여러 가지 제약이 있었다(공일주 2013, 388).

풀러신학교의 더들리 우드베리가 사우디아라비아에서 미국인들의 예배 처소를 허락받기 어려웠을 때 그가 우마르 규정을 언급하면서 예배의 장소를 허락받았다는 것을 그의 강의를 통해 들은 적이 있다. 또한, 지난 몇 년전 이집트에서는 정부가 모스크는 제쳐두고, 교회의 건물만 국가에 신고하여 허락을 받게 하였는데 이것도 예배당 건축에 대한 무슬림들의 제약의 연장이라고 할 수 있다.

그렇다면 무함마드는 오늘날 우리가 생각하는 기독교를 접할 수 있었을까?

무함마드가 무싸처럼 하늘로부터 소리를 들은 것이라고 말해준 와라까븐 나우팔이 기독교인(Christian)이라고 하나(Colin Chapman 2007, 75) 그는 하니프로 알려져 있다. 메디나에는 아주 적은 수의 기독교인이 살았다(공일주 2017, 82). 무함마드가 "나싸라"라고 하는 사람들을 만났는지 역사적 자료에는 그 기록이 없다. 당시 아랍어 성경이 완역되지 않아서 무함마드가 아랍어 성경을 읽지 못했다. 아라비아반도의 무슬림들이 처음 만났던 교회는 신학적으로 옳지 않고 왜곡된 기독교였다(Georges Chahata Anawati 2014, 139).

그리고 무함마드는 위경에서 온 이야기를 꾸란에 남겼다. 무까틸 븐 술라이만(이슬람력 150년 사망)은 꾸란 3:67에 나오는 "나싸라"를 나즈란(Najrān)의 나싸라라고 했다. 나즈란에는 네스토리아파가 우세한 시기가 있었다. 그리고 이라크의 라큼 조는 이슬람이 부상할 때 네스토리아파에 속했다. 따라서 이슬람 치하에 살았던 네스토리아파, 야꼽파 그리고 콥트 교회는 모두 칼케돈의 교리를 따르지 않았다.

그런데 시리아와 이집트의 칼케돈 공의회의 결정을 거부한 비(非)칼케돈 교회들은 비잔틴의 박해를 받고 있을 때 아랍 무슬림들이 그런 박해로부터 그들을 해방시켜줄 것으로 기대하고 있었다고 한다.

비칼케돈 교회에 속하는 역사가들은 아랍 정복에 대한 종말론적 해석을 발전시켰는데 당시 아랍 기독교에 대한 정복은 칼케돈 교리가 잘못되어 그 결과로 신이 내린 형벌이라고 주장했다. 반면에 네스토리아파의 역사가들은 그리스도인들의 죄를 벌하기 위하여 하나님이 무함마드의 아랍 정복을 허용했다고 결론을 내렸다(Gerard Troupeau 2005, 460).

3. 신학적 공방과 교리 논쟁(850-1050)

900년경부터 무슬림 세계는 정치적·군사적으로 급속히 확장되었다. 900년경 튀니지와 이집트에서 시아파 왕조가 등장하여 스스로 칼리프를 자처하며 메카와 메디나를 장악하고 팔레스타인과 시리아까지 통치하였다. 929년에는 스페인에서 무슬림들이 권력을 잡았고, 975년에 그 세력이 정점에 이르렀다.

969년, 시아파 파띠마조가 이집트를 장악하고 카이로를 수도로 삼았으며, 이후 1171년까지 통치하면서 이슬람 신학과 사상이 발전하였다. 그러나 996년부터 1021년까지 재위한 파띠마조의 칼리프 알하킴은 극단적인 정책을 펼치며 무슬림을 포함한 신민들을 박해하였고, 예루살렘의 성묘교회를 파괴하는 등 기독교인들에게 가혹한 탄압을 가하였다.

이 시기 동부에서는 압바시야 왕조가 바그다드를 수도로 삼아 황금기를 누렸으나, 중앙집권이 약화되면서 칼리프들은 용병을 고용하기 시작하였다. 950년부터 1050년까지 부와이호 조가, 이후 1037년부터 1194년까지 셀주크 조가 바그다드에서 실권을 장악하였다. 한편, 아프가니스탄을 중심으로 한 무슬림 세력은 점차 인도로 확산되어 델리를 확보하였고, 1000년경부터 1230년까지 북인도를 점진적으로 정복하였다. 결국, 1206년 델리 술탄국이 수립되면서 인도아대륙에서는 불교·힌두교뿐만 아니라 기독교와도 신학적 충돌이 발생하였다.

한편, 1054년 마그립 지역에서는 무라비뚠 조가 등장하여 북아프리카와 이슬람 서부 세계의 주요 세력으로 자리 잡았다. 이와 동시에 북아프리카와 이베리아 반도에서는 이슬람 신학자들과 가톨릭 신학자들 간에 삼위일체, 예수의 신성, 성경의 진위 문제를 둘러싼 논쟁이 격화되었다.

이러한 변화 속에서 마그립 지역의 교회들은 점차 사라져갔고, 스페인 코르도바에서는 850-859년 사이에 가톨릭 교인들이 순교를 당하였으며, 마그립과 스페인에서 유대교와 가톨릭의 세력은 점점 약화되었다. 900년 이후 무슬림 무역상들은 사하라를 넘어 서아프리카로 교역을 확대하였고 이를 통해 이슬람은 아프리카 내륙으로 점차 확산되었다.

1) 이슬람으로의 개종과 교회의 사라짐

9세기에 아랍 문학이 발달하면서 아랍어로 된 꾸란 해석학, 하디스학, 이슬람 법학 그리고 칼람(kalām)의 형성과 발전이 이루어졌다. 이러한 학문적 발전은 이슬람 내부에서뿐만 아니라 타종교와의 논쟁에서도 중요한 역할을 하였다. 이 시기 알자히즈(776-868/9)는 알무타와킬(822-861 재위)에게 기독교를 반박하는 글을 보냈으며, 850년경에는 페르시아 출신의 개종자 알리 븐 랍반 알따바리(785-855/60)가 네스토리우스파 기독교에 대한 반박을 펼쳤다.

특히 9세기 중반에는 아부 이싸 알와라끄(al-Warrāq)가 삼위일체와 성육신 교리에 대해 강력한 논박을 전개하였으며, 이후 알무으타질라파의 무타칼리문들은 철학적 논리와 정-반 논리를 활용하여 기독교를 더욱 체계적으로 비판하였다. 이러한 공격적 논박의 전개는 이슬람 내부의 이단에 대한 비판과 타종교에 대한 반박이 긴밀하게 연관되어 있음을 보여 준다.

9세기 중반 이후, 무슬림들의 성경에 대한 태도에도 변화가 나타났다. 기독교와의 논쟁에서 성경 본문을 직접 인용하기 시작하였으며, 철학적 논리와 신구약 성경의 내용을 결합하여 기독교를 반박하는 방식이 등장하였다. 이러한 흐름은 기독교에서 개종한 무슬림들과 아랍어로 번역된 성경 본문이 중요한 역할을 하면서 더욱 강화되었다.

경전에 대한 무슬림들의 기독교와 논쟁에서 나스크(Naskh: 취소/대체) 문제가 불거졌고 기독교인들은 유대인들보다 이 문제에 대하여 온건한 태도를 보였다. 왜냐하면 당시 기독교인들도 구약이 신약에 의하여 대체된다는 것을 알고 있었기 때문이다. 성경과 관련하여 무슬림의 공격적 논박의 초점은 나스크 문제가 아니고 타흐리프(변조)이었다. 다시 말해서 성경의 텍스트가 변조되었거나 일부 구절이 탈락되었다고 하거나 성경이 기독교인에 의하여 잘못 해석되어 성경이 변조되었다고 했다. 이 두 가지 문제가 무슬림 논박자들의 성경에 대한 주장이었다(공일주 2012, 255).

이 시기의 주요 특징은 아랍 동부 지역에서 주민들이 이슬람으로 개종했다는 사실과 이 시기가 끝나갈 즈음에는 이슬람 제국에 속한 지역에서는 무슬림 인구가 40퍼센트에 이르렀다는 점이다. 이렇게 무슬림이 정치적인 다수가 될 때에는 비무슬림과 긴장 관계에 놓이고 기독교인과 유대교인의 자유가 제한되었다(J.M. Gaudeul 2000, 69).

무슬림 정복자들은 비무슬림이 주민의 다수가 될 경우 예배의 자유를 허용했으나 그들은 관용의 댓가로 인두세를 내야 했다. 기독교인들은 딤미(이슬람 치하의 피보호민) 지위를 갖게 되면서 무슬림과 구별되는 의상을 입어야 했다. 비무슬림들(유대교인과 나싸라)에게 무슬림 통치자에 대한 증오와 원한이 세대를 거쳐 지속되었고 신자로서의 정체성에서 부정적인 영향을 주었다. 게다가 비무슬림 종교 지도자는 무슬림 당국에 의해 질서 유지의 도구로 사용되었고 비숍과 대주교는 무슬림 당국의 호의를 얻고자 했다.

2) 신학파와 법학파와 수피즘

이 시기에 이슬람 신학에서 무으타질라파가 그리스의 이성적 방식을 채택하기 시작하자 이븐 한발(한발리파의 시조)이 외국의 영향을 거부하고 하디스에 근거한 전승주의(traditionalism)를 표방했다. 아쉬아리(873-935)는 이 두 극단 사이의 중간을 택했다. 무으타질라파는 신의 속성들이 신적 본질과 동일하다고 주장했기 때문에 순니 신학자들의 눈에는 무으타질라파가 신의 본질을 긍정하기 위해 알라에 대한 속성들을 부인한 것으로 여겼다. 순니파는 신의 본질이 단일하다는 것이고 속성들은 여럿이라고 했다. 오늘날 아랍의 순니 무슬림들은 아쉬아리파를 따른다.

법적 연구에서는 법학파 창시자들이 세상을 떠나고 있었는데 하나피파의 아부 하니파는 767년, 말리키파의 말리크는 795년, 샤피이파의 샤피이는 820년, 한발리파의 이븐 한발은 855년에 사망하였고 그의 후계자들이 법적 체계를 세워가기 시작했다.

수피즘이 정통 이슬람에서 용인되기 전에 무슬림끼리 충돌을 빚었는데 그 여파로 수피의 알할라즈가 922년에 처형됐다. 그리고 이 시기에 하디스 수집에 참여한 무슬림들이 있었다. 그들이 수집한 하디스 중 권위를 인정받은 하디스 수집가들로는 알부카리(870년 사망), 무슬림(875년), 아부 다우드(888년), 이븐 마자(896년), 알나사이(915년), 알티르미디(892년) 등이 있다. 오늘날 무슬림들이 황금기라고 자랑하는 이 시기는 지적 부흥이 일어났던 시기였고 기독교인들과 유대인들이 이슬람 국가에서 아직도 다수를 차지한 때였다.

수피 학자였던 알가잘리('Abu Ḥāmid al-Ghazālī, 1058-1111)는 수피즘에 대해 다음과 같이 설명한다. "수피들은 알라에 대한 사랑과 그분과의 친교(friendship)를 강조할 수 있지만 이는 꾸란에서 중심적인 주제는 아니다. 그러나 알라가 인간과 접속한다(ḥulūl)고 말할 수 없다." 수피들은 알라와 완전히 하나가 되는 것이 아니라 그분께 가까이 다가감으로써 하끼까(ḥaqīqah, 궁극적 진리)에 도달한다고 여긴다. 그러나 샤리아의 규범을 따르는 것은 필수적이며 이를 벗어나는 것은 정당화될 수 없다[6]고 했다.

이슬람권에 파견된 일부 서구 선교사들은 수피들이 온건하며 텍스트의 암시적인 의미를 중시하는 경향이 있기 때문에 기독교의 성경 말씀을 더 쉽게 받아들일 것이라고 예상했다. 그러나 실제로 수피 무슬림들도 샤리아의 틀을 벗어나지 않으며 모든 수피가 동일한 신학적 태도를 갖는 것은 아니다. 또한, 일부 수피 무슬림은 민간 신앙과 결합하여 더 강한 영적 능력을 지닌 존재를 찾기도 한다. 따라서 수피들이 복음에 대해 더 수용적이라고 말할 수 없다.

3) 지적 중심지의 이동

이슬람 초기에는 아랍 기독교인들의 역할이 현저했다. 8-10세기 바그다드에서 번역에 종사한 사람 중에 기독교인들이 중요한 역할을 했다. 아랍 무슬림들에게 그리스의 학문이 쉽지 않아서 기독교인들이 헬라어에서 아람어(Aramaic)로 번역해 놓은 책을 다시 아랍어로 번역하였다.

당시 야콥파 또는 네스토리아파의 언어인 시리얀어(Syriac)는 아랍어와 헬라어 간의 이음매 역할을 했다. 시리얀어를 구사하는 야콥파 또는 네스

---

6 Joseph Kenny, *Philosophy of the Muslim World*, 2003, 150.

토리아파들이 번역에 많이 참여하였다. 일부는 이미 시리얀어로 번역된 책을 보거나 시리얀어로 번역되어 있지 않으면 시리얀어로 번역한 다음에 다시 아랍어로 번역했다. 아랍 무슬림들은 시리얀어를 통하지 않고서는 그리스 원전을 완전히 이해하기 어려웠다(공일주 2017, 108).

그리스 철학이 알렉산드리아에서 바그다드로 이어지고 바그다드에서는 무슬림들이 아리스토텔레스 논리학을 활용하여 칼람학이 생겨났다. 바그다드의 바이트 알히크마(Bayt al-ḥikmah, 번역 중심의 학문 기관)는 프톨레미 시기의 알렉산드리아에 있던 다르 알일므(Dār al-'Ilm, 도서관과 학문적 토론의 장)가 부활한 것으로 보는 사람도 있다.

알렉산드리아를 모델로 삼아 부활한 바그다드에는 사산 조의 유산, 유대교, 기독교 그리고 고대 이집트의 유산이 모였다. 바그다드는 그리스의 헬레니스틱(알렉산더 대왕⟨B.C. 356-323⟩의 정복 이후 그리스 문화가 중동과 북아프리카의 문화와 융합하면서 탄생한 문화) 문화와 고대 동양 문화가 어우러져서 번역과 연구물을 통하여 동양과 서양이 만나는 곳이었다. 하룬 알라쉬드가 786년에 칼리프가 되었는데 일부 역사학자들은 하룬 알라쉬드 시절이 번역의 황금기라고 했다. 그 때 의학과 철학 특히 아리스토텔레스와 신플라톤주의의 책들이 번역되었다.

바그다드에서는 헬라어에서 아랍어로 옮기고 스페인의 톨레도에서는 아랍어에서 라틴어로 그리고 시칠리아에서는 아랍어에서 헬라어로 번역이 이루어졌다. 알렉산드리아에서는 고대 중동의 언어들과 이집트어 그리고 헬라어 간의 폭넓은 번역 활동이 있었고 알렉산드리아에서는 구약을 히브리어에서 헬라어로 번역한 70인역(Septuagint: 구약성경의 헬라어 번역본)이 있었다.

메소포타미아 지역에서는 책들이 헬라어에서 시리얀어로 번역되었다. 교회나 수도원에서 필요한 종교적인 서적들이 시리얀어로 번역되었다. 네스토리아 교인들의 도움으로 헬라어에서 시리얀어로 번역되었고 나중에 헬라어에서 아랍어로 무슬림들이 번역한 책도 있었다. 학문의 중심지가 알렉산드리아에서 안디옥 그리고 바그다드에서 스페인의 톨레도와 시칠리아로 이어지면서 그 중심지에서 지적 부흥이 일어나고 있었다 (공일주 2017, 104).

4) 기독교인들의 아랍어 학습과 공격적 논박

이 시기에 이슬람 치하에 살던 기독교인은 대부분의 일상생활에서 아랍어를 사용하기 시작했다. 그 결과 교회의 예전에서 사용한 언어들인 헬라어, 시리안어, 콥트어, 갈대아어(Chaldean)를 기독교인들이 점차 이해하기 어렵게 되었다. 9세기부터 팔레스타인의 멜키파 가톨릭교회들이 헬라어를 제켜두고 새로운 언어인 아랍어로 기독교 신앙을 표현하기 시작했다. 성경적인 저술, 성인의 생애, 신학 책들이 아랍어로 번역되었다. 아랍어로 번역되었다는 것은 이슬람 문화와 동화된다는 것을 시사한다. 이제 멜키파 교인들은 꾸란의 용어들과 표현들을 자연스럽게 사용하게 되었다.

그런데 멜키파 교회들을 제외한 다른 교회들은 아랍어를 채택하는데 더 많은 시간이 소요되었다. 네스토리아교회는 종교 의례 언어로 시리안어를 사용하였다. 이집트에서는 950년부터 1050년까지 콥트어가 주민과 교회 생활의 언어로 사용되었다. 그러나 아랍어가 콥트어보다 더 많이 사용된 것을 보려면 1200년 이후까지 기다려야 했다. 1300년 이전에 이미 콥트어 사용이 줄어들었고 콥트어가 점차 사라져갔기 때문에 아랍어로 번역하는 일이 더 많이 필요하게 되었다(J.M. Gaudeul 2000, 71-72).

아랍 무슬림과 비잔틴 교회 사이에 서한이 오고 갔다. 가령, 비잔틴 황제와 이슬람 칼리프 사이에 논박 서한이 오고 갔다. 또, 비잔틴 대사가 855/856년경에 바그다드에 있던 알무타왁킬에게 보내졌다. 물론, 그 이전에 칼리프 우마르 2세(717-720)와 레오 3세 황제 간의 서신 왕래가 있었다. 그리고 콘스탄티노플의 총대주교 니콜라스가 압바시야조 칼리프 알무끄타디르(al-Muqtadir, 908-932 재위)에게 보낸 편지가 아주 유명했다(Jacques Wärdenburg 1999, 44).

5) 소결론

압바시야 조(750-1258)는 아랍인 왕국이 아니었다. 아랍 인종이 아닌 다른 여러 인종이 이슬람 제국의 일원으로 들어왔고 압바시야 조 전반기에는 아직도 기독교인들이 의사와 번역사 등 여러 분야에서 활약하고 있었다.

이슬람이 610년 시작된 이후 우마위야 왕조(661-750) 때까지 기독교와 무슬림 간의 교류 당사자들이 언어가 달라서 서로 상대방을 이해하지 못했다. 8세기 전에는 아랍어로 번역된 성경 완역본이 없었고 다만 시편의 일부와 예언서의 일부와 4복음서와 일부 바울 서신이 아랍어로 번역되어 있었다(이드 쌀라흐 2018, 185).

성경을 아랍어로 번역한 책 중에서 현존하는 가장 오래 된 책은 867년의 시내 사본 151호이다. 이 번역본에는 꾸란에만 사용되었던 "자비롭고 자애로운 알라의 이름으로"라는 말로 각 책이 시작한다. 이것은 아랍 기독교인들이 이슬람의 단어나 표현을 기독교에 사용하는데 거부감이 없었다는 것을 말해 준다. 이슬람 치하에 살던 아랍 기독교인들의 언어가 아랍어로 바뀌면서 "아랍"이란 말은 인종이 아닌 "언어"를 가리키게 되었다.

그런데 오늘날 아랍 개신교와 정교회가 교회에서 사용하는 성경 번역본은 1865년에 인쇄된 알부스타니–반다이크(al-Bustānī & Van Dyck) 성경이다. 이 성경 교정에는 무슬림이었던 유수프 알아시르(Yusūf al-'Asīr al-ḥusaynī)가 참여했는데 언어적인 교정을 보았을 뿐 신학적이고 교리적인 영향을 끼치지 않았다고 레바논의 갓싼 칼라프가 말했다(공일주 2016, 281).

19세기에 완역된 알부스타니 반다이크 번역본을 개정하자는 요구가 있었다. 언어적인 오류가 발견되고 표현도 현대적인 언어로 바꾸어야 하고, 신학적인 면에서 일부 교리적인 표현도 수정해야 하고 또 의미들을 정확히 해야 할 필요성이 제기되었다(공일주 2016, 286). 그런데 아랍어 성경 번역에는 몇 가지 난제가 있다. 그중 하나는 무슬림들이 성경 변조를 또 들고 나올까봐 교회가 새로운 아랍어 성경 번역본을 사용하는 것을 꺼려한다는 점이다. 무슬림들은 7세기의 오스만 본 꾸란을 큰 수정이 없이 오늘날까지 사용하고 있다.

9~10세기 기독교 저술가들은 교회공동체를 위해 글을 썼다. 멜키파 가톨릭의 아부 꾸라는 그의 글을 헬라어로 직접 쓰거나 번역했다. 9세기 후반~10세기에 일부 저자들의 저술 작업은 좀 더 자유롭지만 종종 공격적이었다. 이슬람 초기에는 기독교인들이 정치적 경계 안에서 그리고 언어적 경계 안에서 보호를 받았기 때문에 저술가들은 이슬람, 무함마드, 무슬

림에게 모욕적인 말을 서슴없이 했다. 그리고 상대에 대한 정보가 부족했기 때문에 자주 터무니없는 공격적인 논박이 되고 말았다.

무슬림들 속에 살고 있던 기독교인들과 달리 무슬림 속에서 살지 않았던 사람들은 이슬람이 무엇인지 이해하려는 노력이 적었다. 당시 무슬림 치하에 살던 기독교인들은 무슬림 정복자들에게 정치적으로 군사적으로 굴욕을 당했다. 무슬림들은 군사적 패배를 종교적인 문제로 바꾸어 놓았다. 그 예로 무슬림들은 알라(Allah)는 올바른 민족과 바른 신앙의 편에 있으므로 이슬람이 승리한 것이 당연하다고 여겼다. 알라와 참 신앙은 무슬림들의 것이므로 승리는 그들 편이라고 주장했다.

무슬림이 점령한 지역에서 이런 논리에 영향을 받은 일부 기독교인들이 이슬람으로 개종했다. 결국 북아프리카에서 교회들이 사라져갔고 21세기까지 북아프리카에서 교회가 크게 확장되지 못했다.

4. 교착 상태와 세력의 균형(1050-1258)

11세기부터 13세기까지 기독교와 이슬람 간의 충돌과 정복이 이어지면서 양측의 관계는 전환점을 맞이했다. 서방 기독교 세계는 이슬람이 분열하는 틈을 타 잃어버린 영토를 되찾으려 했고, 이 과정에서 십자군 전쟁(1096-1291)이 벌어졌다. 이슬람 세계는 정치적 쇠퇴와 내부 신학적 갈등을 겪었고, 철학과 과학이 점점 배척되면서 서구 문명과의 격차가 벌어졌다.

이븐 루쉬드(1126-1198)는 아리스토텔레스 철학을 이슬람 사상에 적용하려 했으나, 종교학자들에 의해 무신론자로 비난받고 그의 저서들이 불태워졌다. 아리스토텔레스에 대한 이븐 루쉬드의 해석을 받아들인 서구의 철학 학파를 아랍인들은 루쉬디야 라티니야(Latin Averroism)라고 불렀다. 루쉬디야 라티니야는 유럽에서 발달하여 유럽이 어두운 중세 시대를 벗어나게 도왔다. 반면에 아랍 이슬람 세계에서는 철학을 종교의 영역으로 가져오는 것을 허용하지 않았다.

1) 이슬람 세계의 분열과 십자군 전쟁

1055년, 셀주크 투르크가 바그다드에 도착하면서 칼리프제는 더욱 약화되었다. 이집트에서는 파띠마조(969-1171)가 시아파 칼리프제를 수립했으며, 특히 알하킴(996-1021)의 폭정과 예루살렘 성묘교회 파괴는 서방의 분노를 불러일으켜 십자군 전쟁의 원인 중 하나가 되었다. 1071년 셀주크 투르크가 팔레스타인을 점령하면서 파띠마조는 쇠퇴하기 시작했다.

한편, 스페인은 1031년부터 무정부 상태에 빠지며 여러 개의 작은 국가로 분열되었고, 1050년 이후 바누 힐랄 부족의 침입으로 북아프리카도 혼란에 빠졌다. 이 시기에 마그립과 안달루시아에서는 베르베르 무슬림이 알무라비뚠조(1055-1147)와 알무와히둔조(1147-1269)를 세우며 강력한 세력을 구축했지만, 이후 마린조, 합쓰조, 자이얀조로 나뉘며 쇠퇴의 길을 걸었다.

이슬람이 분열하는 틈을 타고 동로마 제국의 콘스탄티노플(330-1453년)은 이슬람에게 잃어버린 땅을 재정복하려고 시도했으나, 셀주크 투르크에게 패배하였고 아나톨리아에서 그리스인들이 떠나고 투르크인들이 들어왔다. 이에 따라 그리스인들은 서방에 도움을 요청했지만, 서방은 다른 목적을 가지고 팔레스타인에 십자군을 보냈다.

서유럽에서는 로마제국의 패망과 야만인의 침입에 따른 암흑의 시대(Dark Ages)가 끝나고 새로운 "유럽 문명"이 등장했다. 무슬림이 점령한 땅을 되찾기 위한 군사 캠페인이 개시되었으며, 스페인 북부의 가톨릭 왕국들은 레콩키스타(재탈환)를 시작했다. 1063년 바바스트로 전투에서 승리한 후, 1085년 톨레도를 함락시키고, 이후 1236년 코르도바, 1238년 발렌시아, 1248년 세비야가 차례로 가톨릭 세력에 의해 정복되었다. 1212년 라스 나바스 데 톨로사 전투에서 결정적인 승리를 거둔 후, 스페인에서 무슬림이 지배하는 지역은 그라나다만 남게 되었다.

1095년, 교황 우르반 2세의 호소로 제1차 십자군 원정이 시작되었으며, 1099년 예루살렘을 점령한 후 팔레스타인과 시리아 북부에 십자군 국가들을 세웠다. 이후 무슬림 측의 반격이 시작되었으며, 젱기(1146년 사망)와

누르 알딘(1146-1169)이 이슬람 세력을 결집시키며 반격을 주도했다. 1169년, 살라딘(ṣalāḥ al-Dīn, 1169-1193)이 이집트를 장악한 후 1187년 예루살렘을 재탈환하면서 십자군의 패배를 확정지었다.

2) 몽골의 침입

몽골이 이슬람 세계에 큰 영향을 미친 사건은 1220년 페르시아 침입으로 시작되었다. 몽골 제국의 1차 침입(1220-1222)에서는 부카라, 사마르칸트, 메르브, 니샤푸르 등을 점령하며 이슬람 세계에 새로운 위기를 가져왔다. 이후 2차 침입(1256-1260)에서 몽골은 바그다드를 함락시키고, 시리아와 팔레스타인까지 침입하였다. 그러나 1260년 아인 잘루트 전투에서 이집트와 시리아의 맘룩조가 몽골의 침입을 저지하며, 침입은 멈추게 되었다.

몽골이 점령한 지역은 황폐화되었고, 주민 학살이 심해서 많은 사람들이 소아시아, 이집트, 시리아로 피난을 떠났다. 그중 일부는 시리아로 피란했는데, 이븐 타이미야(1263-1328)와 같은 인물들이 등장하여 살라피 운동을 일으켰다.

몽골 제국은 초기에는 이교도였으나, 일부 황제는 후에 네스토리아교회를 따랐다. 특히 훌라구와 그의 후계자들은 네스토리아 교인으로 알려져 있으며, 이라크와 시리아에서 살았던 기독교인들은 그들의 통치 하에 생명을 부지할 수 있었다. 그런데도 많은 무슬림은 몽골의 침입을 세상의 종말이 다가왔다는 징후로 해석하였다.

몽골 침입 이후, 가톨릭 교황은 선교사를 파견하려는 시도를 하였고, 시리아와 이집트에 잔류한 무슬림들은 세력을 규합하기 위해 노력했다. 그러나 14세기 들어, 몽골 황제 중 일부는 이슬람으로 개종하였고, 그중 페르시아를 통치한 몽골 제국 일칸국 황제는 이슬람으로 개종 후 '무함마드 호다반데'(재위 기간 1578-1587)라는 이름을 채택하였다. 그가 이슬람을 국가 종교로 채택하면서, 몽골 제국 내에서 이슬람의 확산이 촉진되었다.

몽골의 침입 이전까지 이슬람은 확장 일로에 있었고, 무슬림들은 항상 승리의 편에 있다고 생각하였다. 그들은 기독교인들이 패배의 편에 있다는 신념을 가지고 있었으나, 1050년 이후 이 신념은 깨지게 되었다. 그 후, 기독교인들과 무슬림들은 동등한 조건으로 전쟁터에서 만나게 되었고, 군사적 성공이 더 이상 신의 전승을 승인하는 표시로 간주되지 않았다.

3) 무슬림의 지하드 고양과 딤미의 치욕

무슬림들의 군사 원정이 증가함에 따라, 상대방(자신의 종교와 다른)과의 "전쟁"과 "비관용"이 심화되었다. 유럽의 가톨릭 교인들은 물질적 번영과 영적 갱생을 통해 새로운 자각을 하게 되었고, 그들은 자신을 크리스텐덤(Christendom)을 방어하는 기사나 순례객이라고 이상화시켰다. 이러한 이념은 십자군을 자극했으나, 실제로는 야심, 잔인성, 어리석음이 부패를 일으켜 많은 범죄와 살상을 초래했다. 또한, 가톨릭교회의 설교에는 이슬람에 대한 무지와 편견이 담겨 있었으며, 이슬람과 무함마드에 대한 부정적인 견해가 반영되었다.

반면, 무슬림들은 책과 시를 통해 지하드를 고양시키고, 딤미에 대한 규제를 강화하면서 그들을 더 치욕스럽게 만들었다. 11세기에는 가톨릭에 대한 공격적인 논박서들이 인기를 끌었고, 스페인에서 이러한 책들이 편찬되었다. 무슬림 세계의 여러 곳에서 폭동이 일어나고, 가톨릭 교인과 유대교인들이 살해되었다. 특히 셀주크 투르크인과 알무와히둔 조의 호전적인 무슬림들에 의해 비무슬림들은 착취당했으며, 이로 인해 많은 비무슬림들이 낙심하게 되었다. 그라나다(1066년), 루세라(1107년), 튀니스(1159년)에서는 유대교인과 가톨릭 교인들이 개종 아니면 죽음이라는 선택에 직면했다.

이러한 사회적 및 군사적 대결 속에서도 일부 평화적인 조우가 있었다. 1218년, 이집트의 술탄 알말리크 알카밀(1218-1238)은 제5차 십자군과 맞서 싸우고 있었다. 그는 십자군이 이집트에서 철수하면 예루살렘을 돌려

주겠다고 제안했으나, 교황 특사 펠라기우스가 이를 거절하고 군사적 대결을 강요했다. 그런데도 술탄 알말리크 알카밀은 아시시의 프란치스코를 맞아들이고, 그와 토론한 후 안전하게 돌려보냈다. 이 만남은 프란치스코의 수도회의 태도와 그의 이슬람에 대한 접근을 이해하는 데 중요한 전환점이 되었다.

프란치스코 수도회의 창설자인 프란치스코는 성화의 삶에서 새로운 모델이 되었으며, 술탄 알말리크 알카밀의 막사로 걸어간 그의 모습은 사도들처럼 그리스도를 전파하고 순교를 각오했던 모습으로 묘사되었다. 16세기, 오스만 제국의 군대가 유럽을 정복하자 프란치스코는 무슬림 적의 압도적인 힘에 맞서는 영웅으로 등장했다. 프란치스코 회와 예수회는 그를 무슬림 선교의 모델로 보았다.

19세기에는 일부 작가와 예술가들이 프란치스코를 유럽의 문명을 아랍 세계에 전파하는 인물로, 또는 근대시대 유럽 식민지 개척자의 선구자로 묘사했다. 20세기 중반에는 그를 십자군 전쟁에 대한 평화적인 대안을 제시한 평화의 사람으로, 또한 술탄과 에큐메니컬 대화를 시작한 인물로 재조명했다. 역사를 거쳐 독자들은 자신의 관심사에 따라 동일한 사건을 여러 가지로 해석했다 (John Tolan 2009, 12). 1219년 9월, 프란치스코와 술탄 알말리크 알카밀 간의 만남은 가톨릭 유럽과 아랍 무슬림들 간의 조우에서 두려움과 소망이 교차하고 있었다는 것을 보여 준다.

4) 이슬람으로의 개종과 이슬람 사상의 발전

아라비아반도에서는 11세기 이슬람으로 개종 운동이 가속화되어 주민의 대다수가 무슬림이 되었다. 북아프리카에서는 이런 변화가 근동에서보다 더 일찍 시작됐다. 이제, 기독교와 이슬람의 두 공동체가 새로운 상황을 맞이하게 되었다. 그리고 지속된 헬레니즘의 영향으로 이슬람사상의 발전이 정점에 이르렀다.

유명한 이슬람 철학자로는 페르시아의 이븐 시나(Avicenna, 1037년 사망), 스페인의 이븐 루쉬드(Averroes, 1198년 사망)가 있었고 동부에서는 신학과 수피즘으로 유명한 알가잘리(1111년 사망)가 있었다. 유럽은 스페인을 통해서 이슬람 세계로부터 그리스 철학과 과학에 대한 저술들을 접하였다. 스페인의 레콩키스타(재탈환)가 진행되면서 아랍어로 쓰인 책들이 가톨릭 교인들의 손에 들어가고 있었다(1085년 톨레도).

11세기부터 시작된 번역 작업은 13세기까지 이어졌고 번역가들과 학자들은 아랍어로 쓰인 책들을 라틴어로 번역하였다. 유대인이나 무슬림(대개 기독교로 회심한 자)이 아랍어 자료를 로망스어 계열의 언어들로 번역하였다. 그 후 가톨릭 학자들은 이 로망스어 계열 언어로 번역된 것을 라틴어로 번역하였다. 유럽은 당시 종교 문제가 아닌 철학과 과학에 관심이 많았다.

5) 무슬림에 대한 가톨릭의 선교

무슬림을 가톨릭으로 개종시키려는 노력은 가톨릭과 무슬림의 만남에서 항상 존재했다. 아라비아반도에서 기독교인들은 무슬림 통치 아래에서도 무슬림과의 논쟁에서 개종을 자주 언급했다. 이슬람의 스페인 정복 초기, 코르도바에서는 가톨릭 사제가 이슬람에서 개종한 자들을 받아들이는 것에 대해 적극적으로 지지했다. 11세기 후반, 이러한 생각은 더욱 탄력을 받았으며, 교황 그레고리 7세와 클루니(Cluny) 수도원장은 1070년대와 1080년대에 북아프리카와 스페인을 지배하던 무슬림 통치자들에게 편지와 선교사를 보냈다. 그러나 무슬림을 개종시키려는 이 시도의 배경에는 이슬람 통치에 대항하는 기독교 세계(크리스텐덤)의 정치적 움직임과 군사적 원정이 뚜렷하게 존재했다.

12세기 들어서면서, "말씀을 통한 선교"가 무력이나 전쟁에 의존하는 것과 양립할 수 없다는 사실이 명확해졌다. 기독교인들은 무슬림에 대한 선교에서 평화로운 분위기 속에서 이슬람에 대한 더 정확한 지식과 적절한 메시지 전달 방법을 모색해야 한다는 것을 깨닫기 시작했다. 그러나 이러한 깨달음은 일부 교회 지도자들과 학자들에게만 국한되었으며, 당시 무슬림에 대한 일반적인 반응은 여전히 적대적이고 공격적인 논박이 주를 이루었다 (J. M. Gaudeul 2000, 114).

6) 가톨릭과 성경에 대한 이슬람의 반향

11세기와 12세기 사이, 이슬람 사상은 여러 분야에서 정점에 달했다. 칼람학 분야에서는 바낄라니(Baqillani, 1013), 주와이니(Juwayni, 1085), 알가잘리(al-Ghazālī, 1111)와 같은 학자들이 활동했고, 철학에서는 이븐 시나(1037년 사망)와 이븐 루쉬드(1198년 사망), 수피즘에서는 알가잘리와 이븐 아라비(1165-1240)가 있었다. 이들은 기존의 이론을 발전시키고 대중화하는 데 중요한 역할을 했다.

그중에서도 11세기 말, 알가잘리는 기독교 교리를 반박하는 책 『보기 좋은 반격』(*al-Radd al-Jamīl*)을 발표하였다. 이 책에서는 신약의 본문을 선택하여 예수의 신성을 반박하는 주장을 펼쳤다. 또한, 이슬람 치하의 스페인에서 이븐 루쉬드(1126-1198, Averroes)는 종교적 텍스트에는 자히르(표면적)와 바띤(숨은 의미)이 있다고 주장하며, 바띤의 의미는 이성을 사용해야만 깨달을 수 있다고 했다. 하지만, 13세기, 이븐 타이미야(1263-1328)는 종교적 텍스트에서 이성을 사용하는 것을 금지하고, 이성을 사용해 텍스트를 다른 의미로 해석하는 자를 카피르(알라를 믿지 않는 자)라고 비판했다.

이븐 루쉬드의 철학은 서구 사회에 영향을 미쳤다. 이집트의 철학자 무라드 와흐바는 서구가 종교개혁과 계몽주의를 겪게 된 원인으로 이븐 루쉬드의 철학을 받아들인 점을 꼽았다. 그러나 아랍 이슬람 사회는 이븐 루쉬드를 무신론자로 비난하며 그의 책들을 불태워 버렸다.

스페인에서는 성경 본문을 비평한 이븐 하즘(994-1064)이 로마 가톨릭을 신랄하게 논박하였다. 그는 성경을 인간 저자들이 기록한 책으로 보고, 그 글자들이 변조되었다고 주장했다. 이븐 하즘은 신의 말씀은 인간 해석에 의한 왜곡 없이 그대로 받아들여져야 한다고 믿었다. 그는 자히리파(Zahirism)라고 불리며, 이성과 사색을 거부하고 신의 말씀을 고수해야 한다고 주장했다.

그의 이론에 따르면, 예수가 하나님의 아들이라는 개념은 거짓이며, 예수가 가룟 유다를 선택한 것은 실수였고, 예수는 예언자가 될 자격이 없다고 주장했다. 또한, 기독교인들이 모세의 율법을 바꾸었으므로, 예수의 가르침은 꾸란에 나오는 이싸의 가르침과 상충된다고 했다.

한편, 11세기에는 무슬림의 공격적 논박에 대한 반박을 시도한 네스토리아 교인 엘리아스(Elias)가 있었다. 그러나 1100년, 십자군이 예루살렘에 당도하면서 상황은 크게 변화했다. 그 여파로 근동에서 기독교인들에 대한 공격적 논박 문학이 재출현하게 되었고, 에뎃사의 동방교회 아랍인 바돌로매(Bartholomew, 12세기경)와 안디옥의 야콥파 불루스 알라힙(12세기)이 이슬람을 반박하는 내용의 글을 썼다 (공일주 2012, 257).

7) 정체성을 찾아가는 유럽과 다르 알이슬람

유럽은 새로운 활력을 얻었으나 이슬람 세계는 몽골의 침략으로 그 존재마저 위협을 받았다. 기독교인과 무슬림 간의 조우에서는 아랍인 기독교인, 아르메니아인, 그루지아인, 칼데아인 등과 순니 무슬림, 시아 무슬림 그리고 수피 무슬림들이 포함되어 있었다. 그러나 중세 때 두 종교 간의 대결은 주로 유럽과 다르 알이슬람(무슬림 국가들) 사이의 충돌이었다.

유럽은 1100년경 제1차 십자군 원정에서 크리스텐덤을 확인하고자 했다. 마그립과 안달루시아에서 알무와히둔 조의 모험과 동부의 몽골 침략의 여파는 무슬림들을 과거 유산의 사고방식과 생활 방식으로 복귀하게 했다. 이븐 타이미야는 가족이 몽골의 침략으로 시리아로 이주하자 이슬람 초기의 살라프(싸하바와 타비운을 포함하는 선조)를 강조하기 시작했다. 오늘날 이슬람 세계의 살라피즘(Salafism, Salafi)의 원조는 바로 이븐 타이미야였다. 이 시기에 수피즘이 확산되었고, 이븐 아라비(1165-1240)와 루미(1209-1273)와 같은 유명한 수피들이 등장했다.

그 당시 유럽인들에게 이슬람의 이미지는 진리를 왜곡하고 칼로 확산되는 폭력의 종교였으며, 무함마드는 사탄의 영감을 받은 적그리스도라고 여겨졌다. 그 당시 유럽의 학자들은 이슬람에 대한 객관적인 연구에 관심이 없었다.

11세기와 12세기에는 많은 번역서들이 발간되었으나 이들 번역서는 철학이나 세속적인 학문에 관한 것이었다. 클루니(Cluny) 수도원의 베드로

만이 이슬람을 반박할 목적으로 이슬람을 공부할 필요성을 느꼈다. 1212년에 꾸란을 번역한 톨레도의 마가가 있었는데, 그 당시 대부분의 연구는 목회적이고 선교적인 목적을 가졌으나 학문적인 저술과는 관련이 없었다.

11-12세기에 유럽과 이슬람 세계에서 소수파, 이단 그리고 다른 종교의 구성원들은 종종 추방되거나 다수 종파에 흡수되어야 하는 대상으로 간주되었다. 이슬람 치하의 딤미들은 시대와 지역에 따라 처우가 달랐지만, 일부 시기에는 더 많은 규제와 사회적 제한을 받았고 굴욕적인 일을 당했다.

이븐 타이미야와 같은 학자는 무슬림 통치자들에게 딤미에 대한 관대한 정책을 반대하고 이슬람 사회 내에서 그들의 영향력을 줄일 것을 촉구했다. 이러한 태도는 당시 사회의 불안정성과 외부 위협(십자군, 몽골 침입)에 대한 반작용으로 나타났으며 일부 무슬림 대중의 지지를 얻었다. 현대 무슬림들 중에는 이슬람이 관용의 종교라고 말하는데, 사실 역사를 보면 무슬림들은 기독교인에 대한 부당한 처사와 핍박과 종교의 자유를 제한했다.

8) 소결론

1054년 동방정교회와 서방가톨릭교회가 공식적으로 분열되었다. 십자군 전쟁(1096-1291)은 가톨릭교회가 이슬람 세력을 상대로 종교적, 군사적, 경제적, 선교적 목표를 추구한 중요한 사건이었다. 동방정교회와 가톨릭교회는 역사적으로 서로 다른 교리와 신학적 차이를 보였지만, 십자군 전쟁을 계기로 서로 협력할 기회도 있었다. 1204년 제4차 십자군이 콘스탄티노플을 정복하고 동방정교회의 수도를 약탈하면서 교회 간의 갈등이 심화되었지만, 그런데도 일부 지역에서는 선교적 협력이 이루어졌다.

11세기와 12세기 동안, 일부 가톨릭 신학자들은 이슬람에 대한 연구와 선교적 접근을 시도했다. 예를 들어, 톨레도의 번역 학교(Toledo School of Translators)는 이슬람 철학과 과학, 의학서적들을 라틴어로 번역하고 유럽에 전달하며, 기독교와 이슬람의 대화를 위한 기초를 마련하려 했다.

5. 전쟁과 선교의 모색(1258-1453)

1) 이슬람 세계의 전성기와 가톨릭 세계의 쇠퇴

1254-1517년 동안 이슬람 세계와 가톨릭 세계는 중요한 정치적, 군사적 변화를 겪었다. 이 시기는 이슬람 세력의 강력한 확장기였고, 가톨릭 세계는 동유럽과 지중해에서 점점 수세에 몰리는 시기였다. 1291년 아크레 함락으로 십자군들이 완전히 후퇴하며 이슬람 세력이 레반트 지역을 완전히 장악했다. 1258년 몽골이 바그다드를 함락하여 압바시야조 칼리프 정권이 무너졌으나, 네스토리아파는 몽골 제국 내에서 일시적으로 보호를 받았다.

11세기 말 아나톨리아 반도에서 세력을 형성했던 셀주크 투르크는 1299년 오스만 투르크에 의해 계승되었고, 오스만 제국은 1300년경 놀랍게 확장되어 1500년경에는 이슬람 세계의 지배 세력이 되었다. 오스만 제국은 1359년부터 1389년까지 무라드 1세 치하에서 유럽으로 진격하며, 콘스탄티노플 주변 지역들을 장악할 수 있었다. 그의 후계자 술탄 바야지드(Bayazid) 1세(1389-1402)는 세르비아, 불가리아, 그리스를 점령했으며, 이슬람 율법과 무자비한 억압이 결합된 정부를 수립했다.

1258년 몽골이 바그다드를 함락시켜 압바시야 조 정권이 붕괴된 후, 이슬람 세계는 큰 혼란에 빠졌다. 한편, 오스만 제국은 1453년 콘스탄티노플을 함락시키며 동로마 제국을 멸망시키고, 발칸 지역으로 진격했다. 이로 인해 동유럽과 지중해는 점점 이슬람 세력의 지배를 받게 되었다.

13세기와 14세기에 지중해 세계에서 일어난 중요한 변화들은 갈수록 더 복잡해졌다. 알무와히둔 조는 1269년 마린조가 마라케시를 점령하면서 멸망하였고, 스페인에서는 1212년 가톨릭이 승리하였다. 그라나다를 제외한 나머지 스페인 지역은 가톨릭 왕들의 손에 들어갔으며, 1236년 페르난도 3세는 코르도바를 점령하고 대모스크를 가톨릭 대성당으로 개조했다.

1238년에는 발렌시아가 아라곤 왕에 의해 정복되어 가톨릭 교인들이 정착했다. 1248년, 페르난도 3세는 세비야를 정복하며 알무와히둔 조의 지배를 끝냈고, 세비야 대모스크를 대성당으로 개조했다. 1492년에는 페르난도 2세와 이사벨 1세가 그라나다를 함락시키며 이슬람 세력을 이베리아 반도에서 완전히 축출했다.

이슬람 세계는 1254-1517년 동안 강력한 확장과 변화가 있었으며, 가톨릭 세계는 점차 수세에 몰리면서 중요한 군사적 대응을 펼쳤다. 1396년에는 오스만 제국의 투르크인들이 동유럽에 진입하여, 1453년 콘스탄티노플을 함락하고 발칸으로 진격하였다. 1396년 니코폴리스 전투에서 오스만 제국은 십자군 가톨릭 연합군을 격파하며, 동유럽과 발칸 지역에서 이슬람 세력의 발흥을 더욱 가속화했다.

2) 유럽과 이슬람 철학의 교류: 12-13세기 학문적 재발견

11세기와 12세기 동안, 유럽에서는 새로운 문화의 발달과 번영, 영적 갱신 그리고 군사적인 정복이 일어나고 있었다. 이러한 운동은 13세기와 14세기까지 지속되었다. 특히 유럽의 학자들은 아랍어 번역을 통해 그리스 유산을 재발견하고 있었다. 그들은 철학, 의학, 과학에 관심을 두었고, 라틴어를 사용하는 대학들이 주요 도시에 설립되었다. 이 과정에서 이븐 루쉬드와 같은 이슬람 철학자들의 영향이 중요한 역할을 했다. 이븐 루쉬드의 철학은 아리스토텔레스의 사고 체계를 유럽 학문에 소개하며, 토마스 아퀴나스(1225-1274)와 같은 학자들이 아리스토텔레스의 사고 체계를 새롭게 발견하는 계기를 마련했다.

아리스토텔레스의 사고 체계가 플라톤의 체계보다 더 실용적이고 과학적 발전에 유리하다고 여겨지면서, 유럽에서는 강력한 지적 호기심이 생겼고, 이를 대처하기 위해 신학이 더욱 정교해졌다.

이븐 루쉬드와 토마스 아퀴나스 사이에는 차이점도 있었지만, 공통점 또한 많았다. 이븐 루쉬드는 이슬람과 철학을 조화시키려 했고, 토마스 아퀴나스는 기독교와 철학을 조화시키려 했다. 이들은 이성과 신앙 간의 관계, 인간의 자유와 신의 섭리, 세상의 창조와 불멸에 대해 깊은 관심을 가졌다.

13세기 유럽에서는 아랍어가 학문적으로 중요한 언어였다. 많은 유럽 학자들이 아랍어를 배우고, 아랍어로 쓰인 철학, 과학, 의학, 신학 서적들을 연구하거나 번역했다. 12-13세기 스페인 톨레도는 유럽에서 아랍어 학문이 전파되는 중심지였고, 파리대학교에서는 아리스토텔레스 철학과 관련된 아랍어 철학자들의 주석이 중요한 연구 대상이었다. 이븐 루쉬드의 저술이 아랍어에서 라틴어로 번역되어 파리대학교 철학과 신학 과정에서 강의되었으며, 영국의 옥스퍼드대학교에서도 아랍어로 된 책들이 번역되어 학문 연구에 사용되었다.

3) 가톨릭 수도회

유럽에서는 경제 호황의 부작용과 물질주의에 대한 반작용으로 내적 개혁 운동이 유럽 가톨릭교회를 휩쓸었다. 가톨릭 수도회들이 빈곤을 강조했는데 그중에는 아시시의 성 프란치스코(1182-1226)가 설립한 프란치스코 수도회 그리고 도미니코(1170-1221)가 창설한 도미니코 수도회가 있었다.

12세기에는 십자군 전쟁으로 인해 서방 가톨릭 세계의 관심이 무슬림 세계로 집중되었다. 그러나 이 시기에는 십자군이 주로 이슬람 세력의 확장을 억제하고 예루살렘과 성지 지역을 탈환하려는 목적을 가지고 있었다. 정복된 지역에서는 모스크를 새로운 성당으로 개조하였다. 도미니코회는 이슬람 신앙을 논박하고 가톨릭 신앙의 우월성을 입증하기 위한 신학적 변증활동에 적극적으로 나섰다. 특히 무슬림 지도자들과 논쟁하거나 이슬람 교리를 반박하는 저작물을 집필하여 이슬람을 공격했다.

아시스의 프란치스코는 이집트에서 평화적 접근을 시도했다. 프란치스코회의 레이먼드 룰은 아랍어를 배우고 철학적 논증을 통해 이슬람을 비판하며 가톨릭 신앙으로 개종을 촉구했다.

(1) 도미니코회

가톨릭교회의 선교는 시대와 지역에 따라 다양한 방식으로 이루어졌으며 특히 중세 시기에는 도미니코회가 주도적인 역할을 담당했다. 도미니코회는 가톨릭 교리를 논리적으로 옹호하고 이슬람 교리를 비판하는 역할을 담당했다.

도미니코회의 선교 목표는 모든 사람에게 복음을 전하여 회심하게 하고 가톨릭교회로 초대하는 것이었다. 이러한 노력은 무슬림만을 대상으로 한 것이 아니라 가톨릭 이단, 그리스정교회, 네스토리아교회, 아르메니아교회 및 비기독교인을 포함하는 광범위한 집단을 대상으로 했다.

도미니코회는 선교 대상자의 언어와 사고방식을 깊이 이해하는 것이 중요하다고 여겼다. 이를 위해 선교사들은 현지 언어를 익히고 대상 집단의 종교와 철학을 연구해야 했다. 또한, 언어와 문화에 대한 연구를 통해 상대방을 설득할 가능성이 높은 표현을 찾는 것이 중요하다고 보았다. 이를 실현하기 위해 다양한 지역에 언어 연구 센터가 설립되었다.

도미니코회는 1225년부터 모로코, 1230년부터 튀니스 그리고 1240년 대부터 스페인 여러 도시에서 선교 활동을 시작했다. 또한, 1245년경에는 유대인과 무슬림들에게 효과적으로 복음을 전할 수 있도록 훈련하는 선교교육 센터를 설립했다. 1250년 공식적으로 문을 연 아랍어 연구 센터는 실제로는 그보다 더 일찍 존재했을 가능성이 있다. 당시 카탈로니아와 튀니스 간의 좋은 외교 관계를 활용하여 선교사들은 이슬람 도시에서 직접 아랍어와 이슬람학을 학습할 수 있었다.

도미니코회 출신의 신학자 토마스 아퀴나스(1225-1274)는 시칠리아의 신성 로마 황제 프리드리히 2세를 섬기는 가정에서 태어나 이슬람에 대한 지식을 갖고 있었다. 토마스 아퀴나스는 기독교 신앙이 인간의 이성을 초월하는 신비를 포함한다고 보았으며 따라서 순전히 이성의 논증(Arguments of Reason)만으로 신앙을 증명하거나 불신자를 설득할 수 없다고 주장했다 (J. M. Gaudeul 2000, 163). 이러한 신학적 입장은 선교 활동에서 이성을 초월하는 "믿음"(faith)의 중요성을 강조하는 데 기여했다.

토마스 아퀴나스는 무슬림 및 비가톨릭 교인과의 대화를 돕기 위해 두 권의 중요한 책을 저술했다.

① 『이교도들에 맞서는 요약』(*Summa Contra Gentiles*, 1259-1264): 북아프리카와 스페인에서 활동하는 선교사들을 위해 집필된 책으로 이슬람 세계에서 기독교 신앙을 효과적으로 설명할 수 있는 논리를 제공했다.

② 『사라센(무슬림), 그리스인과 아르메니아인의 반대에 대한 신앙(기독교)의 이성적 논증』(*De Rationibus Fidei Contra Saracenos, Graecos et Armenos*, 1264): 안디옥 교회의 요청에 따라 집필된 책으로 무슬림뿐만 아니라 그리스인 교회와 아르메니아교회 신자들과의 신학적 논증을 돕기 위한 내용을 담고 있다. 토마스 아퀴나스는 설득력 있는 논증(Arguments)으로 기독교 신앙을 입증하려는 시도를 거부했다. 신앙은 이성을 초월하지만, 이성과 모순되지 않으므로 이를 통해 상대방의 비가톨릭적 논리에 대한 반론을 펼쳤다(J.M. Gaudeul 2000, 165). 그는 믿음은 은혜의 선물이므로 비가톨릭 교인에게 논증을 통해 설득하는 것을 거부한다고 했다.

(2) 프란치스코회

프란치스코회는 도미니코회와 유사한 점이 많았으나 선교 방식에서 차이를 보였다. 도미니코회가 학문적 접근과 변증에 중점을 두었다면 프란치스코회는 더욱 직접적이고 열정적인 선교 방식을 채택했다. 프란치스코회는 이슬람과 기독교 관계에 대한 문헌을 도미니코회보다 적게 남겼지만 그들의 경험과 선교 방식은 후대에 큰 영향을 미쳤다.

이슬람 선교 역사에서 중요한 인물 중 하나인 아시시의 성 프란치스코(St. Francis of Assisi)는 하나님께서 무슬림에게 가서 복음을 전하라고 부르셨다고 믿고 직접 이슬람 세계로 들어갔다. 그는 하나님께서 직접 선교사를 부르신다는 사실을 깨닫게 되었다.

프란치스코는 1211년과 1215년 두 차례에 걸쳐 시리아, 스페인, 모로코의 무슬림들에게 복음을 전하려 했으나 건강 악화로 인해 뜻을 이루지 못했다. 하지만, 그는 십자군이 주둔하고 있던 이집트 둠야뜨(Damietta)로

가는 데 성공했다. 그는 십자군 지휘관들에게 무슬림들에게 가서 전도할 수 있도록 허락해 달라고 요청했고 결국 이집트의 아이윱조 술탄 알말리크 알카밀(Sultan al-Malik al-Kamil)과 며칠 동안 만나 복음을 전할 기회를 얻었다.

프란치스코는 술탄에게 기독교 신앙의 진리를 증명하기 위해 불을 통과하는 시험(trial by fire)을 제안하기도 했지만 실현되지는 않았다. 결국 그는 무슬림들의 개종 가능성이 낮다는 것을 깨닫고 십자군 진영으로 돌아와 유럽으로 귀환했다. 그러나 그의 열정적인 태도와 신앙심은 술탄에게 깊은 인상을 남겼으며 술탄이 그에 대한 존경의 표시로 관용적인 태도를 보였다는 일화는 오늘날까지 전해진다.

프란치스코회와 함께 활동한 평신도 학자이자 철학자였던 레이먼드 룰(Raymond Lull, 1235-1315)은 가톨릭 선교 역사에서 중요한 역할을 했다. 그는 카탈로니아의 귀족 가문에서 태어나 당시 가톨릭 세계와 이슬람 세계가 교차하던 마요르카 섬에서 성장했다. 마요르카는 1229년부터 1232년까지 아라곤 왕국의 제임스 1세에 의해 이슬람 세력으로부터 탈환했지만 여전히 무슬림과 유대인이 상당수 거주하고 있었다. 공식적으로는 종교적 관용이 장려되었으나 무슬림들은 가톨릭으로 개종해야 한다는 강한 사회적 압박을 받았다. 이러한 분위기는 14세기 중반까지 지속되었다.

레이먼드 룰은 1265년 회심을 경험하기 전까지는 세속적인 삶을 살았으나 그 이후 자신의 삶을 선교에 헌신하기로 결심했다. 그는 무슬림과 몽골인을 개종시키기 위해 신학적 변증서를 집필하고 선교사 양성을 위한 훈련 센터 설립을 교황과 왕들에게 요청했다.

레이먼드 룰의 삶은 크게 두 단계로 나뉜다.

① **준비 기간(1265-1287년)**: 9년 동안 아랍어, 라틴어 신학, 철학을 공부하며 선교를 준비했다. 1274년, 마요르카의 미라마르(Miramar)에 훈련 센터를 설립했다. 13명의 프란치스코회 선교사들이 이곳에서 아랍어를 배우고 무슬림 선교를 준비했다.

② **활동 기간(1287-1315년)**: 유럽의 여러 대학에서 강의를 하며 이븐 루쉬드(Averroes)의 철학에 대응했다. 튀니스(1293년), 키프로스(1302년), 알제리 베자야(1306-1307년) 등지에서 선교했다. 선교지에서 무슬림 대중과 논쟁을 벌이다 체포되거나 추방되었다.

이처럼 레이먼드 룰은 선교의 필요성을 강조하고 교황에게 아랍어 연구 기관의 설립을 요청했다. 그 결과, 1311년 비엔나 공의회에서 로마, 볼로냐, 살라망카, 파리, 옥스퍼드에 아랍어 연구 부서를 설립하는 결정이 내려졌다. 그러나 그의 선교는 점점 더 위험해졌다. 그는 시칠리아와 튀니스에서 무슬림들에게 복음을 전하려 했으나 무함마드에 대한 그의 비판이 무슬림 군중의 분노를 불러일으켰다. 그는 구타를 당한 후 추방되었고, 그의 최후는 명확하지 않지만 마요르카로 돌아가거나 바다에서 사망했을 가능성이 높다(J. M. Gaudeul 2000, 180).

레이먼드 룰의 선교 전략은 이성적 논증(Rational Argument)을 중심으로 했다. 그는 기독교인과 무슬림이 서로의 경전을 인정하지 않는다는 점을 인식하고, 자연 이성(Natural Reason)을 공통 기반으로 삼아 대화할 것을 제안했다. 즉, 무슬림들에게 가톨릭 교리가 하나님의 완전한 속성과 가장 부합한다는 점을 논리적으로 설명하고자 했다.

프란치스코회 일부 선교사들은 인도, 중앙아시아, 몽골까지 진출했다. 프란치스코회는 이슬람과의 대화를 추구하며 논증적인 접근 방식을 선호했기 때문에 상대방을 설득하고자 논리적으로 주장을 펼치는 방식(argumentation)을 사용했다.

4) 무슬림들의 공격적 논박

600년 동안 기독교를 대상으로 한 이슬람의 고전적인 논박서(Polemics)들이 총서로 발간되었다. 안디옥 바울이 먼저 저술한 기독교 변증서 『무슬림 친구에게 보내는 서한』을 13세기 후반에 반박한 알카라피(Al-Qarafī, 1285년 사망)의 책 『불경한 질문들에 대한 고결한 답변들』(*Kitāb al-Ajwibah al-Fākhirah*)이 있다. 안디옥 바울이 꾸란을 재해석하여 기독교 교리를 변증한 것에 대해 알까라피가 이슬람 신학의 정통성을 수호하려는 입장에서 그의 해석을 논박한 것이다. 알까라피는 기독교인을 무쉬리쿤(Mushrikūn, 다신 숭배자들)으로 보지 않고 쿱파르(Kuffār, 알라의 존재를 믿지 않는 자들)로 간주했다. 이븐 타이미야(1328년 사망)는 자신의 저서 『기독교 종교를 바꾼 사람들에 대한 바른 답변』(*al-Jawāb al-ṣaḥīḥ li-man Baddala Dīn al-Masīḥ*)에서 성경 본문의 위조는 주로 역사적 기록에 한정되어 있으며 율법적인 부분은 본문 자체가 아닌 기독교인들의 잘못된 해석에 기인한다고 주장했다. 알까라피와 이븐 타이미야는 멜키파 교회의 저술가 불루스 알라힙(Būlus al-Rāhib, 1327년 사망)의 논박에 대응하지 않았다.

기독교에 대한 이슬람의 논박은 이븐 타이미야와 알까라피의 저술에서 집대성되었다. 또한, 사이드 이븐 하산 알이스칸다라니(Saʻīd bn Ḥasan al-'Iskandarānī, 1320년 사망)와 이븐 까임 알자우지야(Ibn Qayyim al-Jawziyyah, 1350년 사망)는 유대교와 기독교에 대한 반박을 체계적으로 정리했다. 기독교에 대한 비판은 무슬림들의 칼람(Kalām)의 저서들에 주로 포함되었다.

스페인에서는 가톨릭과 기독교에 대항한 논박으로 저명한 무슬림 학자들이 활동했다. 그중 자히리야파의 이븐 하즘(Ibn Ḥazm, 994-1064), 말리키파의 아부 알왈리드 알바지(Al-Bājī, 1013-1081), 수피의 이븐 사브인(Ibn Sabʻīn, 1271년 사망) 등이 대표적이다. 특히 가장 중요한 기독교에 대한 비판 저술은 스페인 마요르카에서 가톨릭 출신이 이슬람으로 개종한 압둘라 알타르주만('Abd Allah Al-Tarjumān, 1423년 사망)의 책 『십자가 백성에 대한 반박에 학자의 선물』이었다. 그는 본래 가톨릭 사제 안셀름 투르메다(Anselm Turmeda)이었고 이슬람으로 개종한 후 압둘라 알타르주만으로 개명하고 튀니스에서 활동했다.

기독교에 대한 이슬람의 공격적인 논박(polemics)은 기독교의 신학적 교리, 성경의 신빙성, 삼위일체 교리 등을 비판하는 논박서를 작성하여 이슬람 신앙을 옹호하였다. 반면에 이슬람에 대한 기독교의 논박에서는 이슬람의 교리, 꾸란의 기원, 무함마드의 예언자 자격을 비판하는 논박서를 집필했다.

1217년 시리아 알레포에서 정교회의 알안바 지르지(al-Anba Jirjī)와 세 명의 무슬림 학자들 간에 토론이 있었다. 토론은 당시 통치자(Emir)의 중재 아래 이루어졌으며 양측 모두 자신들의 입장을 굽히지 않았다. 토론은 마치 스포츠처럼 끝난 후 서로 악수를 나누며 축하하는 분위기였다. 이러한 "스포츠적" 논박은 상대를 더 잘 이해하는 데 도움을 주기도 했으나 점차 지적 게으름에 빠져 판에 박힌 내용만을 반복하게 되었다. 공격적인 논박의 가장 큰 위험은 이런 논박에 참여하는 사람이나 이를 지켜보는 이들에게 종교적 진리가 조작이 가능한 도구로 전락할 수 있다는 점이다.

5) 소결론

이슬람 세계는 몽골의 침략으로 큰 혼란을 겪었고, 이슬람공동체 내부에서도 다양한 갈등과 분열이 일어났다. 1258년, 몽골 제국의 훌루구 칸은 바그다드를 함락시키며 이슬람 세계에 큰 충격을 주었고, 이는 이슬람의 쇠퇴를 가속화했다. 이로 인해 이슬람 사회는 새로운 위협에 직면하게 되었다.

이븐 타이미야(Ibn Taymiyyah)는 이러한 혼란 속에서 이슬람의 순수성을 회복하려는 사상적 운동을 전개했다. 그는 1260년대 후반부터 1280년대 초반까지, 몽골의 침략과 그로 인한 이슬람 세계의 혼란을 직접 목격했다. 이븐 타이미야는 몽골의 침략이 이슬람공동체의 약화와 문화적 위협을 초래했다고 보았으며, 이를 회복하기 위해 이슬람의 교리와 율법을 철저히 실천해야 한다고 주장했다.

그는 또한 비드아(Bid'ah), 즉 이슬람 전통에 없는 새로운 행위나 관습의 확산을 강력히 비판했다. 비드아가 이슬람공동체 내에서 이교도, 기독교인, 유대교인에 의해 유입되었다고 주장하며, 이를 철저히 배격하고 순수한 이슬람을 회복해야 한다고 말했다. 그는 몽골 사람이 이슬람으로 개종했다고 하더라도 그들을 진정한 무슬림으로 보지 않았고 그들에 대항한 지하드를 정당화하였다.

이븐 타이미야는 기독교와의 논쟁에서도 적극적인 입장을 취했다. 그는 이슬람을 방어하고 기독교 교리의 허점을 드러내려는 논박을 벌였으며, 이를 통해 이슬람 신앙을 확립하려 했다. 그는 기독교에 대한 비판을 통해 이슬람의 신앙을 옹호하며, 샤리아(이슬람법)를 지키고 신앙의 순수를 강조했다.

그의 종교적 견해와 정치적 입장은 당대의 권력자들과 여러 차례 충돌을 일으켰다. 이븐 타이미야는 수피 무슬림과 시아파 그리고 당시 이슬람 사회의 지도자들을 강력한 비판했고, 그의 종교적 입장 때문에 그는 1270년대 후반부터 1280년대 초반까지 여러 번 감옥에 갇히게 했다. 결국 1328년, 그는 다마스쿠스에서 사망했다.

6. 오스만 제국의 성쇠: 종교개혁, 르네상스와 인문주의(1453-1800)[7]

1400년부터 1800년까지 오스만 제국은 중요한 번영기를 맞이했다. 1453년, 오스만 제국이 콘스탄티노플을 함락시키면서 동로마 제국은 몰락하였고, 오스만 제국은 유럽과 아시아에서 중요한 지정학적 영향력을 확보하게 되었다. 비잔틴 제국의 붕괴 이후, 헬라어를 사용하는 지성인들이 이탈리아와 서유럽 도시들로 이주하면서 르네상스의 발전에 기여하였다.

1492년, 스페인에서 그라나다가 함락되면서 무슬림들은 축출되었고, 이는 유럽 가톨릭 세계의 승리를 의미했다. 16세기부터 17세기까지 유럽에서는 르네상스와 종교개혁이 진행되었다. 1503년부터 1722년까지 페르시아의 사파위 제국은 시아 이슬람을 국가 종교로 채택하면서 이슬람 세계의 종교적·정치적 지형을 변화시켰다. 1516년 시리아, 1517년 팔레스

---

[7] '투르크'라는 단어가 튀르키예 공화국인 아나톨리아반도와 인접 지역의 일부에 거주하는 투르크 종족의 일부를 일컫는 말로 쓰인다. 20세기 초까지는 '오스만(오스만 투르크)인'들이라고 불렸으며, 정확한 학술적 표기로는 '튀르키예 투르크인'이라고 지칭한다. 이들은 투르크족 중에서도 오우즈(또는 오구즈, oğuz) 그룹에 속하며, 이슬람 법학파 중에서는 주로 하나피파에 속한다(투르크학 인문대사전 참조).

타인과 이집트, 1534년 바그다드, 1538년 예멘, 1547년 알제리가 오스만 제국의 지배하에 들어갔다.

오스만 제국은 1529년과 1683년 두 차례에 걸쳐 비엔나를 공격했으나 모두 실패했다. 16세기와 17세기 동안 오스만 제국은 소아시아, 시리아, 팔레스타인, 이집트, 북아프리카, 발칸반도를 지배하며 기독교 세력과 지속적으로 충돌하였다. 이러한 상황에서 이슬람 제국들은 다양한 인종 그룹과 종교 공동체를 포괄하게 되었고, 이슬람과 기독교뿐만 아니라 힌두교 및 조로아스터교와의 본격적인 교류가 이루어졌다.

1798년, 나폴레옹의 이집트 점령은 유럽 열강의 무슬림 세계 개입을 본격화하는 계기가 되었다.

1) 오스만 제국과 무굴과 사파위 조 및 스페인

인도의 무굴 제국에서는 비무슬림들이 대다수를 차지했었고 이란의 사파위 왕조(Safavid)에서는 조로아스터교, 기독교, 유대교 등 소수 종교인들이 딤미(Dhimmi)로 취급되었다. 이란을 시아파 이슬람 국가로 확립하고 사파위 왕조의 절정기를 이끌었던 압바스 1세(1587-1629)는 새로운 수도 이스파한을 건설하기 위해 많은 아르메니아인을 이주시켰다.

오스만 제국은 광대한 영토를 차지하며 아나톨리아, 발칸 반도, 아라비아까지 점령했다. 16세기와 17세기 전반기는 오스만 제국의 문화와 영향력이 극대화된 시기였지만 이슬람 이외의 종교에 대한 문헌은 상대적으로 적었다. 오스만 제국은 17세기 후반부터 내부적·외부적 요인으로 인해 약화되기 시작했으며, 18세기 후반부터 러시아 및 오스트리아와의 전쟁에서 패배하면서 발칸 반도 일부를 상실하게 되었다.

기독교인과 유대교인 딤미들은 오스만 제국의 밀레트(millet) 제도에 따라 자치적인 공동체를 유지했다. 이들 소수 종교의 민족들은 발칸 지역, 아나톨리아, 아랍 지역에 따라 각기 다른 처우를 받았다. 딤미(Dhimmi) 제도는 19세기 이후 유럽 열강의 간섭과 오스만 제국의 근대 개혁(탄지마트) 과정에서 점진적으로 약화되었다. 오스만 제국의 내정은 유럽의 간섭을 받았고 발칸 지역의 주민들은 독립 운동을 벌였다.

특히 오스만 제국 내 아르메니아인에 대한 잔인한 탄압이 1894-1895년 하미디안 학살, 1908년 청년 오스만 투르크 혁명 이후 1909년 아다나 학살, 1915-1916년의 아르메니아 대학살로 이어졌다. 기독교인과 무슬림 간의 상호 적대감은 십자군 전쟁과 지하드라는 종교적 용어로 설명되기도 했다.

1924년, 무스타파 케말(아타튀르크)의 개혁 정책에 따라 칙령을 통해 칼리프 제도와 밀레트 제도가 공식적으로 폐지되었다. 오스만 제국의 영토 중에서 19세기에는 이집트가 가장 빠르게 근대화가 이루어진 곳으로서 1798년과 1801년 사이 프랑스의 점령을 경험했다. 무함마드 알리(1805-1848)의 근대화 정책이 이어졌고 이집트의 새로운 세대들은 유럽에 대한 관심이 커졌다. 19세기 초 이집트는 유럽과 아랍이 만나는 교차점이었으며 이슬람의 근대화와 타즈디드가 이집트와 인도 북부에서 무슬림 지식인들에 의해 시작되었다.

근대 시기의 세 제국(오스만 제국, 무굴 제국, 사파위 왕조) 중 이란의 사파위 왕조의 무슬림들은 비무슬림에 대해 상대적으로 덜 우호적이었다. 17세기 일부 지역에서 유대인에 대한 차별적 정책과 제약이 존재했으나, 오스만 제국 내에서는 유대인 공동체가 비교적 안정적으로 존속할 수 있었다. 16세기부터 오스만 투르크, 이란, 인도 등에서 이슬람은 아프리카, 남아시아, 동남아시아로 확산되었고 인도네시아에서는 다양한 종교가 혼합되어 있어 무슬림과 비무슬림 간의 관계가 독특하게 발전했다.

스페인에서는 1492년 그라나다가 함락되면서 마지막 이슬람 왕국이 붕괴되었고 에티오피아에서는 이집트의 맘룩 조와의 갈등으로 16세기에 무슬림과 기독교 간의 전쟁이 발생했다. 동아프리카 해안에 있는 무슬림 도시들은 1498년 포르투갈인들이 도착하면서 변화가 시작되었다. 13세기 이후 무슬림 무역상들이 말레이시아, 필리핀, 중국 등에 영향을 미쳤으며, 1570년대 이후 스페인과 필리핀 무슬림들 간의 갈등이 본격화되었다. 이 지역에서의 갈등은 정치적, 종교적 성격을 띠었고 유럽인들은 지역 주민들을 식민지화했다.

2) 유럽의 종교개혁, 르네상스와 인문주의[8]

인문주의가 개혁사상에 끼친 영향은 아주 상당했다. 가톨릭교회의 법적 체계는 개혁이 절대적으로 필요했고 교회 관료주의는 악명높게 비효율적이고 부패한 상태였다. 성직자들의 도덕성은 해이해졌고 회중에게 물의를 일으키는 원인이 되었다. 개혁으로 알려진 폭넓은 운동은 루터 개혁(Lutheranism), 개혁교회(Reformed church: Calvinism), 급진적(radical) 개혁(완전히 정확하지 않지만 재세례파를 종종 가리킴), 가톨릭 개혁 등 네 가지 개혁이 포함된다. 그런데 16세기 프로테스탄트 종교개혁은 처음 세 가지 운동을 함께 가리킨다.

1520년 루터의 파문과 1534년 헨리 8세의 로마와의 단절이 이어지면서 종교적 갈등, 종교개혁, 가톨릭과 프로테스탄트 간의 충돌이 일어났다. 이런 충돌에 관심이 집중되면서 이슬람에 대해서는 상대적으로 무관심해졌다. 루터는 이슬람을 기독교의 정통에서 벗어난 이단으로 간주했으며, 오스만 제국의 확장을 군사적으로 막아야 한다고 주장했다. 그러나 그는 무조건적인 폭력 사용을 주장한 것은 아니었다.

마틴 루터는 이슬람을 주로 외부의 위협으로 보았고 기독교의 진리를 부인하는 이단적 세력으로 간주했다. 그는 이슬람의 확장을 막기 위한 전략적인 대응이 필요하다고 보았다. 그러나 그가 제시한 무슬림에 대한 구체적인 선교적 방법은 명확하게 기록되지 않았다.

칼빈은 루터보다 더 실용적이었고 정치적인 관점에서 이슬람을 다뤘다. 그는 이슬람을 이단으로 보았고 무슬림에게 적극적으로 선교하는 방법을

---

[8] 14세기와 15세기의 이탈리아 문학과 예술이 부흥하는 것을 르네상스라고 부른다. 르네상스의 이성적인(intellectual) 힘은 일반적으로 "인문주의"라고 불린다(Alister McGrath 2015, 146). 유럽의 인문주의는 다양한 형태를 갖고 있지만, 하나는 기독교 교회의 집단적 부흥(revival)을 지향하는 프로그램이었다. 인문주의 어젠다의 중심 요소는 고전적 로마와 아테네의 서유럽 문화의 본래 자료로 돌아가는 것이었다. 따라서 신학적 측면에서는 기독교 신학의 바탕이 되는 자료들로 직접 되돌아가는 것이었다. 인문주의자의 학문적 활동이 대두되면서 불가타 역과 텍스트들 간에 불일치가 있다는 것이 드러났고 이것이 교의 개혁(doctrinal reformation)의 길을 열어 주었다. 이런 이유로 인문주의는 중세 신학의 발전에 결정적인 중요성을 갖는다(Alister McGrath 2015, 147).

제시한 바는 없다. 그는 교회와 신앙공동체의 정체성을 강조하며 기독교 신앙의 강화를 통해 이슬람에 대응해야 한다고 생각했다.

유럽에서 그리스와 로마 문화에 대한 재조명은 인간 자체에 대한 새로운 관심으로 이어졌다. 이로 인해 인간을 우주의 중심에 놓는 인문주의가 등장하였다. 유럽의 기독교 문화는 점차 개인주의로 발전하여 공동으로 예배를 드리기보다는 개인적인 묵상이 강조되었다.

인문주의는 인간 중심적 사고를 발전시키며 계몽주의에 영향을 미쳤고, 계몽주의 사상은 1789년 프랑스 혁명의 주요한 사상적 기반이 되었다. 유럽인의 사고는 인권에 바탕을 두고 출발하였지만 무슬림의 사고는 아직도 신의 법에 근거를 두고 있었다.

13세기에는 일부 기독교인과 무슬림 학자들이 아랍어로 소통하기도 했지만, 라틴어, 페르시아어, 헬라어 등 다양한 언어가 학문적 교류에 사용되었다. 18세기에는 기독교와 이슬람의 철학적 관점 차이가 더욱 심화되었다. 기독교는 하나님에 대한 믿음과 순종을 인문주의와 조화시키는 방법을 찾고 있었고 그런 탐구는 하나님과 인간에 대한 새로운 이해를 가져다주었다. 이러한 사고 때문에 기독교는 그 어느 때보다도 이슬람과 멀어지게 되었다.

이슬람은 지중해 세계를 넘어서 인도, 아프리카, 아시아까지 퍼졌다. 무슬림공동체가 서로 간의 지리적 거리가 멀어지면 멀어질수록 이슬람의 지적 중심지에 더 많이 의존했다. 이슬람 세계에서 이스탄불(튀르키예)은 정치, 군사, 경제, 종교의 중심지로, 이스파안(페르시아)은 문화, 예술, 시아파 신학의 중심지로 그리고 델리(인도)는 정치, 군사, 융합 문화의 중심지로 기능했으며, 지역과 시기에 따라 그 중요성이 달라졌다.

전통적으로 이슬람 땅인 중동과 북아프리카와 이집트에서는 오스만 제국의 통치자들이 법과 질서를 더욱 강조하였고 학자와 저술가들을 엄격하게 통제했다. 일반적으로 계몽주의의 종교 비판은 기독교를 비판하는 것으로 구체화되었다. 이슬람이나 힌두교가 아니고 기독교의 교의들과 기독교의 성스러운 저작들이 전례 없는 비판을 받았다. 성경이 마치 다른 일반 책들처럼 다루어졌다.

계몽주의의 종교에 대한 태도는 지역에 따라 상당한 차이를 보였다. 이는 각 지역의 상황에 특유한 여러 지역적 요인을 반영하는 것이었다(Alister McGrath 2015, 165). 16세기 종교개혁이 교회의 외적인 형태와 믿음을 표현하는 방식을 재고하도록 도전했다면 계몽주의자들은 기독교가 이성적으로 말이 되는 종교인지를 여러 면에서 따져 보고 비판했다.

3) 모리스코(Morisco)

모리스코(Morisco)란 스페인에서 강제로 가톨릭으로 개종한 후에도 내적으로는 이슬람 신앙을 유지하거나, 개종 후에도 여전히 무슬림 문화적 요소를 간직한 사람들을 가리킨다. 15세기 후반부터 17세기 초까지 스페인에서 무슬림과 가톨릭 교인 간의 상호작용을 이해하려면 가톨릭 교인이 주도한 만남과 무슬림이 주도한 만남을 각각 별도로 분석할 필요가 있다.

두 공동체는 같은 지리적 공간을 공유했지만 정신적으로는 서로 완전히 다른 세계에 살고 있었다. 가톨릭 교인과 무슬림들은 같은 공간에 살았지만 사회적, 종교적 장벽이 뚜렷했고 공식적인 상호작용은 제한적이었다. 그러나 무역, 노동, 일부 귀족과의 관계를 통해 특정한 교류는 존재했다. 서로의 영역을 넘어가는 것이 가능했지만 이를 행한 사람들은 종교적 개종자로 간주되거나 종종 배신자로 낙인찍히곤 했다. 스페인에서는 1492년 그라나다 이슬람 왕국이 멸망했다. 항복의 조건으로 무슬림에게 종교의 자유를 존중하겠다는 약속이 이루어졌다. 그라나다의 첫 대주교 에르난도는 이러한 종교적 관용을 유지하겠다고 선언했으며 가톨릭 교인들이 무슬림에게 선교 활동을 펼칠 수 있도록 지원했다. 이를 위해 사제들에게 아랍어를 학습할 수 있도록 아랍어 사전과 문법책을 제공했다.

추기경 히메네스(Ximenes de Cisneros)는 톨레도의 대주교이자 스페인 가톨릭 개혁을 주도한 인물이었다. 1499년, 그는 그라나다에서 무슬림에 대한 강제 개종 정책을 추진했으며, 이후 이 정책은 다른 지역으로 확대되었다. 이 캠페인은 무슬림이 가톨릭으로 개종한 뒤 한꺼번에 세례를 받고 모스크를 교회로 바꾸며 이슬람 서적을 몰수하거나 소각하는 방식으로 진행되었다. 이러한 강제 개종 정책은 대중의 지지를 받았고 수천 명의 무슬림이 세례를 받았다.

1500년 그라나다에서는 이러한 강압적 정책에 반발하여 반란이 발생했으나 곧 진압되었다. 그 후 스페인 왕은 무슬림들에게 가톨릭으로 개종하거나 추방당하는 것 중 하나를 선택하도록 명령했다(J. M. Gaudeul, 2000, 216). 많은 무슬림이 개종을 선택했지만 내적으로는 여전히 이슬람 신앙을 유지했다. 이와 같은 개종자들을 모리스코(Morisco)라고 불렀다. 이러한 강제 개종과 그에 따른 갈등은 1525년과 1526년 스페인의 여러 지역으로 확산되었다.

스페인 왕실은 종교적 통합을 이루기 위해 무슬림의 의복 착용을 금지하는 등 다양한 정책을 시행했다. 종교재판소는 이단 문제를 전담하며 모리스코들을 대상으로 조사와 처벌을 진행했다. 모리스코들은 가톨릭을 공적으로 수용했지만 여전히 이슬람 종교 의식을 지속하려다가 적발되면 처벌을 받았다. 그 때 무슬림들의 대응은 저항, 순응, 타협 등으로 나타났다.

스페인의 순니파 무슬림들은 이러한 박해가 처음 겪는 일이었기에 북아프리카의 무슬림 법학자들에게 자문을 구했다. 타끼야(Taqiyyah: 마음속에서 품은 것[시아파의 진리]과 반대되는 것을 혀로 드러내는 것이고 자기 생명을 지키기 위한 것)는 시아파에서는 신학적 교리로 자리 잡았지만, 순니파에서는 박해를 피하는 예외적 허용 원칙(juristic principle)으로 간주되었다.

1504년 알제리 오란(Oran)의 한 무프티(종교적 문제에 관해 법적 결정을 내릴 권한이 있는 법학자, jurisconsult)는 스페인의 무슬림들에게 보내는 파트와(법학자가 발령한 이슬람법적 견해)에서 강제 개종 상황에서는 세례를 받고 미사에 참석하며 외적으로 가톨릭 신자로 보이는 것이 허용되지만, 내적으로는 이슬람 신앙을 유지해야 한다고 말했다. 이에 따라 무슬림들 중에는 겉으로는 가톨릭 교인처럼 행동하면서도 자녀들에게는 이슬람 교리를 교육하는 방식으로 신앙을 이어갔다.

무프티는 세례를 받고 미사에 참석하고 돼지고기와 술을 먹고 기독교인 남자에게 딸을 시집보내는 것이 가능하지만, 마음은 이슬람을 떠나서는 안 된다는 조건을 달았다. 이렇게 일부 무슬림들이 외적으로는 가톨릭 교인인 척하고 내적으로는 무슬림으로 남았고 그의 자녀들도 계속해서 이슬람의 교리와 실천에 대한 교육을 받았다. 이런 이중적인 신앙 관행은 일부 모리스코들에게 혼합주의적인 태도를 불러일으켰다.

　강제 개종과 박해, 반란, 종교재판 등으로 인해 많은 모리스코가 종교적 정체성을 상실하기 시작했다. 아랍어와 이슬람 교리를 잊어가는 이들도 늘어났다. 스페인 당국의 강압적인 가톨릭화 정책으로 모리스코들의 저항이 이어졌다. 그런데 아라곤과 발렌시아의 일부 귀족은 농업, 수공업, 상업에 중요한 기여를 했던 모리스코들의 노동력을 유지하고자 했다. 1569년 대규모 반란 이후, 1609년부터 1614년 사이에 모리스코 추방이 결정되었고 약 27만 명이 프랑스 남부나 해상을 통해 튀니지, 오스만 제국, 북아프리카로 떠났다.

　추방된 모리스코들은 정착지에서 먹고 사는 문제를 가장 먼저 해결해야 했다. 북아프리카에서는 노예무역이나 약탈로 부를 쌓은 이들도 있었고 튀니지에서는 집약적 농업과 무역에 성공한 사례도 있었다. 그러나 문화적, 종교적 통합은 쉽지 않았다. 모리스코들은 아랍어와 이슬람 관습을 거의 모두 잊었지만 스페인어를 사용하는 등 북아프리카 사람들보다 높은 문화적 수준을 유지하려고 노력했다. 그들은 스페인어로 이슬람 신앙을 배우고 자신들의 문화적 정체성을 유지하려 했다.

　일부 모리스코는 스페인에서 가톨릭 다수 공동체와의 융화를 위해 일부 노력하기도 했다. 예를 들면, 사도 야고보의 제자인 아랍인들에 의해 기독교가 스페인에 전해졌다는 위조 문서를 만들었다(J. M. Gaudeul, 2000, 218). 또한, 일부 모리스코는 자기 정체성을 강조하기 위해 '바나바 복음서'(Gospel of Barnabas)를 제작했다고 전해진다. 그러나 이 복음서는 17세기 이전에는 존재한 기록이 없으며, 신빙성이 없는 위작으로 평가된다.

　이 복음서는 열두 제자 중의 한 사람이 된 바나바가 직접 쓴 것이라고 주장되었다. 그런데 17세기 이전에 유럽에서 이런 책이 유통되거나 사용한 적이 없었기 때문에 이 책이 위조된 책이라는 것을 당시 가톨릭 교인들은 분명히 알았다.

　이 책의 실제 저자는 추방당한 후 튀니지나 오스만 투르크에 살았던 모리스코 그룹에 속한 자였다. 이 책의 이탈리아어 본은 스페인어의 영향을 받은 문체로 기록되었다. 스페인어로 그것을 번역했다고 주장하는 작가는 오스만 투르크에 사는 모리스코였는데 그의 이름은 무쓰따파였다. 또 다른 스페인어본은 튀니지에 사는 모리스코인 이브라힘이 썼는데 그가 이 가짜 복음서의 저자일 가능성이 높다(J. M. Gaudeul 2000, 221).

현재 가장 잘 알려진 바나바 복음서 사본은 18세기 중반 오스트리아의 한 수도원에서 발견된 이탈리아어 본이다. 바나바 복음서에 대한 히브리어, 아람어, 헬라어, 라틴어 원본이 없다. 바나바 복음서를 1907년 두 명의 학자가 이탈리아어에서 영어로 번역했으며 1908년 이 책의 아랍어 번역판을 무슬림들이 반기독교 홍보에 사용했다. 그 이후로 이 책이 이슬람 전 세계로 퍼졌다. 이 책에서는 무슬림 이싸의 삶을 제시하고 이싸의 사명은 유대인과 로마인의 다신교 죄를 책망하고 그들을 알라의 율법으로 되돌아오게 한다는 것이다.

무슬림들은 진정한 메신저는 무함마드이기 때문에 예수는 메시아가 아니고 예언자일 뿐이라고 했다. 하나님은 가룟 유다를 예수님과 닮게 하셨기 때문에 가룟 유다가 체포되어 예수 대신에 처형되었으므로 예수님은 십자가에 돌아가시지 않으셨다고 주장했다. 그리고 현재 교회의 교리는 예수의 참된 가르침을 배반한 바울에게서 나온 것이라고 주장했다(J. M. Gaudeul 2000, 221). 무슬림들의 이러한 주장은 신학적, 역사적으로 근거가 없는 잘못된 주장이다.

4) 가톨릭과 정교회의 선교

(1) 가톨릭 선교사

중동 지역에서는 가톨릭 선교사의 활동이 활발하지 않았다. 1400년대에 이르러 가톨릭 선교사를 파견한 서유럽 국가들은 무슬림의 영적 문제에 대해 큰 관심을 보이지 않았다. 북아프리카와 마찬가지로 중동과 오스만 제국에서도 프란치스코회와 도미니코회가 소규모로 활동하며 그들의 존속이 유지되었다. 16세기 중반부터 17세기 초반까지 개신교 종교개혁에 대응한 반종교개혁 시대를 거치면서 옛 수도회들이 개혁되고 새로운 수도회들이 설립되었고 카프친회(Capuchins), 카르멜회(Carmelites), 예수회(Jesuits)와 같은 새로운 수도회에 속한 선교사들이 중동 지역으로 파견되었다.

이슬람 연구의 전통은 한동안 단절되었지만 로마에는 아랍어와 동방교회의 언어들을 배우기 위한 언어 교육원이 여러 곳에 설립되었다. 이와 함께 인쇄소에서는 언어 사전과 문법서뿐만 아니라 이슬람을 반박하는 논증서적, 교리서, 동방교회의 전례와 관련된 책들을 출판했다.

오스만 제국에서 선교 훈련을 받은 선교사들에게 몇 가지 규칙이 있었다.

첫째, 구두나 서면으로 이루어지는 논쟁은 피해야 했다.
둘째, 무슬림과의 접촉은 오스만 제국 당국의 제지로 인해 제한되었고, 선교의 대상은 유럽 무역상들과 동방교회 신자들로 한정되었다.

당시 이슬람 연구에서 뛰어난 학자로 평가받았던 인물 중 하나는 루도비코 마라치(Ludovico Marracci, 1612-1700)였다. 그는 히브리어, 시리얀어, 아랍어를 배워서 성경 전권을 아랍어로 번역하는 일에 참여했으며(1649년, 1671년), 로마의 대학에서 아랍어를 가르쳤다. 마라치는 꾸란을 라틴어로 번역하는 작업을 준비하면서 이슬람에 대한 연구를 심화시켰다.

1691년 마라치는 『꾸란 반박을 위한 서문』(*Prodromus ad Refutationem Alcorani*)을 출판했는데 이 책에서는 무함마드의 생애, 꾸란의 개요, 수라(장)의 구분, 취소/대체론(abrogation theory) 그리고 꾸란이 무슬림들에게 왜 중요한지를 다루었다. 1698년에는 꾸란 텍스트와 그에 대한 논박이 포함된 꾸란의 라틴어 번역본을 출판했다. 마라치의 주요 목적은 선교사들에게 실질적인 도움을 주는 핸드북을 제공하는 것이었다. 그의 저서 『꾸란 반박을 위한 서문』은 무슬림이 아닌 가톨릭 신자들과 개종자들을 대상으로 꾸란의 문제점을 논리적으로 설명하는 데 중점을 두었다.

마라치는 무슬림 선교를 위한 경험적이고 목회적인 접근 방식을 제안했으며 그의 접근법은 다음과 같다.

① **학술적 접근**: 마라치는 이슬람의 역사, 교리, 실천을 정확히 이해하기 위한 학문적 노력을 강조하였다. 이를 위해 무슬림 관련 자료를 연구하고 분석하는 것이 중요하다고 보았다.
② **신학적 성찰**: 마라치는 신앙과 학문적 연구에서 발견된 사실들 사이의 일관성을 탐구하며 이를 "변증"(Apologetics)이라고 불렀다. 그는 무슬림들에게 기독교 신앙을 변호하는 논리적이고 신학적인 근거를 제시하는 것이 중요하다고 주장하였다.
③ **선교적 접근**: 마라치는 무슬림들이 가톨릭 신앙의 메시지를 잘 이해할 수 있도록 돕는 방법론을 개발하였다. 이를 통해 선교 활동이 효과적이고 의미 있는 방식으로 이루어지도록 했다.

1700년경부터는 로마에서 이슬람을 비판하거나 무함마드를 논박하는 책들의 출판이 줄어들었다. 그 대신 무슬림의 질문에 답변하는 형식을 통해 이슬람에 대한 편견을 해소하려는 접근 방식이 제안되었다. 또한, 단순히 무슬림 개종에 초점을 맞추기보다는 동방교회와의 일치를 추구하며 가톨릭으로의 회심을 목표로 한 활동이 더욱 강조되었다.

(2) 동방정교회[9]

오스만 제국 안에 살고 있던 대다수의 기독교인은 다양한 동방정교회 신자로 구성되어 있었다. 그런데 동방정교회의 총대주교의 임명은 전적으로 오스만 제국의 손에 달려 있었다.

1453년 메흐메드 2세는 동로마 제국의 수도인 콘스탄티노플을 정복하였다. 이 사건은 동로마 제국의 종말을 의미하며, 동방정교회는 오스만 제국의 밀레트 제도에 속하게 되었다. 이슬람 지배하에서 동방정교회는 자치권을 부여받았으나 총대주교의 임명은 여전히 오스만 당국이 맡았다.

---

9 동방(Eastern) 정교회에는 칼케돈 공의회의 결정을 따르고 오리엔탈(Oriental)정교회 (아르메니아 사도교회, 콥트정교회, 에티오피아정교회, 시리얀정교회)는 비칼케돈 교회에 속한다(공일주 2012, 225). 시리얀(Syriac) 예전을 따르는 교회로는 비칼케돈 교회에 속하는 네스토리아교회, 시리얀(Syrian)정교회(야곱파)가 있고 칼케돈 교회에 속하는 마론파, 갈데아가톨릭, 시리아가톨릭 등이 있다(Ken Parry. et. als, 2001, 468).

1821년 그리스 독립 운동은 동방정교회가 민족 정체성의 중심 역할을 하고 있음을 보여 주었다. 이슬람 지배 하에서 동방정교회는 그리스인들에게 신앙과 문화의 중심이 되어 주었다.

1856년 오스만 제국은 탄지마트 개혁을 통해 기독교인을 포함한 비무슬림들에게 평등한 권리를 보장하려 했으나, 정교회 신자들의 독립 열망은 여전히 커져만 갔다. 1923년 그리스와 튀르키예 간의 인구 교환으로 인해, 튀르키예 내 동방정교회공동체는 크게 축소되었다. 이슬람 다수 국가에서 정교회의 영향력은 급격히 줄어들었다.

15세기부터 20세기까지 콘스탄티노플 관구에서 159명의 총대주교가 계승되었는데, 그중 105명은 오스만 제국에 의해 강제로 쫓겨났고, 27명은 퇴임했으며, 6명은 폭력에 의해 사망했고, 21명만 재임 중 자연사했다. 오스만 제국이 가장 강력한 세력을 가졌던 1625년부터 1700년 사이에 50명의 콘스탄티노플 총대주교의 평균 재임 기간은 18개월에 불과했다. 이러한 상황에서 동방정교회는 내부의 교회 문제와 분쟁에 빠져서 이슬람에 대한 선교는 더 이상 주요한 관심사가 되지 못했다.

20세기 후반부터 동방정교회와 이슬람 간의 관계는 갈등을 넘어서 대화와 협력으로 전환되었다. 2020년 중동에서 동방정교회는 전체 기독교인의 약 50-60퍼센트를 차지하며, 동방정교회는 레바논, 시리아, 팔레스타인, 요르단에서 큰 비중을 차지한다. 가톨릭은 중동 전체 기독교인의 약 30-35퍼센트를 차지하며, 마론파(레바논 중심), 라틴가톨릭, 콥트가톨릭, 시리얀가톨릭 등이 포함된다. 가톨릭은 레바논, 이라크, 이집트 등에서 중요한 기독교공동체를 이룬다. 개신교는 중동에서 전체 기독교인의 약 5-10퍼센트를 차지한다.

5) 소결론

로마 가톨릭은 과거에 무슬림을 실제로 만난 경험이나 무슬림 국가에서 살아본 경험이 거의 없었다. 로마에서 활동한 필리포(Filippo Guadagnoli, 1596년 이탈리아 출생)는 성경의 권위를 강조하며 꾸란과 무함마드를 공격하는 방식을 사용했다. 그는 삼위일체를 성경과 교부들, 공의회 자료를 통해 입증하려 했으며 그리스도의 신성을 성경뿐만 아니라 꾸란의 구절을 통해서도 입증하려고 시도했다. 필리포는 17세기 로마 가톨릭의 신학자이자 프란치스코회 소속 사제로서 가톨릭의 초기 이슬람 비판 전략을 보여주지만 아랍어와 이슬람에 대한 피상적 이해로 인해 무슬림 사회에서 큰 영향을 미치지는 못했다.

이처럼 그 당시 필리포와 가톨릭 신학자들은 아랍어로 쓰인 이슬람 자료를 깊이 이해하지 못했고 이슬람을 기독교의 이단으로 보았다. 가톨릭 사제들은 개신교인들에게 말하는 것과 같은 방식으로 무슬림들에게도 접근했으나 이러한 방식은 무슬림들에게 설득력을 가지지 못했다. 가톨릭 선교사들은 무슬림과의 논쟁 끝에 그들이 가톨릭으로 회심할 것이라고 기대했으나 실제로는 거의 성공하지 못했다. 19세기 후반에 이르러서야 가톨릭 선교사들은 공격적인 반박보다는 대화와 관계 형성을 중심으로 한 접근이 필요하다는 사실을 점차 깨닫기 시작했다.

동방정교회는 오스만 제국의 밀레트 제도 아래에서 종교적 자유를 어느 정도 보장받았다. 그리스정교회를 포함한 여러 동방정교회는 무슬림과의 논쟁을 피하고 관계를 형성하며 공존을 도모했다. 정교회는 학교와 병원과 같은 사회적 기관을 설립하여 지역 사회에 기여했고 이는 종교적 충돌을 피하면서도 기독교의 가치를 실천적으로 전달하려는 의도였다. 정교회는 가난한 사람들과 병든 사람들을 돌보며 사회적 평화를 유지하는 데 중요한 역할을 했고 무슬림과의 갈등을 최소화하고 공존의 방식을 우선시했다.

그러나 이러한 접근은 주로 지역 사회 내의 실질적인 평화와 협력을 유지하려는 목적에서 비롯된 것이었으며 적극적인 선교적 활동보다는 내부 결속과 사회적 안정에 중점을 두었다. 물론, 오늘날 중동의 상당수 개신교회들도 무슬림들에게 직접 전도를 못하고 기독교의 가치를 실천적으로 전달하고자 힘쓰고 공존을 도모한다.

이상과 같이 동방정교회와 가톨릭은 모두 19세기 이후에 이르러 무슬림들과의 관계에 있어 새로운 접근 방식을 모색하기 시작했다. 가톨릭과 동방정교회는 무슬림에게 직접적인 선교보다는 내부 기독교공동체의 유지와 강화에 초점을 두었으며 무슬림과의 공존을 모색하는 데 초점을 맞추었다.

7. 식민지 시대와 개신교 선교(1800-1945)

1812년, 헨리 마틴이 인도와 페르시아에서 선교 사역을 시작했으며, 1854년에는 인도의 아그라에서 판더(Pfander)의 공개 토론이 열렸다. 그러나 1857년, 인도에서 대규모 폭동과 독립전쟁이 일어나면서 영국의 통치는 더욱 강화되었다.

1881년 프랑스가 튀니지를 보호령으로 삼았고, 같은 해 영국은 우라비 혁명 이후 이집트를 장악하며 식민 지배를 확대해 나갔다. 이러한 배경 속에서 개신교 선교사들은 의료 및 교육 사역을 통해 지역 사회와 교류하며 복음을 전했다. 팔레스타인에서는 영국성공회와 미국장로교가 활동하며 개신교공동체를 형성했고, 이라크와 걸프 지역에서도 장로교 선교사들이 교회와 학교를 설립했다. 특히 의료 선교는 왕가와 지역 주민들에게 신뢰를 얻는 데 중요한 역할을 했으며, 20세기 중반 이후에도 의료와 교육을 기반으로 한 선교 활동이 지속되었다.

오스만 제국은 1699년 카를로비츠 조약 이후 점차 쇠퇴하였고, 유럽 열강의 압력과 간섭이 증가했다. 이는 오스만 통치하에서 살아온 이들에게 민족주의 운동의 계기가 되었고, 19세기에는 그리스(1832년), 세르비아와 루마니아(1878년) 등이 독립하면서 민족 혁명으로 이어졌다. 이러한 과정에서 오스만 당국과 기독교 소수민족 간의 관계는 악화되었으며, 레바논과 시리아에서는 1860년 드루즈에 의한 기독교인 학살이 발생했다. 또한, 1895-1896년과 1915년에는 아르메니아인 학살이 일어나는 등 종교 및 민족 갈등이 격화되었다.

1910년 에딘버러 선교대회가 열렸고 그 때 선교 전략에 대한 논의가 이루어졌다. 1917년에는 알렌비 장군이 예루살렘에 입성했다. 1918년 오스만 제국이 종말을 맞이한 후, 1922년에는 아타튀르크가 칼리프제를 폐지하였고 이슬람 세계의 정치적 변화가 가속화되었다.

유럽의 산업혁명과 프랑스 혁명은 기술 발전과 함께 세속주의와 민주주의 같은 새로운 이념을 확산시켰으며, 유럽은 군사적·기술적 우위를 바탕으로 전 세계로 식민지를 확장해 나갔다. 나폴레옹의 침입 이후 이집트에서는 유럽의 간섭이 심화되었고, 1882년에 이집트가 영국의 보호령이 되었다. 알제리는 1830년 프랑스 식민지가 되었으며, 인도 역시 영국의 지배하에 있었고, 1857년 반란 이후 통치가 더욱 공고해졌다. 이러한 배경 속에서 개신교 선교사들은 무슬림과의 직접적인 논쟁보다는 의료와 교육을 통한 간접적 선교를 펼쳤으며, 특히 의료 선교를 통해 왕실과 지역 사회에서 신뢰를 얻고 기독교공동체를 형성해 나갔다.

1) 식민지 시대의 이슬람과 기독교

식민지 확장은 유럽의 선교 활동과도 긴밀히 연결되었다. 유럽의 모든 교회는 전례 없는 선교 열정을 보였으며, 수많은 선교사가 학교와 병원을 설립하며 활동했다. 그러나 이들 선교사는 종종 공격적이고 대담한 태도를 보였으며, 이슬람을 '악한 종교'로 규정하고 무슬림에게 개종을 촉구했다. 이로 인해 무슬림과 외국인 사이에는 긴장과 갈등이 생겼다. 한편, 서구의 식민 당국은 이러한 선교 활동이 지역의 폭동과 소란을 유발할 것을 우려해 선교를 제한하거나 억제하기도 했다.

식민 지배 하에서 이슬람은 사하라 이남 아프리카와 동남아시아 등 전통적으로 다른 종교를 믿는 지역으로 확산되었다. 이슬람은 식민 지배에 대한 저항의 상징이 되었으며, 지역 주민들에게 정치적 저항과 종교적 정체성을 제공했다. 그러나 오스만 제국의 쇠퇴와 유럽 열강의 식민 지배는 무슬림 세계에 도덕적·종교적 위기를 가져왔다. 이에 따라 무슬림 지식인들은 개혁 운동을 주도했다. 자말 알딘 알아프가니(Jamāl al-Dīn al-Afghānī)는 서구의 지배와 이슬람 사회의 부패를 비판하며 무슬림 세계의 단결과 독립을 촉구했다.

또한, 무슬림들은 기독교의 선교 활동에 대응해 신학적 반론을 제기했다. 기독교 선교사들이 꾸란을 부정하며 이슬람을 공격하자, 무슬림들은 성경의 변조 가능성을 지적하며 기독교가 본래의 메시지를 왜곡했다고 주장했다. 이 시기에 일부 무슬림 개혁자들은 이슬람 사회의 부패와 도덕적 타락을 비판하며 이를 개선하려는 노력을 기울였다.

19세기 초 레바논과 이집트를 중심으로 아랍 문화의 르네상스가 일어났다. 이는 교육의 확산과 아랍어의 부흥으로 이어졌으며, 지중해 주변의 이슬람 사회는 아랍 민족주의와 문화적 부흥을 경험했다. 그러나 제1차 세계대전 이후 오스만 제국이 해체되고 칼리프제가 폐지되면서 무슬림 사회는 새로운 도전에 직면했다. 식민 지배 하에서 중동은 여러 국가로 분할되었고, 이 과정에서 유대인의 팔레스타인 이주와 같은 민족·종교적 갈등이 심화되었다.

이상과 같이 식민지 시대는 무슬림과 기독교인 모두에게 깊은 영향을 미친 시기이고 두 종교 간의 관계는 종교적 대립뿐만 아니라 정치적·문화적 요인으로도 복잡하게 얽혀 있었다. 서구의 식민 지배는 이슬람과 기독교 선교 활동 모두에 기회를 제공했지만 동시에 갈등을 심화시키는 계기가 되었다.

2) 개신교의 이슬람권 선교

개신교(Protestantism)라는 용어는 16세기 초반에 등장한 새로운 형태의 기독교를 지칭한다.[10] 종교개혁 이후 우리에게 많이 알려진 첫 번째 선교사는 헨리 마틴(Henry Martyn, 1781-1812)이다. 헨리 마틴은 1781년 영국 콘월(Cornwall)의 트루로(Truro)에서 태어나 1797년 케임브리지대학교에 입학했다.

---

10 이 용어는 다소 오해의 소지가 있을 수 있는데 대부분의 프로테스탄트교회가 자신들의 역사적 및 신학적 뿌리를 초대 교회와의 연속성에 두고 있다는 점을 강조한다. 그런데 "catholic"(첫 글자가 소문자: 보편적 교회)과 "Catholic"(첫 글자가 대문자: 로마 가톨릭)이라는 철자 구분은 매우 중요하다. 예를 들어 성공회(Anglican)와 루터교(Lutheran) 저술가들은 초대 교회의 삶과 사상과의 연속성을 특별히 강조하며 자신들이 "catholic"(첫 글자가 소문자) 정체성에 해당된다고 생각한다.

무슬림을 설득시키려고 합리적이고 논리적인 방법으로 기독교를 설명하려고 했던 레이먼드 룰(Raymond Lull) 이후 500년 동안 무슬림에 대한 이렇다할 선교적 활동이 없었을 때 헨리 마틴은 1806년 인도에 도착했다.

레바논의 미국장로교 선교사였던 제섭(Henry Harris Jessup: 1832-1910)은 1879년 그의 책『무슬림 선교 문제』(The Mohammedan Missionary Problem)에서 그 당시에는 아라비아, 튀니지, 모로코, 트리폴리(리비아)와 알제리에는 선교사가 없었다고 했다(Zwemer and Brown 1908, 72).

헨리 마틴은 동인도 회사의 직원들과 그 가족들을 위한 목사로 파송되었지만 그의 마음은 언제나 현지인 선교에 있었다. 그는 뛰어난 언어학자이었기에 인도에 도착하기 전, 이미 산스크리트어와 페르시아어 그리고 아랍어를 배웠다. 그는 설교와 기도 그리고 유럽인과 현지인에게 복음을 전하고 학교들을 세우는 등 다양한 사역을 하면서 동시에 신약성경을 힌디어, 페르시아어, 아랍어로 번역했다.

헨리 마틴은 인도의 무슬림에게 복음을 전하려고 페르시아어를 익혔고 페르시아어 신약성경을 개정했다. 1811년 봄베이 그리고 페르시아만으로 향했다. 그 이유는 그의 건강이 나빠졌기 때문이기도 하지만, 그보다는 아라비아와 페르시아의 무슬림에게 하나님 말씀을 전하고 싶었기 때문이다. 그는 1811년 6월에 이란의 쉬라즈(Shiraz)에 도착하여 그곳 무슬림 물라(Mullah: 이슬람 교리와 율법을 배운 무슬림)들과 여러 차례 토론을 벌였고 페르시아 성경을 개정하였다(Zwemer and Brown 1908, 82).

헨리 마틴은 쉬라즈를 떠나 타브리즈(Tabriz)로 갔고 그곳에서 영국대사를 통해 자신이 번역한 신약을 페르시아 샤(왕)에게 선물로 보냈다. 1810년 힌디어 신약성경 출판을 앞두고 심한 열병에 걸려서 기력이 쇠하였다. 그는 1812년 9월 12일 두 명의 아르메니아인과 함께 콘스탄티노플에 도착했으나 10월 16일 31세의 나이로 토카트(현 튀르키예 지명)에서 눈을 감았다.

그는 "비록 내가 개종한 무슬림을 생전에 보지 못한다고 해도 하나님께서는 나의 인내와 사역으로 미래의 선교사들을 격려하실 계획을 가지고 계신다"고 말했다. 그러나 헨리 마틴의 전도로 그리스도에게로 돌아온 무슬림이 있었다. 그가 압둘 마씨흐('Abdul Masīḥ)이고 본명은 쌀리흐(ṣāliḥ)

였다. 마틴이 인도를 떠난 후 그가 회심했는데 그가 회심하게 된 가장 중요한 계기는 마틴의 삶과 마틴에게서 빌린 신약성서이었다(공일주 1997, 264-265).

판더(Karl Gottlieb Pfander, 1803-1865)는 바젤선교학교(Basel Missionary School)에서 선교 사역을 준비한 후 1825년 페르시아에서 사역을 시작한 독일 선교사이다. 그는 튀르키예어, 아르메니아어, 페르시아어를 배웠다. 1829년 바그다드로 가서 아랍어를 배웠고 2년 후 이스파한으로 갔다. 그는 이슬람교의 가르침에 반대되는 진리를 전하는 것이 위험하다는 것을 알고 있었지만 하나님을 신뢰하면서 담대하게 그리스도를 전했다.

판더는 1830년 그의 유명한 책 『진리의 균형』(Balance of Truth)을 독일어와 아르메니아어로 썼고 그때 그의 나이는 27살이었다. 이 책은 후에 영어, 아랍어, 튀르키예어, 우르두어, 페르시아어로 번역되었다. 이 책은 계시의 필요성, 성경의 온전함, 속죄의 필요성을 입증하는 것이었고 마지막 장은 무함마드가 예언자라는 무슬림의 주장과 이슬람에 대해 반박했다. 그는 1835년 러시아에서 추방되기 전까지 이 책을 개정하는데 대부분의 시간을 할애했다.

판더는 무슬림에게 직접 말하기보다는 성경이나 전도지나 책을 읽도록 권했다. 글로 쓴 논박이 무슬림의 생각과 양심에 호소한다고 생각했다. 즈웨머는 판더의 논박이 복음전도를 대신해서는 안 되지만 마치 쟁기질을 해야 씨를 뿌릴 수 있는 것처럼 글로 쓴 논박이 이슬람 국가에서 복음화를 위해 필요하다고 보았다(Zwemer and Brown 1908, 85).

19세기 말과 20세기 초 이슬람권 선교 역사에서 현저한 공헌을 했던 선교사들 중에 사무엘 즈웨머(Samuel Zwemer, 1867-1957)와 템플 가드너(Temple Gairdner, 1873-1928)가 있다. 헨리 마틴의 생애가 하나님의 말씀을 무슬림의 언어로 이해시킬 필요에 초점을 맞추었다면 사무엘 즈웨머는 무슬림들에게 그리스도의 사랑을 보여 주고자 했다. 이집트에서 사역한 템플 가드너는 교회를 통한 새롭고 적극적인 방법을 도입하여 무슬림 지식층에게 전도하였다.

가드너(Temple Gairdner, 1873-1928)는 스코틀랜드에서 태어나서 1892년 옥스퍼드의 트리니티(Trinity)대학에 입학했다. 그는 31년 동안 카이로에서 사역한 성공회 선교사인데 아랍어로 찬송가와 시를 썼고 아랍어로 성경 내용을 주제로 하는 극본을 썼다. 그는 선교사들에게 이집트 대중 아랍어(암미야)를 가르쳤고 알아즈하르대학의 쉐이크들과 아랍어로 공개 토론을 했다.

가드너는 무슬림에 대한 사역에서 가장 필요한 것은 그리스도인의 형제애를 우리의 삶을 통해 보여 주라고 했다. 그 때까지 여러 선교사는 이슬람을 논박할 수 있는 법을 가르쳤으나 그는 무슬림을 사랑할 수 있는 법을 가르쳐 주었다. 그는 상대를 패배시키려는 목적이 아니라 동료에게 글을 쓰듯 친구처럼 대하라고 한다.

20세기 이슬람의 사도(The Apostle to Islam)라고 불리는 사무엘 즈웨머(Samuel M. Zwemer, 1867-1952)는 호프(Hope)대학교 재학시 허몬(Hermon)산에서 100명의 사람들을 감동시킨 로버트 와일더(Robert Wilder)의 감동적인 설교를 듣고 선교사로 지원하게 되었다. 1887년 9월 뉴브런즈윅신학대에 입학하였다. 그는 선교 사역에 도움이 될 것으로 생각되어 의학 지식도 습득했다.

즈웨머는 뉴브런즈윅신학교 재학 중에 그의 친구 제임스 칸타인(James Cantine)과 선교 비전을 나누고 두 사람은 선교가 가장 힘든 아라비아로 가기로 결정했다. 그런데 그들을 지원해 줄 선교회를 찾지 못하자, 두 사람은 미국아랍선교회(American Arabian Mission)를 결성하여 모금 운동을 벌였다. 5년 뒤에 개혁 교회가 그들을 후원하기 시작했다.

즈웨머는 1890년 아라비아 선교사로 파송되었다. 1년 전에 먼저 베이루트에 도착하여 아랍어를 공부하던 제임스 칸타인과 함께 레바논 사람에게서 아랍어를 배웠다. 즈웨머는 그곳에서 아랍어 성경을 번역하던 반다이크 선교사를 만났고 그는 즈웨머에게 "아랍어 공부는 쉬지 않고 한 주 내내 해야 한다"고 말해주었다. 페르시아 만에서 그의 사역은 예상했던 대로 별 진전이 없었다. 그는 1905년 이슬람권 선교사 대회를 카이로에서 열었고 1910년 에딘버러 선교 대회가 끝난 후 미국으로 잠시 귀국했다가 선교 사역을 계속하기 위해 바레인으로 돌아갔다.

즈웨머는 1910년대 후반 선교회의 동의를 얻어 카이로로 옮겼다. 1928년 런던에서 간행된 『십자가의 영광』(*The Glory of the Cross*)은 그가 쓴 50여 권의 책들 중 하나였다. 그는 학술 저널 「무슬림 세계」(*The Moslem World*)의 편집장으로도 일했다. 그의 초기 선교 방법은 대결적 접근을 지향했으나 나중에 좀 더 인류학적이고 그리스도 중심적인 접근으로 선회했다. 38년 동안 아라비아와 이집트에서 사역한 즈웨머는 소수의 회심자를 얻었지만 그는 늘 무슬림에게 복음을 전해야 한다는 사실을 기독교 세계에 알리는 데 힘썼다.

1929년부터 1937년까지 즈웨머는 프린스턴신학교에서 종교의 역사와 기독교 선교를 가르쳤다. 그뒤 뉴욕에 소재한 성경신학교에서 선교 과목들을 가르쳤고 설교와 저술 활동도 계속했다. 그가 죽은 후, 프린스턴신학교 총장 매카이(John Mackay)는 즈웨머를 "선교사들의 왕자" 그리고 "무슬림들의 사도"라고 불렀다.

3) 19세기와 20세기초 무슬림 논박가의 기독교 비판

무슬림과 선교사 간의 가장 유명한 토론은 1854년에 인도의 아그라(Agra)에서 독일 선교사 카알 고틀렙 판더(Karl Gottlieb Pfander, 1803-1865)와 인도인 무슬림 라흐마툴라 알카이라와니(Raḥmatullāh al-Kayrawānī, 1818-1891) 간에 이뤄졌다. 알카이라와니는 기독교에 대항하려고 성서 고등 비평과 성경주석서들을 참조한 첫 변증가였다.

알카이라와니의 책 『진리의 명백』(*'iẓhār al-Ḥaqq*)은 초판이 1864년 인도에서 우르두어로 출판되었고, 1867년 콘스탄티노플에서 아랍어로 발간되었는데 이 책이 무슬림들의 기독교, 특히 성경에 대한 반박의 모델이 되었다.

기독교에 대한 무슬림의 반응에서 이 시기에 가장 유명한 무슬림 사상가는 인도의 사이드 아흐마드 칸(Sayyid 'Aḥmad Khān, 1817-1898)이었다. 그는 무슬림을 위한 교육을 잘 받았고 우르두어, 아랍어, 페르시아어에

능통했다.

이집트의 무함마드 압두흐(Muḥammad 'Abduh, 1849-1905)는 사이드 아흐마드 칸과 거의 동시대의 인물로서 이슬람 세계의 교육과 현대화를 위한 영향력 있는 인물 중 하나였으며, 문화적, 지성적인 면에서도 중요한 기여를 했다. 그는 유럽의 지식이 이슬람의 꾸란과 하디스에 모순되지 않는 한 수용하였고 사이드 아흐마드 칸처럼 기독교에 대한 관심을 가졌다.

무함마드 압두흐가 기독교와 서구 문명을 평가한 주요 근거는 꾸란과 하디스에서 비롯되었다. 사이드 아흐마드 칸은 성경의 종교적 가치를 분명히 인정하고 무슬림들이 성경을 읽는 것이 그들에게 유익하다고 말했고 기적의 본질에 대해 합리주의적인 해석을 선호했다. 무함마드 압두흐는 예수의 가르침을 윤리적인 측면에서 긍정적으로 평가했지만 교회가 세속적인 권력과 결탁하고 예수의 본래 가르침을 왜곡했다고 비판했다.

1902년 무함마드 압두흐는 "과학과 문명에서의 기독교와 이슬람"이란 글을 발표했는데 이 글은 그리스가톨릭 파라흐 안뚠(Faraḥ 'Anṭūn, 1861-1922)이 발표한 글에 대한 반박이었다. 파라흐 안뚠은 역사 속에서 기독교가 이슬람보다 과학과 문화에 더 관용적이었다고 주장했으나 무함마드 압두흐는 그와 반대 주장을 폈다. 사이드 아흐마드 칸처럼 무함마드 압두흐도 종교와 이성, 과학, 문화를 서로 직접 연결지어 설명했다.

그런데 서구의 이슬람학자들과 선교사들은 무슬림들 사이에 퍼진 반기독교 논박 주제들을 모으는데 힘썼다. 그중에서 오스트레일리아 아서 제퍼리(Arthur Jeffery, 1892-1959)는 이집트에서 무슬림들 사이에서 사용하는 반기독교 저서들을 체계적으로 수집하였다. 제2차 세계대전 이후에는 해리 게일로드 도만(Harry Gaylord Dorman)이 이런 류의 책을 저술했다(공일주 2012, 271).

무슬림 논박가들(Polemists)의 기독교 비판은 단순히 선교에 대한 반발뿐만 아니라 서구의 제국주의적인 태도, 문화적인 침략, 종교적 담론에서 주도권을 확보하는 등 복합적인 배경에서 이뤄졌다. 그리고 기독교의 동정녀 탄생, 성육신, 십자가 죽음과 속죄, 기독론을 비판하였다. 19세기 말과 20세기 초 무슬림 논박가들은 서구의 무신론자와 이성주의자들의 글에 의존하여 기독교를 비평하기도 했고 또, 이슬람 전통과 이슬람 고유의 논리를 통해 기독교를 비판했다.

4) 중동의 개신교와 에반젤리컬 교회와 선교

(1) 중동에서 개신교 교회의 형성

중동의 복음주의 사상과 신학과 문화의 뿌리는 유럽에 근거한다. 16세기 종교개혁이 있었을 때 이런 개혁 교회들은 오늘날까지 라틴어에 뿌리를 둔 '프로테스탄트' 교회라고 불렀다. 아랍에서는 이들 교회를 '브로타스탄티야'(개신교) 교회라고 했다. 그런데 시리아와 레바논과 이집트에서의 장로교회들을 인질리야 교회(kanā'is 'injīlīyyah: 교단의 이름)라고 불렀으나 요르단의 나사렛교회, 침례교회, 하나님의 성회 등도 인질리야(복음주의)[11] 교회라고 불렀다.

19세기 초에 이르러 미국과 스코틀랜드는 물론 영국과 독일에서도 선교사들을 중동으로 파송했다. 그들은 오스만제국의 영토에 자신들의 개신교 교회를 세웠다. 그들은 동방정교회와 가톨릭교회를 개혁하려는 의도가 있었고 유대인과 무슬림에게 복음을 전하고 싶어 했다. 첫 선교사들은 구원의 복음을 전하려는 목적으로 왔기 때문에 그리스도의 복음을 받아들이지 않는 유대인에게 먼저 갔다. 그리고 나서 동방정교회와 무슬림을 찾아갔다.

당시 선교사들은 하나님이 그리스도의 재림을 앞당기기 위해 유대인에게 복음을 전하라고 그들을 부르셨다고 고백했다. 무슬림들을 포함하여 다른 종교를 믿는 자와 개신교 교인이 아닌 사람들에게는 복음적인 영적 회복이 필요하다고 보았다. 당시 선교사들의 관점으로 보면 개신교 교회를 세우는 것이 그들에게 맡겨진 주된 사명은 아니라고 보았다. 그래서

11　서구와 유럽에서 복음주의 운동(Evangelicalism)은 1945년 이후 주류 프로테스탄트교회들에서 매우 중요한 현상이 되었다. 복음주의의 특징은 성경을 중요한 신앙의 근본으로 여긴다. 가령, 교회 생활에서 소규모 성경공부 모임과 개인적인 신앙생활에서 성경을 정기적으로 읽는다. 복음주의는 예수의 십자가를 특히 중시한다. 복음주의는 개인 회심의 필요를 강조한다. 에반젤리컬 교회들과 개별적인 에반젤리컬은 전도(Evangelism)에 깊이 헌신한다(Alister McGrath, *Christianity: An Introduction*, 213-214).

선교사 1세대는 중동에 개신교 교회를 세워야 할 필요성을 느끼지 못했고 실제 그렇게 하려고도 하지 않았다(Habib Badr et al., 2005, 714).

19세기 이스탄불에서 어느 유대인이 영적 부흥을 체험했을 때 선교사들은 그에게 가까운 정교회로 가라고 했고 그는 아르메니아정교회로 갔다. 시간이 흐르면서 개신교 교회의 사상과 경건과 예배와 문화에 매력을 느낀 사람들이 그리스정교회, 그리스가톨릭, 마론교회, 콥트정교회, 아르메니아정교회, 시리얀(syriac)정교회에서 왔다. 개신교 선교사들은 초기 선교 활동에서 정교회와 복잡한 관계를 맺었으며 때로는 협력하기도 하고 때로는 갈등을 빚기도 했다.

그러나 오스만 제국에서 시행되던 밀레트(millet: 종교공동체) 제도뿐만 아니라 이슬람 사회와 문화적 저항 때문에 교인이 늘어나지 않았다. 그들은 선교사업을 계속하기 위해 오스만 제국의 승인을 받았고 결국 개신교공동체가 설립되었다. 첫 번째 오스만 제국의 칙령이 개신교공동체를 합법화한 것은 1850년이었다.

시리아와 레바논의 자국민 인질리 총회는 1939년 개신교(protestant)란 말을 인질리(장로교)로 바꾸었다. 이들 교회가 신앙과 교리와 예배의 뿌리를 인질(복음)에 둔다는 뜻이었다.[12]

팔레스타인에 루터교회, 성공회교회가 본격적으로 세워진 것은 19세기 중반 이후이다. 그리고 19세기 전반부에 레바논과 시리아와 튀르키예와 이라크에 개혁교회 선교사들이 들어갔다. 그들의 사역으로 레바논과 시리아와 이스탄불에 장로교회와 회중교회의 특징을 갖는 개혁교회들이 개척되었고 이들 교회들에 속한 학교와 대학이 생겨났다. 아랍 국가에서는 18세기 후반부터 19세기 전반까지 세워진 이들 교회들은 오늘날 무슬림들에게 공적으로 전도를 하지 않고 소수의 교인들만 전도를 한다.

20세기 초에는 자유 복음주의 교회의 선교사들이 아랍 지역으로 들어왔고 "거듭난 에반젤리컬 교회"(Born Again Evangelical Churches)가 개척되었다. 이들 교회들로는 레바논과 시리아와 이집트와 요르단에 침례교회, 기

---

12 ʿĪsā Diyāb, *Madkhal ilā Tarīkh al-Kanāʾis al-Injīliyyah wa-Lāhūtihā*(Beirut: Dār Manhal al-ḥayāt, 2009), 11–12.

독교연합교회('ittiḥād Masīḥī), 그리스도형제교회, 나사렛교회, 자마아툴라 (하나님의성회)교회와 그밖의 교회들이 세워졌다. 그런데 레바논과 시리아와 이집트의 침례교회는 아랍인들이 미국에서 살다가 고국으로 돌아와 미국 침례교회의 재정 지원으로 아랍 땅에 침례교회를 개척했다.[13]

인질리야교회들이 총회나 교회 연합 기관을 만들었는데 장로교회는 '시리아와 레바논의 자국민 인질리 총회'를 결성했고 그 밖에 '침례교회의 총회(Convention)', '아르메니아 인질리교회의 연합('ittiḥād)'이 있다. 그리고 '시리아와 레바논 인질리 커뮤니티의 최고협의회(Supreme Council, Majm'a'lā)'가 시리아와 레바논에 있는 모든 인질리야교회를 대표한다.

중동교회협의회(Middle East Council of Churches)는 4개의 기독교 가족으로 구성되었는데 정교회(알렉산드리아와 모든 아프리카의 그리스정교회, 안디옥과 모든 동방의 그리스정교회, 예루살렘그리스정교회, 사이프러스그리스정교회), 오리엔탈(Oriental)정교회(콥트정교회, 시리얀정교회, 아르메니아 사도교회), 인질리야교회(나일인질리총회, 근동 아르메니아 인질리교회, 시리아와 레바논의 자국민 인질리총회, 레바논 자국민인질리연합, 예루살렘과 중동의 성공회, 요르단과 성지의 인질리루터교회, 쿠웨이트 자국민인질리야교회, 수단 인질리야교회, 이란 인질리야교회의 총회, 수단장로교회, 수단성공회, 알제리 프로테스탄트교회), 가톨릭(마론교회, 그리스가톨릭 멜키파교회, 바그다드 칼데아교회, 시리얀〈syriac〉가톨릭교회, 콥트가톨릭교회, 아르메니아가톨릭교회, 예루살렘 라틴 총대주교청) 등 이다.

중동인질리야교회협회에 속한 교회로는 요르단과 팔레스타인의 인질리루터교회, 시리아와 레바논의 자국민인질리(장로교)총회, 레바논의 자국민 인질리연합. 근동의 아르메니아 인질리야교회들의 연합, 예루살렘과 중동의 성공회교회이다. 이밖에 MEATE(중동신학교육협회)와 MENATE(중동과 북아프리카신학교육협회)가 있다.

(2) 베이루트와 이스탄불에서 성경 번역과 신학교와 대학 설립

개신교 선교사들의 1차적인 목적은 유대인들을 전도하는 것이었으므로 처음에는 예루살렘에 거주하면서 다른 지역으로 사역을 확대할 계획이었

---

13 'Īsā Diyāb, *Madkhal ilā Tarīkh al-Kanā'is al-Injīliyyah wa-Lāhūtiha*, 15.

다(Habib Badr et. al. 2005, 715). 그러나 그 당시 오스만 제국의 법은 외국인의 영구 거주와 재산 소유를 엄격히 규제했으나 특정한 조건과 제한 속에서 예외가 적용되기도 했다.

선교사들은 예루살렘으로 가기 전에 베이루트를 지나갔는데 그 당시 베이루트는 작은 항구 도시였다. 인구는 6천 명을 넘지 않았고 선교사들은 옛 도시 외곽에 있는 작은 집을 샀고 나중에 그 지역은 "선교부지"(Mission Compound)로 알려지게 되었다. 선교사들은 베이루트로부터 시작하여 레바논 산지, 시리아, 팔레스타인, 소아시아, 메소포타미아 지역으로 향했다.

19세기 중반 밀레트 제도의 영향으로 선교사들은 어려움을 겪었다. 선교사들의 사역에 대한 오리엔탈(Oriental)정교회와 동방(Eastern)정교회의 부정적인 반응을 보고 선교사들은 레바논과 시리아에 개신교 교회를 개척하기 시작했다. 소아시아(현 튀르키예)에서도 선교사들이 사는 지역을 중심으로 개신교 교회가 설립되었는데 1846년 이스탄불에 첫 번째 개신교 교회가 세워졌다.

복음적 영적 생활과 경건과 예배는 성경에 기록된 하나님의 말씀에 의존한다고 생각했던 선교사들은 초등학교를 설립하고 나중에는 중등학교를 설립하여 현지 신자들의 신앙을 지속시키고 성경을 공부할 수 있도록 도왔다. 개신교 선교사들이 그들의 교회를 개척하고 그들의 신앙을 알리기 위해 사용한 가장 중요한 수단 중 하나는 교육이었다. 그들이 복음을 전하는 마을마다 초등학교가 세워졌다. 튀르키예에도 많은 학교가 세워졌다. 19세기 후반과 20세기 초에 오스만 제국의 계획적인 학살로 인해 아르메니아인들이 튀르키예를 떠난 뒤 학교는 사라졌다. 그러나 레바논에는 학교가 계속 번창하여 오늘날까지 남아 있다.

초기의 개신교는 새로 설립된 학교에서 직접 인쇄기를 사용하여 교과서를 출판하였기 때문에 튀르키예, 레바논, 시리아까지 전도 사역을 효과적으로 할 수 있었다. 1834년 미국 선교부는 인쇄소(아르메니아어와 튀르키예어)를 몰타에서 이스탄불로 옮기기로 결정했다. 아랍어 출판 부서는 베이루트로 옮겼다. 미국 선교부의 인쇄소는 베이루트에서 약 150년 동안 가장 중요한 아랍어 출판사 중의 하나가 되었다.

인쇄소는 19세기 중반 아랍 문예부흥의 문학적이고 지적인 책을 보급하는데 효과적으로 기여했다. 이스탄불에서는 성경을 원어에서 아르메니아어로 번역하여 출판하고 베이루트에서는 성경을 아랍어로 번역하였다. 그리고 시리얀어, 튀르키예어, 페르시아어로 성경이 번역되었다.

베이루트에서는 1830년대 선교사들의 번역에 부뜨루스 알부스타니가 합류했는데 그는 19세기 아랍 르네상스의 저명한 인물 중의 하나였다. 그가 원어 성경에서 첫 번째 초안을 번역했고 엘리 스미스는 신학적으로 수정했고 나씨프 알야지지(1800-1871)는 언어적인 측면의 교열을 보았다. 이 작업은 1856년까지 계속되었다. 미국인 선교사 엘리 스미스(Eli Smith)가 사망한 후 미국인 선교사 반다이크(Cornelius Van Dyck)가 나씨프 알야지지, 부뜨루스 알부스타니 그리고 무슬림이었던 유수프 알아씨르의 도움을 받아 1864년에 아랍어 성경 전권의 번역이 끝났다. 아르메니아 번역은 19세기 중반(1853년)에 완역되었다. 아랍어 알부스타니-반다이크 번역본은 오늘날 아랍의 개신교 교회와 이집트의 콥트정교회에서 사용되고 있다

시간이 지남에 따라 개신교 교회는 학문적으로 영적으로 잘 훈련된 현지인 목회자가 필요하다는 것을 느꼈다. 1844년 최초의 신학교는 이스탄불 근처에 있는 베벡(Bebek)에 설립되었다. 신학교육은 튀르키예어로 이루어졌고 아르메니아인들에게는 아르메니아어로 이루어졌다. 이와 유사한 학교가 소아시아 지역으로 퍼졌고 1846년 베이루트 근처에 있는 우베이흐(Ubeih)에 신학교가 설립되었다.

아랍어로 배우는 이 신학교는 20세기 초 학교를 우베이흐에서 선교부지로 옮겼다. 그리고 1932년 튀르키예의 모든 개신교 신학교가 폐쇄된 후에 베이루트신학교와 합병하여 근동신학교라는 이름을 갖게 되었고 현재도 신학생들을 가르치고 있다.

선교사들은 16세기부터 물려받은 개혁교회의 전통에 따라 아랍인 예배를 드렸다. 처음에는 교인들의 수가 적었기 때문에 예배를 위한 교회를 건축할 생각을 하지 않았다. 그러나 개신교공동체가 성장하고 베이루트가 급속하게 발전하였다. 또 베이루트가 문화적으로 경제적으로 그 중요성이 커져 갔다.

특히, 제1차 세계대전 당시와 그 이후에 아르메니아인 집단 학살로 인해 강제로 고향을 떠난 아르메니아인들이 베이루트로 이주하면서 교회 건축을 시작하게 되었다. 1869년 3월 첫 번째 인질리야교회가 베이루트의 알블라뜨(al-Blāt)에 있는 선교 복합 단지 근처에 개척되었다. 건축학적으로 보면 스코틀렌드 풍과 레바논 건축 양식이 합쳐진 교회였다.

19세기 중반에 오스만 제국은 그들의 영토에 있는 개신교 교회들을 규제하기 시작했다. 개신교공동체는 다른 종교 공동체처럼 공적으로 밀레트(Millet)로 인정받았다. 이것은 개신교공동체가 중동에 있는 교회의 일부가 되었다는 것을 의미한다.

그런데 개신교의 또 다른 관심은 대학 설립이었다. 개신교인과 비개신교 학생들을 한데 모아 생산적인 시민이 되고 사회의 발전에 기여하는 고등교육을 가르치는 대학이 필요했다. 그래서 1863년 미국인 선교사 사이러스 햄린과 기업가 크리스토퍼 로버트가 이스탄불에 로버트대학(Robert College)을 설립했으나 1971년 튀르키예 정부가 로버트대학의 소유권을 인수해버렸다. 그 이후 교명을 보아지치대학교로 변경했고 그 뒤 새로운 개신교 신학교 설립을 정부가 인가하지 않았다.

개신교인들은 1866년 레바논에서 시리아개신교대학(Syrian Protestant College)을 설립했다. 이 대학은 레바논인과 비레바논인들이 등록할 수 있었다. 1920년대 시리아개신교대학은 베이루트아메리칸대학교(AUB)로 개명되었다. 선교사들은 여러 대학을 세웠고 아르메니아 개신교 교회를 위해서도 오스만제국의 영토에 여러 대학교를 세웠다. 선교사들은 교회, 학교, 대학 뿐만 아니라 사회 사업의 일환으로 병원을 설립하였다. 베이루트에 아직까지 남아 있는 아메리칸 대학 병원이 있다.

20세기에는 새로운 에반젤리컬 교단이 레바논에 들어왔다. 그중에는 퀘이커교도들도 있었다. 1895년 미국남침례선교회의 선교사역의 결과로 베이루트에 최초의 에반젤리컬침례교회가 세워졌고 선교사들은 중등학교, 출판사, 고아원 그리고 아랍침례신학교(Arab Baptist Theological Seminary)를 세웠다. 1912년 미국에서 온 하나님의교회 소속의 선교사들이 레바논의 마을로 들어왔는데 나중에 지중해성경대학(Mediterranean Bible College)을 세웠다(공일주 2003, 231-232). 그리고 레바논과 시리아에 기독교선교연합(CMA)교회, 나사렛교회, 형제교회, 제칠일안식교가 들어 왔다.

(3) 시리아와 레바논 자국민 장로교 총회의 역사[14]

'시리아와 레바논 자국민 인질리(장로교)총회'(The National[15] Evangelical Synod in Syria and Lebanon: NESSL)는 개혁 신학과 장로교 정책을 따르는 프로테스탄트[16] 개혁교회이다. 이 연합체는 19세기 초 오스만 제국 때 시작됐다. 1823년 유럽과 미국의 선교사들이 도착하여 영적 부흥을 일으키고, 전통적인 오리엔탈 교회(traditional Oriental Churches) 신자들에게 영향을 끼쳤다. 장로교회라고 하지 않고 "인질리 또는 인질리야"(Evangelical) 라고 한 것은 예수 그리스도의 복음을 받아들이고 교인들의 삶과 예배를 성경에 기반했기 때문이다.

이런 신앙에 기초한 교회들은 아랍어로 "카니사 인질리야"로 불리게 되었다. 이들 중 일부는 전통 교회와의 연합을 유지하였고 다른 일부는 개신교 신앙에 기반한 별개의 교회를 형성했다. 1850년에 개신교 교인들은 오스만제국의 밀레트 제도(Ottoman Millet System: 종교공동체 자치 제도) 내에서 공식적으로 교회와 교단으로 인정받게 되었다. 첫 번째 개신교 교회는 1848년에 베이루트에서 조직되었으며 이후에는 하스바야, 아베흐, 알레포, 홈스, 시돈 등 다른 지역에도 교회들이 설립되었다.

초기 개신교 교회들은 일반 신도들의 참여를 강조하였으며 미카엘 마하카와 부뜨루스 알부스타니와 같은 아랍인들이 번역, 교육, 학교 설립 등에서 중요한 역할을 했다. 1870년 이후에는 안정과 안전이 확보되어 개신교 교회들이 성장하면서 조직적인 교회 구조의 필요성이 대두되었다. 여러 교회의 영적인 책임과 행정적인 책임을 관리하기 위해 "마쉬야카"(Mashy-

---

[14] 시리아와 레바논 자국민 인질리(장로교) 총회의 사무총장 Joseph Kassab이 작성한 자료(영문과 아랍어)를 한국어로 번역한 것이다.
[15] National에 해당하는 아랍어 단어는 "와따니"인데 와따니는 외국인이 아닌 시리아와 레바논의 자국민을 가리킨다.
[16] 아랍어 단어 "인질리" 또는 "인질리야"는 시리아와 레바논과 이라크와 이집트의 "개신교 또는 복음주의" 또는 "장로교회"를 가리킬 때 사용된다.

akha)라 불리는 장로교회 제도가 시행되었다.

1920년에 시리아와 레바논이 독립하면서 장로교회들은 "NESSL"으로 재조직되었다. 당시 미국 선교회는 3개의 노회를 시리아와 레바논 지역에 세웠는데 1959년 재정적 독립과 행정적인 독립이 어렵기 때문에 Synod(지역교회들의 연합체)라는 말을 그대로 쓰고 Synod에 속한 노회는 하나로 합쳐졌다. 그리고 이전에 미국장로교선교회(American Presbyterian Mission)가 제공했던 교육, 의료, 복음화 사역은 아랍 현지인이 완전한 책임을 맡게 되었다.

NESSL는 다양한 분야에서 장로교의 특징을 보여 주고 있지만, 수치적인 성장은 여전히 느리게 진행되고 있다. 이는 기독교인들의 이민이 장로교단의 신자들의 수를 줄이는 데 중요한 역할을 하였다. 현재 NESSL의 이민자들은 아르헨티나, 브라질, 미국, 캐나다, 호주 등지에 산다. 그들 중 많은 사람은 이민 국가에서 개혁주의 교회에 다니는 것이 더 편리했다.

레바논의 15년 동안 내전(1975-1990)으로 비극적인 결과를 초래하여 어려운 사회적, 경제적 조건과 정치적 안정을 방해했다. 시리아 내전(2011-2024년)은 기독교인의 생존에 부정적인 영향을 미쳤고 전쟁과 가혹한 생활의 압력으로 기독교인의 50퍼센트가 이주하게 되었다. 2024년 이스라엘이 레바논을 공격했으며, 시리아의 바샤르 알아사드 대통령이 러시아로 망명했다.

20-21세기 NESSL에 속한 성도들은 다른 교회들과 마찬가지로 해외 이민 또는 시리아 내 피란을 경험해 왔다. 이 연합체는 장로교회를 대표하고 예수 그리스도의 생애, 죽음, 부활에서 나타난 사랑과 진리의 하나님에 대한 증인이 되기를 원한다.

NESSL에는 38개 교회와 16,000명 교인이 등록되어 있다. 그런데 소요리 문답을 마치고 세례를 받고 성찬에 참여하며 교회에서 투표권을 갖는 성도(communicant members)는 4,500명에 불과하다. 시리아와 레바논에 각각 4개의 시찰 구역(administrative regions)이 있다. 두 나라에는 2023년 8월 현재 26명의 목사가 목회를 하고 있고 NESSL는 중동 최초로 2017년 여성들을 목사로 안수하였다. 2024년 현재 세 명의 여성 목사와 한 명의 여성 설교자가 남성 목사들과 동등한 권리와 의무를 갖는다.

레바논에서는 교회 사역이 다양한 반면에 시리아 장로교회 교인 수는 레바논보다 더 많다. 사실 아랍의 교인들이 복음을 전하려는 열정이 적고 부모가 교회를 가면 자녀들도 따라나서기 때문에 거듭난 교인이 얼마나 되는지가 관건이다. 더구나 교회 생활에 열심인 성도가 4분의 1밖에 안 된다.

그리고 2년마다 NESSL 총회에 모일 경우 총대는 개교회가 파송한 목사, 설교와 교육만 가능한 설교자(licensed preachers), 장로들 그리고 청년과 여성의 대표들이 참석한다. NESSL에는 실행위원회(Executive committee), 전도와영성위원회(The Ecclesial and Spiritual Affairs Committee), 교육위원회(Educational and Pedagogical Affairs Committee), 의료와사회봉사위원회(Medical and Social Services Committee), 재정과유지재단위원회(Finance and Property Committee), 미디어와출판위원회(Media and Publication Committee) 등이 있다.

중동에서 개신교(protestant)는 처음부터 교육 사역을 강조했다. 시리아와 레바논의 개신교 교육 기관은 전체 지역의 지적 및 교육 생활의 성장에 기여했다. 시리아와 레바논의 장로 교인들은 1835년에 여성들을 가르치기 위해 오스만 제국에서 첫 번째 학교를 설립했다. 2024년 NESSL는 레바논과 시리아에서 총 11개의 학교를 운영하며 약 14,000명의 학생이 학교에 다니고 있다. 레바논에서는 베이루트, 트리폴리, 자흘레, 깝 엘리아스, 사이다, 나바티예, 민야라 악카르 등지에 7개의 학교가 있다. 시리아에는 알레포, 하사카, 까미쉴리, 홈스에 4개의 학교가 있다. 이러한 학교들은 레바논 교육제도와 미국의 교육 프로그램을 가지고 기독교인과 비기독교인 남학생과 여학생들을 가르친다.

시리아 내전으로 레바논으로 피란 온 시리아 난민 때문에 NESSL는 2016년 레바논에 이주한 시리아 아동들을 위한 교육 및 사회적 지원을 위한 4개의 교육 및 사회 센터를 설립했다. 이 센터들은 트리폴리, 악카르, 깝 엘리아스, 두로에서 400명의 학생이 공부한다. 이 중 70퍼센트가 비기독교인 학생이다.

2018년 NESSL에 의해 설립되고 인가된 신앙에 기반한 비영리 기관인 컴패션개신교협회(CPS)가 있다. CPS는 인도적 지원 및 개발 프로젝트를 통해 시리아와 레바논의 사회 전반에 도움을 주기 위해 활동한다. CPS는 교육, 농업 및 인도적 프로젝트를 레바논 이슬람 사회에서 시행했고 2024년 이스라엘이 레바논 남부를 공격할 때 피란민들의 숙박을 도왔다.

NESSL의 기독교 교육부는 시리아와 레바논의 교회를 하나로 모으는 여름과 겨울 캠프 사역에 집중한다. 이 부서는 아이들, 청소년, 대학생 및 여성을 대상으로 신앙 형성과 리더십 훈련을 제공한다. 중동 지역의 교회 지도자와 기독교 교육자를 양성할 목표로 고등 신학 교육을 위한 국가 공인 신학교인 근동신학대학교(Near East School of Theology: NEST)가 1932년에 설립되었다. 아르메니아 인질리야, 루터교회, 장로교회, 아랍성공회가 근동신학대학교(총장: Martin Accad, 2024)를 운영한다.

NESSL는 에큐메니칼 운동에 적극적으로 참여하고 중동에서의 에큐메니칼 운동의 창립자 중 하나다. NESSL이 회원으로 가입한 단체로는 중동교회협의회(Middle East Council of Churches: MECC, 1974), 세계교회협의회(World Council of Church: WCC 1948), 세계개혁교회협의회(World Communion of Reformed Churches: WCRC 2010), 중동복음주의교회펠로십(Fellowship of the Middle East Evangelical Churches: FMEEC 1974), 시리아와 레바논 인질리공동체의 최고협의회(Supreme Council of the Evangelical Community in Syria and Lebanon, 1937) 등이다.

(4) 팔레스타인과 요르단의 개신교

개신교 선교 운동은 19세기 초반에 팔레스타인에서 시작되었다. 그 당시 팔레스타인 인구는 50만-60만 명이었는데 그중 87,000명은 유대인이고 기독교인은 8만 명이었다. 예루살렘에서 미국 선교사들의 사역은 1821년부터 1844년까지 계속되었다. 그들의 첫 번째 사역은 성경 배포였고, 중동의 전통 교회들로부터 온 몇 사람을 설득할 수 있었다. 이 회심자들이 나중에 예루살렘에 있는 개신교공동체의 핵심이 되었다. 1839년부터 1847년까지 57명의 유대인이 개신교로 개종했다.

개신교공동체는 1850년 오스만 제국의 칙령으로 공식 인정되었다. 이 개신교공동체에는 팔레스타인과 요르단에서 영국 교회 산하에 있는 인질리공동체와 성공회공동체가 포함된다.

팔레스타인에서 인질리공동체는 공식 승인을 받지 못했다. 그 이유는 공동체 지도부가 예루살렘에 있는 영국성공회 주교의 승인을 받아야 한다고 요구했기 때문이다.

1979년 비샤라 아와드는 미국에서 학업을 마친 후 고향인 팔레스타인으로 돌아왔다. 베이트잘라에 있는 소망기독학교(Hope Christian School)의 교장으로서 그는 많은 학생이 신학 교육을 이어가기 위해 해외로 떠나고, 그중 상당수가 돌아오지 않는 현실을 목격했다. 정교회, 가톨릭, 루터교, 성공회 그리고 인질리교회 지도자들이 모여 하나의 이사회(Board)를 구성했다. 소망기독학교는 캠퍼스를 제공했고, 베들레헴성경대학(Bethlehem Bible College)은 9명의 학생과 함께 야간 강좌를 시작하게 되었다.

2010년에는 현대적인 강의실과 새로운 예배당, 카페테리아, 라운지 공간을 갖춘 3층 규모의 비샤라 아와드센터(Bishara Awad Center)를 완공했다. 2007년 갈릴리성경대학(Galilee Bible College)을 설립하였고 2015년에는 나사렛복음주의신학교(Nazareth Evangelical Theological Seminary)와 합병하여 나사렛복음주의대학(Nazareth Evangelical College)이 되었다. 2012년 비샤라 아와드 박사는 베들레헴성경대학(BBC)을 졸업한 잭 사라 박사(Dr. Jack Sara)에게 리더십을 이양했고, 이 대학은 팔레스타인의 교회들을 섬기고 있다.

'트랜스 요르단 왕국'(현 요르단)에서는 1938년 성공회공동체가 공식적으로 인정되었다. 1906년에 시작된 요르단의 복음주의(인질리) 교회는 침례교회, 나사렛교회, 하나님의성회, 기독교선교연합(C&MA)교회, 복음주의자유교회 등이 있고 57개 교회가 개척되었다.

1991년 '에반젤리컬 문화원'(Hay'ah 'Injīliyyah Thaqāfiyyah)이 요르단 문화부에 등록되었으며, 영문 교명은 Jordan Evangelical Theological Seminary이다. 이 대학의 설립자이자 총장은 중동 지역에서 신학 교육과 교회 지도력 개발에 헌신해온 이마드 샤하다(Imad Shehadeh) 박사이며, 그의 영문 저서로는 *God with Us and Without Us,* 1권 *(Oneness in Trinity versus Absolute Oneness)*과 *God with Us and Without Us,* 2권 *(The Beauty and Power of Oneness in Trinity)*이 있다.

(5) 이집트의 신학교와 학교 설립

오순절(행2:10)날 그 곳에 이집트에서 온 사람들이 있었다. 마가복음을 쓴 마가가 알렉산드리아에 복음을 전했다고 하고 콥트정교회는 그를 알렉산드리아의 첫 번째 비숍이라고 했다. 300년까지 로마 황제 세베루스(Severus, 193-211), 데키우스(Decius, 249-251), 발레리아누스(Valerian, 253-260), 디오클레티아누스(Diocletian, 284-305) 등이 알렉산드리아의 기독교인들을 박해하였고, 많은 사람이 순교했다.

아타나시우스(Athanasius)는 니케아 신조에서 그리스도가 성부 하나님과 본질적으로 동일하다는 교리를 수호하는 데 결정적인 공헌을 하였다.[17]

이슬람이 이집트를 정복한 후, 교회는 박해와 위협을 받았으며, 10세기 말-11세기 초에는 무슬림이 이집트 인구의 다수를 차지하게 되었다.

19세기에는 이슬람화의 영향으로 이집트의 기독교공동체가 어려움을 겪었으나, 유럽과 미국의 개신교 선교사들이 들어와 인질리야교회를 세웠으며, 콥트정교회도 부흥하기 시작했다.

이집트 인질리야교회의 역사는 1854년 11월 15일, 미국 개혁교회(장로교) 소속 선교사들이 이집트에 도착하면서 공식적으로 시작되었다.

그러나 실질적인 개신교 활동은 다음과 같이 이루어졌다.

첫 번째, 1633년 봄, 루터교 선교사 피터 헤일링(Peter Heyling)이 이집트에서 1년 반 동안 사역했다.

두 번째, 1750년 모라비안 형제 교회가 이집트에서 사역을 시작하기로 결정하고 나서 1752년 첫 선교사들이 이집트에 도착한 후, 5명이 그 뒤를 이었다. 이들은 카이로와 중부 이집트에서 30년간 사역을 했다.

세 번째, 영국에 기반을 둔 영국 교회 선교회(CMS)는 1819년 첫 선교사를 파송해서 아랍어로 번역된 복음서를 배포했고 1825년에는 추가로 5명의 선교사를 파송했다. 레이더(R. J. Leider) 목사는 콥트정교회에서 일

---

17 니케아 공의회(325년)에서 예수는 성부와 동일 본질이라는 결정을 내렸고 콘스탄티노플 공의회(381년)에서는 성령이 성부와 성자와 동일 본질임을 선언했고 본질과 위격을 구분하게 되었다.

할 사제를 양성하기 위한 신학교를 세우는 데 중요한 역할을 했다. 그의 아내는 이집트에서 최초로 여학교를 설립했다.

이집트에서 장로교 사역은 1854년 카이로의 다르브 알주나이나(Darb al-Junainah) 지역의 넓은 집에서 시작되었다(Habib Badr et. al. 2005, 737). 1855년 1월, 바르네트(Barnet) 목사는 처음으로 아랍어 예배를 드렸는데 그는 시리아에서 이미 아랍어를 배웠다. 첫 9개월 동안에 20여 명이 예배에 참석했는데 참석한 사람 중 일부는 호기심에서 나왔고 나머지는 선교사들의 초청을 받은 사람들이었다.

1863년 2월 5일, 이집트장로교 Synod(지역교회연합체)는 복음주의 신학교를 설립하기로 결의했다. 1864년 선교사들은 '아이비스'(Ibis)라는 배를 타고 나일강을 따라 이동하며 신학 수업을 진행했다. 첫 수업에는 9명의 학생이 참석했으며, 그중 2명이 정규 과정으로 1872년에 졸업했다.

1885년 신학 수업이 카이로에서 정착하여 신학교를 열었고 수업 연한은 3년이었다. 1967년 여학생을 위한 야간반 신학과정이 개설되었고 첫 여성 신학사 학위 졸업생은 1970년에 배출되었다.

이집트 장로교의 첫 노회가 1869년 4월에 결성되었다. 1958년 나일 총회(Nile Synod)는 미국장로교총회로부터 독립되었다. 1863년 미국 선교사들이 이집트장로교신학교를 시작하였고 지금도 이집트 장로교회 목회자를 양성하고 있다.

2010년대 초반, 카이로 마아디 지역의 성요한교회에서 페트레스큐성서신학원(Petrescue Bible Institute)이 신학 학사 과정을 시작하였으며, 주로 수단 등 아프리카 출신 학생들이 등록하였다. 코로나19 이전까지 이 신학원에서는 한국인 복음주의 사역자들이 학생들을 가르쳤다.

2007년 이집트와 레바논 개신교 신학자 8명이 『현대 아랍 신학에 대하여』라는 책을 발간하였고 2018년에는 아랍 6개 국가(이집트, 레바논, 요르단, 팔레스타인, 쿠웨이트, 이라크)에 사는 정교회, 가톨릭, 개신교 학자 48명이 참여하여 현대 아랍 주석서를 썼다.

2024년 이집트 개신교는 장로교회, 성공회, 침례교회, 형제교회, 열린 형제교회, 거룩의 부흥교회(Naḥḍat al-Qadāsah), 믿음교회(Al-ʾīmān), 하나님의교회, 기독교인 모범교회(Al-Mithāl Al-Masīhī), 사도교회, 은혜교회(Al-Ni'mah), 오순절교회, 사도은혜교회, 그리스도교회, 복음선교교회, 메시지 교회(Al-Risālah) 등 16개 교단이 있다. 2024년 이집트 인구의 10퍼센트(약 1,200만)가 기독교인이고 이 중에서 정교회는 85퍼센트, 개신교는 10퍼센트 그리고 가톨릭은 5퍼센트이다.

(6) 이라크의 장로교회와 쿠웨이트 선교

19세기 이라크와 걸프 지역은 서구 개신교 선교부에 새로운 도전이 되었다. 이라크는 여러 인종과 종교적 공동체가 함께 했는데 튀르키예인, 아랍인, 페르시아인, 아르메니아인, 앗시리아인(시리안), 시리아인, 유대인, 쿠르드인, 야지드인, 싸비인 등이 있었다. 걸프 지역은 오스만제국의 통제에서 벗어나 있었다. 걸프 지역은 8세기 이후에 거주민들이 무슬림이 되었고 18세기 초에는 영국령 인도가 걸프 지역을 지배했다.

1820년대 이라크에서 개신교 사역은 유대인을 복음화하는데 중점을 두었다. 다른 후속적인 노력은 쿠르드족, 야지드족, 아르메니아인, 앗시리아인에게 집중되었고 싸비인에게도 관심을 가졌다. 오스만제국의 영토 안에서 오스만 당국에게 적대감을 나타내지 않도록 무슬림과 정면으로 맞서지 않았다. 19세기까지 이라크에서 사역한 두 개의 선교 단체는 CMS와 미국해외선교위원회이었다. 아라비아선교회(Arabian Mission)는 1891년 바쓰라에 본부를 두고 이라크 남부 쪽으로 선교 사역을 했다.

이라크에는 장로교 교회가 모술, 키르쿠크, 바그다드, 바쓰라 등 4개 지역에서 전도를 시작했다. 1840년 모술에서 이라크장로교회가 시작되었는데 1854년 오스만 제국에 의해서 공식적으로 인정되었다. 미국개혁교회의 아라비아 선교부가 바쓰라를 거점으로 하여 1891년 걸프 지역(바레인 포함)에서 의료와 교육 사역을 시작하였고 제2차 세계대전 이후까지 걸프 지역에서 사역한 유일한 선교부였다.

1910년 쿠웨이트의 쉐이크 무바라크 알카비르가 미국의 개혁교회의 아랍의료선교회에게 쿠웨이트로 와 달라고 초청했다. 미국 의료 선교회(American Medical Mission)는 1910년 쿠웨이트에서 의료 클리닉을 시작하였다. 그들은 끼블라 지역에서 병원을 지을 부지를 사서 1914년 완공하였다. 몇 년 후 여성 병동을 신축하여 분리했고 의사, 간호사, 목사를 위한 사택을 건축했다. 처음에는 주일 예배를 쿠웨이트 시에서 임대한 집의 마당에서 드렸고, 1931년에는 교회를 신축했다. 성경 서점이 시장에서 문을 열었고, 남학생을 위한 학교가 시작되었다. 그리고 정규적인 예배가 아랍어와 영어로 드려졌다.

이런 사역은 에드윈(Edwin Calverley)이 맡았고 그의 부인 Eleanor Calverley는 쿠웨이트에서 첫 여성 의사였다. 그리고 선교부 직원 중에 안수를 받은 남성들이 있어서 이들이 환자와 병원 스탭들의 영적인 부문을 돌봤다.

그런데 석유의 발견은 쿠웨이트를 거의 모든 면에서 변화시켰다. 기독교인의 사역도 예외가 아니었다. 석유 발견 전에는 예배에 참석한 사람들은 선교부 직원, 일부 외국인 무역상, 외교관 한두 명이었으나 석유 발견 이후에는 석유 관련 노동자가 예배에 참석했고, 정부나 무역 그리고 다양한 산업에 종사하는 여러 국적의 외국인이 참석했다. 이 중 많은 사람이 기독교인이었는데, 자국민 인질리야교회(National Evangelical Church)의 건물이 수용하기에 부족할 정도였다. 로마가톨릭과 콥트정교회와 그리스정교회는 별도로 건축하거나 임대하여 예배 장소로 사용하게 되었다.

1950년대 초에 아랍어 예배가 시작되었고, 1958년 이 사역의 발전을 위해 젊은 이집트 목사를 청빙했다. 자국민 인질리야교회(National Evangelical Church)는 1958년에 증축되었다. 그리고 인도의 케랄라(Kerala) 주에서 온 말라얄리(malayalee: 말라얄람을 모어로 갖는 사람) 종족의 예배가 시작되었고, 영어 예배가 미국 선교부와 분리되어 같은 예배당에서 1962년부터 따로 예배를 드렸다. 선교 병원이 1967년에 문을 닫았을 때 교회는 성장하고 부흥하였다. 처음에는 이 교회를 '쿠웨이트 그리스도 교회'(Church of Christ in Kuwait)라고 불렀고, 나중에 '자국민 인질리야교회'(National Evangelical Church)로 바꾸었다.

1993년 부시 대통령에게 보고한 이 교회 자료에 따르면, 이 교회 안에서 28개 예배를 드렸고 3개의 단체가 이 건물을 사용하였다. 말라얄리 족을 제외하고는 나머지 예배들은 언어에 기반하여 모이고 있었다. 이 교회 단지에 정규적으로 예배를 드리는 사람이 5,000-7,000명이었다.[18]

2024년 현재, 미국개혁교회와 관계를 맺고 있는 영어 예배, 인도의 케랄라 출신의 여러 모임이 드리는 말라얄람 예배 그리고 과거에는 콥트장로교 목사들이 목회를 했지만, 지금은 초교파적으로 운영되는 아랍어 예배가 있다.

8. 탈식민과 기독교 소수자의 현실(1945-1980)

1) 독립과 선교 활동 금지와 해외 이주

1945년 제2차 세계대전 이후, 중동 국가들은 탈식민지화의 흐름 속에서 정치적 독립을 이루어갔다. 1946년 시리아와 레바논의 독립을 시작으로, 1971년 바레인, 카타르, 아랍에미리트가 독립하였으며, 1975년 오만에서 마지막 유럽 군대가 철수했다. 그러나 이 지역은 경제적으로 여전히 유럽과 미국에 의존하는 구조가 지속되었고, 특히 석유와 자원 개발을 둘러싼 경제적 종속은 심화되었다. 새로 독립한 이슬람 국가들은 자국의 정체성을 이슬람과 민족주의를 중심으로 재정립하려 했으며, 서구적 가치와 문화의 침투를 경계하였다. 이로 인해 많은 국가들은 서구에서 파송된 개신교 선교사들의 선교 활동을 제한하거나 금지하게 되었다.

1947년 인도와 파키스탄의 분리 독립은 종교적 갈등을 불러일으켰다. 무슬림은 파키스탄으로, 힌두교도와 기독교인은 인도로 대규모 이주하였고, 파키스탄 내 기독교공동체는 종교적 차별과 박해를 경험했다.

1948년 이스라엘 국가의 창설로 인해 많은 아랍 국가에서는 기독교공동체를 이스라엘과 서구 제국주의의 동맹으로 간주하였기 때문에, 이들의 선교 활동은 어려움을 겪게 되었다. 1979년 이란 혁명으로 이슬람공화국

---

18 *Brief Summary of the History in Kuwait of the American Medical Mission*, Kuwait: The National Evangelical Church in Kuwait, 1993 참조.

이 수립되면서 기독교공동체는 극심한 억압을 받았으며, 선교 활동은 사실상 금지되었다.

이집트, 레바논 등지에서는 서구 선교단체들이 의료, 교육, 사회봉사, 구호 및 성경 번역 등의 사역을 계속해 나갔으나, 1970년대 이후 독립 운동과 반서구 정서로 인해 선교 활동은 크게 축소되었다.

'영국교회선교회'(CMS: Church Missionary Society)가 이집트와 북아프리카에서, '선교봉사회'(SIM: Serving in Mission)는 북아프리카 지역에서 그리고 '아프리카내지선교회'(AIM: Africa Inland Mission)는 주로 북아프리카 지역에서 기독교 문서와 성경 배포 사역을 했다.

특히, 사우디아라비아는 1932년 건국 당시부터 선교 활동을 금지했으며, 이란은 1979년 혁명 이후, 이라크는 1958년 공화국 수립 이후, 예멘은 1967년 남예멘 독립 이후, 알제리는 1962년 독립 이후, 리비아는 1969년 카다피 집권 이후, 모로코와 튀니지는 각각 1956년 독립 이후, 수단은 1983년 샤리아법 도입 이후 서구 선교사의 활동을 금지하였다.

서구 선교사들이 직접 사역할 수 없는 국가에서는 미디어를 통한 간접 선교가 중요한 대안으로 떠올랐다. 라디오, 텔레비전, 출판물 그리고 위성을 통한 방송 등 다양한 형태로 기독교 메시지를 전달하려는 시도가 있었다. 선교사가 제한적으로 활동할 수 있었던 지역에서는 의료, 교육, 사회 복지 분야에서의 활동을 통해 기독교적 가치를 실천하려 했다. 서구에서 온 일부 기독교 신학자는 아랍권 내 신학교에서 기독교 신학생들을 가르치며 현지 기독교공동체를 지원했다. 그러나 이러한 활동은 제한적이었다. 독립 이후의 이러한 변화와 선교적 제한은 중동과 북아프리카의 기독교공동체 규모에 영향을 미쳤다. 이들 지역에 거주하는 기독교인들의 유럽과 미국으로의 이주가 증가하면서 현지 기독교인 인구는 축소되었다.

2) 근본주의[19]

일부 아랍 근본주의는 종교적 텍스트에서 이성의 사용을 제한한다. 근본주의자들 중 일부는 꾸란 해석에서 문자주의적(ḥarfī) 접근을 선호했다. 아랍 세계에서 근본주의('uṣūliyyah)의 반대말은 세속주의('almāniyyah)이다.

21세기 중동에서 종교적 근본주의가 문제가 되고 있다.[20] 이슬람에서 근본주의는 두 가지 개념을 갖는다.

첫째, 근본주의는 이슬람 사상에 내재된 개념이다. 이것은 이슬람 움마(공동체, 국민)에서 개인과 사회의 정체성을 확립해 주는 것이다.

둘째, 근본주의는 이슬람 사상과 별개의 개념인데 현대 무슬림 사상가들이 서구에서 수입한 개념으로서 이것은 이슬람 세계에 이런 방법을 적용하려는 것이다. 이 두 번째 개념을 따르면 근본주의는 테러와 타앗쑵(Ta'aṣṣub, 사회적 관용의 반대)을 가져온다.

이슬람 근본주의는 아부 알아알라 알마우두디(Abu al-'A'lā al-Mawdūdī, 1903-1979), 사이드 꾸뜹(1906-1966)이 중심적인 인물이다. 사이드 꾸뜹은 하산 알반나(1906-1949) 사후 무슬림형제단의 이념을 발전시켰고 알마우두디의 사상에 영향을 받았다. 사이드 꾸뜹은 이슬람 사회와 자힐리야(이슬람 이전) 사회로 나누고 오늘날 세상에 있는 모든 사회는 자힐리야 사회라고 했다.

---

[19] 근본주의는 1920년대 미국의 보수주의 기독교 안에서 세속적 문화의 발달에 대한 종교적 반발(reaction)로 생겨났다. 부분적으로 소비재 대량 생산(특히 자동차)과 소비주의와 신용 경제로의 전환에 대한 반응이라고 했다. 근본주의라는 용어는 원래는 미국 개신교 내에서 발생한 운동을 지칭하는 용어이다. 미국에서 사용된 근본주의라는 용어는 현대 많은 사람들(특히 서구의 이슬람 연구자)이 근본주의와 연관 짓는 정치적 극단주의, 반이성주의(anti-intellectualism) 그리고 계몽주의를 반대하는 개념을 내포하지 않았다. 당시 미국에서 근본주의는 미국 주류 개신교의 주변부에 있었던 운동으로서 문화가 반기독교적인 방향으로 나가고 있다고 믿었고 기독교 유산을 보호하려는 시도에서 나온 것이었다. 근본주의자들은 처음에 자신들을 단순히 성경적 정통(orthodoxy)으로 돌아가려는 운동으로 보았다(Alister McGrath 2015, 293).

[20] https://youtu.be/34Rbd8KWDQo 2022년 3월 9일.

알마우두디는 이슬람 근본주의를 그의 책 『이슬람 정부』(Al-ḥukūmah Al-'islāmiyyah)에서 다루고 있는데 실제 이슬람 세계에서 통치하는 자는 알라라고 주장했다. 입법의 권한은 알라에게만 있고 무슬림은 알라의 법을 바꿀 수 없다고 했다. 따라서 알라가 가져다준 법이 이슬람 국가의 기초가 된다고 했다. 알마우두디의 정의에 따르면 이슬람 국가는 신정국가이다. 다시 말하면 알라의 주권에 속박된 국가이다.

이슬람 신정 국가에서는 인간이 샤리아법을 제정할 수 없으며 인간은 이 땅에서 신의 법을 집행할 뿐이라고 주장했다. 종교적 근본주의는 어떠한 경우이든 간에 상대적인 것을 절대화하는 시도이다. 그런데 세속주의는 종교와 정치를 분리한다. 세속주의는 인간의 문제를 절대적인 것이 아니라고 본다. 무슬림들에게 세속주의는 인간 삶의 모든 영역에서 알라의 권위를 부인하는 것이다.

이집트에서는 1928년 무슬림 형제단이 근본주의를 표방했다. 1924년 튀르키예의 아타 튀르크가 칼리프 제도를 폐지한 뒤 무슬림 형제단들은 칼리프 제도를 부활시키고자 했다. 이집트에서 무슬림 형제단은 교육과 사회 활동을 통해 영향력을 확대했고 이슬람 근본주의 확산에 기여했다. 따라서 오늘날 이집트인들의 정신세계에서 종교적 근본주의를 뿌리채 뽑는 것은 쉽지 않다.

이슬람 근본주의는 종교적 텍스트에서 이성적 사고 활동을 금지하며, 텍스트의 표면적(zāhir) 의미에만 관심을 기울이고 이성적인 사고 활동을 제한해 왔다. 그런데 근본주의자들과 생각을 달리하거나 종교적 텍스트를 근본주의자들처럼 해석하지 않을 때 이들을 카피르라고 했다. 이런 문화를 타크피르(Takfīr) 문화라고 한다.

1928년 하산 반나(Ḥasan al-Bannā)는 이집트의 북부 이스마일리아에서 몇몇 근로자들과 함께 무슬림형제단을 창단했다. 무슬림형제단은 이런 지역적인 집단에서 점차 국제적인 조직으로 발전하였다. 1954년 무슬림 형제단은 나세르 정부와 갈등을 겪으며 정치적 활동을 제한받았다. 이집트에는 무슬림형제단 이외에 이슬람 해방조직(1974), 타크피르와 히즈라(이주)의 조직(1977), 이슬람 지하드 조직이 있었다.

이슬람 지하드 조직에 의해 살해된 안와르 사다트 대통령이 무슬림 형제단들의 활동을 도왔다는 것은 역사적으로 잘 알려져 있다. 나세르 대통령은 무슬림형제단과 권력을 두고 서로 갈등을 빚었다. 무바라크(1928-2020) 대통령은 무슬림 형제단의 정치적 활동을 제한했으나 무슬림 형제단은 무소속으로 정치적 활동을 이어갔다. 아랍의 봄 이후 무슬림 형제단은 비밀리에 이집트 군대에게 협력하겠다고 전하여 결국 1년간 이집트를 무슬림형제단이 통치하였다.

그러나 알씨씨 대통령이 정치권에서 무슬림형제단들을 몰아냈고 무슬림 형제단을 테러 세력으로 규정하였다. 물론, 사우디아라비아와 아랍에미리트도 무슬림 형제단을 테러 집단으로 규정하였다.

1987년 무슬림과 콥트 기독교 간의 종교적 갈등은 종교적 근본주의와 정치적, 사회적 요인이 복합적으로 작용한 결과였다. 이 때부터 이집트에서 종교적 근본주의가 힘을 규합했고 그 후 근본주의와 세속주의 간의 문제가 크게 부상했다. 이집트 철학자 무라드 와흐바는 이런 종교적 근본주의를 해결하려면 세속주의가 필요하다고 했다. 세속주의는 상대적인 것을 추구하기 때문에 서로를 양보한다는 것이다. 그러나 아랍 무슬림들에게서 근본주의가 금방 사라질 것으로 보이지 않는다.

무함마드 압두흐(1849-1905)가 이슬람의 타즈디드(과거 유산으로 되돌아가야 하고 동시에 현재의 변화는 시대의 필요에 보조를 맞추자는 것)를 부르짖었으나 근본주의자들은 문자주의를 고집했다. 결국 이집트에서 지난 500년간 종교적 타즈디드가 완성되지 못했다.

9. 중동의 종교와 사회: 갈등, 변화, 공존(1980-2025)

2001년 9월 11일, 알카에다의 공격은 세계적으로 이슬람과 기독교 간의 갈등을 부각시켰으며, 그 이후 이슬람권에서 반미 정서가 크게 고조되었다. 2003년부터 2011년까지 이어진 이라크 전쟁은 중동의 정치적, 사회적 안정을 위협하며 반미 감정을 더욱 강화했다. 2010년부터 2012년까지 이어진 아랍의 봄은 여러 아랍 국가에서 정치적 격변을 일으켰고, 이 과정에서 이슬람주의가 정치적으로 부각되었다.

2015년 2월 15일, 리비아에서 21명의 콥트 기독교인이 이슬람 국가(IS)에 의해 참수당했다. 이들의 순교를 추모하기 위해 5년에 걸쳐 제작된 13분 분량의 애니메이션 영화 〈The 21〉이 2025년에 온라인에 공개되었다.[21] 2014년부터 2017년까지 이라크와 시리아에서 IS(ISIS)의 극단적인 테러와 폭력적 행동이 기독교공동체를 박해하였고 일부 기독교인은 그들에 의해서 살해되기도 했다.

2020년부터 2023년까지 코로나19 팬데믹은 전 세계적인 영향을 미쳤고, 특히 이슬람권에서는 기독교 선교사들이 비대면 방식이나 디지털 선교 전략을 채택하는 등 새로운 변화를 꾀하였다. 2021년에는 탈레반이 아프가니스탄을 재장악하자 많은 선교사가 철수하거나 비밀리에 활동해야 했다. 이와 같은 정치적 변화는 중동에서의 선교 활동에 큰 영향을 미쳤다.

2024년 시리아에서 바샤르 알아사드가 러시아로 망명하면서 정치적 변화가 일어났고, 이 변화는 시리아의 기독교공동체와 선교 활동에도 영향을 미쳤다. 2025년 시리아의 알레포에서 목회하는 이브라힘 목사[22]는 무슬림에게 기독교적인 가치를 전달하기 위해 직접적인 전도 대신 섬김과 봉사를 통해 그들에게 사랑을 실천하고 있다고 밝혔다. 그에 의하면, 시리아에서는 기독교적인 가치를 전달하는 것을 금지하지 않으므로, 무슬림들의 신체적 필요를 채워 주는 일은 그들에게 사랑을 전달하는 첫 번째 단계가 된다고 했다.

이처럼 중동과 북아프리카 지역은 다양한 정치적, 종교적 변화에 따라 기독교 선교 활동에도 큰 영향을 미쳤으며, 이는 종교 간의 관계뿐만 아니라 지역 내 기독교인의 삶에도 중대한 영향을 미쳤다.

---

21 https://youtu.be/XwPQqkeeCTg 2025년 3월 1일 검색.
22 Ibrahim Nsier은 시리아 알레포 장로교회 목사이고 "시리아와 레바논 자국민 장로교 총회"의 부총회장으로서 2024년 레바논 한국대사관을 통하여 비자를 받고 한국에 입국했으며 아랍어 예배에서 설교하였다.

1) 이슬람주의의 정치권 부상과 테러와의 전쟁

과거 걸프 산유국(특히, 카타르와 사우디아라비아 등)의 일부 무슬림들은 풍부한 자금으로 극단주의 세력을 도왔다. 그러나 이런 급진적인 이데올로기로는 국가와 사회 발전이 불가능하다는 것을 깨닫게 된 일부 걸프국가들(아랍에미리트와 바레인 등)이 테러와의 전쟁을 선포했다. 아랍에미리트도 극단주의가 문화적, 경제적 성취를 위협한다는 것을 깨달았기 때문에 극단주의자와 그들의 폭력적인 담론을 거부한다. 그렇다고 해서 아랍 국가에 극단적인 무슬림이 전혀 없는 것은 아니고 극단주의 세력이 정치적 기회를 엿보고 지하에 몸을 도사리고 있다.

아랍 혁명 이후 일부 이슬람주의 정당(무슬림 형제단, 안나흐다 등)이 합법적으로 권력을 잡았다. 이집트에서 무슬림 형제단의 무함마드 무르씨가 대통령에 당선됐으나 2013년 군부 쿠데타로 축출되었다. 수단에서는 1989년부터 우마르 알바시르가 통치를 했으나 아랍 혁명 이후인 2019년 군부 쿠데타로 실각했다. 튀니지는 2011년 혁명 이후, 이슬람주의 정당 안나흐다가 총선에서 승리했지만 2021년 까이스 사이드 대통령이 의회를 해산하며 사실상 이슬람주의 세력을 축출했다.

2) 이슬람 극단주의: 알카에다, IS, 탈레반

극단주의와 테러의 원인 중 하나는 철학이 이슬람 종교 때문에 주변부로 밀려나면서 무슬림 사회가 폐쇄적인 사고를 갖게 되었다는 것이다. 아랍 무슬림들은 어려서부터 이성적 사고보다는 맹목적인 추종과 암기 위주의 학습이 강요되었는데 이것이 그들의 삶을 전통에 묶는 족쇄가 돼 왔다.
금세기 아랍 무슬림들이 종교에서 극단성을 보이는 이유는 다음과 같다.

첫째, 극단적 무슬림들이 편견을 갖고 있기 때문이다. 어떤 진실의 증거가 나타나도 받아들이지 않았다.

둘째, 이슬람 학자들과 종교인들이 전달하는 지식 정보의 불완전성 때문이다. 무슬림 종교학자들은 꾸란과 종교를 잘 모르는 대중들에게 이슬람 역사를 통해 전승된 자료에서 일부만 가져다가 설명하고 나머지는 알려 주지 않으니까 대중은 선택된 정보만을 듣고 사실을 왜곡하게 되고 이것이 어느 한쪽으로 치우치게 되었다.

셋째, 일반 대중은 꾸란(또는 하디스)에서 온 내용인지 종교학자 자신의 말인지를 구별하지 못한다. 대중은 종교인들의 말을 신적 텍스트처럼 오류가 없다고 믿고 그 말에 대한 토론을 감행하지 않았다.

2001년 9·11 테러를 일으킨 알카에다 조직은 무슬림형제단의 사상적 영향을 받았다. 무슬림 형제단의 창립자인 하산 알반나는 20세기에 전투적 이슬람의 확산을 주창한 인물이다. 알카에다의 주요 리더들 중에는 오사마 빈라덴과 아이만 알자와히리가 있었다.

유명한 무슬림 형제단의 법학자이고 사상가인 유수프 알까라다위(Yūsuf al-Qaraḍāwī, 2022년 사망)는 지하드는 이슬람공동체의 정체성을 지키는 데 매우 중대한 주제라고 했다. 무슬림들의 9·11 테러로 인해 이슬람이 폭력과 테러를 낳는 주범으로 지목받게 되었다고 했다.

탈레반 운동의 과거 조직원들은 IS의 리더 아부 바크르 알바그다디에게 충성을 선언했다. 탈레반은 1990년대 초에 시작돼 1994년 북부 파키스탄의 이슬람 신학교 네트워크에서 그 모습을 처음 드러냈다. 2001년 이전에는 파키스탄, 사우디아라비아, 아랍에미리트가 탈레반이 세운 국가를 국가로 인정했으나 9·11 테러 이후에는 국제 사회의 압력으로 이것을 철회했다.

2021년 미군 철수 후 탈레반이 아프간에서 재집권했다. 탈레반은 자신들과 다른 견해를 가진 개인이나 집단을 탄압했다. IS와 탈레반 사이에서 차이가 나는 점은 IS는 국경을 벗어났지만, 탈레반은 자신이 살고 있는 해당 지역을 넘어가지 않으려고 한다. 로컬 지하드의 탈레반과 글로벌 지하드의 알카에다는 목표와 이데올로기와 모집 대상에서 서로 다르다. 탈레반과 IS와 알카에다는 무장 지하드를 추구하는 살라피 집단이다(공일주, 2015, 119-135).

3) 지하드

지하드라는 단어는 말과 행동을 통해 가능한 모든 노력을 기울이는 것을 의미한다. 이슬람 법학에서 지하드는 "알라의 대의를 위하여 군사적 행동에 온 힘을 다하는 것" 또는 "이슬람 전파를 방해하는 자와 싸우는 것"(공일주 2018, 8)을 의미한다. 이런 경우 직접적인 참여와 간접적인 참여 둘로 나뉘는데 직접적인 참여는 실제 군사적 행동에 동참하는 것이고 간접적인 참여는 군대에 식량을 지원하거나 재정지원 또는 지하드에 대한 찬성의 의사 표현 등이 포함된다.

과거 전통적인 개념에서 지하드는 내적인 면을 강조했는데 그것은 자아에 대한 투쟁이었다. 욕정과 악이 스며드는 것에 대한 투쟁이므로 이것은 적에 대한 육체적인 싸움보다 더 힘들었다. 현대 이슬람 학자들은 지하드를 다음 세 가지로 나눈다. 사탄에 대한 내적 투쟁, 알라의 명령을 실천하기 위한 외적 투쟁, 이슬람과 알라의 적에 대항하는 지하드 등이다.

오늘날 일부 무슬림은 이슬람에 대한 잘못된 인식을 바로잡는 것 보다 무기를 사용하는 군사적 지하드를 더 강조한다. 이런 의미에서 지하드는 아직도 중지되지 않았다.

4) 아랍의 봄

아랍에서 무신론은 '일하드'('ilḥād)라고 하는데 그 뜻은 '알라를 예배하는 것을 거부하는 것'을 가리킨다. 이 말은 알라의 존재를 거부한다는 말을 포함한다. 아랍의 봄 이후 아랍 국가에는 무신론자가 많아졌고 아랍 국가들은 이들의 통계를 공식적으로 발표하지 않았다.

2013년 이집트의 알싸바호 신문에 따르면, 무신론자의 수는 300만 명이었다. 2018년 이집트의 알야움 알사비으 신문에는 "무신론의 확산에서 이집트가 아랍 국가들 중 선두에 서 있다"고 했다. 이집트 사회는 한쪽에는 극단주의와 테러 그리고 다른 한쪽에는 무신론이라는 문제를 안고 있었다.[23]

---

[23] https://www.dongponews.net/news/articleView.html?idxno=49096 2025년 2월 4

2018년 이집트에는 무신론자가 500만을 넘었고, 그들 대부분은 20-25세 연령대에 있었으며 이집트 의회는 무신론이 범죄라는 법안을 상정했다. 실제로 국회의원 오마르 하므루쉬는 4개 조항으로 구성된 법안을 의회에 제출했다. 1항은 무신론의 정의, 2항은 무신론자에 대한 처벌과 무신론을 범죄시하고 3항은 무신론자가 자신의 생각을 철회하면 처벌을 취소한다는 내용이었다.

아랍 혁명 기간에 아랍 청년들은 혁명 이전에 존재했던 제도나 사상 그리고 심지어 종교까지 의혹을 제기했다. 아랍 혁명 동안 일부 아랍 정권이 전복됐고 권위에 대한 불신과 종교적 텍스트에 대한 회의가 일기 시작했다.

아랍 청년 사이에서 무신론이 증가하게 된데에는 다음과 같이 두 가지 요인이 있다.

첫째, 모든 권위에 반항하는 것이다. 거기에는 정치적 권위와 가부장적 권위에 반항하고 심지어 신앙적 권위에 대한 순종을 거부하는 것(tamarrud)이었다.

둘째, 이집트의 경우, 2011년 1월 25일 시민들의 혁명이 실패하자 이집트 청년들이 정체성에 대한 상실감 그리고 소외감을 느끼면서 삶의 의미를 찾지 못했고 사회 전반에 좌절감이 증폭했다.

이집트에서 무바라크 정권이 붕괴하면서 사회적 권위, 종교적 권위, 가부장적 권위가 모두 약화되었다. 한 마디로 권위(sulṭah)에 대한 반항이었다. 그런데 정치적 권위가 대중의 광범위한 영역에 영향을 미치는 종교 분야에서 통제력을 갖는 기회를 가지면서 왜곡된 종교적 담론이 생겨나기도 했다. 공공영역에서 정치적인 활동이 확대되면서 정치와 권위에 대한 청년들의 생각들이 종교와 법적 텍스트에 반영됐다. 그 결과 정치적 권위에 대한 반항이 종교적 권위에 대한 반항으로 이어졌다.

일 검색.

상당수 아랍 청년의 무신론은 정치적 권위에 압력을 행사해 자기의 이익을 관철시키고자 했고 신을 거부하기도 했다. 아랍의 봄을 몸소 경험했던 아랍 청년들은 자기의 꿈이 무너지고 야망이 사라진 후에 심리적으로 무너져 내리는 실망감을 가졌다. 결국, 아랍 청년들의 장밋빛 꿈은 사라졌고 상실감과 허무감 때문에 일부는 무신론자가 됐다.

2011년 이집트에서 일어난 아랍의 봄에 대해 압드 알문임 알사이드('Abd al-Munʿim al-Sayyid)는 그 특징을 다음과 같이 네 가지로 정리했다.

첫째, 청년들은 자유와 생존과 사회적 정의 그리고 인간적 존엄을 부르짖었는데 이것은 혁명에 대한 낭만적인 생각을 표출한 것이다.
둘째, 이슬람주의의 깃발 아래 무슬림 형제단, 살라피, 지하디(종교 및 조국 방어를 위해 싸우는 자) 등이 활동했다.
셋째, 이전 정권을 반대하는 사람들이 전면에 나섰다.
넷째, 혁명과 동시에 국가적 혼란이 발생해 각종 폭력이 난무했고 인명을 살상하는가 하면 여성에 대한 성희롱과 성폭력이 많았다.

2021년 아랍의 봄의 두 번째 물결(Mawjah thāniyyah)이 수단, 이라크, 알제리, 레바논에서 일어났고, 뒤이어 튀니지에서 일어났다. 두 번째 물결의 특징으로는 국가가 이러한 파탄에서 회복되기 위해 종파 간 갈등 해소, 종교적 문제 해결, 외국의 간섭에서 벗어남 그리고 국민국가(Dawlah Waṭaniyyah) 건설을 제시했다. 일부 아랍 무슬림들은 '국민국가'를 이데올로기의 다원화와 법치주의로 이해했다.

5) 아랍 기독교인과 무슬림 난민의 해외 이주

(1) 아랍 기독교인의 해외 이주

중동과 북아프리카(이집트, 수단, 요르단, 레바논, 시리아, 이라크, 팔레스타인 등)에 거주하는 아랍 기독교인은 19세기 후반부터 20세기 내내 정치적, 사회적 불안정과 차별 그리고 아랍의 봄과 IS의 박해로 인해 해외로 대규모 이주를 하게 되었다.

오스만 제국의 쇠퇴는 경제적 어려움과 함께 기독교인에게 법적, 사회적 차별을 심화시켰고 이는 해외 이주를 촉진하는 계기가 되었다. 예컨대 1860년대 레바논 산악지역에서 드루즈와 기독교 마론파 간의 폭력 사태 이후 많은 기독교인이 미국, 브라질, 아르헨티나로 이주했다.

1914년부터 1930년대까지 특히 제1차 세계대전 동안 오스만 제국 내 기독교인들은 학살과 박해를 겪었다. 아르메니아인 대학살과 앗시리아인 학살은 아랍 기독교인들의 대규모 이주를 초래했다. 그뿐만 아니라 1948년 이스라엘 건국은 팔레스타인 기독교인들을 난민으로 만들었고 이후 레바논 내전(1975-1990) 기간에는 마론파 기독교인들이 미국, 캐나다, 호주 등으로 이주하였다. 또한, 이라크와 시리아의 독재 정권과 정치적 억압은 지속적으로 기독교인의 해외 이주를 초래하였다.

아랍의 봄(2010년 말-2011년)과 이슬람주의 세력의 부상은 기독교인들에게 또 다른 박해와 불안을 야기했고 시리아와 이라크에서 IS(2014년-2017년)의 테러는 수많은 기독교인이 북미와 유럽으로 떠나는 계기가 되었다. 이처럼 수 세기에 걸친 종교적 억압과 경제적 어려움은 많은 기독교인이 중동과 북아프리카를 떠나게 했다.

(2) 무슬림 난민의 해외 이주

아랍의 봄 이후 중동과 북아프리카에서는 대규모 피란과 난민 사태가 발생했다. 특히, 시리아는 약 1,220만 명이 고국을 떠나야 하는 사상 최악의 난민 사태를 겪었으며, 이 중 약 680만 명은 튀르키예(약 400만 명), 요르단, 레바논, 이집트, 이라크 등으로 피란했다.

예멘은 2015년 이후 내전과 경제적 붕괴로 약 450만 명이 국내 실향민이 되었으며, 일부는 사우디아라비아와 지부티로 피란했다. 이라크 역시 IS의 테러와 전쟁으로 약 460만 명이 난민이 되었다.

리비아는 2011년 카다피 정권 붕괴 이후 정치적 혼란과 범죄 네트워크의 증가로 난민 문제가 악화되었고 유럽으로 가기 위한 주요 경유지가 되었다. 난민들은 이 과정에서 인신매매와 학대를 경험하기도 했다. 수단과 남수단에서는 내전과 기후 변화로 인해 약 700만 명이 난민 또는 국내 실향민으로 전락했다.

  튀니지에서는 청년 실업과 경제 위기를 범죄 조직이 악용하여 많은 젊은이들을 유럽으로 이주하도록 유도했다. 북아프리카 지역의 기후 변화, 사막화, 물 부족도 이주를 가속화하는 요인으로 작용했다.

  시리아인들의 피란은 2011년 3월, 반정부 그래피티(벽에 스프레이 페인트로 그린 낙서)를 그린 청소년들이 체포된 사건을 계기로 촉발되었다. 이후 시리아는 내전에 휩싸였고, 수백만 명이 고향을 떠날 수밖에 없었다.

  2024년 12월 알아사드 정부가 붕괴된 이후, 시리아로 자발적인 귀환이 이루어지고 있으나 2025년 2월말 기준, 740만 명 이상이 여전히 국내 실향민으로 남아 있으며, 시리아 인구의 70퍼센트에 해당하는 1,670만 명 이상이 인도적 지원을 필요로 하고 있다. 그리고 아직도 600만 명 이상의 시리아 난민이 튀르키예, 레바논, 요르단, 이라크 등 해외에 거주하고 있다. 유엔난민기구(UNHCR)의 조사에 따르면, 시리아 난민의 80퍼센트 이상이 언젠가 귀환을 희망하는 것으로 나타났다.

  수단은 2003년 다르푸르 위기 이후 지속적인 폭력과 난민 문제에 시달려 왔다. 2023년 4월 15일, 수단군(SAF)과 신속지원군(RSF) 간의 격렬한 충돌이 발생하면서, 국내 실향민을 비롯해 망명 신청자와 난민 등 1,250만 명 이상이 피란길에 올랐다. 이런 무력 충돌은 기존의 내전, 질병 확산, 경제·정치적 불안, 기후 위기 등 수단이 이미 직면하고 있던 문제들을 더욱 악화시켰다. 또한, 수단은 아프리카에서 두 번째로 많은 난민을 수용한 국가로, 100만 명 이상의 난민이 거주하고 있으며, 이들 대부분은 남수단과 북부 에티오피아 출신이다.

  한편, 아랍의 봄 이후 수많은 난민이 한국에도 난민 신청을 하였다. 2019년에는 무슬림 형제단의 이집트인이 난민으로 인정받았으며 기독교로 개종한 이란 국적자들도 난민 지위를 얻었다. 예멘 내전으로 제주도에 난민 신청을 한 예멘인들 중 일부가 난민 지위를 인정받았다.

  난민 위기는 단순히 정치적 이유뿐만 아니라 종교적 박해, 경제적 빈곤, 기후 변화 등의 복합적인 원인으로 발생하고 있다. 그런데 이슬람 국가 등 본국 정부로부터 정치적으로 박해를 받던 인물이 한국에서 '난민법과 난민 협약에 정해져 있는 난민'으로 인정을 받았을지라도 그 후 본국에서 정권 교체가 일어나서 더 이상 그 인물을 탄압하지 않게 되고 또 본국으로 되돌아가도 안전한 경우에는 법무부가 난민 인정 결정을 철회할 수 있다고 한다.

6) 중동과 북아프리카에서 무슬림의 회심

2000년 이후, 역사상 가장 많은 무슬림이 그리스도를 구주로 믿게 되었다. 그러나 이슬람을 떠나 기독교로 개종한 사람 중에는 다시 이슬람으로 되돌아가는(Reversion) 경우도 있었다. 한편, 중동과 북아프리카에서 20세기와 21세기에 복음을 받아들인 BMB(무슬림 배경의 신자)들이 상대적으로 많이 알려진 나라는 이란, 알제리 그리고 쿠르드족 거주 지역이었다.

(1) 이란[24]

이란에는 다음과 같이 세 가지 유형의 교회가 있다.

첫째, 이슬람 이전부터 존재해 왔던 정교회들이 지금까지 존재한다. 아르메니아정교회와 앗시리아 동방의 교회[25]이다. 이들은 아르메니아어와 앗시리아어로 예배를 드린다. 아르메니아정교회들은 무슬림들에게 전혀 복음을 증거하지 않기 때문에 개신교보다 박해를 덜 받았다.

둘째, 1979년 이슬람 혁명 이전까지 서구 선교사들의 선교로 세워졌던 복음주의 교회들이 있다. 이 개신교 성도들도 대부분 아르메니아인 또는 앗시리아인(Assrian)이다. 이들은 아르메니아어나 앗시리아어로 예배를 드

---

[24] 페르시아에 간 첫 기독교 선교사로는 1747년에 파송된 독일의 모라비안 선교사 회쳐(Hoecher)와 루퍼(Johannes Rueffer)이다. 그들은 별다른 선교를 못하고 유럽으로 돌아갔다. 페르시아의 기독교 선교는 성공회 성경 번역가인 헨리 마틴부터 제대로 시작됐다. 그리고 에딘버러(스코틀랜드) 선교회는 1803년 코카서스에 선교사들을 보냈고 그 후 선교사들이 남쪽으로 여행하여 이란에 이르렀다. 당시 이란에서 사역한 선교사들 중에 유명한 판더(C.F. Pfander)와 프레데릭 하스(Hās) 선교사가 있었다. 판더의 책『진리의 균형』은 독일어와 아르메니아어로 쓰였고 마지막 장에는 무함마드가 예언자라는 무슬림의 주장을 논박했다.

[25] Assyrian Church of the East는 네스토리우스의 교리를 따르는 교회이다(공일주, 『아랍의 종교』, 2013, 48).

린다. 이들 중 몇몇 교회는 페르시아어로 예배를 드린다. 여기에는 이슬람에서 개종한 신자가 있다, 무슬림에 대한 전도가 조용히 진행되고 있다.

셋째, 가정에서 소그룹으로 모이는 가정교회(house group fellowships)가 금세기에 와서 늘어나고 있다. 흔히 지하교회라고도 부른다. 이란 정부가 기독교의 성장을 눈치채고 지난 2000년부터 이란 기독교 목사들을 소환하여 더 이상 무슬림들에게 세례를 주지 말 것과 교회에 등록시키지 말 것을 명령했다.

이 때문에 비밀리에 가정에서 모이는 그룹이 자연스럽게 만들어졌다. 교회 건물이 없거나 교회 건물 사용이 금지된 지역에서 가정교회가 세워졌다. 이런 그룹이 놀라울 정도로 지금 많아지고 있다. 이란의 복음주의 교회가 무슬림을 개종시키는데 적극적이다. 이들이 복음 전파와 무슬림 배경의 신자에 대한 제자양육의 중심축이 되고 있다.

1979년 이슬람공화국 헌법에서 종교적 소수민의 지위가 분명하게 나빠졌다. 무슬림들은 기독교와 유대교 예배에 참석하는 것이 금지되었다. 무슬림 고용주는 종교에 근거한 직업 선택에서 차별을 할 수 있게 되었다. 기독교인이나 유대교인이 실수로 무슬림을 죽이면 상당한 액수의 핏값을 지불해야 하지만, 그 반대의 경우 슬퍼하는 비무슬림 가족에게 훨씬 더 적은 금액을 지불했다. 1979년 호메이니 정권 때 모든 선교사는 이란을 떠나야 했고 외국인 노동자에게 선교사 비자나 인도주의 비자를 발급하지 않았다.

1979년 이슬람 혁명 이후 일부 기독교인들이 광범위하게 박해를 받았다. 물론, 아르메니아와 갈데아 기독교인들의 90퍼센트는 박해 없이 공개적으로 신앙생활을 했다. 아르메니아정교회와 가톨릭은 오랫동안 이란 무슬림들과 관계를 맺어 왔기 때문에 개신교 교회에 비해 호메이니의 통치 하에서 어느 정도 편안하게 지냈다. 그런데 자주 시아 무슬림에게 공격의 목표가 된 교회는 페르시아계 개신교와 목사들이었다.

이란 당국은 전혀 없던 사실을 조작하기 일쑤였는데 메흐디 디바즈 목사가 호메이니를 모욕하는 글을 썼다고 체포되었다가 두 달이 지난 후 풀려났는데 1986년 다시 투옥되었고 1987년 세 가지 범죄로 샤리아 법정에서 재판을 받았다. 이슬람과 예언자 무함마드와 호메이니를 모욕했다고, 서구를 위한 간첩 행위를 했다고 그리고 그가 무슬림을 떠나 배교자가 되었다는 혐의를 씌웠다. 1994년 디바즈 목사가 석방된 지 3일 후 호브세피안 메호르 주교가 갑자기 사라졌고 테헤란 뒷골목에서 시신이 발견되었다.

1990년 테헤란오순절교회에 350명의 교인이 있었는데 그중 다수가 무슬림 배경의 신자들이었다. 이란에서 2세대나 3세대에게서 회심자를 찾는 것은 쉽지 않다. 그 이유는 이란인 회심자가 혼인할 때 문제가 자주 생겼다. 아르메니아인들은 아르메니아인과 혼인하게 되고 페르시아인은 페르시아인과 혼인하기 때문에 페르시아인 무슬림과 아르메니아 기독교인 간의 혼인이 쉽지 않았다. 지금 이란의 개신교 교회는 시아파 정부의 탄압에도 불구하고 지하 교회 형태로 빠르게 성장하고 있다.

2024년 이란에서 기독교인 139명이 체포되었고 96명이 징역형을 선고받았다. 특히 2024년 한 해 동안 이란에서 기독교인들이 받은 징역형을 모두 합하면 263년이 되는데, 이는 2023년과 비교해 무려 6배가 증가한 것이다.

(2) 쿠르드인

쿠르드인들은 이라크, 시리아, 이란, 튀르키예, 아르메니아뿐만 아니라 레바논과 일부 중앙아시아 국가에도 거주한다. 쿠르드 민족은 고대로부터 주로 서아시아 지역에서 유목 생활과 정착 생활을 병행하며 지냈다. 쿠르드 고유의 정체성과 언어, 문화가 주변 사람들과 다르고 독립운동을 하거나 자치권을 확대하기 위해 지속적으로 투쟁해 왔다.

2017년 9월 25일 이라크 북부 쿠르드 지역의 독립에 대한 찬반 의견을 묻는 국민 투표가 실시되었고 93퍼센트가 독립을 찬성하였으나 이라크 중앙정부는 이들의 염원을 억제하는 정책을 폈다. 최근 몇 년간 쿠르드 정치 세력 간 분열과 정치적 교착 상태가 지속되고 있다.

1961년 이라크-쿠르드 전쟁이 시작되어 1980년대까지 18만 명 이상이 사망했으며 사담 후세인은 1988년 할라브자 학살에서 화학 무기를 사용하여 5천 명 이상의 쿠르드인을 학살했다. 2003년 미국의 이라크 공격이 시작되자 쿠르드인들은 독립을 위한 입지를 강화하기 위해 미군과 협력했다. 튀르키예와 이란의 반대 그리고 국제 사회의 지지 부족으로 인해 이라크에서의 완전한 독립은 이루어지지 않았다. 쿠르드어에는 쿠르만지 방언(바디니는 쿠르만지 방언의 하위 변종), 소라니 방언, 고라니 방언, 라키 방언 등이 있다.

    1991년 이라크 북부에서 주둔한 이라크 정부군이 퇴각한 이후, 쿠르디스탄 지역은 자치 행정 체제를 유지하고 있다. 이라크의 쿠르드족은 IS 격퇴전에서 중요한 역할을 했고, 모술 인근 지역에서 군사적 영향력을 발휘했다.

    이라크 북부에는 아르메니아정교회, 칼데아가톨릭교회(Chaldean Catholic Church), 복음주의교회(Evangelical Churches), 앗시리아 동방의 교회(Assyrian Church of the East), 시리얀정교회(Syriac Orthodox Church) 등이 있다. 2024년 이라크 북부 쿠르디스탄의 자호에는 중국계 NGO와 스위스계 NGO가 있고 난민, 빈민 사역을 하고 전도와 제자양육은 비밀리에 진행한다. 자호에는 BMB가 아주 소수 있지만 BMB 교회는 없다.

    시리아가 2011년 아랍의 봄 이후 중앙 정부의 기능이 약화되면서 2012년 시리아 북부에서 쿠르드인들이 자치 행정을 시작했다. 시리아에서 레바논에 피란한 쿠르드인들은 튀르키예나 이란에 사는 쿠르드인들보다 더 자유롭게 복음을 들을 수 있었다. 레바논은 다양한 종교가 공존하는 국가이며, 레바논 무슬림들은 쿠르드어를 사용하지 않는다.

    지난 20여년간 쿠르드인들은 TV와 인터넷을 통해 복음 방송을 듣고 회심했으며 청년들은 스마트폰을 통해 성경 지식을 얻었다. 코로나 19 이후 줌(Zoom)을 통해 한국인과 성경공부를 했다. 대체로 이들 쿠르드인들은 현대 표준 아랍어(literary Arabic) 수준이 아랍인보다 낮았다.

(3) 알제리

최근 알제리에서 기독교인과 교회에 대한 정부의 탄압이 심화되고 있다. 2024년 기준으로 수도에 공식적으로 운영되는 개신교 교회는 거의 남아 있지 않다. 특히 코로나19 기간 동안 모든 교회의 예배를 금지했으며, 복음주의개신교협회(EPA)에 등록된 16개 교회의 재등록을 거부함으로써 간접적으로 교회들을 강제 폐쇄했다. 2022년 1월에는 카바일(Kabyle) 지역 '아인 알함맘'(Ain El Hammam)에서 자신의 집에서 예배를 드리고 이를 소셜 미디어를 통해 방송한 목사가 기소되었으나, 같은 해 3월 24일 법원은 그에게 무죄를 선고했다.

알제리 정부의 기독교 탄압은 2017년부터 본격적으로 조직적인 교회 폐쇄로 나타났다. 지방 정부는 비무슬림 예배를 위한 건물을 사용하기 전에 반드시 정부의 허가를 받도록 하는 조례를 적용하여 허가받지 않은 교회들을 강제 폐쇄했다. 알제리 정부 당국은 예배당 허가 신청을 접수하지 않고 있어, 실질적으로 모든 교회가 불법 상태에 놓이게 되었다.

알제리 정부는 2006년 제정된 06-03 법에 따라 무슬림이 기독교로 개종하는 것을 제한하고 있다. 특히, 무슬림을 개종시키려는 의도로 접근하거나 강요하는 행위는 최대 5년의 징역형과 벌금형에 처해질 수 있다. 이러한 법적 제약 외에도, 알제리의 기독교인들은 사회적 박해에도 직면해 있다. 가족, 이웃, 지역 종교 지도자들로부터의 압력으로 인해 신앙 생활에 어려움을 겪고 있으며, 특히 농촌 지역에서는 이러한 박해가 더욱 심각하다. 이러한 상황 속에서도 많은 기독교인이 비밀리에 예배를 드리며 신앙을 지키고 있다.

알제리에서 아마지그(베르베르)에 속하는 카바일 족 일부는 로마 제국 시기 기독교로 개종하였다. 그러나 7세기 이슬람의 북아프리카 정복 이후, 대부분의 카바일 족은 이슬람으로 개종하였다. 그들이 사용하는 타마지그트어가 2016년 알제리의 공용어가 되었다. 카바일 족은 주로 알제리에 거주하며, 일부는 튀니지와 모로코에도 거주한다.

약 1,200만 명의 아마지그족은 아랍계 주민들과 문화적, 언어적 차이로 인해 긴장 관계를 갖고 있다. 알제리에 아랍인 교회가 있지만 카바일 족은 자기네 종족끼리 모이는 것을 좋아한다. 아랍인과 다르게 카바일 정체성을 강조하던 카바일 족 일부가 그리스도 안에서의 새로운 정체성을 가진 후 주께로 돌아왔다.

7) 교회 건축과 보수

이집트에서 교회 건축법은 교회에 대한 현대 무슬림들의 시각을 어느 정도 가늠할 수 있게 한다. 2016년 8월 이집트 정부는 교회 건축과 보수에 대한 법을 발표했는데 이는 무허가 교회의 지위를 합법화하고 교회 건축과 관련된 행정 절차를 명확히 하는 것을 목표로 했다. 그동안 교회 건축 허가는 대통령의 재량에 의존했고, 2005년 무바라크 대통령이 도지사들에게 권한을 위임하기 전까지는 중앙정부 차원에서 승인해야 했다. 이러한 구조가 행정적인 불확실성을 초래했다.

그런데 인권 운동가 중에는 "2016년 이 법이 그 목적을 충분히 달성하지 못하고 있다"고 했다. 현실적으로는 교회를 건축하고 개축하는 일이 쉽지 않고 복잡한 행정적 절차가 간편해진 것도 아니라고 했다. 정부 관리들의 비협조로 교회를 건축하는 일에 기독교인들의 고충이 크다는 것이다.[26]

이집트 의회의 어느 입법 위원은 교회 건축과 보수에 관한 법은 이집트의 모든 국민이 차별 없이 평등하다는 것을 표현한 것이라고 주장했다. 그런데 무슬림들은 모스크를 짓는데 복잡한 행정절차를 거치지 않아서 기독교인들은 이것을 불공평의 문제라고 하였다.

알아즈하르의 쉐이크 아흐마드 알따입은 2022년 이집트 대통령 알씨씨가 주택 건설 프로젝트에서 모스크 옆에도 교회를 세울 필요가 있다고 말한 것과 관련해 역사적으로 이슬람 사회에서 종교 시설 배치에 대한 전통적 견해가 있음을 언급하며 신중한 접근을 강조했다. 물론, 알씨씨 대통령 이전의 이집트 대통령들은 모스크 옆에 교회 짓는 것을 비공식적으로 금지하거나 제한했다. 그동안 이집트 기독교인들은 교회를 짓지 못하니까 아파트를 개조하여 교회로 사용하기도 했다.

---

[26] https://www.bbc.com/arabic/middleeast-61238922 2022년 11월 4일 검색.

이집트에서 교회 건축에 대한 논란은 과거 역사로 되돌아가 봐야 한다. 이집트가 오스만 제국하에 있을 때 그 당시 새로운 교회를 건축하는 일은 오스만 제국의 술탄이 만든 "하마유니 문서"(Khaṭṭ Hamāyūnī)에 따라야 했다. 그 문서에는 새로운 교회 건축에서 어려운 절차들이 포함되어 있었다.

2014년 국민투표로 통과된 새 헌법에서는 신앙의 자유를 보장한다고 명시했으며, 하늘의 종교(이슬람, 기독교, 유대교)에 속한 신자들은 법이 정하는 바에 따라 예배 처소를 건립하고 종교 의식을 실천할 권리가 있다고 하였다.

2017년 1월 이집트 정부는 이집트 교회의 지위를 법제화하고 중재할 사안을 다룰 위원회를 구성했다. 2022년 4월 20일 이집트 교회 지위의 법제화 및 중재위원회는 새로운 239개 교회와 부속 건물의 지위를 합법화하는 것을 승인하였다. 그때까지 2,401개의 교회와 부속 종교건물이 정부로부터 승인을 받았다.

이집트에서 교회 건축을 둘러싸고 무슬림들이 살상을 저지른 큰 사건들 중에는 1972년 알깔유비야 도의 알칸카 동네에서 발생한 폭력 사건과 1981년 카이로의 알자위야 알하므라 사건 그리고 2011년 마스페로(Maspero) 사건 등 여럿이 있다. 마스페로 사건은 주로 기독교인의 집회와 관련된 폭력 사건이지만 이집트의 정치적 혼란과 종교적 긴장이 겹친 상황에서 발생했다.

이집트에서 교회 건축과 관련된 행정 절차가 여전히 복잡하고 지역 사회의 반대와 정부의 소극적인 태도가 문제로 지적되고 있다. 특히, 소규모 마을에서는 교회 건축이 폭력 사태로 이어질 가능성이 높다. 그런데 최근 몇 년간 일부 지역에서는 교회 건축에 대한 무슬림공동체의 반대가 줄어들었지만 과거 이집트 무슬림들의 행태로 볼 때 줄곧 안심할 상황은 아니다.

8) 종교 간 대화

2002년 도하(Doha)에서 종교 간 대화를 촉진하기 위해 전 세계의 종교인, 학자, 공직자들이 모여 종교적 가치인 평화와 생명 존중에 대해 논의했다. 2008년 회의에서는 꾸란에 언급된 종교 간 대화가 중요하게 다뤄졌으며, 상호 이해와 협력이 강조되었다.

2006년에는 바티칸 교황에 대한 공개 서한에 이어, 무슬림 학자들이 기독교 지도자들에게 〈우리와 너희들 사이의 공통된 말〉(A Common Word between Us and You)이라는 제목의 서한을 보냈다. 이 서한에서 무슬림들은 기독교인과 무슬림 간의 공통된 원리가 신이 하나임을 믿고, 신을 사랑하며, 이웃을 사랑하는 것에 있다고 강조했다. 이 서한은 종교 간 공통점을 기반으로 한 대화의 새로운 장을 여는 계기가 되었다.

이스라엘을 적대시하던 아랍 국가 중 일부는 이집트(1979년)를 시작으로 요르단(1994년), 아랍에미리트(2020년 8월), 바레인(2020년 9월)과 수교를 맺었다. 2022년 2월 14일에는 이스라엘 총리가 바레인을 공식 방문했으며, 언론은 이를 아브라함 합의(Abraham Accords)에 근거한 중요한 외교적 진전으로 평가했다.

2020년 8월 이스라엘, 바레인, 아랍에미리트가 트럼프 전 미국 대통령과 함께 미국에서 아브라함 합의 선언문(Abraham Accord Declaration)에 서명했다. 이 선언문은 "우리는 종교적 자유를 포함한 인간의 존엄성과 자유를 존중하며, 상호 이해와 공존을 바탕으로 중동과 세계에서 평화를 유지하고 증진시키는 것이 중요하다는 점을 인식한다"고 명시했다. 이는 중동에서 종교적 관용과 협력을 강조한 역사적 사건으로 평가받고 있다.

세 종교 간의 대화와 관용을 촉진하기 위한 상징적 프로젝트로 〈아브라함/이브라힘의 집〉이 2022년 완공되었다. 이 프로젝트는 2019년 바티칸의 프란치스코 교황과 순니 이슬람의 중심지인 이집트 알아즈하르의 대이맘 아흐마드 알따입이 서명한 '세계평화와 공생을 위한 인류의 형제됨' 문건에 기반하여 시작되었다(공일주 2019, 127).

이 건축물은 유대교, 기독교, 이슬람의 상징적 공간을 통합하여 각 종교 간 화합과 상호 존중의 메시지를 전하고자 기획되었다. 하지만, 아브라함의 합의나 종교 간 대화 프로젝트가 여전히 지역 내 정치적, 종교적 갈등을 해결하는데 제한적일 수 밖에 없다.

9) 이슬람의 다아와(포교)

무슬림들이 비무슬림을 이슬람으로 초대하는 것을 "다아와"(Da'wah: 이슬람 포교)라고 한다. 다아와는 단순히 종교적 초대를 넘어서 이슬람의 가르침을 전파하고 이를 통해 신앙과 실천을 독려하는 활동을 포함한다. 대부분의 경우 다아와는 무슬림 개인의 책임으로 여겨지지만 일부 국가에서는 정부 차원에서 다아와 활동을 지원하거나 관여하기도 한다.

다아와는 종파를 초월하여 모든 무슬림에게 중요한 의무로 여겨지며 이는 특히 시아파 이스마일파의 조직적인 다아와 활동에서 드러났었다. 이처럼 이슬람을 전 세계에 전파하려는 무슬림들의 의도적이고 일치된 노력이 존재한다.

또한, 기독교 선교사들의 노력에 대응하여 이슬람 다아와의 방법을 고안한다는 것이다. 알아즈하르대학교는 이슬람 세계에서 가장 권위 있는 대학교이다. 세계 여러 나라에서 온 학생들을 받아들이고 이슬람 종교 지도자들과 학자들을 훈련시켜서 세계 여러 곳으로 보낸다. 한국인 중에도 알아즈하르 대학에서 박사학위를 받은 사람들이 국내 대학에서 학생들을 가르쳤다.

포교사(Dā'ī)는 종교나 교파(Madhhab)로 초대하는 자이고 그의 종교나 교파를 믿으라고 촉구하는 자이다. 이슬람 전문용어로는 이미 정해진 목표를 달성하기 위하여 지속적 활동성을 가진 포교사를 가리킨다. 이 단어는 시아파 이스마일파의 체계적이고 비밀스러운 다아와 활동과 관련이 깊다. 시아파의 여섯 번째 이맘인 자아파르 알싸디끄(702-765 CE) 사후 그의 장남 이스마일을 정통 계승자로 보는 이스마일파가 형성되었고, 이후 다아와 개념이 체계적으로 발전했다.

이스마일파는 포교를 통해 정치적 영향력을 확대하며 10세기에 이집트에서 파띠마 왕조(909-1171)를 세웠다. 파띠마 왕조는 독자적인 칼리프 제도를 수립했으며 다이(포교사)들은 왕조의 정치·종교적 기반을 확장하는 데 중요한 역할을 했다. 다이들의 임무는 교파를 전하는 포교적 활동뿐만 아니라 정치적 조직화, 재정 확보, 행정 구역 관리 등의 역할도 포함했다.

오늘날에는 순니파에서 "다아와 이슬람 대학"을 세워서 순니 이슬람을 포교하는 포교사를 양성하고 있다. 이슬람 전문용어 의미에서 "다아와"는 교리와 율법과 윤리를 포함하여 이슬람을 사람들에게 전하는 데 목적을 둔다. 즉, 모든 다양한 전문적인 노력을 다하는 것, 또는 이슬람을 사람들에게 전하고 그들에게 가르쳐서 삶의 현장에서 적용하는 것, 또는 사람들에게 적절한 수단을 써서 이슬람으로 유인하여 그들이 이슬람을 배우게 하고 실제 삶에서 그것을 적용하는 것을 가리킨다(Muḥammad Mukhtār Jum'ah 2015, 642).

다아와의 대상은 둘이다. 하나는 무슬림에게 향하는 다아와이다. 이 때의 다아와는 무슬림들이 이슬람 종교의 원칙에 따라 실천하도록 돕는 것이다. 무슬림들이 신앙을 강화하고 이슬람 율법을 준수하며 일상생활에서 종교적 가치를 실천하도록 돕는 데 중점을 둔다. 다른 하나는 비무슬림에게 향하는 다아와인데 이 때의 다아와는 이슬람 종교의 장점을 비무슬림이 발견하도록 돕고 그들이 이슬람 교리를 믿고 율법을 준행하도록 돕는 것이다. 비무슬림에게 향하는 다아와는 이슬람의 교리와 가치를 소개하고 그들을 이슬람으로 초대하여 삶의 변화를 추구하도록 독려하는 것이다. 이슬람의 다아와는 개인적이고 비공식적인 방식에서부터 조직적이고 체계적인 형태까지 다양한 방식으로 이루어진다.

이슬람의 초기 역사에서도 다아와는 중요한 역할을 했다. 무함마드는 처음에는 가족과 가까운 친구들에게 비밀리에 이슬람을 전했다. 그의 첫 부인 카디자, 조카 알리 그리고 그의 동료 아부 바크르 등이 이슬람을 받아들였다. 처음 3년 동안 무함마드가 비밀리에 전도하여 이슬람을 믿은 사람은 53명이고 그중 10명은 여성이었다.

이후 꾸란 26:214절("너의 가장 가까운 친족들에게 경고하라")이 무함마드에게 내려온 후 무함마드는 공개적으로 이슬람을 전하기 시작했다. 메카에서는 많은 도전에 직면했지만, 이는 오히려 이슬람이 메카 밖으로 확산되는 계기가 되었다. 특히, 메디나로의 이주 후 무함마드는 지역공동체를 기반으로 다아와 활동을 통해 이슬람공동체(움마)를 더욱 강화했다.

그런데 이슬람의 확산은 이후 정복 활동뿐만 아니라 상업, 학문, 문화 교류를 통해 이루어졌다. 오늘날 다아와는 이러한 역사를 바탕으로 이슬람의 교리와 가치를 더욱 효과적으로 전파하려는 다양한 노력을 포함한다. 이처럼 다아와는 이슬람 신앙의 핵심적 활동으로 무슬림들에게는 종교적 의무이자 비무슬림과의 관계 속에서 이슬람의 가치를 전달하는 중요한 수단으로 여겨지고 있다.

오늘날의 다아와는 더욱 다양한 형태로 발전하고 있다. 인터넷과 소셜 미디어를 통해 다아와 활동은 전 세계적으로 확장되고 있으며 이슬람의 교리와 가치를 전파하는 데 디지털 플랫폼이 효과적으로 활용되고 있다. 예를 들어, 서구에서는 평화와 공존의 메시지가 강조되며 아시아와 아프리카에서는 교육, 의료, 구호 활동과 연계된 다아와가 이루어지고 있다.

10) 이슬람 사회에서 기독교인들에 대한 종교적 불평등과 차별

이슬람 국가에서 가톨릭, 정교회, 개신교인들에게 종교적 불평등과 차별이 상대적으로 심했던 시기는 십자군 전쟁(1096-1291), 오스만 제국 쇠퇴기(16-19세기 초), 아르메니아 학살(1890-1915), 이란에서 혁명(1979년-현재) 이후이다.

십자군 시기에는 인두세가 강화되었고 기독교인들의 공직 진출이 차단되었다. 아르메니아 학살 시기에는 아르메니아인과 앗시리아인이 정치적 배신자로 낙인찍혀 대량학살, 강제 이주, 경제적 약탈, 종교적 박해를 당했다. 이란 혁명 이후에는 선교사 활동 금지, 교회 건축 제한, 개종자에 대한 극심한 탄압 그리고 기독교인은 2등 시민으로 취급되었다.

(1) 개종과 법적 불평등

이슬람에서는 무슬림이 기독교로 개종하는 것을 금지했으며, 이를 배교로 간주해 처벌할 수 있었다. 반면에 기독교인이 이슬람으로 개종하는 것은 장려되었으며 이슬람으로 개종한 사람은 인두세(지즈야)를 면제받고 더 나은 사회적 기회를 얻을 수 있었다. 기독교인에 대한 사회적, 경제적 압력으로 인해 일부는 이슬람으로 개종을 선택할 수밖에 없었다.

(2) 기독교인에 대한 차별적 정책
이슬람 정권에서는 딤미들에 대해 법적으로 차별적인 정책을 시행한 사례가 많았다.

① 의상 차별
기독교인과 유대인은 종종 무슬림과 구별되는 특정한 옷을 입도록 강요받았다. 예를 들면, 압바시야 왕조(8세기-13세기)에서는 기독교인과 유대인들에게 특정 색상의 옷을 입도록 강요했다. 이집트에서는 파란색 터번(turban)을 착용해야 했다. 이는 사회적 차별과 굴욕감을 주는 조치였다.

② 공직 제한
기독교인과 유대인은 고위 관직에 오를 수 없었고 군대에서 고위급 장교가 되는 것 또한 제한되었다. 특히 이집트에서는 오스만 제국 시대(1517-1867)에는 기독교인과 유대인은 징집 대신에 인두세를 납부했다. 무함마드 알리 통치(1805-1848) 시기에는 기독교인과 유대인이 병역에서 제외되었고 기독교인은 행정, 경제, 외교 분야에서 일부 역할을 담당했다. 이집트가 독립한 이후에 기독교인의 군복무가 거의 금기시되었으며 나세르 정권(1952년) 이후에는 기독교인의 군사 및 행정 참여가 더욱 제한되었다. 이는 기독교공동체가 정치적 영향력을 가질 수 없게 만든 제도적인 차별이었다.

③ 사회적 제약
아랍의 일부 지역에서는 기독교인에게 말을 탈 수 없도록 하거나 말 대신 나귀를 타도록 강요한 경우도 있었다. 기독교인들은 무슬림을 먼저 지나가게 해야 했으며 일부 지역에서는 무슬림보다 낮은 신분을 상징하는 신발을 신어야 했다. 사회적 불평등을 구조적으로 만들어낸 제도였다.

(3) 교회 건축과 종교 시설 차별

아랍 지역에서 교회 건축이 제한되었지만 무슬림들은 기독교 국가에서 모스크를 세울 수 있었다. 사우디아라비아에서는 현재까지도 기독교 교회의 건물을 지을 수 없다. 이슬람 율법(샤리아)에 따르면 무슬림 정권이 다스리는 땅에서는 새로운 교회를 짓거나 기존 교회를 수리하는 것이 제한될 수 있다. 오스만 제국 시기에는 기독교 교회가 모스크보다 높은 건축물을 세울 수 없도록 제한되었다.

(4) 경제적 불평등

이슬람 정권에서는 기독교인과 유대인에게 인두세라는 특별 세금을 부과했다. 무슬림 남성은 자카를 냈지만 현실적으로 인두세 부담이 훨씬 무거웠다. 인두세를 감당하지 못한 기독교인들이 어쩔 수 없이 개종하는 경우도 있었다.

(5) 종교적 폭력과 박해

이슬람 정권이 기독교인과 항상 평화로운 공존을 유지한 것은 아니다. 종교적 박해와 차별도 빈번하게 발생했다. 9세기 압바시야 왕조에서는 기독교인과 유대인들이 반란을 일으켰다는 이유로 학살을 당하기도 했다. 페르시아의 사파위 왕조(16세기-18세기)에서는 기독교인들에게 강제 개종을 요구했다.

오스만 제국(17-19세기)에서도 기독교인들이 박해를 당했고 발칸반도에서는 기독교인 청소년들을 강제로 데려가 이슬람 병사(예니체리)로 만드는 제도가 시행되었다. 이집트(14-19세기)에서는 콥트 기독교인들이 지속적으로 차별과 박해를 받았으며 오늘날까지도 콥트 교회에 대한 공격이 계속되고 있다.

이상과 같이 이슬람 사회에서 기독교인은 불평등한 처우를 받았다. 따라서 이슬람 사회가 항상 관용적이었다는 주장은 현실과 다르며 기독교인들이 이슬람 사회에서 법적으로나 현실적으로 차별받았다는 것은 부정할 수 없는 역사적인 사실이다.

10. 국내 무슬림과 다문화 사역

우리나라 통계청에 따르면 다문화 가구는 2023년 기준으로 415,584가구이며 다문화 가구원의 수는 2021년 기준 1,119,000명으로 전체 가구원 수의 약 2.2퍼센트에 해당한다. 다문화 학생 수는 2023년 기준으로 181,178명이며 이는 전체 학생 수의 약 3퍼센트를 차지한다. 한국에 거주하는 외국인 무슬림들은 그들의 환경과 직업군에 따라 선교적 접근이 달라져야 한다.

(1) **결혼 이주민과 자녀들**: 장기적으로 한국에 거주하며 한국어를 비교적 잘 구사하기 때문에 한국어를 활용한 사역이 가능하다.
(2) **외국인 근로자와 유학생**: 외국인 근로자들은 평균적으로 3-4년 체류하며 유학생들은 학부(4년), 석사(2년), 박사 과정(3-4년) 동안 체류하는 경우가 많다. 하지만, 이들은 한국어를 잘 구사하지 못하기 때문에 모국어나 영어로 접근하는 것이 필요하다. 특히 국제 학생회에서 외국인 유학생과의 접촉 기간은 보통 1-3년으로 짧다. 또한, 여성 무슬림에게는 여성 사역자가 사역을 담당하는 것이 기본 원칙이다.

국내 기존 교회들은 무슬림 사역에서 문화적 차이를 고려하지 않고 한국인 예배 방식을 그대로 적용한 결과 무슬림의 문화와 신앙적 배경에 적합하지 않은 접근 방식이 사용되기도 했다. 한국 교회는 국내 무슬림 사역에서 새로운 접근이 요구된다.

장기적으로 거주하는 결혼 이주민과 단기 체류하는 외국인 근로자 및 유학생 간의 차이를 인식하고 이들의 사용 언어와 국내 생활 환경에 맞는 맞춤형 사역을 개발해야 한다. 무슬림을 대상으로 하는 전도와 BMB 제자양육은 이슬람 신앙과 문화적 배경에 대한 심층적인 이해와 더불어 문화적 민감성을 고려한 별도의 전략적 접근이 필요하다.

1) 다문화 가족 지원법

우리나라에 외국인 근로자가 본격적으로 유입된 것은 1990년대 후반 산업연수생 제도를 통해서였다. 하지만, 이들은 법적 보호를 받지 못했고 이에 교회와 민간 단체들이 인권 문제의 해결을 돕고 전도도 하였다. 2004년에는 고용허가제가 도입되었고 외국인 근로자 지원센터가 설립되어 법률 상담, 한국어 교육, 생활 지원 등을 제공하였다.

2008년 9월에는 다문화가족지원법이 제정되면서 다문화가족지원센터가 전국적으로 설치되었고 결혼 이주민과 그 가족의 안정적인 정착과 복지가 증진되었다. 이는 주로 결혼 이주민을 대상으로 그들의 복지 정책에 초점이 맞춰져 있다. 이를 통해 결혼 이주민과 그 가족의 안정적인 정착과 복지가 크게 증진되었다. 그러나 산업연수생 제도가 폐지되고 고용허가제가 도입된 이후 체류 연장이 불가능해지면서 외국인 근로자들은 대거 자국으로 돌아가게 되었고 이 현상은 2007년과 2008년에 두드러졌다.

2008년 글로벌 금융위기는 외국인 근로자에 대한 수요를 급감시켰다. 이에 따라 불법 체류자가 증가하자 정부는 단속을 강화했다. 이 시기에 이슬람 국가로 귀국한 무슬림들 중 한국 체류 기간에 교회를 다닌 사람들이 있다는 사실이 본국에 알려졌고 이슬람 국가들은 한국으로 입국하는 무슬림들에게 교회를 찾지 말 것을 경고하게 되었다. 이후 무슬림들은 교회보다는 그들의 커뮤니티를 통해 한국 생활 정보를 얻고 도움을 받게 되었다.

우리나라 이민정책은 법무부의 출입국 관리, 고용노동부의 외국인력 활용, 법무부와 여성가족부의 사회통합 정책 그리고 다문화가족지원정책 등으로 분산되어 있다. 다문화 가정이 한국에서 겪는 문화적 차이로는 식습관(52.7%), 의사소통(43.4%), 자녀 양육과 교육 방식(29%), 가족 행사와 의례(24.1%) 등이 있었다. 배우자와 다툰 경험은 46.3퍼센트였으며 주요 이유로는 사고방식과 가치관의 차이(56.6%), 자녀 양육과 교육 문제(26.7%), 경제적 문제(24.7%), 언어 소통의 어려움(17.8%) 등이 지적되었다.

우리나라에서는 1994년부터 2022년 2월 말까지 1,180명이 난민으로 인정받았고 2,415명이 인도적 체류 허가를 받았다. 2018년 예멘 난민 561명이 제주도에 갑작스럽게 입도하면서 한국 사회는 큰 혼란과 불안감을 경험했다. 난민 신청자 484명 중 2명만이 난민으로 인정받았고, 412명이 인도적 체류 허가를 받았다. 2022년 3월 기준으로 예멘 출신 무슬림 중 100여 명은 제주도에 정착했고 312명은 내륙으로 이동해 정착했다.

아프가니스탄 출신 무슬림 434명은 2021년 인도적 특별 체류 허가를 받고 울산과 국내 다른 지역으로 이동해 정착했다. 한국 정부는 이들에게 특별기여자라는 지위를 부여하며 이슬람의 정체성을 탈색하려고 시도했다. 이로 인해 한국 사회는 이들을 환대하며 정착을 돕는 분위기가 형성되었다.

특히, 사회 적응 교육, 울산 지역 주민 대상 이슬람 문화와 다문화 이해 교육, 교직원 연수 등이 시행되었다. 하지만, 한국 정부가 아프가니스탄 특별기여자라는 명칭을 사용하면서 무슬림 정체성을 희석하려는 의도가 있었다는 점은 재고할 필요가 있다. 한국 언론 역시 무슬림이라는 정체성을 언급하지 않는 경우가 있었다. 예를 들어 2015년과 2024년에 한국 여성들을 살해한 이집트인 사건과 2017년 인천 공항으로 입국한 로힝야 가족 23명에 대한 보도에서도 무슬림의 정체성을 밝히지 않았다.

다문화 지원 센터를 통해 무슬림 가정에 제공된 교육, 상담, 복지 이외에 교회가 할 수 있는 일이 무엇인가를 찾아보는 것이 매우 중요하다. 서울의 한 교회에서는 결혼 이주 여성들에게 한국어 교육과 자녀 돌봄 서비스를 제공하며 그 과정에서 신앙적 대화를 자연스럽게 유도하였다. 교회는 다문화 가족 지원센터와의 협력을 통해 결혼 이주민 가정과의 접촉 기회를 늘리는 방안을 강구한다.

2) 국내 무슬림 다문화 자녀들의 학교 교육의 문제

인천 동부 교육청의 한 장학사는 2024년 초중등 교사들을 대상으로 이슬람 문화 강의를 요청하면서 최근 인천 지역에서 다문화 학생 수와 비율 그리고 다문화 학생의 증가율이 전국적으로 높은 수준에 도달했다고 언급했다. 그는 인천 동부교육지원청 관내 학교에서 중도 입국 및 외국인 학생들이 크게 늘어나면서 다문화 학생 비율이 높은 학교가 증가하고 있다고 했다.

그는 2023년 4월 1일 기준으로 동부 교육청 소속 다문화 학생이 3,763명에 이르며 이 중 중도 입국 학생이 249명, 외국인 가정 자녀가 1,899명이라고 말했다. 전체 다문화 학생 중 외국인 가정 자녀의 비율이 50퍼센트를 초과한다. 특히 일부 학교에서는 외국인 학생 비율이 70퍼센트를 초과하며, 러시아와 아랍권 학생들이 특정 지역에 몰리면서 학교 내에서 집단을 형성하고 이로 인해 교사들의 학습 및 생활지도 그리고 학생들의 언어 소통과 한국 문화 적응 등에서 어려움이 있다고 했다.

그는 아랍문화, 즉 이슬람 문화권에 대해 한국 사회에서 생소한 부분이 많다고 지적하며 교사들이 학생을 지도하고 학부모와 소통할 때 어떤 점을 유의해야 할지 고민하고 있다고 했다. 특히, 이슬람에서 허용되거나 금기시되는 부분에 대한 이해와 아랍 학교의 교육 운영 방식에 대한 소개를 요청했다. 아울러 이슬람 문화가 학생들의 생활과 학습에 미치는 영향을 고려하여 학생들이 학교생활에 잘 적응하고 학습 동기를 높일 수 있는 방안을 알고 싶다고 했다.

우리 사회는 이미 다문화 사회로 진입한 상태이며 서울과 경기뿐만 아니라 지방에서도 외국인과 국민 배우자를 쉽게 접할 수 있는 상황이 되었다. 코로나19 이후에는 중도 입국 학생과 외국인 학생이 특정 지역에 몰리며 다문화 밀집 학교가 증가하고 있다.

일부 무슬림 여학생들은 한국 학교에서 히잡을 벗고 싶어하지만, 부모들은 이를 강제로 착용하도록 요구하기도 했다. 일부 무슬림 학생은 문화적 차이나 적응 문제로 교사의 학습지도를 따르지 않았다. 예를 들면, 수업 시간에 과자를 먹으며 교사의 교육활동을 방해하거나 학습에 전혀 집중하지 않는 태도를 보였다. 중학생 시기에 입국한 무슬림 남학생들은 이미 아랍어로 굳어진 언어 체계와 생소한 한국어 문법과 발음으로 인해 한국어 습득에 어려움을 겪었다. 이로 인해서 종종 대학 입학 실패로 이어지기도 했다.

아랍 무슬림 학생들의 학업 지도가 어려운 이유는 우리나라 초중등 교사와 아랍권 교사들의 훈육 방식 차이 그리고 이슬람 중심의 아랍 문화와 다종교가 공존하는 한국 문화와의 차이에 기인한다. 아랍 학생들은 어릴 때부터 이슬람 교리와 윤리를 우선시하는 교육을 받아왔고 암기식 위주의 학습을 받아왔기 때문에 이들이 한국 학교의 교육 방식에 적응하는 데 큰 어려움을 느끼는 것이다.

법무부는 2020년 사회통합프로그램의 일환으로 『한국 사회 이해』와 『한국어와 한국 문화』 교재를 발간했다. 특히 『한국 사회 이해』는 사회, 교육, 문화, 정치, 경제, 법, 역사, 지리 등 여덟 가지 주제를 다루며, 국내 체류 및 영주 귀화 적격 시험을 위한 교재로 사용되고 있다. 이 교재는 체류 외국인들이 한국 사회에 적응할 수 있도록 도움을 주는 역할을 하고 있다. 이러한 노력에도 불구하고 다문화 학생들과 학부모들이 한국 사회에 적응하는 것은 여전히 많은 어려움이 따르는 과제이다.

3) 국내 아랍인 체류자 수효와 국민 배우자

2024년 9월 말 법무부 발표 '외국인 체류자 통계'에 따르면 아랍인 체류자 중 가장 많은 국적은 이집트이며 국가별 체류자 수는 다음과 같다.

- 이집트 3,388명(남성 2,571명, 여성 817명)
- 모로코 2,017명(남성 876명, 여성 1,141명)
- 시리아 1,969명(남성 1,349명, 여성 620명)
- 사우디아라비아 1,613명(남성 934명, 여성 679명)
- 예멘 1,236명(남성 949명, 여성 287명)
- 리비아 968명(남성 740명, 여성 228명)
- 튀니지 802명(남성 523명, 여성 279명)
- 요르단 754명(남성 510명, 여성 244명)
- 이라크 720명(남성 537명, 여성 183명)
- 아랍에미리트 641명(남성 340명, 여성 301명)
- 알제리 589명(남성 377명, 여성 212명)

그 외에도 카타르 149명, 쿠웨이트 138명, 오만 123명, 팔레스타인 113명, 레바논 76명, 바레인 38명 등 소수의 체류자가 있다. 이를 통해 알 수 있듯이 한국에 체류하는 아랍 무슬림 중 이집트인이 가장 많다.

한국인과 혼인한 아랍 무슬림 국민 배우자 수를 보면 모로코인이 564명으로 가장 많고 그다음으로 이집트인 161명, 알제리인 86명, 튀니지인 81명, 시리아인 24명, 요르단인 21명, 이라크인 19명, 예멘인 17명, 레바논인 7명, 수단인 6명, 사우디아라비아인 6명, 팔레스타인인 5명, 리비아인 3명, 쿠웨이트인 2명, 카타르인 1명, 오만인 1명, 바레인인 1명이다. 특히 북아프리카 출신인 모로코, 이집트, 알제리, 튀니지 무슬림이 한국인과 혼인하는 경우가 많다.

한국에 체류하는 아랍 무슬림 중 모로코인이 한국인과의 혼인 비율이 가장 높은 이유는 무엇일까?

무함마드5세대학교의 한국인 교수에 따르면 모로코 무슬림들이 한국인과 국제결혼을 통해 합법적으로 한국에 정착하려는 현실적인 이유가 가장 큰 요인으로 보인다고 했다. 모로코 여성들의 체형이 아랍인들과 다른 느낌을 준다고 했다.

또한, 모로코 여성들은 K-드라마를 통해 한국 남성에 대한 호감이 크며 결혼 상대자로 선호한다고 한다. 모로코 남성은 문화적으로 유연한 모습을 보이고 이슬람 종교를 엄격하게 지키려고 하지 않는 것처럼 보인다고 했다. 실제로 SNS를 통해 한국 남성을 만나 결혼하거나 한국으로 이주한 사례가 있다.

모로코는 초등학교 2학년부터 프랑스어 교육을 시작하며 많은 모로코인이 프랑스어를 구사한다. 특히, 경제적 수준이 높을수록 프랑스어 사용이 잦다. 현대 표준 아랍어는 이슬람 종교에 신앙심이 깊은 사람들이 잘 구사한다. 모로코인 신앙심의 강약 정도는 그가 자란 환경이나 본인의 종교관에 따라 달라진다. 모로코 내에서 이슬람의 다섯 가지 기둥(신앙 증언, 기도, 자선, 금식, 메카 순례)이 기본적으로 지켜지지만, 개인의 신앙심과 환경에 따라 실천 정도가 다르다. 모로코 무슬림 여성과 한국인 남성이 결혼할 경우 종교적 규정에 따라 남성이 이슬람으로 개종해야 한다.

그렇다면 모로코 무슬림 대학생들이 왜 한국어를 배우는가?

무함마드5세대학교에서 한국어를 배우는 학생 중 여학생의 비율이 압도적으로 높다. 매년 약 20명 남짓의 남학생이 수강하며 나머지는 모두 여학생이다. 이는 여학생들이 K-팝과 드라마를 통해 한국 문화에 대한 관심이 더 크기 때문이다.

그리고 모로코에서는 외국어 교육과 활용이 중요하게 여겨지며 학생들은 본국을 떠나서 성공해 보려는 열망이 강하다. 따라서 수년간 일자리를 지인을 통해 외국에서 찾고자 애를 쓰다가 외국으로 나가는 학생이 많이 있다. 이러한 이유로 외국어 학습 능력이 우수하고 외국어를 배우는 환경이 잘 조성되어 있다. 대학교에서는 외국어 강좌가 활발히 운영되고 있으며 이는 학생들의 취업 스펙을 쌓는 데에도 중요한 역할을 한다.

제3장
결론

　기독교와 이슬람 간의 만남과 갈등의 흐름을 변증의 발전 과정에 따라 나누어 설명해 본다.

　첫째, 초기 만남과 협상의 시기(7세기, 무슬림과 기독교인의 초기 만남)의 변증 주제는 신앙과 이성의 조화이다. 초기 이슬람과 기독교의 접촉은 서로 다른 종교 체계가 맞부딪히면서 각 종교의 교리나 신앙 체계에 대해 서로 탐구하는 시기였다.

　둘째, 논증 시기(8-9세기, 칼리프 알마으문 및 알무타왁킬 시대)의 변증 주제는 합리성이다.

　아리스토텔레스의 논리와 형이상학을 사용한 철학적 논증들이 중요하게 다뤄졌으며 기독교 신앙의 합리성과 이슬람의 신앙 체계를 비교하는 방식이 주류를 이뤘다.

　셋째, 공격적 논박[1]과 학문적 대화의 시기(10-14세기, 이븐 하즘, 이븐 타이미야, 십자군 전쟁)의 변증 주제는 논리적 반박이다. 공격적 논박의 시기에서는 기독교 신앙과 이슬람 신앙의 교리적 충돌이 격화되었다.

---

[1] 변증(apologetics)은 자신의 신앙과 교리를 방어하고 정당성을 논리적으로 설명하며 설득하려는 목적이 있다. 가령, 기독교 학자들이 삼위일체와 성경의 신뢰성을 변호하는 경우나 무슬림이 꾸란의 신적 기원을 증명하는 경우이다. 반면에 논박(polemics)은 상대방의 신앙이나 교리를 공격하고 오류를 지적하며 이를 논리적으로 반박하려는 목적이 있다. 가령, 이븐 하즘이나 이븐 타이미야처럼 성경 변조나 기독교 교리를 비판하거나 기독교인들이 무함마드의 예언자 지위를 비판하는 것이다.

넷째, 대화 시기(1960년대-1980년대)의 변증 주제는 대화적 접근이다. 이 시기는 기독교 신앙의 진리를 논리적으로 증명하는 방식보다 이슬람과 기독교의 역사적 상호작용을 통한 이해와 서로에 대한 존중을 바탕으로 한 대화가 필요하다는 인식이 확산되었다.

다섯째, 상황화 시기(1980년대 이후 - 현재)의 변증 주제는 신앙과 문화의 상황화이다. 상황화 접근은 각 문화와 상황에 맞게 기독교 신앙을 전하는 것이다. 이슬람 사회 내에서 기독교의 진리를 전달하는 방식은 단순히 논리적인 반박이나 공격적인 접근이 아니다.

제3부
무슬림에 대한 전도와 BMB 제자양육과 교회 개척

"우리의 삶 중심에는 반드시 예수님이 계셔야 한다. 복음은 우리 삶 가운데 선한 바람을 일으켜 앞으로 나아가게 하는 힘과 능력을 준다. 우리가 복음으로 살아갈 때 주님께서 복음에 참여하는 우리를 통해서 반드시 세상을 변화시켜 주신다. 복음은 우리가 평생 함께해야 하는 파트너이다."

(김하나)

"제자양육의 핵심적인 의미는 그리스도를 따르고 순종하는 것이므로 사실상 사람이 그리스도를 자신의 구주이자 주님으로 받아들이고 헌신하기로 결단하기 전까지는 제자양육의 삶을 시작할 수 없다. 제자양육은 제자가 예수님을 주로 삼고 따르며 순종하는 실제적인 삶의 모습이다."

(Don Little)

새로운 용어

BMB
일부 무슬림배경의 신자들이 MBB(Muslim Background Believer)라고 하면 그들의 과거 정체성인 무슬림을 강조하는 것이라서 싫다고 한다. 그래서 Believer from a Muslim Background 또는 Believer of Muslim Background(BMB)라는 말을 선호한다. 아랍어로는 "아비린"('ābirīn: 건너온 사람들)이라고 하는데 무슬림 중에서 예수 그리스도를 하나님의 아들과 구주로 믿는 사람들이다.

제자(Disciple)
예수 그리스도를 따르는 자 또는 하나님의 은혜로 그리스도를 따르는 삶을 선택한 사람을 가리킨다. 제자는 예수 그리스도를 따르라는 은혜로운 부르심에 믿음과 순종으로 응답하는 사람이다(오그덴).

(1) (자신이) 제자가 되기(being disciple)
평생에 걸쳐서 자신을 죽이고 예수 그리스도가 우리 안에 살아계시도록 허락하는 과정이다.
(2) (남을) 제자삼기(making disciple)
새로운 사람에게 복음을 전하고 예수를 따르는 여정을 시작하도록 돕는 것이다. 제자삼기는 장기적인 삶의 투자로 우리의 사고 방식을 전환할 때 이뤄진다.

디사이플링(Discipling)
우리가 다른 제자들과 함께 걸으며 서로가 그리스도 안에서 성숙해지도록 사랑으로 격려하고 준비(equip: 필요한 지식이나 기술을 제공)시키며 도전하는 의도적인 관계이다. 이것은 제자들이 다른 제자를 삼을 수 있도록 준비시키는 것도 포함된다.

Discipling BMBs
새로운 BMB를 예수 그리스도를 따르는 자로 준비시키는 과정이다.

제자양육(Discipleship)
제자가 자신의 주님으로 예수를 따르고 순종하는 실제적인 현실(actual reality)이다.

제자양육자(Discipler)
다른 사람을 제자 삼는 자이다.

National BMB Discipler
이슬람 국가에서 BMB를 제자 삼는 현지인 기독교인이다.

Expatriate BMB Discipler
이슬람 국가에 살지만 BMB를 제자 삼는 외국인이고 무슬림 배경이 아닌 자이다.

BMB Group
무슬림 배경의 신자 그룹이고 이슬람 배경을 가졌지만, 예수 그리스도를 따르는 신자들의 모임이다.

Believers from Christian Backgrounds: BCBs
역사적으로 기독교 유산을 가진 신자들이다.

박해(Persecution)
예수 그리스도의 복음에 적대적인 정부 당국이나 가족이나 종교 당국의 행동 때문에 예수 그리스도를 따르는 자가 경험하는 육체적, 감정적, 사회적, 재정적인 해로움을 당한 것을 일컫는 말이다.

영적 훈련(Spiritual Discipline)
영적 성장을 증진시키기 위한 실질적 적용이나 훈련이다. 믿는 자들이 그리스도 안에서 영적으로 성장하는 성경적 실천을 가리킨다.

제1장
서론

　한국 교회 안에서 그리고 해외 선교 현장에서 우리는 "복음을 전한다" 또는 "무슬림 배경의 신자(BMB)에게 제자훈련을 한다"는 말을 자주 듣는다. 대럴 L. 보크(Darrell L. Bock)는 복음은 하나님과의 관계 회복이며, 개인적 요소와 공동체적 요소가 함께 한다고 설명한다.

　이슬람 사회에서는 공동체 소속감이 중요하며, 무슬림이 기독교로 개종할 경우 가족과 사회로부터 배척당하는 현실에 직면한다. 따라서 무슬림 전도와 BMB 제자양육을 위해서는 이들의 집단적 성향을 고려해야 한다.

　성경에서 제자가 된다는 것은 단순한 교육 과정이 아니라 예수님을 따르고 배우며 함께 살아가는 것이었다. 예수님은 회당, 가정, 길거리 등 다양한 장소에서 비형식적으로 가르치셨으며, 제자들은 삶 속에서 그분과 동행하며 헌신했다.

　BMB는 하나님과의 친밀한 관계를 형성하고, 성령이 인도하는 예배 공동체에 속하여 성경을 배우고 실천한다. 이 과정에서 기존 기독교공동체는 BMB를 환영하고 사랑하는 환경을 제공해야 한다.

　복음전도는 단순한 메시지 전달이 아니라 예수를 따르는 여정을 돕는 것이며, 제자양육은 회심 이후 그리스도를 더욱 깊이 따르는 과정이다. BMB의 영적 성장을 돕기 위해서는 공동체적 접근이 필수적이며, 교회는 BMB 가정과 함께 성장하는 신앙공동체를 형성해야 한다.

　제자양육은 단순한 교육이 아니라, 성령의 인도 아래 함께 살아가는 공동체적인 삶이다. 이슬람 사회에서 효과적인 제자양육은 가족 네트워크 안에서 시작하며, 신자 공동체는 사랑과 희생적 봉사를 통해 성장해 간다.

따라서 제3부에서는 무슬림 전도에 있어 효과적인 접근 방식이 무엇인지 그리고 효과적인 BMB 제자양육 과정과 BMB 신자들이 중심이 된 교회 개척에 대해 구체적으로 논의할 것이다.

제2장

21세기 무슬림 전도와 제자양육

1. 무슬림과의 소통을 위한 꾸란 연구

　이슬람과 꾸란을 연구하는 이유는 무슬림과 더 나은 소통자가 되기 위함이다. 그러나 아랍어를 모르는 경우 꾸란을 사용하여 무슬림과 소통하려는 시도는 비효율적일 수 있다. 오늘날 아랍 무슬림 중에서도 꾸란의 내용을 학문적으로 깊이 이해하거나 분석할 수 있는 사람은 소수에 불과하다.

　꾸란 주석서들은 순니파, 시아파, 수피, 살라피 등에 따라 다양한 주석을 제공하므로 무슬림 이맘들이 동일한 구절에 대해 서로 다른 주석을 찾아보기도 한다. 아랍 국가 외의 무슬림, 특히 비아랍권 무슬림은 대체로 아랍어 꾸란을 읽지 못하며 이맘의 가르침이나 번역된 꾸란을 통해 의미를 접하는 경우가 많다. 이 과정에서 문맥과 상관없이 해석할 가능성이 많다.

　그러나 꾸란의 의미를 온전히 이해하기 위해서는 꾸란 해석의 원리, 수사학, 꾸란이 내려온 배경, 하디스와 같은 다양한 학문을 섭렵해야 한다. 이러한 학문은 전문적인 지식을 요구하므로 무슬림도 쉽게 접근할 수 있는 것은 아니다.

　이집트를 예로 들면, 인구의 약 25-30퍼센트가 문맹이다. 오늘날 아랍 무슬림이 글자 생활에서 사용하는 현대 표준 아랍어는 문법 체계가 꾸란과 유사하지만, 일상생활(거리와 시장, 가정 심지어 학교에서)에서는 대중 아랍어 (구어체 생활 아랍어)가 사용된다.

아랍어가 아닌 외국어로 번역된 꾸란은 원문을 대체할 수 없으며 꾸란의 한국어 의미 번역에서는 번역자의 주관적 해석과 관점이 포함되었다. 그럼에도 꾸란의 의미 번역서를 사용할 경우 꾸란 해석의 차이와 번역의 한계를 신중히 고려해야 한다. 그 번역서가 아랍어 꾸란의 의미와 해석을 정확하게 전하고 있지 않기 때문이다. 꾸란 구절을 복음전도의 다리로 삼는 데에는 다양한 견해가 존재한다.[1]

(1) 꾸란을 성경과 동등한 영감의 책으로 오해할 가능성이 있으므로 무슬림과의 토론에서 꾸란을 사용하는 것은 신중해야 한다.
(2) 꾸란은 무슬림이 무엇을 믿는지 이해하는 데 도움이 되며 무슬림의 종교적 용어를 배우는 데 유용한 연구 자료로 활용될 수 있다.
(3) 꾸란은 자기 모순적인 측면을 드러내므로, 무슬림 신앙 체계의 약점을 논박하는 데 사용할 수 있다.
(4) 꾸란에 등장하는 인물 중 성경의 인물과 유사한 점은 무슬림과의 대화에서 연결고리로 사용할 수 있다.
(5) 꾸란을 참고 자료로 사용할 수 있지만 이를 진리의 원천으로 간주해서는 안 된다.

따라서 BMB 제자양육 과정에서는 꾸란이 아닌 성경에 기반하여 복음의 진리를 가르치고 BMB의 영적 성숙을 돕는다.

---

1   https://lausanne.org/content/lop/lop-13-2 2022년 7월 7일 검색.

2. 아랍어 인터넷 콘텐츠와 디지털 미디어 사역

1) 아랍어 인터넷 콘텐츠의 도전과 기회

2024년 12월 기준, 아랍어 콘텐츠는 전체 인터넷 콘텐츠의 3퍼센트에 불과하며, 이는 세계 인구에서 아랍어 사용자가 차지하는 비율(7%)에 비해 현저히 부족한 수치이다. 이집트의 경우, 전체 인구의 40퍼센트가 인터넷에 접근하지 못하고 있는데, 그 이유 중에는 경제적 격차와 인프라 부족이 있다. 특히, 농촌 지역에서는 안정적인 인터넷 서비스를 제공하는 데 필요한 기술적·재정적 투자가 부족하다. 또한, 낮은 소득 수준과 교육 수준, 디지털 리터러시 부족도 인터넷 사용에 큰 장벽으로 작용한다. 정부의 일부 정책이나 규제도 인터넷 접근성을 제한하는 요인이 된다.

게다가 아랍어로 된 콘텐츠 대부분은 품질이 낮고 신뢰할 수 있는 정보를 제공하지 못해 사용자들이 유용하고 다양한 자료에 접근하는 데 어려움을 겪는다. 이로 인해, 특히 과학적이거나 학술적인 주제에 대해 신뢰할 수 있고 최신 정보를 얻고자 하는 아랍의 연구자들과 전문가들은 연구, 뉴스, 분석 등에서 외국어 콘텐츠에 의존하는 경우가 많아졌다.

과거 몇 년 동안 아랍어 검색 엔진(예: 아랍어 구글)은 신뢰할 수 있는 정보를 제공해 왔으나, 2024년에는 피상적이고 저급한 콘텐츠가 만연하게 되면서 아랍인들이 합리적인 판단 능력을 향상시키는 데 도움이 되지 않았고, 유익한 정보를 찾는 일이 점점 더 어려워졌다. 검색 엔진은 광고와 상업적 이해관계에 의해 지배되며, 유료 광고 메커니즘이 정보 검색을 방해하고 있다.

오늘날 인터넷에서 콘텐츠의 가장 심각한 문제는 콘텐츠의 학문적 정확성보다는 그 콘텐츠가 얼마나 많이 확산되었는지와 상호작용의 양에 따라 콘텐츠의 등급이 결정된다는 점이다. 결과적으로 가치 있는 콘텐츠와는 거리가 먼 인물이나 주제가 부각되고, 정작 주목받아야 할 정보는 배제되는 상황이 지속되고 있다.

대형 콘텐츠 생산 기업들의 독점은 아랍 사용자들을 편향적이고 불균형적인 정보에 노출시키고 있다. 그러나 아랍 국가의 정부, 입법기관 그리고 이슬람 기관들은 이러한 독점적 지배력을 제한하거나 규제하기 위한 효과적인 대응책을 마련하지 못하고 있다. 구속력 있는 기준을 마련하지 못한 상태에서 이러한 문제는 계속 악화되고 있다.

아랍 국가에서는 이슬람 국가(IS) 조직이 SNS를 통해 대원들을 모집하고 외국인 동조자를 확보했다. 이는 SNS와 디지털 플랫폼이 정보 전달 및 설득의 강력한 도구로 활용될 수 있음을 보여 준다. 페이스북과 유튜브는 아랍의 정치적 시위와 소통에서 중요한 역할을 했다.

이슬람권에서 과거 방송 미디어가 중심이었던 선교는 점차 소셜 미디어로 전환되고 있다. 단파 및 라디오 주파수 사용은 선교 사역에서 감소하고 있으며, 위성 TV는 여전히 중요한 도구이지만 비용 부담이 크다. 또한, 이메일 사용이 줄어들고 밀레니얼 세대는 더욱 직관적이고 개인적인 소통 방식을 선호한다. 이에 따라 소셜 미디어는 복음 전파의 주요 도구로 자리 잡았다.

그러나 이슬람 국가나 종교 기관이 복음의 메시지를 차단하려는 시도는 사역의 지속성을 위협하고 있다. 선교에 적대적인 이슬람 당국이나 종교 기관은 복음의 메시지가 포함된 웹 페이지나 소셜 미디어 계정을 차단하는 경우가 많다. 따라서 정보 통제가 심한 지역에서 메시지의 안전성을 높이고 이슬람 당국의 차단 시도를 우회할 수 있는 기술적 방법을 개발하는 것이 필요하다. 또한, 복음을 전하는 과정에서 영적 전쟁이 존재하기 때문에, 자동화된 소셜 미디어 사역은 성령의 역할과 관계 형성의 중요성을 약화시킬 위험이 있다(Tim Klassen, 2017).

따라서 온라인 사역에서는 기술과 영적 차원의 균형이 필수적이다. 디지털 플랫폼을 활용하여 선교적 메시지를 전달하고 지속적인 관계 형성을 통해 무슬림들이 진리를 경험하도록 돕는 것이 중요하다.

소셜 미디어의 목표는 단순한 정보 전달이 아니라 개인의 내적 변화를 이끌어내는 것이어야 한다. 그러므로 디지털 미디어를 통한 소통과 지식 전달에 머물지 않고 대면의 기회를 갖고 성령의 인도하심을 따라 지속적인 관계를 형성해야 한다.

2) 디지털 미디어 사역의 전략적 접근

한국 내 무슬림 이주민들은 한국 사회와 접촉하기보다는 SNS를 통해 자신들만의 커뮤니티를 강화하는 경향이 있다. 그들의 모임은 국가별, 종족별로 형성되며 정보 교류와 문화적 정체성 유지, 종교적 활동이 중심이 된다. 이러한 경향은 이주민들의 한국 사회 동화를 약화시킨다.

최근 몇 년 동안 이슬람권 선교사들은 페이스북을 활용한 전도를 시작했다. 페이스북은 광고 계정을 통해 여러 페이지를 관리할 수 있어 선교 활동에 유용하게 사용되었다. 또한, 인스타그램과 텔레그램 등의 SNS도 선교에 활용된 사례가 있다. 다시 말해서 코로나 이후 온라인 플랫폼(YouTube, Zoom 등)을 통한 복음 전파가 증가했다. 무슬림에게 온라인은 익명성을 제공하고, AI를 활용하여 다국어 콘텐츠를 제작할 수 있다. 예를 들어, 지역 방언으로 번역된 성경 영상이나 무슬림 청중을 위한 설교가 AI로 자동 생성된다.

BMB 제자양육은 Zoom과 Google Meet을 통해 비대면 온라인으로 진행되었다. 무슬림 배경의 신자들은 안전 문제로 인해 대면 모임에 참석하기 어렵지만, 온라인은 안전한 환경을 제공한다. AI 번역 도구는 언어 장벽을 허물어 다양한 언어와 문화적 배경을 가진 신자들에게 복음을 가르칠 수 있다.

그러나 AI와 디지털 기술은 도구일 뿐, 복음의 핵심인 하나님과의 인격적 관계 및 성령의 역사를 대체할 수 없다. AI와 테크놀로지는 다음과 같은 한계가 있다.

첫째, 인격적 관계가 아니다. AI는 인간의 감정, 공감, 관계 형성을 진정성 있게 전달하지 못한다.

둘째, 성령의 감화를 경험하지 못한다. 성령께서 사람의 마음을 움직이고 변화시키는 역사는 AI가 결코 대체할 수 없다.

셋째, 공감 능력의 한계가 있다. AI는 인간의 복잡한 감정과 심리적 필요를 이해하거나 진정성 있는 반응을 제공하는 데 한계가 있다.

넷째, 신뢰 형성에 어려움이 있다. 무슬림처럼 종교 중심적 문화에서는 관계와 신뢰가 매우 중요한데 AI는 신뢰를 형성하는 데 필수적인 인간적 접촉을 제공하지 못한다. AI는 복음의 씨앗을 뿌리고 접근성을 높일 수는 있다.

국내 무슬림 이주민을 대상으로 한 디지털 미디어 사역은 다음과 같이 디지털 소비 패턴, 문화적 배경 그리고 사회적 맥락을 세심히 고려한 전략적 접근이 필요하다.

(1) **맞춤형 콘텐츠 개발**: 무슬림 이주민의 문화, 언어, 종교적 관행을 이해하고, 이를 바탕으로 맞춤형 콘텐츠를 제작한다. 아랍어, 우르두어, 인도네시아어 등 다양한 언어로 콘텐츠를 제공하여 이주민들이 쉽게 접근할 수 있도록 한다. 또한, 각 문화권에 적합한 예화, 비유, 시각 자료를 활용한다.

(2) **관계 기반 접근법**: 온라인 커뮤니티를 통해 이주민들이 편안하게 참여할 수 있는 환경을 조성한다. 복음적 메시지는 관계 속에서 점진적으로 소개되며, 개인 맞춤형 멘토링 프로그램이 효과적일 수 있다.

(3) **보안과 익명성 보장**: 무슬림 이주민은 복음과 관련된 자료에 관심을 드러내는데 망설일 수 있으므로, 보안성이 높은 메시지 서비스와 익명성을 보장하는 플랫폼을 설계한다. 복음 콘텐츠는 안전한 환경에서 제공되어야 한다.

(4) **연령별 맞춤형 접근**: 청소년층에게는 시각적이고 참여적인 콘텐츠(동영상, 애니메이션, 게임 등)로 복음 메시지를 전달한다. 장년층에게는 신뢰받는 관계 기반 전도 방식이 효과적이다. 모바일 애플리케이션, 오디오 콘텐츠, 온라인 워크숍을 제공한다.

(5) **한국 생활 지원 콘텐츠 제공**: 언어, 취업, 교육, 의료 등 다양한 문제를 해결하는 정보를 제공한다. 문화적 충격이나 고립감을 겪는 이주민들에게 정서적 지원을 제공하며, 이러한 콘텐츠는 복음 메시지와 연결될 수 있다.

(6) **한국 교회와의 협력**: 한국 교회와 협력하여 디지털 미디어 사역의 효과성을 극대화한다. 교단의 이슬람 대책위원회와 지역 교회 네트워크를 통해 콘텐츠를 공동으로 개발하고 배포한다.

(7) **디지털 미디어 선교 전문 기관과의 협력**: 다양한 기관과의 파트너십을 통해 사역의 전문성, 신뢰성, 지속 가능성을 높이며 복음적 영향력을 확장한다.

(8) **디지털 기술 및 미디어 전문가와의 협력**: 콘텐츠 제작, 디지털 마케팅, 소셜 미디어 전략, 콘텐츠 기획 및 제작 분야의 전문가들과 협력하여 사역의 품질을 높인다.

(9) **사역 효과 분석 및 개선**: 참여율, 클릭률, 메시지 응답률 등을 분석하여 콘텐츠와 접근 방식을 지속적으로 조정하며, 대상자의 요구에 맞게 개선한다.

3. 구술 문화

월터 옹(Walter Ong)은 구술성을 1차적 구술성과 2차적 구술성으로 나눴다. 1차적 구술성은 글자나 인쇄로 어떠한 지식이 손 닿지 않은 문화의 구술성이고 2차적 구술성은 첨단 기술(high technology) 문화의 구술성이다. 오늘날 모든 문화가 글 쓰는 법(writing)을 알기 때문에 엄격한 의미에서 일차적 구술 문화(oral culture)는 존재하지 않는다.[2]

아랍인들은 어려서 부모로부터 말을 배우고 가정과 길거리와 시장에서 부모에게서 배운 말(구어체 아랍어, 대중 아랍어, Colloquial Arabic)을 사용한다. 학령기 이전과 학령기 이후에 글을 배워도 일상생활에서는 글말이 아닌 입말(구어체 아랍어)을 사용한다. 이처럼 의사소통의 수단으로서 글이 아닌 말(speech)에 기반을 둔 의사소통 방식을 구술성(orality)이라고 한다.

아랍인들의 의사소통에서는 주로 구술을 통해 이뤄지므로 무슬림을 대상으로 전도하고 제자양육할 경우에는 이런 구술 문화를 이해하고 활용하는

---

2   Walter J. Ong, *Orality and Literacy* (London: Routledge, 2002), 10-11.

것이 중요하다.

첫째, 복음 선포는 구술로 이뤄지는데 전도할 때 전도 메시지를 단순하고 일상적인 말(구어체 아랍어)로 전한다. 아랍인들은 이야기하는 것을 좋아하므로 복음을 나눌 때 스토리텔링 기법을 사용한다. 그때 성경의 이야기를 간단하고 쉽게 이해할 수 있도록 전한다. 그리고 속담은 아랍 문화에서 지혜를 전달하는 중요한 도구이므로 아랍 속담을 사용해서 전도 메시지와의 연결점을 만들어 본다.

둘째, 아랍국가뿐만 아니라 구술 문화권에서는 주로 읽기와 쓰기보다는 듣고 말하는 학습을 선호한다. 그래서 BMB를 양육할 때 이야기를 들려주는 방식으로 제자양육을 진행해 본다. 학습자들 중의 한 사람이 이야기를 들려준 후에 토의를 통해 적용점을 찾아가게 한다.

성경을 읽을 때는 문학적 아랍어(Literary Arabic: 현대 표준 아랍어)를 잘 아는 아랍인에게 읽어보라고 하고 인도자는 성경 말씀을 설명할 때는 구어체 아랍어(암미야)를 사용한다. 물론, 아랍 국가마다 구어체 아랍어가 다르므로 사역자는 해당 국가에서 사용하는 구어체 아랍어를 반드시 습득해야 한다.

제3장

무슬림에 대한 전도 유형과 상황화

무슬림에 대한 전도에서는 아래와 같은 전도 유형 이외에 여러 가지 전도 방식을 사용한다. 아래 전도 유형의 어느 하나만을 사용하지 않고 상황에 따라 두어 가지가 혼합되어 사용된다.

1. 전도 유형

무슬림에 대한 서구 선교사들의 접근법과 전도 모델에는 대결적 접근법(Confrontational Approach), 전통적 모델(Traditional Model), 기관 모델(Institutional Model), 대화 모델(Dialogical Model), 상황화 모델(Contextualization Model) 등이 있었으나 이들 중 상황화 모델이 가장 좋은 것으로 여겨져 왔다(John Mark Terry 2005, 314).

1) 대결적 접근법

18세기와 19세기에 헨리 마틴(Henry Martyn), 칼 판더(Carl Pfander), 클레어 티즈딜(Clair Tisdall) 등 몇몇 선교사들이 공개 토론과 서로 다른 견해를 가진 주제에 대한 토론(debate)을 통하여 무슬림을 이기려고 시도했다. 그들은 서구 식민 정부로부터 보호를 받았기 때문에 시장에서 설교하였고 영어와 현지 언어로 변증과 공격적인 논박을 했다. 이 방법으로 회심한 숫자로 보면 결코 성공적이지 못하였고 오히려 종종 기독교에 대해 반감을 갖게 했다. 이처럼 대결적인 논쟁 방식은 대화와 크게 달라 오늘날 널리 활용되지 않는다. 왜냐하면 이슬람의 교리적 모순이나 부정적인 면을 들추기보다는 기독교의 긍정적인 면을 노출하는 것이 더 낫기 때문이다.

2) 전통적 모델

무슬림들의 사도로 불리던 사무엘 즈웨머(Samuel Zwemer, 1867-1952)는 이 모델의 선구자로 알려진다. 그의 선교 초기(1890-1916)에는 대결적 접근법을 지향했으나 그의 책 『이슬람의 분열』(*The Disintegration of Islam*, 1915)과 『무함마드 혹은 그리스도』(*Mohammed or Christ*, 1916)라는 책에서는 선교적 접근의 급격한 변화를 보였다.

그는 예수를 따르려는 자들이 이슬람을 완전히 거부하기를 촉구했다. 그러나 나중에 즈웨머는 좀 더 인류학적이고 그리스도 중심적인 접근법(Christocentric Approach)을 택하였다. 그는 무슬림들을 하나님을 찾는 구도자로 간주하였으나 오직 예수 그리스도만이 그들의 필요를 채울 수 있다는 생각을 견지하였다.

그런데 이슬람권에 서구적 형태의 교회들을 세우려고 하다 보니 이 방식을 따른 선교사들은 회심자들에게 이슬람과의 관계를 끊고 공개적으로 교회에 들어가라고 요구했다. 즈웨머는 초기에는 회심자가 이슬람공동체와의 관계를 단절하라고 했으나 나중에는 이슬람공동체 내에서 지속적으로 영향력을 끼치는 방향으로 그의 접근법을 바꾸었다. 그는 1911년 카이로에서 열린 선교대회에서 무슬림과의 직접적인 논쟁보다는 사랑과 이해를 통해 접근해야 한다는 메시지를 전했다.

오늘날 선교사들이 이 모델을 비판하는 이유는 너무 서구적이고 효과적이지 않다는 데 있었다. 이 모델을 지지하는 사람들은 이 모델이 성경적으로 건전하고 때가 되면 열매를 맺을 것을 기대하고 계속 씨를 뿌리게 된다고 했다. 그런데 그리스도를 구주로 영접한 무슬림이 자신이 속한 공동체와 결별하고 외국으로 나가는 경우가 많아서 기존 공동체에 복음의 영향력을 끼치지 못했다.

닉 립켄(Nik Ripken)은 이런 방법으로 그리스도께로 나아온 신자들의 5퍼센트만이 자기 문화권에서 복음을 증거하면서 살아가고 있다고 했다(김성운 2013, 130). 한국에서도 일부 신학대학교가 무슬림 배경의 신자를 입학시켜서 신학 교육을 마치게 했으나 그들이 고국으로 돌아가 교회를 개척했다는 기록은 많지 않았다.

3) 기관 모델

기관 모델은 여러 교단이 사용해 왔던 방식이었다. 19세기와 20세기 초에 이슬람권에 학교, 병원, 보육원 등을 세웠는데 레바논, 이집트, 시리아 등지에서 적지 않은 열매를 거두었다. 그러나 선교사들이 떠난 뒤에는 무슬림들이 건물과 대지를 헐값으로 혹은 이슬람 정부의 강압으로 가져가 버렸다.

20-21세기에는 이런 기관들이 이슬람 국가 당국에 의하여 설립 허가를 받지 못하고 극히 적은 수가 인가를 받아 미미한 열매를 보이고 있다. 레바논아메리칸대학교(AUB)와 같은 선교 기반의 대학교는 현지 사회에 긍정적인 영향을 미쳤으나 이제는 세속화되었고 이슬람 정부의 통제하에 놓였다.

기관 모델은 무슬림들이 갖고 있는 편견을 극복하게 하고 그들이 복음을 들을 기회를 갖게 한다. 그러나 이슬람 국가들이 이런 기관을 접수하려고 하고 물가 상승으로 기관 운영이 어려워지고 있으며 적절한 선교사 수급이 잘 안되어 어려움을 겪기도 한다. 일부 기독교인이나 한국인 선교사들이 무슬림들이 운영하는 학교나 병원에서 일하기도 하는데 그 수는 많지 않다.

K-팝이나 K-드라마가 이슬람권에 조금씩 알려지기 시작하면서 일부 한국인 선교사들도 한국어 교원 양성 과정에서 한국어 교원 자격증을 취득하여 해외 대학 기관에서 일하였다.

4) 대화 모델

대화 모델은 템플 게어드너(Temple Gairdner, 1873-1928)가 선구자이며 케네스 크래그(Kenneth Cragg, 1913-2012)가 이를 더욱 발전시켰다. 무슬림과 대화하다 보면 이슬람 문화를 배우게 되고 무슬림에 대하여 좀 더 많이 이해되어 라포(Rapport: 서로 잘 소통하는 긴밀한 관계)를 형성하게 한다. 그리고 자연스러운 대화를 통하여 어떻게 무슬림들에게 증거할 수 있는지를 배우게 되고 궁극적으로는 그들에게 예수 그리스도를 전하려고 한다.

무슬림과의 대화에서는 인내심을 가져야 하고 대화에 앞서 이슬람의 역사, 꾸란 그리고 그들이 기독교와 성경에 대하여 어떻게 생각하는지도 알아야 한다. 대화는 자신의 것을 나누는 것뿐만 아니라 상대방에 대한 경청도 포함되며 마음에서 우러난 우정은 서로에게 강한 영향력을 미친다.

대화식 전도에서 중요한 것은 사역자들이 복음에 대한 확신이나 내용에 타협하지 않으면서 복음을 분명하게 전하는 것이다. 최근에 와서 많은 사역자가 이 방법을 취하고 있지만 좋은 결과를 거두고 있다는 증거는 미약하다(김성운 2013, 131). 더구나 우정을 쌓은 후에 복음을 전하려고 하다 보니 오래 기다려야 하고 또 복음을 적시에 전하는 기회를 놓치는 경우가 생기면서 무슬림에 대한 전도에서는 우정 전도 방식을 고집하지 않는 선교사들이 있다.

그러나 대화 모델은 장기적으로 보면 무슬림과 기독교 간의 신뢰를 구축하고 기독교에 대한 오해를 줄이는 데 중요한 역할을 한다.

이에 대해 황원주는 다음과 같이 말했다.

> 무슬림 친구와의 관계를 돈독히 다진 후에 복음을 전하겠다는 생각으로 복음을 나눌 기회를 뒤로 미루는 경우가 많다. 하지만, 이렇게 하면 무한정으로 미루어질 수 있다. 따라서 관계를 맺기 시작한 초기에라도 적절한 때에 복음을 전하는 것이 중요하다.[1]

---

[1] 황원주, 『최소한의 이슬람』, 303.

5) 상황화 모델

상황화 모델에는 필 파샬(Phil Parshall), 더들리 우드베리(J. Dudley Woodberry), 딘 길릴랜드(Dean S. Gilliland), 찰스 크래프트(Charles Kraft) 등이 알려져 있고 많은 학자와 선교사가 이 접근 방법에 관심을 갖는다. 1980년대 필 파샬(Phil Parshall)은 방글라데시 사역을 통해 선교사와 회심자 모두에게 적용할 수 있는 여섯 가지 생활 방식과 열여덟 가지 예배 방식을 제시했다.

첫째, 선교사를 위한 여섯 가지 생활 방식

  (1) 그 지역 사람들과 유사한 복장을 한다.
  (2) 남자 선교사는 가능하면 턱수염을 기른다.
  (3) 무슬림들의 식습관을 따른다.
  (4) 간소한 생활을 한다.
  (5) 사건 중심의 시간관념을 갖는다.
  (6) 개종자를 대중에게 소개하는 것을 피한다.

둘째, 선교사를 위한 열여덟 가지 예배 방식

  (1) 예배 장소 밖에 기도하기 전에 씻을 수 있는 시설을 만든다.
  (2) 신자들에게 예배 장소로 들어가기 전에 신발을 벗도록 한다.
  (3) 기도 시간에 모든 신자는 마룻바닥에 앉는다.
  (4) 꾸란을 놓기 위한 접는 책받침 위에 성경을 놓는다.
  (5) 가끔 헬라어 성경과 히브리어 성경을 활용한다.
  (6) 양손을 위로 올려 무슬림의 스타일로 기도를 시작한다.
  (7) 무슬림이 꾸란을 낭송하듯 성경 말씀에 가락을 넣어 낭송한다.
  (8) 예배자들이 무슬림식으로 포옹하도록 격려한다.

(9) 무슬림은 금요일을 거룩한 날로 여기므로 예배의 날을 융통성 있게 선택한다.
(10) 금식을 장려한다.
(11) 제자양육에서는 무슬림에게 허용된(할랄) 음식을 제공한다.
(12) 무슬림 배경만을 가진 회심자가 모이는 동질 집단을 존속시킨다.
(13) 모스크의 운영 방식을 따라 교회를 조직한다.
(14) 회심자가 무슬림식 이름을 그대로 쓴다.
(15) 크리스천'이라는 단어는 부정적인 의미를 담고 있기 때문에 이 단어의 사용은 피하고 "이싸를 따르는 이"(Followers of Isa)들이라고 답변한다.
(16) 성경공부, 기도, 금식을 강조한다. 종교인이 지켜야 할 사항을 지킨다.
(17) 회심자들은 그들 자신의 리더십을 선택한다.
(18) 전도는 가족과 친구 관계를 중심으로 한다.

트라비스(John Jay Travis)는 필 파샬의 모델과 생활 방식(lifestyle)이 무슬림과 교류하는데 가장 관련성이 깊다고 했다. 그는 무슬림과의 관계를 구축하고 환대를 하고 음식과 복장을 이슬람 문화에 적응시키는 것이 필요하다고 말했다.[2]

그런데 사무엘 즈웨머와 헨리 마틴은 두 가지 이상의 모델을 사용하였다. 따라서 무슬림 전도에서는 어느 한 가지 특정한 유형보다는 상황에 따라 각각의 유형이 지니고 있는 장점들을 사용하는 것이 더 효과적이다.

황원주는 무슬림 전도유형을 일목 요연하게 표로 만들어 전도 유형의 분석 요인으로서 주창자, 접근방법, 꾸란의 사용, 이슬람에 대한 태도, 무함마드의 선지자성, 회심자, 예배와 교회, 전도법에서 주요한 기여도, 종교 신학적 이해, 타문화 의사소통 방법 등으로 세분했다.

다음 표에서 무슬림 전도에 대한 공헌 등 여덟 가지 요인만 살펴보자.

---

[2] J. Stephen Jester, Book Review "The life and Impact of Phil Parshall: Connecting with Muslims", *Great Commission Research Journal*, 2022, Vol. 14(1), 115.

⟨표 4⟩ 전도 유형(Won Joo Hwang 2019, 212-215)

구분	대결적 유형	전통적-신학적 유형	대화적 유형	상황화 유형	급진적 상황화 유형
연대	19세기 말, 20세기초	1908-현재	1950-60년대 왕성	1970년대부터 현재까지	1989-현재
주요인물	Henry Martin, Karl Pfander, Clair Tisdall, Jay Smith, John Gilchrist	Samuel Zwemer, Sam Schlorff, Martin Goldsmith,	Temple Gairdner, Kenneth Cragg, Ray Register, Fouad Accad, Henry Martin institute	Phil Parshall, Don McCurry, John Anderson Timothy C. Tennent	John Travis, Charles Kraft, Kevin Haggins, Rebecca Lewis, Herbert Hoefer, Dudley Woodberry
전도법	대결적, 공격적 논박	신학적 차이에 의한 대화	신학적 종교적 공통점 강조, 상호존중과 대화, 평화적 증거	공통적 요소를 다리로 사용, 이슬람 문화적 종교적 양식 채택	이슬람 문화와 종교적 요인을 급진적으로 채택(자아정체성은 무슬림이라고)
꾸란의 사용	부정적 사용: 꾸란의 내적 모순을 드러냄 긍정적 사용: 기독교 진리를 세우는데 꾸란의 일부를 사용	꾸란을 사용하지 않으나 불가피한 경우 최소한 사용	긍정적 사용: 기독교 진리를 증명하려고 꾸란을 기독교적인 관점으로 해석	긍정적 사용: 기독교 진리를 증명하려고 꾸란을 기독교적인 관점으로 해석	긍정적 사용: 기독교 진리를 증명하려고 꾸란을 기독교적인 관점으로 해석
이슬람에 대한 태도	대체로 이슬람에 대해 부정적	이슬람을 하나의 종교로서 인정해 주지만 기독교와 연속성을 부정함,	이슬람의 일부 긍정적인 측면을 인정하나 인간의 기본적 필요에 불완전함	이슬람의 일부 긍정적인 측면을 인정하나 인간의 기본적 필요에 불완전함	이슬람의 긍정적인 측면을 인정 (이슬람의 종교적 형식을 성경적 계시의 관점에서 재해석)

전도에 대한 공헌	변증적 자료가 풍부하지만 전도에 많은 열매를 맺지 못함	선교사와 현지 지도자를 위한 신학적 가르침 제공	공개적 장소에서 대화를 통한 종교 간 대화	상황화된 교회 개척 (전통적인 유형보다 더 많은 열매)	내부자를 위한 새로운 사고와 전도자의 동력 강조
종교 신학적 이해	완전한 불연속성 (이방종교로 인식)	완전한 불연속성 (이단성있는 종교로)	일부 연속성 인정	부분적 제한된 연속성 인정	연속성을 인정하려함
예배와 교회	C1-C2, 외국적 형태, 서구적 교회 스타일	C2-C3, 외국적 형태와 소수 현지 문화적 요소	C3-C4, 더 많은 현지 이슬람 문화적 형태를 수용, 토착화된 교회 형태	C4, 더욱 많은 이슬람 문화적 형태를 수용하고 가장 토착화된 교회	C5, 대부분의 이슬람 문화적 형태를 적극 사용하여 급진적 토착화된 교회

위 표를 보면 대결적 모델과 전통적 신학적 모델은 텍스트 중심의 접근이지만 대화적 모델과 상황화 모델은 컨텍스트 중심의 모델이라고 할 수 있다. 대결적 모델은 이슬람에 대하여 적대적이지만, 대화적 모델과 상황화 모델은 이슬람에 대하여 긍정적이다. 그리고 전통적 신학적 모델을 제외하고 나머지 모델들은 꾸란을 사용한다. 그러므로 성경과 연속성을 갖느냐 또는 불연속성을 갖느냐에 따라 꾸란에 대한 인식이 달라진다.

황원주는 상황화 모델은 성경적 원리에 충실하고 문화적 적합성을 고려한 상황화 원칙을 따라야 한다고 강조했다(황원주 2022, 117). 상황화 모델은 무슬림들의 문화를 존중하며 접근하므로 문화적 요소를 지나치게 수용하면 기독교 신앙의 본질이 희석될 수도 있다는 비판도 존재한다.

2. 이슬람권에서 상황화

많은 무슬림이 꿈, 환상, 기적, 라디오 방송, 전도지, 유투브 등을 통해 혹은 해외에서 기독교인의 전도를 받거나 스스로 성경을 읽은 후에 그리스도를 구주로 영접했다. 1974년 로잔 언약 이후 상황화는 비서구 문화 및 종교 환경에서 효과적으로 복음을 소통하기 위한 방법론으로 주목받았다. 상황화 모델은 선교사의 생활 방식, 예배 형식, 신학적 용어를 바꾸라고 한다(공일주 2009, 252).

그러나 내부자 운동은 무슬림공동체 내에서 복음의 접근성을 높이는 효과적인 전략으로 평가되지만 기독교 신앙의 정체성과 독특성을 유지하기 위한 신학적 검증 과정이 지속적으로 필요하다. 내부자 운동이 상황화와 혼합주의 사이에서 논란이 지속되면서 상황화 작업의 과정에서 그 상황화가 끊임없이 성경 말씀으로 평가될 필요성이 증대되었다. 예수를 단순히 인간 예언자라고 하거나 무함마드가 예언자라는 것을 인정하는 것도 복음의 본질을 훼손하는 것이다.

이슬람권 선교사들에게 잘 알려진 내부자 운동의 존 트라비스(John Travis)가 개발한 C1(가장 낮은 상황화)-C6(가장 높은 상황화) 스펙트럼에서 6가지 분류는 언어, 문화, 예배 형식, 종교적 정체성 그리고 다른 사람과 예배할 자유의 정도가 서로 다르다. 모든 분류는 '이싸'를 주님으로 받아들이며 복음의 구원 메시지는 유지된다. 기독교인의 정체성에서 문제가 보이는 것은 C5, C6이다. 그리고 존 트라비스가 말하는 "C"는 그리스도 중심의 공동체들(Christ-centered communities)을 가리킨다.

C1(아웃 사이더[3] 언어를 사용하는 전통적인 교회)은 수단 카르뚬의 인터내셔널 교회처럼 영어로 예배드리며 대다수 교인은 외국인이다. 소수의 수단인이 참석하고 있으며 자기를 기독교인이라고 생각한다. 이슬람 국가에 세워진 서구 스타일의 예배 방식이고 이슬람의 문화적 요소는 전혀 포함되지 않는다. 한두 명의 BMB가 C1에 올 수 있다.

C2(인사이더 언어를 사용하는 전통적인 교회)는 수단 카르뚬의 성공회와 같이 현지인의 언어인 아랍어로 예배를 드리고 이슬람 문화적 요소가 포함되지 않는다. 무슬림과 C2 사이의 간격은 아직도 크다. BMB가 C1보다 C2에 종종 찾아간다. C2는 자기를 기독교인이라고 생각한다. 이슬람 국

---

3   인사이더는 로컬(해당 지역의) 무슬림 주민을 가리키고 아웃사이더는 로컬 비무슬림 주민을 가리킨다.

가에 지금 존재하는 교회들은 C1이나 C2이다. C1(외국인 중심의 교회)과 C2(현지인 언어의 사용)의 정체성은 기독교인이고 비상황화한 교회이다.

C3(인사이더의 언어를 사용하고 상황화된 그리스도 중심의 공동체이고 종교적으로는 중립적인 인사이더 문화 형식)는 이슬람적 요소(혹시 존재하는 경우)는 배제되고 순수한 문화적 형식만 사용된다. 성경적으로 허용되는 문화적 형식을 상황화하여 복음이 외국적(foreignness)이라는 것을 줄이고자 한다. 종교적으로 중립의 형식들을 사용하는데 가령, 민요 가락이 있는 찬송곡을 사용하고 전통 의상을 입은 여성들이 자신들을 기독교인이라고 생각한다. 교회 건물이나 종교적으로 좀 더 중립적인 장소에서 만난다. 그들 대부분은 BMB로 구성되어 있다.

C4(인사이더 언어를 사용하고 상황화된 그리스도 중심의 공동체이고 성경적으로 허용된 문화적 형식과 이슬람 형식)는 C3와 비슷하게 성경적으로 허용된 이슬람 형식들을 사용하고 손을 들고 기도하거나 금식하고 돼지고기와 알코올을 피한다. 이슬람 용어와 복장을 사용한다. C1과 C2의 형식을 피한다. 교회 건물에서 만나지 않는다. C4 공동체들은 거의 완전히 BMB이다. C4는 성경적으로 허용된 이슬람 형식을 사용하는 강하게(highly) 상황화된 공동체이고 대부분 BMB로 구성되어 있다. 그러나 무슬림공동체는 대개 이들을 무슬림으로 간주하지 않는다. 자신들을 이싸(알마시흐)를 따르는 자(follower)로 부른다.

C5(예수를 구주와 주님으로 영접한 메시아닉 무슬림의 공동체)는 무슬림공동체 안에서 법적 및 사회적 정체성을 유지한다. 성경과 모순되는 이슬람의 교리와 실천의 측면들은 거부되고 만일 가능하다면 재해석한다. 그들은 정규적으로 집단적인 이슬람 예배에 나가거나 또는 나가지 않지만, 다른 무슬림들에게 이싸에 대한 신앙을 나눈다. 그들은 자신들을 이싸 알마시흐의 종교를 따르는 자 또는 무슬림이라고 말한다.

C5 신자들은 규칙적으로 다른 C5 신자들을 만난다. 무슬림공동체에 의하여 비정통적인 무슬림으로 보일 수 있다. 더들리 우드베리는 C5를 "내부자 운동"으로 묘사했다(공일주 2009, 215). 티모시 테넌트는 C5를 일부 무슬림들이 확실한 기독교 믿음으로 넘어가는 일시적이고 과도기적인 다

리로 보는 것이 가장 나은 접근 방식이라고 생각했다.

C6(비밀 또는 지하 신자들의 소규모 그리스도 중심의 공동체)는 두려움, 고립, 정부나 사회의 법적 제재와 보복 그리고 극도의 박해 위협 때문에 신앙을 비밀로 하고 개별로 또는 소규모 모임으로 비밀리에 예배한다. 이들은 보통 자신의 신앙을 공개하지 않고 100퍼센트 무슬림 정체성을 갖는다. 존 트라비스는 C6도 그리스도 안에서의 가족이라고 말한다. C6는 C5와 다르게 자신들의 신앙에 대하여 입을 다문다.

그런데 상황화 원리에 전념한 선교사 중 많은 사람이 C4까지 나아갔다. 그러나 C4보다 더 앞으로 나아가면 기독교인과 무슬림의 사상과 실천이 함께 혼합되고 기독교 신앙의 독특성(Distinctives)을 잃어버려서 혼합주의로 이동할 위험성이 있다고 느낀다(Colin Chapman 2007, 364).

돈 리틀은 'The insider movement'가 하나의 단일하고 보편적인 현상과 획일적인 접근으로 오해되기 때문에 이런 용어를 사용하지 말라고 한다. 사람마다 'insider approach'(내부자 운동의 구체적인 실행 방식이나 접근 방식)나 'insider perspectives'(내부자 운동을 지지하는 사람들이 제공하는 경험이나 의견) 또는 'insider movements'라는 용어를 사용한다. 그러나 'The insider movement'라는 단일한 운동은 존재하지 않는다고 했다. 내부자 운동은 혼합주의(syncretism)나 혼합주의의 위험에 빠질 수 있다.

황원주(2012, 200)는 내부자 운동과 같은 과도한 상황화 모델을 비판하며 혼합주의적 결과를 두려워한 나머지 건강한 상황화조차 시도하지 않는다면 목욕물을 버리면서 아이까지 버리는 결과를 초래할 것이라고 했다. 그렇다면 교회와 선교사가 직면하는 가장 큰 도전은 "어떻게 우리가 신학적으로 그리고 성경적으로 충실하면서도 동시에 우리의 삶과 연관되도록 복음을 소통할 것인가"에 있다. 상황화는 성경적 원리에 충실한가와 문화적으로 적합한가라는 두 개념 사이의 역동적 균형을 표현해 준다.

돈 리틀은 내부자 운동의 지지자들과 여러 차례 대화를 나눈 결과, 그들이 무슬림처럼 옷을 입고 자신들을 무슬림이라고 말하는 그들의 동기는 절대 안전이나 두려움 때문이 아니라고 했다. 오히려 그들의 공동체 안에 남아서 그 구성원들에게 그리스도를 의미 있게 나눌 수 있기 위함이라고 했다. 돈 리틀은 다음과 같은 세 가지 이유 때문에 상황화에 대한 급진적인(radical) 접근들과 내부자 운동을 시작하려는 시도에 대해 여전히 강한 주저함을 갖는다고 했다.

첫째, 내부자 운동에서는 회심이 무엇인가에 대한 이해가 부족하다. 회심이 무엇인가에 대한 신약의 가르침을 회피하고 그리스도 안에서 살아계신 하나님을 만나는 무슬림에게 회심이 무슨 의미인가에 대한 전형적이고 (typical) 심리적인 실체(reality)를 가르치지 않았기 때문이다. 이런 무슬림들은 기독교의 회심을 충분히 이해할 수 없다고 한다.

뮐러(Roland Muller 2006)는 회심한 무슬림이 어떻게 반응하는지 다음과 같이 다섯 가지로 설명한다.

(1) 회심자가 겉으로는 여전히 과거의 이슬람 신앙을 따르는 것처럼 살면서 내적으로는 그리스도를 믿는 경우이다. 이런 경우, 많은 회심자는 비밀의 신자가 되어 자신의 신앙이 발각될 것을 두려워하며 살아간다.
(2) 어떤 회심자들은 두 개의 정체성 사이에서 극심한 혼란을 겪다가 결국 정신적으로 불안정해지기도 한다.
(3) 개종자가 기독교적 정체성을 완전히 받아들이고 자신의 이전 정체성을 거부하는 경우가 있다. 과거에는 종종 이런 방식이 권장되었는데 BMB 신자들은 새로운 이름을 갖는다.
(4) 회심자는 새 신앙(기독교)을 포기하는데 이는 박해나 압력 때문일 수도 있지만, 종종 두 개의 얼굴을 가진 채 살아가는 것이 불가능하다고 느끼기 때문이다.
(5) 성령의 역사와 제자양육자의 도움을 통해 회심자가 두 개의 정체성을 하나로 통합하고, 그리스도 안에서 자유를 발견하는 경우이다. 그는 더 이상 두 개의 얼굴 뒤에 숨지 않고, 이제는 단 하나의 정체성으로 자유롭게 예수를 따르는 삶을 가족과 공동체 속에서 살아간다. 이것이야말로 제자양육자의 가장 중요한 목표가 되어야 한다.

둘째, 이슬람은 영적으로 어둡고 억압적인 면이 있다. 그리스도를 믿는 사람이 계속해서 자신을 무슬림으로 규정하고 그 안에 머물러 있는 것이 좋다는 견해를 지지하는 것을 받아들이기 어려운 이유는 사람들이 이슬람으로부터 구원받아야지 이슬람 안에 머물도록 돕는 것이 아니다. 우리는 꾸란은 하나님의 계시가 아니고 무함마드는 예언자가 아니라고 단호하게 말해야 한다.

셋째, 내부자 운동가들의 제자양육에 대한 비전은 신약과 일치하지 않는다. 돈 리틀이 내부자 운동의 지지자들의 생각을 거부하는 이유는 그들이 주장하는 대부분의 내용이 신약에 대한 합리적이고 책임감 있는 해석에서 벗어난 것이고 했다.

테넌트(Tomothy Tennent)는 내부자 운동의 지지자들이 그들의 접근 방식을 뒷받침하기 위해 주요 신약 구절을 해석하고 적용하는 것이 자주 성공하지 못했다고 했다(Don Little 2015, 122). 그가 밝힌 제자양육의 목표는 BMB들이 자신이 속한 무슬림공동체와 가족들의 관계망 안에 그들이 계속 머물 수 있도록 돕는데 있다고 하였다(Don Little 2015, 125).

제4장

복음, 전도와 제자양육의 정의

마크 두리는 제자삼기의 첫 단계는 복음전도라고 한다. 팀 그린은 복음 전도는 제자양육을 염두에 두고(discipleship in mind) 시작한다는 말에는 동의할 수 있지만 제자양육은 반드시 회심 이후에 시작해야 한다고 말한다.

일부 사람들은 우리가 예수님을 따르는 것이 무엇을 의미하는지를 새신자에게 가르치고 우리가 제자의 모델을 보여 주기 때문에 제자양육이 회심 이전에 시작된다고 말한다.

그러나 팀 그린은 이런 견해가 이해는 되지만, 그대로 받아들일 수 없다고 했다. 만약 그들이 제자양육을 회심 전이나 후로 분명히 확정하지 않고 하나의 연속적인 과정으로 설명한다면 회심의 중요성이 흐려질 수 있다고 했다.

회심은 복음의 부르심에 자발적으로 응답하여, 진심으로 죄들을 회개하고 구원해 주시는 그리스도를 신뢰하는 것이다. 그래서 팀 그린은 제자양육이라는 단어를 예수님을 따르는 사람들 즉, 그들이 예수님 안에서 성장하도록 돕는 과정에 사용한다면 제자양육은 회심 이후에 하는 것이 맞다고 했다. 그는 제자양육을 회심 이후의 삶에서 예수를 점점 더 깊이 따르는 과정으로 설명했다. 그는 제자양육의 시작은 회심 이후라고 한다.

돈 리틀은 BMB가 회심을 경험한 것은 개인마다 다양하다고 했다. 예를 들면, 독실하고 신실한 무슬림이 5년 동안 꿈과 환상을 통해 그리스도를 따를 준비가 되어 있었는데 복음에서 그리스도의 부르심(calling)을 이해한 직후 그리스도를 믿었다. 그런데 다른 무슬림은 오랜 시간에 걸쳐서 천천히 탐색하고 일대일 성경 공부를 한 후에 그리스도를 구주로 믿었다.

또 다른 무슬림은 예수를 믿은 친구의 영향으로 그리스도를 믿었다.[1]

회심은 종종 복잡한 과정이며 하나님은 다양한 방식으로 사람들을 자신에게로 이끄신다. 즉, 그리스도를 향한 움직임의 연속선상에서 어느 시점에서 무슬림은 그리스도를 따르고 순종하기로 선택한다. 그 지점부터 그들은 구도자가 아니라 제자가 된다. 그러나 하나님만이 그의 마음을 아시고 우리는 어느 시점에서 그 사람이 진정으로 회심하여 하나님의 자녀가 되는지 알 수 없다. 무슬림이 예수를 믿고 예수를 만나야 기독교인이 되기 때문이다. BMB에게 회심은 단회적 사건과 지속되는 과정 둘 다 해당된다. 단회적인 순간에 칭의가 이뤄지고 그 후에 성화의 과정이 이어지기 때문이다.

복음전도(evangelism)는 사람들이 그리스도를 만나고 따를 수 있도록 돕는 데 초점을 맞춰야 한다. 돈 리틀은 복음전도의 목표는 단순히 예수님을 믿기로 하는 결정이 아니라 예수께 순종하고 그분의 제자가 되기로 결정하는 것이라고 했다.

제자양육은 그리스도께 헌신(commitment)하는 것을 포함한다. 따라서 돈 리틀은 예수님을 믿고 순종하기로 헌신하기 전에 제자양육이 시작된다고 말하는 것은 이 용어를 다소 잘못 사용하는 것이라고 말했다. 그는 BMB들이 실제로 올바른 복음을 믿도록 돕고 그들이 평생 헌신된 그리스도의 제자가 될 수 있도록 후속 양육(follow up)을 하며 돕는 것이라고 했다.

따라서 제자삼기, 복음전도, 회심, 제자양육 간의 관계를 설명하면 아래와 같다.

(1) 제자삼기는 새로운 사람에게 복음을 전하고 예수를 따르는 여정을 시작하도록 돕는 것이다.
(2) 제자삼기의 첫 단계는 복음전도이다. 복음전도는 그리스도를 만나고 따를 수 있도록 돕는 것이다. 복음전도의 목표는 예수께 순종하고 그분의 제자가 되기로 결정하는 것이다.

---

1 Don Little, *Effective Discipling in Muslim Communities*, 32.

(3) 제자양육은 예수 그리스도께 순종하고 주님으로 따르는 실제적인 현실이다. 제자양육은 반드시 회심 이후에 시작한다.

그렇다면 복음, 전도, 제자양육의 정의에 대하여 성경과 현대 기독교인들이 뭐라고 하는지 살펴보자.

1. 복음

1) 복음의 정의

복음(gospel)은 좋은 소식(good news)이란 뜻이고 헬라어로는 유앙겔리온(εὐαγγέλιον)[2]이라고 한다. 유앙겔리온은 마가복음 1:15, 8:35, 고린도전서 4:15, 9:18, 고린도후서 8:18, 갈라디아서 2:2 등 많은 성경 구절에서 "인간들에게 하나님의 좋은 소식(good news), 선포되는 좋은 소식"이고 마가복음 1:1에서는 "예수의 삶과 사역과 연관된 사실들", "예수의 좋은 소식"이고 또, 예수의 삶과 가르침을 다루는 책이다.

그러므로 복음은 두 가지 의미로 사용된다.

첫째, 복음은 예수 그리스도가 중심이 된 사건들인데 복음의 1차적인 의미는 나사렛 예수의 오심에 관한 좋은 소식이다.
둘째, 복음의 2차적인 의미는 나사렛 예수가 누구신가 그리고 그의 죽음과 부활에 초점을 맞춘 신약의 사복음서를 가리킨다.[3]

2024년 인천에서 열렸던 제4차 로잔대회의 서울 선언문에서 "복음은 삶을 변혁시키는 능력과 좋은 소식을 전하는 이야기"라고 한다. 무슬림들

---

[2] 유앙겔리온은 로마제국에서 "어떤 사건이 발생할 때 그것이 모든 사람이 알아야 할 좋은 소식으로 여겨져 공적으로 알려야 하는 상황에서 나온 말"이다.
[3] 앨리스터 맥그래스, 『한 권으로 읽는 기독교』(서울: 생명의말씀사, 2017), 85.

에게 "인질"(injīl)은 알라가 이싸에게 내려 준 책이다.

그러면 오늘날 아랍 기독교 목회자들과 서구의 학자들은 복음을 뭐라고 정의하는지 살펴보자.

첫째, 복음은 하나님의 영원하신 아들이 인간의 죄에 대한 벌을 치르기 위해 인간의 육신을 취해 인간이 되셨다는 기쁜 소식이며, 예수님은 십자가에서 죽으심으로 이를 행하셨고, 그 후 예수님은 목적을 달성하셨다는 것을 증명하기 위해 죽음을 이기고 부활하셨으며, 그래서 그리스도를 믿는 모든 사람이 영원한 새 생명을 얻게 하셨다(Imad Shehadeh, 요르단신학대 총장).

둘째, 복음은 하나님께서 당신의 삶에 오셔서 당신을 그분의 자녀로 삼으시고, 하나님께서 언젠가 온전히 구속하실(redeem) 공동체의 일원으로 삼으시겠다는 약속을 통해 하나님과 당신의 관계가 회복된다는 점에서 좋은 소식이다(Darrell L. Bock, 미국 달라스신학교 교수).

대릴 L. 보크는 복음에는 개인적 요소와 공동체적 요소가 있다고 한다.

- 개인적인 요소: 하나님께서 은혜로 베푸시는 것(용서와 성령의 능력)에 믿음으로 응답한다. 성령의 능력이 우리를 다른 사람과 다르게 살 수 있게 하고 우리를 공동체적 요인을 향해 움직이게 한다.
- 공동체적 요소: 그리스도 안에서 모든 사람과 연결하는 다리를 놓게 한다. 에베소서 2장은 이 목표와 범위의 요약이고 공동체적 목표는 로마서 8장에서 모든 피조물을 포함한다.

셋째, 복음은 "주 예수님의 삶, 그의 메시지 그리고 그의 오심의 목적에 대해 말하는 것"(Basil al-Nimri, 요르단 자르까 나사렛교회 목사).

넷째, 복음은 예수님에 의해 구원받고 예수님과 살아 있는 관계를 맺는 것(Don Little, BMB 제자양육자).

다섯째, 복음은 역사 안에서 눈으로 목격한 공적 사건을 통하여 살아계신 하나님이 행하신 일에 관한 좋은 소식이다. 하나님이 세상을 구원하기 위해 역사적인 사건을 통해 행동하셨다는 좋은 소식(Christopher Wright, *The Mission of God*).

여섯째, 복음은 사복음서에서 하나님 나라의 도래(arrival)를 선언(declaration)하는 것이고 바울이 그리스도를 믿는 믿음을 통한 구원의 메시지를 복음이라고 하는데 그 중심에는 십자가가 있다(Mark Durie, 호주 이슬람학 교수).

일곱째, 초기 기독교공동체에서 복음은 예수의 죽음, 매장, 부활을 포함하는 스토리이고 개신교 교회들의 전통에서 복음은 그리스도의 행하심(work)과 이것이 인간 구원에 적용되는 것을 포함한다(Ted A. Campbell, *The Gospel in Christian Traditions*).

여덟째, 복음은 보통 '좋은 소식'이라고 한다. 하지만, 어떤 그리스도인들은 이것을 교의(doctrine: 공동체가 공식적으로 가르치기로 동의한 것)로 축소한다. 복음을 교의로 축소하면 예수 그리스도가 누구신가(person)와 그의 능력(power)을 놓치게 된다. 그런데 복음은 그리스도가 우리를 위해 행하신 교의를 포함하지만, 그저 머릿속으로 믿어야 할 교의가 아니고, 우리의 삶 속에서 예수께서 우리의 삶을 바꾸는 능력을 빠뜨리지 말라는 것이다. 우리가 예수를 만나 그와 살아 있는 관계(living relationship)를 맺을 때, 우리에게 새로운 삶을 주시는 분은 예수님 자신이다(Tim Green, BMB 제자양육자).

아홉째, 온전한 복음은 예수 그리스도의 하나님 되심을 선포하는 것이다. 예수 그리스도의 삶과 사역, 죽음, 부활, 승천을 통해 성취된 하나님 나라 안에서 주어진 구속의 은총을 모든 민족과 족속에게 전하므로 하나님의 구원, 그의 나라를 이루어 가는 것[4]이라고 한다(김종성).

이상과 같이 Imad Shehadeh는 복음의 핵심인 예수의 죽음과 부활(고전 15:1-4)과 인간 구원에 대한 설명이 성경 구절을 아주 잘 반영했다. 대럴 L. 보크(Darrell L. Bock)는 복음은 하나님과의 관계 회복(개인적 요소)과 공동체적 구속을 포함한다. 마크 두리(Mark Durie)는 복음은 하나님 나라의 도래와 십자가를 중심으로 한 구원의 메시지라고 하므로 성경구절(막 1:15; 롬 15:3-4)을 충실히 반영한다. 팀 그린(Tim Green)은 복음을 예수와 살아 있는 관계와 그의 삶을 바꾸는 능력을 강조한다.

---

[4] 김종성, "신약성경에 나타난 온전한 복음", 「KMQ」 2022년 겨울호, 60.

2) 미국인의 복음 이해

레슬리 뉴비긴은 "어떠한 복음도 순수하지 않다. 복음은 항상 문화 속에서 구현된다"고 했다. 오늘날 미국인의 복음은 공동체보다는 개인주의적인 복음 이해를 갖는다. 다음과 같이 부정적인 측면들이 있다.[5]

첫째, 미국인의 복음은 은혜를 죄 사함에만 국한한다. 기독교인이 걸어가야 할 전체 여정보다는 회심과 은혜에 초점을 둔다. 은혜는 우리가 선한 일을 하도록 우리에게 능력을 주시는 하나님의 지속된 선물이다. 은혜는 평생 우리에게 전체 여정을 위한 신적 능력을 제공한다.

둘째, 미국인의 복음은 칭의와 성화를 분리시킨다. 물론, 칭의와 성화는 각각 새로운 탄생의 실재(reality)와 예수처럼 되는 과정이라는 서로 다른 의미를 갖는다. 이 두 가지를 분리하고 또 기독교인이 된다는 것이 하나님께 보호받는 신분을 얻는다는 인상을 주게 된다.

그러나 그리스도를 믿으라고 부르신 것은 그를 따르라는 말이 포함된다는 것을 가르치지 못한 것이다. 구원(칭의)은 결승선이 아니라 평생 여정을 위한 출발선이다. 복음은 하나님이 주시는 새 생명과 함께 시작되는 변혁의 여정으로 제시되며 매일 그리스도를 따르는 기쁨 속에서 제자양육이 심화된다.

셋째, 미국인의 복음은 믿음이 특정한 종교적 사실들에 대한 지적 동의라고 가르친다. 믿음은 단순히 종교적 교리나 사실에 대해 동의하는 지적 합의를 넘어서서 삶의 모든 영역에서 그리스도를 따르고 순종하는 것이다.

우리의 제자양육에서 그리스도를 따르지 않는다면 예수를 믿는 것이 의미가 없다. 제자양육 없이 오직 믿기만 하라고 하면 그것은 믿는 것이 아니고 종교적 사실에 동의하는 것이다. 문제는 사람을 변혁시키지 않는 "믿음"(faith)을 가르쳤다는 것이다. 예수와 바울은 예수를 따르는 것이

---

5   Bill Hull, *The Complete Book of Discipleship on Being and Making Followers of Christ*(Colorado Springs: NavPress, 2006), 68.

기독교인이 된 증거라고 가르쳤다(눅 9:23-25; 빌 2:1-8).[6]

빌 헐(Bill Hull)은 많은 복음주의자가 신학적으로는 잘 알고 있지만, 성경을 직접 읽고 이해하는데 있어서는 부족한 점이 있다고 지적했다. 성경의 가르침을 스스로 읽어보지 않고 신학적 입장을 택한 게 문제라고 했다.

3) 이미지와 유비

기독교 메시지의 중심 주제는 예수 그리스도의 죽음과 부활로 인해 인간의 상황(situation)이 변혁(transformed)되었다는 것이다. 이런 변혁을 자주 구원이라고 한다. 구원이라는 단어가 특별한 의미를 갖지만 자주 일반적인 의미로도 사용된다.

신약의 바울 서신에는 구원의 이미지(images)나 유비(analogies)가 있다. 바울은 그리스도가 신자들에게 가져다주는 혜택을 조명하고 설명하기 위해 풍부한 이미지들을 사용한다. 그는 이러한 유비들이 전달하려는 의미를 독자들이 이해할 수 있을 것이라고 가정한다.

그러면 무슬림들에게 생소한 '구원의 이미지' 중 몇 가지를 알아보고자 한다.[7]

(1) 구원(salvation)

구원은 여러 가지 의미를 가지고 있으며 위험이나 포로됨이나 치명적인 질병으로부터 구출(release)되는 것이다. 치유나 해방과 같은 개념도 이 단어의 의미 영역에 포함되어 있다. 구원은 과거에 이미 일어난 일, 현재 일어나고 있는 일, 미래에 일어날 일(something)을 가리킬 수 있다. 그래서 기독교인들은 "죄책감(guilt of sin)으로부터 구원받았다(과거). 나는 죄의 능력으로부터 지금 구원받고 있다(현재). 나는 죄의 존재(presence)로부터 구원받을 것이다(미래)"라고 말한다.[8]

---

6 Bill Hull, *The Complete Book of Discipleship on Being and Making Followers of Christ*, 70.
7 Alister McGrath, *Christianity: An Introduction*, 93-94.
8 Alister McGrath, *Christianity: An Introduction*, 93.

(2) 양자됨(adoption)

바울은 하나님 가족으로 입양되었다(롬 8:15, 23; 갈 4:5)고 말한다. 믿는 자들이 하나님의 가족으로 입양되었다는 말은 믿는 자들이 그리스도와 동일한 상속의 권리를 공유한다는 것을 의미한다. 따라서 믿는 자는 그리스도께서 이루신 영광을 받게 될 것(비록 그의 고난에 동참한 이후이지만)이다.

(3) 칭의(justification)

바울은 갈라디아서와 로마서에서 믿음으로 의롭다고 선언되었다(롬 5:1)고 확언한다. 신자가 하나님 앞에서 법적인 지위가 변화하고 그의 죄가 많음(sinfulness)에도 불구하고 하나님에 의해 의롭다고 선언되었다는 의미다. 명사 "칭의"와 동사 "의롭다고 선언되다"는 하나님과 올바른 관계로 들어가거나 혹은 하나님이 의롭다고 선언해 주셨다는 것이다.

(4) 구속(redemption)

구속은 주로 "지불함으로써 누군가의 해방을 보장한다"는 의미를 갖는다. 바울의 기본 사상은 신자들이 하나님의 둘로스(다른 사람에게 전적으로 헌신한 사람)가 되도록 하기 위해 그리스도의 죽음이 신자들을 죽음의 종살이(slavery)로부터 자유롭게 한다는 것이다(고전 6:20).

(5) 화해(reconciliation)

화해는 하나님과 깨어진 관계를 회복하는 것을 의미한다. 바울은 하나님께서 "그리스도를 통하여 우리를 하나님과 화해하게 하셨다"고 말한다.

> … 그가 그리스도로 말미암아 우리를 자기와 화목하게 하시고 또 우리에게 화목하게 하는 직분을 주셨으니(고후 5:18).

구원이 하나님과 화해의 이미지와 연결되므로 죄는 하나님으로부터의 소외와 단절을 가리킨다.

위와 같은 용어 중 무슬림이 상대적으로 이해하기 쉬운 용어는 화해이지만 칭의, 구속, 구원, 양자됨은 이슬람의 신학 개념에 나오지 않기 때문에 각각의 개념에 적합한 맥락과 이미지를 신중하게 고려해야 한다.

2. 전도와 복음 선포

전도는 하나님에 대한 놀라운 진리를 구두나 글로 소통하여 예수 그리스도에 대한 좋은 소식을 선포하는 것이다. 따라서 개인 간증은 영향력(powerful)이 있고 전도를 돕기는 하지만 전도는 아니다. 사회적 활동과 공적 참여(노동조건, 노동 시간 단축, 최저 임금 협상 참여 등)는 예수의 복음이 아니다. 하나님과 예수와 성경에 대해 상대방이 갖는 거부감과 질문에 대해서 이뤄지는 변증법[9]은 전도가 아니다.

존 스토트는 전도하는 것은 개종자들을 얻기 위함이 아니고 좋은 소식을 선포하는 것이라고 했다. 사람에게 결심하라고 설득하는 것이 아니라 그리스도 안에서 구원받은 좋은 소식을 믿지 않는 자에게 선포하는 것이다. 전도는 우리의 생각을 주입시키는 것이 아니다. 오히려 우리가 전하는 메시지의 충실함의 측면에서 전도의 의미가 정의된다. 그리고 사람을 회심시키는 것은 우리의 능력이 아니다.

하나님과 회복된 관계의 좋은 소식이 자신에게 큰 기쁨을 가져왔다는 것을 체험한 전도자는 전도에서 일하시는 분은 자신이 아니고 하나님이시므로 전도하기 전에 하나님께 기도한다. 성경을 사용하여 영감 있는 단어들이 상대방에게 전해지므로 전도자는 복음을 나눌 때 자신이 사용하는 어휘들을 주의 깊게 생각해 봐야 한다. 그리고 상대가 자신을 되돌아보게 하는 질문을 던져서 그들 삶에서 갈등하고 있는 것이 무엇인지를 자문하게 한다. 가령, 하나님과의 심판에 대하여 물어보고 상대방의 답변을 경청

---

[9] 변증학에는 개인과 집단으로서의 청중을 이해하고 그들의 언어를 배우고자 하며 그들의 상황에 발을 들여놓고 기독교 신앙이 그들과 연결될 수 있는 측면이 무엇인지 식별하려는 의지가 필요하다.

하는 것이다. 전도는 하나님과 화해하도록 예수 그리스도를 구주와 주님으로 선포하는 것이다.

그렉 길버트(Greg Gilbert)는 로마서 1-4장에 나오는 바울의 메시지를 통해 복음 선포의 핵심에는 다음과 같이 4가지 질문과 그에 대한 답이 있다[10]고 했다.

(1) 하나님: 하나님이 창조주이므로 우리는 하나님께 책임이 있다(공통점을 찾는다)
(2) 인간: 우리의 문제는 무엇인가? 하나님께 반역(rebellion)했고 심판을 받을 것이다. (무슬림들 중 진지한 무슬림이라면 알라의 심판을 의식하고 그의 행동들을 잰 저울의 무게가 어느 쪽을 기울지 걱정한다).
(3) 그리스도: 하나님과 우리의 관계를 회복시키는 해법은 무엇인가? 인간 죄에 대한 하나님의 해법은 그리스도의 희생적 죽음과 부활이다. 무슬림들과 초기 대화에서 "너는 죄인이다"고 말하면 그가 내심으로 "나는 죄인이 아닌데"라고 생각하는 경우가 많아서 아랍 무슬림에게는 "죄"라는 단어보다는 "하나님 기준에 도달하지 못함" 또는 "하나님과의 관계 단절"과 같은 표현이 더 효과적일 수 있다. 다시 말해서 처음 만나는 무슬림에게는 "인간은 완벽하지 않다. 누구나 하나님의 용서를 필요로 한다"는 말이 더 나을 수 있다.
(4) 우리의 반응: 어떻게 해야 하나님의 초대를 받아들일 수 있다고 생각하는가?
하나님이 용서해 주시고 하나님과 관계를 회복하려면 우리는 죄를 회개하고 예수를 믿음으로써 구원을 받아야 한다.

이와 같이 복음 선포는 (신약과 구약 모두에서) 하나님이 하신 일에 대한 전체 이야기를 들려주는 것인데 우리가 무슬림에게 복음을 전할 경우에는 다음과 같은 질문을 통해 복음을 선포할 수 있다.

---

10 Greg Gilbert, *What is the Gospel?*(Good News Publishers, 2016), 21.

(1) 누가 우리를 창조했고 우리는 누구에게 책임이 있는가?
(2) 우리의 문제는 무엇인가? 우리는 곤경에 처해 있나요? 왜?
(3) 그 문제에 대한 하나님의 해결은 무엇인가? 하나님은 그 문제에서 우리를 구원하기 위해 어떻게 행하셨나요?
(4) 내가(나 자신) 어떻게 해야 그 구원에 참여할 수 있나요? 나와 다른 사람에게 기쁜 소식이 되는 이유는 뭔가요?

그렉 길버트의 복음 선포 방식에는 하나님을 창조주로 시작하여 무슬림과 공감대를 형성하고 인간의 문제와 하나님의 해결책을 단계적으로 제시하는 접근(하나님 → 인간의 문제 → 하나님의 해결책 → 우리의 응답)이 무슬림과의 초기 대화에서 매우 유용하다.

선포 전도는 기독교인이 비기독교인에게 복음의 본질적인 메시지를 명확하게 진술해 주는 것이다. 신약에서 선포 전도는 비유(마 13:34-35), 표적(요 2:1-11), 대화와 질문(마 16:13-16) 등의 방법을 사용한다. 선포 전도는 전도의 유일한 수단이 아니다. 효과적인 전도에는 높은 영향력, 친밀한 가까움, 확실한 소통이란 3요소가 필요하다.

3. 제자와 제자양육의 정의

제자(disciple)는 누구인가?

제자는 학습자 또는 따르는 자이다. 마이클 윌킨스(Michael Wilkins)는 "복음서에 사용된 제자는 예수를 따르는 자를 가리키고 초대 교회에서 믿는 자, 그리스도인, 형제나 자매, 도를 따르는 자 등으로 알려진 사람들을 지칭하는 말이었다"[11]고 한다. 이 단어들은 예수와의 관계나 예수를 믿는 다른 사람들과 갖는 관계의 서로 다른 양상을 표현한 것이다. 제자는 거듭나고 예수를 따르는 자이다.

---

11 Bill Hull, *The Complete Book of Discipleship on Being and Making Followers of Christ*, 52.

흔히 기독교인과 제자를 구별하여 기독교인은 믿음으로 예수를 구주로 영접하여 영생을 받은 자이고 제자는 영적 훈련에 적극적이고 전도에 참여하고 다른 사람을 훈련하는 자라고 한다.

그런데 빌 헐(Bill Hull)은 기독교인과 제자를 서로 구분하는 성경 구절은 없다고 했다.[12] 빌 헐(Bill Hull)은 제자가 자연적으로 존재하는 것이 아니라 제자양육을 거쳐서 만들어진다고 했다. 그는 제자를 "그리스도를 따르는 기독교인"이라고 정의한다.[13] 그리고 discipleship은 제자가 행하는 것(what a disciple does)이라고 했다. 즉, 예수를 계속 따르는 과정이라고 한다.

discipleship이란 단어는 성경에 안 나오지만, 복음서와 사도행전에서 여러 번 나오는 '마세테스'(μαθητής)가 있다. 그 의미 중에서 "가르침을 통해 배움에 참여하는 자"(pupil, 마 10:24; 눅 6:40)라는 뜻보다는 "교육적인 평판(Reputation)을 갖는 사람과 지속적으로 연관된 자"(disciple, 마 9:14; 11:2; 14:12; 막 2:18; 6:29; 눅 5:33; 7:18; 11:1; 요 1:35, 37; 3:25 등)란 뜻이 성경 구절에 더 많이 쓰였다. BMB 제자양육에서는 위 두 번째 정의대로 "주님과 지속적으로 연관된(associated) 제자"를 우선한다.

대부분의 기독교인은 discipleship을 예수를 따르는 과정으로 이해한다. -ship은 '상태'(state)를 가리키므로 discipleship은 여정(journey)의 의미가 들어 있어서 지속적으로 예수님을 따르고 배우는 영적 여정이다.[14] 그래서 무슬림과 같은 문화적 종교적 배경이 다른 사람들이 예수를 구주로 믿은 후에는 관계 형성과 지속적인 제자양육이 필요하다는 것을 알 수 있다.

마가복음의 핵심적인 주제는 제자양육이다. 마가복음 1:15에서 예수님께서 하나님 나라가 가까이 왔다고 선포하셨다. 제자양육의 중요한 패턴은 예수님이 제자들을 부르신 일에서 드러난다. 그것은 예수님이 그의 제자들을 불러서 그와 함께하시고 예수님이 하신 일(하나님 나라에 대한 복음 선포 그리고 귀신 쫓기와 치유를 통한 하나님 나라 권능을 직접 보여 주심)을 본받아 제자들이 할 수 있는 권세를 주신다.[15]

---

12   Bill Hull, *The Complete Book of Discipleship on Being and Making Followers of Christ*, 52.
13   Bill Hull, *The Complete Book of Discipleship on Being and Making Followers of Christ*, 52.
14   Bill Hull, *The Complete Book of Discipleship on Being and Making Followers of Christ*, 56.
15   Jung Woo Lee, "Discipleship in the Gospels and Its Implications for Discipling

2024년 인천에서 열렸던 제4차 로잔대회의 서울 선언문에서 제자라는 표현은 "예수님을 따르는 자로서 복음에 의해 형성되어 하나님을 사랑하고 이웃을 사랑하는 삶을 살아가는 자"라고 했다. 하나님에 대한 사랑과 이웃에 대한 사랑이 하나로 결합된 제자를 만드는 것이다.

우리나라에서는 제자양육이 성경공부로 잘못 인식되기도 하였고 제자양육을 "훈련 또는 프로그램"이라고 생각하여 그 훈련이나 프로그램을 마치면 더 이상 제자양육에 대하여 관심을 두지 않기도 했다.[16]

예수님은 우리에게 제자 삼으라는 분명한 명령을 남기셨다(마 28:18-20). 그러면 현재의 제자양육와 복음서에서 제자양육을 비교해 보자. 현재의 제자양육은 문화적 변화와 상황에 맞게 바뀌었다. 복음서를 보면 예수의 제자가 된다는 말은 그를 관찰하고 그에게서 배우고 그를 순종하고 본받아서 그와 같이 동행하는 것이다. 제자들은 예수님이 행하셨던 것을 어떻게 행할지 배우고자 그와 함께했다(막 1:20).

"너희도 처음부터 나와 함께 있었으므로 증언하느니라"(요 15:27).

오늘날의 제자양육은 제자훈련이란 책자를 가지고 정해진 시간에 어느 건물 안에 모여 통제된 환경 안에서 형식을 갖춘 교육이 이뤄진다. 그러나 예수님은 회당, 가정, 산, 배, 길가 등에서 비형식적인 만남을 가지셨다. 그때 제자들은 그리스도와 같이 되고자 자신을 헌신하는 결단이 있었다. 그러나 오늘날 제자양육은 교회 내에서의 정해진 시간과 장소에서 이루어지는 교육적 활동이다. 일상생활 속에서도 그리스도인으로서의 삶을 실천하며 성장하는 과정이어야 한다.

요르단에서 BMB 제자양육 사역을 했던 키스 서메이(Keith Summey)는 제자양육은 (회심한 이후) 예수 그리스도의 성숙한(Mature) 제자가 되도록 새로운 신자를 준비(Equip)시키는 과정이라고 했다.[17] 이제 오늘날 기독교

BMBs", 아랍과 이슬람 세계, 중동아프리카연구소 제9집, 2022, 143-144.

16 제자양육에 대한 공일주의 글은 「KMQ」 2021년 겨울호(다니엘 김) 그리고 「KMQ」 2022년 봄, 여름, 가을, 겨울 호(공요셉)에서 볼 수 있다.

17 에베소서 4:12에는 "온전하게 하여"라는 말이 나오는데 헬라어 원어 성경을 보면 "준비시켜서"(equip)라고 한다. 또 골로새서 1:28에서 "완전한 자"는 헬라어 성경에서 "성숙한 자"(mature)라고 한다. 일부 성경해석학자들은 에베소서 4:12-13의 내용을 순서대로 먼저 "준비시키고"(엡4:12), 봉사를 하고(4:12) 그 후 성숙한 자(4:13)라고 말한다.

인들이 제자양육(Discipleship)이란 말을 뭐라고 정의를 내리는지 살펴보자.

(1) 무함마드가 가르친 곧은 길(이슬람, 조상 무슬림이 걸었던 길)을 버리고 회심을 통해 평생 그리스도를 따르는 삶의 여정(journey)이다(Don Little).
(2) 제자가 예수를 자신의 주님으로 따르고 순종하는 실제적인 현실(실제로 실천하는 삶의 상태)이다(Don Little). 우리의 주님에 대한 순종은 사랑의 관계에서 나오며 성령께서 우리 안에서 역사하심으로 변화된 우리의 새로운 성품에서 나온다.
(3) 예수 그리스도를 따르는 과정(Bill Hull).
(4) 예수를 살아계신 그리스도로서 순종하고 따르며 은혜로부터 나오는 삶이다(Dietrich Bonhoeffer). 제자양육은 고난받는 그리스도께 충성(allegiance)을 바치는 것을 의미하며 그리스도인들이 고난을 겪게 되는 것이 전혀 놀랄 일이 아니라고 했다.
(5) 제자양육은 예수님처럼 사는 방법을 예수께 배우는 것이다(Dallas Willard).
(6) 제자양육은 마음, 영혼, 사고의 통합을 포함하며, 복잡한 세상 속에서 그리스도의 제자로서 생각하고, 살며, 행동할 수 있도록 한다(Alister McGrath). 또한, 사고(mind)의 제자양육은 하나님께서 우리의 사고를 형성하시도록 허락하는 것이며, 이를 통해 하나님의 뜻을 분별하고 타락한 세상에서 신실하게 사는 것이다.
(7) 제자양육은 우리가 다른 제자들과 함께 걸으며 사랑 안에서 서로를 격려하고, 세워주고 도전함으로써 그리스도 안에서 성숙함으로 자라가도록 돕는 의도적인 관계이다(Greg Ogden).

팀 그린은 앨리스터 맥그래스가 말한 제자양육의 정의에 대하여 다음과 같이 추가적인 설명을 한다.

> **이란 신자가 나에게 크리스천이 된 이후로 세상을 보는 방식이 바뀌었다고 말했다. 이제 그녀의 삶에 하나님이 계시기 때문이다. 이 말을 들으니 로마서 12:2 말씀이 떠오른다. 우리의 마음(생각)이 새롭게 되어 변화를 받는 것에 대한 말씀이다. 이**

는 마음의 새로워짐을 통해 이루어진다. 나는 이것이 깊은 차원을 갖는 제자양육이라고 생각한다.

BMB 제자양육 전문가로 잘 알려진 돈 리틀은 제자양육은 BMB가 그리스도를 따르기로 결심하여 회심 때 받은 성령과 함께 걷는 것(Walking with the Spirit)이라고 했다. 반면에 기독교 영성 형성에 대한 책으로 유명한 윌라드(Dallas Willard 2014)는 제자양육은 성부 하나님과 관계를 갖고 은혜로 걷는 것을 배우는 과정이라고 했다.

그렇다면 제자양육에 대한 올바른 인식은 무엇인가?

(1) 제자양육은 프로그램이나 이벤트가 아니다. 성숙한 제자로 살아가는 삶의 방식이기 때문이다.
(2) 제자양육은 특별히 제한된 시간을 두고 훈련하는 것이 아니고 평생 주님을 닮아가는 과정이다.
(3) 제자양육은 새신자에게만 필요한 것이 아니고 매일매일 그들의 삶을 위해서 모든 믿는 자에게 필요하다. 그리고 제자양육은 교회 리더(장로, 목자 등)만을 위한 것이 아니다.
(4) 제자양육은 교회에서 하는 여러 사역 중 하나가 아니고 본래 교회가 해야 할 일이다.
(5) 제자양육은 단지 하나님 나라 확장의 일부가 아니다. 예수 그리스도를 따르고 그의 가르침을 삶에 진지하게 적용하려는 제자(serious disciple)가 이 땅에 존재한다는 것은 하나님께서 이 땅에 역사하신다는 가장 중요한 증거이다.[18]
(6) 제자양육은 동일한 제품을 만들어 내는 생산 라인이 아니다. 제자양육은 그리스도의 형상으로 변화되는 것을 목표로 한다.

---

[18] Bill Hull, *The Complete Book of Discipleship on Being and Making Followers of Christ*, (Colorado Springs: NavPress, 2006), 37.

그런데 제자삼는 것(disciple-making)과 제자양육(discipleship)을 구분할 필요가 있다.

첫째, 제자삼기의 첫 단계는 전도(evangelism)이다. 오늘날 교회가 말하는 제자삼기는 새로운 제자를 생산하지 못하는데 그 이유는 제자삼기를 '이미 교회에 다니는 사람'을 훈련하는 것으로 한정했기 때문이다. 제자삼기는 사람을 그리스도께 소개하는 것과 함께 시작한다. 모든 제자는 그리스도를 필요로 하는 사람들을 찾는 데 적극적으로 참여하고 이들에게 예수를 따르는 삶을 소개하는 것이다.

둘째, 제자가 그리스도께 헌신(commitment)하면 그다음 단계는 성품(character)과 능력(capacity)을 발전시키는 것이다. 예수님은 "가르쳐 지키게 하라"(마 28:20)고 말씀하셨다. 그런데 많은 기독교인은 이 단계를 제자양육이라고 부른다.

셋째, 제자가 훈련되면 마지막 단계는 보내는 것(sending)이다. 그가 살고 일하는 곳으로 보내는 것이다.

이정우는 사복음서에 나타난 제자양육이 BMB를 제자양육할 때 어떤 함의를 주는지 아래와 같이 요약한다.[19]

(1) BMB는 예수님이 누구신가를 온전히 이해하고 자신의 삶을 그리스도의 주권에 굴복시키고 온 마음으로 그리스도를 따른다.
(2) BMB는 예수를 따를 때 고난이 불가피하다는 것을 이해해야 한다.
(3) BMB는 예수를 따라가는 일에서 성장하는데 인내심을 가져야 한다.
(4) BMB는 하나님의 임재(Presence)를 경험하고 예수 안에 거하는 법을 배워야 한다.
(5) BMB는 대안적인 공동체로서 교회를 필요로 한다.

---

19 Jung Woo Lee, *Discipleship in the Gospels and Its Implications for Discipling BMBs*, 160-162.

(6) BMB는 예수 그리스도를 따르는 자로서 말과 행동으로 예수를 증거하는 법을 배워야 한다.

오그덴(Greg Ogden)은 그리스도를 닮는 것을 증진시키는데 필요한 세 가지 중요한 요인으로 친밀성, 진리의 전달, 상호 책임의 관계를 꼽았다. 오그덴은 소그룹을 통해 친밀성을 갖게 되고, 교육과 설교를 통해 진리가 전달되지만, 제자양육은 이 세 가지 요소를 모두 충족한다고 설명한다.

- **친밀성(Intimacy)**: 투명한 신뢰가 있고, 긍정을 격려하고, 어려운 시기를 함께 걸어가고, 서로 진솔하게 듣고, 죄를 고백하고 마음의 문제를 나누는 것.
- **진리의 전달**: 성경 말씀에 따라 성경이 우리를 가르치고 책망하고 바르게 하고 의로 교육하는 것.
- **상호 책임**: 서로를 돌보고 서로에게 정직하고 그리스도 안에서 함께 자라도록 책임을 다하는 것.

제5장

무슬림 전도와 BMB 제자양육의 실제

이슬람 국가에서 기독교인이 무슬림을 만나 대화를 시작하면 대체로 피상적인 접촉에 머물고 만다. 무슬림과 나눌 화제는 중요한 것과 상대적으로 덜 중요한 것을 구별할 줄 알아야 한다. 무슬림과 개인적인 관계가 부족하면 더 깊은 대화로 나아가기 어렵다. 그래서 무슬림과 신뢰의 관계를 쌓는 일이 중요하다.

무슬림과 진지한 관계를 발전시키고 무슬림의 문화를 잘 이해하려면 우리는 이슬람이 아닌 무슬림에 대한 우리의 태도를 좀 더 면밀히 살펴봐야 한다. 이러한 태도 중 하나는 기독교인으로서 우리가 믿는 것과 신학과 관련이 있다. 또 다른 하나는 문화와 정치와 관련이 있다. 그래서 이슬람만큼 무슬림에 대해서도 깊이 알아야 한다.

흔히 우리가 듣는 말 중에는 "이슬람 국가에서 기독교인들이 박해를 받고 있다. 이슬람은 폭력의 종교로 보인다. 이슬람은 세계를 지배하기를 원한다. 기독교가 참이라면 이슬람은 틀린 것이다. 무슬림을 회심시키는 것은 불가능하므로 시도해서도 안 된다. 무슬림들은 편견을 가질 수 있으며 폐쇄적인 사고(mind)를 갖고 있는 것 같다"라는 말이 있다.

무슬림과 더 잘 소통하려면 무슬림의 삶 속에서 이슬람이 어떻게 표현되고 있는지를 살펴봐야 한다. 이상적인(ideal) 이슬람뿐만 아니라 현실적인(actual) 이슬람 둘 다 알고 사실(facts)이 무엇인지 확인해야 한다. 무슬림들에게서 "듣기도 하고 묻기도 하여"(눅 2:46) 그들을 진정으로 이해하는 것이다.

그러므로 무슬림 전도와 BMB 제자양육에서는 예수님 복음의 빛으로 우리의 편견을 비춰보고 성령이 우리에게 "그리스도의 마음(mind)"을 보여 주시도록 기도한다.

1. 무슬림과의 접촉점과 관계 맺기

무슬림 전도에서는 꾸란의 이싸와 성경의 예수를 어떻게 보느냐에 따라 접근법이 달라진다. 기독교인과 무슬림이 서로 이야기할 때 똑같은 길에서 동일한 방향으로 걷고 있다고 말하지만, 결국 도로에서 갈림길에 이르게 되고 서로 다른 길로 걸어가는 자신들을 발견한다.

그래서 전도법 중 하나는 꾸란의 이싸와 성경의 예수가 역사적으로 다른 두 인물로 간주되기 때문에 그들 사이에 연결점을 찾지 말아야 한다고 주장하는 사람들이 있다. 이런 경우 이싸라는 단어에는 구원의 의미가 없다고 한다. 또 다른 전도법은 이싸와 예수가 같은 인물을 가리킨다고 주장하지만 무슬림의 이싸에 대한 이해는 성경에서 말하는 예수와 다르므로 예수에 대한 성경적 진리를 배우는 것이 중요하다고 말한다.

그렇다면 우리가 무슬림과 어떻게 관계를 열고 대화를 나눌지를 알아보자.

(1) 어떻게 하든지 무슬림을 만나야 한다.
(2) 무슬림을 알아가라.
(3) 한국 기독교인의 직장에 무슬림이 일하거나 무슬림 사장을 위해 일하는 직장이거나 시장이나 쇼핑몰에서 정기적으로 만나는 무슬림이라면 그를 저녁 식사에 초대하고 그들과 시간을 보내고 차나 커피를 마신다.
(4) 무슬림과의 관계를 열고 신뢰를 발전시킨다.
(5) 그런 관계를 지속하면서 무슬림과 그리스도를 나눈다.
(6) 그와 영적인 대화를 나눈다.

위 내용을 한국적 상황에 적용하면 다음과 같다.

(1) 무슬림과 접촉하는 효과적인 방법은 그들을 한국인의 공동체 안으로 받아들이는 것이다.

(2) 이 공동체는 무슬림에게 편안하고 그를 사랑해 주고 돌봐주고 무슬림과 식사를 나눈다.
(3) 무슬림이 출생한 국가들의 다양한 음식을 나누는 이벤트를 갖고 그들의 문화를 묻고 그들의 문화 속에서 그들이 소중히 여기는 것을 나눈다.
(4) 성경 공부를 시작하고 그들이 복음서를 펴고 성경 이야기 속에서 무슨 일이 일어나고 있는지에 대해 묻고 답한다.
(5) 무슬림에게 자유롭게 질문할 기회를 주고 그가 반대를 제기할 수 있는 기회를 준다.
(6) 기독교인들이 무슬림과 개인적으로 공동체적으로 우정을 쌓는다.
(7) 이런 모든 것이 무슬림들에게 열린 마음을 갖게 한다.

우리가 무슬림에게 대담하게 그리고 효과적으로 복음을 나누려고 한다면 개방적인 태도로 다가가 그에게 신뢰를 줄 때 그는 우리가 하는 말을 받아들이고 그때 열매 있는(Fruitful) 대화가 이어질 수 있을 것이다.

가끔 한두 번 만나다가 좋은 친구라고 생각되면 '너의 신앙에 대해 듣고 싶은데 네가 먼저 말해주면 나도 내 신앙도 말해줄게'라고 해보라. 그러나 이 모든 대화를 시작하기 전에 전도자는 성령이 무슬림의 마음에 역사하시기를 기도한다. 전도자는 무슬림의 말에 경청하고 배우는 자세를 갖고 주님과 함께하는 삶의 기쁨과 하나님의 사랑을 나눈다.

그렇다면 우리가 무슬림을 만난 후에 영적인 대화를 어떻게 열어 가야 하는가? (공일주 2018, 254).

무슬림과 영적 대화를 나누기 전에 그가 예수님을 어떻게 이해하고 있는지 파악하는 것이 중요하다. 무슬림의 신앙에 대한 이해를 바탕으로 대화의 문을 열어간다. 전도자는 반드시 기도를 통해 성령님의 인도하심을 구한다.

다음은 요르단에서 사역한 키스 서메이(Keith Summey)의 무슬림에 대한 전도법을 살펴보자.

① 무슬림을 만나라.
② 그와 관계를 가지라(겸손하게 배우는 자세를 가지라).
③ 관계를 구축하는 질문을 하라.
④ 그들이 답을 스스로 찾을 수 있는 질문을 만든다. 하나님께 기도하면서 무슬림이 필요로 하는 것이 무엇인지를 하나님께 구한다.
⑤ 너의 소망이 뭐냐고 물어보라.
잔나(낙원)에서 알라(Allāh)를 만날 수 있는가를 묻는다.[1]

이슬람의 잔나에서와 달리, 천국에서 하나님은 그의 영광을 드러내시고 천국은 천사들과 구원받은 성도들이 함께 하나님께 예배하는 곳이다.

무슬림이 우리에게 질문해 오면 "예, 아니오"라고 답하지 말고 다음과 같이 말해 보라.

어떻게 이해했나요?
무슨 의도로 말씀하신 거죠?
제가 설명해도 될까요?

무슬림이 회심한 경우에는, 선교사들과 기도하고 성경을 읽으면서 하나님의 기적적인 개입이 있었고 또 그들의 꿈과 환상 속에서 예수님을 만나는 경우가 종종 있었다.

그렇다면 한국에서 무슬림에게 전도하려고 할 때 무엇을 준비해야 하는가?

(1) **문화적 이해**: 해당 이슬람 국가와 해당 무슬림에 따라 그들의 문화와 세계관 그리고 효과적인 소통 방안이 무엇인지를 찾아본다.

---

[1] 이와 관련된 필자의 글로는 『이슬람과 IS』(서울: CLC, 2018), 259-280, "수피야와 수피 종말론", 「아랍과 이슬람 세계」 제2집, 13-50, "칼람학에서의 이슬람 종말론", 「아랍과 이슬람 세계」 제10집, 51-86 등이 있다.

(2) **관계 형성과 신뢰 구축**: 한국어 교육 등을 통해 초기 정착을 돕는다. 한국 문화를 소개하고 무슬림들의 문화와 전통을 존중하며 열린 대화를 유도한다. 해외 이슬람 국가의 경우 가정 소그룹이나 교회 밖의 장소에서 만남을 갖는다.

(3) **영적 대화**: 예수님이 선한 사마리아 비유를 통해 제자들에게 가르침을 주신 것처럼 우리도 무슬림 이주민에게 스토리텔링을 통한 성경 이야기를 나눈다. 무슬림들이 물질적인 필요뿐만 아니라 영적인 필요도 볼 수 있게 해 달라고 하나님께 기도한다.

(4) **복음의 메시지 전하기**: 무슬림이 믿는 신앙에서 기독교와 공통되는 부분이 있는지 살핀다. 풀러신학대학교 교수였던 더들리 우드베리는 신약의 바리새인과 무슬림이 유사점이 있다는 것에 착안하였고 다른 학자들도 바리새인과 무함마드 사이에 종교의식, 율법, 순결, 명예 코드를 주목하여 비교했다.[2]

주님께서 이 사역에 부르시는 사람들을 찾고 그들과 함께 일하고 무슬림들에게 다가가 그들을 환영하는 일을 할 수 있도록 준비시킨다. 물론, 성도들을 개인으로만 준비시키는 것이 아니라 소그룹으로 함께 준비시켜서 무슬림에게 기독교인의 공동체를 보여 주고 무슬림들을 환영하도록 한다.

이제 전도 이전의 단계에서 장애물 제거와 영적 필요에 대하여 살펴보자. 무슬림이 교회에 오는 것을 꺼리지 않으면 교회로 바로 초청할 수 있지만, 교회가 낯설어서 기피하고 싶어 하는 무슬림에게는 가정교회나 센터 등이 더 나을 수 있다.

---

2   진 다니엘스 외, 『열매에서 추수로』, 297.

2. 전도 이전의 단계에서 장애물 제거와 영적 필요

전도 이전 단계에서는 복음을 받아들이고 긍정적으로 반응하도록 준비시킨다. 전도 이전 단계는 복음을 제시하기 전이지만 이 둘 사이에 분명하게 그어진 선은 없다.

무슬림 사이에서 전도는 한국인과의 전도와 다른 부분이 있다. 그것은 무슬림과 이슬람 속에 기독교에 대한 거부감이 포함되어 있어서 무슬림이 복음의 메시지를 이해하고 받아들이는 길에 여러 장애물이 놓여 있기 때문이다. 무슬림의 마음에 긍정적인 반응을 준비시키기 위해서는 이슬람에 내재된 장애물을 제거하고 이슬람에서 충족되지 않는 영적 필요성을 일깨워 준다.

1) 장애물 제거하기

무슬림이 복음을 긍정적으로 반응하는 그 길에 놓인 장애물을 제거해야 하는데 그 장애물은 다음과 같다.

(1) 무슬림은 어릴 때부터 이슬람이 최종적이고 가장 우월한 종교라는 인식을 갖도록 교육을 받았다. 무슬림은 기독교나 유대교보다 이슬람이 우월하다고 믿는 경향이 있다.
(2) 이슬람은 변절을 허용하지 않는다. 배교법은 무슬림이 다른 종교에 한눈팔지 못하게 그리고 다른 종교를 생각하지 못하게 막는다.
(3) 무슬림은 기독교에 대한 편견을 갖고 있고 기독교를 잘못 표현하며 복음에 대하여 호의적이지 않다.

이런 무슬림들에게 효과적으로 장애물을 제거하는 방법을 제안한다면 두 가지 접근법이 있다.

첫째, 무슬림이 자신의 종교적 현재를 스스로 점검해 볼 수 있도록 기획된 질문을 해본다. 그런 질문 때문에 대립각을 세워서는 안 된다. 그의 일상생활에서 사회적 관습으로 당연하게 여기는 것 중 모순되거나 부정적인 의미를 내포한 부분을 생각해 보게 하는 질문을 한다. 예를 들면, 요르단에서 무슬림은 물론 심지어 기독교인도 명예 살인에 가담한다.

요르단의 윤리적 시스템에서는 '사회적 관습'이 이러한 '불가피한 필요(ḍarūrah: necessity)'에 의해 정당화되며, 이에 따라 책임이 회피되기도 한다. 요르단의 일부 무슬림들은 '불가피한 필요'가 있는 경우 거짓말을 해도 도덕적 비난을 받지 않으며 책임을 지지 않아도 된다고 생각한다.[3]

이처럼 현실적이고 긴급한 필요로 인해 성경적 명령이나 가르침이 무시되기도 한다. "너희가 전한 전통으로 하나님의 말씀을 폐하며"(막 7:13). 사회적 관습을 하나님의 말씀보다 우선하는 BMB가 있다면, 그는 영적 변화를 경험할 필요가 있다.

둘째, 무슬림과 함께 창세기 1-3장 또는 이사야 53장 또는 요한복음 1장을 진지하게 읽는다. 하나님과 단절된 관계를 회복하기 위해 하나님께서 새로운 약속(신약)을 주셨음을 언급하고, 무슬림에게 이를 소개한다. 이러한 장애물을 극복하는 데 동료 BMB의 간증이 도움이 될 수 있다.

2) 영적 필요

전도 전 활동의 두 번째 중요한 요소는 무슬림의 영적 필요를 일깨우는 것이다. 무슬림이 그리스도를 구주로 영접하면 응답해야 할 여러 가지 영적 필요가 생긴다. 내적 평화, 죄 사함의 확신, 구원의 확신, 하나님의 사랑, 성경에서 영적 진리로 인도, 변화된 삶, 두려움과 외로움에서의 자유, 주술과 같은 민간 신앙에서 해방되는 것을 포함한다.

상당수 무슬림은 어떤 영적 능력(천사, 흉안, 운명, 진(Jinn), 악한 영)이 알라보다 더 가까이 있다고 느낀다. 이러한 능력들이 매일의 생활에서 자신의 선행과 악행에 영향을 미치며 그들의 삶이 운명의 지배를 받는다고 생각한다(Tim Green 2013, 124-125). 따라서 그들에게는 "천사들과 권세들과

---

[3] '불가피한 필요'는 종교적 규례를 고수하는 것이 실질적으로 불가능할 수 있는 상황인 경우 특정 규례를 일시적으로 완화하거나 수정하는 것이다(Chris Dawson 2024: 44-45).

능력들이 그리스도께 복종하고"(벧전 3:22), "예수께서 그의 열두 제자를 부르사 더러운 귀신을 쫓아내며 모든 병과 모든 약한 것을 고치는 권능을 주셨다"(마 10:1)는 것을 확인해 준다.[4]

상당수 무슬림들은 민간 신앙을 통해 초자연적인 힘과 접촉하려 하지만, 성경은 예수 그리스도를 통해 참된 영적 자유를 얻을 수 있음을 보여준다. 따라서 우리는 예수님의 치유 사역과 귀신을 쫓아내시는 성경 구절을 함께 나누며 기도한다.

3. 무슬림이 그리스도께로 오는 이유

무슬림이 그리스도를 따르기로 결정하게 된 요인으로는 기독교인들이 서로를 사랑으로 대하는 모습, 기독교에서 남녀가 동등함을 깨닫게 된 것, 기도 응답과 치유를 경험한 것, 초자연적인 하나님의 개입을 목격한 것 그리고 이슬람에 대한 불만으로 인해 이슬람을 떠난 것이 포함된다.

또한, 성경 속 영적 진리를 깨닫고 예수 그리스도의 삶에서 나타난 사랑을 발견했으며, 사랑의 공동체와 교제하고 싶어 했다. 그리고 무슬림이 마귀의 세력에서 벗어나고자 했고, 이슬람의 호전성과 샤리아(이슬람 율법)의 강요에서 자유로워지기 위해 그리스도를 찾았다.

그런데 무슬림이 확신을 가지고 예수를 믿게 된 결정적인 계기는 꿈과 환상을 통한 것이었으며, 기독교인들이 하나님의 사랑을 강조하고 하나님과 친밀한 관계를 맺는 모습을 보면서 예수를 구주로 받아들이게 되었다.

무슬림 170명(주로 수단)의 회심 사례, 팔레스타인과 방글라데시의 회심 사례, 173명의 이슬람 국가의 간증 사례, 750명의 Ex-Muslim[5] 연구를 살펴보면 무슬림들이 왜 그리스도께로 오는지를 알 수 있다.

---

4 콜린 채프먼은 민속 이슬람의 예로서 부적, 흉안, 알라의 이름들을 주술적으로 사용하고, 주술적 능력이 있다고 여겨지는 샘물을 마시고 무함마드를 숭배하는 경우도 있으며 빌 머스크는 능력의 강도에 따라 주문 걸기, 부적, 약초 치료, 점 치료, 손금으로 미래 예언, 액막이, 주술, 흑주술의 순서로 정리했다(Bill A. Musk 1992, 121).

5 Ex-Muslim은 과거에 이슬람을 믿었지만, 이후에 신앙을 버리거나 다른 종교로 개종한 사람을 가리킨다.

1) Jean Marie Gaudeul(1999)

회심의 다섯 가지 요인은 "예수가 너무 매력적이다. 예수만이 진리에 대한 갈증을 풀어 준다. 기독교는 무슬림이 가족이 없는 것처럼 느꼈을 때 공동체에 대한 갈망을 채워 준다. 기독교는 실제 용서에 대한 실존적 필요를 채워 준다. 하나님에 대한 갈증은 그가 개인적으로 하나님을 만나고자 하는 갈증을 의미한다"는 것이었다.

2) Anthony Greenham(2004)

그린햄(Anthony Greenham)은 팔레스타인 무슬림 회심자들에 대한 연구를 한 다음에 그 데이터를 방글라데시의 회심자들과 비교했다. 그리스도를 믿는데 가장 큰 요인은 그리스도였고 그다음으로 여섯 가지 요인(예수는 누구신가? 예수 메시지의 진리, 하나님의 영광, 신자들의 삶, 성경 읽기, 하나님의 기적적인 행하심)이 있었다.

3) Woodberry, Shubin and Marks(2007)

1991년과 2007년 사이에 실시된 이 연구는 30개국 50개 종족 집단을 대상으로 했는데 무슬림이 회심한 이유를 영향력이 큰 것부터 순서대로 쓰면 다음과 같다.

(1) 그리스도인의 삶의 양식은 사랑으로 대하고 남녀가 동등한 기독교인의 삶의 양식이었다.
(2) 기도에 대한 응답과 치유를 주시는 하나님의 능력과 초자연적인 하나님의 개입이 있었다(참조, 750명의 응답자 3분의 1이 구복과 능력에 관심 있는 민속 무슬림이었다).
(3) 그들이 경험한 이슬람에 대한 불만은 아랍어로만 기도해야 한다는 것과 사랑보다는 알라의 처벌을 강조한 점이었다.

(4) 성경에 나타나는 영적 진리를 깨달았다(가령, 하나님의 사랑처럼 하나님이 진짜 누구신가를 알 수 있었다).
(5) 그들이 만난 기독교인들에게 예수 그리스도의 가르침과 삶에서 표현된 사랑이 있었다.
(6) 사랑의 공동체가 있었고 교제에 대한 바람을 가졌다.
(7) 마귀의 세력에서 벗어날 수 있었다.
(8) 이슬람의 호전성과 이슬람법의 강요가 있었다.
(9) 꿈과 환상을 통하여 예수를 믿기로 했다.
(10) 하나님이 받아줄 것이라는 확신 때문에 예수를 믿기로 했다.
(11) 기독교인이 하나님의 사랑을 강조하고 하늘의 아버지와 친밀한 관계(intimacy)를 갖는 것을 보고 그리스도를 따르기로 결정하였다.

이런 사례들과 연구를 보면 전도에는 지름길이 없고 무슬림이 살아계신 예수를 믿기 위해서는 여러 번 복음과의 조우(Gospel encounter)가 필요하다는 것을 보여 준다. 위 데이터에서 아주 분명한 것은 예수가 구주이시고 복음은 구원을 위한 하나님의 능력이며 성령의 능력을 통한 살아계신 하나님이 그의 백성을 통해 일하신다는 것이다.

4. 성경의 스토리를 활용한 전도법

전도법에는 여러 가지가 있다. 예를 들면, 매일 살아가면서 보여 주는 행동과 신앙이 반영된 삶, 남을 섬기거나 사회적인 활동을 통해서 그리고 우정을 통한 관계 전도, 음악 영화 드라마 노래를 통한 전도, 환대와 가정으로 초대, 중보기도, 멘토링, 생각을 유발하는 대화 등이다.

이와 같은 여러 가지 전도법 중 어느 것도 완전한 청사진(blueprint)이라고 볼 수 없다. 가장 효과적인 증거 방식은 특정 상황에서 자연스럽게 발생한 것으로서 진정한 기독교인의 삶과 행동이 뒷받침되는 것이면 좋다. 무슬림에 대한 우리의 증거가 쉽게 또는 효과적으로 증거될 수 있는 간단한(simple) 기법은 없다. 우리는 다른 사람들의 경험에서 전도법을 배우며 다양한 상황에서 기독교 신앙을 적절하게 나누는 방식을 배워야 한다. 복음을 이해하기 쉽게 전달하고, 무슬림과 관련지어 복음을 전하는 데 무엇이 필요한지 이해하려고 노력하는 것이 중요하다.

무슬림을 만나기 전에는 전도 대상자를 위해 기도하며 은혜를 구하고 대화 중에는 예수님의 인도를 의지하고 만남 후에는 우리가 전한 메시지가 헛되지 않도록 기도한다.

그러므로 무슬림과의 만남에서 세 가지 중요한 사항은 다음과 같다.

첫째, 사람들의 닫힌 생각을 열어 준다(open up his mind).
둘째, 찾는 자에게 예수님께로 가는 길을 발견하게 한다(find the way).
셋째, 회심한 자는 그리스도 안에서 거하도록(abide in Christ) 돕는다.[6]

일반적으로 효과적인 전도에서 세 가지 주요 요인은 높은 영향력(high potency), 친밀한 가까움(close proximity), 확실한 소통(clear communication)이라고 할 수 있다. 이 세 가지를 우리의 할 일과 연관지으면 다음과 같다.

첫째, 예수님을 닮은 기독교인의 성품(character)을 달라고 기도한다.
둘째, 예수를 믿지 않는 자와 친구가 된다.
셋째, 복음의 메시지를 명확하게 소통한다.

무슬림이 질문을 해 오면 이 질문에 대해 그가 어떻게 생각하는지 다시 물어보는 것이 좋다. 그가 답변한 것을 들으면 그 질문 뒤에 숨겨진 그의 생각을 알게 된다. 나의 신앙을 방어하고 변호할 필요는 없고 나의 신앙을 설명해 준다. 다시 말하면 그에게 질문을 던져서 그가 제기한 의혹과 미심

---

[6] 우리는 성령이 사람의 생각(mind) 속에서 역사하시는 것을 '조명'(Illumination)이라고 한다. 조명은 이미 계시된 하나님의 진리를 이해할 수 있도록 해 준다. 죄 때문에 인간은 영적으로 눈멀었고(고후 4:4) 영적 진리를 이해할 수 없다(고전 2:14). 심지어 믿는 사람의 이해력도 죄로 인해 방해를 받는다. 그는 성경의 진리를 이해하기 위해 하나님의 능력이 필요하다. 성령이 성경의 의미를 명확히 해 주는 것을 조명이라고 한다. 성경 말씀을 삶에 적용할 때 변화가 일어나며, 이를 다른 사람과 나누면 전도가 일어난다.

쩍은 것을 스스로 대답해 보게 한다.

그린햄(Greenham, 2004, 233)은 무슬림의 회심을 원하는 선교사라면 이슬람을 공격하지 말고, 대신 무슬림이 예수께 나아가도록 집중해야 한다고 말한다. 무슬림이 성경에 대해 부정적으로 말하면, 그의 질문에 즉시 반박하지 말고 다음과 같이 말해 본다.

"이것이 나의 믿음이며, 나의 성경입니다. 내 인생에서 가장 중요한 책인데, 여러분이 믿는 꾸란이 변조되고 왜곡되었다고 내가 말한다면 기분이 어떠할까요?"

1) 아랍인에게 스토리텔링을 통한 전도법

이제 무슬림에게 하나님의 사랑을 전할 수 있는 새로운 모델(new models)을 생각해 보자.

(1) 우리는 누구인가?[7] 이 질문은 우리가 무슬림을 사람(people) 즉, 하나의 인격체로 이해하도록 돕는다. 우리는 인간이며, 가족과 신앙공동체에 속해 있고, 특정한 사회에서 살아간다. 우리가 서로의 교리(creed)에 대하여 배우기 전에 서로가 누구인지를 알아간다.
(2) 인간의 기본적인 필요는 무엇인가? 우리 자신의 신앙(faith) 안에서 인간의 기본적인 필요가 어떻게 채워지는가? (예; 건강과 웰빙, 가치, 용서, 죽음 이후의 삶 등)
(3) 우리의 신앙이 우리에게 무엇을 의미하는지를 무슬림과 나눈다.
(4) 우리는 두 신앙 간의 유사한 요소들(예: 유일신 사상, 경전, 최후의 심판과 내세, 도덕적 삶 등)에서 출발한다.

스토리텔링은 성경의 원리와 개념을 무슬림의 세계관과 연결하여 자연스럽게 전달하는 방법이다. 성경의 이야기를 통해 무슬림의 세계관을 이해하고, 그들과의 장벽을 좁히며 격차를 해소하는 것이다.

---

[7] Colin Chapman, *Cross and Crescent*(Illinois: IVP Books, 2007), 229.

첫째, 성경에서 원리를 찾는다.
둘째, 성경에서 이야기를 찾는다.
셋째, 삶에 적용할 수 있는 질문을 만든다.

그런데 탕자의 비유(parable)가 무슬림에게 복음을 전하는데 왜 독특한가?

무슬림들은 죄의 세계관이 아닌 수치-명예(shame-honor) 세계관을 기반으로 하고 탕자의 이야기는 하나님이 인간의 죄를 용서하실 뿐만 아니라 새로운 정체성과 명예를 회복시켜 주신다.

첫째, 이 비유는 예수님이 직접 말씀하신 이야기다. 그리스도의 가르침에서 독특했던 많은 것을 요약해 준다.

둘째, 이 비유는 이야기 형태로 예수님의 메시지를 전한다. 우리는 추상적이고 신학적인 질문(예: 당신은 죄인이다. 그리스도가 우리를 위해 십자가에 돌아가셨다 등등)을 사용하고 싶어 한다.

대개는 '예수를 믿습니까?'라고 빨리 묻고 싶지만, 우리가 이야기하는 기술을 배우면 듣는 사람들의 생각(mind) 속에 메시지를 더 깊이 각인시킬 수 있다. 우리가 전하는 비유가 그들의 상상력을 자극하고 또 그들에게 생생한 이야기는 기억 속에 오래 남는다.

셋째, 이 비유는 예수님이 선포한 복음의 본질을 설명해 준다.

다음과 같이 케네스 베일리는 탕자의 이야기가 예상치 못한 사랑의 값비싼 표현을 보여 준다고 했다.

① 하나님은 모든 사람을 사랑하신다.
② 그의 사랑은 예기치 못한 것이다.
③ 그의 사랑을 선포할 뿐만 아니라 실제로 행동으로 그 사랑을 보여 주신다.
④ 예기치 못한 사랑의 표현은 죄를 용서하는 과정에서 그가 고통을 겪게 되고 그는 큰 대가를 치른다.

넷째, 이 비유는 중동의 무슬림 문화와 유사한 문화에서 왔다. 이슬람에서는 가족의 단합과 가족에 대한 충실함을 강조한다. 아버지가 살아 있는 동안에는 어린 아들이 재산 상속을 요구하는 것은 아버지의 수치에 해당한다.

아들이 아버지의 이름(명예)을 더럽혔을 때 여러분이 사역한 이슬람 문화권에서는 어떤 방식으로 처벌을 하나요?

다섯째, 탕자의 비유는 무슬림들의 사고방식과 가치관에도 잘 어울리는 메시지(용서, 가족의 가치, 하나님과의 관계, 회개 등)가 들어있다.

무슬림들은 알라를 주인으로 섬기는데 탕자가 집으로 돌아갈 때 자신이 아버지의 종으로 받아 주었으면 한다. 그러나 그의 아버지는 그런 생각이 없고 오히려 그를 아들로 받아주려고 기다린다. 단순히 종이 아니라 가족의 완전한 구성원으로 받아들인다. 아들은 아버지와 친밀한 관계를 갖지만 종은 그렇지 않다.

사실 무슬림들이 알라를 믿지만 알라와 친밀한 관계를 가진다고 말하지 않는다. 그러므로 전도자는 하나님과 자신이 친밀한 관계를 갖는지 되돌아봐야 한다.

탕자의 비유 외에도 요셉의 이야기(고난 속에서도 신의 계획이 있음)나 욥의 이야기(고난 속에서의 신앙과 인내)도 무슬림들에게 복음을 전할 때 효과적인 도구가 될 수 있다.

만일 탕자의 비유가 무슬림과 토의에 사용된다면 다음과 같이 탐색하는 질문으로 이어질 수 있다.

당신은 하나님이 사랑하는 아버지와 같다고 생각하나요?
당신은 하나님은 어떤 분이라고 배웠나요?
당신은 하나님이 모든 사람을 사랑하고 당신을 사랑한다는 것을 믿나요?

따라서 우리가 무슬림과 만나서 이야기 하기 전에 다음과 같이 준비할 수 있다.

첫째, 그들에게 던질 질문을 구성해 본다. 그가 묻는 말을 그대로 즉답하지 않고 그 질문의 의도나 방향을 바꾼다. (예) "이슬람이 유일한 진리입니까?"라는 추상적인 질문은 논쟁이나 정보교환이 될 수 있다. 그 대신에 "왜 진리를 찾고 계십니까? 그렇게 생각하게 된 이유를 더 이야기해 주실 수 있습니까?"라는 질문은 개별적인 답변을 유도하며, 상호 이해를 증진시키는 대화로 이어질 수 있다.

둘째, 대화의 방향을 전환하여 신학적 교리보다는 관계 중심으로 바꾼다. (예) "종교가 무엇을 해야 한다고 가르칩니까?" 대신에 "하나님과의 관계를 통해 어떻게 삶이 변화될 수 있나요?"로 바꾼다.

셋째, 나의 질문과 반응을 다시 생각한다. 모든 상황에서 정형화된 질문이나 응답을 하기보다는 상대방의 필요를 이해하고 그에 맞는 나의 질문과 반응을 한다. (예) "그건 잘못된 생각입니다"라는 답변 대신에 "왜 그렇게 생각하게 되었는지 말해줄 수 있습니까?"라고 하여 대화의 여지를 남긴다.

사실 종말과 내세에 대한 주제가 무슬림 전도에서 중요한데 다음과 같은 질문들은 무슬림들의 본질적인 문제를 도전할 수 있다.

첫째, 지금 죽으면 잔나(Jannah)에 간다는 것을 확신하세요?
둘째, 잔나에 간다면 알라를 만날 수 있다고 확신하세요? 무으타질라파는 내세에서 알라를 볼 수 없다고 했고, 아쉬아리파는 알라가 원하면 잔나에서 알라를 볼 수 있다고 주장한다(꾸란 75:23).
셋째, 무슬림이 일시적으로 불순종했을 때도 영원한 지옥 형벌을 받을 수 있다고 들었다. 당신은 종교(이슬람)가 인간을 부당하게 대하고 있다고 생각되지 않으세요?

2) "물을 달라" 전도법과 Any-3 전도법

(1) "물을 달라" 전도법

요한복음 4:4-30과 39-42에서 예수님께서 사마리아 여인과 나누신 말씀은 오늘날 우리가 무슬림과의 대화에서 활용할 수 있다.[8]

① **접촉점을 만든다**: 7절에서 물을 달라고 하여 사회적인 접촉을 시작한다. 사마리아인과 유대인 간의 오랜 편견과 오해, 충돌의 역사가 있었다.
② **영적인 문제로 하나님을 향하게 한다**: 10절에서 "생수"는 흐르는 물과 영적인 물 즉 성령과 관련된다. 예수님은 생수라는 말을 통하여 영적인 문제를 다루기 시작한다.
③ **상대가 갖는 문제의 핵심을 다룬다**: 16절에서 "가서 네 남편을 불러 오라"고 하시고 19절에서 여인은 영적 및 도덕적 필요를 느끼기 시작한다.
④ **복음으로 인도한다**: 23절에서 "영과 진리로 예배할 때가 오나니"는 예배의 본질에 더 많은 관심을 갖는다.
⑤ **결단하게 한다**: 26절에서 "네게 말하는 내가 그라"고 하시고 28절에서 예수님을 영접한다. 28절에서 여인은 사람들에게 자신이 만난 그리스도를 전한다.
⑥ **후속적인 지원을 한다**: 40절에 "거기서 이틀을 유하시매" 그리고 41절에서 "예수의 말씀으로 말미암아 믿는 자가 더욱 많아"라고 함으로써 사마리아 여인을 통해서 다른 사람들(가족, 친척, 동네 사람들)이 예수를 믿게 되었다.

---

8 이 내용은 1997년 죠이선교회 출판부에서 필자가 발간한 『이싸냐 예수냐』(공일주, 242-245)에서 처음 소개했고 기독교문서선교회(CLC)가 2018년에 발간한 『한국의 이슬람』(공일주, 141-153)에서도 이 이야기를 소개했다.

(2) Any-3 전도법

2013년 잭(Zack)과 쉽맨(Shipman)이 언제, 어디서나, 누구를 만나든지 복음을 나누기 위한 방법을 책으로 편찬하였다.[9]

Any-3 전도법에는 다음과 같이 5단계로 되어 있다.

• 1단계: 관계 맺기

예수님은 요한복음 4:7에서 "물을 달라"고 하셨다. 물론, 고향이 어디인지, 지금 어디에 살고 있는지 등 일상적인 대화를 시작했을 것이다. 그러나 "물을 달라"고 하는 말은 공통된 영역을 가지고 두 사람 사이의 직접적인 관계를 맺게 하는 질문이다. 예수님은 목마름을 그 여인이 갖는 인간의 필요와 연결 짓는 것이다. 이런 대화는 영적인 문제로 이어지는 길을 제시한다.

• 2단계: 하나님께로 나아가기

사마리아 여인과 접촉점을 가지신 후 예수님은 곧 영적인 문제로 대화의 내용을 옮겨간다. 인간의 필요에서 시작한 대화는 생명을 주는 물, 즉 생수(요 4:10)에 관한 대화로 다리를 놓아간다. 생수의 비유는 그 여인에게 궁금해하게 만든다.

• 3단계: 잃어버린 상태를 인식하기

예수님은 근본적인 치유를 위하여 여인이 갖는 본질적인 문제를 꺼내셨다. 사마리아 여인은 자신의 죄로 인한 결과를 치유 받기 위하여 스스로 자신이 죄인임을 깨달아야 했다. "그런 물을 내게 주소서"(요 4:15)라는 그녀의 요청에 허락하지 않으시고 16절에서 "가서 네 남편을 불러오라"고 하셨다. 그녀가 영적으로 잃어버린 상태를 인식하고, 죄로 인해 하나님과 분리되었다는 것을 깨닫게 하신 것이다.

---

9 마이크 쉽맨, *Anyone, Anywhere, Anytime*, 신현필 옮김, 『누구든지 어디든지 언제든지』 (서울: 세계선교협력출판사, 2016), 29.

• **4단계: 복음 전하기**

예수님은 사마리아 여인이 생각하는 종교적 관습과 구원의 참된 길 사이에 어떤 차이가 있는지 그것을 드러내신다. 그녀를 참된 예배로 인도하신다(요 4:20-24). 하나님은 영이시므로 예배는 영과 진리로 드리라고 하시고 구원은 우리의 수고로 얻는 것이 아니라 하나님께로부터 오는 선물(요 4:10)이라고 하신다.

• **5단계: 결단으로 이끌기**

사마리아 여인은 마음이 열려 있었고 예수님은 그녀를 새로운 믿음으로 인도하셨다. 이것을 오늘날 무슬림에게 적용한다면 "내가 지금까지 당신에게 말씀드린 것을 믿으십니까?"라고 물음으로써 결심을 유도한다.

그런데 요한복음에서 이 이야기는 후속적인 인도를 위해 예수님이 이틀 동안 더 머무셨다. 이처럼 후속적인 지원은 사마리아 여인의 믿음을 확고하게 하고, 그녀를 통해 다른 사람들에게 복음이 전달되도록 하기 위한 것이다.[10] 우리도 복음에 반응을 보인 무슬림에게는 처음 대화로부터 48시간 이내에 다시 방문한다.

5. 국내 외국인 유학생과 외국인 근로자에 대한 전도법

1) 국내 무슬림 유학생

한국에 온 무슬림 유학생에게 복음을 전할 때는 개별적으로 접근하되 팀을 이루어 선교하는 것이 효과적이다. 그 이유는 무슬림 유학생과 우정을 쌓으며 그가 세속적인 성향인지 종교적인 성향인지를 파악한 후 효과적으로 복음을 전할 수 있기 때문이다. 또한, 무슬림과 개별적으로 접촉하는 팀 선교는 여성 사역자들에게도 안전한 환경을 제공한다.

---

[10] 마이크 쉽맨, 『누구든지 어디든지 언제든지』, 55-56.

외국인 무슬림이 개종한 초기에는 그가 개종한 사실이 한국 내 무슬림 공동체에 노출되지 않도록 보호받을 필요가 있다. 외국인 무슬림과 개별적인 접촉이 그에게 더 안전하다. 특히, 한국인 여성은 혼자 외국인 무슬림 남성을 개별적으로 만나지 않도록 유의한다. 팀 선교는 무슬림 유학생과 관계 형성 초기부터 기독교인 소그룹공동체를 경험할 수 있게 도와준다.

무슬림은 공동체 의식이 강하기 때문에 복음을 전할 때 건강한 기독교 공동체를 함께 보여 주는 것이 중요하다. 소그룹 안에서 무슬림 유학생은 기독교공동체의 사랑과 환대를 경험할 수 있고, 이는 그가 이전의 무슬림 공동체로 돌아갈 가능성을 낮출 수 있다.

소그룹 팀 선교는 캠퍼스 선교에서 멘토-멘티 또는 훈련자-훈련생 구조로 운영할 수 있다.[11] 이를 통해 무슬림 사역을 배우고 실제로 선교 훈련을 받을 수 있는 환경이 조성된다.[12]

이주민 유학생의 경우 한글 공부를 통해 관계를 형성하고 대화 중심의 접근법으로 복음과 성경을 접할 수 있도록 하는 것이 효과적이다. 이를 위해 『세계관 한글 공부』를 활용할 수 있다. 한글 공부 과정에서 한국어나 영어로 된 성경 앱을 소개하고 직접 설치를 도와줌으로써 성경을 쉽게 접할 수 있도록 한다.[13]

2) 국내 무슬림 근로자

우리나라에서는 디아스포라 예배에서 외국인 리더들이 직접 이주민 예배를 인도하거나 한국인 목회자가 담당한다. 또한, 일부 교회에서는 한국인 목회자와 외국인 목회자가 함께 예배를 인도하기도 한다.

김성운은 한국에서 이슬람이 확산되는 것을 막기 위해서 이주 무슬림을 배척하거나 적대시하지 않고 오히려 사랑하고 환대함으로써 복음을 전해

---

11 정혜원, "국내 무슬림 유학생 선교 전략", 「복음과 선교」 제 62집, 2023, 209-211.
12 정혜원, "국내 무슬림 유학생 선교 전략", 209-211.
13 정혜원, "국내 무슬림 유학생 선교 전략", 215.

야 한다고 강조한다.

첫째, 무슬림을 향한 부정적인 인식을 바꾼다.
이주 노동자 선교는 무슬림을 배척하거나 적대시하지 않고 그들을 사랑하고 환대하는 태도를 통해 시작된다.
둘째, 이주 무슬림이 처한 환경을 이해한다.
예를 들면, 그들은 경제적인 이유로 한국에 왔기 때문에 그들이 돈을 버는 것에 집중하고 기독교로 개종하는 것에는 신중함과 머뭇거림을 보인다. 또한, 대부분의 무슬림은 기독교에 대한 왜곡된 인식을 가지고 있다.
셋째, 무슬림 노동자와 관계를 맺기 위해서는 그들이 쉽게 출입할 수 있는 공간을 제공한다.
교회가 무슬림 노동자들이 부담 없이 방문할 수 있도록 환대하는 자세를 가져야 한다.[14] 교회가 무슬림들이 발을 들여놓기에 종교적, 문화적, 심리적 장벽이 높은 경우 센터로 초대한다.
넷째, 언어별 사역팀을 구성한다.
이주민 무슬림을 효과적으로 전도하기 위해서는 그들의 언어와 문화를 이해하는 사역자가 필요하다. 따라서 전문 사역자를 양성하는 것뿐만 아니라 이들과 협력할 동역자를 훈련하는 것도 필수적이다. 궁극적으로는 회심한 무슬림 이주 노동자들이 사역자로 세워지도록 돕는다.

국내 무슬림 이주 노동자의 주요 출신 국가는 인도네시아, 우즈베키스탄, 키르기스스탄, 파키스탄, 방글라데시, 이란, 튀르키예 등이다. 김성운은 무슬림 이주 노동자 사역은 출신 국가별로 접근해야 하며 무슬림들에게 그리스도의 사랑을 실천하고 그들의 필요를 채워 주는 것이 핵심이라고 강조했다.[15]

---

14 김성운, "무슬림 이주 노동자들을 위한 선교 방향". 「복음과 선교」 제52집, 2020, 67.
15 김성운, "무슬림 이주 노동자들을 위한 선교 방향", 61-62.

6. 효과적인 BMB 제자양육의 요인과 제자양육자의 역할

제자양육에서 우리가 먼저 생각해 볼 사항은 무엇인가?

첫째, 제자양육은 전도와 함께 시작하는가, 아니면 회심 이후에 시작하는가?

돈 리틀(Don Little)은 기독교로 회심한 BMB가 더 이상 이슬람으로 되돌아가지 않도록 BMB에 대한 제자양육을 철저히 시행하자고 한다. 그는 BMB들이 다시 이슬람으로 되돌아가는 이유 중 하나가 제자양육에 대한 성경적 관점을 충분히 이해하지 못했기 때문이라고 지적했다.

과거 이슬람권에서 BMB들에게 몇 차례 성경을 가르치는 것만으로는 종종 BMB에게 깊은 변화를 일으키지 못했다. 따라서 BMB의 영적 상황에 적용할 수 있는 모델은 성경적, 신학적, 심리적 접근 방식이 필요하다.

그리고 영적 훈련(Disciplines: 영적 성장을 증진시키기 위한 실질적 적용)에 대한 올바른 이해와 실천이 필요하다. 제자양육에서 영적 훈련을 영성 형성의 프로그램으로만 이해할 때 영적 훈련이 제대로 이뤄지지 않았다. 영적 훈련에 대한 이해와 가르침이 부족했던 것은 대부분 모더니스트의 제자양육이 갖는 주요 약점이었다.

둘째, 제자양육은 프로그램인가, 아니면 평생 그리스도를 따르는 영적 여정인가?

한국에서 제자 훈련은 특정 교재를 중심으로 훈련하는 프로그램이거나 교회 성장을 추구하기 위한 성경 공부로 인식되어왔다. 빌 헐(Bill Hull)은 제자양육(discipleship)은 프로그램도 아니고 사건도 아니며, 삶의 방식(way of life)이라고 말한다. 다시 말하면 제자양육은 평생 그리스도를 따르는 삶의 방식이거나, 평생 그리스도를 닮아가는 삶의 방식이다.

셋째, 무슬림들 사이에서 사역하는 데 어려움을 겪는 주요 이유가 이슬람공동체의 이데올로기 때문이라고 보는 사역자와 부적절한 선교 방법 때문이라고 보는 사역자 간에 논쟁이 있어 왔다(Don Little 2015, 114). 전자는 이슬람공동체의 성격(nature)과 복음에 대한 이데올로기적 저항 그리고 무함마드를 믿지 않거나 이슬람을 떠나는 사람에게 폭력을 행사하는 무슬림들을 감안할 때, BMB의 빈약한 제자양육 결과와 높은 이탈률이 놀랄 일이 아니라고 생각한 것이다. 후자는 이슬람 상황에서 상황화 접근을 더욱 철저히 적용하면 사역에서 훨씬 더 오래 지속되는 열매를 맺을 것이라고 생각하는 경우이다. 이 두 가지는 핵심적인 이슈에 대한 관점이 다르지만, 이슬람 상황에서 적절한 상황적 적용(adaptation)이 필요하다는 데 동의한다.

BMB 제자양육에 대한 새로운 접근법이 있다. 데이비드 아르조우니(David Arzouni)는 〈예수님이 BMB의 마음을 어떻게 목양(shepherd)하셨을까?〉라는 글에서 모든 제자양육 모델이 결국에는 바울의 가르침을 포함하게 되지만 그는 BMB와 함께 사역할 때 처음에는 예수님의 접근법(approach)으로 시작하는 것이 더 현명하다고 했다.[16] 게다가 그는 전도 또는 제자양육이 '관계적'이라는 생각에서 벗어나 모든 단계가 '목양적'이라는 관점으로 전환되어야 한다고 했다.[17]

BMB에게 단순히 교리를 가르치는 것이 아니라 그리스도를 닮아가는 삶을 보여 주는 목양적 제자양육을 선호한 것이다. 그리스도를 닮아가는 삶을 살아내는 모델링(modeling)이 중요하다. BMB들은 회심 후 가정과 공동체에서 버림받거나 박해를 받을 가능성이 크다. 따라서 그들에게 신앙적, 정서적, 공동체적 보호와 돌봄을 제공하는 목양적 제자양육이 필요하고 예수님이 12명을 목양하셨듯이 여러 사람이 목양의 책임을 나눠질 수 있도록 팀을 구성한다.

BMB는 삶이 변화하는 데 시간이 오래 걸리므로 지속적인 돌봄과 개인적인 멘토링이 필요하다. 돈 리틀은 BMB 제자양육자들과의 인터뷰를 모은 결과 새신자들과 더 성숙한 신자들이 함께 강하고 친밀한 개인적 관계가 있었을 때 BMB의 효과적인 제자양육이 일어난다고 했다. 제자양육자들(개인적인 멘토들)이 제자들과 함께 동행하며 그들을 돌보고 가르치고 멘토링하고 진정한 그리스도인 제자의 삶의 본보기를 보여 주라는 것이다.

---

16   진 다니엘스 외, 『열매에서 추수로』, 300.
17   진 다니엘스 외, 『열매에서 추수로』, 302.

BMB와 만나 제자양육자가 서로에게 자신의 삶을 열고 의도적인 관계를 통한 '삶에서 삶으로의 제자양육'(life-on-life discipleship)이 필요하다.[18] 다시 말해서 삶 자체가 본이 되고 신앙이 삶 속에서 자연스럽게 흘러가도록 제자를 양육하는 것이다.

사실 무슬림들은 무함마드를 삶의 모델로 삼고 또 이슬람 율법의 종교적 및 법적 의무를 지키려 하므로 그에게서 이런 영향력을 금방 몰아내기는 어렵다. 무슬림이 살아온 삶의 경험은 기독교인의 삶의 경험과 다른 점이 많다.

이슬람은 삶의 모든 영역에 대한 구체적인 지침을 제공하므로 BMB는 서구식 제자양육 방식보다는 훨씬 더 명확하고 자세하며 규범적인 지침을 제공받기를 기대한다.[19] 그러므로 BMB가 혼자서 알아서 성경을 읽을 것이라고 기대해서는 안 된다. BMB가 신앙 초기에 가졌던 성경에 대한 열정이 지속되지 않는 경우가 흔한데 이는 그들이 글보다는 말로 전달에 익숙한 무슬림들이었기 때문일 수도 있다.

BMB를 목양할 때 모든 질문에 즉각 답하기보다는 인내심을 가지고 스스로 질문과 씨름하도록 내버려두고 때로는 답을 못 찾더라도 인내하며 기다려준다. 하나님의 아들이란 말을 BMB가 그리스도의 신성과 연결하여 스스로 이해하게 될 것이라고 기대하면 오산이다.[20] 돈 리틀은 BMB 제자양육에서 잦은 실패의 원인 중 하나는 제자양육에 대한 성경적 관점을 불충분하게 이해한 것에 기인한다[21]고 했다.

팀 그린이 관여하는 「Word of Life」의 사이트에는 무슬림 배경의 신자들이 '왜 제자양육이 필요한가?'에 대하여 다음과 같이 쓰고 있다.

> 만약 새로운 신자들이 모두 회심 직후에 그들의 마음의 언어로 성경 공부와 제자양육 자료를 접할 수 있다면 예수님을 배우고 예수님을 더 많이 알아가며 하나님과 함께 걷는 방법에 대해 배우는 과정 전체가 바뀔 것이다. 나는 내 삶에서 회심 직

---

18 Don Little, *Effective Discipling in Muslim Communities*, 161.
19 Don Little, *Effective Discipling in Muslim Communities*, 306.
20 Don Little, *Effective Discipling in Muslim Communities*, 307.
21 Don Little, *Effective Discipling in Muslim Communities*, 155.

후 공부와 제자양육이 부족하다는 것을 늦게 깨달았다. 적절한 자료와 적절한 사람, 적절한 성경 공부를 찾는 데 몇 년이 걸렸다. 나는 회심 후 첫 몇 달과 첫해가 새로운 신자가 길을 잃고 초점을 잃지 않는 데 매우 중요하다고 생각한다.

새로운 신자들이 신앙에서 더욱 깊어지고 영원한 아버지와 그리스도 안에서 새로운 가족 구성원들과 연결되어 있는 자신을 발견한다면 우리들은 외로움을 느끼지 않고 다른 구성원들로부터 환영받고 보살핌을 받는다고 느낄 것이다. 우리는 새로운 정체성을 자랑스러워할 것이다.

예수를 믿는 새신자들이 그룹을 이끌고 또 배운 것을 전수하도록 훈련받는다면 그들은 믿음 안에서 성장하고 그들만의 독특한 은사를 발견할 것이다. 또한, 가르치고 제자를 양성하는데 리더에게만 의지하는 것이 아니고 모든 신자는 하나님 나라를 건설하는 데 도움을 줄 준비가 되어 있어야 한다.

그렇다면 효과적인 BMB 제자양육을 위해서 우리가 유념해야 할 사항들을 몇 가지 살펴보자.

1) 회심과 제자양육

제자삼기에 대하여 헨릭슨(Walter A. Henrichsen)는 제자양육의 방법보다 원리에 관심을 두라고 하고 테크닉을 발전시키기보다는 BMB의 필요를 채우는 데 힘쓰라고 한다. 기술(skills)보다는 사고 과정을 발전시키는 데 전념하라고 하고 하나님에 대한 이야기를 가르치기보다는 어떻게 하나님을 신뢰했는지에 주력하라고 한다.

하지만, 언제 제자삼기(making disciple)를 시작할 것인가에 대해서는 다음과 같이 그와 다른 의견이 있었다.

첫째, (회심 이전에) 전도와 함께 시작한다(Walter A. Henrichsen, 2011).

둘째, (회심 이후에) 회심을 통해 무함마드의 길을 버리고 그리스도의 제자양육의 길로 들어서는 선택을 한 자에게 시작한다(Don Little, 2015, 20).

일반적으로 제자삼기는 헨릭슨의 말처럼 전도와 함께 시작하지만 돈 리틀은 회심 과정에서 일어나는 영적 변혁과 의지적 결단이 중요하므로, 무슬림의 경우 예수를 구주로 믿고 회심한 후에 제자양육을 시작해야 한다고 주장한다. 그는 무슬림을 만나 복음을 나눌 때 그가 그리스도를 따르기로 결정하기 전에 몇 달 또는 몇 년 동안 정규적인 성경 공부와 토론을 거친 것은 그리스도를 따르기로 결정하기 전이므로 구도자(Seeker)일 뿐이라고 했다.

회심 과정은 다양한 단계로 나눠 설명될 수 있다. 예를 들어, 기독교 신앙에 대한 관심, 신앙의 자각, 교회공동체와의 상호작용, 신앙적 결단과 예수 영접 등이 포함된다.

회심 과정에서 인지적 차원(기독교 신앙에 대한 이해와 확신), 정서적 차원(감정적 반응과 태도 변화) 그리고 의지적 차원(신앙적 결단과 행동 변화)이 동시에 발전한다. 그런데 의지적 차원은 회심 과정에서 회심자가 신앙적 결단을 내리고 행동으로 옮기도록 영향을 미친다. 의지적 차원은 회심 과정의 모든 단계(phases)에서 격려하거나 억제하는 개인적인 여러 결정으로 나타난다. 즉, 회심자는 새로운 신앙을 받아들이거나 거부하는 과정에서 개인적인 선택을 하게 되며 이러한 선택은 의지적 차원의 영향을 받는다.

그리고 공동체와의 관계 및 그리스도에 대한 헌신[22]은 회심의 특정 시점에서만 일어나는 것이 아니라 회심 과정 전반에 걸쳐 영향을 미친다. 따라서 회심자는 점진적으로 공동체에 소속감을 느끼고 신앙적 헌신을 더욱 깊이 결단하게 된다.

대럴 L. 보크(Darrell L. Bock)는 다음과 같이 말한다.

회심은 단회적 사건이면서도 점진적으로 이루어지는 과정이다. 단회적인 순간에 칭의가 이루어지지만 이후 성화의 과정이 지속된다.

---

[22] Reinhold Immanuel Strahler, *Coming to Faith in Christ: Case Studies of Muslims in Kenya*(University of South Africa, 2009), 258.

믿음의 순간은 믿음의 여정으로 이어진다. 이 둘 중 하나를 선택해야 한다고 보는 것은 잘못된 생각이다. 이것은 성령께서 인도하시는 여정에서 '둘 다'를 경험하기 때문이다.

또한, 돈 리틀(Don Little)은 다음과 같이 말한다.

> 회심은 복잡한 과정이며 하나님께서는 다양한 방식으로 사람들을 이끄신다. 그렇지만 그리스도를 향한 여정의 어느 순간, 무슬림은 그리스도를 따르고 순종하기를 원한다고 선택하게 된다. 그 순간부터 그들은 더 이상 구도자가 아니라 그리스도의 제자가 된다. 그러나 하나님만이 사람의 마음을 아시기 때문에 한 사람이 진정으로 회심하여 하나님의 자녀가 되는 순간이 언제인지 정확히 알 수는 없다.[23]

2) BMB 정체성의 변화

제자양육 그룹은 두 개 이상의 BMB 그룹이 모여서 기도하고 성경 공부하고 친교 하는 그룹이다. 아랍의 제자양육 그룹은 가정에서 BMB들이 함께 모임을 갖는다. 가정교회가 친교, 말씀 공부, 기도가 중심이 되는 공동체이므로 보안이 지켜져야 하는 아랍권에서 제자삼는 데 매우 효과적이다.

마크 두리(Mark Durie)는 BMB 제자양육에서 중요한 요소로 BMB가 온전한 자유를 얻는 것을 강조한다. 그는 BMB가 이슬람 신앙 증언(샤하다), 무함마드, 꾸란, 샤리아의 영향에서 벗어나는 과정이 필요하다고 말한다. 이 과정은 단순한 신앙적 변화가 아니라 정체성과 가치관의 변화를 포함하는 것이므로 많은 BMB가 내적 갈등을 겪는다.

일부 BMB는 이러한 전환을 마치 마약을 끊는 과정과 유사한 경험이라고 말한다. 그러나 BMB마다 신앙적 여정이 다르므로 모든 개종자가 동일한 단계를 거치는 것은 아니다.

---

23 2025년 2월 6일 필자와의 이메일 소통에서 대럴 L. 보크(Darrell L. Bock)와 돈 리틀(Don Little)이 필자에게 답신한 내용이다.

BMB 제자양육에서는 신학적 가르침뿐만 아니라 새로운 신앙공동체에서 정서적, 영적 지원이 필수적이다. 무슬림 배경 신자가 기독교 신앙을 받아들일 때 기존의 문화적·사회적 정체성과의 충돌을 겪으며 신앙적 확신을 갖기까지 시간이 필요할 수 있다.

일부 BMB는 무함마드와 꾸란에 대한 관점을 즉각적으로 바꾸지만, 다른 이들은 점진적으로 변화를 경험한다. 따라서 제자양육 과정에서 일률적으로 샤하다를 부인하는 기도를 강요하기보다는 개인의 신앙 성장 정도를 고려하여 접근하는 것이 필요하다.

특히, 가정교회 안에서 BMB들은 거절, 두려움, 희생, 폭력, 사회적 배제, 진(Jinn) 등의 과거 신앙과 문화에서 영향을 받은 요소들로부터 점진적으로 자유를 경험한다. 이러한 경험은 단순히 신학적 지식 전달이 아니라 삶의 변화를 동반하는 것으로서 제자양육의 핵심이 된다.

따라서 BMB 제자양육은 단순한 교리 교육이 아니라 이전 신앙과의 관계를 성찰하며 그리스도 안에서의 새로운 정체성을 형성하는 여정이어야 한다. 모든 BMB가 동일한 방식으로 변화하지 않기 때문에 제자양육 과정에서는 그들의 개별적인 필요와 속도를 존중한다.

3) 제자양육에서 외적 및 내적 장벽과 영적 성장의 장애물

(1) 외적 및 내적 장벽

아라비아반도에서 무슬림이 회심한 후 제자양육을 방해하는 장벽에 대하여 겐디(Amal Aziz Gendi)는 외적 장벽과 내적 장벽으로 나눠 설명했다. 외적 장벽으로는 문화적 장벽, 다른 신자와 교제하는 기회의 부족, 자격 없는 리더, 사회와 분리될 수 없는 이슬람 문화, 리더십의 부재라고 했다 (Amal Aziz Gendi 2015, 34).

BMB의 외적 장벽에서 가장 주도적인 것이 문화적 장벽인데 이것은 이슬람 문화와 결합되어 강화된다. BMB들은 "그것은 수치야, 우리는 이런 문화에서 자라났어, 무슬림 리더가 이렇게 말했지, 여성에게 금지했지"라는 말을 되풀이한다.

무슬림이 회심한 이후에 그의 정신 구조에 영향을 주는 외적인 문화적 장벽은 다음과 같은 이슈를 포함한다(Amal Aziz Gendi 2015, 128).

① 여성의 역할
② 가족과 부족의 이슈
③ 수치와 명예 이슈에 의한 사회적 압력
④ 과거 세계관에서 온 옛 습관
⑤ 서구와 외국인에게서 물질적인 이익에 관심을 두는 것 등이다.

이러한 아말 겐디의 문화적 장벽에는 여성과 젠더 이슈(아라비아반도는 남성 본위의 사회이므로), 수치와 명예, 가족과 공동체 가치와 같은 사회적 장벽이 포함되고 또 공동체가 이슬람 문화의 영향 아래에 있으므로 종교적 장벽도 연관된다. 무슬림 개인은 가족과 친척과 밀접하게 연관되므로 이슬람에서는 개인보다 집단을 중요하게 생각한다. 이집트의 경우 노인과 청소년 간의 연령 차이와 세대 차이로 인하여 청소년이 어른에게 질문을 하지 못하는 경우가 있다. 이런 경우 청소년과 어른을 각각 서로 다른 제자양육 그룹에서 훈련받게 한다.

내적 장벽으로는 두려움, 신뢰의 부족, 이슬람 문화에 영향을 받은 인간성과 성품, 영적 성숙의 부족 등 네 가지가 80퍼센트를 차지하고 그밖에 시간 부족, 비전 부족, 구술 학습의 선호가 포함된다. 두려움 장벽에는 보안이 첫째가는 문제인데 아랍국가에는 정치, 사회, 종교적 박해가 있다. 더구나 제자양육에 나오다가 경찰이 뒤따르는 것을 알게 되면 다른 회원들이 어려움을 당하지 않게 하려고 그 모임에 가는 것을 중단하기도 한다.

아랍 교회는 정치적, 사회적, 종교적 제약 속에서 활동하며 이러한 환경은 BMB들에게 강한 두려움을 유발할 수 있다. 회심하면 가족으로부터 거부당한다는 두려움이 있고 또 제자양육 그룹에 나가면 가족이 그룹에 해를 끼칠 것 같다는 두려움을 갖기 때문에 제자양육 모임에 나오기를 꺼린다. 무슬림이 회심한 후 재정 지원이 필요할 경우 그 지원이 개종과 직접 연결되지 않도록 신중한 접근이 요구된다. 교회와 선교단체는 BMB가 경제적으로 자립할 수 있도록 돕되 의존적인 관계가 형성되지 않도록 유의한다. 성경 말씀을 통해 재정 문제에서 스스로 자립하게 한다.

대부분 BMB는 직장과 여러 가지 일 때문에 제자양육이 우선 순위가 아니다. 아랍 무슬림의 삶은 일상생활의 문제에 더 관심을 갖고 있고, 아랍 문화적 이슈와 이슬람의 가르침 때문에 제자양육에 열심을 내지 않는다(Amal Aziz Gendi 2015, 160). 이슬람 문화가 제자양육 그룹에 열심을 내는 것을 방해하는 장벽이 된다.

무슬림의 세계관이 회심 이후에도 그들의 사고에 영향을 준다. 아랍 BMB 사역자들은 "메시지는 듣는데 사람이 안 변한다"는 말을 종종 한다. 무슬림의 성격에 깊이 내재된 이슬람 문화가 있기 때문이다. BMB들은 이슬람의 옛 렌즈를 통하여 새로운 신앙을 인식하기도 한다.

성경을 교회 리더들만 공부하는 것으로 한정하거나 내용을 이해하지 않고 듣고 암송하려는 학습 방법이 남아 있다. 그리고 혹시 자신들이 불신자로 보일까봐 질문을 안 하려고 한다. 이처럼 이슬람 문화의 영향 때문에 이런 정신구조는 BMB 제자양육에 도전이 되고 그 결과 제자양육 모임에 참여하지 않으려 한다(Amal Aziz Gendi 2015, 127).

리더들에게 BMB에 대한 신뢰가 부족하면 BMB의 영적 성장에 부정적인 영향을 주고 이것은 제자양육 과정에 분명한 장애물이 된다. BMB들은 문화와 이슬람의 영향으로 매일 매일의 삶의 이슈가 제자양육에 참여하는 것보다 더 중요하다고 생각한다. BMB에게 영향을 주는 내적 동기가 없으면 제자양육 모임에 마지못해 참가한다.

아말 겐디는 내적 장벽을 먼저 해결하여 외적 장벽을 극복하자고 한다. 내적 장벽을 극복하는 데 다음과 같이 우선순위에 따른 네 가지를 제시한다.

첫째, 영적 성숙을 꾀한다.

성숙한 BMB는 성경의 렌즈로 핍박을 이해하고 그리스도 안에서 자신의 정체성을 깨닫는다. 그들은 조금씩 성장해간다. BMB가 영적으로 성숙하도록 기도하고 말씀을 공부하고 믿는 형제들과 교제한다. 어릴 때부터 영적 훈련이 필요하고 성숙한 BMB는 그들 가족과 변화된 삶을 산다. 이들은 영적 싸움과 성령의 역사가 무엇인지를 안다. BMB가 영적으로 성숙하면 하나님 말씀을 통해 내적 두려움을 버리게 되고 신뢰를 쌓기 위해 노력하며 계속된 모임에 참여하고 다른 BMB와 친교한다(Amal Aziz Gendi 2015, 15). 그리고 상황화된 구술 커리큘럼을 만들어 영적 성장을 도모한다. 또 성경 공부와 기도를 통해 두려움과 신뢰 부족을 극복하는 법을 배우고 다른 사람과 친교하는 것이 중요함을 알게 한다. 이로써 개별 양육에서 공동체 제자양육으로 나아가게 된다.

그런데 정규적으로 만나야 BMB들이 영적으로 성숙하므로 대면으로 만나지 못하면 그 대안으로 미디어를 사용한다. 아라비아반도에서 BMB들의 제자양육 과정은 특별한 상황 때문에 개별적으로 줌(zoom)이나 미디어를 통한 제자양육을 하는 그룹들이 있다(Amal Aziz Gendi 2015, 10). 아라비아반도의 아랍인들은 전통적인 책이나 교재 학습보다는 상호작용, 이야기하기, 실습을 통해서 배우는 것을 좋아한다.

둘째, 제자양육의 지속된 역동성을 개선한다.

제자양육의 역동성을 개선하는 방법에는 리트릿(retreats)을 실시하고 개인주의를 피하고 그룹 안에서 상호활동과 여성의 역할을 강조하고 재정을 어떻게 관리하는 지를 배운다. 그리고 소속감을 통해 신뢰를 쌓아가고 현지 무슬림 커뮤니티의 필요에 맞춰가고 외적 의존도를 줄여간다.

셋째, 목회적 돌봄의 책임을 나눈다.

기독교 배경의 신자와 무슬림 배경의 신자가 함께 모여서 역할을 분담한다. 그리고 BMB의 문화적 및 종교적 관점에 대하여 토론하고 특정 문화에 맞는 제자양육 과정을 함께 설계하는 것이다. BMB는 토론의 주제를 제시하고 기독교 배경의 신자는 BMB의 세계관을 이해하기 위해 그의 말에 경청한다. 그리고 BMB가 속한 환경에서 그리스도의 제자로 살아가는 제자양육의 비전을 나눈다. BMB들이 자신의 상황에 맞는 자료를 스스로 제작할 수 있도록 지원한다.

넷째, 신뢰를 쌓기 위한 사회적 활동 및 친목 도모를 한다.

아랍 이슬람 국가에서 선교사들이 가장 힘겨워하는 것은 아랍인이 개종했다고 했을 때 그를 얼마나 신뢰하느냐의 문제이다. 신뢰를 쌓는 것은 가장 오랜 시간이 걸린다. 그래서 서로의 프라이버시를 존중하여 신자라는 것을 발설하지 않고 공개적인 장소에서 우연히 만나게 하여 서로 케미가 형성된 뒤에야 서로가 신자라는 것을 알려 주기도 한다.

일부 온라인 제자양육에서는 익명성을 유지하는 경우도 있으며, 신뢰가 형성된 후 대면 모임이 이루어질 수도 있다. BMB의 리더는 서로 비전을 나누고 책임도 같이하는 목회적 돌봄을 이어간다. 무슬림이 회심한 뒤에는 현지 문화에 대한 감수성이 높은 상황화된 제자양육 과정이 필요하다. 따라서 회심자의 필요에 따라 제자양육 교재를 준비한다.

(2) BMB 영적 성장의 장애 요소

돈 리틀(2015, 172-173)은 BMB 영적 성장의 장애 요소를 아래와 같이 빈도순으로 열거했다.

① 무슬림 가족의 압력(특히, 미혼자에 대한 가족의 통제)
② 지역 무슬림공동체의 적대감, 거부 및 추방
③ 사회적·경제적 취약성(젊은 나이, 낮은 사회적 지위, 힘든 경제적 형편)
④ 고난, 박해, 압력 등으로 인한 두려움
⑤ BMB와 BMB들 간의 신뢰 부족(한 그룹에 대한 헌신 부족)
⑥ BMB 가족들에 대한 도전(자녀 양육, 교육, 결혼 문제)
⑦ 기독교 신앙의 영적 본질(율법적 행위가 아닌 성령, 기도, 믿음에 의존하는 것)
⑧ BMB의 자신감 부족, 열등감, 피해의식과 정서적 고통
⑨ 이슬람의 사탄 지배와 마귀의 속박, 증오, 분노, 정욕
⑩ 지역 기독교인과 교회, 공동체가 BMB를 받아주지 않음
⑪ 돈을 사랑하는 태도(BMB는 베풂과 관대함을 배워야 함)
⑫ 공식적으로 종교 변경이 불가능한 경찰 국가에서 사는 것
⑬ 제자양육자의 무능함, 제자의 반응 부족과 잘못된 동기

⑭ 낮은 문해력과 구술 학습자 문제
⑮ 윤리 부족과 정직성 부족(거룩한 하나님 앞에서 기독교 윤리를 배워야 함)
⑯ 무슬림 이데올로기, 교리, 전통(모두 재교육이 필요함)
⑰ 알라는 멀리 계시고 무슬림이 알 수 없는 분(무슬림에게 알라께 가까이 함(al-taqarrub 'ilā Allāh)이란 "응답을 기대하면서 알라께 청하다 또는 뜨겁게 간청하다 또는 알라께 복종하여 힘을 다해 간구하다"라는 뜻)
⑱ 남성들의 성적 이슈와 정욕 문제

사실, 건강한 BMB 제자는 예수님과의 관계에서 성장하고 BMB 공동체 내에서 교제를 경험하고 또 다른 무슬림에게 복음을 전하여 그들이 예수님을 따르도록 인도하고 새로운 BMB 공동체를 시작하는 것을 목표로 한다.

그런데 오늘날 일부 BMB는 교회나 BMB 공동체에 합류하여 교회의 지체로 남아 리더가 되는 반면, 다른 BMB들은 그렇지 못하는 이유는 무엇일까?

이를 파악하기 위해 아랍 지역에서 무슬림 배경 신자(BMB) 그룹의 성장에 기여하거나 저해하는 요인들을 살펴보고자 한다.

요르단에서 사역한 키스 서메이는 영적 기반(Spiritual foundations), 방법론, 자원(Resources), 박해라는 네 가지 주제를 중심으로 BMB 그룹의 성장에 기여하는 요인과 저해하는 요인을 분석하였다(Paul Stephens, 2009, 149-157).

연구 질문은 다음과 같다.

첫째, 교회 지도자들과 교인들은 무슬림 배경 신자들을 환영하고, 함께 신앙의 여정을 걸어가는 과정에서 어떤 경험을 하였는가?
둘째, BMB들이 신앙을 지속하고 교회공동체가 이 새로운 지체들로 인해 더욱 풍성해지기 위해서는 BMB들에게 어떤 변화가 필요할까?
셋째, BMB들을 포함한 확장된 공동체가 하나님의 가족으로서 더욱 온전하게 연합할 수 있도록 교회는 어떻게 격려해야 할까?

(3) BMB 그룹 성장에 기여하는 요인

영적 기반에서 BMB 그룹 성장에 기여하는 요인으로는 BMB 제자양육자들이 무슬림을 대상으로 사역하도록 부름받았다는 확신, 복음이 모든 민족을 위한 것이라는 신념, 장기적인 헌신이 중요하다고 여겨졌다. 영적 훈련에서는 하나님의 말씀에 대한 철저한 지식과 하나님에 대한 온전한 의지, 예수님의 사역 모델을 따르는 것이 핵심이었다. 비전(Vision)에서는 BMB 그룹의 확장과 BCB(기독교 배경의 신자) 교회가 무슬림을 위해 사역에 동원되는 것이 강조되었다. 기도와 금식은 무슬림 전도 및 BMB 제자양육을 위한 기본적 요소이고 성령의 인도하심을 구하는 중요한 수단이다.

방법론에서는 성육신적 접근이 강조되었으며, 모든 예수님의 제자가 무슬림과 관계를 맺고 복음을 나누는 자가 되어야 한다. 복음의 선포 방식에서는 무슬림의 필요에 맞춘 다양한 접근이 필요하며, 신뢰와 존경과 인내를 바탕으로 관계를 맺고 예수님의 속죄 희생을 강조하는 방식이 효과적이라고 했다. 제자양육에서는 BMB들이 예수님을 닮아가도록 인도하며, 지속적인 1대1 훈련과 성경 묵상도 중요한 요소로 여겨졌다. 공동체 형성에서는 작은 규모를 유지하여 사회적 모임처럼 자연스럽게 보이도록 하며, BCB들이 BMB 그룹 개척에 적극적으로 참여하는 것이 강조되었다.

자원에서는 외국인 사역자들이 중요한 역할을 하며, 무슬림 전도를 위한 비전과 아랍 지역 사람들과의 신뢰를 바탕으로 관계를 맺는 것이 중요하다. 문서와 미디어는 복음의 전파에 중요한 도구로 사용되며, 예수님의 이야기를 담은 책과 영상 자료들이 활용된다. 재정에서는 BMB 그룹이 자립적으로 운영되도록 유도하며, 외부 후원은 전도 및 제자양육에 주로 사용된다.

박해는 개인의 영적 성장을 촉진할 수 있지만, BMB 그룹 성장에 필수적인 요소는 아니다.

(4) BMB 그룹 성장을 저해하는 요인

영적 기반에서 BMB 그룹의 성장을 저해하는 요인으로는 BMB 제자양육자들의 구원 체험과 복음을 전하려는 부르심 사이에 평균 12년의 간격이 있다는 점이다. 영적 훈련에서는 일부 BMB 제자양육자와 BCB 지도자들의 독단적이고 통제적인 리더십 때문에 BMB 리더십 발전이 억제되고, 외국인들이 아랍어로 BMB를 제자 삼는 데 언어 능력이 부족하였다.

비전에서는 BCB 교회가 BMB 그룹을 시작하려는 비전이 부족하고, BCB 교회가 BMB 그룹을 "부설 교회"로 보는 교회론이 문제가 된다. 또한, 일부 BMB 제자양육자들이 이슬람적 관습을 유지하도록 했던 C5와 "내부자 운동" 방식을 사용하는 것 역시 잘못된 선교적 접근으로 지적되었다. 기도와 금식이 부족하여 성령으로 충만하지 못하거나 인내하지 못하는 경우가 생긴다.

방법론에서는 외국인 BMB 제자양육자들이 아라비아반도의 BCB 리더십과 분리되어 있고, 이슬람 복장과 관습을 채택함으로써 무슬림들을 혼란스럽게 하고 불신을 초래하는 경우가 있다. 선포에서는 BCB 교회의 성도들이 복음을 전하지 않거나, 무슬림들에게 논박 중심의 접근 방식을 사용하여 관계 형성을 방해하는 경우가 있다.

제자양육에서는 BMB 제자양육자들이 BMB들과 개별적으로 충분한 시간을 보내지 않아 BMB들이 영적으로 성장하지 못하거나 서로 신뢰를 형성하지 못하는 경우가 있다. 또한, BMB들이 BCB 교회 안에서 자신들을 위한 공동체를 찾으려 하고 일부 BCB 교회는 BMB들을 충분히 포용하지 못하고 BMB를 고립시키기도 한다. 이로 인해 BMB 그룹이 독립적인 리더십을 갖지 못하는 경우도 있다.

자원에서는 일부 외국인 사역자들이 이슬람 복장과 관습을 따르며 자신을 무슬림이라고 소개하여 BCB와의 교제가 단절되거나 갈등을 초래하는 경우가 있다. 문헌과 미디어에서는 알샤리프(무슬림 용어를 사용하여 번역한 아랍어 성경) 성경이 신학적 혼란을 초래하며, '야수아' 대신 '이싸'를 사용함으로써 성경의 예수와 꾸란의 이싸가 동일한 인물이라는 오해를 유발할 수 있다. 재정 문제에서는 외부에서 제공된 재정 지원이 BMB들 사이에서 경제적 동기로 개종을 유도한다는 오해를 불러일으킬 수 있다. 또한, 외국인들이 BMB 그룹의 재정을 지속적으로 지원하는 경우, BMB들이 자립적인 재정 운영을 배우고 실천하는 데 장애가 될 수 있다.

박해는 아라비아반도의 가족, 정부, 종교적 박해가 BMB의 결심을 어렵게 만들고, 비밀 신자로 남게 만드는 요인으로 작용한다. 박해의 두려움으로 인해 BMB들이 정기적으로 BMB 그룹 모임에 참여하지 못하거나, 신앙을 공개적으로 표현하지 않고 비밀 신자로 남는 경우가 있다.

그런데 키스 서메이(Keith Summey)가 분석한 BMB 그룹의 성장에 기여하는 요인과 저해하는 요인은 2009년 요르단의 상황을 대변하는 것이므로 이와 다른 국가에서는 그 내용이 달라질 수 있다. 가령, 위 내용 중 공동체 요인에서는 BMB가 기존 아랍 교회와 분리되어야 한다고 했으나 돈 리틀의 연구에서는 이와 다른 점을 보인다.

모로코에서 교회 개척 사역을 했던 돈 리틀은 아랍 세계에서 BMB 사역을 하는 사람들의 3분의 2(31명 중 20명)가 BMB는 BMB로만 이루어진 모임 또는 BMB가 대다수인 교회에 속할 필요가 있다는 점을 강조했다. 또한, 절반 이상(31명 중 18명)이 BMB 교회는 기독교 배경의 신자들로 구성된 교회(BCB) 및 그 지도자들과의 교제 등 긍정적인 연결이 필요하다고 했다. 단지 4명 만이 BMB는 그들만의 교회를 만들어서는 안 된다고 답했으며 이들 4명 중 3명은 BMB였다. 중동의 BMB 중 5명이 BMB는 BCB의 일부가 되어야 한다고 했다(Don Little 2014, 95-96).

프랑스에서는 위와 상황이 다른데 응답자의 약 절반이 BMB는 그들만의 그룹을 형성해야 하며 만약 교회를 따로 세울 수 없다면 그들만의 교제권이라도 형성해야 한다고 했다. 나머지 절반은 BMB가 그들만의 교회를 세워서는 안 되며 기존 프랑스 교회로 통합해야 한다고 답했다. 프랑스 상황의 특징은 BMB가 이민자들로서 이민국(프랑스)의 문화에 적응해야 한다는 것이다.

이집트와 요르단, 레바논에서는 이 주제가 논란이 되었다. BCB 교회와 관계를 가진 적이 있는 BMB의 대다수는 기존의 교회에 속하기보다는 그들만의 교회를 개척하기를 원했다. 게다가 BMB가 BCB 교회에 어느 정도는 통합되어야 한다고 주장하는 이들조차도 BMB가 그들만의 교회를 가질 필요가 있고 최소한 자치적인 교제권이 필요하다고 주장했다(Don Little 2014, 96).

4) 마귀의 공격과 제자양육

이슬람 세계에서 복음의 진전이 격렬한 반대에 부딪힌 역사를 우리는 잘 알고 있다. 이슬람이 지배하는 지역에서 복음이 진보할 경우에 영적 싸움이 있고 그 과정에서 많은 사상자가 있었다. 무슬림들에게 사랑의 하나님을 전하면 무슬림들의 생각과 마음속에서 사탄의 속임수와 맞서는 영적 전쟁이 있었다(Don Little 2015, 233). 우리가 사탄에게 전쟁을 선포할 때 사탄은 가만히 앉아 있지 않고 그의 소유물을 약탈당하는 것을 그대로 방치하지 않았다(눅 11:19-23).

BMB 제자양육에 참여하면서 사탄의 속임수와 속박으로부터 예수님께서 해방시켜 주신 사람들의 자유를 지키고자 영적 전쟁을 치른다. 이런 이유로 무슬림 환경에서 그리스도의 제자는 적의 계략에 맞서기 위하여 영적으로 준비되어야 하며 BMB가 사탄의 간계에 맞설 수 있도록 준비되어야 한다. 그러나 그리스도의 제자로 살기 시작했더라도 사탄의 속박 아래 있는 사람은 신앙적으로 성숙하기 어렵다.

북아프리카에서 사역하는 사람들의 말을 들어보면 그들 중 절반 이상이 그들 사역에서 마귀의 공격을 받았다고 했다. 사역자들은 도시나 국가마다 영적 공격의 방식이 다르게 나타난다고 보고했다. 모로코의 일부 지역에서는 영적 억압을 경험한 사례들이 보고되었다. 다른 지역에서는 사탄이 결혼생활을 파괴하려고 시도하였고 성적 유혹과 불법적인 성적 활동이 있는 곳에서는 남성들이 공격을 받았다(Don Little 2015, 234). 사하라 이남 아프리카에서는 주술적 활동과 관련된 영적 전쟁이 더욱 두드러졌다. 프랑스나 서구권 국가에서는 세속주의와 무신론의 세계관이 BMB의 신앙 성장에 걸림돌이 되었다.

그렇다고 축사(마귀를 쫓아내는 일)가 사역의 초점이 되어서는 안 된다. 모로코에서는 복음을 전하고 BMB를 제자 삼는 과정에서 종종 마귀의 행동을 보여 주는 사람이나 방문객이 신자들의 공동 예배 장소에 찾아왔다. 가끔은 마귀의 행동을 보이는 그런 사람들조차도 자신이 왜 그랬는지 인지하지 못했다. 그런데 제자양육자 일부는 예배 중에 짧은 시간 동안 참석자의 눈들이 어떤 다른 존재에 의해 조종당하는 것을 보았다.

마귀들은 예배 중 하나님의 임재에 매우 불편함을 보인다. 그런 불편한 일이 생기면 마귀는 항상 행동을 개시한다. 그래서 예배 후에는 마귀의 조종을 받은 사람에게 비밀리에 예배 인도자가 목격한 것을 그에게 설명하고 그가 마귀에서 풀려나기를 원하는지를 먼저 묻는다(Don Little 2015, 236). 예배인도자는 한 명 이상의 신뢰할 수 있는 신자를 불러서 함께 예수님의 이름으로 그를 위해 기도한다. 일반적으로 하나 또는 그 이상의 마귀가 나타나고 축사는 빠르게 해결되는 경우도 있으나 때때로 많은 기도와 금식이 필요하다. 이런 축사는 공개적으로 하지 않았다.

하나님 나라에 들어갔다고 해서 마귀의 공격으로부터 자동적으로 보호받는 것은 아니다. 또 회심했다고 해서 모든 BMB가 즉각적이고 완전한 구출(deliverance)을 경험한다고 말하는 것은 순진하고 다소 위험해 보인다.

많은 BMB가 회심 당시에 마귀들(demons)에 너무 깊이 사로잡혀 있어서 그 어떤 영적 훈련을 시행하는데 필요한 자기 통제조차 할 수 없는 상태를 가졌다. 이런 BMB에게 영적 훈련이 유용할 수 있으려면 먼저 축사(귀신 내쫓기)와 내적 치유 과정을 거쳐서 어느 정도 심리적 영적 자유를 얻은 후에야 가능했다.

대개는 영적 훈련을 포함한 활기찬 공동체적 영적 양육의 속에서 BMB 개인의 지속적인 구출(deliverance)이 이뤄진다. 영적 훈련을 적절히 실천함으로써 강화된 제자 공동체는 귀신 들림을 효과적으로 다룰 수 있는 영적 권위와 분별력을 갖추게 된다. 하나님과 올바른 관계 속에서 살려면 BMB는 악을 피하고, 능동적이고 적극적으로 주를 따르고, 주님으로부터 멀어지게 하는 악한 영들과 싸워서 영생을 굳게 붙잡는다(딤전 6:11-12).

일반적으로 마귀의 속박(bondage)은 생각, 감정, 몸에서 생길 수 있다. 그럴 경우 신자는 그의 죄를 회개하고 하나님의 도움을 구해야 한다. BMB는 그리스도의 주권(authority)을 배워야 하고 마귀가 그를 공격할 때마다 그리스도의 권위와 능력을 구해야 한다. BMB들은 이슬람을 명확하게 부인해야 하고 이슬람 종교와의 연관을 끊어야 하고 그 교의(doctrines)를 믿는 것을 중단해야 한다.

새로운 신자가 여전히 이슬람을 종교적 이데올로기로 충성을 유지하는 한 마귀의 공격과 이슬람과 연관된 속임수로부터 영원히 보호받거나 자유로워질 수 없다(Don Little 2015, 238). 무슬림들은 평상시에도 자주 사탄의 유혹으로부터 보호해 달라고 알라에게 도움을 구한다.

사하라 사막 이남에서 수십년간 사역한 독일인 선교사 피에츠쉬(Pietzsch)는 BMB들이 그들의 삶에서 죄와 사탄의 권세(power)를 이길 수 있도록 돕기 위한 4단계를 제안한다.

- **1단계**: BMB들은 과거와 현재의 모든 죄(거짓 종교, 초자연적 및 주술적 관행, 거짓말, 습관적인 죄, 반역)의 죄명을 고백하고 부인해야 한다.
- **2단계**: 조상의 죄를 고백하고 사탄이 자신의 삶에 대한 권리를 주장하는 것을 거부해야 한다.
- **3단계**: 이슬람과 그의 모든 요새를 거부하고 이것들의 속임수를 이해해야 한다.
- **4단계**: BMB들이 그들의 자유를 유지하는 방법, 저주를 다루는 방법, 악령이 적대적으로 활동하는 환경 속에서 벗어나는 방법을 배워야 한다(Pietzsch 2004, 90-100).

그런데 마귀의 억압에서 구출되는 사람들이 자유를 유지하는 데 매우 중요한 7가지 사항은 아래와 같다(Don Little 2015, 239-241).

① BMB들은 그리스도 안에서 새로운 피조물로 사는 법을 배우는 동안 그들을 책임지고 돕는 신자들의 긴밀한 공동체 안에서 살아야 한다.
② 그들은 그리스도께 순종하며 성령의 은혜로 거룩한 삶을 사는 것을 추구하고 남은 인생 동안 그리스도께 순종하며 살고자 노력하는 헌신이 필요하다.
③ 그들이 선행에 전념할 수 있다면 더욱 좋다.

④ 그들은 가능한 한 좋은 예배 음악을 듣는 것이 도움이 된다.
⑤ 거의 직관적으로 들릴 수 있지만 마귀로부터 해방된 사람들은 그 전에 의지했던 초자연적 및 주술적 관행(occult practice)으로 돌아가서는 안 된다.
⑥ BMB가 성령 충만을 위해 끊임없이 기도해야 한다.
⑦ 속박에서 구출된 사람들이 깊은 내적 치유를 받아야 한다.

BMB를 제자양육하고 교회 개척하는 사람들은 그곳 사람들을 장악하고 지배하곤 하는 영적 세력들이 있다는 것과 이들에 대항한 심한 영적 전쟁이 있다는 것을 안다. 무슬림 배경의 신자들은 지속적인 영적 억압과 직접적인 마귀의 공격을 경험한다고 보고한다.

돈 맥커리(Don McCurry)는 사탄이 이슬람 안에서 얼마나 심하게 활동하는지 분명히 이해하고 있었다. 그는 "이슬람은 근본적으로 극렬하게 반기독교이다. 예수 그리스도의 복음에 대한 적대감 때문에 이슬람 체제 뒤에는 반기독교 세력이 있다"고 했다(Don Little 2015, 228). 무슬림들 사이에서 사역하려는 사람들은 BMB가 성장하고 성숙하기를 원한다면 이슬람 안에서 작동하는 사탄의 능력에 대하여 하나님의 능력이 어떻게 역사하시는지를 배워야 한다.

맥커리는 우리가 성경적인 초자연적 세계관에 기반을 두고 사역해야 한다고 주장하고 제자양육 과정에서 나타나는 영적 싸움에 효과적으로 임해야 한다고 했다. 그리고 이를 위해서 신앙공동체가 정기적인 기도를 해야 한다. 참고로 세계관에는 세 가지 층위가 있으며 마귀와 영적 존재들은 초자연적 세계에 속한다.

① **우리 너머의 초월적 세계**: 완전히 물리적 세계를 넘어선 하나님, 천국, 지옥 등이다.
② **이 땅의 초자연적 세계**: 자연법칙을 초월한 것으로 영적 존재(영들, 조상신, 마귀들)와 이를 활용하거나 통제하려는 행위(주술, 마법사) 등이 포함된다.
③ **우리 감각의 경험적 세계**: 우리가 매일 접하는 물리적인 현실과 관찰 가능한 세계이다. 예를 들면, 작물 심는 법, 자녀 양육법, 배우자 대우법

등 관찰과 실험과 경험에 기반한 세계이다.

그리고 하나님 나라에 속한 삶은 다음과 같다.

① **하나님께 거하는 삶**: 하나님의 본성, 성품 및 속성을 아는 것으로써 믿음, 제자가 되는 것, 성령의 열매, 성경의 권위, 그리스도의 주권, 하나님의 뜻을 이해한다.
② **다른 사람과 함께 하는 삶**: 공적 예배와 소명이 있고, 영적 은사를 통한 변화, 열매 맺는 사역, 치유, 섬기는 마음, 다른 사람을 사랑하고, 서로의 짐을 진다.
③ **세상을 변화시키는 삶**: 세계관과 변증을 알고 새 하늘과 새 땅을 준비하는 일의 일환으로 집, 이웃, 시장, 지역 사회, 세상을 구속하고 회복하기 위해 그리스도와 함께 일하는 동역자로서 세상을 변화시키는 삶을 살아간다.

이와 다르게 하나님 나라에 속하지 않는 다른 영역은 마귀, 육체, 세상의 길이다.

① **마귀의 길**: 죄와 유혹의 본질로서 반란, 하나님을 통제하고 또는 하나님을 대체하려는 시도 또 적의 목적, 전략 및 전술로서 파괴, 속임수, 왜곡 등이다.
② **세상의 길**: 세상이 우리를 압박하려는 틀로서 통제되지 않는 삶, 신적/세속적 이원론 그리고 우리를 유혹하려는 우상으로서 성공, 물질주의, 성취, 업적 등이고 현대의 세계관으로서 포스트모더니즘, 실존주의, 무신론, 인본주의 등이다.
③ **육체의 길**: 돈, 섹스, 권력의 유혹, 삶에 대한 자기 몰두, 큰 죄, 잘못된 습관, 강박관념, 중독 등이다.

5) 세계관과 제자양육

세계관은 세상을 보는 눈, 관점, 판단의 근거이다(김하나, 2025). 제자양육의 주요 부분은 새신자들의 세계관이 성경적 세계관으로 변화하는 것이다. 새신자들은 하나님, 인간 그리고 삶 자체에 대한 이해가 변화해야 한다.

따라서 제자양육의 중심 과제는 새신자들이 그리스도의 마음 또는 사고(mind)를 갖는 것이다. 그러나 제자양육은 단순히 사고하는 것을 변화시키는 것 이상의 의미를 갖는다. 그것은 변화된 행동, 새로운 공동체에 속하는 것, 새롭게 변혁된 개인적 및 공동체적 습관으로 발전하는 것 등과도 관련이 있다. 그런 맥락에서 그리스도께로 나아오는 무슬림들이 직면해야 하는 주요 세계관 변혁들 중 몇 가지를 살펴보자.

(1) 하나님에 대한 관점의 변혁

하나님은 인간의 삶과 인간의 필요와 동떨어져 있는 분이 아니다. 무슬림들에게 알라는 보통 멀리 계시며 모든 일을 통제(controlling) 하시는 분으로 이해된다. BMB 제자양육의 중요한 요소는 BMB들이 하나님이 사랑이심을 이해하도록 돕는 것이다.

(2) 삼위일체에서 하나님의 본질에 대한 이해

무슬림 세계관은 알라의 홀로이심을 강조한다. 알라는 홀로 계시며 외부의 어떤 것도 그에게 영향을 미치지 않는다. 그러나 회심자들은 성경과 멘토링을 통해 삼위일체 하나님이 성경에서 드러내신 대로 사랑의 하나님이심을 안다.

(3) 하나님과의 삶에 대한 관점에서 변혁

무슬림들은 종교적인 의무를 지키고 심판의 날에 선행이 악행을 능가하기를 바라는 마음으로 알라에게 용서를 구한다. 돈 리틀은 이슬람에서는 구원이나 구속(redemption)의 개념이 없다고 말한다.

따라서 BMB는 하나님이 주시는 구속의 방식과 이제는 매일 하나님과 함께하는 삶을 살며 살아계신 하나님의 영이 그들 안에 거하시고 의로운 삶을 살 수 있는 능력을 주신다는 사실을 명확히 이해해야 한다. 기독교인에게 선행은 변혁된 삶의 열매이며 그러한 변혁된 삶은 하나님께 영광을 돌린다. 돈 리틀은 무슬림의 선행은 하나님과의 관계를 친밀하게 하거나 하나님과 함께 행복하기 위해 하는 것이 아니라고 한다.

(4) 그 밖의 측면에서 무슬림 세계관

무슬림 세계관의 다른 많은 측면도 시간이 지나면서 건강한 성경적 관점(perspectives)으로 교정되어야 한다. 이러한 관점의 변화는 단지 가르침을 통해서만 이루어지는 것이 아니라 하나님의 사랑을 마음으로 체험하고 성령에 의한 사랑의 상호작용을 보여 주는 신자 공동체의 일원이 됨으로써 이루어진다.

BMB가 이해하기 어려운 것 중에는 성경에 대한 올바른 이해, 성령의 은사 등 아주 많다. 기독교 신앙의 거의 모든 것이 무슬림에게는 새롭고 이슬람 사회에서 무슬림이 알았던 것과 다르다. 아랍 무슬림과 아랍 기독교인들에게 공통된 어휘들도 서로 동일한 개념을 갖지 않는 경우도 있다.

6) 공동체와 BMB의 세례

무슬림 배경의 새신자들은 새로운 공동체에 속해 있음을 느끼고 그리스도 안에 있음을 확신할 때 성장한다. 다시 말해, 제자양육에는 개인적인 제자양육과 공동체적인(Communal) 제자양육이 모두 필요하다(Don Little 2015, 197). BMB 제자양육의 초점은 항상 예수를 통해 하나님과 인격적인 관계를 맺고 예수님과의 교제를 통해 성장하고 성숙하는 것이다.

BMB의 제자양육에서 특별히 유념해야 할 주제는 하나님과의 친밀한 관계, 그리스도를 따르는 삶, 영적 성숙, 두 공동체 속에서의 정체성, 핍박의 원인과 반응, 주술과 민간 신앙, 증인의 삶 등이다. BMB를 제자양육할 때 중요한 관심사는 무슬림과 기독교인이라는 두 정체성을 하나로 통합하는 것, 영적 성장, 회심자로 살아가기, 예수의 제자로 세상에 나아가기, 신앙공동체의 일원이 됨 그리고 하나님 나라의 자녀로 살아가는 것 등이다(Muller Roland 2000, 55).

그런데 BMB가 자신의 삶이 변화되었음을 입증할 수 없다고 느끼면 변화의 외적 증거를 요구하는 그룹에 참여하는 것을 주저한다. 이는 이슬람 신앙 형태의 잔재에서 비롯된 것이다. 이슬람 문화에서는 종교적 실천과 타끄와(알라를 두려워하여 알라가 명령한 것은 행하고 그가 금한 것은 피함)를 공개적으로 보여 주어야 한다. 그래서 이집트 무슬림 중에는 이마에 기도의 흔적을 남기고 긴 수염과 하얀 질밥(남성용 의복)을 입는 경우가 많다.

이슬람 국가에 BMB가 존재하지만 BMB의 수가 적은 중동과 북아프리카에서는 이들이 서로 만나기 어렵기 때문에 영적 성숙이 잘 이뤄지지 않는다. 더구나 BMB의 사고방식에서는 성장이란 '얼마나 변화되었는가?' 혹은 '얼마나 깊이 사랑하는가?'보다는 '얼마나 지적으로 알고 있는가?'로 측정되는 경향이 있다(Amal Aziz Gendi 2015, 162).

영적 성숙은 내적 장벽을 극복하는 열쇠가 된다. BMB가 영적으로 성숙할수록 장벽을 더 잘 극복할 수 있다. 내적으로 성숙한 BMB는 두려움과 신뢰 부족과 같은 장벽을 이겨낼 수 있다. 반면, 영적으로 성장하지 못하면 제자양육 그룹에 헌신하려는 내적 동기가 부족하고 사역자를 단순히 물질적인 도움을 제공하는 사람으로 인식하는 경향이 있다. 또한, BMB의 삶이 변화되지 않으면 종교적 의례를 지키는 데 집중하고(이슬람에서는 이러한 요소를 중시하기 때문에) 태도나 행동의 변화가 적다.

새로운 BMB는 자신이 속할 새로운 공동체를 원한다(Don Little 2015, 306). 일반적으로 개종자들은 높은 사회적 압박을 받기 때문에 새로운 믿음으로 어느 정도 정착할 때까지 몇 주간 세례를 미루는 것이 지혜로울 수 있다. 또한, 가족이나 친구 그룹의 일원으로 함께 그리스도께 나아온 신자들이 있다면 그들이 회심한 후 모두 함께 세례를 받도록 하는 것이 좋을 수 있다.

그러나 예수님을 따르기로 결정하기 전에 구도자가 참된 복음에 대한 확실한 이해를 갖고 그리스도를 따르는 데 치를 비용을 충분히 이해하도록 돕는다. 만약 이러한 과정이 잘 이루어졌다면 가능한 한 빠르게 세례를 주는 것이 바람직하다. 또한, 무슬림공동체에서는 대부분의 경우 세례가 비밀리에 이루어진다. 무슬림에게 세례는 새로운 공동체에 속하는 것을 의미하며 이로 인해 정부, 사회, 가족으로부터 거부와 박해를 받을 수 있다. 따라서 작은 그룹의 현지 신자들이 비밀리에, 때로는 먼 지역에 가서 세례를 받기도 한다. 세례는 양질의 제자양육(quality discipleship)을 위한 시간이 주어진 후에 안전하고 적합한 장소에서 다른 신자들 앞에서 집례 되어야 한다(Woodberry 2008, 138).

무슬림이 예수를 따르기로 선택하면 대개 가족과 공동체를 잃는 대가를 치른다. 따라서 BMB를 새로운 영적 공동체에 소개하기 전에 그가 문화적인 충격을 완화하고 보안을 확보할 수 있도록 일대일 양육을 시작하는 것이 필요하다. BMB 제자양육은 프로그램이 아니라 사람을 중심으로 이뤄지는 멘토링 과정으로 이해한다. 특히 아프리카와 아라비아반도의 일부 아랍인들은 글로 작성된 교재보다는 구두로 전달되는 이야기를 더 선호하는 경향이 있다.

7) BMB가 당하는 박해

서구와 한국인 선교사들은 대체로 핍박을 당하는 BMB를 어떻게 도울지에 대한 경험이 적고 또한 핍박과 고난(suffering)의 신학을 깊이 고민하지 않는 경우가 많다. 돈 리틀(Don Little)은 "핍박 없는 제자양육은 없으며 하나님은 믿는 자들에게 허락하신 핍박과 고난을 그들의 성화를 위해 사용하신다. 또한, 핍박 가운데 인내하면 하나님께서 이를 전도의 도구로 사용하신다"고 말했다(Don Little 2015, 215).

아랍 이슬람 국가에서 기독교로 회심하면 학대, 고문, 가족으로부터의 추방, 이혼, 구타 그리고 공동체에서의 배척과 같은 어려움을 겪을 수 있다. 고든 니켈(Gordon Nickel)은 이슬람 국가에서 배교법(Apostasy)이 BMB들에게 심한 핍박의 원인이 되고 있다고 지적했다. 하나님의 부르심에 응답한 사람은 주와 함께 고난을 받고 주를 위해 고난을 감내해야 한다. 그러므로 제자양육자는 BMB가 그리스도를 위해 고난받을 준비를 할 수 있도록 도와야 하며 핍박과 고난에 대비하는 방법을 알려줘야 한다.

가족의 적대감과 거부는 BMB가 속한 가족이 공개적으로 수치를 당했거나 그가 이슬람주의 배경을 가진 가정에서 태어났을 경우 더욱 심각해질 수 있다. 그러나 BMB에게 핍박에 대한 신학적 가르침과 영적 준비만 제공하는 것으로는 충분하지 않다. 돈 리틀은 실제로 핍박을 경험한 BMB 들에게 피난처를 제공하고 생명의 위협을 받을 때 안전한 장소를 마련하는 등의 실질적인 지원이 필요하다고 강조했다.

그렇다면 이러한 상황에서 제자양육자가 해야 할 일은 무엇인가?

(1) BMB에게 핍박과 고난에 대한 건전한 신학을 가르쳐야 한다.
(2) 핍박 속에서도 하나님께서 그를 보호하고 인도하시며 함께하신다는 확신을 심어 주어야 한다.
(3) BMB가 핍박을 받을 경우 실질적인 도움을 제공하며 때로는 함께 있어 주고 함께 고난을 감당해야 한다.
(4) 교회는 필요할 경우 재정적으로 지원하고 생명의 위협을 받는 상황에서는 구출할 방안을 모색해야 한다.
(5) BMB가 심문을 받을 때 어떻게 대응해야 하는지, 불필요한 핍박을 피하기 위해 어떻게 지혜롭게 말해야 하는지, 무슬림 가족과 친구들에게 어떻게 신앙을 전할지를 가르쳐야 한다.

이슬람 국가에서 새로운 신자들이 직면하는 가장 큰 도전은 가족과 지역 사회로부터 받는 압력이다. 무슬림 가족 구성원과 공동체에서 가해지는 강한 사회적 압력은 무슬림 세계에서 흔한 일이다. 이러한 압력 속에서 새로운 신자들은 그리스도를 따르는 자로서 새로운 정체성을 형성하는 과정에서 많은 도전에 직면하게 된다.

일반적인 BMB 제자양육 패턴은 새로운 신자들에게 그의 개종 사실이 가족과 친구들에게 알려지기 전에 한동안 조용히 새로운 신앙을 성장시키도록 돕는다. 이 때의 목표는 그들이 그리스도인이라는 새로운 정체성을 장기적으로 숨기는 데 있는 것이 아니라 압력과 박해, 폭력 또는 폭력의 위협이 시작될 때 충분한 믿음과 그런 압력을 견딜 능력을 기르며 예수님께 헌신하도록 준비시키는 것이다.

다음은 BMB가 그리스도 안에서 새로운 정체성을 형성하는 과정에서 너무 이른 시기에 강한 박해에 직면하지 않도록 돕기 위한 몇 가지 권장 사항이다.

① 두 가지 상호 보완적인 공동체를 병행한다.
제자양육 과정에서 새로운 신자들이 가족과 지역 사회와의 연결을 유지하도록 최대한 돕는다. 또한, 새로운 신자가 속할 수 있는 강하고 친밀하며 배려심이 있는 새로운 가족 공동체를 형성하도록 돕는다. 그들이 그리스도 몸의 지체로서 그리스도 안에서 새로운 정체성을 갖기 때문에 더 이상 움마(이슬람공동체)에 속하지 않는다.
② 신앙을 적절히 고백하는 방법을 훈련한다.
처음 몇 달 동안은 새로운 신자가 자신의 신앙을 공개적으로 이야기하지 않도록 지도한다. 오히려 변화된 삶과 행동을 통해 가족과 친구들이 그의 긍정적인 변화를 궁금해하도록 살아가고 부모에게 더 사랑스럽고 존경심 있는 태도를 보이는 이유가 예수님을 따르기 때문임을 설명하도록 한다.
③ 이슬람과 관련된 논쟁을 피하도록 지도한다.
BMB들은 복음을 받아들이고 나면 무슬림 가족과 친구들에게 이슬람이 거짓이며 무함마드가 예언자가 아니라고 말하고 싶은 유혹을 받을 수 있다. 그러나 새로운 신자들은 처음부터 이러한 논쟁적 언어를 피하도록 가르침을 받아야 한다.
④ 복음전도자는 BMB가 새신자가 되기 전에 그의 가족과 신뢰의 관계를 미리 형성한다.

무슬림 가족이 복음을 전하는 그리스도인을 알고 신뢰하게 되면 가족 중 한 두 사람이 BMB가 되었을 때 그들의 회심 이유를 더 쉽게 이해할 수 있다. 이는 새로운 신자에게 가해지는 폭력을 줄이는 데 도움이 될 수 있다. 또한, 무슬림 가족과 친구들이 사랑스럽고 경건한 그리스도인들을 알게 되면 회심에 대한 반응이 덜 부정적일 가능성이 크다.

그러나 BMB가 당하는 박해는 단순히 외적 핍박에 국한되지 않으며 내적으로도 신앙과 정체성의 갈등을 겪게 된다. 따라서 제자양육자는 BMB에게 도움이 되는 가르침뿐만 아니라 실질적인 도움과 지원을 제공한다.

8) BMB 제자양육자의 역할

제자양육자는 "다른 사람을 제자 삼는 사람"을 의미한다. 각 지역에서 제자양육자의 역할은 법적 환경, 종교적 박해 수준, 현지 교회의 존재 여부에 따라 달라진다. 예를 들면, 우즈베키스탄처럼 상당히 보안이 필요한 지역에서는 BMB들이 직접적인 교회 개척보다는 현지 리더 훈련이 적절하다.

남아시아(파키스탄, 방글라데시)에서는 강한 이슬람적 반감이 존재하므로 신자들이 지혜롭게 신앙을 유지하면서 성장할 수 있도록 돕는 역할이 필요하다.

동남아시아(인도네시아, 말레이시아)에서는 무슬림 개종자들이 사회적으로 불이익을 받는 경우가 있어서 비공식적인 네트워크와 온라인 플랫폼을 활용한 사역이 효과적이다.

요르단에서 수년간 BMB 사역을 했던 키스 서메이(Keith Summey)는 외국인 제자양육자의 역할에 대해 다음과 같이 설명한다.

첫째, 외국인 제자양육자의 역할은 BMB 리더를 찾아 그에게 전도와 제자양육 그리고 BMB 그룹 내에서의 리더십을 1대1로 훈련시키는 것이다. 요르단은 경찰에게 무슬림을 개종시킨 사역자가 발각되거나 의심이 되면 그 사역자를 강제 추방시킨다. 그래서 외국인 제자양육자는 BMB 그룹에 직접 참여하지 않고 멀리서 BMB 그룹의 리더를 훈련하는 역할을 주로 한다.

둘째, BMB와 외국인 제자양육자 간의 만남은 불규칙적이어야 한다 (Paul Stephens 2009, 56). 경찰의 감시가 심한 요르단에서는 제자양육자의 역할이 BMB 리더들을 훈련하는 데 집중되므로 BMB와의 만남을 불규칙하게 유지하도록 권장된다. 그러나 이러한 제자양육자의 역할이 모든 아랍 국가에서 적용되지 않는다.

돈 리틀(Don Little)은 BMB와 기독교인을 대상으로 제자양육자의 역할에 대한 조사를 실시하였으며 다음 세 가지 역할이 외국인 제자양육자의 가장 일반적인 역할이라고 설명했다(Don Little 2015, 286-287).

(1) 사역의 선구자(Pioneer)

사역의 선구자는 교회 개척자로서 전도하고 제자양육을 하며 교회를 개척하는 선교사이다. 그는 자신의 비전을 가지고 무슬림을 방문하여 복음을 전하고 열매를 맺고자 한다. BMB 사역에서 주도적인 역할을 하므로 선구자라고 할 수 있다. 그는 구원의 체험이 분명하고 부르심이 확실하며 언어를 열심히 배우고 인내하는 선교사이다.

(2) 사역을 수월하게 하는 자(Facilitator)

사역을 수월하게 하는 자는 교회 개척을 돕는 역할을 하며 "그림자 목사"[24](Shadow Pastor)라고도 불린다. 그는 BMB 모임에 직접 참석하지 않지만 해당 국가의 리더들을 코칭(Coaching)하며 훈련한다. 그는 BMB 교회를 섬기고 BMB가 책임감을 갖도록 돕는다. 또한, BMB와 함께 고난을 나누고 그들의 꿈을 성취하도록 지원하며 상담과 가르침, 훈계를 제공한다. 그는 소수의 BMB를 훈련하고 제자양육을 통해 그들이 또 다른 사람을 훈련하도록 돕는다. 외국인 사역자와 BMB 간의 협력과 소통이 원활하게 이루어지도록 하는 역할을 담당한다.

(3) 사역을 지원하는 자(Supporter)

사역을 지원하는 자는 해당 지역의 기독교인을 섬기며 BMB 리더 밑에서 일한다. 그는 BMB 사역을 지원하지만 직접적인 책임을 맡지는 않는다. 그는 회심자들을 지역 교회로 연결하고 제자양육과 교육 커리큘럼을 지원하며 상담자의 역할도 수행한다. 그는 외국인이 제자양육과 공동체에 본보기가 되는 데 한계가 있음을 인식하고 자신의 생활 방식에 대해 매우 조심스럽게 접근한다.

위에서 언급한 외국인 제자양육자의 역할을 요약하면 다음과 같다.

24　Shadow pastor는 외국인 리더가 BMB 모임에는 참석하지 않으나 해당 국가의 리더들을 코치(Coach)해 준다.

〈표 5〉 외국인 제자양육자의 역할

외국인 사역자의 역할	지역 리더와의 관계	BMB와의 접촉	Don Little의 설문 결과
사역의 선구자	리더와 동역	직접	북아프리카(47) 〉 중동(37)
사역을 수월하게 하는 자	리더를 코치해 줌	직접	북아프리카(50) 〉 중동(24)
사역을 지원하는 자	리더에게 봉사함	간접	북아프리카(7) 〈 중동(22)

이처럼 아랍권에 파송된 한국인 선교사는 선구자(Pioneer), 사역을 수월하게 돕는 자(Facilitator) 그리고 지원자(Supporter) 역할을 수행할 것으로 예상할 수 있다. 돈 리틀의 연구에 따르면 북아프리카의 리더들은 외국인 제자양육자가 선구자 및 사역을 수월하게 돕는 역할을 해주기를 원한다.

반면에 중동(주로 아라비아반도)의 리더들은 외국인 제자양육자가 현지 기독교인의 사역에 재정 지원을 주로 해 주기를 바란다. 이런 경우 한국인 선교사의 대부분은 BMB 사역을 지원하거나 사역을 수월하게 돕는 역할을 하게 될 가능성이 크고 BMB 교회 개척을 직접 수행하는 선교사는 많지 않을 것이다. 그 주된 이유는 아랍 이슬람 국가들이 이슬람 지역 내 BMB 교회 설립을 허용하지 않기 때문이다.

요르단에서 사역했던 키스 서메이(Keith Summey)는 아라비아반도에서 외국인 제자양육자가 BMB 리더들을 중심으로 사역하고 BMB를 직접 만나는 것을 제한해야 한다고 주장했다. 그러나 돈 리틀은 외국인 제자양육자가 교회를 개척하거나(현재 레바논에서 시리아 난민을 대상으로) 교회 개척을 수월하게 하거나 BMB 사역을 지원하는 역할을 수행해야 한다고 본다. 이때 아랍 교회 리더들과 BMB 리더들을 효과적으로 가르치기 위해서는 높은 수준의 언어적 숙달도와 유창성이 필수적이다.

따라서 아라비아반도와 북아프리카에서는 디지털 플랫폼을 활용한 제자양육 및 전도 (SNS, 유튜브, 위성 TV, 온라인 성경 공부), 현지 BMB 지도자 훈련 및 지원 (비밀리에 훈련을 제공하고 지도자로 세우는 방식), 비즈니스 선교 (Business as Mission, BAM)를 통한 현지인 접근, 무슬림 난민 및 해외 이주 노동자를 대상으로 하는 사역을 한다.

제6장
제자양육의 역사적 흐름과 영적 성장

1. 역사 속에서 제자양육의 흐름

1) 고전적인 제자양육

고전적인 제자양육의 흐름은 20세기 중반 네비게이토(Navigators)와 CCC(Campus Crusade for Christ)와 같은 선교 단체들의 등장으로 더욱 발전했다. 이 접근법의 주요 특징으로는 일대일 멘토링, 성경공부 프로그램, 성경 암송, 증거 훈련 등이 있다. 이 운동은 베이비 붐 세대에게 깊은 영향을 미쳤으며 이들이 교회의 목회자와 리더가 되면서 교회 안에서 중요한 발판을 형성했다. 또한, 문서 사역, 음악, 커리큘럼을 개발하여 제자양육의 구조를 체계적으로 정립했다.

고전적인 제자양육의 강점은 성경에 열심이었고 사람들을 잘 훈련시키는 데 일관성을 가지고 있었다.[1] 그러나 이 접근법은 제자의 내면적 삶을 깊이 다루기보다는 프로그램의 성과 측정에 더 집중하는 경향이 있었다. 그 결과, 프로그램을 마친 후에도 지속적인 영적 성장을 이루지 못하는 경우가 많았으며 훈련이 끝남과 동시에 성장도 멈추는 사례가 많았다.

---

1 Bill Hull, *The Complete Book of Discipleship: On Being and Making Followers of Christ*. 30.

2) 영성 형성과 영적 훈련

(1) 영성 형성의 정의

영성 형성(spiritual formation)은 갈라디아서 4:19의 "너희 속에 그리스도의 형상을 이루기까지"라는 말씀에서 유래한 개념으로 제자들의 변혁(transformation) 또는 성화를 의미한다. 이는 새로운 생명을 얻은 개인들이 하나님의 은혜와 개인의 노력을 결합하여 예수 그리스도의 성품을 닮아가는 과정이다.

역사적으로 영성 형성이라는 용어는 로마 가톨릭교회와 관련이 깊다. 가톨릭에서는 이 개념을 기도, 성경 읽기, 금식과 같은 "영성 훈련"(spiritual disciplines)과 연계하여 전임 사역자를 양성하는 데 사용했다.

그러나 개신교에서는 이 용어를 가톨릭과 동일한 방식으로 사용하지 않았다. 복음주의 진영에서는 영성 형성의 개념에 대해 여러 가지 우려가 제기되었다. 일부 신자는 기독교인이 되었음에도 삶의 방식, 가치관, 행동이 변화하지 않는 현실에 좌절감을 느꼈다.[2]

미국 기독교 대학 협의회에서 영성형성은 사람들이 하나님과 다른 사람을 사랑하고 섬기기 위해 믿음의 공동체 안에서 성령의 능력으로 그리스도를 닮도록 변혁되는 것이라고 했다. 일부 저서에서는 제자양육과 영성 형성을 서로 바꿔 사용하기도 했다.

그리고 그들이 동일한 내적 변혁 과정을 가리키는 것으로 설명하려고 했지만, 신자들의 세대가 달라지면 그 용어도 달라졌다. 그런데 여러 교회 전승과 학자들과 교육 기관들이 영성 형성에 대한 다양한 정의를 사용했고 이제까지 공식화된(formalized) 정의는 없다.

---

2 앨리스터 맥그래스(Alister McGrath)는 "영성"(Spirituality)은 실현된 실질적인 종교 생활에 대한 추구와 관련된다고 했다. 다시 말해서, 영성은 그 종교의 독특한 사상(Idea)과 그 종교에 근거를 두고 그 종교의 범위 안에서 사는 삶의 모든 체험을 포함한다. 기독교의 영성은 그리스도가 중심이 되고 영성에 대한 신약의 주개념은 회심하여 예수의 길을 따르는 것을 포함한다. 영성에 해당하는 아랍어 단어는 루흐니야트(Rūḥāniyyāt)라고 하는데 인간의 혼을 세상적인 본능과 인간적인 욕망을 떠나 믿음, 미덕, 높은 윤리, 칭찬받는 성품 등의 넓은 지평으로 올리는 심리적 및 감정적 측면을 가리킨다('Aḥmad Mukhtār 'Umar, 현대 아랍어 사전 Part.2, 2008: 956).

현대의 영성 형성 운동은 세속적 세계관이나 동양 철학의 영향을 받을 가능성이 있다는 우려도 제기되었다. 윌라드는 영성 형성을 제자운동의 현대적 표현으로 보았고 교회에서 제자양육이 약화되었기 때문에 영성 형성이 더 적절한 용어라고 주장했다. 그런데 빌 헐(Bill Hull)은 '영성 형성'이라는 용어가 일부 신자들에게 제자양육의 책임을 회피하는 방식으로 사용될 수 있다[3]고 지적했다. 존 파이퍼(John Piper)는 영성 형성이란 용어가 가톨릭적인 뉘앙스를 가질 수 있다고 우려하며 성경적 제자양육을 강조한다.

따라서 무슬림 배경의 신자에 대한 제자양육에서는 성경적으로 올바르고 그리스도 중심적이며 신학적으로 모호하지 않은 용어가 필요하다. 영성 형성이란 용어는 무슬림들과 BMB들에게 불필요한 복잡성을 유발할 가능성이 있어서 제자양육이나 성화와 같은 보다 명확한 용어를 사용하는 것이 더 적절할 수 있다.

(2) 영적 훈련

포스터(Richard Foster)는 영적 훈련을 내적 훈련(묵상, 기도, 금식, 공부), 외적 훈련(간소함, 고독, 순종, 봉사), 집단적 훈련(고백, 예배, 하나님의 뜻 찾기, 기쁨에 찬 감사)으로 구분한다. 윌라드(Dallas Willard)는 영적 훈련을 금욕의 훈련(고독, 침묵, 금식, 절약)과 참여의 훈련(성경 공부, 예배, 감사, 봉사, 기도, 친교, 고백, 순종)으로 나누었다.

휘트니(Donald Whitney)는 그리스도를 닮도록 변화시시키기 위해 사용되는 훈련은 세 가지 요소(사람, 환경, 훈련)라고 한다. 그중에서 우리가 통제할 수 있는 것은 영적 훈련이라고 했다. 휘트니는 영적 훈련이 영적 성장을 위한 주된 경로라고 단호하게 말하고 영적 훈련은 하나님의 변혁시키는 은혜의 통로와 같다고 한다. 휘트니의 열한 가지 핵심적인 영적 훈련에는 성경 섭취, 기도, 예배, 전도, 봉사, 청지기, 금식, 침묵, 고독, 일기 쓰기, 공부가 있다.

---

[3] Bill Hull, *The Complete Book of Discipleship: On Being and Making Followers of Christ*, 57.

럼포드(Douglas Rumford)는 영적 훈련은 다양한 상황에서 우리의 영혼이 올바른 영적 반응을 하도록 훈련하는 것이라고 한다. 영적 훈련은 성령이 우리의 삶속에서 성장을 이루기 위해 사용하시는 도구이다. 영적 생명력(vitality)은 주 예수와 우리와의 관계에서 성장한다.

럼포드는 20가지 영적 훈련을 그 목적에 따라 4개의 범주로 분류한다.

① **하나님의 임재와 연결되는 훈련**: 회개, 고백, 하루(또는 중요한 일)를 시작하기 전 하나님과의 관계를 미리 준비하는 시간, 하루(또는 중요한 일)가 끝난 후 그날의 행동을 하나님 앞에서 되돌아보는 시간, 기도와 예배
② **영원한 관점을 갖게 하는 훈련**: 성경 연구, 묵상, 영적 독서.
③ **악과 죄의 권세에서 벗어나게 하는 훈련**[4]: 금식, 침묵, 고독, 유혹과의 싸움, 영적 싸움을 위한 기도.
④ **목적이 있는 삶을 이루는 훈련**: 내적인 성품의 성장, 다른 사람과 의미 있는 관계 형성, 하나님의 인도를 따르는 방향 설정, 영적인 성장을 함께 나누는 우정, 하나님이 주신 재정, 시간, 달란트를 책임감 있게 활용, 하나님이 주신 은사를 통한 영적 봉사.

이러한 영적 훈련들은 신자가 하나님과 친밀한 관계를 맺도록 돕는 실천적 도구로 여겨진다. 그런데 서구 모더니즘이 강조한 제자양육과 영적 훈련이 영적 전쟁과 귀신의 공격과 같은 문제를 해결하는 데 한계를 보였다. 그러나 서구의 많은 기독교 학자는 신자들이 그리스도의 형상을 본받아(conformed) 변화되고 그리스도를 닮은 삶을 살아가는 것이 진정한 삶의 변혁(life transformation)이라는 것을 거듭 강조했다.

---

4 많은 BMB가 회심 당시에 마귀(demons)에 너무 깊이 사로잡혀 있어서 그 어떤 영적 훈련을 시행하는데 필요한 자기 통제조차 할 수 없는 상태를 가졌다. 이런 BMB에게 영적 훈련이 유용할 수 있으려면 먼저 축사(귀신 쫓기)와 내적 치유 과정을 거쳐서 어느 정도 심리적 영적 자유를 얻은 후에야 가능하다.

3) 모더니티 시대의 제자양육

성경 속의 제자양육과 현대의 제자양육 사이에는 차이가 있고 오늘날의 제자양육에 대한 이해도 다양하다. 모더니티 시대의 제자양육은 순종 중심이었고 예수 그리스도의 명령에 대한 실천과 이해를 강조했다. 이런 경우 점증적으로 예수께 순종하고 이해하는 과정이므로 제자는 예수께 순종하는 자로 간주되었다. 이런 특징은 1990년대 말 "예수 제자삼기 운동"(Disciple Making Movement, DMM)에서도 발견된다.

20세기 후반 모더니스트들은 제자양육을 기계적(Mechanistic) 방식으로 접근하는 경향이 있었고 이는 개인의 영적 성장보다는 구조적 훈련과 성과 측정에 초점을 맞추었다. 그러나 이러한 접근법은 BMB가 제자로서 살고자 추구하는 과정에서 어려운 영적 상황에 직면할 때 이 모델이 효과적이지 않았다. BMB들에게 일련의 성경 수업을 가르치는 것만으로는 종종 지속적인 변화를 이끌지 못했다.

피터슨(Jim Petersen 1993)은 이러한 모더니스트 제자양육 모델을 비판하였으나 그는 20세기 후반 미국 복음주의 전통을 제외한 다른 교회 전통에서 사용된 영성 형성 자료를 충분히 반영하지 않았다.

BMB의 영적 상황에 적용할 수 있는 모델은 성경적으로, 신학적으로, 심리적으로 고려된 접근법이 필요하다. 복음주의적 모더니스트 제자양육은 일반적으로 전도자들과 지역 교회의 리더들을 훈련시키기 위하여 설계된 일대일, 소그룹 교육, 성경공부, 멘토링에서 매우 개별화된 과정에 집중하였다.

보아(Kenneth Boa 2001)는 제자양육의 성경적 철학을 발전시키며 11가지 원리를 제시했다.

① 우리는 제자를 삼기 위해 제자가 되어야 한다.
② 제자양육은 양육자와 제자 간의 의존적인 과정이다.
③ 소수의 사람에게 집중하는 것이 중요하다.
④ 사람들은 우리의 제자들이 아니다.
⑤ 재생산은 제자양육의 특징(mark)이다.

⑥ 목회 없이 성숙이 없다.
⑦ 우리는 사역 성과를 측정할 수 없다.
⑧ 제자양육은 프로그램 이상의 의미를 갖는다.
⑨ 제자양육은 종의 태도를 요구한다.
⑩ 영적인 우정(friendship)은 제자양육의 한 요소이다.
⑪ 효과적인 제자양육은 하나 이상의 방법(method)이 필요하다.

보아는 제자양육의 발전 수준들(levels)이 제자의 필요와 목표와 초점 그리고 제자양육자의 역할과 관련이 된다(Don Little, 79)고 했다.

4) 포스트 모던 사회의 제자양육

포스트모더니즘은 모더니즘에 대한 반작용으로 등장했으며 2차 세계대전 이후부터 본격화되었다. 1960-1980년대에 전성기를 맞은 포스트모더니즘은 상대적 진리와 다원주의를 강조한다.

Don Little(2015)은 그의 저서『무슬림 공동체를 위한 효과적인 제자양육』(Effective Discipling in Muslim Communities)에서 포스트모던 시대의 제자양육에 대해 논의하였고 관계의 중요성과 제자양육자의 삶과 신앙 여정을 투명하게 공유하는 것을 강조한다. 포스트모던 사회에서 개인들은 공동체와 소속감을 강하게 갈망하고 바울 서신의 많은 부분도 공동체 안에서 제자들이 어떻게 살아가야 하는지를 가르친다.

포스트모던 사회에서는 개인의 정체성과 스토리가 중심이 된다. 제자양육은 그리스도 안에서 정체성을 발견하고 자신의 이야기가 하나님의 구속적 내러티브와 어떻게 연결되는지를 이해하도록 돕는다.

포스트 기독교(Post-Christian)는 한 사회가 과거에는 기독교적 가치와 신앙이 강한 영향을 미쳤지만, 현재는 점점 세속화되면서 기독교적 신념이 더 이상 사회 전반에 걸쳐 우세하지 않은 상태를 가리킨다. 그러므로 '포스트 기독교' 사회 속에서 복음전도는 단순한 구두 전달이 아니라 진정성 있는 관계와 공동체적 삶 속에서 이루어져야 한다.

말로만 복음을 제시하는 것은 세속주의, 다원주의, 포스트모더니즘 등의 사조가 주류가 된 포스트 기독교 문화를 감동시키지 못하고 오히려 진정성이 있고 치유의 관계 속에서 복음을 실천하는 사람들이 복음전도에 영향력이 있다.

고전적인 제자양육이 구조화된 프로그램과 지식 중심의 접근 방식이었다면 모더니티 시대의 제자양육이 순종 중심의 기계적인 제자양육을 강조했고 포스트모던 시대의 제자양육은 관계와 공동체를 강조하는 방향으로 발전했다.

2. 제자양육의 목적과 영적 변혁

1) 제자양육의 목적

많은 사람이 제자양육에 대한 정의와 신자의 삶과 신자들의 교제권(fellowship)에서 제자양육의 목적을 제시했다. 달라스 윌라드는 "하나님 나라"에서 예수님의 제자가 되는 것이 기독교인의 삶의 본질이라고 했다. 그는 우리가 은혜로 살고 있는 하나님 나라에 들어가서 땅의 삶을 산다고 가르쳤다. 이 땅에서 이런 삶을 살아가다 보면 자연스럽게 하나님 나라의 삶의 특징을 갖는 행동들을 하는 사람들이 된다고 했다.

피에츠쉬(Horst Pietzsch)는 제자양육의 목적은 BMB들을 기독교인 교제권에 통합시키고 BMB들을 그리스도의 성숙한 제자로 이끌어서 자기 스스로 책임감을 갖고 현명한 영적 및 실천적 결정을 내릴 수 있도록 하는 것이라고 했다. 즉, 기독교공동체의 중심적인 역할을 강조한 것이다. 멀러(Roland Muller)는 BMB 제자양육에서 공동체의 중요성을 강조하면서 그는 무슬림들이 그리스도께로 회심하고 신자들의 새로운 공동체에 합류하는 것이 서로 밀접하게 연결된 경험이라고 지적한다(Don Little 2015, 129).

돈 리틀은 교회 개척에 대한 글을 쓴 사람 대부분이 BMB 제자양육의 목적이 무엇인지 덜 명확한 설명을 했다고 평가했다(Don Little 2015, 130). 다니엘스(Gene Daniels〈2006〉)는 주변의 무슬림공동체에게 진정한 지역성을 지니면서도 영적으로 매력적인 모습으로 증거하는 새로운 기독교공동체 안에서 이싸(Isa)에게 순종하며 사는 BMB들의 공동체를 갖는 것이 목적이라고 했다. 이런 표현은 내부자 운동가의 생각을 대변하고 있는 것으로 보인다. 성경의 예수가 아닌 꾸란의 이싸에게 순종하는 BMB 공동체를 갖는다고 한 것은 교회론과 기독론에 어긋난다.

필 파샬은 개별적인 제자양육을 다루지 않았으나 신자와 지역 교회가 가능한 한 "이슬람적"(islamic)이 될 수 있는 방법에 관심을 가졌다. 그의 목표는 무슬림들을 끌어올 수 있는 경건과 사랑을 보여 주는 신자 그룹을 갖는 것이었다.

개리슨(David Garrison)은 제자양육을 여러 운동들 안에서 지역적이고 배가하는 교회에 대한 비전의 일부로 보았다. 그리슨(Kevin Greeson)은 무슬림 사이에서 교회개척 운동을 시작하는데 중점을 두었고 그는 제자양육을 새로운 신자들이 자신의 신앙을 이해하고 교회를 개척하면서 다른 사람들과 신앙을 공유하도록 준비시키는 과정의 일부로 보았다(Don Little 2015, 130-131).

그렇다면 무슬림들에게 직접 전도하고 제자양육한 사람들은 제자양육을 뭐라고 정의할까?

BMB들에게 경험있는 제자양육자 대부분은 제자양육이 성경공부가 아니고 BMB들의 친구이면서 그를 위한 모델로 자신의 삶을 살아가는 것이 진짜 제자양육이라고 했다. 이처럼 BMB들을 대상으로 제자양육한 사람들은 제자양육자가 제자양육을 받는 사람과 온 삶(whole life)을 함께 한다는 것이다.

다시 말해서 BMB 제자양육은 BMB 제자에게 자신의 삶과 시간을 투자하며 그리스도를 본보기로 삼고(modeling), 기독교 신앙과 삶의 기본을 가르치고 그리스도 제자로서 살아가는 방법을 전해주고 그들의 행동이 점점 더 그리스도의 부르심에 합당한 삶으로 변화하도록 돕는 것이다(Don Little 2015, 131).

돈 리틀이 BMB 제자양육자와 그밖의 사람들, 글로벌 사우스(남반구: 아시아와 아프리카와 라틴 아메리카)와 서구의 사람들을 대상으로 제자양육의 정의를 묻고 이를 다음과 같이 정리하였다.

① 자신의 삶과 시간을 투자하고 그리스도를 본보기로 삼아 따른다.
② 기독교 신앙과 생활의 기본과 살아가는 법을 가르친다.
③ 행동을 변화시키고 그리스도의 방식대로 살아간다.
④ BMB가 성숙하고 사역을 감당할 수 있도록 끝까지 돕는다.
⑤ 성경을 연구하고 적용하도록 가르친다.
⑥ 하나님께 대한 성숙한 의존을 향하여 성장한다.
⑦ 그들이 교제권에 잘 통합하도록 돕는다.
⑧ BMB와 관계를 지속하고 절대 포기하지 않는다.
⑨ 성장과 신뢰를 격려하는 친구가 된다.

대부분의 응답자는 위 답변 중 첫 세 개가 다른 질문보다 2배 이상으로 응답했고 여성들은 ⑧과 ⑨에 남자들보다 더 많이 응답했다(Don Little 2015, 132).

2) BMB의 영적 성장

영적 성장을 낳게 하는 것은 무엇인가?

우리는 우리와 함께 걸어가는 BMB의 삶에서 영적 발달과 성숙을 격려하기를 원하기 때문에 영적 성장으로 이어지는 가르침, 활동, 과정 등을 이해하는 것이 매우 중요하다.

바울은 다른 사람들과 사랑의 교제에서 성령과 함께 걸으며 십자가에 못 박힌 그리스도를 의식적으로 본받고, 공동체에서 함께 자기희생적이고 이기심 없는 사랑의 삶을 살 때 변혁이 일어난다고 믿었다.

누가는 제자들이 하나님 아버지를 신뢰하고 함께 사랑의 공동체에서 삶을 살며, 복음을 자유롭게 선포하는 비전을 제시한다. 신약성경에서 제시하는 영적 성장의 과정은 성령의 인도와 은혜가 충만한 공동체 안에서 함께 살아가며 성장하는 것을 의미한다.

또한, 영적 훈련(spiritual disciplines)은 하나님의 은혜가 우리 안에서 역사하며 우리를 변화시키는 중요한 도구가 될 수 있다. 영적 훈련은 믿는 이들이 함께 살아가는 공동체 안에서 가장 효과적으로 작용한다. 따라서 진정한 개인적 변화와 공동체의 변화를 이루기 위해서는 성령의 능력으로 사랑과 연합을 이루는 공동체 안에서 영적 훈련이 실천되어야 한다.

경험이 많은 제자양육자가 말하는 영적 성장 과정에서 주된 요인들을 살펴보았다. 그런데 의외로 제자양육 과정에서 가장 자주 언급된 요소는 교회 안에서 다른 사람들과의 관계를 매우 강조한다는 점이다(Don Little 2015, 136). 돈 리틀의 위와 같은 연구에서 조사 대상자의 60퍼센트가 새신자에게 그리스도의 삶의 모델을 보여 주는 멘토나 신뢰를 주는 제자양육자를 BMB가 만나고 있을 때 영적 성장이 일어난다고 했다. 즉, 제자가 제자를 낳는 것이다.

일반적으로 교회는 제자양육에서 기도, 하나님의 말씀, 증거, 친교, 성장, 사역, 가족과 같은 주제를 다룬다(Christopher B. Adsit 1996, 350-364). 서구 복음주의에서는 개인기도, 성경 읽기, 전도와 같은 활동이 영적 성장의 핵심 요소로 간주되지만 BMB 제자양육에서는 교회공동체 내에서 다른 신자들과 관계를 맺는 것과 더 성숙한 제자양육 사역자로부터 개인적인 멘토링을 받는 것이 우선적으로 강조된다. 그런데도 경험이 많은 제자양육 사역자는 BMB들이 기도와 하나님 말씀으로 하나님과의 인격적인 관계를 발전시키는 것을 높은 우선 순위에 올려 놓는다. 하나님과의 강하고 친밀한 관계와 인격적 동행이 매우 중요하다고 본 것이다.

그러므로 BMB의 개인적인 영적 생활에는 다음과 같은 요소들이 포함된다. 개인 기도, 성경 연구 및 묵상, 어떤 상황에서도 지속적으로 하나님께 순종하려는 깊은 헌신, 죄를 고백하고 타인과 화해하려는 마음, 반대와 고난을 기꺼이 받아들이는 태도, 하나님을 사랑의 하나님으로 깊이 체험하는 것 등이다. 비록 하나님과의 개별적인 동행이 BMB들에게 가장 많이 언급된 영적 성장 요인은 아니었지만 하나님과의 친밀한 관계를 형성하는 것이 BMB 제자양육에서 매우 중요하다.

사실 기독교 신앙은 본질적으로 영적인 삶을 요구한다. 그러나 대부분의 무슬림의 신앙은 알라(Allah)와의 개인적인 친밀감이나 내면의 마음 변혁보다는 비이슬람적 행동을 피함으로써 종교적 관습을 따르고 가족과 공동체에 수치를 끼치지 않는 것에 더 중점을 둔다.

따라서 무슬림들이 처음으로 그리스도를 만나고 제자로서의 삶을 시작할 때 우주를 창조하신 하나님과의 인격적인 관계(personal relationship)가 신앙의 핵심이라는 것을 이해시키는 것이 종종 어려운 과제가 된다.

대부분의 무슬림은 하나님과의 새로운 친밀감을 어떻게 형성해야 하는지에 대한 본능적인 이해가 부족하다. 따라서 경험 많은 제자양육자들은 BMB들이 하나님과의 인격적이고 개별적인 친밀감을 발전시키는 것뿐만 아니라 교회공동체 내에서 하나님을 경험하는 공동체적 측면의 중요성을 강조하는 것은 놀라운 일이 아니다. 무슬림이 반드시 경험해야 할 중요한 기독교적 진리 중 하나는 하나님이 실제로 사랑의 하나님이시며 신자를 인격적으로 사랑하신다는 것이다. 특히 무슬림 배경의 신자들을 제자양육하는 이들은 BMB들이 "사랑의 하나님"을 만날 수 있도록 돕는 것의 중요하다.

그렇다면 무슬림 상황에서 그리스도에 대한 믿음을 가진 신자들이 영적으로 성숙해지기 위한 핵심 요소는 무엇인가?

BMB에게 강한 성장이 지속되기 위해서는 BMB가 어디에서 왔는지를 이해해 주고 또 그를 따뜻하게 맞이해 주고 양육을 잘해주고 신뢰해주는 신자들의 그룹에 속해 있어야 한다. 또한, BMB들은 그리스도를 모델로 삼고 삶과 본을 통해 신자로서 어떻게 살아야 하는지 보여줄 수 있는 성숙한 신자와 밀접한 관계가 있을 때 더 잘 영적으로 성장한다.

BMB가 하나님과의 강한 인격적 관계를 발전시키고 개별적으로 성경과 기도를 통해 하나님과 교제하는 법을 배우는 것도 매우 중요하다. 그들은 또한 다른 사람들과 신앙을 나누어야 하며 배운 것을 다른 사람에게 전할 기회를 놓치지 않고 다른 사람들을 섬기는 데 있어 자신의 영적 은사를 개발해야 한다.

BMB들은 성경의 진리에 따라 마음을 새롭게 할 수 있도록 가르침을 받아야 하며 하나님이 사랑의 하나님이시고 그들의 고난 속에서도 그들을 돌보신다는 것을 알고 어려움과 박해를 견딜 수 있어야 한다. 그리고 경험이 많은 제자양육자가 더욱 강조한 네 가지 항목이 있는데, 그것은 자신의 영적 은사를 알고 활용하는 것, 죄를 고백하는 것, 올바른 관계를 유지하는 것 그리고 처음부터 복음을 나누는 것이다.

돈 리틀은 BMB의 영적 발달 단계(Don Little 2015, 147-148)를 아래와 같이 네 가지로 구분했다.

(1) **밀월 단계**: 초기의 행복감, 성장에 대한 갈증이 있다. 기독교와 이슬람 간의 차이를 더 많이 배우고 기독교에 대한 편견을 지워간다. 기도하는 법을 배우고 성경을 읽고 그 말씀을 받아들인다. 자주 두려움을 갖고 신앙을 숨기려 한다.

(2) **마음을 굳히고 헌신이 깊어지는 단계**: 믿음을 지키기 위해 대가를 치러야 하는 시험 기간이다. 그리스도의 제자로서 치를 값을 계산해야 할 때이다. 그리스도 신앙에 대한 친구나 가족의 반대, 가족과 사회와 경찰과 정부의 박해가 있다. 자신의 신앙을 다른 사람에게 많이 말하지 않는다. 많은 BMB는 이 단계에서 새로운 신앙(기독교)을 저버린다.

(3) **자신 너머를 바라봄**: 가족을 포함하여 타인에게 증거하고 봉사하는 마음을 키우고 전도하기 시작한다. 점점 안정적이고 성숙하게 되는 습관과 태도를 발전시킨다. 타인에게 신앙을 나누는데 점차 적극적이다. 이 단계에서 타인을 제자양육하기 시작한다. 가족과 가까운 친구에게 자신의 신앙을 밝힌다. 자주 더 많은 시련과 시험이 있을 수 있지만 사회적, 영적 반대에 덜 흔들리고 잘 처리할 수 있다.

(4) **사역과 섬김의 삶**: 시간과 경험을 통해 BMB는 영적 은사를 잘 분별하고 그 은사로 열매 맺는 법을 배운다. 어떤 BMB는 교회에서 리더십 역할을 맡고 다른 이는 가족, 직장, 공동체에서 영적 리더십을 행사한다. 그들이 겪었던 성숙의 단계들을 통해 다른 사람이 성장하게 돕는 열정을 갖는다. 물론, 위에서 언급된 영적 발달 단계가 순서대로 진행되지 않는 사례들이 있다.

BMB의 영적 성장은 성령의 인도하심을 따라 그리스도의 형상을 이루어 가는 여정이다. 신약의 제자양육은 항상 예수 그리스도가 그 중심에 있다. 우리가 예수를 따르려고 하면 즉, 예수의 제자가 되려면 우리는 말과 행동과 태도와 우리의 삶의 모든 면이 예수를 더욱 많이 닮아가야 한다(Joshua D. Kilbourne 2022, 55).

제자양육은 자기 삶을 새신자들에게 쏟아붓고 모든 것을 나누며 그들을 그리스도의 형상으로 빚어가는 것이다. 그들 안에 그리스도의 형상을 닮아갈 때까지 우리가 하나님으로부터 받은 것을 그들과 나눠야 한다.

무슬림 세계에서 제자양육은 단순한 프로그램이 아니라 그들과 함께 삶을 살아가면서 이루어지는 것이다. 우리는 예수님께서 하셨던 것처럼 제자와 함께 해야 한다. 그들과 함께 살며 그들의 일상 속에서 제자양육을 실천해야 한다. 이것이 삶에서 삶으로의 멘토링(life-on-life mentoring)하는 것이다. BMB들은 회심 이전에 그리스도의 제자가 어떤 삶을 사는지 본 적이 거의 없기 때문에 그리스도를 따르는 것이 실제로 어떤 의미인지 이해하려면 살아 있는 한 사람을 통해 직접 보고 배워야 한다.

3) BMB 제자양육에서 정체성과 공동체

만약 특정 지역에 눈에 띄는 인종적(ethnic) 기독교공동체나 눈에 띄는 한국인 기독교공동체가 있다면 BMB들이 그 공동체에 합류하거나 공개적으로 등록할 필요성을 느끼지 않을 수 있다. 그런데 아랍 국가에서는 BMB들의 공동체가 지하 가정교회일 수도 있다. BMB들끼리만 서로 알고 자신들이 무슬림공동체에 알려지는 것을 유의한다.

그러므로 이슬람공동체에서 개종한 BMB를 효과적으로 제자양육하기 위해서는 그들이 기독교공동체와 깊이 연결되고 소속감을 느낄 수 있도록 배려하는 것이 중요하다. 또한, 이 공동체 안에서 기독교인의 정체성을 형성하며 그리스도의 제자로 성장할 수 있도록 돕는 것이 핵심이다.

세례는 새로운 공동체의 일원이 되는 예식이다. 그런데 만약 세례가 교회공동체의 일원이 되는 결과로 이어지지 않는다면 새로운 정체성으로의 전환은 오래 걸릴 가능성이 크다. 이것이 바로 무슬림 사회에서 개별적인 개종자가 새로운 신앙을 유지하기 위해서는 효과적인 교회 개척이 동시에 이루어져야 하는 이유들 중 하나이다.

무슬림 세계에서 제자양육이 효과적으로 이루어지려면 새로운 신자가 지역 교회의 새로운 공동체에 충성하고 또 정체성이 전환될 수 있는 효과적인 방법이 포함되어야 한다. 대부분 제자양육자는 무슬림 세계에서 효과적인 제자양육을 위해서는 진정한 기독교공동체가 필수적이라는 점에 모두 동의한다.

BMB에게 지속적인 영적 성장을 보장하는 다섯 가지 요인은 다음과 같다.

첫째, 영적 성장의 기초는 각 개인이 하나님과의 강한 관계를 발전시키는 것이다. 그 과정에서 BMB가 성령의 능력과 인도하심을 경험하는 것이 핵심이다. 성령께서는 하나님과의 인격적인 관계를 통해 지속적인 변혁을 이루신다.

둘째, 개별적인 제자양육과 그리스도를 닮아가는 성장 과정에서 '살아 있는' 그리스도의 몸을 지역적으로 구현하는 교회공동체에 참여하고 헌신하는 것이다. 이 지역 교회는 성령의 인도와 능력으로 운영되며 환영과 사랑이 넘치는 공동체로 기능해야 한다.

셋째, 공동체의 대규모 및 소규모 모임이 매주 그리고 연중 계속해서 성경의 핵심 진리를 형식과 내용 면에서 표현하는 것은 필수적이다. 개인적인 하나님과의 관계 및 생동감 있는 공동체 참여와 더불어서 무슬림 사회에서는 새로운 신자들이 그리스도를 따르는 삶이 무엇인지 배울 수 있도록 더욱 더 성숙한 신자들과 개인적인 멘토링 관계를 맺도록 격려하는 것이 중요하다.

넷째, 신자들이 개별적으로 그리고 공동체적으로 하나님의 살아 있는 말씀에 순종해야 한다. 이를 위해 신자들은 성경을 읽고 기록된 말씀에 순종하는 삶을 살아야 한다.

다섯째, 신자들이 자신의 영적 은사를 발견하고 활용하도록 장려하며 그리스도의 몸에 들어온 즉시 자신의 신앙을 나누고 다른 사람들을 섬길 수 있도록 한다(Don Little 2015, 143).

위와 같이 영적 성장을 보장하는 다섯 가지 필수적인 요인을 간략하게 정리하면 다음과 같다.

(1) **개인**: 기도와 순종으로 하나님과 인격적 친밀감으로 발전한다.
(2) **공동체**: 공동체적 교회 생활을 확고히 하고 성령이 이끄시는 예배 공동체에 출석한다.
(3) **멘토(Mentor)**: 더 성숙한 신자에 의해 개인적으로 멘토를 받는다,
(4) **성경**: 살아 있는 하나님 말씀을 읽고 개인과 공동체가 순종한다.
(5) **사역**: 그리스도의 몸에 입교한 후 가능한 한 빨리 영적 은사를 발견하고 사용하여 다른 사람과 신앙을 나누고 섬기도록 격려한다.

제7장

BMB 제자양육 교재 『와서 나를 따르라』 학습서와 인도자 지침서

1. 학습 교재 편찬을 위한 설계

팀 그린은 학습서 편찬을 위한 설계에서 사역의 수준과 교육의 단계에 따라 초신자, 제자, 사역자 등 셋으로 구분한다.[1] 그리고 개인의 과거 교육 경력에 따라 문맹, 초등, 고등, 대학으로 구분한다.[2] 이와 같이 사역의 수준과 교육 단계를 고려하여 다음과 같이 이슬람 국가에서 사용할 BMB 교재를 기획하고 편찬했다.

팀 그린은 커리큘럼 내용과 방법을 개발하기 위한 일곱 가지 규준을 다음과 같이 제안했다.[3]

(1) **지역 상황과 연관된**(Relevant): BMB들의 종교적, 사회적, 교육적 배경과 관련되고 지역적 관용어, 비유(parable)와 스토리를 사용한다. 이 과정(course)은 학습자에게 익숙한 교육적 방식에 의거한다. 또 다른 상황적 교육 방법으로는 스토리텔링이 있다. 언어도 상황과 관련돼야 한다. BMB

---

1 Edward Evans, "Discipling and Training for Muslim Background Believers", 8.
2 Edward Evans, "Discipling and Training for Muslim Background Believers", 9.
3 Edward Evans, "Discipling and Training for Muslim Background Believers", 6-7.

에 대한 신학적 도전이 함축되어 있다는 것을 인식하면서 종교적 어휘를 선택하는 것도 유의한다.

(그림 1) 교육 수준과 사역 책임을 고려한 제자양육 교재

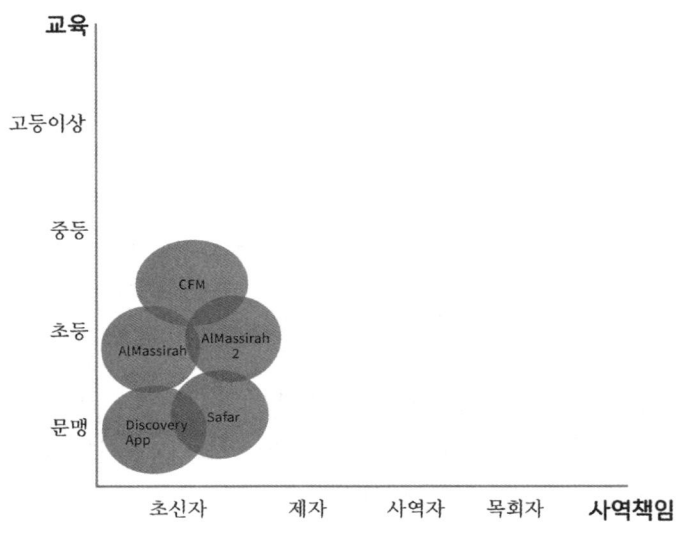

- CFM은 영어 외에도 여러 언어로 제공되며, 초신자이고 중등 교육 수준의 BMB를 대상으로 한다.
- Discovery는 영어와 아랍어로 제공되며, 초신자이며 문해력이 없는 BMB를 대상으로 한다.
- Safar는 이란어로 제공되며, 초신자이고 문해력이 없는 BMB를 대상으로 하며, 노래가 포함되어 있다.
- Almassira는 아랍어로 제공되며, 초신자이고 초등 교육 수준의 BMB를 대상으로 하며, 영상 기반의 토의가 포함된다.

(2) **성경에 뿌리를 둔**(rooted): 학습은 성경에 충실해야 하고 성경을 연대순으로 이해하고 귀납적으로 연구한다. 구술 문화 집단을 위해서 스토리 중심(story-based)의 제자양육 커리큘럼을 개발한다. 팀 그린은 『나를 따르라』(Come Follow Me) 책을 집필할 때 베드로전서를 중심으로 개발했다. 예를

들면, 성부와 성자와 성령(벧전 1:2), 거듭남(1:3, New Birth), 하나님과 친밀함(1:8), 하나님의 말씀(신령한 젖, 2:2), 그리스도(2:4), 모든 제도(사회와 국가, 2:13) 등이 교재에 사용되었다.

(3) **여러 측면에서 잘 발달되고 균형잡힌(rounded)**: 지식(우리가 아는 것), 성품(우리가 누구인가?), 능력(우리가 할 수 있는 것)에서 균형 잡힌 성장을 추구한다.

① 지식의 성장은 교재를 자습함으로써 이뤄진다. 추상적인 생각보다는 실생활에 뿌리를 두는 예화, 짧은 스토리, 간증, 그림, 속담을 사용한다.
② 성품의 성장은 교재를 자습하고 가르침의 요점을 내재화하는 것이고 그것을 자신의 삶에 적용한다. 리더의 개인적인 모범은 기독교인의 성품을 모델로 삼는 데 매우 중요하다.
③ 능력의 성장은 학습자가 자신을 위해 뭔가를 하려고 할 때 성취된다. 기본적인 제자양육 단계에서는 대부분의 능력 개발이 신자의 개인적인 관계들과 연관된다. 그러므로 능력개발이 성품 성장과 겹쳐진다. 이것은 교육 과정의 후기 단계에서 더 높은 능력을 개발시키는 길을 열어준다.

(4) **1대 1일이나 소그룹에서 다른 신자들과 관계적인(Relational)**: 책이나 전자 미디어만으로는 제자들을 만들 수 없다. 제자가 제자를 만든다. 훈련코스는 인간 멘토와 상호 작용하는 것을 포함한다. 관계적이라는 말은 기독교인의 비전과 삶의 방식에서 그의 뜨거워짐이 한 제자에게서 다른 제자에게로 전달된다. 책, 카세트, 인터넷으로 제자를 만드는 데 한계가 있다.
팀 그린은 BMB 디사이플링과 훈련에 대한 프로그램 디자인이란 글[4]에서 예수를 따르는 자의 성장은 제자양육 프로그램의 내용을 가르치는 것

4　Edward Evans, "Discipling and Training for Muslim Background Believers: Programme Design," St. Francis Magazine Nr. 2, Vol. V, 2009, 2.

보다 멘토나 동료 신자와의 따뜻한 개인적인 관계에 달려있다고 했다. 그는 관계적인 측면이 중시되는 제자양육 과정과 심지어 사역 훈련(ministry training)에서 의도적으로 계획된 프로그램이 가치가 있다고 말했다.

팀 그린은 2008년 제자양육 방법과 훈련 방법으로 나눠 설명했다. 전자는 새신자를 세워가는 것이고 후자는 섬김을 위한 성숙한 신자를 준비시키는 것이다. 예수의 개인적인 역할 모델과 그의 제자와의 관계는 팀 그린의 훈련에서 중심적인 역할을 했다. 따라서 역할 모델로서 멘토의 중요성이 BMB에게 충분히 전달된다.

BMB 제자양육에서 경험이 있는 멘토에게 제자양육은 자신의 삶과 시간을 투자하는 것을 의미하며 그리스도를 모델로 삼는 것이다. 어떠한 학습자도 구두로 전달되는 복음의 메시지를 오직 카세트만을 듣는 것으로 완전하지 않다. 오히려 멘토와의 규칙적인 관계가 훈련의 필수적인 요소라고 할 수 있다.

(5) **학습자의 활동에 상호작용하여 적극 반응하는**(responsive): 학생들에게 일방적인 정보를 전달하지 않고 끊임없이 상호 작용해야 한다. 교재는 사용자에게 친화적이고, 흥미롭고, 짧아야 한다. 그들은 배운 내용을 일정한 간격으로 반복할 때 더 효과적으로 학습한다. 프로그램화된 교육 자료는 자습할 때 책과 학생 간에 일종의 대화처럼 작용하여 학습이 이루어지도록 돕는다. 이런 교수 방법은 토론 시간에도 계속되고 학습자는 책은 물론 인도자와 다른 학습자들과 상호 작용해야 한다.

(6) **계획된 미팅과 실천 과제에서 규칙적인**(regular): 초기 단계에서 BMB 제자양육은 자주 비형식적이고 불규칙적일 수도 있다. 그런데 학생은 규칙적으로 프로그램에 참여해야 더욱 지속적인 성장이 이뤄진다. 새신자는 더 성숙한 기독교인 친구와 어울리고 그의 행동을 관찰하고 그의 모범에서 배우고 그와 함께 영적 위기를 잘 헤쳐 나간다.

서양과 동양 문화에서 많은 신자가 멘토에게 큰 영향을 받는다. 팀 그린은 새신자가 더 심화된 성경공부와 더 높은 사역의 책임으로 이동할수록 따로 정해진 모임과 실천적인 과제를 포함하는 규칙적인 프로그램이 필요하다고 한다.

(7) **다른 사람을 교육할 수 있어서 재생산적인(reproducible)**: BMB를 훈련을 통해 준비시키면 디모데후서 2:2처럼 그가 다른 사람을 준비시킬 것이다. 사실 현지인 멘토나 튜터(tutor)는 신학적인 전문가가 아니다. 많은 경우에 그들에게 학습자료를 만들라고 하는 것은 비현실적이다.

위 7가지 규준은 해당 지역의 상황에 적합하지 않는 자료들과 수업 방법들을 걸러내는 데 필터 역할을 한다. 상황화하지 않고 서구에서 수입한 코스들은 '지역 상황과 연관된' 규준에 적합하지 않다. 또 일상생활을 다루지 못하는 학술적인 교과서는 "여러 측면에서 균형적인" 규준에 적합하지 않다. 또 개인적인 상호작용이 없는 원거리 학습 방법은 "관계적인" 규준에 적합하지 않다.

아래 그림과 같이 BMB를 위한 학습 경로와 프로그램이 있다.

(그림 2) 교육 수준과 사역 책임을 고려한 제자양육 교재

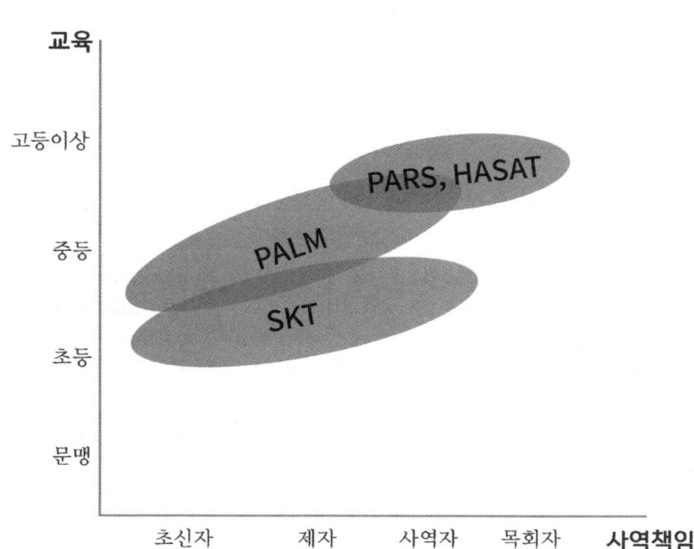

- PALM은 아랍어로 제공되며, 초신자부터 사역자까지 중등 교육 수준의 BMB를 대상으로 한다.
- SKT는 방글라데시어로 제공되며, 초신자부터 사역자까지 초등 교육 수준의 BMB를 대상으로 한다.
- PARS는 이란어로, HASAT는 튀르키예어로 제공되며, 두 교재 모두 고등 교육 수준의 사역자 및 목회자를 위한 리더십 훈련 자료이다.

(그림 3) 교육 수준과 사역 책임을 고려한 제자양육 교재

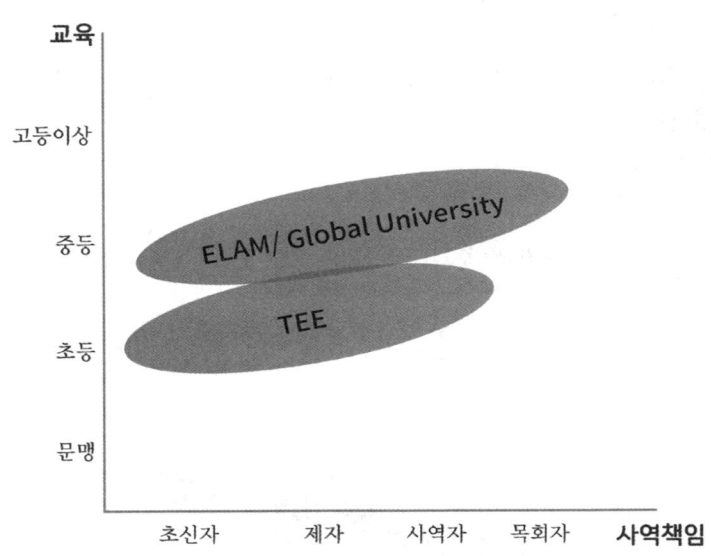

- ELAM은 이란어로 제공되며, 초신자부터 사역자까지 중등 교육 수준의 BMB를 대상으로 한다.
- TEE는 여러 언어로 제공되며, 초신자부터 사역자까지 초등 교육을 마친 BMB를 대상으로 하며, 토의 중심의 학습을 진행한다.
- Global University는 중등 교육 수준의 초신자부터 사역자까지의 BMB를 대상으로 하며, 전도와 제자양육을 위한 교재이다.

2. 『와서 나를 따르라』 학습서와 인도자 지침서

『와서 나를 따르라』 학습서는 쉬워 보인다고 말한다. 이 학습서는 원래 고등 교육을 받을 기회가 거의 없는 상황에서 초등교육을 이수한 사람들을 위해 저술되었기 때문에 읽기 쉬운 예시와 그림을 사용했다. 그리고 인도자 지침서는 다양한 인도자에게 도움을 주기 위해 저술되었기에 아주 상세하다. 이를테면 어떤 인도자는 토의 질문을 만드는 법을 배우는데 인도자 지침서가 필요하고 또 다른 인도자는 이슬람 문화적 지침들이 필요할 수도 있다. 인도자와 학습자가 서로 만나서 공부할 단원에서 토의할 시간은 필요에 따라 변경할 수 있다.

일반적으로 토의 시간은 최소 1시간 30분간(다과 포함) 지속될 수 있고 다음 사항이 포함된다.

(1) 다과 및 비격식적인 대화(토의 시작 또는 종료 시)
(2) 시작 기도
(3) 지난 주 실천 과제 점검
(4) 이번 주 가정학습 점검
(5) 오늘 단원에서 선택한 질문에 대한 토의
(6) 성경 구절에 대한 토의(때로는 비디오 클립이나 학습 활동)
(7) 암송 구절 외우기
(8) 개인 기도 제목을 포함한 마침 기도

1) 학습서와 인도자 지침서

팀 그린은 『와서 나를 따르라』 학습서와 인도자 지침서 둘 다 저술했다. 그는 TEXT(미국인 Fred Holland와 Grace Holland가 아프리카의 잠비아에서 시작한 TEE 과정)와 SEAN(영국인 Terry Barratt가 칠레 남부에서 시작하여 아르헨티나로 확산된 '모든 민족을 위한 연장 학습'(Study by Extension for All Nations))에서 만들어진 기본적인 수준의 코스를 선호했다. 팀 그린은 SEAN의 두 코스를 저술했는데 본 학습서도 TEE에서 개발되었다. BMB는 반드시 인도자와 함께 공부해야 하고 또, BMB는 이 과정에서 배운 하나님 말씀을 매일 삶에 적용해야 한다.

그런데 일부는 『와서 나를 따르라』 학습서가 『풍성한 삶』과 같다고 하는데 사실은 그렇지 않다. 후자가 다루지 못한 "두 공동체의 구성원, 핍박의 이유들과 핍박에 대한 반응, 남편과 아내, 다툼을 해결하기, 금식과 헌금, 운명과 주술, 사랑의 법"이란 단원들이 『와서 나를 따르라』 학습서에 추가되어 있기 때문이다.

『와서 나를 따르라』 학습서는 각 단원마다 개인별 학습(self-study), 토의 시간, 실천 학습 과제 등으로 구성되어 있다. 다시 말하면 BMB의 머리는 새로운 정보를 받아들이고 하나님 말씀에 근거하여 세계관이 변화되고 BMB의 마음에서는 그의 감정과 동기와 태도가 변화를 받는다. 그리고 BMB는 상황에 적합한 실천과제를 학습서에서 읽고 각 단원에 적힌 대로 매주 실천한다. 본 학습서[5]는 독학으로는 완전한 학습을 달성할 수 없다.

본 과정은 학습서, 인도자 지침서 그리고 인도자 등 세 가지 요인을 중시한다. 토론 준비를 위한 자율 학습에서는 각자가 학습서를 집에서 공부하고 인도자가 토의 시간을 이끌기 위해서는 인도자 지침서를 미리 읽어봐야 한다. 학습서에 나오는 "토의하십시오" 또는 "개별적인 답변"이라고 쓰인 질문은 자율 학습에서 반드시 답한 후에 토의에 참여한다.

BMB에게는 이 과정을 배우기 위해서 사전에 인도자 훈련을 받은 인도자가 필요하다. 모든 인도자는 학습서를 수업에 사용하기 전에 학습서와 인도자 지침서를 먼저 읽어야 한다. 인도자 지침서는 학습서를 효과적으로 사용하는데 큰 도움을 준다. 따라서 모든 인도자는 본 학습서는 물론

---

[5] 학습서 『와서 나를 따르라』 단원 4의 질문 9-11은 한국어 번역에서 삭제하였다. 삼위일체를 설명하는 질문들인데 태양-열-광선의 유비를 사용하고 있었다. 저자 팀 그린(Tim Green)은 태양-열-광선의 유비가 완벽하지는 않지만 그래도 무슬림의 이해를 돕는 데 긍정적으로 활용되었으면 했다. 그러나 미국 달라스신학대학교의 대럴 L. 보크(Darrell L. Bock) 교수는 태양-열-광선의 유비가 양태론(modalism)의 위험성을 내포하며, 반드시 적절한 설명 방식은 아닐 수 있음을 지적했다. 요르단 복음주의 신학대학교 총장이자 조직신학 교수인 이마드 샤하다(Imad Shehadeh) 역시 태양-열-광선(rays)의 유비가 삼위일체의 한 가지 특징, 즉 한 분 하나님(Unity) 안의 셋을 반영할 뿐이라고 했다. 그는 이 유비가 양태론으로 흐를 위험이 있을 뿐만 아니라 성부, 성자, 성령 간의 관계를 충분히 설명하지 못한다는 점에서 한계를 지닌다고 지적했다.

인도자 지침서 그리고 문화적 단서들을 읽어봐야 한다.

인도자 지침서는 일반 지침(Part A)과 단원별 지침(Part B) 그리고 일반 지침에 나오는 문화적 단서들로 구성되어 있다. 일반 지침(Part A)에서 "본 과정을 사용하는 방법"을 꼭 읽어야 하는데 학습 방법에 대한 내용을 아는 데 도움이 된다. 단원별 지침(Part B)은 각 단원마다 단계별 지침을 제공해 주는데 특히 이슬람을 잘 모르는 인도자 또는 토의 질문 작성에 경험이 없는 인도자를 돕기 위해서 최대한 세부 정보를 담고 있다. 제자양육에 도움이 되는 소속감의 이슈(옛 공동체와 새 공동체), 세계관의 이슈(운명, 복수), 생활양식의 이슈(혼인 관계, 갈등 해결)도 학습서에 포함되어 있다.

이 책의 학습 과정은 각 단원을 각자가 공부한 다음에 인도자를 만나서 그가 배운 것을 인도자와 토의하고 실천 과제를 매주 실행에 옮겨서 삶의 변화를 추구한다. 따라서 인도자는 새신자의 삶에 큰 영향을 주게 된다.

한 가지 유념할 것은 이 학습서는 제자양육이라는 상황에서 사용되는 도구일 뿐이다. 그러므로 BMB는 하나님과 친밀한 관계를 갖고 예배 공동체에 참여하여 하나님 말씀을 읽고 성숙한 신자의 멘토를 받아야 한다. 학습자는 매주 정기적으로 계획된 BMB 모임에 반드시 참가하고 실천 과제를 꼼꼼하게 실행해야 한다.

팀 그린은 무슬림에게 친숙한 이슬람 고유의 용어(예: 핫즈, 자카트, 샤리아 등)를 학습서에 사용하였으나 꾸란과 이슬람 용어들이 성경과 기독교 공동체에서 사용될 때(예: birr, taqwā, tajdīd 등) 그 의미와 개념에서 다를 수 있음을 인식해야 한다. 가령, 우리말 성경의 하나님 나라는 아랍어 성경에서 말라쿠트 알라(Malakūt Allāh)인데 이것을 무슬림들은 "알라의 권위와 위대함"이라고 이해한다.

그렇다면 BMB와 함께 『와서 나를 따르라』 학습서를 마치고 나서 어떤 교재를 사용하면 좋을까?

팀 그린이 맡고 있는 단체 'Word of Life'에서는 BMB 신자들을 위한 10개 코스의 커리큘럼을 기획하였다. 주요 내용은 BMB의 성숙과 사역의 성장을 위한 것이다. 그것은 성경 전체가 어떻게 서로 연결되어 있는지 그리고 세상에 대한 하나님의 목적에서 신자들이 각자의 역할을 찾는데 도움이 될 자료들이다.

그리스도 안에서 새로운 삶을 시작하는 BMB가 성경의 모든 책에 대한 전반적인 지식과 이해를 갖고 또, 성경의 각 권이 어떻게 서로 조화를 이루어 인류를 위한 하나님 계획의 놀라운 그림을 보여 주는지를 배우게 된다. 그러나 책만으로는 제자를 만들지 못한다. 제자들이 제자들을 낳는다. 무슬림 배경의 신자를 제자양육할 때에는 지식을 얻는 것만으로는 불충분하다.

팀 그린(Tim Green)은 코로나19 기간에 아프가니스탄의 새신자를 제자양육하면서 창세기, 출애굽기의 일부, 시편, 잠언, 마태복음, 사도행전, 에베소서, 야고보서, 로마서와 그 밖의 책들을 WhatsApp을 통해서 함께 읽었다고 한다. 그는 학습자들의 필요에 따라 책을 선정하기도 했지만, 학습자 자신이 추천한 책을 공부하기도 했다. 그는 BMB들이 스스로 성경을 읽는 습관을 발전시키는 것이 좋다고 했고 일부 성경 앱(App)이 갖는 성경 읽기 계획표를 사용할 수 있다고 했다.

2) 『와서 나를 따르라』 인도자 훈련

『와서 나를 따르라』 학습서와 인도자(Advisor) 지침서를 활용하여 BMB와의 토의 학습을 진행하므로 인도자는 다음과 같은 자격 요건을 갖춰야 한다.

"인도자는 기독교 신앙의 기본을 깊이 이해하고, 성경을 잘 알고 성경 구절에 익숙하며, 그리스도를 헌신적으로 따르는 사람이어야 한다. 또한, 무슬림 배경의 신자를 대상으로 사역을 하려 하거나 현재 사역하고 있는 사람이어야 한다."

인도자 훈련은 다음과 같이 다섯 가지 주제로 진행한다.

(1) 제자양육: 왜 그리고 어떻게

첫째, 요한복음 4:34-38에서 예수님이 말씀하신 것에 주목하고 우리는 다른 사람들이 수고한 결과를 수확하고 있다는 것을 확인한다. 과거 수년 동안 선교사들은 복음의 씨앗을 충성되게 뿌렸으나 그 열매는 별로 없었다.

그러나 지난 25년간은 달랐다. 역사상 유례 없는 일이 일어났는데, 무슬림들이 그리스도께로 돌아오는 숫자가 급격히 증가한 것이다.

둘째, 그런 성장의 이유는 무엇인가?

무슬림들이 강경 이슬람에 환멸을 느끼고 무슬림들이 세계로 퍼지면서 기독교인과의 접촉이 많아졌다. 그리고 그 어느 때보다도 더 많은 기독교인이 무슬림을 위해 기도했고 또 무슬림들은 하나님의 말씀을 온라인을 통해 접할 수 있었다. 하나님은 꿈과 환상을 통해 무슬림에게 극적으로 개입하셨다.

셋째, 이제 예수님이 말씀하신 것을 기억하고 수확할 준비가 되어 있는지 우리 자신에게 물어보자.

하나님은 교회와 지역 사회에서 우리가 무엇을 행하시기를 바랄까?

하나님께서 원하시는 대로 우리를 사용하시도록 2분간 기도해 보자.

넷째, 당신이 예수 그리스도의 제자로서 성장하는데 도움이 되었던 요인은 무엇인가?

네 가지 학습유형(하나님으로부터 배우고, 다른 사람으로부터 배우고, 삶으로부터 배우고, 가르침으로부터 배우고) 중에서 여러분은 어느 것으로부터 배웠는가?

그런데 성인 학습에서는 "관계"(relationship)가 매우 중요한 역할을 한다. 성인 학습자들은 자신의 삶의 경험을 학습 환경 속으로 가져온다. 인도자는 그들이 소속감을 갖도록 돕고 학습 참여에 동기 부여를 해 준다. 성인 학습자는 인도자로부터 존중받고 친분 관계가 형성되었다고 느끼면 시간과 노력을 더 기울일 가능성이 높다.

다섯째, 『와서 나를 따르라』는 머리-가슴-손(학습-토론-적용)의 세 부분으로 구성되어 있다. 개인 학습(머리)은 개인이 스스로 생각하고 주요 내용을 파악하는 것이다. 토의 시간(가슴)은 모든 사람이 자신의 경험을 공유할 때 학습된 지식이 실제 삶과 연결된다. 머리 지식이 더 깊은 가슴 수준의 배움으로 이동한다. 실천 과제(손)는 우리가 배운 것을 실천으로 옮기는 것이다. 실천이 없으면 변혁이 일어나지 않는다.

그 다음으로 디지털 플랫폼 GrowSpace 활용하는 방법에 설명하고 『와서 나를 따르라』의 코스 설계에 대한 설명을 듣는다.

(2) 모델 수업과 인도자 지침서 사용법

『와서 나를 따르라』학습서는 특정한 방식으로 사용하도록 기획되었다. 그러나 제자 삼는 일에는 책보다 상호간 개인적인 관계가 더 중요하다. 책이 제자를 만드는 것이 아니라, 제자들이 새로운 제자들을 만든다.

인도자 지침서(Advisor's guide)는 『와서 나를 따르라』학습서를 잘 활용할 수 있게 돕는다. 지침서는 그 코스를 통해 사람들을 인도하는 것을 돕는다. 지침서를 무시하면 효과가 적다. 인도자 지침서는 무료로 다운받을 수 있다.

그리고 문화적 단서들은 학습자들에게 이슬람 문화와 세계관이 어떻게 영향을 끼치는지를 보여 준다. 각 단원은 도입(opening: 과제를 점검하고)-토의(마음을 터치하기 위한 질문들을 사용하고)-마무리(conclusion: 실천 과제를 확인하고)로 구성되어 있다.

그리고 인도자가 흔히 실수할 수 있는 내용을 찍은 비디오(한글 자막)를 시청하게 한다. 이미 학습서와 인도자 지침서를 활용해 BMB와 수업을 실시해 본 인도자가 모델 수업을 실시하고 수업 내용에 대한 토의를 한다(참가자는 "주요 능력 평가표"를 작성한다).

(3) 수업 실습

모델 수업을 참가자들이 모두 참관하였으므로 이제는 각자가 단원 1(또는 인도자가 택한 단원)을 몇 개의 섹션으로 나눠 모든 참가자가 실제 수업을 해 본다. 그리고 수업을 인도한 사람들에게 서로 피드백을 주기 위하여 아래와 같은 문항의 "주요 능력 평가표"(Key Skills Sheet)를 작성한다.

- 인도자는 각 조의 조원들의 말을 잘 들었는가?
- 인도자는 인도자 지침서를 효과적으로 활용했는가?
- 인도자는 단원과 관련된, 중요한 개방형 질문을 했는가?

- 인도자는 조용한 조원을 포함하여 모든 사람이 토의에 참여하도록 노력했는가?
- 그룹 내에서 어려운 문제, 수업 방해 요소, 토의를 혼자 지배하는 사람이 있을 경우에 인도자는 민첩하게 잘 처리했는가?
- 필요한 경우 인도자는 그룹(조)이 실제적인 적용을 찾고 이를 실행하도록 도왔는가?

인도자는 다음과 같은 사항을 유념한다.

- 학습서에 있는 모든 질문을 토의에 붙이지 마라. 공개토의에 가장 좋은 질문들만 선택하라.
- 학습서에 나오는 "토의하십시오" 또는 정답지에 있는 "개별적인 답변"이라고 쓰인 부분을 꼭 살펴보라.
- 인도자 지침서를 따르면 각 단원의 목표와 연관된 토의를 원활하게 진행할 수 있다.
- 각 단원의 마지막에 나오는 실천 과제를 확인하는 것을 잊지 마라.

각 테이블에는 5명의 조원과 한 명의 테이블 리더가 앉는 것이 이상적이다. 만일 조원이 4명이라면 그룹(조) 리더가 한 섹션을 수업하게 되고 조원이 6명이라면 한 명은 수업을 진행하지 못하게 된다. 수업이 끝난 후에 그 과정과 내용을 돌아보고 피드백 시간을 갖는다.

(4) 소감과 인도자 훈련 이후의 할 일

- 학습서에 대한 개인의 소감을 이야기한다.
- 학습서를 이미 사용해 보았던 사람을 인터뷰한 비디오를 시청한다.
- 단원 2(또는 인도자가 선택한 단원)에 대한 수업을 인도해 본다.
- 다음에 할 일이 무엇인가를 서로 나눈다.

(5) 마무리

- 팀 그린이 찍은 〈결론: conclusion〉이라는 제목의 비디오를 시청한다.
- 참가자들에게 인도자 훈련 전 과정에 대한 평가서를 기록하여 이메일로 보내달라고 요청한다.

2024년 한국에서 인도자를 위한 훈련을 다음과 같이 시행해 보았다.

① 팀 그린의 글 "제자 삼는 사역에서 하나님과의 동역자"를 읽고 1-2페이지로 요약한다.
② 한국어로 번역된 인도자 지침서를 참조하면서 『와서 나를 따르라』학습서의 단원 1(또는 인도자가 선택한 단원)에 대한 수업 계획서를 작성한다.
③ 위 두 가지 과제를 마치면 동영상 Mistake 2-3-4를 시청하고 인도자가 왜 실수를 하였는지 그 이유를 쓰게 한다.
동영상 〈흔한 실수 2〉는 인도자가 참석자들에게 질문들을 하는 대신에 수업 내내 혼자 이야기한다. 동영상 〈흔한 실수 3〉은 인도자가 참석자들이 생각할 수 있는 시간을 주거나 지명해서 답변할 기회를 주는 대신에 질문을 자신이 답한다. 동영상 〈흔한 실수 4〉는 참석자가 질문의 요점에서 벗어난 말을 계속하는데 제지하지 않았다. 이런 경우 정중하게 다른 사람에게 대답할 기회를 주는 것이 좋다. 그리고 이후에 동영상 〈CFM the story so far〉를 시청하게 한다.
④ 인도자들의 토의 수업을 돕는 강의가 필요한데 하나는 수업 설계와 수업에서 유의 사항 그리고 도입-전개-정리를 어떻게 할지 설명하고 다른 강의는 이슬람 문화적 단서들을 공부한다.
⑤ 학습자들이 수업을 준비할 수 있는 시간을 준 다음에 따로 날짜를 정하여 학습서 단원 1(또는 인도자가 택한 단원)에 대한 수업 시연을 하는데 만일 3명인 경우에는 첫 번째 사람이 도입 부분과 첫째 단계(1-3페이지)를 수업하게 하고 두 번째 사람은 둘째 단계와 셋째 단계(4-5페이지)를 수업하게 하고 세 번째 사람은 넷째 단계와 실천 과제(6-7페이지)를 수업하게 한다.

3) 『와서 나를 따르라』의 진행자 훈련

(1) 진행자의 자격요건

진행자(facilitator)는 늘 기도하는 성숙한 그리스도인이고 인도자 훈련을 수료한 자여야 한다. BMB에 대한 사역 경험이 있는 자로서 『와서 나를 따르라』 과정의 일부를 상호 대화 방식으로 수업을 인도하고 가르칠 수 있어야 한다. 그리고 여러 배경의 참가자와 협력할 수 있어야 하며, 머리-가슴-손을 아우르는 CFM 과정의 수업 방식을 잘 알고, BMB를 대상으로 수업을 진행한 경험이 있으며, 토의 학습 방식에 전념할 수 있어야 한다.

(2) 진행자 훈련의 목표

진행자 훈련의 목표는 훈련된 진행자 팀을 양성하여 자신이 속한 언어 그룹, 단체, 또는 거주 지역에서 대면 또는 비대면(온라인)으로 인도자 훈련 워크숍을 운영할 수 있도록 준비시킨다. 그리고 가능할 경우 새로운 인도자들에게 멘토링을 해주는 역할을 맡게 된다.

(3) 진행자 훈련 대상

진행자 훈련의 참가자는 이미 CFM 인도자 훈련을 수료한 자로서 CFM 과정을 최소한 일부라도 시행해 본 경험이 있어야 한다. 진행자 훈련을 받기 전에 인도자 훈련을 진행해 본 경험이 있을 수도 있고, 없을 수도 있다. CFM 인도자 훈련에는 가능한 한 두 명 이상의 진행자가 팀으로 협력하여 진행하는 것을 권장한다. CFM 진행자로 적합할지를 판단할 때 고려할 자질은 다음과 같다.

① 기도 생활을 철저히 하는 성숙한 그리스도인.
② 인도자 훈련 워크숍에 참여한 경험이 있음.
③ 무슬림 배경의 신자들(BMBs)을 대상으로 사역한 경험이 있음.
④ 가능하다면 BMBs와 함께 『와서 나를 따르라』 과정을 일부라도 인도한 경험이 있을 것.

⑤ 상호작용적인 방식으로 수업을 인도하고 가르칠 수 있는 능력을 가진 숙련된 성인 교육자.
⑥ 다양한 배경을 가진 사람들과 잘 협력할 수 있는 능력이 있음.
⑦ 머리-손-가슴을 모두 아우르는 CFM 과정에 헌신할 수 있는 자.

위와 같은 자질은 팀(Team) 내에서 서로 보완될 수 있으므로, 모든 진행자가 모든 자질을 완벽히 갖출 필요는 없다. 그래서 CFM 진행자는 최소 두 명 이상의 팀으로 모집되고 훈련되는 것을 선호한다.

(4) 교육 자료의 접근 및 사용

진행자는 지침서, 파워포인트 자료, 비디오를 포함한 다른 교육 자료에 접근할 수 있는 권한을 갖는다. 진행자는 이 자료들을 자신의 상황에 맞게 조정할 수 있으나 프로그램의 주요 골격과 핵심 요소는 유지해야 한다. 진행자는 이러한 자료를 워크숍에 참가하지 않은 외부사람들과 공유하지 않는다.

(5) 진행자(facilitator) 훈련 과목

진행자 훈련에는 두 개의 세션으로 나누어 실시한다. 첫 세션에서는 '기초 다지기'(Laying the Foundations)와 '우리의 비전'을 나누며, 진행자 훈련이 필요한 이유, 인도자 워크숍 프로그램 개요 그리고 수업의 주요 능력 평가표를 검토한다. 둘째 세션에서는 후속 단계를 준비하며, 인도자의 자질, 대면 및 온라인 진행 방식, Growspace 세션 인도법, 진행자에게 필요한 자질, 디모데의 원리 등을 다룬다.

3. 팀 그린의 "BMB 제자양육에서 하나님과의 동역자"[6]

MBB는 "Muslim background believer"(무슬림 배경을 가진 신자)의 줄임말이다. 무슬림 배경을 가진 신자는 M(Muslim-)을 첫 글자로 사용하는 것에 대해 "왜 항상 내 과거 배경을 강조하나요?"라고 묻는다. 그런데 일부는 무슬림이었던 과거가 아닌 "예수를 따르는 자"의 현재 모습을 강조해 달라고 한다. 이런 이유로 자신을 BMB(Believer from a Muslim background)로 불러달라고 하는데 이 표현은 "믿는 자"의 정체성을 강조하여 B를 먼저 사용하는 것을 선호한다. 믿는 자이지만, 특히 무슬림 배경에서 온 "신자"라는 것을 강조한다.

때때로 "이전에 무슬림이었지만, 지금은 예수를 따르는 자"(former Muslims following Jesus) 또는 "무슬림 출신의 그리스도를 따르는 자"(Christ's followers of Muslim heritage)라고도 말한다.

무슬림이 일단 그리스도를 따르는 사람이 되면 가족과 친구들의 주목을 받게 된다.

과연 이들의 삶이 긍정적 변화를 보여서 그들을 주목하는 사람들을 예수께로 이끄는 역할을 할까요, 아니면 기독교에 대하여 나쁜 평판을 만들게 될까요?

제자양육이 없이 전도하는 것에만 집중한다면 성장은 지속되지 않을 것이고 이렇게 되면 새신자가 교회를 떠나고 무슬림들은 기독교에 대해 계속 나쁜 평판을 갖게 될 것이다. 결국, 우리는 시작했던 때보다 더 큰 문제를 안게 될 것이다. 이란인 기독교인 제 친구는 "제자양육이 없는 회심은 의도하는 목적이나 결과를 얻지 못한다"고 말했다. 현재 이란에서는 교회가 빠르게 성장하고 있다.

하지만, 과연 이란 교회가 사람들을 교회로 끌어들이는 역할을 제대로 하고 있는가?

---

6 이 글은 「아랍과 이슬람 세계」 제10집에 실린 팀 그린(Tim Green)의 논문 "제자 삼는 사역에서 하나님과의 동역자"의 일부를 논문 저자의 허락을 받아 일부 문장을 삭제한 후 여기에 싣는다.

만일 그렇지 않다면 그 성장은 언젠가는 멈출 것이다. 그러므로 지속적인 복음 전파를 위해, 신자들 자신들을 위해 그리고 그 무엇보다 무슬림 세계에서 하나님의 영광을 위해 한 영혼 한 영혼을 귀하게 여기며 추수를 해야 한다.

우리가 하는 사역은 우리의 추수가 아니라 하나님의 추수라는 점을 상기해야 한다. 제자양육 공장(discipleship factory)이 아니라 추수하는 밭이 우리 앞에 있다. 우리가 하는 제자양육 사역에서 항상 좋은 결과를 기대하기는 어렵다. 왜냐하면 이 사역은 그 사람과 하나님과의 관계, 그 사람의 삶에서 역사하시는 하나님의 일이기 때문이다.

공일주 박사가 세미나에서 우리에게 상기시켜 주었듯이 "제자양육자의 임무는 사람들이 예수님을 알아가고 그분과 친밀한 "관계"를 가질 수 있도록 돕는 것"이다. 제자양육은 그리스도 안에서 성장하는 것이다.

제자를 삼는다는 것은 하나님의 일이다. 그러나 하나님은 우리와 같은 자들을 부르셔서 그의 동역자가 되도록 하신다. 고린도후서 6:1이 말하는 것처럼 우리는 "하나님의 동역자들"이다. 따라서 우리는 제자 삼는 일에서 하나님의 방법들을 배워야 한다.

그렇다면 믿는 자를 그리스도 안에서 성숙하게 하기 위해서 하나님은 어떤 요인들을 사용하시나요?

한 사람의 삶에서 하나님이 일하시는 것을 볼 때 우리는 하나님의 동역자로서 하나님과 함께 우리 역할을 감당할 수 있다.

여러분이 개인적으로 그리스도의 제자로 성장하는데 어떤 요인이 도움이 되었나요?

전 세계의 다양한 상황에서 다양한 배경을 가진 신자들과 함께 이 질문을 시도할 때마다 결과는 비슷했다. 그런데 이런 요인들이 하나님께서 우리가 강한 주님의 제자가 되도록 돕기 위해 우리 삶에서 사용하시는 요인들이라면 그것은 아마도 BMB의 삶에도 똑같이 적용될 것이다.

BMB가 그리스도 안에서 성장하는 데 도움이 되는 요인은 무엇인가요?

여러 연구에서 이런 요인에 대해 조사했다. 그중 중요한 연구로는 돈 리틀의 『무슬림공동체에서 효과적인 제자양육』(*Effective Discipling in Muslim Communities*, IVP, 2015)이 있다. 그는 아랍 세계에서 BMB들과 무슬림 제자양육의 경험이 많은 75명의 사람과 인터뷰했다. 나도 파키스탄의 무슬림 배경을 가진 신자들에 대한 박사 과정 연구의 일환으로 이런 요인들을 조사했다. 서구에서도 이 주제에 대한 연구가 이뤄지고 있다.

이 모든 연구 자료와 지난 45년 동안 BMB 친구들과 함께한 제 경험을 종합해 보면 몇 가지 분명한 패턴이 보인다. 『가족과 합류하기』(Joining the Family)라는 책의 제7장에서 BMB가 그리스도 안에서 성장하는 데 도움이 되는 다섯 가지 핵심 요소를 요약했다.

먼저, 이 다섯 가지 요인을 살펴본 다음에 꼭 필요한 다른 요인들도 추가적으로 언급하여 총 10가지 요인으로 정리해 보겠다.

(1) 하나님과 깊은 인격적 관계

이것이 10가지 목록에서 가장 중요한 첫 번째 요인이다. 왜냐하면 우리 BMB 친구들은 우리의 제자가 아니라 그리스도의 제자이기 때문이다. 오랜 세월이 지난 후에도 그들이 영적으로 계속 성장할 수 있도록 하는 것은 주님과 함께 걷고, 대화하고, 주님의 음성을 듣고, 주님을 신뢰하고 순종하는 등 주님과의 친밀한 관계를 갖기 때문이다.

나이지리아의 한 BMB가 내게 말했다.

"예수님과의 관계를 발전시키는 것은 개인적으로 저에게 매우 중요합니다. 그래서 나는 이렇게 기도하곤 했습니다. '예수님 당신을 사랑합니다. 당신을 알고 싶고, 당신과 교제하고 싶습니다'".

우리가 사랑하는 BMB 친구들이 그리스도의 제자로 성장하도록 돕기 위해 어떤 노력을 기울이든지 결국에는 그들 스스로가 영적 성장에 대해 책임을 가져야 한다. 어려울 때에도 그들은 기독교인 친구의 믿음을 통해 하나님께 의지하는 것이 아니라 자신이 직접적으로 하나님의 약속에 의지할 필요가 있다. 금이 불로 연단되고 제련되어 나오는 것처럼, 그렇게 고난을 거쳐 제련된 개인적인 믿음이 필요하다. 그들은 기도 응답의 감격을 경험해야 한다. 성령의 인도하심에 따라 신뢰하고 순종하며, 실패하고 넘어져도 다시 하나님께로 돌아와 이전보다 더 강하게 나아가야 한다.

(2) 신자들의 공동체

예수님은 첫 제자들을 부르실 때 개별적으로도 부르셨지만, 강력한 관계로 결합된 그룹에 합류하도록 부르셨다. 무슬림 배경을 가진 신자들 가운데 정기적인 교제 없이 그들 자신만이 영적으로 성장하려고 애쓰는 사람들이 있다. 하지만, 그들에게 성장은 쉽게 이뤄지지 않았다. 그들에게는 공동체가 필요하다. 공일주 박사는 "하나님을 예배하는 공동체는 다른 신자들과 친교를 제공하고, 신자들은 다른 사람들의 삶에 시간과 에너지를 쏟아 그들의 영적 성장을 격려한다"라고 말했다. 신자들의 공동체는 BMB 제자양육에 관한 모든 연구에 있어서 매우 중요하다. 이 공동체 안에서 새신자는 그리스도 안의 새 가족을 찾을 수 있는 곳이다.

가족이라는 개념은 무슬림 사회에서 매우 강력하다. 가족 구성원은 계속해서 연락하고 서로 돕는 것을 기대한다. 그러므로 무슬림들에게 가족과의 관계 단절은 그들 간의 관계를 파괴하므로 그 고통은 끔찍하다.

이제 그들은 새로운 가족을 갈망한다. 그래서 우리가 그들에게 형제 자매라고 할 때 그들이 더 많은 것을 기대하기 때문에 형제와 자매라는 말에 진심이어야 한다. 때때로 우리 교회는 그들에게 그런 가족이 되어 주지 못할 때가 있다.

여러분의 지역 교회를 생각해 보세요.

매주 즐겁게 모이지만 새신자를 주목하지 않는 일종의 클럽인가요?
예산과 직원이 있는 어떤 기관인가요?
주일과 평일에 모임을 갖는 일종의 프로그램인가요?

한 BMB의 말을 들어 봅시다.
"예수님을 따르기 위해 내 가족을 포기했는데, 그 결과 내가 받게 된 것은 잦은 모임들뿐이었다."

그들에게는 '모임'(meeting) 이상의 것이 필요하다. 그에게는 공동체가 필요하고 그리스도 안에서 가족이 필요하다. 그래서 어느 교회가 〈그리스도 안에서 가족이 되기〉라는 강좌를 만들었는데, 이것은 외로운 신자들에게 꼭 필요한 것이다.

BMB는 여러 가지 이유로 그리스도의 공동체가 필요하다. 예배를 배우고 새로운 정체성을 갖기 위해 그리스도의 공동체가 필요하다. 그들은 "나는 누구이며 나의 족속은 누구인가?"를 알고 싶어 한다. 공동체 안에서 그들은 자신이 하나님의 선택된 백성에 속해 있음을 알게 된다.

하나님의 백성의 일부가 된다는 것은 그들이 예수님을 따르기로 한 결정이 잘못된 결정이 아니었다는 것을 확신시켜 준다. 무슬림 친지들이 그를 배신자라고 비난하며 큰 수치심을 안겨줄 때, BMB들에게 그들의 결정이 진실로 옳은 것이었음을 확신할 수 있는 그리스도의 공동체가 필요하다. 공동체는 성경에서 읽었던 기독교인의 삶이 실제로는 어떤 모습인지 그들이 직접 경험해보는 곳이다.

BMB는 이러한 공동체를 기존의 교회에서 찾을 수도 있지만, 자신과 같은 BMB들이 모인 새로운 교제권(fellowship)에서 찾을 수도 있다. 사실 이 두 가지 모두 장점과 단점이 있고 선교사들은 이 문제에 대해 많은 시간을 토론하지만, 실제로는 신자들이 각자의 현지 상황에 가장 적합한 것을 찾아야 한다. BMB 중 일부는 주일에는 공식적인 교회에 소속되어 있고, 평일에는 비공식적으로 모이는 BMB 그룹에 소속되어 있다. 여기서 가장 중요한 것은 그들이 소속될 공동체를 갖는다는 것이다.

BMB가 기존의 성도들의 공동체에 들어가게 되면 처음에 잠깐 좋더라도 곧 실망을 경험하게 될 것이다. 그들은 기독교인이 자신들이 기대한 만큼 완벽하지 않다는 것을 알게 될 것이다. 그러므로 우리는 기독교인들도 완벽하지 않다는 것을 깨닫도록 도와주면서 실망에 대비할 수 있도록 준비시켜야 한다. 그리스도 안에서 건강한 공동체는 갈등을 회피하는 곳이 아니라 갈등을 경건한 방식으로 다루는 법을 배우는 것이다.

요즘 나는 18년 정도 신앙생활을 한 후스나인이라는 한 친구 때문에 마음이 무겁다. 그는 좋은 교회가 많은 도시에 살고 있지만, 모든 교회를 비판한다. 물론, 교회들이 완벽하지는 않지만 가장 큰 문제는 교회들이 아니라 그 친구에게 있다. 그가 그리스도의 공동체의 일원이 되기 위해 제대로 헌신하지 않는다면 그는 분명히 그리스도 안에서 강하게 성장하지 못할 것이며 시간이 지남에 따라 그의 믿음은 식어갈 것이다.

(3) 멘토의 우정

공일주 박사는 "더 성숙한 신자들을 친밀하게 만날 수 있는 개인 멘토링 관계"에 대해 썼다. 형식적인 멘토가 아닌 개인적인 관계를 갖는 것이 중요하다. 그래서 나는 이것을 "멘토의 우정"이라고 부른다. 단순히 조언만 하는 것이 아니라 그 사람과 친구가 되는 것이다.

한 BMB 여성은 자신을 제자양육한 사람에게 매우 감사해 했다.

> 수 주 동안 나와 함께 제자양육 프로그램을 진행하면서 그녀는 내 친구였다. 그녀는 단순히 나를 제자양육하고 프로그램을 마치게 하는 것으로 끝난 게 아니라 친구가 되어 주었다. 그것이 여러 차이를 만들어냈던 것 같다.

그 우정은 진심이기도 했지만 의도적이기도 했다. 우리는 친구이면서 동시에 멘토가 되어야 한다.

> 우리가 이같이 너희를 사모하여 하나님의 복음뿐 아니라 우리의 목숨까지도 너희에게 주기를 기뻐함은 너희가 우리의 사랑하는 자 됨이라(살전 2:8).

멘토와 친구가 되기 위해서 이슬람에 대한 전문가가 될 필요는 없다. 우리는 이미 오랜 세월 동안 예수님을 따랐기에 이 길고 힘든 여정에서 그들의 동반자이다. 이슬람에 대해 해박한 지식을 가진 전문가가 아니어도 된다.

하지만, 이를 잘 수행하기 위해 우리에게 다음 다섯 가지가 필요하다.

첫째, 무엇보다도 배려하는 마음이 필요하다.

우리는 그 여정에서 BMB 친구들과 함께 걷는다. 우리는 그들의 기쁨과 슬픔을 함께 나누며 그들은 혼자가 아니라는 것을 그들이 알아야 한다. 우리는 친구들을 깊이 아끼고, 친구들이 우리를 실망시킬 때에도 계속 배려한다. 우리는 그들을 무조건 사랑한다. 고린도전서 13:7은 "사랑은 모든 것을 견디느니라"고 한다. 우리는 주님으로부터 받은 사랑으로 BMB들을 돌봐야 한다.

둘째, 우리는 시간을 내고 환대를 해야 한다.
우리가 BMB 친구들을 사랑한다면 우리는 그들과 함께 시간을 보내고 우리의 삶을 그들과 함께 나눠야 한다. 교회나 카페에서만 만나는 것이 아니라 집으로 초대해야 한다. 값비싼 특별식뿐만 아니라 우리의 가족들과 같이 먹는 식사도 함께 나눈다. 우리는 일정표에 얽매이지 않을 것이다. 한밤중일지라도 우리의 친구가 도움이 필요하다고 하면 즉시 응할 준비가 되어 있다.

셋째, 우리는 그들에게 1년 중 가장 외로운 시간을 알고 있어야 한다. 결혼식, 라마단 기간과 같은 무슬림 가족 축하 행사에서 그들이 배제될 때 BMB는 외로움을 느낀다. 따라서 그들이 외로움을 느끼는 이러한 시기를 미리 알아 두고 이 때가 되면 관심을 갖고 있다는 것을 보여 준다. 많은 BMB에게 1년 중 가장 외로운 날은 놀랍게도 함께 축하할 가족이 없는 크리스마스이다. 만약 당신이 BMB인데 교회에서 크리스마스 예배 참석 후 모든 기독교인들이 가족 파티에 서로를 축하하러 가게 된다면 당신은 외롭게 혼자 방으로 돌아가게 된다.

넷째, 제자양육 도구로 스마트폰을 사용한다. 나는 코로나19 기간 동안 마태라는 아프가니스탄 새신자를 제자양육할 때 스마트 폰의 위력을 발견했다. 그와 나는 봉쇄령이 내려져 직접 만날 수 없는 상황이었다. 하지만, 매일 왓츠앱(WhatsApp)을 통해 몇 달 동안 채팅과 화상으로 만나고, 서로 격려하고, 성경을 읽고, 함께 기도했다. 그런 일이 몇 달 동안 계속됐다.

또한, 봉쇄는 아프간 기독교인들에게 온라인 그룹에 참여할 수 있는 첫 번째 기회였고, 그것은 놀라운 경험이었다. 이제 우리는 음성 메시지를 통해 서로 연락을 주고 받는다. 가끔은 제가 그의 언어로 된 기독교 웹사이트 링크를 보내면, 그는 이것을 친구들과 공유한다. 우리의 제자양육에서 이것은 하나님의 놀라운 선물이다.

다섯째, 우리가 BMB 친구의 롤 모델이라는 사실을 인정하자. 파키스탄의 한 BMB는 멘토들에게 이런 조언을 했다.

"그들과 많은 시간을 함께 보내고 삶으로 보여 주셔서 그들의 롤 모델이 되어 주세요."

BMB 신자들은 예수님에 대해 책으로 배웠지만, 아직 이 땅에서 예수님을 실제로 볼 수 없었기에 예수님을 따른다는 것이 실제 삶에서는 어떤 모습일지 알고 싶어 한다. 우리의 가정 생활을 보여 주고 우리의 강점뿐만 아니라 약점도 보게 하세요. 가끔 실수하면 진심으로 사과하고 잘못을 수정해 가는 것도 그에게 롤 모델이 되는 것이다. 실제 상황에서 BMB 친구에게 진심으로 사과하고 그에게 용서를 받을 수 있다면 그것은 갈등 해결에 대한 백 번의 설교보다 더 가치가 있다.

좋은 롤 모델은 BMB 친구들에게 큰 영향을 끼친다. 어쩌면 여러분은 '나는 롤 모델이 되기에는 부족하다'라고 생각할 수도 있다. 우리는 항상 우리의 말투, 목소리 톤, 태도로써 우리의 일이 잘못되었을 때 우리의 반응을 전한다. 우리가 이런 것을 피할 수 없으니 우리의 약점에도 불구하고 그것을 받아들이고 하나님께 사용해 달라고 기도하자. 우리는 완벽할 필요가 없다. 그냥 진실하면 된다. 그리고 우리 BMB 친구들은 그 점을 매우 높이 평가한다.

따라서 멘토와 친구의 역할은 매우 중요하다. 피에츠쉬(Horst Pietzsch)가 이것을 잘 요약해 준다.

> 정답이나 지식이 중요한 것이 아니다. 그들과 함께 길을 걷고, 기도하고, 격려하고, 교제하고, 바로 잡아주고, 제자 삼고, 가르치고, 기도에 대한 하나님의 응답을 기다리는 것이 더 중요하다. 즉, 주님 안에서 진정한 형제 자매가 되는 것이다. BMB는 여러분 안에서 그리스도를 볼 필요가 있고 그는 어떻게 기독교인의 삶을 이끌어 가는지 관찰한다.

(4) 하나님의 변화시키시는 말씀

공일주 박사는 BMB가 "살아 있는 하나님의 말씀을 읽어야" 한다고 했다. 하나님의 말씀을 읽는 것은 매우 중요하다. 나는 모든 BMB 친구들이 매일 그들 자신을 위해 성경을 읽는 습관을 갖도록 간절히 바라고 있다. 설교나 그룹 성경 공부를 통해서도 하나님의 말씀을 배울 수 있지만, 또한 스마트 폰을 이용해서 성경을 읽을 수 있다.

요즈음 나는 BMB들에게 매일 하나님의 말씀을 읽도록 그들의 스마트폰 안에 그들의 언어로 된 성경을 갖도록 권한다. YouVersion 앱은 훌륭한 도구이다. 이미 그 앱에는 여러분 친구의 언어로 된 성경이 있을 가능성이 크다. 더구나 그 언어로 된 성경은 몇 가지 다른 번역본들이 있을 수 있으므로 새로운 신자가 이해하기 쉬운 것을 그에게 보여 준다. 매일 새로운 성경 구절을 알려 주는 "오늘의 성경구절"도 좋다. 모든 단락을 읽을 수는 없지만 전혀 안하는 것보다는 낫다. 또 YouVersion과 같은 앱을 통해 BMB 친구들이 성경의 오디오 버전을 들을 수 있다.

그들은 읽는 것보다 듣는 것을 통해 의미를 더 잘 이해하는 구술 문화권에 속한 사람들이다. 그들은 이어폰을 통해 하나님 말씀을 들으면서 버스 여행을 하고 이로써 여가 시간을 잘 활용할 수 있다.

로잔 운동 케이프타운 서약에는 "구술 문화권에 있는 미전도 종족에게 복음을 전하기 위해 구술 방법을 사용하고 구술 성경 이야기를 만들어 내고 구술적 방법으로 전도하고 훈련하는 방법을 개발해야 한다"고 했다.[7]

최근에 알게 된 YouVersion의 또 다른 특징이 있다. 여러분이 선택한 성경 구절을 BMB 나라의 언어로 바꾸고 그것을 하나의 사진으로 만들어 준다. 최근 이란인 친구인 레자(Reza)가 직장을 잃었고 그는 많이 낙심해 있었다. 나는 시편 55:22을 그의 언어로 찾은 뒤 사진 이미지로 만들어 왓츠앱으로 보내서 그를 격려한 적이 있다.

BMB들을 하나님 말씀으로 준비시키는 또 다른 방법은 잘 조직된 제자양육 프로그램을 사용하는 것이다. 학습 프로그램과 이런 코스는 제자양육에서 가장 중요한 수단은 아니지만, 다음과 같은 특질을 충족할 경우 가치가 있다.

① 한국이나 서구에서 제작된 코스가 아니고, 무슬림 컨텍스트와 연관되었다.
② 성경에 충실하다.

---

[7] 김성운, 구술을 통한 무슬림 전도와 제자훈련: 키르기스스탄 복의 근원교회 사례를 중심으로, Muslim-Christian Encounter Vol.14, No.2, 2021, 51.

③ 지식, 성품 및 능력의 통합적 성장을 균형적으로 추구한다.
④ 일대일 혹은 소그룹안에서 다른 신자들과 상호작용하여 관계를 증진시키게 한다.
⑤ 일방적 교육이 아니라 학습자가 능동적으로 반응하게 한다.
⑥ 정기적으로 짜여진 미팅들과 매주 실천 과제가 부여된다.
⑦ 학습자가 배우고 나서 다른 사람을 교육할 수 있어서 재생산적이다.

또 『와서 나를 따르라』(Come Follow Me) 과정은 위와 같은 원칙에 따라 설계되었다. 성경을 읽는 것만으로는 BMB가 변화되지 않을 때가 많다. 하나님의 말씀이 우리의 생각을 새롭게 하고, 우리의 세계관을 변화시킬 때 진정한 변화가 시작된다.

(5) 능동적으로 주님을 섬기기

우리는 BMB가 그리스도 안에서 성장하는 데 도움이 되는 네 가지 중요한 요인을 살펴보았으며 다섯 번째 요인은 능동적으로 주님을 섬기는 것이다. 다시 한번 나는 공일주 박사의 말에 전적으로 동의한다. 그는 BMB가 "그리스도의 몸(body of Christ)에 들어간 후 가능한 한 빨리 영적 은사를 받고 또 발견해야 봉사할 수 있다"라고 했다.

우리는 BMB를 우리의 가르침, 목회적 돌봄, 실질적인 지원을 수동적으로 받는 사람으로 보아서는 안 된다. 어느 자리에 영구적으로 머무르는 것은 건강하지 않다. 능동적인 역할을 하는 것은 소속감과 성장의 중요한 부분이다. 이란인 친구 파파르(Fafar)는 비록 초신자일지라도 교회에서 능동적으로 돕는 역할을 맡았다. 교인들은 그녀에게 교회 꽃꽂이와 예배 후 커피 준비를 도와달라고 부탁했다. 이것은 그녀에게 뭔가 남에게 도움을 준다는 느낌을 주고 신자 공동체에 속해 있다는 느낌을 주는 단순한 임무였다.

다른 이란인 친구가 말했다.

> 지역 교회에서 섬기는 것이 저를 성장시키는 데 많은 도움이 되었다. 저에게 정말 놀라운 것은 목사님이 저를 믿고 교회 봉사에 책임을 맡겨 주셨다. 예배를 인도하는 동안 저는 새로운 것을 배우고 경험했다. 그게 저의 성장에 많은 도움이 되었다.

BMB는 교회 밖에서도 주님을 섬길 수 있다. 궁핍한 사람들을 돕거나 전도에 참여할 수 있다. 내가 아는 한 BMB 여성은 전도의 은사를 가지고 있으며 거리에서 매우 담대하게 복음을 전하고 있다. 이를 통해 그녀는 수년 동안 자신의 믿음이 더 강하게 성장했다.

이 밖에도 몇 가지 더 있지만 BMB가 그리스도 안에서 혼인하는 문제를 생각해 봅시다. 제가 처음 BMB를 만난 것은 45년 전이었다. 그가 예수를 따랐기 때문에 무슬림 아내와 자녀들을 잃었고 나는 그가 얼마나 외로워하는지를 알았다. 그 이후로 나는 결혼이 얼마나 중요한지를 점점 더 깨닫게 되었다. 물론, 나는 그리스도 안에서 강해지기 위해 당신이 결혼해야 한다고 말하는 것이 아니다. 서구에서 나는 훌륭하고 성숙한 독신의 그리스도인들을 많이 알고 있다. 그러나 적어도 그들은 여전히 지원해 주는 가족과 연결되어 있다. BMB가 무슬림 가족과 단절되고 결혼을 통한 기독교인 가족도 없다면 그들은 고립되어 외롭다.

그들이 고립되고 외로워지면 누구에게로 향할까?

나는 결혼하고 싶어하는 독신 BMB를 알고 있지만 그는 적합한 BMB 배우자를 찾을 수 없었다. 기독교 가정은 BMB와 결혼하는 것을 반겨하지 않을 수 있다. 그래서 그들은 해가 갈수록 나이만 많아진다. 그들은 무슬림과 결혼하기로 결정하거나 무슬림 가족에 의해 그렇게 하도록 강요받을 수 있으며, 결혼 후에는 공개적으로 신앙 생활을 할 자유를 갖지 못할 수도 있다. 그들은 배우자와 다른 방향으로 갈 수도 있고, 자녀를 위해 다른 것을 원할 수도 있다. 그래서 모든 면에서 어렵다.

이와 대조적으로 BMB가 그리스도 안에서 든든한 결혼생활을 하는 것은 제자양육에서 큰 차이를 만든다. 혼인한 BMB는 배우자가 그를 지지해 주므로 자신의 정체성이 강화될 뿐만 아니라, 함께 가정을 환대와 사역의 공간으로 자유롭게 사용할 수 있다. 또한, 그들은 자녀들을 예수님을 따르도록 키울 수 있으며 이것은 무슬림 배경의 교회가 다음 세대까지 이어지는 데 정말 중요한 요인이 된다.

하나님의 동역자로서 주님께서 우리의 BMB 친구가 그리스도 안에서 성장하도록 돕기 위해 10가지 요인 중 일부 또는 전부를 사용하신다면 우리는 하나님의 동역자로서 어떤 역할을 할 수 있는가?

하나님께서 하시는 일을 보고 그분의 일에 동참하자.
우리가 어떻게 그 일을 잘 감당할 수 있는가?
여기에 하나님의 동역자로서 참여할 수 있는 몇 가지 제안이 있다.
여러분의 생각은 어떠한가?

(표 6) BMB들의 성장 요인들

BMB들이 성장하도록 하나님이 사용하시는 요인들	우리가 하나님의 동역자로 참여할 수 있는 방법
(1) 하나님과 깊은 인격적 관계	기도하고 하나님께 맡기기
(2) 신자들의 공동체	공동체의 다른 사람들에게 BMB 친구를 소개하기
(3) 멘토의 우정	멘토, 롤 모델과 배려하는 친구가 되기, 우리의 집과 마음을 열기
(4) 하나님의 변화시키는 말씀	BMB가 하나님 말씀으로 변화되게 다양한 방법을 사용하기(스마트폰 등)
(5) 능동적으로 주님을 섬기기	BMB가 자신의 은사를 찾고 봉사할 기회를 갖도록 돕기
(6) 습관과 프레임워크	율법주의 대신에 적절한 프레임워크(framework)를 알려 주기
(7) 그리스도를 따르는 자로 알려짐	하나님의 때에 세례를 받도록 점진적으로 안내해 주고 준비시키기
(8) 온전한 기독교 환경에서 함께하는 시간	주말에 BMB와 함께 하는 시간을 갖기
(9) 힘든 시간에 넉넉히 반응하기	BMB의 상황에 적극적으로 참여하고, 함께 울고, 그가 힘든 시간에 사랑의 하나님을 신뢰하도록 돕기
(10) 그리스도 안에서 믿음으로 세워지는 혼인	기독교적인 혼인이 무엇인가를 알려 주고 가능하면 BMB가 그리스도 안에서 배우자를 찾도록 돕기

우리가 BMB를 제자양육하는 일에 참여하고 그들이 그리스도 안에서 성장하는 것을 지켜보는 것은 말로 다할 수 없는 기쁨이 된다. 그러나 그들이 어려움을 겪으면 우리도 마음이 아프다. 만약 그들이 새로운 믿음에서 떠난다면 큰 실망을 느낄 수밖에 없다. 그러나 기쁨과 대가는 이 사역과 함께 한다.

새로운 아기가 이 세상에 태어날 때 산모에게는 큰 고통과 큰 기쁨이 된다. 그러나 모든 부모가 알고 있듯이 기쁨과 고통은 그 후에도 수년 동안 계속된다. 제자 삼는 일은 새로운 영적 아기가 태어나는 일회성 사건이 아니다. 바울은 갈라디아에 있는 신자들에게 다음과 같이 썼다.

> 나의 자녀들아 너희 속에 그리스도의 형상을 이루기까지 다시 너희를 위하여 해산하는 수고를 하노니(갈 4:19).

위 성경 말씀처럼 우리가 그리스도의 형상으로 변화되어야 하므로 BMB 친구들과 함께 진통을 반복하는 인내의 대가를 치러야 한다. 그러나 우리는 또한 바울이 빌립보 성도들에 대해 느꼈던 것을 BMB에게서도 느낄 수 있다.

> 나의 사랑하고 사모하는 형제들, 나의 기쁨이요 면류관인 사랑하는 자들아 이와 같이 주 안에 서라(빌 4:1).

바로 지금 이 글을 쓰면서 지난 45년 동안 함께한 BMB 친구들을 떠올리며 나는 울음을 터뜨렸다. 고통과 기쁨이 뒤섞인 눈물이다. 하나님께서 당신을 이 사역에 부르신다면 이 두 가지를 모두 준비하라.

제8장

이슬람 국가와 한국에서 BMB 가정교회와 교회 개척

1. 교회와 교회 개척

신약에서는 '교회'라는 단어는 두 가지 다른 의미로 사용된다.

첫째, 교회는 개별적인 기독교인의 회중(congregation), 즉 믿는 이들의 가시적인 지역(local) 모임(gatherings)이다. 바울은 고린도와 빌립보에 있는 교회들에게 편지를 썼다. 요한계시록에 나오는 아시아의 일곱 교회는 소아시아(현 튀르키예) 지역의 7개 지역 기독교인 공동체들을 의미한다.

둘째, 신약의 다른 곳에서는 특히 에베소서와 골로새서에서는 교회라는 말이 더 넓고 더 일반적인 의미로 사용되어 기독교 신자들의 전체 몸(total body)이란 뜻이다. 이렇게 로컬 교회와 보편(universal) 교회 간의 차이를 보여 준다.

존 칼빈(John Calvin)은 교회를 보이는 교회와 보이지 않는 교회로 구분하여 설명한다. 교회는 기독교 신자들의 공동체(community), 즉 눈에 보이는 그룹(visible groups)이고 교회는 성도들(saints)의 교제(fellowship)이며 택함을 받은 자들(the elect)의 모임(company), 즉 보이지 않는 실체(invisible entity)이다. 보이지 않는 측면에서 교회는 오직 하나님만 알고 계시고 보이는 측면에서 교회는 지상에 있는 신자들의 공동체이다. 전자는 오직 택함 받은 자

들로 구성되며, 후자는 택함 받은 자와 버림 받은 자를 모두 포함한다.[8]

제자양육이란 관점에서 교회의 정의를 생각하면 "교회는 공동 예배와 선교를 통해 그리스도 안에서의 정체성을 깨닫고 이를 표현하는 제자들의 집합이다."[9] 교회는 그리스도 안에서 우리의 정체성에 매우 중요하다.

예수님은 많은 사람의 집을 방문하여 그곳에서 모임을 가지셨다. 사도행전 13-14장에서 바울의 사역은 "잃어버린 자를 찾아, 복음을 전하고, 믿는 자들을 제자 삼고, 새로운 공동체(교회)를 형성하고, 리더십을 세우는 것이었다. 바울은 성경에서 "교회 개척"이라는 용어를 직접 사용하지는 않았지만 가정교회를 세우고 조직하여 확장시켰으며 지역 리더를 양성했다. 신약을 보면 예수님 승천 이후, 신자들은 가정에서 예배를 드렸다.

신약에서 교회 개척 사역에 직접적으로 적용되는 가르침을 찾으면 아래와 같다(Don Little 2022, 5).

첫째, 교회 개척은 복음 선포의 결실이다. 소통의 형식으로는 설교(Preaching), 귀납적 성경 공부, 교제와 나눔 등이 있다.

둘째, 교회 개척 사역은 항상 지속된 성령의 인도하심에 따른다. 성령이 복음의 진리를 사람들의 마음에 선포하고 나눠지고 발견되어 교회를 개척하는데 능력을 준다.

셋째, 개척된 교회는 개척자에게 속한 것이 아니고 그리스도께 속한다. 따라서 우리는 "우리 자신의"(our own) 교회들을 개척하지 않는다.

넷째, 타문화권 교회 개척에 부르심을 받은 우리는 은사가 있는 개인과 해당 지역에서 제자 삼을 자를 찾고 훈련하고 은사를 확인하게 돕는다.

다섯째, 우리가 바울의 사도적 리더십 모델을 따르면 우리는 더 겸손해질 것이다. 우리는 다른 사람들 특히 여성들의 역할을 높이고 지역 신자들을 훈련하여 자기 백성과 열방의 사역자가 되도록 훈련시킨다.

---

8 Alister McGrath, *Christianity: An Introduction*, 107.
9 진 다니엘스 외, 『열매에서 추수로』, 151.

아랍국가에서는 교회가 있는 지역과 그렇지 않는 지역에 따라 교회 개척 양상이 달라진다. 교회가 있는 요르단에서 어느 지역에 살고 있는 신자들이 교회가 필요하다고 하면 그곳의 여러 가정을 찾아가서 양육을 시작하고 믿는 이들이 많아지면 가정교회(kanīsah baytiyyah)를 시작한다. 그리고 15명 이상이 넘으면 해당 국가에 있는 기존 교단에 소속되어 교회 간판을 건물 밖에 내건다. 그런데 요르단에서 무슬림과 사역을 할 경우, 무슬림에게 직접적으로 방문하여 전도하기 어렵다. 그래서 페이스북 등을 통하여 그리스도에 관심 있는 자와 연결이 되면 이들의 양육을 시작한다.

모로코에서 15년간 가정교회(house churches)를 개척해 왔던 압달라(Abdellah)는 이슬람 국가에서 교회 개척자는 먼저 기도로 시작하라고 했다. 그리고 기도를 계속하면서 복음을 전한다. 몇몇 사람이 예수님을 영접하기 시작하면 그들과 가정에서 모임을 갖는다.

아랍 세계에서는 공공장소에서 무슬림 배경의 신자들로 구성된 교회 건물을 갖는 것이 허용되지 않기 때문에 모든 모임이 가정에서 이루어지는 것이 일반적이다.

2. 아랍의 BMB 가정교회

교회 개척은 아랍국가에서 가장 어려운 일이다. 2025년 요르단에서는 무슬림에게 전도할 수 없고 길거리에서 전도지를 나눠줄 수 없다. 이슬람 국가가 법적으로 교회 개척을 금지한다. 아랍 문화는 관계 중심적이며 가족 유대가 강하고 서로 자주 방문한다. 가정교회 모델은 아랍 세계의 문화적 특성과 맞아떨어진다. 아랍 이슬람 국가에서는 서로 지원하는 네트워크를 갖고 서로 연결된 현지인 리더들이 중심이 되어 배가운동이 가능한 가정교회가 적합하다. 그래서 아랍에서는 교회 건물이 아닌 BMB의 가정 소그룹이나 BMB 펠로십에서 BMB들이 만난다.

코로나19 이전 아라비아반도에서 BMB 제자양육의 실태는 아래와 같다.

첫째, 제자양육의 참여율이 낮다.
둘째, 훈련된 현지 리더들이 부족하다.
셋째, 상황적으로 적절한 신학적 가르침과 훈련이 부족하다.
넷째, 회심자에게 관대하고 안전하게 지낼 환경이 부족하다.

2016년 아부다비에서 열린 중선협 선교대회의 주강사로 참석했던 서메이(Keith Summey)는 그의 박사학위논문에서 "아랍권에서 무슬림 배경 신자 그룹의 성장에 기여하고 저해하는 요인들"이란 논문을 썼다.

이 논문에는 16명의 BMB들의 경험과 연구자의 21년간 경험을 바탕으로 BMB 소그룹의 성장에 기여하고 억제하는 요인으로써 영적 토대, 방법론, 전도와 미디어와 재정, 박해 등 네 가지를 제시한다.

(1) 영적 토대

모든 BMB 제자양육자가 복음을 전파하고, BMB를 제자 삼고, BMB 소그룹을 증식하는데 필수적인 중요한 영적 원리를 제시한다. 무슬림과 직접 만나 신앙 간증을 나누고 BMB를 현장에서 만나 얼굴을 맞대고 훈련한다. 반죽 속의 효모처럼 BMB 소그룹이 성장하고 증식되는 성경적 비전을 갖는다. BMB 제자양육자로서 기도와 금식의 삶을 모델로 삼는다.

(2) 방법론

무슬림을 진심으로 사랑한다. 무슬림을 집으로 초대하여 복음을 나누고 아랍의 기독교 배경의 신자도 이를 실천하도록 훈련시킨다. 책임감과 지원을 위해 BMB 소그룹 개척 팀을 전적으로 돕는다. 각 무슬림의 독특한 필요에 맞게 복음을 나눌 수 있는 접근 방식을 개발한다. 특정 커리큘럼에 의존하지 않고, BMB의 질문과 필요에 따라 제자양육을 한다. 초기에는 BMB와 1대 1로 제자양육을 진행한 후, 그를 BMB 소그룹에 소개한다. 하나님께 부름 받고 은사를 가진 아랍의 기독교 배경의 신자 및 BMB 신자를 동원하고, 그들을 BMB 제자양육자로 훈련시켜서 BMB 소그룹을 이끌도록 준비시킨다.

BMB 소그룹을 기독교 배경의 신자 교회와 독립적으로 형성하여 BMB가 공동체를 경험하도록 한다. BMB 소그룹의 첫 모임에서부터 BMB 리더를 임명한다. BMB 소그룹 모임을 외국인 제자양육자의 집이나 기독교 배경의 신자들이 모이는 교회 시설에서 개최하지 않는다. BMB 리더가 다른 BMB를 훈련하여 새로운 BMB 소그룹을 이끌도록 훈련한다. BMB 소그룹의 규모가 커지면 두 개 이상의 BMB 소그룹으로 나눈다. BMB 소그룹 리더십을 통해서만 BMB가 기독교 배경의 신자들이 모이는 교회와 관계를 맺도록 조언한다. BMB 소그룹들이 서로 연합하여 정기적으로 모이지 않도록 권장하며 리더십 차원에서만 교류하도록 한다.

(3) 전도지와 미디어와 재정

신약 전체가 포함된 복음서를 사용하고 무슬림 구도자가 메시아의 오심에 대한 역사적 근거를 질문할 때 성경 전체를 소개한다. 예수님이 어떻게 무슬림의 필요를 채우실 수 있는지를 소개하는 동영상을 보여 준다.

초기 대화에서 무슬림과 복음을 나누기 위해 꾸란에 나오는 예수님의 이름인 '이싸'를 다리로 사용하지만, 가능한 한 빨리 성경에 나오는 기독교 아랍식 이름인 '야쑤아'로 전환한다. BMB 소그룹이 외부의 재정 지원에 의존하지 않고 자신들의 십일조와 헌금으로 자립할 수 있도록 가르친다.

(4) 박해

이슬람 국가에서 박해를 피할 수는 없지만 지금 언급할 권장 사항을 기도하는 마음으로 실천하면 BMB와 BMB 소그룹이 겪을 박해를 줄이는 데 도움이 된다. BMB 소그룹을 직접 이끌고자 하는 유혹을 피한다. 가능하면 가정에서 모임을 갖고 안전한 환경을 제공하도록 힘쓴다. 남편과 아내가 모두 BMB인 가정에서 모임을 갖는 것이 가능하면 그 가정에서 모임을 갖는다.

제자양육자가 그 지역에서 외국인으로 인식되는 경우 드문 경우를 제외하고는 현지인이 이끄는 BMB 그룹 모임에 초대 없이 참석하지 않는다. 그는 BMB 소그룹의 초대를 받은 후에야 그 모임에 참석하고 불규칙한 시간과 장소에서만 참석한다. BMB를 존중하고, BMB 소그룹 밖에서는 기밀을 유지한다. BMB 소그룹 리더를 훈련하여 BMB 소그룹 구성원들이 스스로 새로운 BMB 소그룹을 시작하고 이끌 수 있도록 한다. 이렇게 하면 소그룹이 작게 유지되면서 다른 BMB 소그룹으로 확장될 수 있다.

BMB 소그룹들이 서로의 리더들과 1대1로 연결된 안전한 네트워크를 통해서만 소통하도록 하며, BMB 중에서 아무도 모든 BMB 리더를 아는 사람이 없도록 한다. BMB 소그룹 리더들을 그림자처럼 눈에 띄지 않게 목양하고, 그들이 소그룹 내 BMB를 제자양육하도록 한다.

외국인 사역자는 BMB 소그룹 리더들과 1대 1로 만나 기도, 성경 공부, 훈련, 격려를 통해 멘토링한다. 대부분의 아랍 교회는 오랜 세월 무슬림에게 억압받고 정보부에 자주 호출당했기 때문에 코로나 19 이전에는 BMB 사역에 적극적으로 나서려 하지 않았다. 특히, 일부 정교회와 가톨릭교회는 무슬림에게 전도하는 것을 금지하고 있다. 아랍 국가에서는 소수의 복음주의(Evangelical) 교회만이 전도를 실천하고 있다.[10]

〈표 7〉 BMB 가정 그룹(house group)과 아랍 교회(Paul Stephens 2009, 118)

비교 사항	아랍의 BMB 가정 그룹	아랍 교회
리더십 방식	코칭 리더십	한 방향의 리더십
	소그룹 리더 중심	담임 목사 중심
	영적 은사를 통한 사역	등록된 교인 사역
교육 방식	질문을 통한 토의	설교
	성장 중심	수동적

---

10 사랑의하우스교회(정바울)는 레바논 동부 지역에서 시리아 난민 무슬림을 대상으로 아랍 교회를 개척하여 난민 아동 교육 센터와 통합적으로 사역하고 있다. 특히, 청소년 제자양육과 온라인과 오프라인을 병행하는 전도 사역에 집중하고 있다.

교제	공개적이고 필요를 채움	제한적임
	무슬림 문화를 반영	이슬람의 영향을 받은 기독교 문화
	비 형식적	기존 형식을 따라
	그리스도 안에서 살아 있는	늘 하던대로
	만일 가족이 아니라면 싱글은 분리됨	남녀 혼성
모임 장소	가정 등 유동적	교회 건물로 고정됨
	제한 없음	제한됨
	원으로 착석	일렬로 앉음
	비밀	공개
	보안에 관심	보안에 관심 없음
성장	훈련된 리더들의 수에 따름	건물에 의해 제한 받음, 안수받은 신학교를 졸업한 목사
규모	작다	크다
구성	하나님 나라에 초점	교단 색깔
강조사항	배가	하나의 교회로 성장
재생산	쉽다	비용이 든다

위 표는 아랍 교회와 아랍의 BMB 그룹 간의 차이를 보여 준다. 아랍 교회는 건물 안에서 자유롭게 예배를 드리지만 교회 밖에서는 전도가 금지되어 있다. 대부분의 아랍 교회는 교회 내부에서 신앙생활을 유지하고 기독교공동체를 보호하는 데 집중하기 때문에 무슬림에게 전도하지 않는다. 물론, 소수의 아랍 기독교인들이 전도하고 일부 교회가 선교사를 파송한다.

아랍국가에서 BMB와 만나는 가정 교회의 7가지 절차는 다음과 같다.[11]

① **환영과 차 및 다과**: 차를 마시면서 새로 참석한 회원을 환영하고 결석자를 물어보고 서로 인사하는 시간을 갖는다.
② **시작 기도**: 이 모임을 위한 기도와 주께 헌신하겠다는 기도를 한다.
③ **관계들을 강화한다**: 개인적인 이야기, 사건, 자신의 계획, 가치관 등을 나누면서 회원들 간의 관계를 강화한다.
④ **예배와 찬양**: 모두가 현지어로 된 찬양으로 함께 하나님의 은혜를 사모한다.
⑤ **하나님 말씀 공부**: 하나님 말씀을 들으며 하나님의 뜻을 찾고 그 말씀을 삶에 적용할 수 있도록 한다.
⑥ **참가자 모두가 기도한다**: 참가한 모든 사람이 기도할 기회를 갖고 기도는 짧게 한다.
⑦ **비전을 나누고 다음 모임에 꼭 나오도록 권한다**: 모임과 참가자들이 추구하는 목표를 공유하며, 주님의 대위임령(마 28:18-20)에 초점을 맞춘다. 새로 온 사람은 앞으로 이 모임에 빠지지 않도록 약속한다.

2025년 요르단 복음주의 기독교인들은 여전히 무슬림 배경의 신자들과 함께 예배드리는 것을 두려워한다. 그래서 일부 기독교인은 기존 교회와 상관없이 시리아 난민과 이라크인 난민을 찾아가 그들과 식사를 하고 기도도 해 주고 그들에게 기독교인의 삶을 나눈다.

---

11 Keith Summey, Numū al-Malakūt Min Khilal al-Majmūʻah al-Rūhiyyah (Amman: Maktabah al-Maʻmadaniyyah, 2004), 80-81.

3. 인도네시아에서 여성 선교사의 교회 개척[12]

무슬림 세계의 절반 이상을 차지하는 여성들을 위한 사역이 무슬림 남성을 위한 사역과 다른 점들이 있다. 이슬람 문화와 사회 관습상 이슬람 국가에서 외국인 남자 선교사가 무슬림 여성에게 다가가 복음을 전하는 것이 쉽지 않다. 또 무슬림 남편이나 아버지가 기독교 신자가 되더라도 무슬림 여성이 자동으로 신자가 되는 것은 아니다.

무슬림 남성뿐만 아니라 여성이 교회에 오게 하려면 남성 선교사와 함께 동역할 여성 사역자를 위한 다음과 같은 준비와 훈련이 필요하다.

(1) 씨 뿌리기를 위한 준비 단계

선교사로 이슬람 국가에 파송되면 여성 사역자는 가족과 교회(또는 선교단체)의 요구에 맞춰서 균형을 갖고 새로운 문화에서 가정을 꾸려가려고 애쓴다. 그러나 무슬림 사회에서 사역하는 여성들은 무슬림 남성과 가족들에게 신뢰를 얻을 수 있도록 "명예로운(honorable) 여성"으로 보이는 것이 매우 중요하다.

이슬람 사회가 명예롭다고 말하는 것에 따르는 것이 무슬림 여성과의 사역 열매의 비결이 된다. 신뢰감을 주고 무슬림들과 소통하기 위하여 언어도 배워야 하겠지만 가장 직접적인 요인들 중에는 노출이 적은 옷차림과 대중 앞에서의 행동 그리고 말이나 행동에서 절제된 태도이다.

어느 미국인 여성 선교사가 무슬림 여성을 집으로 초대했는데 여성 선교사의 단정하지 않는 옷차림 때문에 무슬림 여성이 차갑게 대했고, 결국 두 사람은 다시 만나지 못했다. 또 다른 미국인 여성 선교사가 미국에서 하는 것처럼 낮에 무슬림 여성들과 같이 쇼핑도 하고 점심도 같이 하자고 제안했는데 무슬림 남편들이 화를 냈다. 그 시간에 무슬림 여성들은 가사 일을 하고 자녀들을 돌봐야 할 시간이었기 때문이다.

---

[12] Fran Love, *Women's Ministries Section: Church Planting that includes Muslim Women, Part II*, SEEDBED XV, 10-15.

(2) 씨 뿌리기

과거에는 무슬림 사회에서 사역하는 선교사 일부가 무슬림 여성들은 신에 대하여 이야기하는 것을 원하지 않는다고 생각했다. 그래서 신과 종교에 대하여 토론하기를 좋아하는 무슬림 남성들보다 무슬림 여성들에게 복음을 전하는 것이 더 어렵다고 말했다.

이슬람의 하디스 중에는 "여성들은 이성과 종교에서 완전하지 않다"고 기록되어 있다. 이성에서 여성이 완전하지 않다는 말은 기억력이 부족하고 여성의 법적 증언이 남성보다 약하다는 측면에서 나온 말이다. 일반적으로 무슬림 학자는 이 구절을 월경과 산후 기간 동안 여성이 기도와 금식을 면제받기 때문이라고 해석한다. 그러나 보수적인 살라피나 일부 근본주의자들이 하디스를 문자주의적으로 해석하여 위 구절을 여성의 역할을 제한하려는 논리로 사용하지만, 다른 무슬림들과 현대적 해석을 따르는 무슬림들은 그런 해석을 따르지 않는다.

일부 보수적인 이슬람 사회에서는 여성들이 신학적 논쟁이나 남성들과 공개적인 토론에 참여하는 것을 피하는 경향이 있다. 그러나 지역과 문화, 여성 개인의 신앙 수준에 따라 신에 대한 대화의 참여도가 달라질 수 있다.

모로코에서 무슬림 여성들과의 대화에서 하나님을 그들의 대화로 끌어오는 예화가 있다. 한 미국인 여성 선교사는 이웃에 사는 여러 무슬림 여성과 친구를 맺은 뒤에 무슬림 여성들이 특정 주제에 대하여 그 선교사에게 질문했다.

그 선교사는 문화적 관점에서 "저는 그저 여성일뿐이에요. 제가 생각하는 것은 중요하지 않고요. 저의 예언자가 뭐라고 말씀하시는지 저는 알아요." 호기심이 많은 무슬림 여성이 그 선교사에게 그 예언자가 무슨 말씀을 하셨는지 말해달라고 부탁했다(물론, 선교사가 말한 그 예언자는 예수를 염두에 두고 한 말이었다. 무슬림들은 이싸를 인간 예언자라고 한다).

그 뒤에도 모로코 여성들은 이혼과 혼인관계 등에 대하여 그 예언자가 뭐라고 말씀하셨는지를 물어왔다. 이것은 무슬림 여성들과 대화를 이끌어가는 창의적인 방식이라고 할 수 있다.

(3) 제자양육과 교회를 개척하기

이 단계에서는 개별적인 신자를 제자양육하고 이들을 교제권 그룹(fellowship groups)으로 모으는 것이다. 이것은 제자양육 그룹들이 교회가 되고 회심한 무슬림 여성들은 이들 교회의 일부가 되는 것이다.

최근 일부 지역에서는 무슬림 남성들의 회심 비율이 여성보다 높아지면서 남성 BMB들이 여성 BMB들을 배우자로 만나고 싶어하는 숫자가 많아지고 있다. 아랍국가에서는 대부분의 무슬림 상황과 환경에서 가정교회가 적합한데 많은 미국인 선교사가 가정교회를 개척하기 위해 아무런 경험도 없이 아랍 국가로 파송되었다. 그들은 결국 전통적인 교회 구조의 사역을 재시도하고 있다.

특히, 무슬림 여성들에게는 더 빠르고 더 깊은 영적 성장을 위하여 가정교회 모델이 큰 도움이 될 수 있다.

무슬림 여성들에게 가정교회가 더 많은 잇점이 있는데 그중 몇가지는 다음과 같다.

① 가정교회는 대개 가족 중심으로 형성되므로 여성들이 더욱더 안전하고 편안한 환경에서 신앙생활을 할 수 있다.
② 가정교회는 한 명의 교사나 목회자에게 덜 의존한다. 가정교회 분위기에서는 여성들이 질문을 하고 자신의 생각을 나눌 수 있다.
③ 가정교회는 교회 예배에 덜 집중하지만, 삶을 변화시키는 변혁적 사역에 더 집중한다.
④ 가정교회가 주는 자연스러운 환경이 여성들에게 은사와 리더십을 발전시켜서 교회 재생산을 돕는다. 여성들은 자녀들과 함께 기도하는 법과 성경을 가르치는 법과 성경 구절을 암기하는 법을 배울 수 있다. 그들의 자녀들을 신앙적으로 키우는 것은 무슬림 배경의 여성 신자를 제자로 양육하는데 중요한 요소에 해당된다.

(4) 리더들을 훈련하고 현지인에게 이양하기

이 단계는 리더들을 임명하고 훈련하는 것을 마치는 것이다. 많은 남자 선교사가 남자 장로들이 임직되면 교회가 완성된 것으로 생각하기도 한다. 물론, 남성 장로가 임직되는 것이 중요하지만, 무슬림 속에서 교회가 자립하고 성장하려면 여성이 여성들을 인도하고 남성들과 협력할 기회가 주어져야 한다.

아랍 무슬림들은 종교교육에서 여성들이 남성들을 가르치지 못하게 하지만, 성경은 여성과 남성 모두에게 리더십을 허용한다. 여성 신자들이 신앙적으로 성장하고 리더로 세워지기 위해서는 가정교회에서의 리더 훈련뿐만 아니라 실질적인 사역 경험도 필요하다. 이를 위해 초기 단계에서부터 제자양육 과정과 연계된 체계적인 훈련 계획을 수립하는 것이 효과적이다.

4. 한국에서[13] 인도네시아인 교회 개척

우리나라에는 2024년 51,000명의 인도네시아인이 산다. 이주 근로자를 대표하는 주한 인도네시아 커뮤니티(ICC), 무슬림과 비무슬림을 회원으로 하는 주한 인도네시아 유학생 연합(PERPIKA), 무슬림만을 회원으로 하는 인도네시아 무슬림 학생 연합, 결혼 이민 여성들의 친목 모임(아리산), 인도네시아 무슬림 연합회(KMI), 주한 인도네시아 교회 연합(PGIK) 등이 조직되어 있다.

2024년 우리나라에는 서울, 인천, 안산, 수원, 천안, 평택, 음성, 대구, 부산, 창원, 광주, 김해 등 23곳의 인도네시아 교회가 있다. 특히, 공단 주

---

[13] 한국에서 무슬림만을 대상으로 교회를 개척한 사례가 그리 많지 않은데 의정부의 안디옥열방교회(김요셉)는 튀르키예어로 하나님 말씀을 전하는 목회자와 이 사역을 돕는 교회와과 동역자의 협력이 돋보인다. 주일 오후 3시 예배와 수요일 저녁 8시 성경공부와 기도 모임이 있고, 특히 매주 주일 예배가 온라인으로 실황 중계되는 거점교회가 전라남도 광주에 세워졌고 앞으로 동역할 거점교회들이 울산과 대구, 부산과 거제에 설립되기를 바라고 있다.

변 지역(안산, 반월, 김해, 남동 공단 등)에 많이 산다. 그리고 23개 교회에 출석하는 성도 수는 약 500명이다. 이 중 15곳은 인도네시아인 목회자가, 8곳은 한국인 목회자가 사역을 담당하고 있다. 국내 인도네시아인은 90퍼센트가 인도네시아의 자바 섬에서 왔고 주로 순다족이다. 이들이 한국에서 살면서 20퍼센트만 라마단 달에 금식한다.

인도네시아 무슬림 특징으로는 무함마드를 예수님보다 더 높은 위치에 둔다. 무슬림들은 강한 이슬람 성향을 가지고 있기 때문에 교회에 데려온다고 해서 이슬람 성향이 쉽게 바뀌지 않는다. 우리나라에 온 인도네시아 무슬림은 개인적인 회심이 어렵고 복음을 쉽게 받아들이지 않는다. 렌디 목사는 무슬림이 하나님의 사랑을 깊이 체험하거나 성령의 역사를 경험하지 않고는 예수님을 구주로 믿기 어렵다고 했다. 비교적 교회개척이 자유롭다고 하는 인도네시아에서도 한국인 선교사가 무슬림만을 대상으로 사역하는 사람은 소수다.

국내 인도네시아 목회자는 대부분 무슬림에게 전도하지 않으며 교회에 출석하는 인도네시아인들 중 다수는 불교나 유교 배경을 가진 사람들이다. 국내 인도네시아 목회자 중 제자양육을 하는 사역자는 10퍼센트 미만이다. 인도네시아에서도 인도네시아 교회들이 무슬림 선교에 대한 인식이 별로 없다.

인도네시아인 랜디 목사는 한국에서 인도네시아 교회 개척에 대하여 다음과 같이 제안한다.

첫째, 교회를 개척하기 전에 그 지역 인구 조사를 먼저하고 토요일에 친구들과 모여 중보 기도했다. 교회를 개척하기 전, 특정 지역을 탐방하며 그곳의 인도네시아인들과 친밀한 관계를 형성하도록 노력했다.

둘째, 천안역에서 전도지를 배포하고 인도네시아 모임을 3-4개월 홍보한 뒤에 10명 정도 모였을 때 정기적으로 기도 모임이나 교제를 가지며 교회 개척을 했다.

셋째, 예배 장소는 기존의 한국인 교회를 빌렸고 토요일날 모여서 1대 1 제자양육을 했다.

넷째, 주일 식사 후 셀모임을 갖고 주중에는 온라인으로 성경 공부를 하였다. 이때 믿지 않는 사람들에게 3분 만에 복음을 전하는 방법을 가르쳤다. 길거리 찬양이나 전도지를 활용한 전도는 큰 효과를 보이지 않았다. 인도네시아 친구를 통해서 교회에 나오거나 그들의 어려운 일을 도와주면 교회에 나오기도 했다.

한국인이 개척한 인도네시아 교회 중에는 새로 개척한 교회를 돕기 위해 한국인 목회자의 모교회에서 신실한 성도 몇 명이 파송되어 어느 정도 자리를 잡을 때까지 함께 사역했다.

2012년, 우리나라에 거주하는 인도네시아 무슬림 11명(7명의 여성과 4명의 남성)을 대상으로 한 연구 논문이 발표되었다. 조사 대상자 11명 중 8명이 자바인이었으며, 논문에서는 인도네시아 이슬람의 특징을 다음과 같이 설명하고 있다.[14]

인도네시아 무슬림들은 기독교로 회심하기보다는 가족 관계를 유지하는데 더 높은 가치를 둔다. 자바인들은 가족 중심의 사회이고 그들이 인도네시아로 돌아가서 그들의 삶을 가족과 분리시키려 하지 않는다.

대부분의 인도네시아 무슬림에게 종교가 삶의 가장 중요한 부분이 아니다.[15] 그들의 일상생활이 종교적 이슈보다 더 중요한 의미를 갖는다. 인도네시아 무슬림들은 공동체와 전통 때문에 무슬림이 된 사람들이다. 생활에서 가장 중요한 관심사는 지금 어떻게 살아가고 어떻게 행동하고 어떻게 다른 사람과 조화롭게 사느냐에 있다.

한국에서 인도네시아 사람을 대상으로 사역하는 교회들이 2005년 이후 무슬림과 전도의 접촉점을 찾지 못했다. 우리나라에서 산업연수생 제도가 있던 시기에는 이주 노동자들에게 교회가 삶의 쉼터 역할을 했고 인권과 법적 상담을 도왔기 때문에 무슬림들도 교회를 찾았다. 그러나 고용 허가제로 전환된 다음에는 정부가 이들의 인권을 돕고 다양한 혜택을 주면서

---

[14] Kwon Shik Han, "Conversion of Iranian and Indonesian Muslims in South Korea to Evangelical Christianity"(Seoul: Torch Trinity Graduate University), 2012 참조.

[15] Kwon Shik Han, "Conversion of Iranian and Indonesian Muslims in South Korea to Evangelical Christianity", 159.

이주민들이 교회를 찾는 일이 뜸했다.

  인도네시아인 목사들은 한국에서 2005년이 인도네시아 사역의 중대한 전환점이었다고 이구동성으로 말한다. 2005년 이전에 인도네시아 근로자들은 인도네시아 민간 기관의 주선으로 한국의 공장 등에 취업되었다. 그런데 이들 민간 기관은 근로자의 근로조건에 관심이 없었고 이때는 법적 문제, 건강관리, 임금 지연, 생활조건 등 여러 문제가 있었기 때문에 많은 무슬림이 교회로 나가서 도움을 받았다. 이런 연유로 많은 무슬림이 교회에서 회심했다.

  그런데 한국 정부가 해외에서 한국으로 근로자를 보내는 송출 기관에 문제가 있다는 것을 알고 2005년부터 고용허가제로 바꾸어 버렸다. 이런 새로운 제도가 바로 시행되자 많은 인도네시아와 다른 나라 무슬림 근로자가 고국으로 돌아갔다.

  이슬람 국가들은 한국으로 파견된 무슬림 근로자들이 한국에 머무르는 동안에 기독교인이 되었다는 것을 알았다. 무슬림들의 기독교 개종을 방지하기 위해, 인도네시아 종교 당국은 한국 주재 인도네시아 대사관과 협력하여 새로운 정책을 수립했다. 그것은 안산, 구미, 대구, 부산 등 주요 공단 지역 주변에 강한 무슬림공동체를 세우기로 한 것이다.

  그리고 3개월 주기로 자국민의 신앙을 강화하기 위하여 이슬람 포교사를 파송하기로 했다.[16] 이로 인해 2005년 이후 한국에 거주하는 인도네시아 무슬림들은 도움을 받기 위해 교회에 갈 필요가 없어졌다.

  한국에 거주하는 외국인 무슬림들은 건물을 임대하거나 토지를 구입해 모스크와 무쌀라(기도처)를 건립했다. 무슬림 단체들은 결혼 등 무슬림들의 특별한 행사를 지원하며, 한국 내 외국인 무슬림들이 단결하여 스스로 문제를 해결할 수 있도록 도왔다. 그 결과 한국에서 인도네시아 교회에 참석하는 인도네시아 사람이 급격하게 줄어들었다. 가령, 2005년 전에는 매주 400-500명의 인도네시아 사람이 참석하던 국제 순복음 펠로십이 2005년 이후에는 매주 30-40명으로 줄어들었다.

---

16 Kwon Shik Han, "Conversion of Iranian and Indonesian Muslims in South Korea to Evangelical Christianity", 160.

그리고 돈을 벌기 위하여 한국에 온 인도네시아 사람들은 공장의 힘든 근로조건에 적응하는데 1-3개월이 필요했고 주말에 쉴 시간이 없었다. 일부 인도네시아인은 한국에 사는 동안 자유롭게 인생을 즐기고 싶어 한다. 주말에 교회에 나갈 수 없는 근로 조건이 무슬림 복음화에 또 다른 장애가 되었다.[17]

---

17 Kwon Shik Han, "Conversion of Iranian and Indonesian Muslims in South Korea to Evangelical Christianity", 167.

제9장
결론 및 새로운 접근

1. 결론

　돈 리틀은 복음은 그리스도로 인하여 구원받고 그리스도와 살아 있는 관계를 갖는 것이라고 한다. 복음전도(Evangelism)는 예수 그리스도를 만나고 그를 따르도록 하는데 초점을 두어야 하므로 복음전도의 목적은 그가 예수 그리스도를 믿도록 결신하게 하는데 그치는 것이 아니라 그리스도의 제자가 되겠다고 결심하고 그리스도께 순종하도록 결단하는 것이다.

　돈 리틀은 제자양육의 핵심 개념은 그리스도께 순종하고 그를 따르는 것이라고 한다. 제자양육은 그리스도에 대한 헌신(commitment)이 포함되어야 하므로 BMB가 예수를 구주와 주님으로 믿고 그를 따르고 그리스도께 순종하기로 헌신하기 전에 제자양육이 시작된다고 말하는 것은 이 용어를 잘못 사용하는 것이라고 했다.

　그렇다면 우리가 관심을 가져야 할 것은 올바른 복음이 뭔지 알아야 하고 구원받은 무슬림이 팔로우업(follow up: 제자양육의 길로 안전하게 갈 때까지 계속 관심을 기울이고 돌보는 과정)을 받고 평생 그리스도의 제자로 헌신할 수 있게 우리가 도와야 한다.

　현대 서구에서의 제자양육은 성경공부에 중점을 둔 순종 기반의 제자양육을 보완하고 제자양육을 심화하고자 했다. 그중에서 앨리스터 맥그래스는 사고(mind)의 제자양육을 강조했는데 그리스도인은 하나님의 진리에 따라 마음과 영혼뿐만 아니라 사고(mind)와 이성(intellect)까지도 양육되어야 한다고 했다. 사고의 제자양육은 하나님 말씀의 빛으로 우리의 마음(사고)을 새롭게 하여 하나님의 뜻을 분별하도록 돕는 것이라고 했다. 이런 접근은 현대 사회의 지적인 특성을 반영한 것이다.

돈 리틀은 우리가 지적 회복력(intellectual resilience)과 믿음의 활력만을 중시하고 이 두 가지만 가치가 있다고 생각하는 것에 주의를 준다. 우리는 기도, 묵상, 찬양을 통해 하나님과의 관계가 성장하는 것이 중요하다는 것을 간과해서는 안 되기 때문이다.

그는 현대 기독교인들이 직면하고 있는 지적(intellectual) 도전들에 반응하려면 삶의 모든 면에서 통합적으로 작용할 수 있는 총체적인(holistic) 제자양육이 필요하다고 했다. 팀 그린은 마음을 다하고 목숨을 다하고 뜻을 다하고 힘을 다하여 주님을 사랑하는 것이 총체적인 제자양육이라고 했다. 그런데 돈 리틀은 오늘의 제자양육은 우리의 삶을 변화시키는 것뿐만 아니라 우리의 성품, 태도, 행동 심지어 생각까지도 그리스도를 더욱 닮아가도록 돕는 것이라고 했다. 그는 특히 BMB의 새로운 신앙이 삶의 모든 영역에서 통합된 방식으로 작용하도록 돕는 것을 총체적인 제자양육이라고 한다.

BMB가 이슬람으로 다시 돌아가는 것을 줄이는 방법은 다음과 같다.

첫째, 그가 올바르고 참된 복음을 믿었는지를 확인한다.
둘째, 그를 지속적으로 돌보고 일생 동안 헌신된(committed) 그리스도의 제자가 되도록 돕는다. 즉, BMB를 제자양육하는 사람은 제자가 평생 그리스도를 따르도록 돕는 것이다.

때때로 우리는 삶에서 삶으로 이어지는 제자양육(life-on-life discipleship)을 이야기한다. 이슬람에서 나온 새로운 신자들은 기독교인이 되는 것과 제자가 되는 것이 무엇을 의미하는지 거의 알지 못하므로 집중적인 모델링, 지역 사회 참여 그리고 멘토링이 필요하다. 다시 말하면 집중적인(intensive) 제자양육이 필요하다. 성경에서 제자의 삶의 표식은 세 가지인데 예수님의 가르침에 순종하는가(요 8:31), 서로 사랑하는가(요 13:35) 그리고 열매를 맺는가(요 15:8, 16)이다.

그런데 문제는 한국 교회가 이런 BMB들을 돌볼 수 있는 준비가 되어 있느냐고 물어봐야 한다. 이집트에서 아랍의 봄이 일어나자 BMB가 시리아로 갔다가 유럽으로 가서 교회들을 찾아갔는데 냉대를 받은 후 더 이상 유럽에서 살지 못하고 다시 이집트로 돌아왔다. 수년 전에 다른 BMB가 미국으로 이주했는데 그는 자신과 다른 BMB를 "기독교 세계"(Christendom)의 거리를 걷는 노숙자로 묘사하였고 그가 미국에서 소속할 교회를 찾지 못했다. 이처럼 소속감(belonging)과 정체성의 이슈는 BMB들이 영적으로 성장하는데 매우 중요한 사안이다.

이란인 디아스포라는 이란인 회심자 교회를 세우고자 했다. 그런데 다른 회심자 그룹들은 교회를 형성할 만큼 교인들이 충분하지 않아서 자민족으로 구성된 교회를 개척하는데 성공하지 못하는 경우가 있다. 파키스탄에서 무슬림들을 대상으로 사역한 선교사는 캐나다로 돌아가서 30년 동안 무슬림 대상으로 목회해 왔다. 그녀는 무슬림과 BMB와 함께 개별적으로 함께 하며 그들이 신자로서의 정체성을 개별적으로 탐색하도록 돕고 그들을 환영하고 돌볼 수 있는 지역 교회를 찾도록 도왔다. 만약 한국에서 어느 교회가 그 주변에 사는 무슬림들을 환영하고 열린 대화를 통해 관계를 형성해 나간다면 그런 교회에 회심자가 들어가서 소속감을 느낄 수 있는 가장 자연스러운 공간이 된다.

캐나다에서 국제 학생회를 이끄는 목회자는 무슬림들을 위해 특별한 이벤트를 개최하고 그들이 기독교인에게서 환영받고 사랑받는다고 느끼게 하는 사역을 많이 한다. 그들이 그리스도를 구주로 믿으면 그들을 연결해 줄 기독교인 친구들의 풀(pool)을 갖고 있었다. 기독교 친구들은 그들과 연결된 BMB를 케어하면서 BMB가 지역교회에 들어갈 길을 찾도록 돕는다.

우리가 BMB의 제자양육에서 자주 실패하는 이유들 중 하나는 제자양육에 대한 성경적 관점을 확실하게 이해하지 못하였거나 교회가 BMB를 환영하고 그들이 그리스도의 제자로 자라도록 충분한 준비를 하지 못했기 때문일 수도 있다.

2. 새로운 접근

1) 동일한 단어가 서로 다른 의미를 갖는다

2008년 챠드의 박 선교사의 초청으로 필자는 이틀 동안 저녁에 현지 무슬림과 BMB에게 아랍어로 하나님 말씀을 전하였는데 필자의 현대 문학적 아랍어를 챠드 말로 통역하던 통역사가 성경의 의(Righteousness)에 해당하는 아랍어 단어 "비르"(birr)를 "카이르"(Khayr)로 바꿔서 통역하였다. 그 통역사는 무슬림들이 "비르"를 "카이르"의 동의어로 사용하는 것을 알았기 때문에 그렇게 바꿔서 통역했던 것이다.

현대 아랍어에서 "카이르"는 "그 자체가 좋음, 실현된 행복과 유익, 의무를 다함"이고 악의 반대말이다. 필자가 "그리스도의 의"라고 하니까 통역사가 "그리스도의 카이르"(실현된 행복과 유익)이란 말로 잘못 통역한 것이다.

우리가 BMB에게 아랍어 성경을 가르칠 때 그가 성경의 신학적 어휘들을 잘 이해하고 있는지 다시 질문하는 습관을 갖는 것이 필요하다. 그리고 성경의 주요 신학적 어휘들을 무슬림들에게 말할 때 무슬림들이 어떻게 이해하고 받아들이는지를 확인해 봐야 한다.[18]

2) 무슬림들에게 생각하게 하는 질문들을 준비하라

무슬림과의 만남에서 제일 먼저 무슬림의 생각을 열어 주고(open up his mind), 그 다음에 예수님에게로 가는 길을 발견하게(find the way) 돕는다. 그리고 나서 회심한 자가 그리스도 안에 거하게(abide in Christ) 돕는다.

그러므로 무슬림들과의 만남에서는 무슬림들의 생각을 자극하는 질문들을 준비하고 그가 왜 그렇게 생각하게 되었는지 묻는다.

---

[18] 이와 관련된 필자의 글로는 ① "언어와 해석학적 관점에서 꾸란의 아랍어 의미와 해석", 「아랍과 이슬람 세계」 제1집, 2014, ② 『꾸란과 아랍어 성경의 의미와 해석』 (CLC, 2016), ③ "성경 교육에서 아랍인 신자를 제자 훈련하기 위한 의미적 및 해석적 접근", 「ACTS 신학저널」 제45집, 2020, ④ 『꾸란 해석』(CLC, 2021) 등이 있다.

> 그 때에 예수께서 그들의 마음을 열어 성경을 깨닫게 하시니라(눅 24:45).

이 구절에서 "마음"은 헬라어 성경에서 "νουν"(mind, understanding)이라고 되어 있고 이 단어는 생각(thinking)을 가리킨다. 아랍인들은 이 단어를 dhihn(디흔)이라고 번역했는데 생각이란 뜻이다. 한국어 성경에서는 "마음"이라고 하고 아랍어 성경(알부스타니 반다이크 본)에서는 "생각"이라고 한다.

BMB 제자양육 교재『와서 나를 따르라』의 저자 팀 그린은 BMB가 세계관이 변화하면 그의 가치관과 태도와 행동이 차례대로 변하는 것을 기대하고 로마서 12장 2절 말씀을 인용한다.

> 너희는 이 세대를 본받지 말고 오직 마음을 새롭게 함으로 변화를 받아 … (롬 12:2).

역시 이 구절에 나오는 "마음"에 해당하는 헬라어 단어는 "νοος"(누스)이고 이 단어를 영어 번역에서는 "mind"라고 하고 헬라어 사전에서는 "way of thinking, mind, attitude"라고 풀이한다. 이 단어는 아랍어 성경에서 "생각들"이란 뜻을 갖는 "아드한"('adhhān: dhihn의 복수형)이다.

제자양육의 주요 부분은 새신자들의 세계관이 성경적 세계관으로 변화하는 것이다. 새신자들은 하나님, 인간 그리고 삶 자체에 대한 이해가 변화해야 한다. 따라서 제자양육의 중심 과제는 새신자들이 그리스도의 마음 또는 그리스도의 생각(mind)을 갖는 것이다.

그러나 제자양육은 단순히 사고하는 것을 변화시키는 것 그 이상의 의미를 갖는다. 그것은 변화된 행동, 새로운 공동체에 속하는 것, 새롭게 변혁된 개인적 및 공동체적 습관으로 발전하는 것이기 때문이다.

세계관의 혁신(renovation)은 제자양육의 중요한 측면이다. 태생적(innate) 세계관을 성경적 세계관에 순응시키는 것이다(John D. Basie 2021: 95). 이것은 자연적으로 일어나지 않는다. BMB가 그리스도 안에서 새피조물이 되고(고후 5:17) 그의 생각(mind)이 변혁될 때(롬 12:2) 세계관의 혁신이 시작된다.

3) 영적 공동체(교회)와 기독교인 가정에서 그리스도의 사랑을 경험하게 하라

무슬림 배경 신자(BMB)들이 자신들을 이해해주는 사람이 거의 없는 교회에서 편안함과 소속감을 느끼기가 매우 어렵다. 어느 한 BMB는 몇십 년 전 미국으로 이민을 갔는데, 그와 그 땅에 사는 BMB들은 "기독교 세계"(Christendom)의 거리에서 소속감을 느낄 곳이 없어서 자신들을 떠도는 집 없는 사람들로 묘사했다. 이는 BMB들에게 소속감과 정체성이 얼마나 중요한 문제인지를 보여 준다.

BMB들은 무슬림과 기독교인이라는 두 가지 정체성 사이에서 혼란을 겪는다. 물론, 기독교인의 정체성을 빨리 받아들이는 것이 바람직하지만, 그 결정권은 BMB 자신에게 있다.

BMB들이 영적으로 성장하기 위해서는 영적 공동체가 필수적이다. 그리스도의 제자들이 성숙해지려면 개인적으로 하나님과 깊은 관계를 맺는 동시에, 교회가 BMB 신자들을 환영하고 사랑하는 공동체가 되어야 한다. 또한, 살아 있는 하나님의 말씀에 개인과 공동체가 순종해야 한다. 예수 그리스도의 성육신, 십자가의 죽으심과 부활 그리고 그리스도를 믿는 자에게 임하시는 성령의 역사로 인해, 개인과 공동체가 변혁(transformation)을 경험하게 된다.

제자양육은 모든 사람이 성령에 완전히 의지하며 함께 살아가는 공동체적(corporate) 생활이다. 그리스도의 제자들은 그리스도 안에서 계시된 하나님의 사랑을 깊이 신뢰하며, 동료 신자들과 공동체 안에서 성령의 능력으로 희생적 사랑과 봉사의 삶을 살았다.

예수께서는 제자들에게 본을 보여 주셨고, 제자들은 예수님의 본을 보고 어떻게 살아야 할지를 배웠다. 교회는 서로 사랑하는 공동체가 되어야 하며, 성도들은 하나님을 기쁘시게 하는 삶을 살도록 서로 권면하는 거룩한 공동체가 되어야 한다(행 2:44-46).

특히, 이슬람 국가에서 BMB들은 가족과 공동체를 떠나야 하는 경우가 많기 때문에 새로운 공동체가 반드시 필요하다. 대부분의 무슬림은 그리스도를 믿게 되면 새로운 정체성을 갖게 되며, 기존의 이슬람공동체에서 벗어나야 한다는 사실을 본능적으로 깨닫는다. 그러므로 BMB들이 안정적으로 성장하고 신앙을 유지할 수 있도록 그들을 따뜻하게 받아들이고 영적으로 양육할 수 있는 공동체가 필요하다.

4) 무슬림 전도와 BMB 제자양육에 디지털 도구를 적극 활용하라

전 세계 인구의 대부분은 점점 더 디지털화되는 세상에 살고 있으며, 특히 젊은 세대는 디지털 세계 속에서 그들의 가치관과 삶의 방식을 형성하고 있다. 이에 따라 새로운 세대에게 복음을 전파하는 데 있어 디지털 도구의 활용은 필수적이다. 로잔 운동은 제자삼기, 제자 성장시키기 그리고 디지털 도구 활용의 세 가지 차원에 깊은 관심을 가졌다. 디지털 시대에 우리는 예수님이 삶의 주님이심을 널리 선포할 수 있는 창의적인 방법들을 모색해야 한다.

디지털 플랫폼은 기독교에 적대적인 환경에서 사람들이 기독교를 안전하게 탐색할 수 있도록 일정한 익명성과 사회적 거리를 제공한다. 이러한 환경에서 무슬림과의 소통이 이루어진 후, 상호 신뢰가 형성되면 초기의 온라인 접촉은 지역 교회 지도자나 멘토와의 대면 만남으로 연결되는 것이 바람직하다. 이러한 방식은 개인이 지속적인 영적 여정을 이어가고, 신앙공동체에 참여할 가능성을 높여준다.

나가는 글

이 책의 큰 줄기는 우리가 이슬람과 무슬림에 대하여 더 잘 이해하는 것이고 또 하나는 무슬림에게 복음을 전하고 제자양육하는 것이다. 제3부에서는 전도와 제자양육과 교회개척이라는 제목으로 복음, 전도, 제자삼기, 제자양육, 영적 훈련, 영적 변혁, 영적 성숙 등의 주제를 다뤘다.

- **복음**: 복음은 그리스도로 인하여 구원받고 그리스도와 살아 있는 관계를 갖는 것이다.
- **전도**: 복음전도는 예수 그리스도를 만나고 그를 따르도록 하는데 초점을 두어야 한다.
- **제자삼기**(making disciple): 제자삼기는 새로운 사람에게 복음을 전하고 예수를 따르는 여정을 시작하도록 돕는 것이다. 제자삼기의 첫 단계는 복음전도이다. 복음전도는 그리스도를 만나고 따를 수 있도록 돕는 것이다.
- **제자양육**(discipleship): 제자양육의 핵심 개념은 그리스도께 순종하고 그를 따르는 것이다. 제자양육은 회심 이후의 삶에서 예수를 점점 더 깊이 따르는 과정이다. 제자양육은 그리스도에 대한 헌신(commitment)이 포함되어야 한다. 제자양육은 회심한 이후 평생 주님을 닮아가는 여정이다.

회심은 진심으로 죄를 회개하고 구원을 주시는 그리스도를 신뢰하는 것이므로 단회적 사건이며 동시에 지속적인 여정을 포함한다. 가령, 어떤 BMB는 꿈과 환상을 통해 그리스도의 부르심을 이해하고서 회심했고 또 다른 이들은 오랜 탐구와 성경 공부, 혹은 예수를 믿는 친구의 영향으로 그리스도를 영접했다. 회심 이후에 제자양육이 시작된다.

제자양육의 방식이 시대별로 변화했다.

- **고전적 제자양육**: 구조화된 프로그램과 지식 중심 접근
- **모더니티 시대 제자양육**: 순종 중심의 기계적인 접근
- **포스트모던 시대 제자양육**: 관계와 공동체 중심으로 접근

- **영적 훈련**(spiritual disciplines): 영적 훈련은 제자양육의 중요한 요소로, 이를 통해 신앙의 성장을 도모할 수 있다. 포스터(Richard Foster)는 영적 훈련을 내적 훈련(묵상, 기도, 금식, 공부), 외적 훈련(간소함, 고독, 순종, 봉사), 집단적 훈련(고백, 예배, 하나님의 뜻 찾기, 감사)으로 구분한다.
BMB는 자신의 성장에 필요한 몇 가지 영역을 택하고 그에 맞는 영적 훈련에 초점을 두고 기도한다. 그 다음에 구체적으로 헌신할 계획을 세우고 이를 이행하도록 책임감을 갖는다.
- **영적 변혁**: 영적 변혁의 궁극적인 목표는 우리 삶을 변화시키는 것이다. 영적 변혁이란 그리스도의 성품(character)을 우리 안에서 형성해 가는 것이라고 했다. BMB에게 영적 변혁(transformation)을 일으키려면 생각을 바꾸는 것 이상의 것을 할 필요가 있고 더 깊은 영적 변혁은 그리스도와 살아 있는 관계를 갖는 것이다. 사실, 영적 변혁의 가장 강력한 원천은 성령을 통하여 그리스도와 친밀한 관계를 갖고 사는 것이다.
윌라드(Dallas Willard)[19]는 영적 새로움은 우리의 생각(thought)에서 시작된다고 했다. 영적 변혁은 내면의 사람(inner man)이 변혁되는 것이다. 윌라드는 인간의 마음(heart)은 인간 내면의 핵심이라고 했다.

---

19 달라스 윌라드는 인간 삶을 이루는 6가지는 혼, 사회적 상황, 몸, mind(생각과 감정), 영(마음)이라고 했다. 그는 하나님으로부터 시작하는 삶은 하나님, 영, mind, 혼, 몸의 순서라고 하고, 하나님으로부터 멀어진 삶의 지배 순서는 몸, 혼, mind, 영, 하나님의 순서라고 했다(공일주 2016, 409).

- **영적 성장**: 공동체 속에서 그리스도의 십자가에서 나타난 희생적 사랑과 순종을 본받는 삶을 살아갈 때 영적 성장이 이뤄진다. 바울의 영적인 삶의 비전은 점점 더 그리스도에 의해 빚어지고 그리스도를 닮은 자로 변혁되어 가는 삶이다. 십자가에 돌아가신 그리스도의 삶을 본받아 우리의 삶을 그것에 맞춰 사는 것이다. 공동체는 본질적으로 십자가에 돌아가신 그리스도를 본받아야 한다(Cruciformity). 따라서 BMB들이 영적으로 성장하는 데는 영적 공동체가 필요하다.

영적 성장에는 예수 그리스도와의 친밀한 관계 그리고 BMB가 속할 공동체가 매우 중요한 요인이다.

그러므로 BMB 제자양육에서 우리가 관심을 가져야 할 핵심 요소는 다음과 같다.

(그림 4) BMB 제자양육의 핵심요소

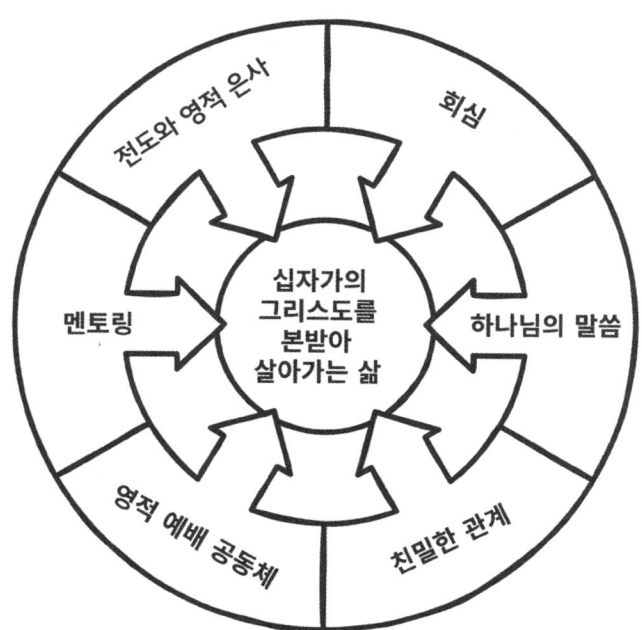

이슬람을 떠나 그리스도께로 나아온 수많은 BMB와 함께 믿음 안에서 성장하고, 영적 성숙을 향해 나아가며, 전 생애에 걸쳐 성령의 강력한 변혁의 은혜를 깊이 경험하게 되기를 소망한다.

우리가 제자 양육의 원리와 실제를 더욱 잘 익혀 갈 때, BMB들이 하나님의 은혜 안에서 더욱 견고히 세워지고, 주님이 주시는 힘과 인내 가운데 자라가게 될 것이다.

코로나19 이후, 무슬림 배경을 가진 십여 명에게 성경을 가르치는 기회를 얻게 된 것은 전혀 예상하지 못한 은혜였다. 이는 주께서 예비하신 영혼들이 지금도 추수할 일꾼을 기다리고 있다는 사실을 새삼 깨닫게 했다.

> 나는 너희에게 이르노니 눈을 들어 밭을 보라 희어져 추수하게 되었도다(요 4:35).

주님은 추수하는 일에 함께 참여할 동역자를 찾으신다. 역사상 그 어느 때보다도 지금 많은 무슬림이 복음을 받아들이고 있으며, 지금은 추수해야 할 때이다.

바다에서 서핑보드(surfboard)에 올라 거대한 파도를 타는 서퍼(surfer)는 힘차게 솟아오르는 파도의 순간을 놓치지 않는다. 우리의 할 일은 우리의 눈을 열고, 하나님이 하시는 일에 타이밍을 맞춰 파도를 타는 것이다.

참고 문헌

제1부

공일주. 『꾸란의 이해』. 서울: 한국외국어대학교 출판부, 2008.
_____. 『코란의 의미를 찾아』. 서울: 예영커뮤니케이션, 2009.
_____. 『아브라함의 종교』 서울: 살림, 2019.
_____. "성경과 꾸란에 대한 아람어와 시리안어의 영향", 「아랍어와 아랍 문학」 제16집 1호, 2012.
_____. 『이슬람 문명의 이해: 고전 이슬람과 현대 이슬람의 만남』. 서울: 예영커뮤니케이션, 2013.
_____. "자음 문자에서 예술적인 서예로 발전한 아랍어 문자의 규범화", 동서양 문자의 성립과 규범화. 서울: 한국문화사, 2014.
_____. 『한국의 무슬림』. 서울: CLC, 2017.
_____. "아랍어 성경 번역과 아랍 기독교인에 대한 무슬림 아랍어의 영향", 「ACTS 신학저널」 제22집, 2014.
_____. 『꾸란 해석』. 서울: CLC, 2021.
공일주, 정승현, 현한나 옮김. 『무슬림들의 신앙과 실천』. 서울: CLC, 2022.

Abu Ameenah Bilal Philips, *Usool al-Hadeeth,* Riyadh: International Islamic Publishing House, 2007.
Abū Rajā Fāʾiz Muḥammad Ḥasan, *al-Taḥrīf wa-Anwāʾuhu ʿinda al-Yahūd,* Al-Balqaʾ Applied University, 2016.
al-ʾAswad al-Munjī, *al-Qirāʾāt ʿilman min ʿulūm al-Qurʾān,* Rabāṭ: al-Markaz al-Thaqāfī lil-Kitāb, 2017.
Al-ʿAwdat Ḥusayn, *Al-ʿArab al-Naṣārā,* Damascus: al-ʾahālī liltibāʿah, 1992.
Griffith, Sydney H. *The Church in the Shadow of the Mosque: Christians and Muslims in the World of Islam.* Princeton: Princeton University Press, 2008.
Barshūmī Maḥmūd, *al-Masīḥ Bayna al-ʾInjīl wa al-Qurʾān,* Cairo: Maṭābiʿ Rose al-Yusuf, 2017.

al-Qaṭṭān Mannāʿ, *Mabāḥith ʿulūm al-Qurʾān*, Cairo: Maktabah Wahbah, 2015.

ʿAskar al-Sayyid, *āthār al-Maʿāṣī wa- al-Dhunūb*, Ṭanṭa: Dār al-Nashr, 1997.

Barāniq Muḥammad ʾAḥmad, *al—Mawlid*, Cairo: Dār al-Maʿārif, 1999.

Barāniq Muḥammad ʾAḥmad, *al—Nashʾah*, Cairo: Dār al-Maʿārif, 2002.

Bashier Zakariya, *Life of the Prophet in Makkah*, Wiltshire: The Islamic Foundation, 1978.

Burton, John. *An Introduction to the Hadith*. Edinburgh, 1994.

Chapman Colin, *Cross and Crescent*, IVP Books, 2007.

Daniel W. Brown, *The Wiley Blackwell Concise Companion to the Hadith*, NJ: John Wiley & Sons Ltd, 2020.

Darrah al-Ḥaddād Yūsuf, *al-Qurʾān wa al-Kitāb*, Beirut: Manshūrāt al-Maktabah al-Būlisīyah, 1982.

Durie Mark, *The Qurʾan and its Biblical Reflexes*, Lanham: Lexington Books, 2018.

Gilchrist, Muḥammad, *The Prophet of Islam*, Mondeor: MERCSA, 1994.

Haleem M.A.S. Abdel, *The Qurʾan*, Oxford: Oxford University Press, 2005.

Il Joo Kong, "Textual and Contextual Reading of Biblical Abraham and the Qurʾānic ʾIbrahīm", Daniel S. Baeq and Sam Kim, *Prophets in the Qurʾān and the Bible*, Oregon: Wipf & Stock, 2022.

Kamali Mohammad Hashim, *Tajdid, Islah and Civilizational Renewal in Islam*, London: International Institute of Islamic Thought, 2018.

Maʿrifah Muḥammad Hādī, *Ṣiyānah al-Qurʾān min al-Taḥrīf*, Yārān, 2007.

Mabry Tristan James, *Nationalism, Language, and Muslim Exceptionalism*, University of Pennsylvania Press, 2015.

Muʿjam ʾAlfāẓ al-Qurʾān al-Karīm, part. 2, Cairo: Majmaʿ al-Lughah al-ʿArabiyyah, 1990.

Musʿad Muḥammad Fatḥī, *The Wives of the Prophet Muḥammad*, Cairo: Islamic INC, 2001.

Musallam, Muṣṭafā and Fatḥī Muḥammad al-Zughbī, *al-Thaqāfah al-ʾIslāmiyyah*, Amman: Maktabah al-Jāmiʿah, 2007.

Muḥammad ʿAbd al-Raḥman Rabīʿ ʾāmāl, *Al-ʾIsrāʾīliyyāt fī Tafsīr al-Ṭabarī*, Cairo: Lajnah ʾiḥyāʾ al-Turāth al-islāmī, 2015.

Nickel Gordon and Andrew Rippin, *The Qurʾan*, The Islamic World, 2008.

ʿAbd al-Ghaffār ʾAhmad, *al-Tafsīr al-Qurʾānī,* Alexandria: Dār al-Maʿrifah al-Jāmiʿiyyah, 2017.

Nickel Gordon Daniel, *The Theme of Tampering with the Earlier Scriptures in Early Commentaries on the Qurʾan*, Alberta: University of Galgary, 2004.

Parry Ken, et. al. *The Blackwell Dictionary of Eastern Christianity*, Oxford: Blackwell Pub-

lishers, 2000.
Powers David S, "The Exegetical Genre Nasikh's Qur'an wa Mansukhuhu", edited by Andrew Rippin, *Approaches to the History of the Interpretation of the Qur'an,* Oxford: Clarendon Press, 1988.
Ridgeon Lioyd, *Routledge Handbook on Sufism*, London: Routhedge, 2021.
Shehadeh Imad N. *God With Us and Without Us,* Volumes One and Two, Cumbria: Langham Global Library, 2020.
Trimingham J. Spencer, *Christianity Among the Arabs in Pre-Islamic Times*, Beirut: Librairie du Liban, 1979.
Tolan John, *Saint Francis and the Sultan,* Oxford: Oxford University Press, 2009.
Zaqzūq Maḥmūd Ḥamdī, *Mawsūʿah al-Qurʾāniyyah al-Mutakhaṣṣiṣah*, al-Majlis al-ʾaʿlā lil-shuʾūn al-ʾIslāmiyyah, 2016.
ʿUmar ʾAḥmad Mukhtār, *Muʿjam al-Lughah al-ʿArabiyyah al-Muʿāṣirah*, vol. 3, Cairo: ʿālam al-kutub, 2008.
al-Fatwā al-ʾIslāmiyyah, vol. 10, Cairo: Wizārah al-ʾAwqāf, 2015.

제2부

공일주. 『이싸냐 예수냐?』. 서울: 죠이선교회출판부, 1997.
_____. 『꾸란의 이해』. 서울: 한국외국어대학교 출판부, 2008.
_____. 『중동의 기독교와 이슬람』. 서울: 예영커뮤니케이션, 2003.
_____. 『아랍의 종교 - 유대교와 기독교 그리고 이슬람』. 서울: 세창출판사, 2013.
_____. 『한국인과 소통을 위한 아랍문화』. 서울: 세창출판사, 2012.
_____. 『꾸란과 아랍어 성경의 의미와 해석』. 서울: CLC, 2016.
_____. 『아브라함의 종교』. 서울: 살림, 2019.
_____. "아랍어 성경 번역과 아랍 기독교인에 대한 무슬림 아랍어의 영향", 「ACTS 신학저널」 제22집, 2014.
_____. "이슬람 초기 아랍어로 하는 기독교 신학", 「아랍과 이슬람 세계」 제4집. 중동아프리카연구소, 2017.
_____. 『한국의 이슬람』. 서울: CLC, 2018.
공일주 전완경, 『북아프리카사』. 서울: 대한교과서, 1998.
이드 쌀라흐, "아랍어 성경 번역, 역할과 메시지", 「아랍과 이슬람 세계」 제5집. 중동아프리카 연구소, 2018.
이주화. "이븐 타이미야의 유일신관에 관한 연구", 명지대학교 석사학위 논문, 2006.

정승현. "C1-C6 스펙트럼과 내부자 운동에 관한 비평적 이해와 선교적 함의", 「아랍과 이슬람 세계」 제5집. 중동아프리카연구소, 2018.

Accad Martin, *Sacred Misinterpretation*, Grand Rapids: William B. Eerdmans Publishing Company, 2019.
'Aḥmad Mukhtār ʿUmar, *Muʿjam al-Lughah al-ʿArabiyyah al-Muʿāṣirah*, Cairo: ʿalām al-kutub, 2008.
Anawati Georges Chahata, *al-Masīhiyyah wa al-Ḥaḍārah al-ʿArabiyyah*, Cairo: al-hay'ah al-Miṣriyyah al-ʿAmmah lil-kutub, 2014.
Chapman Colin, *Cross and Crescent*, IVP Books, 2007.
Gaudeul J.M., *Encounters & Clashes: Islam and Christianity in History*, Roma: PISAI, 2000.
Maalouf Tony, *Arabs in the Shadow of Israel*, Grand Rapids, Kregel, 2003.
Moucarrt Chawkat, *Faith to Faith: Christianity & Islam in Dialogue*, Leicester: IVP, 2001.
Nukhbah min al-ʿulamāʾ, *al-Tafsīr al-Muyassar*, Cairo: Dār al-ʾIslām, 2012.
Osman Ghada, *The Christians of Late Sixth and Early Seventh Century Mecca and Medina: An Investigation into the Arabic Sources,* Harvard University, 2001.
Stephanous Andrea Zaki, *Al-Tafsīr al-ʿArabī al-Muʿāṣir lil-Kitāb al-Muqaddas*, Cairo: Dār al-Thaqāfah, 2018.
Troupeau Gerard, "Christianity in the Early Islamic Decades", *Christianity: A History in the Middle East*, Beirut: Middle East Council of Churches, 2005.
Woodberry J. Dudley, *Muslims & Christians on the Emmaus Road,* Monrovia: Marc, 1989.
Zwemer Samuel M. and Arthur Judson Brown, *The Nearer and Farther East Outline Studies of Moslem Lands and of Siam, Burma, and Korea*, New York: The Macmillan Company, 1908.

제3부

공일주. 『이싸냐 예수냐』. 서울: 죠이선교회출판부, 1997.
_____. 『무슬림과 의사소통을 위한 새 패러다임』. 서울: CLC, 2009.
_____. 『한국의 무슬림』. 서울: CLC, 2017.
_____. 『한국의 이슬람』. 서울: CLC, 2018.
_____. 『아브라함의 종교』. 서울: 살림, 2019.
_____. 『꾸란 해석』. 서울: CLC, 2021.
_____. "파키스탄의 이슬람과 국내 파키스탄 이주민의 이슬람 성향", 「아랍과 이슬람

세계」제8집. 중동아프리카연구소, 2021.

_____. "무슬림 제자도에서 영적 이슈", 「미션 네트워크」, 9, 2021.

_____. The Quran and its Biblical Reflexes 서평, 「아랍과 이슬람 세계」제6집. 중동아프리카연구소, 2019.

_____. "무슬림 지식의 근거, 와히와 이성", 「아랍과 이슬람 세계」제7집. 중동아프리카연구소, 2020.

_____. "아랍어의 의미연구와 꾸란의 의미 번역", 「지중해지역연구」제23권 제2호, 2021.

로즈 도우셋, 변진석 엄주연 옮김. 『범 세계 교회를 위한 상황화 이론과 실제』. 서울: 사단법인 한국해외선교회, 2014.

마이크 쉽맨, Anyone, Anywhere, Anytime, 신현필 역. 『누구든지 어디든지 언제든지』. 서울: 세계선교협력출판사, 2016.

스티브 벨, 이슬람파트너십, 『우리의 친구 무슬림』. 서울: IVP, 2016.

이현영. "방글라데시 여성의 빈곤화 연구: 문화. 종교적 젠더규범 분석을 중심으로", 부산대학교, 2020.

정승현. 『무슬림을 향한 증인의 삶』. 인천: 주안대학원대학교 출판부, 2019.

황디모데. "무슬림전도 접근의 최근 논의에 대한 우려: 성경 신학적 접근의 약화/부재", 「KMQ」2014 겨울호.

Abraham William J. *The Logic of Evangelism*, Grand Rapids: Eerdmans, 1989.

Adsit Christopher B., *Disciple-Making*, CCC, 1996.

'Aḥmad Mumtaz, *Madrasa Reform and Perspectives: Islamic Tertiary Education in Pakistan*, NBR Project Report, 2009.

Akter Shirin, "Postmodernism and its Reflection on Understanding Islam", Journal of the Punjab University Historical Society, Vol. 31, Issue 2, 2018.

Beaumont I. Mark, *Christology in Dialogue with Muslims*, Milton Keynes:Paternoster, 2005.

Bland Zachary, *Should We Partner? Frontier Church Planting and Existing Churches*, SEEDBED, March 2022, Volume 32, Number 1.

Chapman Colin, *Cross and Crescent*, IVP Books, 2007.

Daniels Gene, *Margins of Islam*, William Carey Publishing, 2018.

Durie Mark, *The Qur'ān and its Biblical Reflexes: Investigations into the Genesis of a Religion*, New York: Lexington Books, 2018.

Evans Edward, "Discipling and Training for Muslim Background Believers: Programme Design", St. Francis Magazine Nr. 2, Vol. V, 2009.

Gendi Amal Aziz, *Identifying and Addressing Barriers to the Discipleship of Believers from Muslim Background in the Arabian Peninsula*, Tyndale Seminary, 2015.

Greenham Anthony Bryan, *Muslim Conversions to Christ: An Investigation of Palestinian Converts Living in the Holy Land*. Ph.D diss., Southeastern Baptist Theological Seminary. 2004.

Green Tim, *Come Follow Me*, Zondervan, 2013.

Il Joo Kong, "Textual and Contextual Reading of Biblical Abraham and the Qurʾānic 'Ibrāhīm", edited by Daniel S. Baeq and Sam Kim, *Prophets in the Qur'ān and the Bible,* Oregon: Wipf & Stock, 2022.

Jaṭlāwī al-Hādī, *al-Maʿnā al-ṣaḥīḥ li-'injīl al-Masīḥ*, Beirut: Dār al-Fārābī, 2008.

Jumʿah Muḥammad Mukhtār, *al-Mawsūʿah al-'Islāmiyyah al-ʿāmmah*, Cairo: Wizārah al-'Awqāf, 2015.

Jung Woo Lee, "Discipleship in the Gospels and Its Implications for Discipling BMBs", 「아랍과 이슬람 세계」 제9집. 중동아프리카연구소, 2022.

Kilbourne Joshua D. "A Relational Discipleship Pathway: Spiritual Friendship and Transformative Discipleship in Local Churches", Azusa Pacific Seminary, 2022.

Klassen Tim, "Tackling Some of the Unique Challenges Involved in Using Social Media Ministry Among Muslims", SEEDBED, Vol. XXXI, No.1, 2017.

Kwon Shik Han, "Conversion of Iranian and Indonesian Muslims in South Korea to Evangelical Christianity", Seoul: Torch Trinity Graduate University, 2012.

Larage Abdellah, "The Church in the House: Understanding, Opportunities & Challenges," Seedbed, Vol. 25, No. 2, 2011.

Little Don, *Effective Discipling in Muslim Communities*, Illinois: IVP Academic, 2015.

_____, "Developing a New Identity in Christ with in Muslim Communities", 「아랍과 이슬람 세계」 제1집. 중동아프리카연구소, 2014.

Little Don, *The Role of the Cross-Cultural Discipler within Traditional Pioneer Church Planting Approaches*, Vol. 32, No. 1, 2022.

Muller Roland, *Tools for Muslim Evangelism*, Belleville:Essence Pub.

Musk Bill, *The Unseen Face of Islam*, MARC, 1992.

Osborne Grant R., *The Hermeneutical Spiral*, IVP Academic, 2006.

Rippin Andrew and Teresa Bernheimer, *Muslims: Religious Beliefs and Practices,* Routledge, 2019, 5판.

Stephens Paul, "Factors Contributing to and Inhibiting the Growth of Muslim Background Believer Group in Arabland", Columbia International University, 2009.

Wasef, Mofid, "An Evaluation of Contemporary Arabic Christian Apologetic Literature on

Jesus for Muslims", Fuller Theological Seminary, 2011.

Willard Dallas, *The Great Omission,* Harper Collins, 2006, iBooks.

Willard Dallas, *The Spirit of the Disciplines,* Harper Collins, 1999, iBooks.

Won Joo Hwang, *Toward a Healthier Contextualization among Muslims,* Oregon: Pickwick Publications, 2019.

Muʻjam Alfāẓ al-Qurʼān al-Karīm, Part.2, Cairo: Majmaʻ al-Lughah al-ʻArabiyyah, 1990.

http://s.kmin.kr/kwma/cyber/10-01.pdf(공일주, "무슬림권 한인 선교사의 훈련과 중동 신학의 중요성", KWMA). 2022년 4월 6일 검색.

http://www.dongponews.net/news/articleView.html?idxno=45036 2022년 4월 6일 검색.

https://www.marstranslation.com/blog/how-many-languages-are-there-in-pakistan 2022년 4월 8일 검색.

https://www.pewresearch.org/religion/2012/08/09/the-worlds-muslims-unity-and-diversity-5-religious-identity/ 2022년 7월 9일 검색.

https://lausanne.org/content/covenant/lausanne-covenant#cov 2022년 7월 7일 검색.

색인
한국어

ㄱ

가정교회	273, 341, 362, 363, 398, 430, 431, 432, 440, 441
가즈와	136
개신교	16, 185, 204, 232, 235, 236, 237, 239, 244, 245, 246, 247, 248, 249, 250, 251, 252, 253, 254, 256, 257, 260, 261, 273, 274, 276, 283, 324, 387
고전적인 제자양육	386, 392
공격적인 논박	88, 102, 205, 208, 211, 222, 307
공동체	16, 17, 21, 27, 50, 51, 53, 55, 56, 57, 103, 104, 111, 115, 139, 142, 148, 150, 165, 173, 174, 175, 178, 180, 181, 183, 184, 189, 190, 191, 194, 196, 205, 210, 222, 223, 224, 225, 227, 228, 231, 234, 235, 236, 237, 245, 249, 251, 254, 255, 256, 257, 258, 260, 261, 262, 264, 279, 282, 284, 297, 308, 315, 316, 317, 318, 319, 323, 324, 325, 336, 338, 339, 341, 344, 345, 346, 348, 354, 357, 358, 361, 362, 364, 366, 367, 368, 369, 370, 371, 373, 374, 375, 377, 378, 379, 380, 381, 382, 384, 387, 391, 392, 393, 394, 395, 396, 397, 398, 399, 400, 408, 409, 418, 420, 421, 426, 428, 430, 431, 434, 436, 443, 444, 450, 451, 452, 454, 455
교회 개척	16, 298, 313, 375, 383, 384, 385, 392, 398, 430, 431, 432, 438, 441, 442
교회 건축	249, 277, 278, 279, 283, 284
구술 문화	64, 305, 306, 402, 425
근본주의	47, 164, 181, 183, 261, 262, 263, 264, 266, 439
꾸란	15, 21, 22, 23, 24, 26, 27, 28, 29, 30, 31, 32, 33, 37, 38, 41, 48, 49, 50, 51, 54, 55, 56, 57, 58, 59, 60, 61, 62, 63, 64, 65, 66, 67, 68, 69, 70, 71, 72, 73, 74, 75, 76, 77, 78, 79, 80, 81, 82, 83, 84, 87, 88, 89, 90, 91, 92, 93, 94, 96, 98, 99, 100, 101, 102, 103, 104, 105, 106, 107, 108, 109, 110, 111, 115, 117, 120, 121, 122, 123, 124, 125, 126, 128, 131, 132, 133, 136, 137, 138, 139, 140, 141, 142, 143, 144, 145, 146, 147, 150, 151, 152, 159, 160, 161, 163, 164, 165, 167, 168, 169, 172, 173, 174, 176, 177, 178, 179, 182, 188, 189, 190, 191, 192, 194, 195, 196, 197, 199, 201, 203, 204, 212, 213, 221, 222, 232, 233, 235, 238, 243, 261, 266, 279, 282, 292, 299, 300, 310, 311, 312, 313, 314, 338, 348, 351, 362, 363, 370, 393, 409, 434, 449
꾸란 독법	24, 59, 60, 61, 62, 63, 64, 65, 66, 77
꾸란학	60, 76, 77, 89

ㄴ

나스크	21, 77, 150, 151, 152, 199
나싸라	21, 22, 28, 29, 30, 31, 33, 48, 49, 50, 51, 54, 55, 56, 67, 68, 91, 96, 109, 151, 168, 177, 178, 179, 182, 187, 188, 190, 192, 195, 197, 200
나쓰라니야	21, 28, 49, 50, 51, 52, 168
내부자 운동	315, 316, 317, 318, 319, 370, 393
내적 장벽	363, 364, 365, 379

ㄷ

다르 알이슬람	190, 212
다문화	285, 286, 287, 288, 289
다아와	21, 30, 50, 117, 125, 183, 280, 281, 282
단브	121, 122, 123, 124, 126
단성론자	53
대결적 접근법	307, 308
대화 모델	307, 310
도미니코회	217, 218, 232
독법	21, 24, 59, 60, 61, 62, 63, 64, 65, 66, 77
동방교회	212, 232, 273
동방의 교회	54, 189, 195, 196, 275
디지털 미디어	301, 302, 303, 304, 305
딤미	177, 180, 181, 182, 183, 190, 196, 200, 208, 213, 224, 225, 283

ㄹ

라술	21, 107, 125, 126, 188
레이먼드 룰	239
루흐	32, 88, 92, 107, 108, 109, 160

ㅁ

마귀의 공격	372, 373, 374, 375
마그립	190, 198, 206, 212
마르얌	21, 50, 56, 87, 88, 91, 98, 135, 138, 189, 192
마시히윤	55
마튼	140, 141
만수크	21, 150, 151, 152
멘토	304, 346, 355, 358, 377, 380, 386, 390, 395, 398, 399, 403, 404, 405, 409, 415, 422, 423, 424, 428, 435, 447, 452, 455
모더니티	47, 180, 390, 392, 454
모리스코	228, 229, 230, 231
무타와티르	64, 151
무타칼리문	33, 36, 193, 199
무함마드	15, 20, 21, 22, 23, 24, 25, 26, 27, 28, 30, 31, 32, 33, 36, 37, 38, 40, 41, 43, 46, 51, 52, 53, 54, 55, 57, 58, 59, 60, 62, 63, 67, 68, 69, 70, 71, 72, 75, 77, 78, 82, 85, 88, 89, 90, 96, 99, 102, 103, 107, 108, 115, 116, 117, 121, 125, 126, 127, 128, 129, 130, 131, 132, 133, 134, 135, 136, 137, 138, 139, 140, 141, 142, 143, 147, 152, 155, 170, 172, 173, 174, 177, 178, 183, 186, 187, 188, 189, 190, 195, 196, 197, 205, 208, 213, 220, 221, 222, 225, 231, 233, 235, 240, 243, 244, 264, 265, 273, 274, 282, 284, 291, 292, 308, 312, 315, 318, 333, 341, 343, 357, 358, 360, 362, 363, 382, 442
문자적인	35
문자주의	47, 77, 83, 84, 85, 128, 168, 261, 264
민속 이슬람	15, 153, 159, 343
밀레트	178, 183, 184, 225, 234, 236, 245, 247, 249, 251

ㅂ

바나바 복음서	231
바띤	47, 211
바히라	129
박해	48, 49, 134, 135, 136, 137, 173, 183, 186, 196, 197, 198, 229, 230, 255, 260, 264, 270, 272, 273, 274, 277, 283, 285, 296, 316, 318, 337, 358, 364, 367, 368, 369, 370, 379, 380, 381, 382, 383, 396, 397, 433, 434
반다이크	204, 242, 248, 450
법학파	84, 142, 147, 200, 223
변조	65, 89, 90, 101, 102, 103, 177, 178, 180, 195, 199, 204, 212, 238, 292, 348
변증	34, 35, 36, 37, 113, 114, 142, 167, 180, 182, 183, 193, 194, 217, 218, 219, 221, 233, 243, 292, 293, 307, 313, 328, 376
복음	15, 16, 52, 87, 95, 98, 102, 111, 112, 119, 120, 122, 174, 186, 201, 217, 219, 220, 231, 236, 239, 241, 242, 244, 245, 246, 248, 250, 251, 252, 253, 254, 255, 256, 258, 272, 273, 275, 276, 295, 296, 297, 300, 302, 303, 304, 305, 306, 308, 309, 310, 314, 315, 316, 317, 320, 321, 322, 323, 324, 325, 326, 328, 329, 330, 331, 332, 335, 337, 339, 341, 342, 343, 346, 347, 349, 350, 351, 352, 353, 354, 355, 356, 357, 360, 368, 369, 370, 372, 375, 379, 382, 384, 387, 390, 391, 392, 394, 395, 396, 404, 408, 410, 418, 422, 425, 427, 431, 432, 433, 434, 435, 437, 438, 439, 442, 443, 444, 445, 446, 447, 452, 453, 457
복음 선포	306, 328, 329, 330, 331, 431
복음주의	87, 95, 244, 245, 246, 250, 253, 254, 255, 256, 257, 273, 275, 276, 326, 387, 390, 395, 408, 435, 437

ㅅ

사리야	136
사무엘 즈웨머	241, 308, 312
살라피	35, 38, 51, 55, 84, 85, 87, 110, 168, 170, 178, 181, 195, 196, 207, 213, 267, 269, 299, 439
살라피즘	213
삼위일체	36, 50, 51, 56, 89, 94, 95, 96, 172, 175, 176, 189, 191, 193, 194, 195, 198, 199, 222, 235, 292, 377, 408
상황화	17, 85, 293, 307, 311, 313, 314, 315, 316, 317, 357, 365, 367, 405
샤리아	15, 20, 21, 23, 25, 26, 29, 34, 50, 60, 66, 72, 75, 76, 78, 107, 109, 115, 116, 120, 122, 125, 146, 147, 148, 150, 151, 159, 167, 172, 173, 174, 201, 223, 261, 262, 274, 284, 344, 362, 409

성육신	51, 53, 88, 89, 91, 95, 176, 191, 192, 193, 199, 244, 369, 451	영적 훈련	296, 331, 357, 365, 369, 373, 387, 388, 389, 394, 395, 453, 454
세계관	174, 340, 348, 349, 355, 364, 365, 366, 372, 375, 376, 377, 378, 388, 408, 409, 412, 426, 450	오스만 제국	16, 84, 178, 179, 181, 182, 183, 184, 185, 209, 214, 215, 223, 224, 225, 227, 228, 230, 232, 234, 236, 237, 238, 245, 247, 248, 249, 250, 252, 254, 258, 270, 278, 283, 284, 285
수피즘	15, 42, 44, 107, 142, 143, 153, 154, 155, 157, 158, 159, 165, 166, 200, 201, 210, 211, 213	오스만 투르크	43, 214, 223, 225, 231
		와서 나를 따르라	16, 401, 407, 408, 409, 410, 411, 412, 414, 415, 450
순나	20, 33, 38, 65, 66, 69, 71, 72, 73, 83, 104, 115, 146, 147, 148, 151, 152, 168, 178	와하비 운동	26
		와흐다 알우주드	43, 44, 155
쉬르크	20, 29, 31, 33, 50, 97, 116, 121, 161	와히	22, 23, 71, 106, 107, 110, 140, 141, 170, 182, 206, 208, 212, 215, 266
스토리텔링	306, 341, 348, 402		
시리안	39, 40, 53, 56, 89, 187, 202, 203, 232, 234, 235, 245, 247, 248, 257, 276	외적 장벽	363, 365
		우마르 규정	196
		움마	21, 27, 50, 56, 115, 117, 139, 158, 175, 177, 262, 282, 382
신플라톤주의	39, 41, 108, 156, 202		
신학파	200	유대교	22, 23, 27, 28, 29, 30, 33, 48, 49, 51, 52, 66, 67, 68, 69, 70, 102, 147, 151, 152, 168, 176, 177, 178, 180, 183, 185, 187, 188, 190, 192, 195, 198, 200, 202, 208, 209, 221, 223, 224, 225, 274, 278, 280, 342
쌀리흐	105, 106, 166, 240		
ㅇ			
아랍 교회	435, 436	유비	194, 279, 326, 328, 408
아브라함	28, 279, 280	의미 번역	56, 70, 76, 77, 78, 79, 80, 81, 82, 88, 94, 106, 111, 168, 300
아흐루프	24		
알가잘리	35, 39, 42, 43, 45, 155, 156, 157, 158, 159, 182, 201, 210, 211		
		이만	111, 115, 117, 146
알까라피	221	이브라힘	20, 27, 28, 29, 30, 31, 67, 68, 126, 127, 134, 137, 188, 231, 265, 280
알라	15, 20, 21, 22, 23, 25, 26, 28, 29, 31, 32, 33, 34, 35, 36, 37, 38, 40, 41, 42, 43, 44, 46, 47, 48, 49, 50, 55, 57, 58, 59, 61, 65, 67, 68, 69, 70, 74, 76, 78, 81, 82, 84, 85, 87, 88, 89, 91, 92, 93, 94, 95, 96, 97, 98, 99, 100, 101, 102, 105, 107, 108, 109, 110, 111, 115, 116, 117, 120, 121, 122, 123, 124, 125, 126, 127, 128, 129, 132, 133, 135, 137, 140, 141, 142, 143, 144, 145, 146, 147, 148, 149, 152, 153, 154, 155, 156, 157, 158, 159, 160, 161, 163, 164, 165, 166, 168, 172, 173, 174, 175, 177, 178, 188, 189, 191, 192, 194, 195, 196, 200, 201, 202, 204, 205, 211, 212, 221, 231, 262, 267, 268, 323, 329, 340, 343, 345, 350, 351, 368, 374, 377, 378, 395, 409	이븐 루쉬드	39, 45, 47, 206, 210, 211, 212, 215, 216, 220
		이븐 타이미야	42, 45, 47, 85, 123, 155, 207, 211, 212, 213, 221, 222, 223, 292
		이븐 하즘	65, 84, 102, 212, 221, 292
		이스나드	63, 140, 141
		이스라일리야트	66, 67, 68, 69, 70
		이슬람	15, 16, 17, 20, 21, 22, 23, 25, 26, 27, 28, 29, 30, 31, 32, 33, 34, 35, 37, 38, 39, 40, 41, 42, 44, 45, 46, 47, 48, 49, 50, 51, 52, 53, 55, 57, 58, 59, 60, 62, 63, 65, 66, 67, 68, 69, 72, 74, 75, 76, 77, 80, 83, 84, 88, 91, 93, 94, 99, 102, 103, 104, 105, 106, 108, 109, 110, 111, 115, 116, 117, 120, 122, 123, 124, 125, 126, 128, 130, 133, 134, 136, 137, 138, 139, 141, 142, 143, 144, 145, 146, 147, 148, 149, 150, 151, 152, 153, 154, 155, 157, 158, 159, 160, 161, 163, 164, 165, 166, 167, 168, 169, 170, 171, 172, 173, 174, 175, 177, 178, 179, 180, 181, 182, 183, 184, 185, 186, 187, 188, 189, 190, 191, 192,
알부스타니	204, 248, 251, 450		
영성 형성	334, 357, 387, 388, 390		
영적 변혁	15, 360, 392, 453, 454		
영적 성장	16, 296, 297, 357, 363, 365, 367, 369, 378, 386, 388, 390, 394, 395, 397, 399, 419, 420, 440, 455		

	193, 194, 195, 196, 197, 198, 199, 200, 201, 203, 204, 205, 206, 207, 208, 209, 210, 211, 212, 213, 214, 215, 216, 217, 218, 219, 220, 221, 222, 223, 224, 225, 226, 227, 228, 229, 230, 231, 232, 233, 234, 235, 237, 238, 239, 240, 241, 242, 243, 244, 245, 253, 255, 256, 260, 261, 262, 263, 264, 265, 266, 267, 268, 269, 270, 272, 273, 274, 277, 278, 280, 281, 282, 283, 284, 285, 286, 287, 288, 289, 291, 292, 293, 295, 296, 297, 299, 302, 303, 305, 308, 309, 310, 312, 313, 314, 315, 316, 318, 324, 332, 333, 337, 340, 341, 342, 343, 344, 345, 346, 347, 349, 350, 351, 352, 355, 356, 357, 358, 359, 362, 363, 364, 365, 366, 367, 370, 372, 373, 374, 375, 377, 378, 379, 380, 381, 382, 383, 385, 393, 395, 397, 398, 401, 407, 409, 411, 412, 414, 417, 422, 430, 432, 434, 436, 438, 439, 442, 443, 444, 447, 449, 451, 453, 456		348, 350, 351, 352, 354, 356, 358, 360, 369, 380, 382, 383, 384, 385, 388, 390, 391, 392, 393, 395, 397, 406, 417, 425, 427, 432, 433, 434, 435, 436, 442, 443, 446, 452, 453
		전도 유형	307, 312, 313
		전문용어	20, 21, 23, 25, 27, 29, 150, 177, 178, 281
		전승주의자	43
		정체성	16, 43, 57, 82, 165, 173, 174, 181, 200, 212, 227, 230, 231, 234, 238, 239, 260, 262, 269, 275, 277, 288, 295, 303, 313, 315, 316, 317, 318, 349, 360, 362, 363, 365, 378, 381, 382, 391, 398, 417, 421, 427, 431, 448, 451
		제자삼기	295, 320, 321, 332, 335, 360, 390, 452, 453
이슬람주의	38, 183, 184, 264, 265, 266, 269, 270, 380	제자양육	15, 16, 17, 273, 276, 286, 295, 297, 298, 299, 300, 303, 305, 306, 312, 318, 319, 320, 321, 322, 323, 324, 325, 330, 331, 332, 333, 334, 335, 336, 337, 356, 357, 358, 359, 360, 362, 363, 364, 365, 366, 367, 368, 369, 370, 372, 375, 376, 377, 378, 379, 380, 381, 382, 383, 384, 385, 386, 387, 388, 389, 390, 391, 392, 393, 395, 396, 397, 398, 399, 401, 402, 403, 404, 405, 406, 409, 410, 417, 418, 420, 422, 423, 425, 427, 429, 431, 432, 433, 434, 435, 440, 441, 442, 446, 447, 448, 450, 451, 452, 453, 454, 455, 456
이슬람 포교	149, 164, 165, 166, 167, 169, 170, 280, 444		
이싸	21, 25, 28, 29, 38, 49, 50, 51, 56, 67, 68, 87, 88, 89, 91, 92, 93, 94, 96, 98, 99, 100, 101, 106, 109, 110, 111, 130, 146, 167, 168, 170, 174, 179, 187, 188, 189, 191, 192, 195, 196, 199, 212, 231, 312, 315, 316, 323, 338, 351, 370, 393, 434, 439		
이즈티하드	72, 76, 181		
인두세	177, 180, 181, 183, 200, 255, 283, 284	제자양육의 핵심요소	456
인질	67, 101, 110, 146, 190, 195, 244, 246, 247, 249, 250, 251, 253, 254, 255, 256, 259, 323	제자양육자	295, 318, 323, 324, 356, 358, 367, 368, 369, 370, 372, 380, 382, 383, 384, 385, 391, 393, 395, 396, 399, 418, 433, 434
인질리	244, 246, 247, 249, 250, 251, 253, 254, 255, 256, 259	종교 간 대화	279, 280
인터넷 콘텐츠	301	지하드	177, 208, 223, 225, 263, 267, 268
ㅈ		**ㅊ**	
자히르	47, 72, 83, 84, 85, 211	취소/대체론	21, 233
자히리 파	84, 85		
자힐리야	25, 26, 27, 28, 131, 262	**ㅋ**	
장애물 제거하기	342		
전도	16, 17, 186, 219, 236, 240, 241, 245, 246, 247, 248, 252, 265, 273, 276, 282, 286, 297, 298, 299, 300, 303, 304, 305, 306, 307, 310, 312, 313, 314, 320, 321, 322, 328, 329, 330, 331, 335, 337, 338, 339, 340, 341, 342, 343, 346, 347,	카디자	129, 130, 131, 132, 135, 137, 282
		카띠아	121, 122, 123
		카피르	20, 33, 50, 55, 61, 87, 94, 99, 115, 116, 117, 157, 168, 169, 172, 211, 263

칼람학	33, 34, 35, 36, 37, 38, 39, 41, 42, 46, 47, 83, 142, 147, 188, 193, 202, 211, 340		332, 333, 334, 337, 340, 344, 345, 347, 356, 358, 359, 360, 361, 362, 363, 364, 365, 367, 373, 377, 378, 379, 380, 384, 387, 389, 392, 398, 417, 433, 440, 442, 443, 444, 448, 449, 453, 454
칼리마	88, 109, 110, 111, 194		
칼케돈	52, 53, 54, 197, 234		
쿠르드	257, 258, 272, 275, 276		
쿠프르	26, 27, 33, 50, 115, 116, 122, 136, 146, 158, 173	히자즈	28, 31, 48, 51, 52, 54, 186
크리스텐덤	208, 211, 212		

ㅌ

타끄와	104, 105, 109, 145, 378
타끼야	229
타비운	36, 63, 71, 72, 73, 75, 83, 139, 140, 178, 213
타우라	49, 51, 67, 90, 101, 102, 137, 146, 177, 191, 195
타우바	117, 120, 124
타우히드	20, 21, 29, 30, 31, 33, 34, 36, 37, 50, 60, 94, 97, 109, 152, 159, 161, 195
타즈디드	37, 46, 168, 178, 180, 181, 225, 264
타크피르	169, 263
타프시르	21, 66, 70
타흐리프	89, 90, 177, 199
토마스 아퀴나스	216, 218

ㅍ

판더	236, 240, 241, 243, 273, 307
포스트 모던	391
프란치스코	30, 216, 217, 218, 219, 220, 232, 235, 280
프란치스코회	217, 218, 219, 220, 232, 235

ㅎ

하나님과의 동역자	414, 417
하니프	20, 27, 28, 29, 30, 48, 137, 197
하디스	20, 31, 36, 37, 41, 43, 57, 60, 63, 65, 66, 68, 71, 72, 76, 84, 85, 88, 94, 115, 121, 128, 132, 139, 140, 141, 142, 143, 147, 164, 172, 199, 200, 201, 243, 266, 299, 439
하마유니 문서	278
하산 알반나	262, 266
헨리 마틴	236, 239, 240, 241, 273, 307, 312
회심	118, 172, 173, 174, 175, 185, 210, 217, 219, 233, 235, 240, 242, 245, 254, 272, 274, 276, 297, 307, 308, 311, 312, 318, 320, 321, 322, 325, 328,